GERHARD KONZELMANN

Damaskus

GERHARD KONZELMANN

Damaskus

Oase zwischen
Haß und Hoffnung

HERBIG

Das Schutzumschlagmotiv (Internationales Bildarchiv, München)
zeigt die Suleiman-Moschee in Damaskus

1. Auflage, September 1994
2. Auflage, Oktober 1994

© 1994 by F.A. Herbig Verlagsbuchhandlung GmbH, München
Alle Rechte vorbehalten
Satz: Filmsatz Schröter GmbH, München
Gesetzt aus 10.5/11.5 Palatino auf Linotronic 300
Druck und Binden: Wiener Verlag, Himberg
Printed in Austria
ISBN 3-7766-1857-4

Inhalt

»Es kann keinen Krieg ohne Cairo geben –
und keinen Frieden ohne Damaskus«   11

Barada –
»Der goldene Fluß«   29

Damaskus –
Oase der Mythen   33

König David –
Die Eroberung von Damaskus   36

Das Königreich Aram –
Krieg mit Israel   41

Die Assyrer –
Vom Tigris droht Gefahr   44

Die Seleukiden –
Damaskus wird Hauptstadt   49

Die Römer –
Damaskus schenkt sich Pompeius   52

Unter römischer Verwaltung –
Die Nabatäer   54

Paulus –
Das Damaskus-Erlebnis   57

Palmyra –
Konkurrenz für Damaskus   61

Die Araber –
Aufstieg aus dem Nichts   67

»Das Schwert des Islam« –
Die Eroberung von Damaskus   72

Unter arabischer Herrschaft –
Die christliche Stadt   78

»Düfte, Pferde und Sklavenmädchen« –
Die Sippe Omayya   82

Damaskus –
Hauptstadt des islamischen Reiches   88

Rebellion in Medina –
Empörung gegen Damaskus   95

Abdel Malik –
Der Weg aus dem Chaos   100

Geistiger Mittelpunkt –
Hof der Sinnlichkeit   108

Auf Befehl des Kalifen –
Die Omayyadenmoschee entsteht   114

Suleiman –
»Der Schlüssel zum Guten«   118

»Denkt an die Leiden des Ali
und des Hussein«   124

Die Abbasiden –
Machtwechsel und Niedergang   133

»Der Papagei« –
Zwischenspiel in Damaskus   137

Ahmed Ibn Tulun –
Erinnerung an Damaskus   140

Die Kreuzfahrer –
Das Schatzhaus von Damaskus   146

Zengi –
Ein Mann aus Mossul   147

Damaskus–Jerusalem
Eine seltsame Allianz   149

Nur ed-Din –
Der Sieger über die Christen   153

Salah ed-Din –
in Damaskus spielte er Polo, in Cairo residierte er   161

»Ein Raub der Flammen« –
die Mongolen halten nicht Wort   170

Unter »Suleiman dem Prächtigen« –
eine Provinzstadt an der Grenze   176

Revolution in Damaskus
oder die Geburt der panarabischen Idee   183

Die Hejazbahn –
Schienenstrang der Pilger und Soldaten   187

Der Traum vom arabischen Königreich
oder der dreifache Betrug an den Arabern   190

Lawrence of Arabia –
Kampf um den Hafen von Aqaba und die Hejazbahn   194

Enttäuschung über den Betrug –
Die Friedenskonferenz von Versailles   198

Arabiens Spaltung –
Syrien und Irak   203

Die Franzosen in Damaskus –
der Sanjak Alexandrette an die Türkei   209

Der »Diebstahl syrischen Landes« –
Übergang zur Selbstverwaltung   213

Damaskus, Hauptstadt eines freien Landes –
Beirut oder die Kunst der Verdrängung   215

Der »fruchtbare Halbmond« –
die Bedrohung durch die Haschemiten   219

»Meine Hauptstadt ist Damaskus«
oder die Halsstarrigkeit eines alten Mannes   223

Eine politische Organisation modernen Zuschnitts –
Die Syrische Soziale Nationale Partei   226

»Auf dem historischen Erbe aufbauen« –
Der Aufstieg der Baathpartei   231

»Rache für Palästina« –
Damaskus, die Stadt der Putsche   239

»Unsere Menschen kennen einander doch nicht« –
Damaskus wird Hauptstadt der »Nordprovinz« der VAR   249

Das Ende der Union –
Damaskus erhält seine Bedeutung zurück   257

Die Alawiten –
Nährboden für die Baathpartei   259

»Sie sahen in mir den Anführer« –
Der Aufstieg des Hafez al-Assad   265

»Wir schießen Tel Aviv in Brand« –
Hafez al-Assad läßt die Zügel nicht aus der Hand   275

»Duruz«, die Drusen –
Eine ruhmreiche Vergangenheit   278

Syriens Niederlage
oder al-Assad ergreift die Macht   287

Der »Schwarze September« –
al-Assads Konflikt mit Arafat   294

Der Krieg von 1973 –
Die Ägypter sind erfolgreicher   298

Damaskus gegen Baghdad –
Baathpartei gegen Baathpartei   302

Ein Dorn im Fleisch –
Die Krise des Staatschefs   308

Flexibilität hat Vorrang –
Die Assad-Doktrin   317

»Sadat, der Verräter« –
Camp David und die »standhaften Staaten« 321

Al-Assads harte Hand –
Das Massaker von Hama 327

Al-Assad rüstet auf –
»Vertrag über Freundschaft und Kooperation mit der UdSSR« 334

»Frieden für Galiläa« –
Das Massaker von Sabra und Shatila 339

Hafez al-Assad handelt konsequent –
Arafats Vertreibung aus Damaskus 346

Zentrum des Terrorismus –
Abu Nidal und Carlos in Damaskus 353

Zusammenbruch der UdSSR –
Stärkung der amerikanischen Position 358

Der Iran–Irak-Konflikt
Damaskus gerät in die Isolation 363

Arafat und Saddam Hussein –
Krisenmanagement 368

Der »Hitler vom Tigris« –
Kurswechsel in Damaskus 373

»Neue Ordnung der Welt« –
Syrien unter den Gewinnern des Golfkrieges 384

Ersatz für die heiligen Stätten von Kerbela –
Iranische Pilger in Damaskus 388

Alawitische Soldatinnen –
Die Urenkelinnen der Zenobia 397

»Kultur des Friedens« –
Die Zerbrechlichkeit des Friedensprozesses 400

»Wer zu spät kommt . . .«
Angst vor der Isolation 408

Lebendig oder tot –
Ein Faustpfand in syrischer Hand?   413

»Ein schwarzer Tag« –
Pokerspiel um den Frieden   416

»Der Schlange muß der Kopf abgeschlagen werden!«
Die Frage ist nur, welcher Schlange?   420

Bibliographie   425

Register   429

»Es kann keinen Krieg ohne Cairo geben –
und keinen Frieden ohne Damaskus«

Dieser Satz umreißt die politische Grundregel für Krieg und Frieden im Nahen Osten. Umschrieben lautet sie: Wenn Ägypten nicht mitmacht, kann kein arabischer Staat Israel militärisch mit Aussicht auf ehrenhaftes Abschneiden bekämpfen. Wenn Syrien nicht will, ist ein Frieden zwischen Arabien und Israel ausgeschlossen.

Seit dem Frühsommer des Jahres 1994 versuchen der ägyptische Staatschef, der Vorsitzende des Exekutivkomitees der PLO, der amerikanische und der sowjetische Außenminister diese Grundregel zu durchbrechen: Sie wollen Frieden schließen zwischen dem israelischen Volk und den Palästinensern – ohne auf die Zustimmung aus Damaskus zu warten. Dabei gehen sie ein Risiko ein, weil sie geschichtliche Erfahrungen mißachten. In der Gegenwart wird das traditionelle Duell ausgefochten zwischen den Machtzentren am Nil und am Baradafluß. Dieser Zweikampf hat die Politik des Nahen Ostens seit Jahrtausenden bestimmt. Mit Spannung ist zu beobachten, wer sich in der Gegenwart als der Stärkste oder der Schlauste erweist.

Was am 4. Mai 1994 in Cairo geschieht, wird in Damaskus genau registriert. Der Vorgang bekräftigt die Meinung der Verantwortlichen in der syrischen Hauptstadt, die Ehre Arabiens werde derzeit allein durch sie verteidigt; auf Ansehen und Selbstwertgefühl der Araber insgesamt werde allein in Damaskus geachtet.

Was sich in Cairo an jenem Tag ereignet, kann in der Tat nicht als Beispiel für die Würde Arabiens gelten. Zu viele Augen sind Zeugen einer peinlichen Auseinandersetzung. Der PLO-Vorsitzende Jassir Arafat demonstriert, daß er wütend ist. Er will durch die Geste seinen Kritikern in Damaskus beweisen, daß ihr Vorwurf, er sei der »Lakai der Israelis« und lasse sich übertölpeln, unberechtigt ist.

Um 11 Uhr Cairoer Zeit hätte die Zeremonie der Unterzeichnung des Autonomieabkommens für die Region Gaza und Jericho durch Jitzhak Rabin und Jassir Arafat beginnen sollen. Im gewal-

11

tigen Kongreßzentrum warten 2500 geladene Gäste: ausgewählte Honoratioren, Politiker, Diplomaten und Männer der Wirtschaft. Der Saal ist geschmückt mit Symbolen aus der pharaonischen Vergangenheit des Landes am Nil. Hinter einem zarten Vorhang ist das Bild der Sphinx zu erkennen. Im Verlauf des Geschehens scheint ihr Lächeln immer hintergründiger und ironischer zu werden. Das Lächeln wird zum Kommentar der Ereignisse. Links und rechts neben der Sphinx stehen Abbildungen von Harfenspielern. Diese absichtlich ausgeprägte Betonung der Symbole der pharaonischen Zeit löst Verärgerung vieler Moslems aus, die überzeugt sind, die wahre Geschichte Arabiens habe erst mit dem Zeitalter des Islam begonnen. Spöttische Bemerkungen sind zu hören über Husni Mubarak, der offensichtlich eine Parallele ziehen will zwischen seiner Amtszeit und der einst ruhmvollen pharaonischen Vergangenheit.

Die 2500 Gäste im Saal des Kongreßzentrums erfahren nicht den Grund, warum sich der Beginn der Unterzeichnungszeremonie verzögert. Sie sehen nicht, daß Arafat mit beiden Händen in den Hosentaschen auf dem Gang hinter der Halle steht. Sein Kopf ist gesenkt, die Gesichtszüge sind grimmig. Der ägyptische Staatspräsident redet auf den PLO-Vorsitzenden ein. Der israelische Ministerpräsident Rabin blickt die beiden fassungslos an. Alexej Kosyrew, der russische Außenminister, und sein amerikanischer Kollege Warren Christopher halten sich abseits.

Arafat ärgert sich über eine Demütigung durch die israelische Delegation – und er weiß, daß sich seine Widersacher in Damaskus darüber freuen: Er war gezwungen worden, sich schriftlich zu verpflichten, den Titel »Präsident von Palästina« nicht zu beanspruchen. Das Argument des israelischen Ministerpräsidenten war: »Palästina ist kein unabhängiger Staat und besitzt deshalb auch keinen Präsidenten, der die völkerrechtliche Vertretung von Volk und Staat ausübt.« Arafat weiß seine Widersacher in Damaskus in diesem Punkt mit Rabin einig.

Die empfindliche Reaktion Arafats hatte sich schon auf dem Flughafen Cairo angekündigt. Bei der Ankunft war er von einem Mitglied der Empfangsdelegation mit »Herr Vorsitzender« angesprochen worden. Die Antwort war harsch: »Ich bin kein Vorsitzender! Ich bin Präsident von Palästina!«

Mit 17 Minuten Verspätung betreten Arafat, Rabin, Mubarak, Peres, Kosyrew und Christopher den Saal. Die 2500 Geladenen demonstrieren Begeisterung. Rabin wirkt nervös. Er ist erkältet und hustet. Mubarak und Arafat winken. Dann spricht der ägyptische Staatspräsident über den dornigen Weg zum Frieden und über den eigenen wichtigen Beitrag zum Friedensprozeß. Mubarak ist entschlossen, von diesem Tag zu profitieren. Ein glanzvolles Ereignis soll den Bewohnern seines Landes das Gefühl der Größe geben. Der Staatschef möchte, daß sie Mißwirtschaft, Korruption und die Gefahr einer Machtübernahme durch islamisch orientierte Organisationen vergessen. Der arabischen Welt deutlich zu machen, daß Cairo die Richtung der Politik im Nahen Osten bestimmt, ist für Mubarak der eigentliche Sinn der Zeremonie.

Als erster setzt sich Arafat auf den goldverzierten Stuhl am Tisch, auf dem die Dokumente liegen. Die Urkunde des Abkommens besteht aus 250 Seiten, die durch eine Metallklammer mehr schlecht als recht zusammengehalten werden. Arafat setzt dreimal seinen Namen auf die Papiere. Ein Protokollbeamter weist ein viertes Mal auf eine Stelle, an der Arafat zu unterschreiben hat. Der PLO-Vorsitzende stutzt, schiebt die Papiere von sich – und steht auf. Er geht zurück zur Gruppe der Staatsmänner, die vor der verhüllten und lächelnden Sphinx steht. Arafats Gesicht ist noch grimmiger geworden. Er sagt kein Wort.

Nun beginnt Rabin zu unterschreiben. Nach drei Signaturen stutzt auch der israelische Ministerpräsident. Man kann erkennen, daß die Zornesader auf seiner Stirn anschwillt. Rabin dreht den Kopf in Richtung Arafat. Offenbar glaubt Außenminister Shimon Peres, er sei gemeint. Peres tritt auf seinen Chef zu, der einige Worte flüstert. Der Außenminister schaut verblüfft drein. Rabin schüttelt den Kopf. Langsam schraubt er den Deckel auf seinen Füllfederhalter und steht auf.

Während dieses Vorgangs reden der sowjetische und nach ihm der amerikanische Außenminister vom Pult aus zu den Honoratioren, Politikern und Diplomaten, doch niemand beachtet ihre Worte, die das »historische Ereignis« der Vertragsunterzeichnung feiern. Die 2500 Anwesenden im Saal blicken gespannt auf das Drama von hilflosen Bewegungen und verlegenen Gesten, das sich vor ihren Augen auf der Bühne abspielt: Peres flüstert auf Mubarak ein. Der Ägypter neigt sich zu Arafat. Er will den Vorsitzenden ganz offensichtlich dazu bewegen, die Unterzeichnung fortzusetzen. In Arafats Gesicht bewegt sich kein Muskel.

Mubarak – gewohnt, daß ihm gehorcht wird – nimmt Imponierhaltung an. Arafat beginnt eine heftige Diskussion mit Rabin. Dann zieht Warren Christopher Arafat auf die Seite. Der Amerikaner schiebt den Palästinenser wieder in Richtung Rabin. Husni Mubarak tritt dazwischen. Er will Streit verhindern.

Inzwischen hält Mahmud Abbas, Mitglied des Exekutivkomitees der PLO, vom Pult aus eine vorbereitete Rede, die vom »Durchbruch der Verhandlungen« berichtet, von Verständigung und von Bereitschaft zum friedlichen Zusammenleben. Der Kontrast zwischen Rede und sichtbarem Geschehen könnte nicht größer sein. Zu sehen ist ein empörter israelischer Ministerpräsident. Rabin ermahnt Arafat mit erhobenem Zeigefinger. Nabil Shaath, der Leiter der palästinensischen Verhandlungsdelegation betritt die Bühne. Er bringt ein Dokument, das von Arafat sofort ergriffen und studiert wird. Mubarak weist – sobald Arafat die Lektüre beendet hat – auf den Tisch hin, auf dem die zu unterzeichnenden Papiere liegen. Arafat blickt abweisend, gelangweilt. Da gibt der ägyptische Präsident das Zeichen zum Abbruch der Zeremonie. Die Staatsmänner verlassen die Bühne.

Ereignet hatte sich dieses: Während Arafat die Dokumente unterschrieb, war ihm aufgefallen, daß das dem Vertrag beigefügte Kartenmaterial nicht dem Verhandlungsergebnis der vergangenen Tage und Nächte entsprach: Das souveräne Gebiet von Jericho war nach Arafats Meinung zu klein eingezeichnet. Genaue Prüfung ergab, daß der unabhängige Bereich auf der Karte 62 qkm groß war. Arafats Unterhändler hatten eine Ausdehnung von 100 qkm gefordert. Noch in der Nacht zum 4. Mai war Einigung auf Kompromißbasis erreicht worden. Die Größe des Jerichogebietes sollte einen Mittelwert darstellen, zwischen den israelischen und dem palästinensischen Wunschmaßen. Ausdrücklich war vereinbart worden, das Problem der Grenzen von Jericho innerhalb von drei Monaten in beiderseitigem Einverständnis zu lösen. Einen Hinweis auf dieses Verfahren hatte der PLO-Vorsitzende in den Dokumenten, die er unterzeichnen sollte, vergeblich gesucht. Er fühlte sich betrogen.

Die Meinungsverschiedenheit hätte auch ohne dramatische Akzente beigelegt werden können, doch Arafat wollte, daß sein Zorn bemerkt werde. Seine Kritiker sollten begreifen, daß er sich nicht von den Israelis und den Amerikanern betrügen ließ. Seine Absicht war, vor allem dem syrischen Präsidenten Hafez al-

Assad deutlich zu machen, daß der Vorwurf, Arafat verrate die Rechte der Araber, völlig unbegründet ist.

Nur für fünf Minuten bleibt die Zeremonie der Unterzeichnung des Gaza-Jericho-Abkommens unterbrochen, dann betreten die Staatsmänner wieder die Bühne des Kongreßzentrums. Jassir Arafat setzt sich an den Tisch, schlägt die Dokumente auf und beginnt zu schreiben. Nahezu fünf Minuten lang füllt er den Rand des Kartenblattes »Jericho« mit Notizen über die Kompromißvereinbarung. Jitzhak Rabin blickt mit finsterem Gesicht auf die Schreibarbeit des Vorsitzenden. Als er sich endlich an den Tisch setzen kann, um seinerseits zu unterschreiben, winkt er den Rechtsexperten des israelischen Außenministeriums Joel Singer und Jacques Neriah, der die arabische Sprache beherrscht, zu sich. Durch Neriah läßt sich Rabin Wort für Wort übersetzen, was Arafat an den Rand des Kartenblatts geschrieben hat. Die Augen des Ministerpräsidenten sind auf die Gesichtszüge seines Rechtsexperten gerichtet. Als der schließlich nickt, schraubt Rabin die Füllfeder auf: Der Autonomievertrag erhält nun auch die Unterschrift des israelischen Ministerpräsidenten.

Zu den Skurrilitäten dieses 4. Mai 1994 zählt, daß Arafat eingestehen muß, er verfüge noch nicht über die nötige Zahl von Polizisten, um Ordnung zu halten in Gaza und Jericho; er müsse Jitzhak Rabin bitten, die israelischen Sicherheitskräfte noch zwei oder drei Wochen im nun souveränen palästinensischen Gebiet zu belassen. Der israelische Ministerpräsident spottet, Arafat habe wohl die Zeit seit dem 13. September 1993, dem Tag der Unterzeichnung der Prinzipien der Annäherung, damit verschwendet, von seinem palästinensischen Staat zu träumen, statt praktische Maßnahmen der Selbstverwaltung vorzubereiten. Arafat, so meint Rabin voll Hohn, habe es versäumt, seine Hausaufgaben zu machen und seine ganze Aufmerksamkeit nur darauf verwendet, der Welt deutlich zu machen, daß er nun »Präsident« sei – gleichberechtigt anderen Staatspräsidenten. In Wirklichkeit sei Arafat »Landrat von Gaza und Jericho«, der sich um Polizei, Abwasserbeseitigung und Müllabfuhr zu kümmern habe.

In Damaskus wird Arafats Eingeständnis, auf die Übernahme der Verwaltungsfunktionen nicht vorbereitet zu sein, als Blamage gewertet. Dies beweise, daß die Palästinenser der Betreuung durch Syrien bedürften. Sie besäßen nun einmal nicht die

Erfahrung, um selbständig ein souveränes Territorium verwalten zu können. Wenn Damaskus nicht die Führung übernehme, steuerten die Palästinenser einen Kurs ins Unglück.

Die Propagandisten in Damaskus wissen jedoch genau, daß Arafat nur unter Übergangsschwierigkeiten leidet. Die Entwicklung in Richtung Autonomie der Palästinenser ist nicht umkehrbar. Damaskus hat die Schlacht um Palästina verloren. Für Hafez al-Assad, den Mächtigen der syrischen Hauptstadt, geht es nun allein darum, den politischen Führungsanspruch in Arabien zu sichern. Er versucht, dem PLO-Chef als Wächter gesamtarabischer Interessen entgegenzutreten. Konkret lautet der Vorwurf des syrischen Präsidenten gegen Jassir Arafat: »Er schließt einen Separatfrieden mit Israel ab und verrät damit die Sache des arabischen Volkes!«

Der PLO-Vorsitzende weiß, wie gefährlich diese Anklage aus Damaskus ist: Mordkommandos könnten sich aufgefordert fühlen, den »Verräter« zu bestrafen. Arafat hat deshalb zwei Tage vor der Unterzeichnung des Gaza-Jericho-Abkommens während seines Aufenthalts in Stuttgart auf meine Frage nach der syrischen Haltung geantwortet: »Seine Exzellenz, der syrische Präsident, fürchtet zu Unrecht, daß ich nur für die Palästinenser handle. Ich denke nicht daran, einen Separatfrieden zu schließen. Selbstverständlich muß Damaskus in diese Entwicklung einbezogen sein. Es muß ein umfassender Friede geschlossen werden, der auch den Syrern zurückgibt, was sie verloren haben!«

Hafez al-Assad, der Herr über Damaskus, braucht sich am 4. Mai 1994 nicht laut zu äußern. Um zu dokumentieren, wie stark die Kritik an den Vorgängen in Cairo ist, kann er auf Abhängige, auf die Konkurrenten des Jassir Arafat verweisen: Sie haben eine Heimat gefunden in der syrischen Hauptstadt. In den Villenvierteln der Vororte stehen ihnen Häuser zur Verfügung, vor denen Bewaffnete Wache halten. Die Regierung gibt ihnen das Gefühl, sie seien für die Zukunft wichtig und befänden sich auf dem richtigen politischen Weg. Der Name »Damaskus« wurde ihnen zum Symbol für Geborgenheit und für die Sicherheit, unter Gleichgesinnten zu leben. In Damaskus verbringen sie Wochen, Monate, Jahre im Traum, eines Tages werde es einen starken und einigen Staat Palästina geben. Und da sie sich in Damaskus aufhalten, müssen sie das Bekenntnis aussprechen, allein die syrische Führung garantiere Schutz und Zusammenhalt des palästinensischen Volkes.

Zu den Abhängigen gehören die Kaderchefs der »Volksfront zur Befreiung Palästinas« des Dr. George Habbash, der als kranker, aber geistig reger und hartnäckiger Mann in Damaskus lebt. Dr. Habbash leidet an Lähmungen der Gliedmaßen. Er sagt, Arafat habe durch die Unterzeichnung des Abkommens mit Israel die Entwicklung im Sinne der Palästinenser um Jahre zurückgeworfen: »Jetzt haben die Israelis jeglichen Respekt vor uns verloren. Wir werden uns alle Mühe geben, sie wieder spüren zu lassen, wer wir sind.«

Dr. George Habbash zeigt sich in Damaskus der Öffentlichkeit. Die Lähmung verbirgt er nicht; er weiß, daß ihm die Behinderung Achtung einbringt. Sein Büro liegt in einem Außenviertel der Stadt, in einem bescheidenen zweistöckigen Haus. Von der Straße aus ist der Palast des Präsidenten Hafez al-Assad zu sehen. Das Gebäude beherrscht eine Anhöhe im Westen von Damaskus. Seine dominierende Lage macht jedem deutlich, wer in Damaskus herrscht. Vom Palast aus wird bestimmt, was in der Stadt und in ganz Syrien öffentlich gesprochen wird. Dr. George Habbash sagt kein Wort, das von der Linie des Staatschefs abweicht.

Einen Tag nach der Unterzeichnung der Gaza-Jericho-Abkommens durch Jassir Arafat in Cairo legt der Chef der »Volksfront zur Befreiung Palästinas« in Damaskus die Richtung des Kampfes für die Zukunft fest: »Wir werden unsere militärischen Angriffe gegen Israel wiederaufnehmen, und zwar stärker als jemals zuvor. Nur durch Einsatz unserer Waffen wird Israel begreifen lernen, daß die Palästinenser nicht gedemütigt werden können.«

Dr. George Habbash ist nicht der einzige Palästinenserführer, der in Damaskus zum Widerstand gegen Arafat aufruft. Die Zersplitterung der Palästinenserorganisationen wird in der syrischen Hauptstadt sehr gepflegt. So ist auch das Hauptquartier des Nayef Hawatmeh in der Stadt zu finden – ebenfalls in Sichtweite des alles beherrschenden Präsidentenpalastes. Nayef Hawatmeh, der Chef der »Demokratischen Volksfront zur Befreiung Palästinas«, fordert auf zur politischen Aktion gegen Arafat und seine Anhänger: »Diese ganze Bande hat gegen alle Beschlüsse gehandelt, die jemals von einem der legitimen Gremien des palästinensischen Volkes gefaßt worden sind. Wir stehen vor einem politischen Trümmerhaufen. Ein Neubeginn ist notwendig. Meine Organisation, die Demokratische Volksfront zur Befreiung Palästinas, verlangt, daß ein neues Exilparlament der Palästinenser gewählt wird. Alle Angehörigen unseres Volkes – ob sie im besetzten Gebiet leben, in arabischen Ländern oder sonstwo in der Welt – sind aufgerufen, Vertreter zu wählen, die sich für ihre Rechte einsetzen.«

Wichtig ist für Nayef Hawatmeh der Ort, an dem dieses Palästinenserparlament zusammentreten soll: »Es gibt nur eine Stadt, die dafür in Frage kommt, und das ist Damaskus. Allein hier wird uns die Möglichkeit gegeben, den Kampf gegen Israel bis zum Sieg unserer gerechten Sache fortzusetzen.«

Der syrische Staatspräsident Assad wünscht sich schon lange, daß sich das Exilparlament des palästinensischen Volkes Damaskus zum Sitz wählt. Die Verlagerung der parlamentarischen Arbeit in seine Hauptstadt würde die Delegierten unter seinen Einfluß bringen. Hafez al-Assad könnte das Arbeitsergebnis beeinflussen, die Personalpolitik der Palästinensergremien wäre von seinem Willen abhängig. Diese Entwicklung können sich Nayef Hawatmeh und Dr. George Habbash, die Kontrahenten des PLO-Vorsitzenden Arafat, nicht in Wahrheit wünschen.

Wenn Dr. George Habbash sagt, seine Kampforganisation würde den militärischen Einsatz gegen Israel verstärken, so kann er damit rechnen, daß im Präsidentenpalast von Damaskus derartige Worte zwar mit Wohlwollen zur Kenntnis genommen werden, aber die Verwirklichung des Vorsatzes nicht geduldet würde. Hafez al-Assad weiß, daß Jitzhak Rabin jeden Anschlag gegen israelische Siedler im besetzten Gebiet, der von der Führung in Damaskus zu verantworten ist, als Kriegserklärung betrachtet, die eine sofortige militärische Aktion zur Folge hat. Die Erfahrung lehrt, daß Bedrohung von Leben und Eigentum jüdischer Bürger von den israelischen Streitkräften gerächt wird. Die Rache würde dann syrische Menschen treffen. Eine Eskalation ist nicht auszuschließen, Armee und Luftwaffe Syriens wären aufgefordert, ihrerseits Ziele in Israel anzugreifen. Der bewaffnete Konflikt würde aufflammen. Daran ist Hafez al-Assad nicht interessiert. Vor allem für den Präsidenten in Damaskus gilt der Grundsatz, daß kein arabischer Staat mit Aussicht auf ein passables Ergebnis Krieg gegen Israel führen kann, wenn Ägypten sich nicht daran beteiligt.

18

Die Situation »kein Krieg und auch kein Friede«, die seit 1973 andauert, hat dem Herrscher von Damaskus bisher Vorteile eingebracht. Er konnte in stabiler Position die Bemühungen der ägyptischen und palästinensischen Verantwortlichen um eine politische Lösung des Nahostkonflikts beobachten. Al-Assad ist sich seit langem bewußt, daß eine friedliche Beilegung des Streits zwischen Israelis und Arabern nur mit seiner Beteiligung möglich ist. Auch er will nicht Krieg, sondern Frieden – allerdings zu einem Preis, den er bestimmen will. Seit zwei Jahrzehnten hatten die Syrer auf die Golanhöhen verzichten müssen, die Israel besetzt hält – Hafez al-Assad kann warten bis sich die israelische Regierung veranlaßt fühlt, Gebiet, das Israel nicht gehört, wieder zu räumen.

Vorbei an Wohnvierteln im Stil des sozialen Wohnungsbaus, vorbei an Kasernen und Waffenlagern führt die Straße von Damaskus aus durch Vororte in Richtung Südwesten auf die Golanhöhen zu. Rechts ist das Hermonmassiv zu erblicken, das bis in den Sommer hinein mit Schnee bedeckt ist. Auf beiden Seiten der Straße liegen Landhäuser wohlhabender Damaszener. Die Gebäude sind von Obstgärten umgeben. Fruchtbar ist der Boden im Südwesten der Stadt und reich an Wasser. Viele Bäche fließen von den Golanhöhen der Oase Damaskus zu.
Auf halbem Weg zwischen Damaskus und der einstigen Stadt Qunaitra verändert sich die Landschaft: Panzergräben und Erdwälle verlaufen quer zur Straße. Zu erkennen ist die gestaffelte Verteidigungslinie der syrischen Armee. In diesem Bereich ist das Land nur noch dünn besiedelt. Der Boden ist weit weniger leicht zu bestellen, dunkles Lavagestein ragt aus der Erde. Manche der Häuser stehen leer. Das Militär duldet in der Sicherheitszone nur ungern Zivilisten. Posten der syrischen Armee kontrollieren den Verkehr, dann übernimmt die UNDOF die Aufsicht über die Straße – die »United Nations Disengagement Observers Force«, die Streitmacht der Vereinten Nationen zu Beobachtung der Truppenentflechtung. Die Blauhelme sorgen dafür, daß auf syrischer Seite keine schweren Waffen in die Zone des Golanplateaus gebracht werden. Von einem Punkt in unmittelbarer Nähe von Qunaitra an, darf sich auch kein syrischer Soldat in der Nähe der Demarkationslinie zum besetzten Gebiet aufhalten.

Im Westen tauchen Berge aus dem Dunst auf: die Golanhügel, die zur geographischen Formation des Anti-Libanongebirges gehören. Unmittelbar vor Qunaitra liegen einzelne Häuser in Trümmern. Verlassen sind Äcker und Gärten. Die Straße führt ins Zentrum der einstigen Stadt. Nur ganz wenige Gebäude sind erhalten geblieben. Ihre durchlöcherten Mauern zeugen vom Grauen des Krieges. Der Turm der Moschee ist beschädigt. Die völlig zerstörten Häuser – dies ist leicht zu erkennen – sind nicht durch Beschuß vernichtet worden: Die Deckenplatten und Dächer sind flach zur Erde gestürzt. Dies geschieht nur, wenn die betonierten Stützpfeiler an allen Ecken auf einmal umgerissen werden. Die israelischen Soldaten hatten bei ihrem Abzug Ketten um die Stützpfeiler gelegt und diese durch Panzer angezogen, bis die Betonsäulen brachen.

So wie die Stadt damals von den israelischen Streitkräften verlassen wurde, liegt sie noch heute da – zertrümmert, als Beispiel des israelischen Hasses auf die Syrer im Jahre 1974. Mit Absicht hat Hafez al-Assad Qunaitra nicht wieder aufbauen lassen: Die Ruinen sollen die sinnlose Zerstörungswut des Gegners dokumentieren.

Als Beispiel des Hasses der Syrer auf die Israelis wiederum kann das zerstörte Krankenhaus von Qunaitra dienen. Die Fassade ist durch viele tausend Einschußlöcher zerstört. Ein Schild an der Außenwand weist darauf hin, »die Zionisten« hätten das Krankenhaus als Zielscheibe benützt und damit bewiesen, daß sie Barbaren seien.

Im Gebäude haben Bewaffnete Stellung bezogen. Sie tragen Kalaschnikow-Maschinenpistolen, sind jedoch in Zivil. Die Männer gehören zur Sondermiliz des Präsidenten Assad.

Gemäß »Disengagement Agreement between Syrian and Israeli Forces« vom 31. Mai 1974 befindet sich das Trümmerfeld in einer Zone, die von den Linien A und B auf der dem Abkommen beigefügten Landkarte begrenzt wird. Über die Bedeutung dieser Zone sagt der Text des Vertragsabschnitts C. »Im Gebiet zwischen den Linien A und B dürfen sich keine militärischen Kräfte aufhalten« – und damit ist gemeint: keine Bewaffneten.

Durch Qunaitra führt die Straße von Damaskus zur Jordanbrücke B'not Ja'akov, Sperren und Schranken unterbrechen die Route. Am westlichen Ortsende von Qunaitra endet der Weg für syrische zivile oder militärische Fahrzeuge. Der Checkpoint der

UNDOF läßt nur Personenwagen und Lastwagen der Streitmacht der Vereinten Nationen passieren. Für Syrer ist die Weiterfahrt in ihr eigenes, von den Israelis besetztes Gebiet versperrt.

Vom Checkpoint aus ist der Blick frei auf die höchste Erhebung der Golanhöhen. Deutlich sichtbar sind die gewaltigen Antennen der elektronischen Geräte, die den Flugverkehr im Osten bis hin zum Schatt al-Arab und zum Persischen Golf überwachen. Sie fangen auch den Funk- und Telefonverkehr des riesigen Gebietes zwischen Damaskus, Amman, Baghdad und Teheran ein. Diese Installationen, die den Israelis die absolute Überlegenheit auf dem Informationsgebiet sichern, sind der wahre Grund, warum die israelische Armee keine Bereitschaft zu erkennen gibt, die Golanhöhen zu räumen. Sie besitzt keine andere vergleichbare herausragende Erhebung, die sich als Beobachtungspunkt eignen würde.

Vom Checkpoint Qunaitra der UNDOF aus sind große Felder zu sehen, die sich vom Fuß des Hügels der elektronischen Abhöranlagen bis zum Zaun der Demarkationslinie erstrecken. Die Felder werden von israelischen Siedlern bestellt, die nach dem Krieg von 1967 das Land in Besitz genommen haben. Insgesamt befinden sich 32 Dörfer und nahezu 1200 qkm Land in der Hand jüdischer Bauern. Ihre Zahl wird von den israelischen Behörden mit 13 000 angegeben. Seit mehr als einem Vierteljahrhundert leben die Siedlerfamilien auf Boden, der den Arabern gehört, und völkerrechtlich syrisches Staatsgebiet ist.

»Golan, this is my home!« Dies ist der Text auf Plakaten, die im Frühjahr 1994 – zur Zeit der Vertragsunterzeichnung von Cairo – durch Tel Aviv getragen werden. In ihrer eigenen Sprache rufen die Siedler in Chören: »Wir verlassen das Golangebiet nicht!« Die protestierenden Siedler finden Rückhalt bei der Bevölkerung Israels: Zwei Drittel der israelischen Frauen und Männer halten es für einen entscheidenden Fehler, das Golangebiet an Damaskus zurückzugeben.

Die Eroberung der strategisch wichtigen Höhen hatte Jitzhak Rabin als israelischer Generalstabschef organisiert und geleitet – er muß sich nun mit ihrer Rückgabe an Syrien befassen. Der Ministerpräsident hat deutlich zum Ausdruck gebracht, daß er bereit ist, den Golan für den Frieden zu opfern. Öffentlich sagte er: »Der täuscht sich, der glaubt, er könne den Frieden erreichen und das Golangebiet zugleich behalten. Wer auf Golan nicht verzichten will, der gefährdet den Frieden!«

Diese Signale des israelischen Regierungschefs werden in Damaskus wohl registriert, doch ernst nimmt sie Staatspräsident Hafez al-Assad kaum. Während der Wochen nach der Unterzeichnung des Gaza-Jericho-Abkommens setzen ihn die USA unter Druck, sich jetzt am Friedensprozeß zu beteiligen. Für Hafez al-Assad steht der Ruf auf dem Spiel, der intelligenteste Politiker des Nahen Ostens zu sein – diese Beurteilung hatte vor nahezu zwanzig Jahren Henry Kissinger abgegeben. Der syrische Präsident besitzt aus der Vergangenheit eine Trumpfkarte, deren Wert jedoch erst in der Gegenwart getestet werden mußte: George Bush, der Vorgänger von Bill Clinton, hatte ihm versprochen, sich für die Rückgabe der Golanhöhen einzusetzen.

Bei einem Zusammentreffen mit Clinton in Genf hatte al-Assad den Eindruck gehabt, dieser amerikanische Präsident sei stärker noch als Bush den Israelis zugeneigt. Er hatte während des Gesprächs bemerkt, daß Clinton von seinem Nahostberater Dennis Ross Zettel mit Verhaltensregeln und mit Stichworten für die Diskussion zugesteckt bekam. Hafez al-Assad hatte mit Widerwillen erkannt, daß der amerikanische Präsident dem Einfluß von Dennis Ross ausgeliefert war. Der Präsidentenberater wird von den Damaszener Israel-Spezialisten als »Zionist« eingestuft, als Verfechter der Idee weitgreifender Expansion des Staates Israel. Doch al-Assad muß feststellen, daß er sich wohl getäuscht hat: Clinton sucht in der Tat einen Weg, um die Verpflichtung einzulösen, die George Bush ausgesprochen hat.

Eine Woche vor dem Termin der Unterzeichnung des Gaza-Jericho-Abkommens empfängt Hafez al-Assad in Damaskus den amerikanischen Außenminister Warren Christopher. Der Gast überbringt Clintons Grüße und dessen Wünsche für eine positive Entwicklung der Zusammenarbeit zwischen Syrien und den USA. Erst nach einem längeren Gespräch über die Situation im Nahen Osten beginnt Christopher Ideen auszubreiten, wie die Verhandlungen zwischen der israelischen Regierung und Damaskus in Gang zu bringen seien. Der Außenminister spricht davon, daß die Kluft zwischen den beiden Staaten nur behutsam abgebaut werden könne. Deshalb dürfe der Präsident nicht damit rechnen, daß sich die israelische Regierung zu einem raschen Rückzug von den Golanhöhen entschließen werde.

Möglich sei jedoch ein Rückzug in Stufen. Denkbar sei der baldige israelische Verzicht auf strategisch weniger wichtige Gebiete, zum Beispiel die Region südlich von Qunaitra.

Hafez Assad trägt nicht ohne Grund in der Welt der Diplomatie den Spitznamen »Fuchs von Damaskus«. Er hat gelernt, seine Gesichtszüge zu beherrschen. Mit feinem Lächeln hört er sich den Vorschlag an und nickt dazu, ohne direkt zu antworten.

Warren Christopher hat den Eindruck, daß der Präsident den amerikanischen Stufenplan nicht ablehnt. Er sagt, die Leistung Syriens könne darin bestehen, Friedensbereitschaft zu bekunden, um israelische Befürchtungen zu zerstreuen. Mit jeder Stufe des israelischen Rückzugs möge die syrische Regierung einen weiteren Schritt zur Normalisierung der Beziehungen zu Israel unternehmen.

Da er kein Wort des Widerspruchs gehört hatte, flog Warren Christopher aus Damaskus ab mit dem Gefühl, den Durchbruch zur Beteiligung Syriens am Friedensprozeß erreicht zu haben – ohne der israelischen Regierung bedeutende Zugeständnisse zugunsten Syriens abverlangen zu müssen. Christopher glaubt im Präsidentenpalast von Damaskus einen persönlichen Sieg errungen zu haben. Der Außenminister signalisiert dem PLO-Chef, die Führung in Damaskus werde auf den Weg zum Frieden einschwenken. Er glaube, daß die »Epoche der Wunder« angebrochen sei. Seit dem Händedruck der bisherigen Gegner Arafat und Rabin am 13. September 1993 sei eben alles möglich.

Daß er im Besitz eines wirkungsvollen Druckmittels ist, hatte Warren Christopher nur angedeutet: Die Regierung in Washington besitzt die Möglichkeit, Ländernamen auf die diskriminierende Liste der »Unterstützer des Terrorismus in der Welt« setzen und auch wieder von der Liste streichen zu lassen. Syriens Ansehen hatte lange darunter gelitten, daß das Land als Sympathisant der Gewalttäter galt. Der syrischen Regierung war von der US-Administration vorgeworfen worden, ihr Land beherberge Terroristen, die Anschläge gegen Einrichtungen der USA und ihrer Verbündeten verübten. Ganz konkret hatte die Anklage gelautet: Der Damaszener Geheimdienst biete den Terroristen vom Schlage des Carlos logistische Unterstützung. Seit der Beteiligung Syriens am Golfkrieg auf der Seite der USA, war der Name »Syrien« reingewaschen vom Vorwurf der Begünstigung politischer Gewaltverbrechen. Doch dieses Entgegenkommen, für das noch Präsident Bush verantwortlich gewesen war, konnte leicht von Präsident Clinton korrigiert werden. Ähnlich belastend war die Nennung Syriens auf der Liste der Staaten gewesen, die den internationalen Drogenhandel begünstigten. Die Führung in Damaskus war verdächtigt worden, lange Zeit nichts gegen den Schmuggel von Rauschgiftprodukten zu unternehmen, die auf Plantagen im syrisch-libanesischen Grenzgebiet produziert wurden.

Die Nennung Syriens auf beiden Listen hatte eine Art Ächtung zur Folge gehabt: Syrien war ausgenommen worden von jeder Hilfeleistung durch andere Staaten und internationale Organisationen. Hafez al-Assad, auf Syriens Reputation bedacht, mußte dafür sorgen, daß der Name seines Staates aus beiden Listen gestrichen wurde.

Der Präsident wußte, daß die Gefahr einer erneuten Nennung Syriens auf der Drogenliste drohte. Im syrisch beherrschten Gebiet des Libanon hatte der islamische Geistliche Sheikh Muhammad Mahdi Schamsaddin im April 1994 die Bauern dazu aufgerufen, in größerem Umfang Haschisch anzubauen, um ihren Lebensstandard zu verbessern. Vorausgegangen war eine gemeinsame Unterstützungsaktion der USA und der Bundesrepublik Deutschland für Haschischbauern, die auf den Anbau der Droge verzichteten. Beide Länder hatten 40 Millionen Dollar für Entschädigungen und Prämiengelder zur Verfügung gestellt, aber das Geld hatte die zum Verzicht bereiten Haschischbauern nicht erreicht. Es war auf dem Weg über Damaskus »versickert«. Dagegen wollte Sheikh Muhammad Mahdi Schamsaddin mit seinem Aufruf zum verstärkten Haschischanbau protestieren. Da der Geistliche sich im syrisch kontrolliertem Territorium aufhielt, sahen sich die USA veranlaßt, darüber zu beraten, Syrien wieder in die Drogenliste aufzunehmen. Um dies zu verhindern, hielt es die syrische Führung für das beste, sich dem amerikanischen Außenminister durch Entgegenkommen zu empfehlen.

Der Präsident hatte sich beim Zusammentreffen mit Warren Christopher als konziliant erwiesen, doch er wollte nicht den Eindruck erwecken, Syrien sei bereits gekauft und befinde sich auf amerikanisch-israelischem Kurs. Hafez al-Assad ließ deshalb seinen Außenminister nur wenige Stunden später verkünden, ein Rückzug der israelischen Truppen in Stufen sei für Syrien nicht akzeptabel. Faruk Ash-Shara, der Chef der syrischen Außenpolitik, gab sich zornig: Die Würde Syriens und die Rechtslage verlangten raschen und bedingungslosen Verzicht Israels auf die Golanhöhen. Nur wenn Israel sich aus dem besetzten syrischen Gebiet zurückziehe, könne eine Normalisierung der Beziehungen zum jüdischen Staat erfolgen. Die amerikanische Diplomatie empfand die Worte des Syrers als »kalte Dusche«.

Bei den Bewohnern des Damaszener Stadtteils Mukheyim Filistine ist Zufriedenheit zu spüren über diese Entwicklung. Mukheyim heißt »Zeltlager«. Der Name gibt einen Hinweis auf die Entstehungszeit des Viertels: Mukheyim Filistine, das Zeltlager der Palästinenser, entstand, als im Juni des Jahres 1967 palästinensische Familien Schutz im Bereich der syrischen Hauptstadt vor den vorrückenden israelischen Panzerverbänden gesucht hatten. Die Zelte des einstigen Flüchtlingslagers haben längst festen, mehrgeschossigen Häusern Platz gemacht. An den Wänden kleben Plakate der Volksfront zur Befreiung Palästinas. Bilder von Arafat sind nicht zu sehen. Die Bewohner von Mukheyim Filistine wissen, was der Staatssicherheitsdienst von ihnen erwartet. Sie demonstrieren gegen den »Verräter Arafat«, doch insgeheim erhoffen sie sich, daß sie bald schon zurückkehren können in die frühere Heimat. Daß ihnen nur Arafat den Weg nach Palästina öffnen kann, ist ihnen bewußt.
Mittelpunkt des Mukheyim Filistine ist das »Cinema an Nudjum«, das »Kino der Sterne«. In seinem Vorraum treffen sich die jungen Männer zum Gespräch über Vergangenheit, Gegenwart und Zukunft. Fast alle erhoffen sich den Frieden und fürchten zugleich, Hafez al-Assad werde sich schon bald – und zu rasch – mit den Israelis einigen. Dann sei damit zu rechnen, daß er jegliches Interesse am Schicksal der Palästinenser verliere und nur noch an Syrien denke. Allein auf sich gestellt – diese Meinung herrscht vor – werde das Volk der Palästinenser dann endgültig zum Spielball der Israelis. Aus diesem Grund sind die jungen Männer in Mukheyim Filistine zufrieden mit der Zurückweisung des amerikanischen Vorschlags durch Außenminister Faruk Ash-Shara.

Die Worte des Außenministers können Damaszener Beobachter nicht darüber hinwegtäuschen, daß Hafez al-Assad eine Kehrtwendung vorbereitet, die alle politischen Kurswechsel, die Assad während eines Vierteljahrhunderts vollzogen hat, in den Schatten stellt. Mit Geschick organisiert er die Überwindung der Turbulenzen, die sein Regime gefährden könnten. Die Vorbereitungen für den politischen Salto mortale sind in Damaskus im Sommer 1994 zu spüren.

Zunächst wird der Personenkult verstärkt. Die Zahl der Abbildungen des Präsidenten in den Straßen nimmt zu – und damit auch die Zahl der Parolen, die al-Assad preisen. »Hafez al-Assad ist unser Führer; die Baathpartei ist unser Weg!« Diese Worte werden zur gängigsten Parole in Damaskus. Den Damaszenern werden jedoch auch diese Leitsätze präsentiert: »Al-Assad ist der Lehrer des Volkes. Er bereitet uns vor auf die Zukunft!« Verschwunden ist die Parole: »Al-Assad ist unser oberster Feldherr!« Sie wurde ersetzt durch: »Al-Assad ist der Held des Friedens!«

Der staatliche Rundfunk bereitet die Kursänderung behutsam vor. Keinem Kommentator ist es erlaubt, die Vereinigten Staaten von Amerika zu attackieren. In wohlwollendem Ton wird über die Besuche des amerikanischen Außenministers berichtet. Bis zum Frühjahr 1994 konnte es geschehen, daß ein Kommentator die Existenz des Staates Israel in Frage stellte. Um die Jahresmitte hören die hämischen Bemerkungen auf. Die Berichterstattung beschäftigt sich mit Israel, als sei der jüdische Staat ein Partner im Nahen Osten wie andere auch.

Al-Assad, der »Held des Friedens«, bereitet Syrien nicht nur darauf vor, mit Israel Frieden zu schließen – er arbeitet auch darauf hin, dem von ihm geschaffenen Regime Bestand über seine eigene Existenz hinaus zu geben. Der Präsident ist auf der Suche nach einem Nachfolger. Er hatte eigentlich gedacht, dieser Sorge enthoben zu sein. Doch Ende Januar 1994 trifft ihn der Schicksalsschlag, der den Nerv seines Lebens verletzt.

An einem nebeligen Abend vergnügte sich ein Mann, 32 Jahre alt, mit seiner Lieblingsbeschäftigung: Er fuhr ein schnelles Auto. Sein Vater hatte ihm ein Fahrzeug geschenkt, mit dem die Lust an der Geschwindigkeit zu befriedigen war: einen Sportwagen vom Typ Lamborghini.

Besonders geeignet als Hochgeschwindigkeitsstrecke war nach

seiner Ansicht die Straße zwischen der Stadt und dem Internationalen Flughafen Damaskus. Wie das Unglück geschah, konnte nachher niemand berichten. Der geübte Sportwagenpilot mußte die Herrschaft über das Fahrzeug verloren haben. Der nachfolgende Fahrer sah plötzlich im Nebel den zertrümmerten Lamborghini. Für den Lenker kam jede Hilfe zu spät – Basil al-Assad, der Sohn des syrischen Präsidenten war tot.

Die Trauer der Damaszener war echt. Denn die allgemeine Überzeugung war, daß von allen Mächtigen in Damaskus Basil al-Assad der beste war. Der bärtige Mann hatte nicht das Leben eines verhätschelten Präsidentensohnes geführt. Er hatte die Ausbildung zum Ingenieur absolviert und war dann Stabsoffizier geworden. Basil al-Assad war Kommandeur der Eliteeinheit der Präsidentengarde. Bekannt geworden war er durch eine heftige Kampagne gegen den Drogenhandel. Seine Arbeit hatte die Grundlage dafür gelegt, daß Syrien aus der Liste der Staaten gestrichen wurde, die gegenüber Drogenhändlern ein Auge zudrücken.

Bestattet wurde Basil al-Assad im Dorf Qardaha in der Gegend der Hafenstadt Lattakia. Qardaha liegt im Siedlungsgebiet der Alawiten, die in Damaskus die herrschende Schicht bilden. Obgleich der Getötete kein Staatsamt bekleidet hatte, wurde er mit höchsten Ehren zu Grabe getragen. Aufschlußreich ist die Liste der Trauergäste: In Qardaha anwesend waren aus dem Libanon der Staatspräsident und der Ministerpräsident, aus Jordanien Kronprinz Hassan und aus Ägypten Staatspräsident Husni Mubarak. Die Libanesen sind gekommen, weil sie abhängig sind von der syrischen Führung; der jordanische Kronprinz ist auf gute Nachbarschaft bedacht; Husni Mubarak aber will den syrischen Präsidenten für den Friedensprozeß gewinnen – und er will erfahren, wen Hafez al-Assad nun zum Nachfolger bestimmt hat. Mit Basil al-Assad war der Mann ums Leben gekommen, dem Hafez al-Assad sein Amt übertragen wollte.

Während der Trauerfeier weinte der Präsident. Der Tod des ältesten Sohnes bedeutet für jeden arabischen Vater einen herben Verlust – für Hafez al-Assad aber brach die langgehegte Vorstellung von der Zukunft seines Regimes zusammen. Seinen zweitältesten Sohn Djamil wollte er nicht zum Nachfolger aufbauen. Der asketisch und diszipliniert wirkende Hafez al-Assad warf Djamil vor, er kümmere sich zu sehr um die Frauen von Damaskus.

Wieder rückt ein Mann in den Mittelpunkt der Macht in Damaskus, der schon einmal geglaubt hatte, ihm falle die Herrschaft zu: Rifaat al-Assad, der jüngere Bruder des Präsidenten. Zu rasch hatte er im Jahre 1982 die Vorbereitungen zur Machtübernahme getroffen, als Hafez, an Durchblutungsstörungen des Gehirns erkrankt, die Amtsgeschäfte nicht mehr führen konnte. Damals war es Rifaats Absicht gewesen, Truppenkommandeure, die ihm nicht treu ergeben waren, ablösen zu lassen. Rifaat al-Assad wollte sich seine eigene Machtbasis schaffen. Diese Aktivitäten hatten dann allerdings das Mißfallen des Präsidenten erregt, als dieser seine Krankheit überwunden hatte. Er schaffte sich den Konkurrenten aus der eigenen Familie vom Hals: Rifaat wurde empfohlen, für einige Zeit das Leben in Paris zu genießen – er dürfe dafür den Titel »Vizepräsident« behalten. Rifaat al-Assad nahm die Empfehlung seines Bruders an... Daß er wieder in Gnaden aufgenommen worden sein mußte, wurde erstmals im Frühjahr 1992 offenbar, als Rifaat bei der Beerdigung der Mutter der beiden Assadbrüder zu sehen war. Amtlich bestätigt wurde die Rückkehr damals allerdings nicht.

Nach dem Tod des Basil erfuhren die Damaszener nach und nach, daß sich der Präsidentenbruder in Damaskus aufhielt. Auffällig bewacht wurde eine Villa im Diplomatenviertel. Große Kraftfahrzeuge internationaler Marken standen mit verhängten Fenstern in der Auffahrt. Sie wurden häufig benutzt. Daß Leben im Haus war, konnten die Bewohner des Stadtviertels nur an den beleuchteten Fenstern erkennen.

Im Verlauf ihrer langen Geschichte hatten die Bewohner von Damaskus gelernt, keine Fragen zu stellen, wenn sie einem Geheimnis auf der Spur waren. Bald war jeder, der das Haus im Diplomatenviertel kannte, überzeugt, niemand anderes als Rifaat al-Assad wohne dort. Er bereite sich auf den Umzug in den Präsidentenpalast auf dem Hügel im Westen vor.

Die Stille vor Entscheidungen, die Veränderungen mit sich bringen, prägt seit Sommer 1994 das Leben in Damaskus. Niemand wagt Initiativen, die ein Risiko bedeuten können. Es ist die Zeit der Besinnung auf die Besonderheit, den Charakter, die Geschichte und die Entwicklung der aktuellen Zwänge, denen die Politik unterworfen ist.

28

Barada –
»Der goldene Fluß«

Die Römer nannten das flinke und kühle Gewässer, das durch Damaskus strömt: den goldenen Fluß. Doch nur selten gibt er Anlaß zu dieser Bezeichnung. Dunst muß über der Stadt liegen, wenn die Sonne aufgeht. Dann reflektieren die raschen und kurzen Wellen das rotgoldene Licht aus dem Osten. Die Sonne erhebt sich über dem Horizont und breitet im Spektrum der Farben ihre Strahlen über der Wüste aus, bis sie die Stadt und den Fluß erreichen. Nur wenige Minuten dauert das Farbenspiel; auf seinem Höhepunkt scheint das Wasser tatsächlich aus flüssigem Gold zu sein. Steigt die Sonne höher, wirkt der Fluß dunkel, schwarz. Wenn die Sonnenstrahlen dann steiler einfallen, wird das Wasser durchsichtig, fast farblos.
Der goldene Fluß gibt der Gegend vor dem imposanten Qasyunberg Leben. Ohne ihn wäre die Ebene eine triste Wüstenöde. Niemand wäre je auf den Gedanken gekommen, gerade hier ein Haus zu bauen. Das Zusammentreffen der heißen Wüste, die sich von Osten her ausdehnt und die das Anti-Libanongebirge streift, mit dem kühlen Wasser, das aus eben diesem Gebirge herunterströmt, hat für die Menschen aller Zeiten den Reiz jener Gegend ausgemacht.

Seit die Araber das Leben in Damaskus bestimmen, heißt der goldene Fluß »Barada«. Der Name ist abgeleitet vom arabischen Wort »barid«, das »kalt« bedeutet. Es ist eine Huldigung an die Frische des Wassers.
Im Anti-Libanongebirge entspringt der Barada – in der Senke von Zabadani. Sie ist 45 Kilometer von Damaskus entfernt. Um die Quelle hat sich ein Teich gebildet, dessen Ufer befestigt worden sind. Hier vergnügen sich Damaszener Familien an heißen Sommertagen. Sobald der Barada die Senke verlassen hat, durchströmt er ein enges Tal. Bis zum Dorf al-Fijá bleibt der Barada ein Bach, der keine Beachtung verdient. Bei diesem Dorf, das 20 Kilometer westlich von Damaskus liegt, entspringt eine mächtige Quelle. Aus ihr sprudelt dreimal soviel Wasser, wie der Barada

bisher mit sich geführt hat. Von nun an muß der Fluß ernstgenommen werden, denn er ist durch die Masse des Wassers, das in Richtung Osten fließt, eine Besonderheit in der kargen Landschaft ostwärts des Anti-Libanon. Kein anderes Gewässer strömt auf die Wüste zu, um schließlich in ihr zu versiegen und in der Hitze zu verdampfen.

Zuvor aber wirkt der Barada segensreich: Er fächert sich noch vor der Oase Damaskus auf, um einer weiten Bodenfläche Feuchtigkeit zu spenden. Bei der Siedlung al-Hamdan, 12 Kilometer vor der Stadt, beginnt die Abspaltung der Baradaarme. Aus dem einen Fluß werden sieben. Sie verlaufen in unterschiedlicher Höhe auf der Bodenterrasse vor dem Qasyunberg; jeder Fluß hat sein eigenes Gefälle und damit seine eigene Fließgeschwindigkeit. Jeder hat einen Stadtteil mit Wasser zu versorgen. Von jedem der sieben Flüsse zweigen Kanäle ab, die Grünflächen bewässern. Die Flüsse und die Kanäle beschenken Damaskus mit einem Reichtum an Wasser, der einzigartig ist in Arabien.

Das Bewässerungssystem ist zum Teil natürlich entstanden. Einige der Kanäle aber sind zur Zeit der Omayyaden-Kalifen angelegt worden. Diese Herrscher sind aus den Wüstenstädten Mekka und Medina in die Oase gekommen. Für sie war der Überfluß an Wasser ein Wunder. Sie pflegten dieses Wunder und genossen es.

Der wichtigste der Baradakanäle wird nach dem Kalifen Jezid Ibn Mu'awija genannt, der ihn im Jahre 682 hat anlegen lassen. Der Jezidkanal verläuft am Fuß des Qasyunberges. An manchen Stellen wird er durch ein starkes Gefälle zum Sturzbach. Sein Wasser gilt als besonders klar und erfrischend. Weit älter ist der Turakanal, der schon in aramäischer Zeit gegraben worden ist. Er war das Vorbild, nach dem alle anderen Kanäle angelegt worden sind.

Im heutigen Stadtbild sind die vielfältigen Wasserarme nur schwer zu erkennen. Sie sind durch Straßen und Häuser überbaut. Die Damaszener aber wissen um den Verlauf der Wasseradern. Sie sprechen voll Bewunderung von der »unterirdischen Stadt des Wassers«, die aus Kanälen unterschiedlicher Größe besteht, aus Wasserrinnen, aus Bassins, die alle miteinander verbunden sind. Dieses Netz dient heute noch der Versorgung von Damaskus. In der Vergangenheit haben sich die Bewohner der Oase auf den konstanten Fluß des Wassers verlassen, er gab ihnen auch in kritischen Zeiten Sicherheit; von ihm hing der Wohlstand ab. Daß ihnen die »unterirdische Stadt des Wassers« immer zur Verfügung steht, verleiht den Menschen von Damaskus bis heute Selbstsicherheit und macht sie stolz.

An Freitagen, an den Feiertagen der Moslems, fahren und wandern die Familien hinaus vor die Stadt in die Gärten am Baradafluß. Selbst an heißen Tagen herrscht Kühle unter Sträuchern und Bäumen. Die Männer spielen Tric-Trac oder rauchen Wasserpfeife. Die Mütter beschäftigen sich mit Handarbeiten und achten darauf, daß die Kinder nicht ins Wasser fallen. Alle sind bunt gekleidet, wobei die Farben blau, rot und grün überwiegen. Während der Nachmittagsstunden bieten die Baradaufer den Anblick einer farbigen Palette in vielen Nuancen. Die Menschen sind in Bewegung, und so verändern sich auch die Farbtupfer. Wasserspiele, von den Restaurants angelegt und betrieben, sprühen ihre Fontänen aus dem Fluß hoch. Der Wind weht einen Vorhang von Tropfen auf das Ufer zu. So ist auch die Luft mit Feuchtigkeit vermischt.

Das Wunder von Damaskus ist der reiche Garten Ghuta. Er verdankt allein dem Barada seine Existenz. Noch heute umfaßt die Ghuta eine Fläche von über 200 qkm. Einst war die Ausdehnung noch gewaltiger. Die Ghuta hat die Legende entstehen lassen, Damaskus sei das Abbild des Paradieses.

Auf alten Stichen ist der Anblick bewahrt, der die Reisenden bei der Ankunft in der Oase nach dem Ritt durch die Wüste überrascht hat. Bis dicht ans Wasser heran standen Laubbäume. Hin und wieder ragte ein Nußbaum in die Höhe. Zwischen den Baumgruppen standen flache Häuser aus Lehm, deren Dächer durch eine Vielzahl von Kuppeln gebildet wurden. Steingebäude und Moscheen waren in einiger Entfernung vom Fluß errichtet, dessen Ufer völlig unbefestigt waren. Die Stiche erwecken den Eindruck, Vegetation und Stadt existierten in völliger Harmonie miteinander. Pflanzen und Gebäude bildeten in der Ghuta eine Einheit, in der sich die Damaszener frei bewegen konnten.

Nirgends in der arabischen Welt ist Vergleichbares zu sehen. Der Wundergarten Ghuta ist auf Schwemmland entstanden, auf fruchtbarer Erde, die der Barada aus dem Anti-Libanongebirge heruntergeschwemmt hatte auf den Sand der Wüste. Ein natürlicher Garten entstand, der dem Menschen wenig an Arbeit abverlangte. Er mußte eher dafür sorgen, daß nicht zuviel wuchs. Dicht nebeneinander standen die Bäume; manchmal bildeten sie ein undurchdringliches Dickicht, einen Urwald.

Derartige Stellen sind allerdings selten geworden. Sie sind der Erweiterung von Damaskus zum Opfer gefallen. Mit jedem neuen Entwicklungsschub, mit jedem Viertel, das der bisherigen Stadt angefügt wurde, verringerte sich der grüne Gürtel. Die letzte Baumfällaktion fand statt, als die Straße zum neuen Internationalen Flughafen von Damaskus angelegt wurde. Allerdings hat man versucht, den Schaden durch Neupflanzungen am Rande der Straße wieder auszugleichen.

Bewahrt geblieben ist die Ghuta – trotz aller Einschnitte – als der größte Obstgarten Arabiens. Berühmt ist er für seine Aprikosen. 20 verschiedene Sorten sollen einst gezählt worden sein – und 50 Arten der Weintraube mit beachtlichen Unterschieden im Geschmack. Reich ist die Ernte an Pflaumen, Pfirsichen, an Äpfeln, Birnen und Mandeln.

Die Oase kennt keine Epochen der Trockenheit. In seiner gesamten Geschichte hat Damaskus nie an Wassermangel zu leiden gehabt. Naheliegend ist, daß sich dieser wunderbare Wasserüberfluß auch im Namen der Stadt spiegeln muß. Eine Theorie besagt, die arabische Bezeichnung »Dimeshk« sei aramäischen Ursprungs und bedeute »die Stadt des reich sprudelnden Wassers«. Für möglich wird auch gehalten, daß »Dimashk« von der Wortkombination »Dam-Shak« abzuleiten sei, das »Blutloch« bedeute. Der Bezugspunkt ist die Geschichte der Oase: Sie ist oft mit Blutvergießen verbunden – besonders zur Zeit der Machtübernahme durch die Abbasiden.

Legenden haben sich um den Namen »Dimeshk« gebildet: Es soll vor unendlichen Zeiten einen Helden gegeben haben, der Damaskos hieß. Er sei der Sohn des Gottes Hermes gewesen. Auf dem Weg von Arkadien nach Syrien habe er vielfach seine Tapferkeit bewiesen – und schließlich sei ihm der Gedanke gekommen, eine Stadt zu gründen, und ihr seinen Namen zu geben. »Damaskos« veränderte sich dann in »Dimeshk«.

Andere sind der Meinung, der Name der Stadt sei abgeleitet von einem sagenhaften Mann namens »Damashiq«, der ein Urenkel des Sam und ein Ururenkel des Noah gewesen sei. Wiederum andere glauben, der Oase am Baradafluß habe ein äthiopischer Sklave des Abraham – den sein Herr »Dimashk« gerufen habe, seinen Namen gegeben.

An all diesen Geschichten und Legenden ist zu erkennen, daß Damaskus eine uralte Stadt ist – wahrscheinlich ist der Wundergarten Ghuta sogar die älteste ständig bewohnte Siedlung der Welt. Sie galt immer als eine Besonderheit unter den Schöpfungen Gottes. Der Prophet Mohammed soll gesagt haben, Allah selbst habe Damaskus den besten seiner Kreaturen vorbehalten. Auf dieses Wort des Gesandten Allahs sind die Damaszener besonders stolz. Es gibt ihnen Anlaß, sich über andere Bewohner Arabiens erhaben zu fühlen.

Damaskus –
Oase der Mythen

Keine andere Ansiedlung der Welt ist derart von Legenden umwoben wie die Stadt vor der eindrucksvollen Erhebung des Qasyunberges. Jede Religion hat an diesem Ort ihre Spuren in Form von Sagen und Mythen hinterlassen. Eine Legende erzählt, Damaskus sei eine blühende Insel im Strudel der Wasser der Sintflut gewesen. Neben dieser Insel sei dann als erster Fels der Qasyunberg aus dem Chaos emporgestiegen. Auf ihm habe dann Abraham das Licht der Welt erblickt – als ein von Gott vor anderen gesegneter Mann. Abraham habe dann im Angesicht dieser wundersamen Oase die Vision gehabt, der Mensch werde nicht von einer Vielzahl von Göttern beherrscht. Der Mond, die Sterne oder seltsam geformte Steine seien ohne göttliche Kraft. Auf dem Qasyunberg sei Abraham zu der Überzeugung gekommen, daß ein einziger und allmächtiger Gott Schöpfer dieser Erde und ihrer Wesen sei – und ihr Herr.

Daß sich Abraham in jener Gegend aufgehalten hat, ist dem Buch Genesis (14,15) zu entnehmen. Räuber hatten seinen Neffen gefangengenommen. Er mobilisierte alle Männer, die zu seiner Sippe zählten, »und stellte sie gegen die Feinde. Er verfolgte sie bis Choba, das links von Damaskus liegt.«

An den Hängen des Qasyunberges – so lautet eine andere Legende – habe sich der erste Brudermord der Menschheitsgeschichte ereignet, das erste Verbrechen: Kain, der erstgeborene Sohn von Adam und Eva habe Abel, den jüngeren – aus Neid – erschlagen. Der Fluch dieser Tat laste bis heute auf den Menschen.

Der Qasyunberg – so erzählen sich die Leute in Damaskus – sei durch Abraham und durch die schreckliche Verstrickung von Kain und Abel geheiligt worden. Gott habe beschlossen, daß dieser erste Fels, der das Ende der Sintflut angekündigt hatte, auch den Jüngsten Tag überstehen werde. Wenn sich die Welt auflöse, bleibe der Berg bestehen als Zeichen der Allmacht Gottes und seiner Macht zu richten.

Moslems sind es, die glauben, das Gottesgericht über Mensch und Welt werde durch das Erscheinen Jesu auf dem Dach der Omayyadenmoschee angekündigt. Er werde weithin sichtbar im strahlenden Glanz eines überirdischen Lichtes allen Menschen den Anbruch der Zeit Gottes mitteilen. Jesus ist den islamischen Gläubigen als Verkünder der Erkenntnis von der Existenz des einen und allmächtigen Gottes heilig. Sie erkennen in ihm den Vorläufer des Propheten Mohammed – aber sie glauben nicht, Jesus sei der Sohn Gottes.

Von Jesus und Maria wird berichtet, sie hätten am westlichen Ausläufer des Qasyunberges in einer Erdmulde Zuflucht gesucht vor ihren Verfolgern. Gott habe den künftigen Propheten Jesus und seine Mutter – die im Islam überaus geachtet wird – vor den Häschern des Königs Herodes bewahrt, als das Leben des kleinen Kindes in Bethlehem bedroht gewesen war. Vom Qasyunberg aus hätten Jesus und Maria dann wieder ihre Heimatstadt Nazareth aufgesucht.

Wer sich bei einem Damaszener nach der besonderen Bedeutung der Omayyadenmoschee erkundigt, der mag erfahren, daß diese Gebetsstätte an jedem Freitag, zur Stunde, da sich die Gläubigen dort versammeln, zum Mittelpunkt der gesamten Erde wird – insbesondere, wenn sich der Prophet Elias unter die Betenden mische, was hin und wieder im Verlauf der Jahrhunderte beobachtet worden sei.

Die Menschen von Damaskus gelten als ungewöhnlich begabt für Prophezeiungen der Absichten Gottes, für Offenbarungen seines Willens. 700 Propheten, so wird berichtet, hätten im Verlauf der Generationen in der Stadt gelebt und seien in ihrer

Erde beigesetzt worden. Ihr Geist sei für immer spürbar in Damaskus, solange die Oase fortbestehe. Die Körper dieser 700 Propheten aber würden auferstehen am Jüngsten Tag und würden den Ort ihres Wirkens lobpreisen.

Bis heute bedauern die Bewohner von Damaskus, daß der Prophet Mohammed sich geweigert habe, seinen Fuß in ihre Stadt zu setzen. Sie sind allerdings stolz auf die Legende, die erzählt, dieser letzte Verkünder des göttlichen Willens sei auf der Spitze des Qasyunberges gestanden und habe hinuntergeschaut auf feste und ansehnliche Häuser, auf Bethäuser, auf Palmenhaine und grüne Gärten, die sich dem Baradafluß entlang hinzogen. Als man Mohammed aufgefordert habe, vom Berge herunterzusteigen und in die Stadt einzutreten, um Gast der Gläubigen zu sein, habe er geantwortet:

»Damaskus ist ohne Zweifel ein Bestandteil des Paradieses. Dem Menschen aber ist bestimmt, nur einmal ins Paradies einzuziehen! Für mich ist die Zeit dafür noch nicht gekommen.«

Nach diesen Worten habe der Prophet noch einmal auf die Oase heruntergeblickt und sei dann nach Medina zurückgekehrt.

Eine Erinnerung an seinen Besuch auf dem Gipfel des Qasyunberges hat der Gesandte Allahs zurückgelassen: Noch heute wird im Vorort al-Qadam Mohammeds Fußabdruck aufbewahrt. In derselben Gegend soll sich auch das Grab des Mose befinden.

Die Worte des Propheten, Damaskus sei Bestandteil des Paradieses hat der andalusische Reisende Hadsch Mohammed Ibn Ahmad Ibn Jobair, der sich im Juli 1184 in der Oase aufhielt, aufgegriffen. Er schrieb an seine Freunde in Valencia:

»Bei Allah, alle jene sprechen die Wahrheit, die da sagen: Wenn es ein Paradies auf Erden gibt, dann ist es ohne Zweifel die Stadt Damaskus. Wenn das Paradies aber im Himmel ist, dann ist Damaskus sein irdisches Abbild. Allah behüte dich, o Damaskus! Du bist die schönste aller Städte des Islam, die ich durchreist habe. Du bist wie eine junge schöne Braut, die sich vor meinen Augen entschleiert. Grüne Gärten umgeben dich, wie der helle Schein den Mond.«

Wie alt Damaskus wirklich ist, weiß niemand zu sagen. Historisch greifbar wird seine Existenz ungefähr 1000 Jahre vor unserer Zeitrechnung durch die Überlieferung, die im Alten Testament zum Ausdruck kommt.

König David –
Die Eroberung von Damaskus

Um das Jahr 1000 v. Chr. wurde David Herrscher der beiden
Reiche Israel und Juda. Jerusalem zu erobern war sein erstes
Kriegsziel. Die Stadt gehörte damals den Jebusitern und hatte in
der Vergangenheit einen Keil gebildet zwischen den jüdischen
Stämmen des Nordens und des Südens. Jerusalem lag nicht im
Machtbereich der Großfamilien aus Israel und Juda: Die Stadt
war im Besitz eines nichtjüdischen Volkes. Mit ihrer Eroberung
schaffte sich David ein Machtzentrum, das allein ihm gehörte.
Jerusalem wurde zur Stadt des Königs. Seit jener Zeit gilt Jerusalem als selbstverständlicher Sitz der Regierenden in Israel.
Nachdem sein Reich einen soliden Mittelpunkt besaß, konnte
David seinen Plan verwirklichen, das Territorium seines Staates
abzurunden. Seit Generationen hatte Rivalität geherrscht zwischen den jüdischen Stämmen und den Philistern. Das militärische und politische Übergewicht lag meist auf der Seite der
Philister. Beweis dafür ist, daß David zunächst Vasall der Philister gewesen war. Der König war siegreich in zwei Schlachten im
Gebiet westlich von Jerusalem und brach damit die Vorherrschaft
des Rivalen. Dann wandte er sich dem Gebiet ostwärts des
Jordan zu. Das Volk, das dort siedelte, waren die Ammoniter. Sie
waren semitischer Abstammung.
Die Ammoniter hatten lange als Beduinen gelebt und waren mit
Herden und Zelten durch die Steppe gezogen auf der Suche nach
Gebieten, die Nahrung und Wasser für Mensch und Tier boten.
Schließlich aber wurden die Ammoniter seßhaft im Land ostwärts des Jordan. Ihre Hauptstadt nannten sie Rabbah. Sie lag
dort, wo sich heute die jordanische Hauptstadt Amman befindet.

Das Land der Ammoniter drüben über dem Jordan in Besitz zu
nehmen, reizte David sehr. Doch er zögerte den Befehl zum
Angriff lange hinaus – bis schließlich ein Vorfall ihn zum Krieg
zwang, wollte er nicht sein Gesicht als Herrscher verlieren:
David hatte Boten geschickt zum Ammoniterkönig Chanun. Sie
sollten ihm sein Beileid ausdrücken zum Tod seines Vaters
Nachasch. Chanun aber war argwöhnisch. Er glaubte, David
habe Kundschafter ausgesandt, um die militärische Stärke der

Ammoniter auszuforschen. Wie er die verdächtigen Boten des David »behandelte«, beschreibt das erste Buch Chronik (19,4): Er ließ ihnen die Bärte scheren und die Kleidungsstücke bis zum Gesäß abschneiden. Dann schickte Chanun sie über den Jordan zurück.

Der Herrscher der Ammoniter merkte rasch, daß er einen Fehler gemacht hatte. Er mußte mit Davids Rache rechnen. Chanun, der Sorge hatte vor der Schlagkraft der Truppen Davids, mobilisierte mögliche Verbündete. Das erste Buch Chronik berichtet, er habe zum König der Aramäer »1000 Talente Silber« geschickt mit der Bitte, er möge Streitwagen und Kämpfer schicken.

Die Aramäer lebten nördlich des Reiches Ammon. Sie setzten sich aus einer Vielzahl von Stämmen zusammen, die einen Bund bildeten. Zusammengehalten wurden sie durch ihre Sprache, die aus einem semitischen Dialekt besteht. Angenommen wird, daß die Aramäer seit dem 16. Jahrhundert v. Chr. politische Bedeutung im syrischen Raum besaßen. Die erste bekannte Erwähnung des Volkes findet sich auf Tontafeln des assyrischen Herrschers Tiglatpileser I. (1115–1077 v. Chr.).

Am Ende des 11. Jahrhunderts hatte ihr Reich bereits beachtliche Ausdehnung erreicht: Es umfaßte beide Euphratufer bis in die Gegend von Karkemisch. Unterworfen waren weite Teile Anatoliens und der heute türkischen Kurdengebiete, Zentrum des Staates waren Nordsyrien und das Anti-Libanongebirge.

Wie die Ammoniter fürchteten auch die Aramäer den Expansionsdrang des Königs David. Sie waren deshalb schnell bereit, mit König Chanun ein Bündnis zu schließen. Die aramäischen Streitwagen und Kämpfer machten sich auf den Weg nach Süden. Die Männer bezogen schließlich ein Lager bei der Stadt Madaba westlich von Rabbah. Die Stadt Madaba ist heute deshalb berühmt, weil dort die erste Landkarte der Region um den Jordan zu sehen ist – als Mosaik im Fußboden einer Kirche.

Die Aramäer waren gegenüber den Truppenverbänden Israels in der Übermacht, trotzdem wurden sie im Kampf besiegt und flohen. Das erste Buch Chronik nennt Zahlen über die Verluste der Besiegten: »David tötete von Aram 7000 Lenker von Streitwagen und 40000 Mann des Fußvolks.« Das erste Buch Chronik zieht dieses Fazit: »Die Aramäer hatten keine Lust mehr, den Ammonitern zu helfen.« Die Folge war, daß die Ammoniter jegliche Kampfmoral verloren. Als Davids Kämpfer die Hauptstadt Rabbah belagerten, ergab sich die Besatzung rasch. Die Hauptstadt der Ammoniter wurde verwüstet.

Der Sturmlauf von Davids Reiter und Streitwagenfahrer war nicht aufzuhalten. Ihr Weg führte direkt nach Damaskus. Niemand war stark genug, sich erfolgreich Davids Feldherrn in den Weg zu stellen. Die Oase am Fuß des Qasyunberges wurde erobert und die Bewohner mußten nach Jerusalem Tribut zahlen.

Auf die ganz frühe Geschichte von Damaskus existieren interessante Hinweise: Dokumente erleichtern die Lösung des Rätsels von der Entstehung dieser Siedlung. Sicher ist, daß die Oase schon seit früher Zeit besiedelt worden ist. Die Lage war günstig für die Entwicklung zum Stadtstaat: Handelsrouten aus der Tiefe Arabiens führten über die Gebirge Anti-Libanon und Libanon zu den Häfen des Mittelmeers. Für jeden Händler, der die Wüste und Steppe durchquert hatte, bot die wasserreiche Siedlung die Möglichkeit, sich von Anstrengungen zu erholen. Wer die Wüstenreise erst vor sich hatte, der konnte sich mit Wasservorräten versorgen. Damaskus wurde zur Oase der Händler. Schnell bildete sich eine Schicht heran, die wußte, wie Profit zu machen war.

Ein derartiger Punkt am Rande der Wüste hatte allerdings auch die vielen Heere angezogen, die unterwegs waren auf dem vorderasiatischen Kreuzweg der Geschichte. Die Reiter der Pharaonen hielten Rast am Baradafluß. Erhalten geblieben sind Zeugnisse der ägyptischen Herrschaft über die östlichen Ausläufer des Anti-Libanongebirges: Tonscherben, die mit Ortsnamen beschriftet sind und in die Figuren eingeritzt wurden, die Gefangene darstellen. Sie werden als »Ächtungstafeln« bezeichnet. Rebellen und Feinde Ägyptens werden in den Inschriften verflucht. Diese »Ächtungstafeln« sind in der Mitte des 19. Jahrhunderts v. Chr. angefertigt worden. Eine dieser Tafeln trägt den Ortsnamen Apum – angenommen wird, daß es sich dabei um die Oase Damaskus handelt.

Um das Jahr 1800 v. Chr. zählte Damaskus zu den Stadtstaaten von Bedeutung auf dem Landstreifen des »fruchtbaren Halbmonds«, der sich von der Mittelmeerküste über Mesopotamien bis zum Mündungsgebiet von Euphrat und Tigris hinzieht. Bruderstädte waren Ugarit, Qadesch, Hazor, Jerusalem.

Im Jahre 1468 v. Chr. unternahm der ägyptische Pharao Thutmosis III. einen Kriegszug in das Land zwischen Mittelmeer und Jordan. Die Könige von Kanaan hatten sich zu einer Koalition zusammengeschlossen. Thutmosis III. gelang es, durch Kampfkraft und Geschick die Truppen des Bündnisses bei Megiddo vernichtend zu schlagen.

Es war üblich, daß die Pharaonen ihre Siege an den Wänden der Tempel verewigten. So handelte auch Thutmosis III. Erhalten geblieben ist als Relief im Amunstempel zu Karnak das »Verzeichnis der Länder, deren Streitkräfte der Herrscher in der nichtswürdigen Stadt Megiddo belagerte.« Der Liste ist zu entnehmen, daß auch die Oase der antiägyptischen Koalition beigetreten war.

Im mittelägyptischen Tell al-Amarna sind bei Ausgrabungen Tontäfelchen mit akkadischen Keilschrifttexten gefunden worden – bekannt als »Amarnabriefe«. Es handelt sich um Briefe der Fürsten des Landes Kanaan an ihren Oberherrn, den Pharao Echnaton. Die Texte haben Beteuerungen der Unterwerfung zum Inhalt, aber auch Beschimpfungen der Könige der Nachbarreiche, und Verdächtigungen, die anderen Könige würden ihre Verpflichtungen gegenüber Echnaton nicht ernst nehmen. An der Verunglimpfungskampagne beteiligte sich auch der Monarch des Stadtstaates Upi – der Lage nach muß es sich um Damaskus gehandelt haben.

Ein Papyrus aus der Zeit von Ramses II., das um das Jahr 1270 v. Chr. geschrieben worden sein muß, erzählt von den Reisen eines ägyptischen Beamten in das Land Kanaan. Die Straßen waren unsicher, weil Streit herrschte zwischen den Stadtstaaten der Region. Der Reisende war überfallen und ausgeplündert worden. Auf dem Papyrus hatte er notiert, die Menschen seien hinterhältig, den Beduinen dürfe nicht getraut werden. Er kam dann auch in den Stadtstaat Upi. Er wies auf die Handelswege hin, die von der Oase ausgingen. Erkennbar wird, daß Damaskus damals Knotenpunkt von Handelsrouten war. Eine Straße führte in Richtung Babylon, eine andere zum Oberlauf des Euphrat und eine dritte umging das Anti-Libanongebirge und erreichte das Mittelmeer bei der heutigen libanesischen Stadt Tripoli.

Als Moses irgendwann im 13. Jahrhundert die Kundschafter ausschickte, die feststellen sollten, wie das Land Kanaan beschaffen sei, da galt sein Interesse nicht nur der Gegend von

Hebron und Jerusalem. Im vierten Buch Mose (13,21) steht der Satz: »So zogen sie hinauf und kundschafteten das Land aus von der Wüste Zin bis Reho bei Lebo-Hamat.« Diese Stadt aber befand sich in der Gegend von Homs in Nordsyrien. Der Weg der Kundschafter verlief zwischen den Gebirgen Libanon und Anti-Libanon. Die Oase am Baradafluß ließen sie rechts liegen.

Daß Damaskus doch am Anfang der »Landnahme« durch das jüdische Volk in das beanspruchte Gebiet einbezogen war, beweist der Text des Buches Numeri. Im 34. Kapitel ist dargestellt, daß Gott zu Mose »in den Steppen Moabs am Jordan bei Jericho« über das Land gesprochen hat, das dem jüdischen Volk künftig gehören soll. Gott definierte dabei die Grenzen sehr genau: »Der Herr sprach zu Moses: Befiehl den Israeliten und sprich zu ihnen: Wenn ihr in das Land Kanaan kommt, so sei das Gebiet, das euch als Erbbesitz zufällt, das Land Kanaan entsprechend seiner Grenzen.«

Der 8. Vers des 34. Kapitels bestimmt die Nordgrenze: Sie soll bei Lebo-Hamat verlaufen, also bei der heutigen Stadt Homs. Die Ostgrenze legt der 10. Vers fest: Sie wird ostwärts von Homs nach Süden gezogen. Weit im Osten von Damaskus war die Grenze vorgesehen. Die Oase sollte also dem Volk gehören, das sein ihm von Gott geschenktes Land in Besitz nahm.

Als die Stämme das ihnen zugewiesene Gebiet zu besiedeln begannen, da gab es »Land, das noch übriggeblieben ist« (Josua 13,2). Dazu gehörten die Gebirge Libanon und Anti-Libanon, das fruchtbare Beka'atal – vor allem aber die Oase Damaskus. Sie blieb Mittelpunkt des Aramäerreiches bis zur Eroberung durch König David.

Die Stadt wurde nicht in das jüdische Reich eingegliedert, denn der Staat Davids umfaßte jüdisches Siedlungsgebiet. Doch galt Damaskus als eroberte Zone, ihr Herrscher war Vasall des Königs von Jerusalem. Er wurde jedoch bald durch Statthalter ersetzt. Die Oase hatte fortan eine Garnison zu beherbergen.

Als David um 980 v. Chr. befahl, die Bewohner des jüdischen Staates seien zu zählen, da war Damaskus nicht in den Wegeplan der Zähler eingeschlossen. Gezählt wurden allein die jüdischen Menschen – die Angehörigen der zwölf Stämme. Um die Grenzziehung, die einst Gott mit Mose besprochen hatte, konnte sich David nicht kümmern.

Während der folgenden Jahrhunderte wurde Damaskus zum

Außenposten in der Vernetzung der Handelsstädte an der Ostküste des Mittelmeers. Die Entwicklung war zunächst ungünstig
für die Oase – sie war zu weit vom Meer entfernt. Doch auch in
der Küstenregion verlief das wirtschaftliche und politische
Wachstum unterschiedlich. Nicht die jüdischen Gebiete wuchsen zu wirtschaftlicher Bedeutung – auch nicht unter der Herrschaft des Königs Salomo –, sondern Tyros. Die Ursache dafür ist
in der Tatsache zu finden, daß Israel nur wenig seetüchtige
Schiffe besaß. Salomo hatte diesen Mangel erkannt und den
König Hiram von Tyros um Hilfe beim Aufbau einer eigenen
Flotte gebeten. Sie sollte aus »Tarschisch-Schiffen« bestehen –
Tarschisch, das Ursprungsland dieser Schiffe, war vermutlich
Sardinien. Ihr Rumpf war großräumig, ihr Tiefgang machte sie
geeignet für Fahrten auf hoher See.
Doch der Abstand zur Wirtschaftsmacht Tyros war nicht mehr
aufzuholen. Die Stadt an der Mittelmeerküste entwickelte sich
zum Handelszentrum für den gesamten Raum dieses Meeres.
Überall in den Hafenstädten gründeten die Kaufleute aus Tyros
Niederlassungen. Eine der wichtigsten war in der nordafrikani-
schen Stadt Karthago. Andere Handelshäuser der Wirtschafts-
herren von Tyros befanden sich auf Malta und in Marseille. Am
weitesten westlich im Mittelmeerraum lagen die Niederlassungen von Malaga und Cadiz.
Der Oase Damaskus war eine untergeordnete Funktion zugeteilt:
Sie war Zwischenstation für Waren aus dem Osten auf dem Weg
zum Mittelmeer. Die Kaufleute der Stadt handelten mit Stoffen,
Purpurfarben und Stickereien. Langsam entwickelte sich metall-
verarbeitendes Handwerk am Baradafluß. Die Stadt war nicht
mehr allein vom Handel abhängig.

Das Königreich Aram –
Krieg mit Israel

Dem jüdischen Staat war es nie gelungen, Damaskus fest an sich
zu binden. Zwar kontrollierten lange Zeit Statthalter die Oase,
doch fehlte den Nachfolgern des Königs David die militärische
Kraft, um das Reich Aram auf Dauer zu knebeln. Sie begnügten
sich damit, die Festung Hazor zu verstärken, die Grenzbastion

zum Damaszener Staat war. Von dort aus konnten rasch Truppen nach Aram geschickt werden – wenn dort Bestrebungen zur Lösung aus der Einbindung in die jüdische Interessenssphäre zu spüren waren.

Im 8. Jahrhundert v. Chr. gelang es dem König von Aram – sein Name war Benhadad –, Verbündete zum Kampf gegen Israel zu finden. Er überredete die Herrscher kleinerer Staaten, seiner Politik der Loslösung von Israel zu folgen. Benhadad zögerte auch nicht Regionalkönige, wenn sie auf sein Wort nicht hören wollten, zu beseitigen. Damaskus wurde so zum Mittelpunkt eines Landes, das an Macht und Einfluß dem jüdischen Staat gleichzusetzen war.

Dieser bestand damals aus zwei Königreichen: Aus Israel im Norden – mit dem Zentrum Samaria – und aus Juda im Süden – mit der Hauptstadt Jerusalem. In Samaria hieß der Herrscher Achab, in Jerusalem Josaphat. Diese Teilung glaubte Benhadad ausnützen zu können, um sein Land im Osten des Sees Genezareth und des Jordangrabens auszudehnen. Von Damaskus aus schickte er über Aram Reitertrupps nach Süden. Sie benutzten dabei den Weg, der die Bezeichnung »Straße der Könige« trägt, weil ihn die Herrscher von Edom, Moab, Ammon und Aram Jahrhunderte hindurch als Aufmarschstraße benutzt hatten.

Der Ort Ramot-Gilead war das Ziel der aramäischen Reiter. Dort errichteten sie ihr Lager – zum Ärger der beiden jüdischen Könige, die jedoch keine Möglichkeit hatten, die Aramäer zu vertreiben. Dieser Anfangserfolg machte die Kämpfer aus Damaskus mutiger: Sie ritten nach Westen, überquerten den Jordan und erreichten Samaria.

Da ein Sturmangriff nicht möglich war, zogen die Damaszener einen Belagerungsring um die Stadtmauer. In Gräben lagen Posten bereit, die jeden Ausbruch verhindern sollten. Doch König Achab war entschlossen, den Feinden aus Damaskus zu trotzen. Er ließ die Tore öffnen und stellte sich zum Kampf. Die Belagerer waren völlig überrascht. Sie waren die Angreifer gewesen und sollten sich nun verteidigen. Achab gab ihnen nicht die Chance Abwehrformationen zu bilden. Als die Aramäer erkannten, daß sie den Männern aus Samaria unterlegen waren, suchten sie ihre Rettung in der Flucht.

Etwa ein Jahr später griff das Heer aus Damaskus erneut an. Der Vorstoß auf israelisches Gebiet wurde im Jarmuktal abgefangen. Der Fluß strömt vom aramäischen Bergland zum Jordan hinunter. Dort, wo sich die Flüsse vereinigen, fand der entscheidende Kampf statt. Wieder waren die Damaszener an Zahl der Kämpfer stark, doch ihre Kampfmoral war gering. Wieder unterlagen sie und flohen in ihre Oase.

Im nächsten Frühjahr versuchten sie erneut ihr Glück. Wieder ritten die aramäischen Truppen nach Ramot-Gilead, um von dort aus in jüdisches Kernland vorzurücken. Diesmal taten sich die Könige von Juda und Israel zusammen, um der Gefahr aus Damaskus für immer ein Ende zu bereiten. Nachdem sie ihre Truppen vereinigt hatten, zogen sie über den Jordan nach Osten. Was bei Ramot-Gilead geschah, darüber berichtet das Alte Testament im zweiten Buch Chronik (18,29–34). »Da sagte der König von Israel zu Josaphat: ›Ich will andere Kleider anziehen und verkleidet kämpfen. Du aber behältst dein Gewand an.‹ Der König von Israel zog also andere Kleider an. Achab und Josaphat ritten darauf in den Kampf. Der König von Aram aber hatte dem Obersten der Streitwagen den Befehl gegeben: ›Lasset euch mit keinem Gegner ein, er sei klein oder groß, der nicht der König von Israel ist.‹ Die Streitwagenlenker entdeckten den Josaphat und glaubten, er sei der König von Israel. Sie umzingelten ihn. Josaphat aber flehte Gott um Hilfe an, und der Herr half ihm. Die Lenker der Streitwagen stellten fest, daß Josaphat nicht der König von Israel war. Sie ließen von ihm ab. Den König von Israel aber bemerkten sie nicht. Doch da spannte ein Mann seinen Bogen und traf Achab, den König von Israel zwischen den Tragbändern und dem Panzer. Da der Kampf zu jener Stunde immer heftiger wurde, blieb der König von Israel in seinem Streitwagen aufrecht stehen bis zum Abend. Zur Zeit des Sonnenuntergangs starb er.«

Bei Anbruch der Dunkelheit war der Kampf entschieden. Durch sein Ausharren hatte Achab eine Niederlage seiner Männer verhindert. Wäre er auf seinem Streitwagen umgefallen, wären die Reiter und Streitwagenlenker von Juda und Israel mutlos geworden und hätten sich zur Flucht gewandt. So aber endete der Kampftag mit einem Sieg für Josaphat.

Erneut waren die Damaszener unterlegen. König Benhadad von Aram, der viele Kämpfer eingebüßt hatte, konnte sich keine

Offensive mehr leisten. Er war froh, daß er seine Position in Ramot-Gilead halten konnte. Aber auch die Königreiche Juda und Israel waren nicht mehr stark genug, um die Aramäer ganz zu vertreiben.

Benhadad erkannte, daß es klug war, eine diplomatische Lösung zu suchen. Er beugte sich den Waffenstillstandsbedingungen des Josaphat. Sie waren, den militärischen Umständen entsprechend, überaus milde. Der Sieger verlangte, jüdischen Kaufleuten sei zu gestatten, daß sie in Damaskus Handel treiben durften. König Benhadad genehmigte die Eröffnung einer Handelsniederlassung des Staates Israel in seiner Oase. Er wußte, daß Damaskus von diesen Wirtschaftskontakten profitieren würde.

Der jüdische Glaube faßte allerdings dort nicht Fuß. Im Reich Aram wurde der Gott Melkart verehrt als der Bestimmer des menschlichen Schicksals. Um das Jahr 850 v. Chr. hat Benhadad in der Nähe von Aleppo eine Stele dieses Gottes errichten lassen. Der Text, der eingemeiselt ist, besagt, Melkart werde vom König der Aramäer angebetet. Auf der Stele ist auch eine bildliche Darstellung des Gottes zu sehen: Sie zeigt einen Mann mit nacktem Oberkörper, der einen konisch zulaufenden Hut auf dem Kopf trägt. Auf seine Schulter hat er sich eine Axt gelegt. Die Stele des Benhadad ist deshalb eine Besonderheit, weil ihre Melkart-Abbildung die früheste Darstellung dieses Gottes ist.

Die Assyrer –
Vom Tigris droht Gefahr

Es war das Jahr 853 v. Chr., als in Ninive am Tigris ein Verband von Streitwagen in unübersehbarer Zahl aufbrach. Umgeben war er von einer Reitertruppe, das Fußvolk folgte ihm. Die Führung des assyrischen Staates hatte den Plan gefaßt, den Herrschaftsbereich nach Westen bis zum Mittelmeer auszudehnen. Schon 250 Jahre zuvor war dem Assyrerkönig Tiglatpileser I. dieser Expansionsplan eingefallen. Seine Kämpfer hatten zwar die Mittelmeerküste erreicht, die Eroberungen waren allerdings wieder verlorengegangen, weil das Reich um den Tigris unter Tiglatpilesers Nachfolgern kraftlos geworden war. Diesmal aber sollte die Eroberung Gebietsgewinn für immer einbringen.

Den Königen von Aram, Israel und Juda blieb der Anmarsch der Assyrer lange verborgen. Erst als die Streitwagen, Reiter und Kämpfer zu Fuß den Euphrat südlich von Karkemisch überquerten, wurde nach Damaskus, Samaria und Jerusalem die Gefahr gemeldet. Ungläubiges Erstaunen löste überall die Nachricht aus, die Assyrer hätten das Hochwasser des Flusses bezwungen. Diese Leistung war bisher keinem Heer gelungen. Führte der Euphrat Schmelzwasser aus den Gebirgen der heutigen Osttürkei, dann galt er als unüberwindbares Hindernis für schwerfällige Heere.

Die Könige der Kleinstaaten an der Ostküste des Mittelmeers begriffen rasch, daß ihre Reiche nur durch gemeinsames Handeln zu retten waren. Bisher waren die Könige von Aram, Israel und Juda untereinander zerstritten gewesen, doch jetzt vergaßen sie ihre kleinlichen Konflikte. Alle ihre Kämpfer wurden zu einem Koalitionsheer zusammengefaßt, das nur einem Befehlshaber unterstand. Da der Staat des Benhadad von Damaskus in erster Linie bedroht war, wurde er zum Kommandeur ernannt.

Die assyrische Streitmacht wurde von König Salmanassar III. befehligt. Er hatte schon fünf Jahre zuvor einen Erkundungszug geleitet, der bis zum Fluß Orontes gelangt war. Dieser erste Vorstoß hätte die Regionalkönige eigentlich vorwarnen müssen, doch sie hatten – beschäftigt mit Streitigkeiten untereinander – das Ereignis nicht beachtet.

In der Ausgrabungsstätte Tell Balawat unweit der einstigen Stadt Ninive in der Gegend des heutigen Mosul wurde ein Bronzerelief gefunden, das den König von Assur an der Spitze seines Heeres zeigt. Dargestellt sind auch seine Kämpfer. An der Spitze des Kriegszuges marschieren Bogenschützen, eine ähnliche Abteilung bildet den Schluß. In der Mitte, hoch zu Roß, ist der König zu sehen.

Die Inschrift des Bronzerelief gibt Zahlen an für die Stärke der Koalitionstruppen, die Benhadad von Damaskus zur Verfügung standen. Anzunehmen ist, daß diese Zahlen zu Propagandazwecken übertrieben wurden sie stehen schließlich auf einer Huldigungstafel für den Assyrerkönig. War der Feind als stark dargestellt, dann steigerte dies den Ruhm des siegreichen Königs. Nach den Angaben der Tafel von Tell Balawat stellte Benhadad aus Damaskus 1200 Streitwagen und 20000 Mann zu

Fuß. Der König von Israel aber schickte 2000 Streitwagen in den Krieg – jedoch nur 10000 Mann zu Fuß. Der Staat Juda wird gar nicht erwähnt, doch ist anzunehmen, daß seine Krieger in der Sparte »Israel« mitgezählt sind.

Das Bronzerelief kündet vom Sieg des Salmanassar: »Zwölf Könige stellten sich mir zur Entscheidungsschlacht. 14000 der Männer ihres Heeres erschlug ich mit dem Schwert. Und ich schritt auf ihren toten Körpern über den Orontes, noch ehe eine Brücke gebaut worden war.«

Der Sieg der Assyrer muß nicht so gewaltig ausgefallen sein, wie dies der Huldigungstafel entnommen werden kann. Der Vorstoß zum Orontes führte nicht zu dauerhafter Expansion Assyriens. Wahrscheinlich war das Heer des Salmanasser nach der Schlacht geschwächt. Es zog sich an den Tigris zurück.

Vier Jahre später bedrohte Salmanasser III. erneut die Oase Damaskus. Seine Streitmacht zog im Tal zwischen den Gebirgen Libanon und Anti-Libanon von Norden herunter und schwenkte dann nach Osten. Der Paß des Anti-Libanon vor Damaskus war leicht zu überwinden. Dem Baradafluß entlang bewegte sich das gewaltige Heer auf Damaskus zu.

Der König von Aram war gewarnt. Es war nicht mehr Benhadad. Kurz vor der Offensive des Salmanasser hatte in Damaskus das Regime gewechselt. Der neue Herr in der Oase hieß Hasaël. Tatkräftig traf er Vorbereitungen zur Abwehr des Feindes. Die Mauern seiner Stadt waren stark, die Oase war mehr als ausreichend mit Wasser versorgt, an Lebensmitteln herrschte kein Mangel. Hasaël konnte einer Belagerung gelassen entgegensehen. Tatsächlich gelang es Salmanasser III. nicht, die Stadt zu erobern. Von Damaskus aus führte der König seine Truppen zur heute libanesischen Mittelmeerküste. Bei der Stadt Byblos ließ er am Nahr al-Kalb am Hundsfluß eine Inschrift anbringen, die von seinem Sieg zeugen sollte. Offenbar war es ihm gelungen, in Tyr und Saida Tribut einzutreiben.

Die Landkarte des Gebiets an der Ostküste des Mittelmeers hat Salmanasser III. nicht verändert. Dies geschah erst unmittelbar vor dem Jahr 800 v. Chr. Der König Assyriens zu dieser Zeit hieß Adadnirari III. Auch er folgte der Marschroute seiner Vorfahren auf dem assyrischen Thron: Er überquerte den Euphrat bei Karkemisch und marschierte am Orontes entlang nach Süden. Adadnirari hat nur das eine Ziel: Damaskus. Er belagerte die

Stadt, die diesmal nicht so gründlich auf den Angriff vorbereitet war. Von Hungersnot bedroht, kapitulierten die Bewohner der Oase. Der Sieger verschonte sie, doch sie hatten gewaltige Mengen an Edelmetallen als Tribut abzuliefern. Adadnirari erklärte das Königreich Aram zum assyrischen Vasallenstaat. Aram war damit als Land mit beschränkter Souveränität dem assyrischen Reich angegliedert.

Damaskus aber hatte ein letztes Mal Glück. Assyrien wurde in einen Konflikt mit dem Land Urartu verwickelt, mit seinem nördlichen Nachbarn. Der Streit war kräftezehrend. Nach und nach mußte König Adadnirari seine Streitwagen, Reiter und Bogenschützen aus Damaskus abziehen. So bekam die Stadt Stück für Stück ihre Souveränität zurück. Der Unabhängigkeit war jedoch nur die Frist von einer Generation gegönnt.

Um die Mitte des 7. Jahrhunderts v. Chr. war die Existenz des Staates Aram ernsthaft bedroht. Tiglatpileser III. übte die Macht über Assyrien aus. Seine Absicht war es nicht, sich mit Tributeintreibung zufrieden zu geben; an Vasallen war er nicht interessiert. Tiglatpileser III. war vom Ehrgeiz getrieben, sich ein gewaltiges Reich zu schaffen. Die Gelegenheit dazu war günstig, denn die Kleinstaaten an der Ostküste des Mittelmeers waren in Streit verstrickt. Von Damaskus aus hatte das aramäische Heer eine Offensive in das Kernland des Staates Israel begonnen: Jerusalem sollte eingenommen und vernichtet werden. Doch diese Absicht konnte nicht verwirklicht werden. Die zerstrittenen Könige mußten sich verbünden, um die Kräfte zu sammeln gegen den assyrischen Angriff.

Inschriften aus jener Zeit beweisen, daß Tiglatpileser den Widerstand eines starken Koalitionsheeres zu spüren bekam. Der führende Kopf der Abwehrkräfte war offenbar der König von Juda. Es gelang den Assyrern schließlich, die Verteidiger zu schlagen. Im Jahre 738 wurden Damaskus und das Gebiet des Libanon Bestandteil des assyrischen Reiches. Das Buch Jesaja (37,24) beschreibt die militärische Situation: »Mit meinen Streitwagen fuhr ich ins Gebirge hinauf bis in den fernsten Winkel des Libanon.«

Eine erstaunliche Wende vollzog sich drei Jahre später: Da versuchte der Regionalherrscher in Damaskus – sein Name war Rezin – noch einmal Widerstand gegen Assyrien zu organisieren.

Achas aber, der Verantwortliche im Lande Juda, weigerte sich, an der Rebellion gegen den assyrischen Herrscher teilzunehmen; er hielt den Kampf gegen die Übermacht aus dem Osten für aussichtslos. Diese Weigerung erzürnte Rezin. Er sammelte Truppen in Damaskus und zog mit ihnen nach Jerusalem. Anzunehmen ist, daß ihm andere Regionalfürsten bei diesem Kriegszug halfen. Das Alte Testament nennt ausdrücklich Pekach, den Herrscher über Israel, als Verbündeten des Rezin.

Als Jerusalem bedroht war, da wußte sich Achas keinen anderen Rat, als den Herrscher von Assyrien zu Hilfe zu rufen – trotz der Warnungen des Propheten Jesaja, der ahnte, daß Tiglatpileser III., wenn er schon aufgefordert wurde in Streit an der Ostküste des Mittelmeers einzugreifen, seinen Nutzen daraus ziehen würde. Jesaja prophezeite auch den Untergang von Damaskus (Jesaja 7,7 und 8): »Es bleibt nicht so und wird nicht sein, daß Damaskus die Hauptstadt von Aram ist und Rezin das Haupt von Damaskus!«

Tiglatpileser III. ließ sich tatsächlich nicht zweimal bitten. Er stieß zunächst an der Meeresküste vor und fiel ins Land der Philister ein. Dort, wo sich die Küste nach Westen wendet, richtete der Assyrer eine Garnison ein, der die Aufgabe zugewiesen war, die Kleinstaaten von Ägypten abzuschneiden, dessen Streitwagenverbände den jüdischen Staaten und Aram hätten zu Hilfe eilen können. Ohne sich um die Bitten des Königs Achas zu kümmern, begann Tiglatpileser dann mit der systematischen Eroberung des Landes Israel. Viele der Bewohner von Städten und Dörfern wurden als Gefangene weggeführt. Sie waren künftig Arbeitssklaven in Ninive.

Dann geschieht im Jahre 732 v. Chr. das, was Jesaja vorausgesagt hatte: »Man wird den Reichtum von Damaskus und die Beute von Samaria vor dem König von Assur einhertragen« (8,4). Die Oase wird von den Assyrern eingenommen und geplündert. Wie viele Menschen ihr Leben verlieren, wie viele in die Gefangenschaft geführt werden, darüber berichtet niemand. Der Prophet Jesaja stellt fest: »Seht, Damaskus verschwindet als Stadt, zur Trümmerstätte wird es. Seine Siedlungen sind für immer verlassen.«

So verheerend sind die Folgen des Krieges dann doch nicht. Damaskus bleibt erhalten. Das Königreich Aram wird aufgeteilt in fünf Provinzen. Der engere Bereich von Damaskus bildet eine dieser Provinzen. Sie ist Bestandteil des assyrischen Reiches und wird von Ninive aus regiert. Für Jahrhunderte hat Damaskus seine Eigenständigkeit eingebüßt. Es ist abgeschirmt von den politischen Ereignissen, die sich im Spannungsgebiet zwischen Euphrat und Nil abspielen – es bleibt jedoch auch lange verschont von militärischen Katastrophen. Teile des jüdischen Volkes wandern in die »Babylonische Gefangenschaft« (597–582 v. Chr.). Damaskus erlebt wechselnde Herrscher: Auf die Assyrer folgen die Babylonier und schließlich die Perser. Die Bewohner der Oase wissen, daß sie sich nicht wehren können. Sie konzentrieren sich auf den Handel und werden Meister in diesem Gewerbe.

Einmal wurden die Damaszener energisch aufgefordert, ihr Gold auszuliefern. Im Jahr 334 v. Chr. hatte Alexander der Große seinen Krieg gen Osten begonnen. Die Perser vernichtend zu schlagen, war seine Absicht. Als die Entscheidung in der Schlacht von Issos in der nordöstlichsten Ecke des Mittelmeers im Jahre 333 gefallen war, wandte sich Alexander der heute syrischen und libanesischen Küste zu. Er belagerte die reiche Handelsstadt Tyros. Nach Damaskus begab sich der Feldherr zunächst nicht. Dorthin schickte er seinen Stellvertreter Parmenion – um das Gold der Damaszener einzutreiben. Als Tyros – nach neun Monaten – dann eingenommen war, reizte es Alexander aber doch, die inzwischen durch ihre Wohlhabenheit berühmte Oase zu besuchen. Von Damaskus aus zog der Eroberer nach Osten – bis an den Indus.

Die Seleukiden –
Damaskus wird Hauptstadt

Mit dem Tod Alexander des Großen zerfiel sein Reich. Sein Bruder – er war schwachsinnig – und der nachgeborene Sohn besaßen nicht die Kraft, das Erbe zu bewahren. Alexanders Generäle stritten sich um Machtpositionen und um Land. Als Griechen pflegten sie griechische Lebenssitten auch am Ostufer des Mittelmeers. Besonders betroffen davon war Jerusalem. Die jüdischen Bräuche wurden zurückgedrängt, der Glaube an den Gott der Vorväter schwand. Die hellenistischen Herrscher dachten sogar daran, das Haus Gottes in einen griechischen Tempel zu verwandeln, um ihn Gott Zeus zu weihen.

Als historischer Prozeß findet in dieser Zeit die Zweiteilung des Landes um das östliche Mittelmeer statt. Ptolemäus I. Soter – er war ein Vertrauter des großen Alexander – macht Ägypten zu seinem Herrschaftsbereich. Seleukos I. Nikator – er hatte zu den Feldherren Alexanders gehört – unterwirft sich Teile der heutigen Staaten Türkei, Syrien und Irak. Das Reich der Ptolemäer reicht an der Mittelmeerostküste weit in syrisches Gebiet hinein. Damaskus aber gehört zum Imperium der Seleukiden.

Die Oase bildet den südlichen Zipfel im Staat des Seleukos. Andere wichtige Orte sind Antiochia, Tarsos, Ktesiphon und Babylon. Darunter befinden sich Namen von Traditon und Klang, und dennoch machen die Seleukiden gerade Damaskus im Jahr 111 zu ihrer Hauptstadt. Dies ist um so erstaunlicher, wenn man die Lage der Stadt betrachtet. Sie befindet sich keineswegs im sicheren Zentrum des Seleukidenstaates, sondern in einem äußerst gefährdeten Randgebiet: Damaskus liegt im Schnittpunkt zwischen den Reichen der Seleukiden und der Ptolemäer, im Spannungsgebiet der zwei Mächte. Es muß der magische Name Damaskus gewesen sein, der die Mächtigen des hellenistischen Nordstaates dazu verleitete, am Baradafluß regieren zu wollen.

Für die Seleukidenherrscher war es wichtig, gerade diese Stadt zum militärischen Stützpunkt auszubauen. Das Wohngebiet wird von einer Festungsmauer umgeben. Sie bildet ein Rechteck, das nur am Ufer des Baradaflusses eine unregelmäßige Ausbuchtung besitzt. Innerhalb des Mauervierecks wird in der Epoche der Seleukiden die Anlage der Stadt reformiert. Waren die Straßen der Oase bis dahin wohl unregelmäßig angelegt gewesen, so werden sie nach und nach der Ordnung des Rechtecks unterworfen. Sie laufen im rechten Winkel aufeinander zu. Die Bauweise der Häuser folgt dem Diktat der Straßenführung: Sie bestehen aus länglichen Rechtecken.

Wer sich heute durch das Straßengewirr von Damaskus bewegt, kann kaum glauben, daß hier einst strenge Bauvorschriften geherrscht haben. Nur in einem Viertel südlich der Zitadelle ist die Grundstruktur der Stadt der Seleukidenzeit noch erkennbar.

Die Nachkommen des Seleukos übertragen auf das Gebiet des einstigen Reiches Aram die Idee der griechischen Polis – der eigenständigen, wirtschaftlichen, sozialen und politischen Einheit. Wie die Welt in Makedonien geordnet war, so soll sie auch im angeeigneten Land zwischen Mittelmeerostküste und Euphrat sein. Diejenigen, die bestimmen was geschieht, sind keine Einheimischen, sind Fremde, sind Nachkommen der Griechen, die mit Seleukos I. Nikator den Staat aufgebaut haben. Damaskus wird zwar Hauptstadt eines Großreiches, doch kein Damaszener übt Macht aus. Für die Oase beginnt mit der Herrschaft der Seleukiden die Epoche der Unterwerfung unter fremden Willen. Nicht die Damaszener bestimmen, wie ihre Stadt aussehen soll, sondern die hellenistischen Machthaber.

Im jüdischen Nachbarland, das zum Reich der Ptolemäer gehört, nehmen die Menschen die fremden Ideen nicht ohne Gegenwehr hin. Der Gedanke der Machthaber, das Haus Gottes der importierten Gottheit Zeus zu weihen, wird mit Empörung abgelehnt. Die Folge ist der Makkabäeraufstand des Jahres 174 v. Chr. Judas Makkabäus wird für Jahrzehnte zum Vorbild der Juden, die ihren Glauben nicht hellenisieren lassen wollen. Zeitweise gelingt es jüdischen Freischärlern für Teilgebiete von Juda und Israel Autonomie zu erreichen.

Die Leute von Damaskus sind weniger vom Patriotismus motiviert. Eigenen Freiheitswillen, Kampfgeist gegen die Seleukiden entwickeln die Damaszener nicht. Sie nehmen die fremden Herren hin und erwarten bald schon die nächsten Mächtigen, die ihr Erscheinen bereits ankündigen.

Als Damaskus im Jahre 111 seleukidische Hauptstadt geworden war, hatte das Reich schon schwere Einbußen hinnehmen müssen: Mesopotamien war verlorengegangen und Kleinasien auch – dort waren die Römer dabei, nach Osten vorzudringen. Ihre Strategie sah vor, den Mittelmeerraum völlig zu umfassen. Dazu war es zunächst nötig, Syrien zu erobern. Dabei geriet Rom in Konflikt mit dem Reich der Parther, das sich um Euphrat und Tigris entwickelt hatte. Genau wie der Vorgängerstaat in Mesopotamien war auch das Partherreich durch die politische Idee bestimmt, zum Mittelmeer durchzubrechen. Rom und das Partherreich hatten das gleiche Ziel: Beide wollten Syrien in Besitz nehmen.

Die Römer werden in ihrem Vormarsch in den Jahren 88 bis 64

v. Chr. aufgehalten durch Mithridates, dem König von Pontus, dessen Herrschaftsgebiet sich im Osten der heutigen Türkei befindet. Als er trotz zahlreicher Erfolge schließlich unterliegt – es ist das Jahr 64 v. Chr. – stößt der Feldherr Pompeius nach Syrien vor. Nirgends findet er Widerstand. Damaskus öffnet ihm die Tore.

Die Römer –
Damaskus schenkt sich Pompeius

Das Hauptinteresse des Pompeius gilt nicht der Oase am Barada-fluß. Er will Jerusalem in seine Hand bekommen. Er weiß, daß das jüdische Volk mit der Herrschaft der Fremden nicht einverstanden ist. Um Jerusalem muß er kämpfen – Damaskus hat sich ihm geschenkt.

Zunächst ändert sich wenig in der Stadt. Die neuen Herren benehmen sich zurückhaltend. Die Eroberer fordern nur Unterkunft und Verpflegung für die Garnison. Sie ist allerdings von beachtlicher Größe. Damaskus soll Stützpunkt sein für die römischen Legionen, die im Kampf um das jüdische Land eingesetzt werden. Die Oase gilt als sichere Etappe – auch als Erholungsort für abgekämpfte Soldaten. Der Handel profitiert davon, denn die Militärverwaltung läßt den Händlern jegliche Freiheit und bezahlt die Waren, die sie benötigt.

Wie überall in den annektierten Gebieten übernehmen bald die militärischen Befehlshaber die Kontrolle über die Zivilverwaltung. Das Militär hat absoluten Vorrang in allen Belangen. Die Sicherheit der Römer muß gewährleistet sein. Dies bedeutet, daß sich die Damaszener fremden Offizieren unterordnen müssen. Mehr und mehr befehlen die Römer, was in der Oase zu geschehen hat.

Dem am überregionalen Handel orientierten Teil der Bevölkerung mißfällt die Initiative der Römer keineswegs, denn die Präsenz der Besatzungsmacht bringt Sicherheit in die Region. Pompeius läßt Straßenräuber mit Härte verfolgen. Seit die Römer im Land sind, bewegen sich die Karawanen auf sicheren Straßen – vor allem auch auf bequemen Straßen. Römische Bauingenieure verbessern bald den Zustand der Wege, die nach Damaskus führen. Aus Holperpfaden werden gepflasterte Straßen mit glatter Oberfläche. In Syrien sind solche Trassen bis heute erhalten; zum Beispiel in der Nähe von Aleppo.

Eingliederung ins Römische Imperium bedeutet Aufnahme in die Wirtschaftsgemeinschaft des Reiches. Lokale Geldwährungen werden abgeschafft. Römische Münzen sind fortan das Zahlungsmittel. Die Eingliederung in den umfassenden Wirtschaftsrahmen bringt Vorteile. Damaskus kann seine Schlüsselposition im Handel zwischen Ost und West ausbauen.

Stärker noch als zur Zeit der griechischen Herren verwandelt sich das Aussehen der Stadt. Verbindlich bleibt die hellenistische Ordnung der geraden Straßen, die im rechten Winkel aufeinander zulaufen. Zwei Hauptstraßen bilden sich heraus. Eine davon ist »die Straße, die man die Gerade nennt« (Apostelgeschichte 9,11). Eine zweite bedeutende Straße – ebenfalls schnurgerade, nur kürzer – verbindet den Jupitertempel mit dem Forum, das als Marktplatz dient. Der Tempel befindet sich dort, wo einst die Götter der Aramäer angebetet wurden.

Die römische Stadt lag an der Stelle, wo sich heute das Zentrum von Damaskus erstreckt. Unter den arabisch-orientalischen Häusern der Neuzeit ruhen die Trümmer der Gebäude aus der Römerzeit. Die lebendige Stadt verhindert die Suche nach den Resten der Vergangenheit. Doch die Römer haben auch heute noch sichtbare Zeichen hinterlassen. Wer die Omayyadenmoschee besucht, dem fällt vor dem Westportal die eindrucksvolle Kolonnade auf. Zwölf Meter hoch sind die Säulen, die noch immer durch steinerne Bögen verbunden sind. Sie bilden eine Einheit mit dem Jupitertempel, dessen Mauerreste im Komplex der Omayyadenmoschee zu erkennen sind. Zum wohl gewaltigen Bau des einstigen Jupitertempels gehört auch der elegante Bogen, der beim Mausoleum des Salah ed-Din zu sehen ist.

In diesem Tempel des Jupiter Damascenus wünschte sich im Jahr 4 v. Chr. der römische Offizier Publius Quintilus Varus Glück für die Versetzung nach Germanien. Fünf Jahre später gingen er und sein Heer im Teutoburger Wald zugrunde . . .

»Triumphbogen« nennen die Damaszener fälschlicherweise das Tor, das sich beim Minarett Bab al-Kanisa erhebt. Es bildete einst den Zugang zur »Straße, die man die Gerade nennt«. Zu ihr gehörte auch das Gemäuer des Osttores – Bab al-Charqi. Erhalten ist nur der Rest eines wohl einst imposanten Torbaus. In geringer Entfernung vom Osttor stehen noch Teile der Stadtmauer. Die Fundamente bestehen aus großen Steinblöcken; sie sind in römischer Zeit in den Boden gelegt worden.

So sehr auch Damaskus heute sein orientalische Gesicht zeigt, die Stadt verleugnet nicht ihre einstige Zugehörigkeit zum römischen Weltreich – auch wenn die Relikte nicht besonders gepflegt werden. Wer sich nicht blenden läßt von der arabischen Atmosphäre, der bemerkt überrascht, daß das Haus Habs al-Amwat eine nahezu intakte römische Fassade besitzt, daß Säulen manche Häuser und Vorgärten zieren, daß Hauseingänge nach römischem Geschmack gebildet sind. Nirgends sind die antiken Relikte besonders hervorgehoben oder gepflegt. Sie sind Bestandteil der Welt der Damaszener.

Genau 101 Jahre lang herrschten die Römer souverän in Damaskus. Dann hielten sie es für klug, die Herrschaft über die Stadt zu verpachten – an die Führungsschicht des Volkes der Nabatäer, an eine rein arabische Sippe.

Unter römischer Verwaltung –
Die Nabatäer

Im Osten des Jordangrabens lebte diese Sippe, von der angenommen wird, daß sie zur Zeit ihrer Blüte kaum mehr als 100000 Menschen umfaßte. Petra war das wirtschaftliche und politische Zentrum ihres Staates. Die Stadt liegt in einem tiefen Talkessel, umgeben von Felswänden, genau in der Mitte der Straße, die vom Toten Meer zum Golf von Aqaba verläuft.

In die Wände jenes Talkessels sind die Fassaden der Tempel und Wohnhöhlen gehauen. »Herausskulptiert« sind Reliefs und Standbilder. Eindrucksvoll ist das, was von Petra über 2000 Jahre hinweg erhalten geblieben ist. Die Frage stellt sich nur: Lebten die Nabatäer in jenen kunstvoll geschaffenen und geräumigen Felsenhöhlen oder haben sie dort ihre Toten bestattet? Frühe Zeugnisse berichten davon, die Nabatäersippe habe eigentlich in Zelten gelebt und sei auf Wanderschaft gewesen. Erzählt wird, die Nabatäer seien dafür bekannt gewesen, daß sie leichten

Herzens ihre Aufenthaltsorte gewechselt hätten. Ihre Zelte waren rasch abgebrochen; dann wurde die Habe auf die Kamele verteilt. Nichts band die Sippe an den Ort, an dem sie sich gestern noch aufgehalten hatte.

Der israelische Archäologe Avraham Negev vertritt diesen Standpunkt: »Es scheint, daß wir im Falle der Nabatäer einem neuen und bis jetzt noch kaum begriffenen Phänomen begegnen, dem Phänomen der Entstehung eines Karawanenstaates.« Offenbar war das Lebenselement der Nabatäer die Straße.

Nahe an Petra vorbei führt die »Weihrauchstraße«. Ihr Beginn lag an der Küste Südarabiens; ihr Ende waren die Hafenstädte des Mittelmeers, die über den Knotenpunkt Damaskus zu erreichen waren. Auf der Weihrauchstraße wurden durch Karawanen Weihrauch, Myrrhe, Duftstoffe und Bitumen, der aus dem Toten Meer stammte, transportiert. Für die Beförderung von Aqaba bis Damaskus waren nabatäische Karawanenführer verantwortlich. Sie kauften, transportierten und verkauften. Abnehmer waren Handelshäuser in Ägypten, Phönizien und Mesopotamien. Waren, die vom Umschlagplatz Petra kamen, hatten einen guten Ruf auf allen Märkten des Mittelmeerraums.

Die Nabatäer hüteten sich, in militärische Konflikte verwickelt zu werden. Dafür war das Volk nicht gerüstet. Zweifelhaft ist, ob der »Karawanenstaat« überhaupt eine ausgebildete und ständig bereite Truppe unterhielt. Die Führung verhielt sich diplomatisch geschickt: Sie war darauf bedacht, gute Beziehungen zu den Staaten in der Nachbarschaft aufrechtzuerhalten. Ganz besonders wurde Harmonie mit den Verantwortlichen des jüdischen Landes angestrebt. Die Mächtigen der Nabatäer konnten durch ihre Kontakte den Verantwortlichen in Juda vielfältige Dienste leisten. Karawanenführer, die zugleich Kaufleute waren, sammelten Informationen und vermittelten in Krisensituationen. Jüdische Kämpfer, die sich im Aufstand befanden gegen die hellenistische oder römische Besatzungsmacht, konnten meist damit rechnen, daß sie im Bereich der Nabatäer insgeheim schützende Aufnahme fanden. Im eigenen Interesse achtete dabei die Nabatäersippe wohl darauf, die Großmächte nicht zu reizen.

Verschont von militärischen Konflikten wurde das Nabatäerland wohl auch deshalb, weil es, außer Petra, kaum ständig besiedelte Plätze besaß. Bei den Nabatäern gab es wenig zu erobern. Was sie an Eigentum besaßen, transportierten sie mit sich – oder sie verbargen die wertvollen Güter bei den Toten in den Höhlen des felsigen Talkessels von Petra.

Da sie beweglich waren und keinen Wert auf Landbesitz legten, waren den Nabatäern auch die Grenzen ihres Landes gleichgültig. Grenzstreitigkeiten mit den Nachbarländern waren ihnen fremd. Zeigte der jüdische Staat etwa Interesse an Landstrichen am Jordan, dann wich die Sippe nach Osten aus.

Es gelang den nabatäischen Karawanenführern im ersten vorchristlichen Jahrhundert, ihren Einfluß nach Norden auszudehnen – sie hatten einfach ihre Zeltstädte in die Gegend von Bosra und bis Palmyra verlegt. Für die Bewohner der Städte zwischen Mittelmeer und der Wüste galten die Nabatäer als Schutz gegen die Nomaden des Ostens. Das Karawanenvolk wurde als Sippe von gezähmten Beduinen angesehen, mit denen enger Kontakt bestand. Einzelne Gruppen des Clans verloren die Freude am Beduinenleben. Sie suchten für ihre Existenz eine Stadt aus, die ihnen gefiel – Damaskus zum Beispiel. Im Zerfall des Seleukidenstaates gewannen einige Nabatäerfamilien schließlich in Damaskus politische Bedeutung. So hatte es geschehen können, daß im Jahre 64 v. Chr. der römische Feldherr Pompeius mit Honoratioren aus der arabischen Sippe der Nabatäer die Situation der besetzten Stadt zu besprechen hatte.

Die führende Schicht der Sippe war gut beraten, sich mit der Weltmacht Rom nicht anzulegen – ganz im Gegensatz zu den Bewohnern des Landes Juda, die den Konflikt oft nicht scheuten. Wollte Rom die Autorität seiner Legaten auch auf das Gebiet ostwärts des Jordan ausdehnen, dann suchten die Herren von Petra rasch den politischen Ausgleich. Sie verhielten sich flexibel. Diese Haltung zahlte sich aus: Im ersten Jahrhundert n. Chr. wurde Petra reich – Juda aber verarmte.

Im Jahre 37 n. Chr. entschied die römische Verwaltung, einen Teil der Verantwortung für die Oase Damaskus abzutreten. Sie übertrug exekutive Gewalt in zivilen Angelegenheiten an nabatäische Persönlichkeiten. In Damaskus residierte nun 17 Jahre lang ein Nabatäer als Gouverneur. In die Zeit seines Amtsantritts fiel ein Ereignis, das religionsgeschichtlich von großer Auswirkung sein sollte.

Paulus –
Das Damaskus-Erlebnis

Saulus selbst schildert, was ihm geschah. Die überlieferten Worte stellen seine Verteidigung vor dem Volk dar, als er später in Jerusalem verhaftet wurde (Apostelgeschichte 22). Dies ist der Wortlaut:

»Ich bin aus jüdischer Familie. Geboren wurde ich in Tarsus. Meine Erziehung erhielt ich in dieser Stadt nach der strengen Art der Gesetze unserer Väter. Ich wurde ein Eiferer für Gott und unterschied mich damit in keiner Weise von euch. Ich bin meinen Weg konsequent gegangen. Ich habe Männer und Frauen in Fesseln gelegt und den Gefängnissen überantwortet. Dies wird der Oberpriester bezeugen und der Rat der Ältesten. Von ihnen erhielt ich den schriftlichen Auftrag, nach Damaskus zu reisen, um dort Schuldige in Fesseln zu legen und nach Jerusalem zu führen, damit sie dort bestraft würden.

Als ich mich jedoch Damaskus näherte, geschah es mir, daß mich zur Mittagsstunde ein gewaltiges Licht traf, das vom Himmel herabstrahlte. Ich stürzte zu Boden und hörte eine Stimme, die zu mir sprach: ›Saulus, Saulus, warum verfolgst du mich?‹ Ich aber antwortete: ›Wer bist du, Herr?‹ Und Er sprach zu mir: ›Ich bin Jesus, der Mann aus Nazareth, den du verfolgst!‹ Meine Gefährten sahen wohl das Licht, doch sie hörten nicht die Stimme, die zu mir redete.

Da fragte ich: ›Was soll ich tun, Herr?‹ Der Herr aber sprach zu mir: ›Steh auf und geh nach Damaskus, dort wird man dir sagen, was du zu tun hast.‹«

Aus Tarsus stammte der Mann, zu dem Jesus sprach. Tarsus war damals weit bedeutender als die heutige türkische Kleinstadt, die immer noch diesen Namen trägt. Der Ort lag am Schnittpunkt westlicher und östlicher Kultur. Beide berührten einander, verschmolzen sogar. Der Hafen war wichtig im Mittelmeerraum – die alte Stadt lag näher an der Küste als die heutige. Den Schiffen entstiegen Menschen aller Länder des mediterranen Gebiets. Tarsus war weltoffen und konnte an Glanz und Reichtum durchaus mit dem ägyptischen Alexandria wetteifern.

Die Stadt besaß eine wohlhabende jüdische Kolonie. Die Familie des Saulus gehörte ihr an. Doch war Hebräisch nicht die Muttersprache des Heranwachsenden. In Tarsus redeten die Menschen griechisch – und die jüdischen Familien lasen auch die Bücher Mose auf Griechisch.

Der Vater gehörte zur Sekte der Pharisäer, die den Text der Schrift besonders streng auslegte, und die durch Interpretation der Überlieferung Rechtsgebote aufstellte, die vom Gläubigen aufs Wort beachtet werden mußten. Diese Strenggläubigen waren als Schriftgelehrte besonders geachtete Menschen. Es war Tradition der Pharisäer, daß die Väter die religiöse Erziehung ihrer Söhne persönlich betreuten. Anzunehmen ist, daß Saulus frühzeitig von seinem Vater in der hebräischen Sprache unterwiesen wurde und bald schon – dies war eine Besonderheit in Tarsus – die fünf Bücher Mose in Hebräisch lesen konnte.

In der jüdischen Kultur waren Handwerker durchaus angesehen – während die Griechen die Arbeit meist an Sklaven übertrugen. Gerade die Pharisäer lebten in der Tradition, daß der Mann neben dem Studium der Schrift einen handwerklichen Beruf ausüben müsse. Die Pflicht des Schriftgelehrten war es, den Sohn mit demselben Beruf vertraut zu machen, den er selbst ausübte. Saulus' Vater war Zeltmacher, und er brachte dem Sohn bei, wie Zelte hergestellt wurden. Saulus lernte vom Vater auch die Fertigung von Teppichen und von Schuhen aus Ziegenhaar.

Als Saulus die Heilige Schrift zu verstehen und auch die Kunst des Zeltmachens gelernt hatte, schickte der Vater ihn nach Jerusalem, damit er sich dort weiterbilde. Der junge Mann war damals etwa 15 Jahre alt. Ihm wurde in Jerusalem beigebracht, daß neben der schriftlichen Überlieferung auch eine mündliche Weitergabe heiliger Texte existiere, die ebenfalls auf Mose zurückgehen. Auf dem Berg Sinai habe sie Mose als Offenbarung empfangen und dann mündlich an Josua weitergegeben. Die mündliche Überlieferung – so wurde Saulus unterrichtet – ergänze und erläutere die Heilige Schrift.

Die Pharisäer von Jerusalem waren erbitterte Gegner der Anhänger Jesu Christi, die von ihrem »Meister« erfahren hatten, daß durch ihn ein neuer Bund mit Gott geschlossen worden sei, der den alttestamentarischen Bund ersetze. Jesus war für diese gedankliche Kühnheit zum Kreuzestod verurteilt worden. Seine Anhänger wurden verfolgt und häufig getötet. Die Apostelgeschichte berichtet, Saulus sei bei derartigen Gewalttaten gegen Andersgläubige dabei gewesen:

»Und sie legten ihre Kleider nieder zu Füßen eines jungen Mannes, der Saulus hieß. Und sie steinigten den Stephanus, der ausrief: ›Herr Jesus, nimm meinen Geist auf.‹ Und in die Knie sinkend, rief er mit lauter Stimme: ›Herr, rechne ihnen diese Sünde nicht an.‹ Und als er das gesagt hatte, verschied er. Saulus aber war einverstanden mit seiner Ermordung« (Apostelgeschichte 7).

Aus der Apostelgeschichte ist zu erfahren, daß am Tag der Tötung des Stephanus die Verfolgung der Gemeinde Christi in Jerusalem begonnen habe. Die Welle der Gewalt breitete sich über das ganze Land aus. Saulus war bereit, aktiv an der Ausrottung des Christenglaubens mitzuwirken. Er sollte die Andersgläubigen in Damaskus verhaften und zur Aburteilung nach Jerusalem bringen. Brief und Siegel des Hohenpriesters gaben ihm dazu die Autorität. Doch auf dem Weg dorthin, ganz in der Nähe der Oase traf ihn das Licht aus dem Himmel – und er hörte eine Stimme.

Die Apostelgeschichte berichtet weiter, was Saulus erlebte, nachdem ihn die Stimme des Herrn aufgefordert hatte, nach Damaskus zu gehen.

»Da ich vom Glanz des Lichtes so geblendet war, daß ich nichts sehen konnte, wurde ich von meinen Begleitern an der Hand geführt und kam schließlich nach Damaskus. Ein gewisser Ananias aber, ein Mann, der sich getreu an die Gesetze hielt und von allen Juden in Damaskus geachtet wurde, trat auf mich zu und sagte: ›Bruder Saulus, sei wieder sehend!‹ Und in derselben Stunde sah ich auf zu ihm. Da sprach Ananias: ›Der Gott unserer Väter hat dir eine Aufgabe zugewiesen. Du bist dazu bestimmt, seinen Willen zu erkennen und den Meister zu sehen und die Stimme zu hören aus seinem Munde, daß du ihm Zeuge sein wirst vor allen Menschen für das, was du gesehen und gehört hast. Und jetzt, was zauderst du? Laß dich taufen und wasche deine Sünden ab, indem du seinen Namen anrufst!‹«

Was Ananias verlangte, geschah. Saulus bekannte sich zu Jesus Christus und wurde aufgenommen in die kleine Gemeinde der Anhänger Jesu in der Oase. Die jüdische Gemeinde aber wunderte sich, daß Saulus nicht aktiv wurde gegen diejenigen, die

Jesus verehrten, daß er keinen verhaften und fesseln ließ. Aus der Verwunderung entstand Zorn. Es dauerte nicht lange, und die Juden entschlossen sich, diesen Abtrünnigen zu beseitigen. Ananias aber bot ihm Schutz.

Nicht weit vom Osttor, vom Bab al-Charqi entfernt und ganz nahe bei der Stadtmauer befindet sich im christlichen Teil von Damaskus ein Gewölbe aus groben Steinen. Es liegt heute unter der Erde, war aber in römischer Zeit ebenerdig. Bauschutt hat das Bodenniveau der Stadt angehoben. Die Überlieferung schreibt dieses Gewölbe dem Ananias zu: Er soll dort gewohnt haben – und Saulus wohl auch. Sicher ist, daß das Bauwerk sehr alt ist. Eine Kapelle ist heute darin eingerichtet.

Der Schutz, den Ananias bieten konnte, reichte schließlich nicht mehr aus. Die Apostelgeschichte erzählt:

»Nach einigen Tagen waren sich die Juden darin einig, daß Saulus getötet werden sollte. Diese Absicht wurde Saulus bekannt. Er wußte auch, daß die Tore der Stadt Tag und Nacht bewacht wurden, damit er nicht entkomme. Seine Anhänger aber ließen ihn bei Nacht an der Mauer hinab. Dazu hatten sie ihn in einen Korb gesteckt.«

Die Damaszener Fremdenführer zeigen auf das Kaysantor, wenn sie den Platz bezeichnen wollen, an dem Saulus aus Damaskus geflohen ist. In diesem Bab Kaysan befindet sich eine Kapelle zum Gedenken an dieses Ereignis. Das Tor stammt allerdings aus späterer Zeit. Es ist in der Epoche der Mamluken erbaut worden. Die Flucht des Bekehrten gelang. Saulus wanderte zurück nach Jerusalem und nannte sich fortan Paulus. Er suchte Kontakt zu den Jüngern, doch sie lehnten ihn zunächst ab. Sie glaubten ihm nicht, weil sie wußten, daß er die Steinigung des Christen Stephanus für richtig gehalten hatte. Der Jünger Barnabas aber faßte Vertrauen und überzeugte schließlich den skeptischen Petrus, daß Saulus bei Damaskus wirklich den Herrn gesehen und gehört hatte. In Jerusalem wollte der Neubekehrte nicht bleiben. Er sah seine Aufgabe darin, den Namen des Herrn in den Zentren des politischen Lebens im Mittelmeerraum bekannt zu machen. Der Mann aus der Weltstadt Tarsus fühlte sich nicht zu Hause in der abgelegenen Provinz Juda. Damaskus suchte er nie wieder auf.

Palmyra –
Konkurrenz für Damaskus

Es ist bekannt, daß sich die römischen Herren im Verlauf der Generationen dem Reiz der syrischen Kultur nicht entziehen konnten. Kaiser Hadrian (117 bis 138 n. Chr.) bestieg nachts den Qasyunberg, um auf die Oase herunter zu blicken. Bezeugt ist, daß er sich dort vor den traditionellen Göttern der Region, vor Hadad und Baal verbeugte. Er wollte damit der religiösen Kultur Syriens seine Reverenz erweisen. Die Verbeugung auf dem Qasyunberg macht deutlich, daß Jupiter Damascenus im Bewußtsein kaum als volle göttliche Kraft akzeptiert wurde. Die importierte Gottheit hatte Hadad nicht verdrängt.

In jener Zeit stiegen Syrer in mächtige Positionen des Römischen Reiches auf: Offiziere aus Damaskus wurden zu Feldherren ernannt. Sie wiederum besaßen bald politischen Ehrgeiz und griffen nach der Macht im Imperium. Der Syrer Avidius Cassius ist im Jahre 165 Konkurrent von Marcus Aurelius. Dreißig Jahre später streitet sich Septimus Severus mit Rescennius, der ebenfalls aus der syrischen Provinz stammt.

Kaiser Septimus Severus sah sich gezwungen, den syrischen Einfluß auf Politik und Wirtschaft des Reiches zurückzudrängen. Er machte aus der Einheit Syrien zwei Verwaltungsbezirke: Syria Coele und Syria Phoenice. Doch seine Bemühungen machte er selbst wieder zunichte – er heiratete die Tochter eines einflußreichen syrischen Priesters aus Emesa (Homs). Die Syrerin bestimmte bald die Mode in Rom. Die Frau sorgte dafür, daß die römischen Damen alles schick fanden, was in Syrien seinen Ursprung hatte: Die Römerinnen bevorzugten bald Düfte und Silberschmuck aus Damaskus. Es galt als modern, die syrischen Götter anzurufen. Wer aus der syrischen Provinz stammte, der machte leichter Karriere.

Varius Avidus Bassianus, Abkömmling der Priesterfamilie, zu der auch die Kaiserin gehörte, wird im Jahr 218 von den syrischen Truppen zum Kaiser ausgerufen. Als Angehöriger der Priesterschicht sieht er sein Amt nicht nur unter weltlichen Aspekten – er empfindet sich auch weiterhin als Priester. Der Gott seiner Familie ist Baal – diesem Gott verschafft Varius Avidus Bassianus Ansehen in Rom. Er nennt sich »Oberpriester des Baal«. Unter kaiserlicher Protektion verbreitet sich der Baalskult in den Mittelmeerländern des römischen Imperiums. Mord setzt dem Leben dieses Kaisers ein Ende.

Auch der nächste Imperator ist Syrer: Alexander Severus. Er muß seine Zeit und seine Kraft darauf verwenden, die nördlichen Grenzgebiete Roms in Mitteleuropa abzusichern. Der Druck der germanischen Stämme im Winkel von Donau und Rhein macht die Verlegung von Truppenverbänden aus dem östlichen Mittelmeerraum nach Germanien notwendig. Da erkennen die Verantwortlichen der Oase Palmyra, die rund 200 Kilometer ostwärts von Damaskus lag, die Chance, sich gegen Rom aufzulehnen.

Plinius der Ältere, der Verfasser von 37 Bänden »Historia Naturalis«, schrieb in der 2. Hälfte des 1. Jahrhunderts n. Chr.: »Palmyra ist berühmt wegen der Vorzüge dieser Stadt. Der Boden ist fruchtbar und das Wasser ist angenehm. Die Stadt und die Felder sind rings von einem Gürtel weißen Sandes umgeben. Palmyra ist auf diese Weise von der übrigen Welt isoliert. Die Stadt liegt zwischen den Reichen der Römer und der Parther. Sie kann vermitteln, wenn Streit ausbricht.«

Daß die Oase mindestens so lange bewohnt ist, wie Damaskus, beweisen Ausgrabungen. Schon in der Frühgeschichte der Menschheit lebten Sippen, die sich von der Jagd ernährten in Höhlen der Hügel westlich der heutigen Stadt. Durch ihre Lage in der Mitte zwischen Meer und den zwei großen Flüssen bedingt, traten in Palmyra Einflusse aus dem Mittelmeerraum und Mesopotamien zusammen. Die Freilegung frühgeschichtlicher Grabanlagen machte den kulturgeschichtlichen Prozeß deutlich. Als Bindeglied zwischen Handelszentren in Persien, in der Region um Euphrat und Tigris und den Hafenstädten des Mittelmeeres wurde Palmyra zum Umschlagplatz für Getreide, Edelmetalle und persische Duftstoffe. Das Netz der Handelsrouten bildete sich heraus: Von Damaskus, Emesa (Homs) und Bosra verliefen feste Wege in Richtung Palmyra; dort bündelten sie sich, um nach Mesopotamien und Persien weiterzuführen.

Im ersten nachchristlichen Jahrhundert geriet die Oase unter den Einfluß Roms, wobei die Selbständigkeit der Verwaltung nicht angetastet wurde. Mindestens eine Generation lang befand sich keine römische Garnison in der Oase. Die römischen

Legaten ließen der örtlichen Autorität die Macht, denn sie benötigten die diplomatische Erfahrung der Honoratioren bei Verhandlungen mit den Persern. Wurden Gesandte für eine Mission am persischen Hof gebraucht, dann schickten die Legaten häufig Männer aus Palmyra. Als Rom auf das Gebiet um Euphrat und Tigris wieder verzichtete, gewann die Oase im Osten auch durch diesen Vorgang an Bedeutung: Palmyra wurde Grenzstadt, Garnison – jedoch nicht belegt mit Truppen der fremden Großmacht, sondern mit Kämpfern, die aus Palmyra stammten. Junge Männer aus Palmyra wurden für das römische Heer angeworben und bildeten einen eigenständigen »Dromedarverband«.
Diszipliniert und glänzend trainiert waren auch die Bogenschützen aus Palmyra. Sie wurden vom römischen Legaten bisweilen zum Kampf in gefährdete Regionen geschickt. 8000 Bogenschützen aus Palmyra sollen an der Belagerung von Jerusalem durch Kaiser Titus (70 n. Chr.) beteiligt gewesen sein.
Geehrt wurde Palmyra im Jahr 129 durch den Besuch des Kaisers Hadrian. Ihm hat die Stadt einen Triumphbogen errichtet. Sie hieß von nun an für einige Zeit »Hadriana Palmyra«.

Die Bewohner erlebten damals ihre glücklichste Epoche. Die Handelsbeziehungen dehnten sich bis nach China aus. Die Kaufleute aus der Oase wurden die Herren der Seidenstraße, des Karawanenwegs von China über Zentralasien zum Vorderen Orient. Sie vermittelten die besten Geschäfte. Wer aus Palmyra kam, war geachtet auf den weiten Strecken durch wilde Gegenden.
Mit dem Anwachsen des syrischen Einflusses in Rom stieg dort auch das Ansehen der Stadt. Die Rechtsverhältnisse der Hauptstadt des Imperiums wurden auf die Oase übertragen – dies war eine beachtliche Auszeichnung für Palmyra. Diese positive Entwicklung wurde durch die Expansion östlicher Reiche unterbrochen. Der Sassanidenstaat breitete sich nach Westen bis zum Euphrat aus; sein Heer schlug die Römer im Jahr 259; Kaiser Valerianus geriet in Gefangenschaft. Da gelang den beweglichen und kampferprobten Dromedarreitern und den Bogenschützen aus Palmyra unter ihrem Befehlshaber Odainat, die sassanidischen Kämpfer vernichtend zu schlagen. Und als Odainat bei internen Machtkämpfen Roms seine Truppen und sein politisches Geschick auf der Seite des Gewinners einsetzte, wurde er

von diesem zum Oberbefehlshaber aller römischen Verbände im Orient ernannt.

Der Name Odainat weist auf arabische Herkunft des Erfolgreichen. Sein Vater war von Septimus Severus als »Fürst von Tadmor« eingesetzt worden – Tadmor war der altüberkommene Name von Palmyra. Es war die Zeit, in der Septimus Severus die Tochter des einflußreichen syrischen Priesters aus Emesa geheiratet hatte.

Odainat wurde im Jahre 268 zusammen mit seinem Sohn Herodianus ermordet. Die Tat ist wahrscheinlich von der Frau des Odainat veranlaßt worden. Ihr Name ist Zenobia. Der jüngere Sohn, Wahballat, beansprucht Titel und Funktion seines Vaters. Mit seiner Mutter Zenobia teilt er die Macht.

Verblüffend ist das Geschehen der folgenden Jahre. Kaum in den Besitz der Herrschaft über Palmyra gekommen, beginnen die Heeresverbände von Zenobia und Wahballat mit einer Offensive in Richtung Westen. Sie erobern Syrien, Ägypten und einen Teil von Kleinasien. Der Blitzfeldzug überrascht die Römer. Die Verantwortlichen Roms hatten weder Zenobia noch deren Sohn einen derartigen Ehrgeiz und eine überragende militärische Intelligenz zugetraut. Bis heute bleibt ungeklärt, wie der weitflächige Angriff gelingen konnte. Bewiesen ist, daß im Herbst des Jahres 270 n. Chr. im ägyptischen Alexandria Münzen geprägt worden sind, die das Bildnis des Wahballat aus Palmyra tragen.

Daß Palmyra in römischer Zeit eine Sonderstellung einnahm, daß die Oase nicht in das Schema der Provinzstädte des Imperiums einordnen ließ, zeigt sich am Beispiel der Hauptstraße, der Säulenstraße. An ihr befanden sich Ladengeschäfte und Tavernen, Heiligtümer und das Theater. Von der Säulenstraße aus führte ein prächtiger Eingang in die Thermen, in das geräumige Bad, das die Fremdenführer von Palmyra mit Vorliebe »das Bad der Zenobia« nennen.

Die Straße mit ähnlicher Funktion ist in Damaskus – geradlinig angelegt – »die Straße, die man die Gerade nennt«. In Palmyra ist sie nicht eindeutig ausgerichtet: Sie knickt zweimal deutlich ab. Die Stadtbaumeister haben sich nicht an die Regeln der Geradlinigkeit gehalten. Richtungwechsel sind beim Tetrapylon zu erkennen und beim Triumphbogen des Hadrian. Dort sollen sich jeweils auch Tore befunden haben. Die Säulenstraße verbindet die zwei wesentlichsten Bauwerke von Palmyra: Den Baaltempel und das »Diokletianlager«.

Imposant sind die Ausmaße des Baaltempels im Osten der Stadt-anlage. Der Grundriß bildet ein Quadrat von jeweils 200 Meter Seitenlänge. Das Tempelareal ist von Mauern umgeben, die elf Meter hoch sind. Der Tempel, vor allem das eigentliche Heilig-tum und die Säulen auf seiner östlichen Seite, zeugen von der Größe und der Macht des Staates, dessen Machtmittelpunkt Palmyra war. Gebaut worden ist der Baaltempel zwischen den Jahren 19 und 32 n. Chr., am Beginn der Römerherrschaft. Fertig-gestellt wurde er endgültig in der Mitte des zweiten Jahrhunderts n. Chr., als eine römische Garnison in Palmyra stationiert war.

Etwa eine Generation später, zwischen den Jahren 293 und 303, wurde in der Regierungszeit des Kaisers Diokletian am Fuß der Hügel im Westen das »Diokletianlager« erbaut. Die Anlage be-steht aus Wohngebäuden der Soldaten und aus Vorratshäusern. Es sind Zweckbauten einer Kaserne, getreu dem Muster, das auch in anderen römischen Garnisonen der Region zu finden ist. Das Diokletianlager von Palmyra zeichnet sich nicht durch Be-sonderheit aus. Es ist auch erst erbaut worden, als das Großreich der Zenobia und des Wahballat zerfallen, als Palmyra entvölkert und zerstört war. Der Zerfall des Reiches von Palmyra geschieht genauso überraschend und schnell wie der Aufstieg

Die Gestalt der Zenobia hat die Phantasie der Menschen bis in unsere Zeit gefangengenommen. Sie gehört zu den großen Frauen der Weltgeschichte. Die Chroniken sind sich darin einig, daß sie von außerordentlicher Schönheit und Klugheit gewesen sei. Sie wurde als die edelste Frau des ganzen Orients bezeichnet. Zenobias Muttersprache war aramäisch, sie soll aber auch die griechische und die ägyptische Sprache beherrscht haben, war versiert in Geschichte und in religiösen Belangen. Bewundert wurden Zenobias körperliche Tüchtigkeit: Sie sei so kräftig gewe-sen, daß sie mit ihren Soldaten mitmarschierte, als Reiterin sei sie unermüdlich gewesen.

Zenobias Handeln – ihr Sohn Wahballat war zur Zeit des Auf-stiegs von Palmyra minderjährig – war von der Vision be-herrscht, über die östliche Welt zu herrschen. Indien zu erobern, war Zenobias Traum. Die Eroberungen des Jahres 271 n. Chr. waren nur als Vorstufe gedacht zum höchsten Ruhm der Herr-scherin über die Völker.

Die größte Ausdehnung ihres Imperiums war im April des Jahres 271 erreicht: Kleinasien, Syrien und Ägypten waren erobert. Zu jener Zeit hatte Kaiser Aurelianus beschlossen, diesen Einbruch in sein Machtgebiet nicht hinzunehmen und gab den Befehl zum Feldzug gegen Zenobias Armee in Kleinasien. Der Vorstoß wurde mit großer Wucht geführt und die Römer siegten am Taurusgebirge.

Zenobia und Wahballat glaubten offenbar noch an die Möglichkeit, ihr Reich retten zu können, denn auf den Münzen, die sie jetzt prägen ließen, nannten sie sich »Augustus« und »Augusta«. Sie nahmen sich damit – wohl mit Absicht – jede Möglichkeit einer Kompromißlösung im Streit mit dem Kaiser, denn die Titel bedeuteten, daß die Träger Anspruch erhoben auf die Macht im gesamten Römischen Reich. Ihre Truppen erlitten im Jahre 272 entscheidende Niederlagen bei Antiochia und bei Homs, das damals Emesa hieß.

Auf dem freien, ebenen Feld vor Emesa stand den Reitern von Palmyra das Glück zunächst zur Seite: Es gelang ihnen, den Gegner zurückzudrängen, doch dann plötzlich ließ ihr Schwung nach, als sie die römische Reiterei verfolgten. Sie gerieten zwischen Formationen der römischen Fußtruppen und jegliche Kampfordnung zerfiel. Zenobia, die die Schlacht beobachtete, gab den Befehl zum Rückzug nach Palmyra.

Offenbar war nach diesen Katastrophen die Kampfmoral des Heeres von Palmyra gering, denn die Stadt fiel noch im selben Jahr in die Hand der Römer. In einem Zeitraum von etwas mehr als einem Jahr stürzt das Reich der Zenobia vom höchsten Punkt seiner Macht in das Nichts.

Zunächst verschonten die Eroberer die Bauwerke der Oase. Doch als im Sommer 272 Teile der Bevölkerung einen Aufstand gegen die Römer versuchten, gab der Oberbefehlshaber Marcellinus Befehl, Palmyra zu zerstören.

Über das Schicksal der Zenobia existieren keine gesicherten Nachrichten. Offenbar ist ihr die Flucht aus Palmyra gelungen. Ihre Absicht sei gewesen, so wird berichtet, die Herrscher der Sassaniden zu bitten, ihr beim Kampf gegen die Römer und der Befreiung ihrer Stadt zu helfen. Am westlichen Ufer des Euphrat sei sie von einer römischen Vorauseinheit, die eigens losgeschickt worden war, um sie zu suchen, gefangengenommen

worden. Unsicher ist, ob Zenobia in der Gefangenschaft Selbstmord begangen hat, oder ob sie vom Kaiser Aurelianus im
Triumphzug durch Rom geführt worden ist. Legenden erzählen,
sie habe als schöne Frau noch jahrelang ein glückliches und
verliebtes Leben in der Hauptstadt des Imperiums geführt.

Die Araber –
Aufstieg aus dem Nichts

Die Zerschlagung des Zenobia Reiches sollte nur eine erste,
wenn auch wichtige Phase des römischen Feldzugs im Orient
sein. Beabsichtigt war, die Völker, die aus Persien nach Westen
drängten, wieder zurückzutreiben. Doch dazu reichte die Kraft
des Imperiums nicht mehr aus. Zu sehr war es in Europa in
Bedrängnis geraten. Die Germanen hatten die Donaugrenze
durchbrochen und erreichten zu Beginn des 4. Jahrhunderts den
Bodensee.

Diese Bedrohung im Norden des Kernlandes war für Rom gefährlicher als der Konflikt weit im Osten. Vom Gebiet südlich der
Donau aus konnten germanische Stämme die Hauptstadt erreichen – das Land zwischen Euphrat und Mittelmeer verlor bei
solchen Überlegungen an Wichtigkeit.
Die Verantwortlichen der syrischen Provinzen waren hilflos
gegen die ständige Zermürbung und Zersplitterung ihrer Streitkräfte im Kampf gegen Persien. Ständig baten sie die Zentrale um
Truppenverstärkung und um mehr politische Unterstützung.
Die Folge war, Überlegungen zur Schaffung eines Schwerpunkts
ihrer Macht im Osten: An der Grenze zwischen Europa und
Asien entstand eine neue Metropole, die bald schon eine Konkurrenz zu Rom bilden sollte. Kaiser Konstantin geht noch einen
Schritt weiter: Er verlegt die Hauptstadt des Imperiums im Jahre
330 n. Chr. in die Stadt, die seinen Namen trägt: Konstantinopel.
Rom hat nichts mehr zu sagen im syrischen Raum.
Die Herren der neuen Hauptstadt bekamen bald zu spüren, daß
nicht nur die mächtigen Heere Persiens eine Gefahr für die
Ostgrenze des Reichs darstellten, sondern auch Sippen, die auf
der arabischen Halbinsel lebten und auf der Suche waren nach

Landstrichen, die reicher an Wasser sind als ihre Lebensräume in der Steppe und in der Wüste. Die Beamten des Kaisers von Konstantinopel versuchten, mit den Nomaden Kontakt aufzunehmen, sie einzuspannen für ihre Zwecke. Im Fall der Sippe der Ghassaniden gelang es tatsächlich, sie für Ostrom zu gewinnen. Diese Ghassaniden waren bereits christlich geworden und bildeten im Sünden Syriens einen Puffer gegen Persien.

Das Christentum hatte in der Zwischenzeit den Sieg errungen über alle anderen Religionen des östlichen Mittelmeerraums. Die Verfolgung der Gläubigen hatte sich nicht als hemmend erwiesen, außerdem begünstigte Konstantin der Große, der Herr über Konstantinopel, die neue Religion u. a. mit dem Toleranzedikt von Mailand 323. Die christliche Kirche war für ihn bereits die Klammer, die Westrom und Ostrom zusammenhalten sollte.

Das nördliche Gebiet Syriens bekannte sich schon im 3. Jahrhundert zur Kirche Jesu Christi. Drei Generationen später waren auch die meisten der Bewohner von Damaskus Christen. Die traditionellen Kulte in der Oase wurden allerdings erst unter Kaiser Theodosius (379–395) offiziell abgeschafft. An der Stelle des Heiligtums der bisherigen Götter entstand in jenen Jahren die Johannes dem Täufer gewidmete Basilika. Sie hatte ihren Platz dort, wo sich heute die Omayyadenmoschee befindet.

Über Generationen hin befand sich Ostrom im Abwehrkampf gegen die Perser, die mit ihren Armeen die östliche Mittelmeerküste erreichen wollten. Im ersten Drittel des 7. Jahrhunderts n. Chr. beobachtete in der Wüste Arabiens ein Mann sehr aufmerksam diesen militärischen Konflikt. Sein Name war Mohammed. Er sagte, er stehe mit dem Herrn über Menschen und über alle Lebewesen und Dinge in Verbindung. Dieser Herr – Allah genannt – mache ihm offenbar, wie die Welt geordnet sein müßte. Von Allah erfuhr Mohammed daß er letztlich in der Auseinandersetzung mit Ostrom der Gewinner sein würde. Die 30. Sure des Koran trägt die Bezeichnung »Al Rum« – gemeint ist Ostrom. In dieser Sure ist zu lesen: »Besiegt sind die Römer im nahen Lande. Doch nach der Niederlage werden sie Sieger sein in einigen Jahren.« Anlaß für diese Aussage ist die Einnahme von Jerusalem durch die Perser. Mohammed ist überzeugt, diese Einnahme sei nicht von Dauer.

Derartige politische Offenbarungen bilden den geringsten Teil des Koran. Die Suren stellen ein Gesetzbuch dar, das alle Lebensbereiche des Menschen und das Zusammenleben in der menschlichen Gesellschaft ordnet. Die Gesetze sind geprägt vom Grundsatz der Gerechtigkeit gegenüber den ärmeren Schichten – und gegenüber den Frauen. Gesetze des Koran verpflichten die Regierenden zur Fürsorge. Untersagt ist Ausbeutung und Unterdrückung. Der Koran ist nicht allein als Gesetzbuch gedacht, sondern als Verfassung, als Rechtsgrundlage von Staatsgebilden.

Mohammed war überzeugt, seine Offenbarung sei nicht nur Gesetz für die arabisch sprechenden Menschen, sondern für die gesamte Welt. Überliefert ist, daß sich Mohammed an den oströmischen Kaiser Heraklios (610–641 n. Chr.) wandte, um ihn darauf aufmerksam zu machen, daß von Medina und Mekka aus der wahre Glaube die Menschen für sich gewinne. Von einer Antwort des Kaisers auf den Brief des Propheten berichtet die Überlieferung nichts. Bekannt ist aber, daß die Bewohner der Wüstengebiete mißachtet wurden am Hof in Konstantinopel. Sie wurden als »Sarakenoi« bezeichnet – als »Zeltbewohner«.

Vom Jahre 622 an ist Mohammed der politisch führende Kopf auf der arabischen Halbinsel. Die Bewohner der Stadt Jathrib hatten ihn zu ihrem Regierungschef bestimmt. Jathrib wurde zur »Stadt des Propheten« – Medina ar-Rasul. Die Kurzform hat sich durchgesetzt im Verlauf der Geschichte »Medina«.

Von Medina aus breitete sich der Glaube an Allah und damit an den Propheten auf der arabischen Halbinsel aus. Seine Autorität war noch vor dem Jahr 630 von fast allen Sippen des Steppenlandes in einer Breite von 1000 Kilometern (West–Ost) und einer Länge von 2000 Kilometern (Nord–Süd) anerkannt. Mohammeds Land wurde im Westen durch das Rote Meer und im Osten durch die Arabische Wüste begrenzt und bot durch sein Potential an Menschen eine Basis für weitere Expansion. Mohammed und seine Reiterführer fühlten sich stark genug, Auseinandersetzungen mit Heeresverbänden der Byzantiner zu wagen.

Der erste Kampf zwischen islamischen Kämpfern und der oströmischen Truppe endete mit der Niederlage der Moslems. Ohne

einen Befehl Mohammeds erhalten zu haben, griff sein Befehlshaber der Reiterei an. Er war erfolgreich gewesen bei Überfällen
auf Karawanen und auf Oasen, doch er besaß keinerlei Erfahrung im Kampf mit einer disziplinierten und erfahrenen Truppe,
deren Kommandeure das Zusammenwirken zwischen Reiterei,
Bogenschützen und gepanzerten Fußtruppen zu koordinieren
wußten. Nicht einmal der Faktor der Überraschung wirkte sich
zugunsten der Moslems aus. Ihre Angriffe prallten an der geordneten Kampflinie der Byzantiner ab. Hatten die islamischen
Reiter die Schlacht im Bewußtsein begonnen, Allah werde ihnen
den Sieg schenken, so verflog ihre Begeisterung beim Anblick
der Gepanzerten rasch.

Der byzantinische Befehlshaber gab sich mit diesem Erfolg nicht
zufrieden. Er fühlte sich durch die »Sarakenoi« provoziert. Den
Fliehenden schickte er eine Reiterabteilung nach. In der Nähe
des Toten Meeres holten die Byzantiner die Moslems ein. Die
Gläubigen wurden von einem Adoptivsohn des Propheten kom-
mandiert. Sein Versuch, Widerstand zu organisieren scheiterte.
Unter großen Verlusten gelang es der islamischen Reiterei, sich
nach Medina zu retten. Dort wurden die Heimkehrenden mit
Schmähungen empfangen. Mohammed schützte seine Kämpfer
vor Gewalttaten durch diese Offenbarung: »Wenn Allah, der
Erhabene, es will, dann sind dies keine Fliehenden, sondern
Männer, die sich vom Feind gelöst haben, um sich zum nächsten
Kampf zu rüsten.«

Diesen nächsten Kampf plante der Prophet sorgfältig: Ein starkes
Heer sollte nach Norden stoßen, um die Byzantiner in der
Gegend von Damaskus zu vernichten. Während der Mobilisie-
rung seiner Streitkräfte erlebte Mohammed eine Überraschung:
Seine Männer wollten nicht gegen die byzantinischen Panzerrei-
ter in den Krieg ziehen. Sie benutzten Ausreden, um sich zu
drücken. Den einen war das Wetter zu heiß, andere wollten ihre
Felder bestellen und wieder andere bei ihren Familien bleiben.
Mohammed argumentierte, drohte und schimpfte. Er stellte die
Kaufleute, die sich weigerten, die Kriegskasse aufzufüllen, den
von Allah verdammten Bewohnern von Sodom und Gomorrha
gleich. Alle Wortgewalt nützte nichts.

Bei den Angehörigen der Stämme rings um Mekka und Medina
war Mohammed etwas erfolgreicher. Außerhalb der Städte waren die Männer noch leichter zu begeistern. Insgesamt fanden

sich etwa 30000 Bewaffnete am Treffpunkt beim nördlichen Tor von Medina ein. Jubel herrschte nicht als die Stunde des Abmarsches nahte – die Stimmung war eher rebellisch.

Die Oase Tabuk, die rund 600 Kilometer nördlich von Medina liegt, war als Stützpunkt für die islamischen Kämpfer vorgesehen. Dem Propheten war die Information zugegangen, seine Männer würden in Tabuk Wasser und Lebensmittel vorfinden. Bei der Ankunft herrschte Bestürzung: Die Quelle war trocken. Zunächst konnte nicht einmal Wasser für die rituellen Waschungen des Propheten gefunden werden. Mohammeds Gebete, so wird berichtet, habe dann die Quelle sprudeln lassen.

Der strategische Plan war, von Tabuk aus das byzantinische Heer, das sich im Süden Syriens aufhielt, anzugreifen und derart zu schwächen, daß es als militärischer Faktor im Norden der arabischen Halbinsel keine Bedeutung mehr besaß. Doch die Kundschafter, die Mohammed nach Norden ausgesandt hatte, konnten die Truppen des Kaisers Heraklios nirgends entdecken – offenbar waren die Verbände nach Osten abgezogen, um die Perser zu verfolgen.

Eigentlich hätte Mohammed über diese Nachricht zufrieden sein müssen, bestätigte sie doch die Wahrheit seiner Offenbarung: »Nach der Niederlage werden die Römer Sieger sein.« Den Feldzug hatte er allerdings umsonst geführt, denn die Byzantiner befanden sich nun außerhalb der Reichweite der islamischen Reiterei.

»Der Satan hat uns einen Streich gespielt!« – das war Mohammeds Meinung beim mühseligen Rückritt nach Medina. Ruhmlos war dieser Kriegszug verlaufen. Die Männer murrten, weil sie ohne Beute zurückkehrten. Mohammed aber beharrte auf seinem Vorsatz, dem Kaiser von Byzanz eine Niederlage beizubringen , um ihm zu beweisen, daß Allahs Hilfe den wahren Gläubigen den Sieg verleihe.

Schließlich wurde der Feldzug gegen die Byzantiner von Mohammed auf Mai des Jahres 632 festgelegt. Der Prophet hatte beschlossen, nicht selbst am Ritt nach Norden teilzunehmen. Zum Befehlshaber wurde Usama Ibn Said bestimmt. Mohammed hatte ihm bereits das Banner des Propheten überreicht, es mußte nur noch der Befehl zum Aufbruch der Reitermassen gegeben werden, die vor der Moschee in Medina lagerten. Da verbreitete sich plötzlich die Nachricht, Mohammed sei tot.

Bestürzung und Ratlosigkeit machte sich breit in Medina. Der Befehlshaber Usama Ibn Said fragte sich, ob der Befehl des Propheten, die Byzantiner anzugreifen, überhaupt noch gültig sei. Mohammeds Nachfolger im Amt des Staatsoberhaupts, der Kalif Abu Bakr (632–634 n. Chr.), machte nach langem Zögern dem Zweifel ein Ende: Den Reitern wurde befohlen, den geplanten Kriegszug zu beginnen.

Kaiser Heraklios hatte nicht mit dem Angriff der »Sarakenoi« aus den Wüsten Arabiens heraus gerechnet. Die byzantinischen Garnisonen in den Grenzgebieten des Imperiums waren schwach besetzt, da die Soldaten zum Einsatz gegen Persien abkommandiert waren. Um die Staatskasse zu entlasten, hatte Heraklios den christlichen Großfamilien der Pufferzone zum östlichen Feind die finanziellen Zuwendungen gekürzt, ohne Entlohnung wollten diese Stämme nicht für Ostrom kämpfen.

Am Südende des Jordangrabens, im Wadi al-Araba stießen Moslems und Byzantiner zum erstenmal in dieser Phase der Auseinandersetzung aufeinander. Soldaten des Kaisers versuchten, die Eindringlinge aus der Wüste aufzuhalten. Doch der Sturm der Angreifer war so gewaltig, daß der byzantinische Riegel zerschlagen wurde.

Am 30. Juli 634 – der Prophet Mohammed war seit zwei Jahren tot – fand die zweite Schlacht des Feldzugs statt – im Bergland westlich des Toten Meeres. Wieder gewannen die Moslems gegen die von der Bewaffnung her überlegenen byzantinischen Panzerreiter.

»Das Schwert des Islam« – Die Eroberung von Damaskus

Die Niederlage Ostroms, die den Propheten Mohammed zur Offenbarung veranlaßt hatte, sie werde in einen Sieg münden, war nicht nur durch den Verlust von Jerusalem gekennzeichnet gewesen, sondern auch durch die Aufgabe von Damaskus. Von 612 bis 627 waren die Perser die Herren von Damaskus. Dann hatte Byzanz die Oase zurückgewinnen können. Dies lag aber sieben Jahre zurück.

Kaiser Heraklios wollte Damaskus nicht noch einmal verlieren. Er befahl, im Jordantal eine Abwehrfront aufzubauen, die den Moslemreitern den Weg nach Damaskus versperren sollte. Die byzantinischen Soldaten stauten das Jordanwasser und erreichten so, daß eine künstliche Sumpflandschaft entstand, die geeignet war, Reiter aufzuhalten. Ein derartiges Hindernis hemmte den Schwung der Moslems allerdings nicht. Der Befehlshaber der Kalifentruppe führte seine Männer auf einem Umweg über die Berge im Westen des Flusses und umging so den künstlichen Sumpf. Plötzlich brachen die Reiter über die Byzantiner herein, die – mit schweren Panzern angetan – nur schwerfällig reagieren konnten. Ihr Kommandeur gab den Befehl zum Rückzug nach Osten. Dies bedeutete die Überquerung des Jordan, die in höchster Unordnung vollzogen wurde. Die Moslems aber hatten erfahren, daß sich flußaufwärts eine Furt befand. Ohne Verluste überwanden sie das Gewässer und befanden sich rasch im Rükken der Byzantiner, die nun in der Falle festsaßen. Das Gefecht, das jetzt entbrannte, endete mit der Vernichtung der byzantinischen Truppe.

Ende Januar 635 konnten die Moslems die Stadt Teverya am See Genezareth erobern. Dieser Sieg fiel ihnen leicht, denn sie wurden von der Bevölkerung der Stadt unterstützt. Wo die Araber auch auftauchten, empfingen sie die Bewohner der Ansiedlungen in Palästina und Syrien mit Begeisterung. Die byzantinischen Herren waren unbeliebt, denn sie waren unbarmherzige Steuereinnehmer gewesen.

Ohne die Unterstützung durch die Bevölkerung waren die raschen Siege des Kalifenheeres gar nicht möglich, da seine Befehlshaber kaum vertraut waren mit der damals modernen Technik der Kampfführung. Die Moslems besaßen das Kriegsmaterial nicht, das für die Belagerung einer Stadt gebraucht wurde – und sie hatten auch keinerlei Erfahrung in der Kunst der Belagerung und in der Technik des Sturmangriffs über Mauern. Vor allem aber zeichneten sich die islamischen Krieger nicht durch Geduld aus. Gelang ein Überfall nicht sofort, resignierten die Reiter und zogen wieder ab. Sie vertrauten auf Allah, fühlten sich jedoch auch rasch von ihm im Stich gelassen.

Ihr Erfolg wurde jeweils durch die Stadtbewohner vorbereitet. Die Ältesten überzeugten den Kommandeur der byzantinischen Garnison, daß Widerstand gegen die Angreifer einem Selbst-

mord gleichkomme – der Schlagkraft der zum Märtyrertod bereiten Moslems sei niemand gewachsen. Gleichzeitig traten die
Stadtbewohner durch Abgesandte mit den anrückenden Arabern in Verbindung. Sie boten Kapitulation an für die Zusicherung, daß die Leben der Männer, Frauen und Kinder nicht
gefährdet werden, und daß die Sieger das Eigentum der Städter
respektieren würden. Vereinbart wurde dann noch die Bezahlung einer Kopfsteuer. Das Verfahren bewährte sich: Die Bewohner der Städte überstanden die Eroberung ohne Verlust.
Die byzantinischen Soldaten waren unter diesen Umständen
selten bereit, ihr Leben einzusetzen. Sie ergriffen meist rechtzeitig die Möglichkeit zur Flucht. Die arabischen Chroniken aber
berichten zum eigenen Ruhm von heftigen Kämpfen, die für die
Byzantiner überaus verlustreich gewesen seien.
Im Frühsommer des Jahres 634 brach Khalid Ibn al-Walid – ein
bewährter Reiterführer – mit 800 Kämpfern von Medina aus auf,
um auf dem schnellsten Weg durch die Wüste Damaskus zu
erreichen. Der Kommandeur war auf raschen Erfolg ausgerichtet. Seine Männer hatten nicht einmal eine einzige Leiter dabei,
die beim Übersteigen der Mauern der befestigten Stadt hätte
nützlich sein können. Von Rammböcken und Steinschleudern
hatte Khalid Ibn al-Walid noch nie etwas gehört.
Die byzantinischen Verteidiger von Damaskus aber hatten mit
dem Angriff gerechnet. Die Mauern rings um die Stadt waren
verstärkt worden; die Tore waren hinter den hölzernen Flügeln
durch Steinwälle abgesichert. In der Oase waren Lebensmittel
für Monate gelagert. Sorge vor Wassermangel bestand ohnehin
nicht, da innerhalb der Mauern viele Brunnen sprudelten, die
durch die Arme des Baradaflusses gespeist wurden. Die byzantinische Verwaltung konnte sich in Ruhe auf eine lange Belagerungszeit einrichten. Die Verantwortlichen glaubten, den Befehl
des Kaisers Heraklios, Damaskus unbedingt zu halten, befolgen
zu können.

Doch auch für diese wichtige Stadt galt das bewährte Verfahrens-
muster zur Vorbereitung der Übergabe: Stimmungsmacher in
der Bevölkerung streuten Bemerkungen aus, die Anhänger des
verstorbenen Propheten Mohammed seien milde Herren, die
streng nach ihren gerechten Gesetzen regierten. Sie würden
jeden achten der sich freiwillig dem Islam ergibt. So langsam

machte sich die Meinung breit, es sei wohl besser, sich den Moslems zu unterwerfen, als länger dem byzantinischen Kaiser Heraklios zu dienen. Dieser Meinungswandel löste Zusammenrottungen aus, die schließlich zu Meutereien führten. Das byzantinische Militär schritt zwar ein, konnte jedoch nicht verhindern, daß die Haltung der Bewohner der Oase immer feindseliger wurde.

Die Moslemführung draußen vor der Stadt war informiert über die Vorgänge innerhalb der Mauern – sie wartete die Entwicklung ab. Es war allerdings nicht leicht, die Ungeduld der Kämpfer zu zügeln. Die arabischen Reiter waren nicht an das Lagerleben gewohnt, es war für sie langweilig und stumpfsinnig. Dürftig war ihre Unterbringung. Zelte hatten sie nicht mitgebracht. Sie bauten sich einfache Hütten aus dem Laub von Büschen und Bäumen. Da sie den Gartendistrikt Ghuta besetzt hielten, waren sie damit gut versorgt. Sie lebten von den Früchten, die dort wuchsen.

Unruhig wurden auch die Tiere der Belagerer. Die Pferde, die Kamele waren es gewohnt, ständig weite Strecken zurückzulegen. Nun waren die Tiere an Bäumen angebunden und wurden träge. Die Reiter, in Sorge um Pferde und Kamele, drängten auf Beendigung der Belagerung.

In der Ghuta befand sich ein Kloster. Es wurde von den Moslems nicht geplündert; sie benutzten nur die Ställe für besondere Pferde und einige Räume für den Befehlshaber Khalid Ibn al-Walid, der Anspruch auf bessere Unterbringung hatte. Seine Kommandeure entdeckten, daß das Kloster eine Leiter besaß. Sie baten darum diese Leiter ausleihen zu dürfen; sie sollte als Muster dienen für die Herstellung weiterer Leitern. Die Befehlshaber machten sich mit dem Gedanken vertraut, Damaskus doch noch im Sturmangriff zu nehmen.

Nun war Khalid Ibn al-Walid nicht der einzige, der draußen vor den Mauern der Oase zu bestimmen hatte. Das Kommando war geteilt. Zuständig im Osten war Khalid Ibn al-Walid. Im Westen aber, zum Gebirgszug des Anti-Libanon hin, kommandierte Abu Obeida. Beide waren ehrgeizig und wollten sich mit dem Ruhm bedecken, die berühmte und reiche Stadt Damaskus erobert zu haben. Khalid Ibn al-Walid trug den Ehrentitel »Das Schwert des Islam« – und er brannte darauf, ihm auch diesmal gerecht zu werden. Nach sechs Monaten des Abwartens in den Obstgärten der Ghuta befahl er den Angriff über die Mauern. Leitern dazu waren nun in genügender Zahl vorhanden.

Die Kampfmoral der Verteidiger war bereits derart ausgehöhlt, daß es den islamischen Reitern, die nur widerstrebend zu Fuß Krieg führten, gelang, die Zinnen der Mauern zu erklimmen. Sie sprangen auf der Innenseite in die Straßen hinunter und waren bald schon Sieger – allerdings nur am Frontabschnitt im Osten von Damaskus, nur dort, wo Khalid Ibn al-Walid der Befehlshaber war.

Im Westen der Stadt blieb die Situation ruhig. Abu Obeida hatte keinen Angriffsbefehl gegeben. Er zögerte auch noch, als Khalid Ibn al-Walid bereits triumphierte. Das Zögern nutzten die Bewohner der Westhälfte der Oase aus und bestürmten den byzantinischen Kommandeur und den Bischof von Damaskus, sofort zu kapitulieren. Da der Tumult auf den Straßen der noch unbesetzten Stadtteile immer stärker wurde, gaben die Verantwortlichen nach. Sie öffneten das Tor im Westen und ließen dem Oberbefehlshaber Abu Obeida ein Schreiben überbringen, das ihm die Bereitschaft zur Übergabe mitteilte. Abu Obeida nahm die Kapitulation an.

Damit befand sich ganz Damaskus in der Hand der Moslems – dabei war allerdings eine eigentümliche rechtliche Situation entstanden. Der Ostteil war erobert worden; dies bedeutete, er durfte geplündert werden. Den Westteil aber hatten die Verteidiger freiwillig übergeben und der mußte nach den damals allgemein gültigen Regeln des Kriegsrechts verschont werden. Die beiden Oberbefehlshaber hielten sich daran.

Khalid Ibn al-Walid und Abu Obeida betraten Damaskus. Der eine von Osten, der andere von Westen. Khalid Ibn al-Walid schritt durch eine Stadt, die geplündert wurde. Der Kommandeur hatte jedoch durchgesetzt, daß Leib und Leben der Bewohner geschont wurden. Vergewaltigungen waren verboten. Abu Obeida und seine Unterführer aber bewegten sich durch Straßen, in denen normales Leben herrschte. Im Westen von Damaskus wurde niemand behelligt. Der Machtwechsel wurde ohne Gewalt vollzogen.

Bei der Kirche, die Johannes dem Täufer gewidmet war, und die in der Mitte der Stadt lag, trafen sich Khalid Ibn al-Walid und Abu Obeida. Sie beglückwünschten einander zu diesem Erfolg. Dann entschieden sie, daß das Heiligtum, vor dem sie standen, künftig den Moslems und den Christen zu Gottesdiensten zur Verfügung stand. Den Moslems wurde der Ostteil der Kirche zugesprochen, den Christen der Westteil. Das Portal benutzten die Gläubigen der zwei Religionen künftig gemeinsam. Diese Absprache sollte zwei Generationen lang gültig bleiben. Sie gilt als Musterbeispiel islamischer Toleranz.

Den Kaiser in Konstantinopel schmerzte der Verlust der reichen Oase offenbar sehr. Er wollte auf Damaskus nicht verzichten und befahl deshalb die Mobilisierung aller Kräfte zur Rückeroberung der Stadt. Im gesamten Bereich des byzantinischen Staates wurden kampffähige Männer rekrutiert. Auch die Region des nördlichen Syrien mußte Bewaffnete stellen. Den arabischen Chroniken über jene Zeit ist zu entnehmen, daß dem Kaiser 200 000 Soldaten zur Verfügung standen – die islamischen Verbände sollen nur aus 30 000 Männern bestanden haben.
Als Khalid Ibn al-Walid erfuhr, daß im Norden von Damaskus eine gewaltige Streitmacht aufgestellt wurde, beriet er sich mit seinen Kommandeuren, wie der Gefahr zu begegnen sei. Die Meinung setzte sich durch, es sei wohl richtig, Damaskus wieder zu räumen, da niemand Erfahrung besitze in der Kunst, eine Stadt zu verteidigen. Die Verantwortlichen rechneten sich mehr Chancen aus, den übermächtigen Gegner in einer Feldschlacht besiegen zu können und beschlossen den Abzug aller Truppen aus Damaskus in Richtung Jordan.
Von dieser Wende waren die Bewohner der Stadt überrascht. Vor allem wunderten sie sich darüber, daß Khalid Ibn al-Walid die Kopfsteuer, die kurz zuvor erhoben worden war, an die Steuerpflichtigen wieder zurückzahlen ließ. Nie zuvor war derartiges geschehen. Der islamische Feldherr begründete die Rückzahlung damit, daß er nun nicht mehr in der Lage sei, die Menschen von Damaskus zu schützen – damit sei die Steuererhebung auch nicht mehr gerechtfertigt.
Khalid Ibn al-Walid wußte, daß eine solche Geste im ganzen Land bemerkt werden würde. Er wollte den Eindruck erwecken, daß jeder, der sich dem Islam anschließt, gerecht behandelt wird.

Die Rückzahlung lohnte sich tatsächlich: Eine Reihe von Araber-
sippen, die christlich und bisher mit Byzanz verbündet waren,
schlossen sich jetzt dem Moslemheer an. Die Truppe des Khalid
Ibn al-Walid nahm an Kampfstärke zu.
Mitte August des Jahres 636 hatte das kaiserliche Heer den
Jarmuk erreicht, einen östlichen Nebenfluß des Jordan. Das
Gelände im Winkel zwischen Jordan, Jarmuk und dem See
Genezareth ist zerklüftet; da gibt es nur wenige ebene Flächen.
Den Schlachtstrategen bot das Gelände nur geringe Entfaltungs-
möglichkeit. Khalid Ibn al-Walid entschied sich dennoch zum
Angriff. Er hatte bemerkt, daß seine Männer im Vorteil waren.
Der Wind war der Verbündete der Moslems. Er wehte von Osten
her, von der Wüste in Richtung Jordangraben. Die Reiter des
Islam standen im Osten. Der Staub und der Sand, den die
Tausende von Pferdehufen aufwirbelten, wurde den byzantini-
schen Gepanzerten ins Gesicht geblasen. Sie waren bald einge-
hüllt in Staubwolken. Jeder einzelne des riesigen Heeres war wie
blind und damit hilflos. Die zusammenhängende Kampflinie
zerbrach. Viele Byzantiner flohen hinunter zum Jarmuk, in der
Hoffnung, sich dort die Augen auswaschen zu können.
Khalid Ibn al-Walid hatte mit der Auflösung der byzantinischen
Streitordnung gerechnet. Seinen Reitern war befohlen, die Ein-
zelgruppen anzugreifen und keinen Mann am Leben zu lassen.
Berichtet wird, der Jarmuk sei am Abend jenes 20. August 636
tiefrot vom Blut der Gefallenen gefärbt gewesen.
Noch ehe das Jahr zu Ende geht, ist Damaskus wieder in der
Hand der Moslems – und die Oase bleibt islamisch ununterbro-
chen bis in die Gegenwart.

Unter arabischer Herrschaft –
Die christliche Stadt

Kaum war Damaskus erneut besetzt, verlangten die Sieger erneut die Ablieferung der Kopfsteuer – mit der Begründung, das
islamische Heer sorge nun wieder für den Schutz der Bewohner.
Dies war die einzige Maßnahme der islamischen Herren. Sie
ließen die innere Struktur der Ordnung in der Stadt unangeta-
stet. Die bisher mächtigen Honoratioren bestimmten weiterhin

den Ablauf des täglichen Lebens. Sie blieben vor allem die Besitzer des fruchtbaren Bodens.

Weite Ländereien gehörten der christlichen Geistlichkeit jeweiliger Kirchengemeinden. Auch diese Besitzverhältnisse wurden nicht angetastet. Die christlichen Priester lebten auch nach dem Jahr 636 ungestört in Damaskus, konnten tätig sein wie zuvor. Mit dem Verzicht auf die Hälfte der Johanneskirche fanden sie sich ab. Die Eroberer erhoben nur Anspruch auf Ländereien, die dem Kaiser Heraklios unmittelbar gehört hatten, oder die im Besitz von byzantinischen Adeligen gewesen waren, die Damaskus aus Angst vor den Moslems verlassen hatten. Allerdings wußten die neuen Herren nur selten, was sie mit dem beschlagnahmten Grund und Boden anfangen sollten. Sie fühlten sich nicht zu Hause in Syrien. Damaskus blieb ihnen zunächst fremd. Die Araber hatten bislang nur die beiden Städte Mekka und Medina und das von Stämmen bewohnte weite Umland auf der arabischen Halbinsel zu verwalten gehabt. Das beherrschte Gebiet war überschaubar, die Sippen kannten sich untereinander; fast wußte jeder jeden einzuschätzen. Nun aber hatten die Männer aus Mekka und Medina fremdes Land erobert, in dem eine bewährte und festgefügte Ordnung bestand. Die Bewohner von Damaskus waren an eine geregelte Verwaltung gewöhnt, an die zwar schwerfällige, aber funktionierende Bürokratie. In Mekka und Medina war der Verwaltungsapparat nur in Ansätzen ausgebildet. Das Steuersystem bestand im wesentlichen darin, daß die Männer Teile der Beute aus Kriegszügen an das Gemeinwesen abführten. Die zahlreichen Kriege hatten sich für die Gemeinschaft der Gläubigen gelohnt.

Die Eroberer sahen voll Respekt auf den Beamtenstab in Damaskus, der die städtischen Einnahmen und Ausgaben regelte, der übergeordnete Aufgaben in den Bereichen Wasserversorgung, Baurecht, Markthygiene, Polizeiwesen zu erfüllen hatte. Die Araber lernten in Damaskus, daß für das Zusammenleben der Menschen Vorschriften nötig waren, die im Kodex des Koran nicht vorgesehen waren. Die Araber erfuhren, wie ein geordnetes Staatswesen zu funktionieren hatte.

Die byzantinischen Beamten hatten ein System steuerrechtlicher Differenzierung geschaffen für die Einschätzung des Landbesitzes. Da waren Steuerkategorien festgelegt für unterschiedliche Qualität des Bodens mit verschiedener Ernteerwartung. Da gab es besondere Steuersätze für Äcker, die von ihren Besitzern selbst bearbeitet wurden und für Äcker, deren Eigentümer nicht landwirtschaftlich tätig waren. Die Eroberer hatten in einer nur wenig fruchtbaren Region gelebt. Nun hatten sie sich mit der Problematik der Agrarproduktion und ihrer Auswirkung auf die Steuereinnahmen zu befassen.

Syrien war jedoch nicht das einzige Land, das die Araber eroberten. Noch ehe sie sich gegen Damaskus gewandt hatten, waren sie ins Großreich der Perser eingefallen und hatten das Land um Euphrat und Tigris unterworfen. In schwungvoll durchgeführten Feldzügen wurde dieses bis vor wenigen Jahren so mächtige Imperium im Osten zerschlagen. Der Staat der Araber entwickelte sich zum überragenden militärischen und politischen Faktor.

In der Hauptstadt Medina hatte beim Tod des Propheten Mohammed im Jahre 632 Abu Bakr als Kalif die Macht übernommen. Er war der Herrscher der ersten Eroberungsphase. Nur zwei Jahre regierte Abu Bakr, dann starb er. Der Kalif Omar (634 bis 644 n. Chr.), dem danach die Macht zufiel, machte sich zur Aufgabe, das arabische Kernland und die riesigen eroberten Gebiete in einen zentral gesteuerten Staat zu verwandeln. Als Persönlichkeit war er dazu geeignet. Von Omar wird berichtet, er sei klug gewesen, bescheiden, er habe den Luxus gemieden und sei vom Willen der Pflichterfüllung geprägt gewesen. Als selbstlos wird er bezeichnet in seiner Fürsorge für die Moslems und für den Islam. Er erkannte den Zwang zum Aufbau einer Verwaltung.

Kalif Omar ordnete an, daß in der Hauptstadt Medina ein »Diwan« zu führen sei – dieses Wort bedeutete damals »Liste« oder »Register«. Ein Aktensystem wurde entwickelt als Grundstock einer Verwaltungsordnung. Besondere Vorgänge im Reich wurden aktenmäßig aufgearbeitet. Buch wurde geführt über Einzahlungen und Auszahlungen, die den Staat betrafen. Das »Schatzhaus« wurde eingerichtet als zentrale Sammelstelle des Staatsschatzes. Das Schatzhaus hatte seinen Platz im Bereich der Moschee. In ihm wurden nicht nur die Steuereinnahmen aufbewahrt, sondern auch wertvolle Stücke aus der Kriegsbeute. Aus dem Bestand des Schatzhauses waren alle Staatsausgaben zu bestreiten.

Die von Omar geforderte Zentralisierung der staatlichen Finanz-
verwaltung bedeutete, daß vor allem die Interessen der Mächtigen in Mekka und Medina gewahrt blieben. Die noch lebenden
Genossen des Propheten blieben einflußreich – dies war auch für
den integren Kalifen Omar eine Selbstverständlichkeit. Die Reihenfolge der Empfänger von Zahlungen war im »Diwan« genau
festgelegt. Ganz obenan standen die Frauen des Propheten, in
allererster Linie Aischa, Mohammeds Lieblingsfrau, dann folgten die Kampfgenossen. Danach wurden die Abgaben an verdiente Stämme aufgeführt. Alle Zahlungen waren an Personen
gebunden. Wer zur Sippe des Propheten gehörte, war bevorzugt.

Der »Diwan« sah nicht vor, daß Geld für die Ausrüstung der
Kämpfer ausgegeben wurde. Für Schwert, Pfeil und Bogen,
Lanze und Schild und für ein Pferd hatte jeder selbst zu sorgen.
Er bezahlte die Anschaffung aus den Zuwendungen, die er aus
dem Schatzhaus erhielt. Militärdienst zu leisten, wurde als Ehre
für jeden Mann angesehen. Belohnt wurde der Kämpfer durch
Anteil an der Beute. Auch ihre Verteilung erfolgte nach der
Reihenfolge, die im »Diwan« fixiert war.

Der Reichtum, den die Gouverneure der Provinzen in die Hauptstadt Medina schickten, war riesig. Bezeugt ist, daß sich selbst
der Kalif Omar über das viele Gold wunderte, das ihm zur
Verfügung stand. Die Machthaber in den eroberten Gebieten
wollten dem Herrscher imponieren. Erreicht werden sollte seine
Nachsicht, wenn sich ihre eigene Profitgier nicht verbergen ließ.
Mancher wollte durch überreiche Zahlungen Vergrößerung seines Machtbereichs auf Kosten eines anderen Gouverneurs erreichen. Wer ehrgeizig war, der sorgte dafür, daß das Schatzhaus
aus seiner Provinz mehr Gold erhielt, als vorgesehen war – und
daß der Kalif vom Eifer der Absender erfuhr.
Die Mitglieder einer Sippe hatten die Strategie zum Ausbau ihrer
Machtposition zur Perfektion entwickelt: Die Angehörigen des
Clans Omayya wußten, wie der Pfad zur Spitze der Macht zu
erklimmen war. Sie beherrschten den Einsatz der psychologischen und materiellen Mittel, um den Kalifen geneigt zu stimmen. Sie schickten Gold und Schmeicheleien, Sklavinnen und
Ergebenheitsadressen, Schmuckstücke und Beteuerungen der

Treue. Durch seine Strategie hatte es der Clan, der ursprünglich in Mekka zu Hause war, erreicht, daß ihm Kalif Omar die Aufsicht über Syrien zusprach.

»Düfte, Pferde und Sklavenmädchen« – Die Sippe Omayya

Sie hatte zunächst nicht zu denen gehört, die dem Propheten gutgesinnt waren. Im Gegenteil – die Sippe Omayya war führend unter seinen erbitterten Feinden, weil sie der Familie Haschem, aus der Mohammed stammte, die Vergrößerung ihres Einflusses nicht gönnte. Die Mitglieder der Sippe Omayya hatten in Mekka Mohammed und seine Anhänger bedroht und zur Auswanderung von Mekka nach Medina veranlaßt. Doch in einem günstigen Augenblick hatten sie dann die Fronten gewechselt – nachdem sie vorteilhafte Bedingungen für sich ausgehandelt hatten. Noch zu Mohammeds Lebzeiten besaß »das Haus Omayya« bedeutenden Einfluß in Medina.

In den Kreis der Mächtigen drangen die Omayyaden jedoch erst im Verlauf der Eroberungskriege ein. Der Familienchef konnte schließlich mit Erfolg darum bitten, daß ihm die Verwaltung von Damaskus und der Provinz Syrien zugesprochen werde. Allerdings übergab ihm Omar, der eine strenge Zentralisierung des Staates anstrebte, nur die beschränkte Souveränität.

Als Omar im Jahre 644 von einem persischen Sklaven ermordet wurde – die Gründe dafür sind unbekannt – ging die Macht an Othman Ibn al-Affan über. Er gehörte zum Omayyadenclan. Nun war für die Familie die oberste Spitze der Macht tatsächlich erreicht. Von jetzt an war es ihre Strategie, die Vorrechte der Familie des Propheten und seiner nächsten Mitstreiter zu beschneiden.

Othman Ibn al-Affan war in seiner Jugend dafür bekannt gewesen, daß er »Düfte, Pferde und Sklavenmädchen« über alles liebte. Die finanziellen Mittel, um seinem Vergnügen zu leben, fehlten ihm nicht. Erstaunlicherweise hatte Othman dann zu den allerersten Getreuen des Propheten gezählt – der Grund dafür bestand wohl darin, daß er eine Tochter Mohammeds liebte. Er heiratete das Mädchen, das allerdings bald darauf starb. Da gefiel ihm eine zweite Tochter des Propheten – und er heiratete auch sie. Othman Ibn al-Affan trug fortan den Titel »Doppelter Schwiegersohn des Gesandten Allahs«.

Er nützte diese von den Gläubigen geachtete Position aus, um seinen Reichtum zu vermehren. Othman war bestechlich. Wer Geschäfte größeren Umfangs im islamischen Reich machen wollte, der mußte ihn bezahlen. Als er Kalif geworden war, hatte er schon das Alter von siebzig Jahren erreicht. Mit Beharrlichkeit sorgte er für die Zukunft seines Clans.

Sein Liebling in der Familie war Jezid, der Kommandeur in Damaskus. Seit dem Tode des Omar hatte sich die Situation geändert: Der Herr über Damaskus besaß nun nahezu die volle Souveränität. Jezid betrachtete die Oase als sein Eigentum, dessen Reichtum er nach Gutdünken verwenden konnte.

Gegen die Ausbeutung durch die Omayyadenclique erhob sich schließlich Widerstand in Damaskus. Der Sprecher der Empörten war einer, der selbst einst in der Frühzeit des Islam wohlhabend geworden war. Der Mann hieß Abu Dharr al-Ghifari. Im islamischen Teil des Gotteshauses von Damaskus klagte er nach dem Freitagsgebet öffentlich »das Haus Omayya« an, es handle ruchlos und entwickle sich zum Feind der Gläubigen – und damit zum Feind Allahs Der erbeutete Reichtum sei Eigentum Allahs und gehöre somit allen Moslems. Der herrschende Clan aber – so lautete der Vorwurf des Abu Dharr al-Ghifari – behalte das Wertvollste für sich selbst.

Der Ankläger wurde nach kurzer Zeit überaus populär in Damaskus. Er ließ sich an den Freitagen in der Moschee das Wort nicht verbieten. So gelang es dem Abu Dharr al-Ghifari in den Herzen der Bewohner von Damaskus Haß gegen das Haus Omayya zu erzeugen.

Den Kritiker einfach töten zu lassen, das konnte sich Jezid nicht leisten. Er besann sich darauf, daß eigentlich der Kalif Oberherr im ganzen Reich sei. Er wandte sich an Othman Ibn al-Affan, er möge dafür sorgen, daß Abu Dharr al-Ghifari aus Damaskus verschwinde. Der Kalif ordnete an, der »Feind des Hauses Omayya« habe künftig in Medina zu leben.

In der Hauptstadt schwieg Abu Dharr al-Ghifari allerdings auch nicht: Er klagte weiterhin den Omayyaclan an, er verschleudere das Eigentum Allahs. Die Sippe sei bereits von Allah dazu verdammt, für immer im Höllenfeuer zu schmoren. Der Kalif reagierte mit Härte: Abu Dharr al-Ghifari wurde in eine weitabgelegene Wüstenoase verbannt – sein Eigentum nahm der Kalif an sich. Als der Ankläger dann in der Verbannung starb, fehlte der Witwe das Geld für die Überführung des Toten nach Damaskus und für ein würdiges Begräbnis. Als die Umstände des Todes von Abu Dharr al-Ghifari und die Armut der Witwe in Damaskus bekannt wurden, nahm der Zorn auf »das Haus Omayya« zu.

Im gesamten islamischen Staat wurde die Omayyasippe immer unbeliebter. Die Abneigung richtete sich vor allem gegen den Kalifen, der als Chef des Clans angesehen wurde. Wütende Massen zogen aus Kufa, Basra und aus den Städten am Nil nach Medina. Die Aufgebrachten lagerten in großen Haufen beim Haus des Kalifen. Sie ließen sich nicht beruhigen. Aus der Demonstration des Unmuts wurde schließlich eine Protestkundgebung des Hasses auf die Omayyaclique. Othman Ibn al-Affan wurde in seinem Haus zum Gefangenen der Meute. Er wurde ermordet. Dies geschah im Sommer des Jahres 655.
Nicht überall waren Turbulenzen zu spüren gewesen. Der mächtige Omayyade in Damaskus hatte dafür gesorgt, daß seine Stadt nicht in den Wirbel der Unruhen hineingezogen wurde, aber es war ihm auch nicht der Gedanke gekommen, den Kalifen zu retten. Er verfolgte eigene Pläne. Kommandeur der Oase war zu der Zeit Mu'awija aus dem Hause Omayya geworden.
Die Machtverhältnisse in Medina hatten sich inzwischen durch die Unzufriedenheit mit Othman Ibn al-Affan zu Ungunsten des Omayyaclans entwickelt. Die Sympathien verlagerten sich wieder auf die Seite der Familie des Propheten, und diese nutzte die Gelegenheit, einen aus ihren Reihen an die Macht zu bringen. Die Gefährten des Gesandten Allahs – inzwischen alle älter geworden – besannen sich darauf, daß Mohammed einst, allerdings vor 25 Jahren, seinen Vetter und Schwiegersohn Ali besonders bevorzugt hatte. Die Alten setzten ihren Willen durch: Ali wurde zum Kalifen bestimmt.

Nur wenige Monate hielt sich Ali in Medina auf, dann verließ er die Hauptstadt des islamischen Staates, um nie mehr zurückzukehren. Das Gebiet um Euphrat und Tigris war sein Ziel. Dort, so glaubte Ali, könne er sich eine persönliche Basis schaffen. Die

Verlagerung der Macht aus Mekka und Medina begann sich abzuzeichnen.

Von Anfang seiner Regierungszeit an hatte Ali mit Intrigen zu kämpfen. Angezettelt wurden diese zunächst von Aischa, die einst die Lieblingsfrau des Propheten gewesen war und nun selbst politischen Ehrgeiz entwickelte. Sie veranlaßte die Würdenträger von Basra am Shatt al-Arab dem Kalifen Ali die Huldigung zu verweigern. Wenn Ali Kalif bleiben wollte, mußte er gegen die Rebellen vorgehen. Die Schlacht bei Basra, die Kamelschlacht, weil Aischa sie von einem Kamel aus leitetet (656), endete mit seinem Sieg.

Eine Rückkehr des Kalifen Ali nach Medina war deshalb nicht möglich, weil nun der Kommandeur von Damaskus, Mu'awija, die Rechtmäßigkeit der Herrschaft des Ali bestritt. Der Kalif hatte alle Provinzchefs aufgefordert, Huldigungsschreiben an ihn zu richten: Die Aufforderung wurde befolgt – nur Mu'awija huldigte ihm nicht. Aus Damaskus erhielt Ali einen Umschlag, auf dem geschrieben stand: »Von Mu'awija an Ali«. Der Umschlag enthielt keinen Brief. Ali mußte daraus schließen, daß der Mächtige in Damaskus ihm den Gehorsam verweigerte.

Als Grund gab Mu'awija an, Ali sei der Mörder des Othman Ibn al-Affan – einem Mörder könne er nicht huldigen. Zum Beweis für Alis Schuld stellte er im islamischen Teil des Gotteshauses von Damaskus ein blutiges Hemd zur Schau. Den Gläubigen wurde gesagt, es handle sich um das Hemd, das Othman bei seiner Ermordung getragen habe, und es lege Zeugnis dafür ab, daß Ali der Mörder des rechtmäßigen Kalifen sei. Von den Gläubigen wurde verlangt, Othman Ibn al-Affan zu beweinen und Ali zu verfluchen.

Nun war Ali in Medina der Unterhändler gewesen zwischen Kalif Othman Ibn al-Affan und der aufgebrachten Masse. Er hatte dabei deutlich zu erkennen gegeben, daß er auf der Seite des Othman stand. Es ist deshalb höchst unwahrscheinlich, daß er tatsächlich an der Ermordung des Othman beteiligt war – doch der Vorwurf des Mu'awija wirkte. Selbst in Mekka und Medina glaubten bald viele an die Schuld des Ali. Mu'awija aus dem Hause Omayya gewann Anhänger.

Um sein Recht verteidigen zu können, baute Ali seine politische und militärische Basis im Gebiet von Euphrat und Tigris auf. In Kufa und Basra sammelte Ali ein Heer von 70000 Kämpfern. In und um Damaskus rekrutierte Mu'awija ungefähr die gleiche Anzahl Bewaffneter. Zu ihrem Feldherrn ernannte Mu'awija den bewährten Reiterführer Amr Ibn al-As, der Ägypten dem Islam erobert hatte. Bemerkenswert ist, daß diese Symbolfigur des militärischen Erfolgs nicht mehr im Dienst des rechtmäßigen Herrschers stand – er hätte eigentlich dem Kalifen Ali dienen müssen. Amr Ibn al-As sah jetzt seine persönliche Chance im Gefolge des Hauses Omayya.

Ali brauchte keinen Feldherrn neben sich, er kommandierte seine Reiterverbände selbst. Er galt als erfahrener Befehlshaber. Der Prophet hatte ihn einst mit militärischen Aufgaben betraut, das Problem war nur, daß Ali seine Erfahrungen eine Generation zuvor erworben hatte. In den Kämpfen der Araber mit Byzanz und Persien waren neue Taktiken und Listen entwickelt worden, die Ali nicht beherrschte. Neben Kampfmoral und militärischer Stärke waren es vor allem das Geschick, den Gegner zu täuschen, ihn durch brillante Einfälle zu überraschen.
Als die Vorbereitungen in Damaskus und Kufa abgeschlossen waren, bewegten sich die Kolonnen aufeinander zu. Zum erstenmal waren Moslems entschlossen, gegen Moslems zu kämpfen. Die Voraussage des Propheten, das islamische Volk werde gespalten, war Wirklichkeit geworden. Die Kampfkraft wurde nicht mehr eingesetzt, um den Glauben an Allah zu verbreiten, sondern um den Ehrgeiz einzelner zu befriedigen. 25 Jahre nach Mohammeds Tod schickten sich Moslems an, einander umzubringen.
In jenem Jahr 657 brach zum erstenmal in der islamischen Epoche der Konflikt aus zwischen Syrien und dem Land an den Ufern von Euphrat und Tigris. Die Konkurrenz zweier Machtzentren entstand, die bis heute die Geschichte Syriens beeinflußt.
Bei Siffin, in der Nähe der großen Euphratbiegung standen sich im Sommer 657 am rechten Flußufer die beiden Heere gegenüber. Das Gleichgewicht der Kräfte versprach keiner Seite eindeutig den Sieg; deshalb gab keiner der Befehlshaber die Order zum Angriff. In dieser Situation des militärischen Patts schlug Ali vor, den Sieger durch Zweikampf zu ermitteln. Er wollte gegen Mu'awija kämpfen: »Ich lade dich vor Allahs Gericht! Wer von uns den anderen tötet, der behält die Herrschaft!« Mu'awija aber lehnte den Vorschlag ab. Er wußte, daß Ali zwar älter und

außerdem korpulent, aber dennoch ein ausgezeichneter Einzelkämpfer war.

Der Feldherr Amr Ibn al-As entschloß sich nun doch zum Angriff – allerdings nicht zur normalen Reiterattacke, wie sie Ali einst kennengelernt hatte. Er befahl seinen Kämpfern, Koranbücher an die Spitzen ihrer Lanzen zu binden. Als die Reiterei des Amr Ibn al-As zum Kampf losbrach, da sahen Alis Männer mit Entsetzen, daß die Gegner ihnen Tausende von Heiligen Büchern entgegenstreckten. Der Schock lähmte die Reiterei des Ali. Sie waren nicht in der Lage, gegen die Bücher der Offenbarung Allahs anzukämpfen. Sie ließen ihre Waffen sinken. Die Damaszener Truppe kämpfte allerdings auch nicht weiter.

Der Feldherr des Mu'awija änderte jetzt seine Taktik: Er machte seinen Gegner darauf aufmerksam, daß es den Gläubigen verboten sei, gegeneinander zu kämpfen. Die Vorschrift des Koran sei da ganz eindeutig: Kein Moslem darf einen Moslem töten. Nur eine friedliche Lösung könne den Ausweg bringen. Deshalb müsse ein Schiedsgericht eingesetzt werden, das zu prüfen habe, ob Mu'awija oder ob Ali das Recht habe, sich »Beherrscher der Gläubigen« zu nennen.

Ali wollte zunächst nichts von einem Schiedsgericht wissen, war er doch rechtmäßig zum Kalifen bestimmt worden, aber seine Lage war schwierig geworden: Viele der Reiter aus Kufa und Basra hatten nach dem Erlebnis der Begegnung mit den Koranbüchern keine Lust mehr zur Fortsetzung des Kampfes. Sie hatten ihr Vertrauen in Ali verloren. Ali spürte, daß die Zeit gegen seinen militärischen Erfolg arbeitete. Er nahm den Vorschlag, ein Schiedsgericht entscheiden zu lassen, an.

Alis Fehler war, sich durch die Unterwerfung unter den Spruch eines Richtergremiums, dem Mu'awija gleichgestellt zu haben. Ali hatte den Gedanken akzeptiert, daß Mu'awija auf gleicher Basis wie er selbst Ansprüche vertreten konnte. Er war in diesem Fall nicht mehr der Beherrscher der Gläubigen, dessen Urteil sich jeder zu unterwerfen hatte – das entscheidende Urteil stand nun dem Schiedsgericht zu. Durch dieses Zugeständnis hatte Ali im Grunde bereits auf sein Kalifenamt verzichtet.

Den nächsten Fehler beging Ali, als er nicht mit Standfestigkeit Männer seines Vertrauens im Richtergremium unterbringen konnte. Mu'awija hatte ganz selbstverständlich Namen seiner

Parteigänger auf die Liste setzen lassen. Gegenüber den Kandidaten des Ali aber brachte er vor, sie seien nun doch zu parteiisch. Ali nahm hin, daß seine Freunde von der Liste gestrichen wurden.

Der Ausgang des Verfahrens konnte niemand erstaunen. Das Gericht entschied schließlich, weder Ali noch Mu'awija habe das Recht, das Amt des Kalifen auszuüben. Dieser Spruch war allerdings nur ein Trick. Er hatte zur Folge, daß Ali auf legale Weise als abgesetzt zu betrachten war. Er hatte versprochen, sich dem Urteil zu unterwerfen – wenn er sich daran hielt, war er nicht mehr der Beherrscher der Gläubigen. Auf jeden Fall hatte Ali an Prestige verloren, das Kalifenamt verspielt.

Ein politisches Vakuum war entstanden, das von Mu'awija bald genutzt wurde. Er proklamierte sich zum Kalifen. Alis Proteste nutzten nichts mehr.

Nach der selbstverschuldeten politischen Niederlage residierte Ali noch vier Jahre in Kufa, im Land am Euphrat und Tigris. Dort blieben ihm einflußreiche Männer treu, die sich daran erinnerten, daß er der Schwiegersohn des Propheten und von diesem sehr geschätzt worden war. Die Zahl derer, die nicht mehr zu ihm hielten, ihn als Belastung empfanden, wuchs jedoch von Monat zu Monat. Im Jahre 661 wurde Ali – wahrscheinlich im Auftrag Mu'awijas – in Kufa ermordet.

Damaskus –
Hauptstadt des islamischen Reiches

Als der mächtigste Mann im islamischen Staat hätte Mu'awija die Entscheidung treffen können, nach Medina umzuziehen. Medina war durch Mohammed geheiligt, seit dem Propheten hatten die islamischen Herrscher dort regiert. In nahezu drei Jahrzehnten war eine Tradition entstanden, die für immer hätte prägend sein können. Doch Medina paßte nicht mehr in die Zeit. Das war die Stadt, in der noch immer die Kampfgefährten des Propheten – inzwischen alt und unflexibel – das Sagen hatten. Die Gründer des islamischen Staates waren nicht mehr beliebt.

Medina war eine Hauptstadt in der Wüste, bewohnt von Menschen, die den Bräuchen und Sitten der Beduinen verpflichtet waren. Die Bewohner waren von harter Art und meist von sehnigem Körperbau, geprägt von einem entbehrungsreichen Leben, von der Kargheit des Landes und seiner Hitze. Einfach waren die Häuser und Wohnungen, Luxus kannte man nicht. Unablässig brachte sich die Wüste in Erinnerung: Jeder war täglich für einige Zeit damit beschäftigt, sich den Sand aus den Haaren zu kämmen, der vom Wind in die Stadt geweht wurde.

Im Gegensatz dazu war die Oase Damaskus durch das Wasser bestimmt. Der Baradafluß strömt in Flußarmen und Kanälen und verbreitet Kühle. Zwischen den Häusern sprudeln Quellen, die Erfrischung bringen. Das Wasser sorgt dafür, daß Pflanzen wachsen. An Nahrung für Mensch und Tier bestand zu keiner Zeit Mangel. Das Leben in Damaskus war weit bequemer als in Medina. Existenzkampf war den Menschen fremd. Sie besaßen eine Neigung zu Luxus, zu Muse, zu Tanz und Kunst; sie liebten die Mosaikarbeiten und die Malerei. Da sie Wasser hatten, besaßen sie Bäder, in denen sie ihre Körper pflegten. Die Männer nahmen sich Zeit für die Freude mit Frauen.

Mu'awija dachte sicher keinen Augenblick daran, von Damaskus nach Medina umzuziehen. Die Familie Omayya war zwar ursprünglich auch in der Wüste zu Hause gewesen, doch war die Erinnerung an die frühere Heimat verblaßt. Die Omayyaden waren im Zuge der Eroberungen nach Damaskus gekommen, hatten dort die Vorzüge des städtischen Lebens kennengelernt. Die Bindungen an Mekka und Medina waren gelöst. Seine Lieblingsfrau hatte sich Mu'awija bei einem Stamm in der Gegend von Damaskus ausgesucht.

In der Stadt selbst bestand die Bevölkerung aus zwei getrennten Schichten. Auch eine Generation nach der Eroberung hatten sich die ursprünglichen Bewohner und die arabischen Eroberer kaum vermischt. Die Berührungspunkte waren zu gering. Mu'awija, seine Höflinge, Beamten, Offiziere und Soldaten lebten abgesondert in den schöneren Häusern, die einst dem byzantinischen Gouverneur und dessen Stab gehört hatten, oder in eigens errichteten Militärquartieren. Die eigentlichen Damaszener wohnten dort, wo schon die Eltern gewohnt hatten: In den Häusern um die Johanneskirche und um den Markt.

Der Omayyadenclan bildete die Aristokratie. Sie mischte sich nicht ein in das Leben und Arbeiten der Kaufleute, Baumeister, Ärzte, Handwerker, Gärtner und Bauern. Die Mitglieder der Aristokratie waren nur daran interessiert, daß sich die Stadtbewohner nicht rebellisch verhielten, und daß sie ihre Steuern bezahlten. Sie griffen auch nicht ein in die Sozialstruktur: Die Honoratioren, die bisher Aufsicht geführt hatten in der Stadt, die Polizeifunktionen ausübten, konnten alle ihre Posten behalten. Auch das Gerichtswesen änderte sich nicht.

Die christliche Geistlichkeit genoß weiterhin Privilegien. Ihre Eigenständigkeit wurde sogar noch verstärkt, denn sie befanden sich nicht mehr am Gängelband der Oberherren des Glaubens in Konstantinopel. Zwischen ihnen und der Kirchenverwaltung in der früheren Hauptstadt lag die byzantinisch-arabische Front.

Die christliche Geistlichkeit wurde auch deshalb respektiert, weil sie die Aufgabe der Steuereinziehung übernommen hatte. Die griechisch-orthodoxen Priester kannten die Familien ihrer Gemeinden und deren finanzielle Verhältnisse am besten. Sie wußten, wieviel jeder bezahlen konnte.

Die Geistlichkeit bildete auch den Lehrkörper der Stadt. Die Priester brachten den Kindern Lesen, Schreiben und Rechnen bei. Hauptsächlich die Klöster waren die Schulhäuser jener Zeit. Für die Erfüllung der erzieherischen Aufgaben erhielten Priester und Klöster weitgehend Steuerfreiheit. Es erstaunt deshalb nicht, daß die griechisch-orthodoxen Geistlichen in Damaskus mit der Herrschaft des arabischen Clans Omayya einverstanden waren. Zu dieser Haltung trug allerdings auch bei, daß gerade unter den orthodoxen Priestern die Überzeugung verbreitet war, beim Islam handle es sich um eine wenn auch sonderbare Sekte des Christentums.

Freiheit genossen vor allem die Juden. Zu byzantinischer Zeit hatten sie darunter zu leiden gehabt, daß ihnen der Vorwurf gemacht wurde, sie hätten Jesus Christus umgebracht. Den islamischen Herren war das , was vor vielen Jahrhunderten in Jerusalem geschehen war, völlig gleichgültig. Die Juden von Damaskus wurden von ihnen als gebildete Leute respektiert.

Der Omayyadenclan besaß keine eigene Intelligenzschicht. Mu'awija selbst gehörte sicher zu den wenigen, die lesen und schreiben konnten. Der Clan war also angewiesen auf die gebildeten Juden. Zur arabischen Aristokratie gehörten weder Ärzte noch Baumeister noch Spezialisten für Landbewässerung und für Organisation der landwirtschaftlichen Betriebe. In diesen Bereichen war der Omayyadenclan auf Christen oder Juden angewiesen. Die Familie Omayya hatte die Kriegsherren gestellt, jede andere Tätigkeit war unter ihrer Würde. So hatte es geschehen können, daß die Macht in der Hand der Eroberer lag – die Intelligenz bei den Eroberten.

Die Mächtigen verfügten allerdings über das Privileg, einflußreiche und einträgliche Posten verteilen zu können – dazu zählten die Schreiber des Kalifen, die Schlüsselbewahrer des Schatzhauses, die Aufseher über die Güter des Kalifen, die Leibärzte und Hofapotheker, die Kontrolleure der Wasserversorgung. Bevorzugt wurde bei der Postenvergabe, wer sich zum Islam bekannte. Den Moslems vertraute die Aristokratie mehr als den Christen.

Wendige Köpfe unter der Bevölkerung begriffen bald, daß sie ihre Chance des Vorwärtskommens verbessern konnten, wenn sie vom Christentum zum Islam überwechselten. Sie wurden damit keineswegs zum arabischen Aristokraten. Der Clan Omayya blieb ein abgeschlossener Zirkel. Doch waren die Konvertiten nun Glaubensbrüder und standen damit unter dem Schutz der anderen Moslems. Den Schritt des Übertritts sahen viele als ohnehin nicht so gewaltig an, erkannten sie doch eine Verwandtschaft zwischen den beiden Religionen. So wurde ganz von selbst und ohne Zwang durch die Aristokratie ein Prozeß der Islamisierung in Gang gebracht. Zwar waren die Christen auch weiterhin in der Überzahl in Damaskus, doch nahm die Anzahl der Moslems ständig zu.

Die nicht an den Staat oder an das Kalifenamt gebundenen Berufe waren von dieser Entwicklung nicht betroffen. Die Ärzte, Kaufleute, Baumeister und Handwerker blieben christlich. Der Markt von Damaskus blieb noch lange Zeit von christlichen Händlern beherrscht.

Seit sich der Omayyade Mu'awija das Kalifenamt angeeignet hatte, waren die Damaszener Bewohner der Hauptstadt eines gewaltigen Reiches, das von Nordafrika bis Persien und darüber hinaus noch weit nach Osten reichte. Nicht einmal eine Generation lang hatte die wichtigste Phase des Eroberungskrieges gedauert. Stolz darüber, in einer Metropole zu leben, empfinden die Menschen in der Oase kaum. Sie spüren wenig von der Ausstrahlung der Macht. Zu bemerken ist nur, daß gewaltiger Reichtum in die Stadt strömt. Das Gold steht zunächst dem Clan Omayya zur Verfügung, doch letztlich profitieren auch die Eroberten: Die Beamten des Mu'awija erteilen Aufträge an Baumeister, die wiederum Arbeiter beschäftigen, deren Familien durch das Einkommen ihren Lebensunterhalt bestreiten können. Unter dem Clan blüht Damaskus auf.

Der Reichtum strömt aus nahen und weitentfernten Regionen des islamischen Reiches. Die Gouverneure haben ein Fünftel ihrer Kriegsbeute und ihrer Steuereinnahmen an das Schatzhaus des Kalifen abzuführen, über vier Fünftel können sie selbst verfügen: Damit haben sie Heere zu unterhalten, die Provinzverwaltung zu bezahlen, Grenzbefestigungen zu bauen. Der Finanzbedarf der Gouverneure ist höher, als der des Kalifen, der nur gegenüber seinem Clan und den Beamten von Damaskus wirklich verpflichtet war. Das eine Fünftel reicht unter diesen Umständen aus, um das Schatzhaus zu füllen.

Der Reichtum hätte noch gewaltiger sein können, wenn alle Provinzen bereit gewesen wären, Damaskus als Zentrum des Reiches anzuerkennen. Überhaupt kein Problem hatte Mu'awija wohl nur mit dem reichen Ägypten. Für das fruchtbare Nilland war Amr Ibn al-As, der Eroberer von Damaskus zuständig – er hatte zuvor Ägypten für den Islam gewonnen. Amr Ibn al-As hatte nach der Einnahme der Oase seinen Dienst als Feldherr quittiert. Sein Kommentar dazu war: »Ich habe bisher die Kuh bei den Hörnern gehalten und andere haben sie gemolken. Jetzt melke ich selbst – und andere können sie festhalten.« Er meinte damit: Ich habe gekämpft, andere haben profitiert. Jetzt wollte er profitieren. Allerdings führte er dem Kalifen ab, was diesem zustand.

Schwierigkeiten hatten die Verwaltungsbeamten des Kalifen mit den bisherigen Machtzentren Mekka und Medina. Als alte Herren lebten dort noch die Gefährten des Propheten – oder deren Nachkommen. Ganz unerträglich war ihnen der Gedanke, daß in ihren Städten nicht mehr die Politik des islamischen Staates bestimmt wird. Mu'awija, der Damaskus zur Residenz gewählt hat, war für sie ein Verräter an der Sache des Propheten und der

Araber überhaupt. Damaskus galt ihnen als eroberte Stadt, in der die Feinde des wahren Glaubens in der Überzahl waren. Für die Alten befand sich Damaskus in besetztem fremdem Gebiet.

Der Zorn der Alten war berechtigt: Die Konsequenz der Machtverlagerung war, daß Mekka und Medina eben gerade noch religiöse Bedeutung besaßen. Den Alten dort war die Große Moschee von Mekka geblieben, das zentrale Bethaus des islamischen Reiches. Das genügte ihnen nicht. Die Männer, die gemeinsam mit dem Propheten gekämpft hatten, lebten in der Überzeugung, daß eine Trennung von Religion und Politik im Islam ausgeschlossen ist. In der Person des Propheten waren Religion und Politik vereinigt gewesen: Er war der Gesandte Allahs und damit religiöse Leitgestalt – er war aber auch der Chef der Exekutive auf der Arabischen Halbinsel. Er stellte die Verbindung des arabischen Volkes zu Allah her und er war zugleich Staatspräsident dieses Volkes. Mu'awija vollzog durch Verlegung des politischen Machtzentrums nach Damaskus die Trennung von Moschee und Staat, für deren Einheit der Prophet gekämpft hatte. Die Moschee, das Glaubenszentrum blieb in Mekka, in Richtung Mekka wurde gebetet.

Mu'awija und die Aristokratie in Damaskus kümmerten sich wenig um die Vorwürfe, die aus Mekka zu hören waren. Ihnen waren auch die Flüche der Alten gleichgültig. Die Polemik, die Trennung von Moschee und Staat sei das Zeichen für Entfremdung vom rechten Glauben, prallte an ihnen ab. Ihr Leben war sinnlicher als das der Vorväter – dies war den Aristokraten bewußt, und dafür schämten sie sich nicht.

In Mekka und Medina konzentrierten sich die Alten und die Nachfahren der verstorbenen Gefährten des Propheten notgedrungen darauf, sich um Bewahrung des Glaubens zu kümmern. Sie sammelten Erinnerungen an das Leben des Propheten, an die Worte, die er einst gesagt hatte, an seine Entscheidungen in Rechtsfragen. In den Städten, in denen Mohammed gelebt hatte, entstand eine Schule der harten Dogmatiker, ihre Anhänger waren ausgerichtet auf die Vergangenheit.

In Damaskus aber pulsierte das politische Leben. Der Glaube an Allah wurde zwar ernst genommen, er war jedoch nicht der wichtigste Faktor des Lebens. Die Oase bot reichlich Genuß, die Aristokraten nahmen das Angebot an.

Zu denen, die Damaskus liebten, gehörte der Sohn des Mu'awija. Sein Name war Jazid. Er war in der Tradition der Stadt erzogen worden, wobei geringer Wert auf die Tugenden gelegt wurden, die den »Gefährten des Propheten« in Mekka heilig waren. Der Erzieher war ein hochkultivierter Geist, ein arabischer Dichter – doch er gehörte zu einer christlichen Sippe.

Jazid dichtete selbst, liebte Musik und Tanz. Die Jagd war jedoch seine Leidenschaft; er besaß Hunderte von hochgezüchteten Falken, die darauf abgerichtet waren, das Kleinwild der Wüste zu schlagen. Daß er mit Genuß Wein trank, daraus machte Jazid kein Geheimnis, denn er trank nicht nur in der Geborgenheit seiner Gemächer, sondern auch in den Hainen am Baradafluß.

Jazid fühlte Abscheu vor der Wüste, und doch gab es Zeiten, da er aus der Oase floh, um in der Wüste Schutz zu suchen. Dies geschah dann, wenn die Bewohner der Oase an rätselhaften Krankheiten, an Seuchen starben. Den Ärzten war bekannt, daß die Zeltlager der Beduinen von solchen Plagen verschont blieben. Waren die ersten Anzeichen der »Schwarzen Seuchen« zu erkennen, ritt Jazid – und mit ihm die arabische Aristokratie – zu den Toren der Stadt hinaus. Weit draußen, in der Wüste, schlugen die Diener Zelte auf. Tagsüber verkrochen sich die Flüchtlinge vor der sengenden Sonne, unter dem hell blitzenden Sternenhimmel aber feierten sie weiter.

Manchmal dauerten die Seuchen nur Wochen, häufig aber viele Monate. Geduldig warteten die Bewohner von Damaskus darauf, daß die Zahl der Toten, die täglich bestattet werden müssen, endlich zurückging. Die Ärzte wußten kein Heilmittel. Schuld an der Krankheit wurde dem Zorn Allahs gegeben, deshalb beteten die Damaszener zu Zeiten der Seuchen intensiver als sonst. Noch immer war das Gotteshaus, das Johannes dem Täufer geweiht ist, geteilt: In der Osthälfte beteten die Moslems, im Westen die Christen.

Im Jahr 680 n. Chr. starb Kalif Mu'awija. Er hatte schon vorher bestimmt, daß sein Sohn Jazid »Beherrscher der Gläubigen« würde. Dies durchzusetzen, kostete allerdings einige Mühe. Der Grund dafür lag in der Tradition: Bisher war den Arabern der Gedanke an eine Erbmonarchie fremd gewesen. Die vier Kalifen, die auf den Propheten im höchsten Staatsamt gefolgt waren, waren vom Gremium der überlebenden Kampfgefährten des Propheten bestimmt worden – in einem Verfahren, das durchaus als demokratisch zu bezeichnen ist. Mu'awija hatte als erster mit dieser Tradition gebrochen: Er hatte sich selbst die Kalifenwürde übertragen.

Nun aber sollte zum erstenmal das Amt vererbt werden. Den erwarteten Widerstand dagegen hatte Mu'awija durch Bestechung, Verlockung und durch Drohung brechen wollen. War in Mekka und Medina dadurch nichts zu erreichen gewesen, so äußerte sich in Damaskus niemand negativ über die Einführung der Erbmonarchie. Die Bewohner der Oase waren aus byzantinischer Zeit gewöhnt, daß in den hohen Ämtern auf den Vater der Sohn folgte – das war so im Kaiserhaus, bei den Regionalherrschern, bei den Honoratioren der Stadt. Die Damaszener wären erstaunt gewesen, wenn nach Mu'awija nicht Jazid Kalif geworden wäre.

Rebellion in Medina – Empörung gegen Damaskus

Nach dem Tod des Mu'awija glaubten die Alten in Mekka – und vor allem deren Söhne – jetzt sei die Gelegenheit gekommen, die Herrschaft über das Islamische Reich der verhaßten Stadt Damaskus abzunehmen. Medina wieder zur Residenz des Kalifen zu machen, war ihr ganzes Ziel. In der Moschee von Medina hielten die Repräsentanten der alten, vergangenen Zeit eine Versammlung ab, in der beschlossen wurde, Jazid als Kalifen abzulehnen. Ihr Problem war, daß sie keinen geeigneten Gegenkandidaten aufstellen konnten. Sie fanden in ihren Reihen keine Persönlichkeit, von der zu erwarten war, daß die Araber ihr zujubelten. Die Rebellion von Medina war schon am Beginn zum Scheitern verurteilt.

Jazid handelte entschlossen. Er schickte Reiterverbände nach Medina, die diszipliniert und entschlossen geführt wurden. Vor der Stadt fand ein Gefecht statt, das von den Kämpfern aus Damaskus siegreich beendet wurde.

Die Männer, die Jazid geschickt hatte, waren zwar alle Araber, aber nicht alle waren Moslems. Zu den Damaszener Verbänden gehörten Reiter, die der Stamm Taghlib zur Verfügung gestellt hatte, ein Stamm, der zu den christlichen Sippen in Syrien zählte.

Ihnen voran flatterte ein Banner, auf dem das Bild des orthodoxen Heiligen Sergius zu sehen war. Diesen Heiligen hatten die Männer des Stammes Taghlib zu ihrem Schutzpatron gewählt. Als Jazid, nach dem Sieg über die Bewaffneten von Medina seinen Kämpfern die Vernichtung der Aufständischen in der heiligen Stadt Mekka befahl, beteiligten sich auch wieder die christlichen Reiter am Feldzug. Unter dem Zeichen des heiligen Sergius stürmten Christen gegen Mekka.

Herr über den heiligsten Ort des Islam war Ahmed Ibn Zubair, der Sohn eines Mitstreiters von Mohammed, der zur Zeit des Kalifen Othman überaus reich geworden war. Ahmed Ibn Zubair erhob Anspruch auf das Amt des Kalifen und berief sich dabei auf die Rechte seines Vater Zubair, mit dem Argument, der Prophet Mohammed habe Zubair anderen Gefährten vorgezogen, Zubair sei wohl vom Gesandten Allahs zum Nachfolger bestimmt worden. Der Sohn Ahmed Ibn Zubair war überzeugt, die Bewohner von Mekka – insbesondere die Alten und die Nachkommen der verstorbenen Gefährten – würden seinen Anspruch unterstützen.

Gegen einen Angriff aus Damaskus fühlte sich Ahmed Ibn Zubair vollkommen sicher. Anlaß dazu gab ihm das überlieferte Wort des Propheten: »O Gläubige, kämpft nicht im Schatten der Ka'aba!« Diese Aussage ist umfassend zu verstehen; sie warnt die Gläubigen prinzipiell vor Steitigkeiten im Bereich des Heiligtums, das heißt in der gesamten Stadt Mekka. Daß das Wort des Gesandten Allahs verpflichtend ist für jeden Moslem, galt für den gläubigen Amed Ibn Zubair als Selbstverstandlichkeit.

Doch Jazids Truppenkommandeure kümmerten sich wenig um die Anordnungen der Heiligen Schrift des Islam, flatterte doch das Banner des heiligen Sergius über ihren Köpfen. Sie umzingelten Mekka und warteten auf die gewaltigen Steinschleudern, die von Damaskus her durch die Wüste langsam herangeschleppt wurden. Sobald diese Vorläufer moderner Geschütze auf den Hügeln bei Mekka Position bezogen hatten, begann die Beschießung. Schwere Steinbrocken flogen auf die Stadt zu, schlugen in die Häuser ein, prallten auf Märkte und Straßen. Auch die Ka'aba wurde getroffen. Viele Menschen kamen ums Leben, zermalmt von den zentnerschweren Geschossen. Andere wurden verwundet von den Splittern zerborstener Steine. Einschläge, die durchdrangen bis ins Innere der Gebäude, trafen

Feuerstellen, Brände brachen aus. Bald standen ganze Häuserzeilen in Flammen, auch an den Holzteilen der Ka'aba züngelten Flammen. Dieses Feuer war durch Pechgeschosse entstanden, die ebenfalls von Schleudern über die Stadtmauer katapultiert worden waren.

Bis zu diesem Geschehen galt die Ka'aba als absolutes Heiligtum. Bestandteil ist ein Stein, der als Meteor vom Himmel gefallen sein muß. Die Überlieferung besagt, Mohammed selbst habe den Stein in den Bau der Ka'aba eingefügt. Sie bildet – im Hof der Großen Moschee von Mekka – das Zentrum des islamischen Glaubens. Jeder Gläubige ist verpflichtet, einmal in seinem Leben zur Ka'aba zu pilgern – er darf sich dem Heiligtum nur mit friedvollen Gedanken nähern.

Die Damaszener aber waren mit Haß im Herzen nach Mekka gekommen. Ihren Anführern war das Heiligtum gleichgültig. Wichtig war ihnen die Macht im islamischen Staat. Sie wollten Ahmed Ibn Zubair beseitigen, der entschlossen war, die Würde des Kalifenamtes aus Damaskus nach Mekka zurückzuholen.

Seine Niederlage war schon nahe, da geschah das Wunder: Kalif Jazid starb – er hatte nur drei Jahre lang regiert –, und die Truppen aus Damaskus zogen in Eile ab. Sie wurden in der Hauptstadt zur Stabilisierung des Omayyadenregimes gebraucht. Ahmed Ibn Zubair konnte sich unter dem Jubel der Menschen von Mekka zum Kalifen proklamieren, Mekka stellte wieder den Herrscher – in Damaskus herrschte tiefe Trauer.

Diesen Ereignissen waren andere Rebellionen vorangegangen, die bis heute von entscheidender Bedeutung sind. Im Gebiet von Euphrat und Tigris hatte nach dem Tod des Mu'awija der Prophetenenkel Hussein, der Sohn von Ali und Fatima, ebenfalls gegen die Amtsübernahme durch Jazid rebelliert. Als Enkel war Hussein in direkter Linie blutsverwandt mit dem Gesandten Allahs. Auch ihm war die Omayyadenherrschaft zuwider, auch er wollte die Macht ins »Haus des Propheten« zurückholen. Nach seiner Vorstellung waren allein die Nachkommen des Propheten in direkter Linie berechtigt, »Beherrscher der Gläubigen« zu sein. Der Prophetenenkel wollte sich an die Spitze der Moslems setzen, die den Text der Offenbarungen ernst nahmen.

Husseins Rebellion gegen Damaskus wurde zunächst von der Bevölkerung im Land um Euphrat und Tigris mit Begeisterung begrüßt. Aus Kufa und Basra wurde ihm signalisiert, die Männer beider Städte stünden bereit, mit ihm nach Damaskus zu ziehen, um den Omayyadenclan zu vernichten. Hussein mußte allerdings bedenken, was seinem Vater Ali im Jahre 657, also nur 23 Jahre zuvor, am Euphratbogen bei Siffin geschehen war: Damals hatte Ali durch politisches Ungeschick die Macht verspielt, im Bewußtsein des Hussein aber hatte sich eingeprägt, daß er von den Männern aus Kufa im Stich gelassen worden war.

Nur nach langem Zögern verließ Hussein Mekka, um sich in das Zweistromland zu begeben. Zur Vorsicht schickte er einen Verwandten voraus nach Kufa, der sollte für Hussein die Massen mobilisieren. Allerdings befand sich Kufa nicht in einem politischen Vakuum. Dort residierte der omayyadische Gouverneur Ubaidallah Ibn Ziyad, ein Adoptivbruder des eben verstorbenen Kalifen Mu'awija. Er entschied sich für harte Gegenmaßnahmen: Der Agent des Hussein wurde in Kufa getötet.

In der Nähe von Kufa erfuhr der Prophetenenkel vom Schicksal des Mannes, den er in die Stadt vorausgeschickt hatte. Er begriff, daß er mit der Unterstützung durch die Bewohner des Gebiets von Euphrat und Tigris nicht mehr rechnen konnte. Die Entscheidung, ob er und seine Begleitung – sie bestand aus Bewaffneten und aus seiner Verwandtschaft – nach Mekka zurückkehren sollte, wurde ihm abgenommen: Ubaidallah Ibn Ziyad griff die Gruppe, die aus etwa dreihundert Menschen bestand, beim Dorf Kerbela am Euphrat an. Hussein, der Enkel des Propheten Mohammed, wurde in der Schlacht tödlich getroffen von Lanzenstichen und Schwerthieben. Das war am 10. Oktober des Jahres 680.

Für den Kalifen Jazid, der im gleichen Jahr die Herrschaft in Damaskus übernommen hatte, war der Tod von Hussein, ein relativ unwichtiges Geschehen. Da hatte sich einer der Alten wieder einmal aufgebäumt gegen die Entwicklung der Zeit und war vernichtet worden, wie die Ordnung der Welt dies vorschrieb. In Kufa jedoch gewann der tote Hussein plötzlich wieder an Popularität und Jazid galt für die Moslems, die dem Prophetenenkel die Treue halten wollten, als die Verkörperung des Teufels. Die »Partei des Ali«, die »Schiat Ali« sollte im Verlauf vieler Generationen stetig an religiöser Kraft zunehmen. Die »Schiiten« gewannen vor allem im Irak und Iran an Bedeutung – heute stellen sie einen bedeutenden weltpolitischen Faktor dar.

Die Wurzel für diese Entwicklung ist im Jahre 680 zu sehen, der Ort des Ereignisses heißt Kerbela. Dort, wo Hussein starb, befindet sich das größte Heiligtum der Schiiten. Es ist dem »Märtyrer« Hussein geweiht. Von dort aus hat Ayatollah Khomeini dem Schah von Iran vorgeworfen, er sei der »Jazid unserer Zeit«.
Solange Kalif Jazid lebte, blieben Städte und Dörfer an Euphrat und Tigris ruhig. Sich zum Prophetenenkel zu bekennen, wagte zunächst niemand.

Als Jazid im Jahre 683 starb, hatte sich Ahmed Ibn Zubair erfolgreich gegen das Haus Omayya durchgesetzt und Mekka hatte wieder an Bedeutung gewonnen. Zu behaupten, Ahmed Ibn Zubair sei ein Gegenkalif gewesen, ist allerdings nur aus dem Blickwinkel der Omayyaden möglich. Ahmeds Rechte waren durchaus denen des Sohnes von Jazid gleichzusetzen, der im Jahr 683 Kalif in Damaskus wurde.

Sein Name war Mu'awija II. Er war zwanzig Jahre alt, doch er wirkte nicht jugendlich. Er sah kränklich und schwächlich aus. Entscheidungen fielen ihm schwer, doch gewichtige Probleme forderten rasche Schritte zur Lösung: In Syrien waren einige Stämme nicht mehr bereit, den Clan der Omayyaden weiterhin zu unterstützen. Ihre Chefs besannen sich auf die Bedeutung von Mekka und Medina, erinnerten sich daran, daß der Prophet in den Städten der Wüste gewirkt hat. Die Sheikhs begannen allmählich, sich wieder nach Mekka zu orientieren.
Immer stärker wird Mekka zum geistigen Magneten der Gläubigen. Die Moslems aus dem Iran schicken Huldigungsschreiben an Ahmed Ibn Zubair, und sogar zentralasiatische Gebiete unterwerfen sich dem Kalifen von Mekka. Die Machtbasis der Omayyaden verkleinert sich. Die Bewohner von Damaskus haben sich darauf vorzubereiten, daß sich ihre Oase in eine Provinzstadt verwandelt.
Mu'awija II. stirbt schon im Jahre 684. Bemerkenswerte Taten sind von ihm nicht überliefert und Erben hinterläßt er auch keine.
In dieser kritischen Situation ist der Clan gezwungen, aus den eigenen Reihen einen neuen Herrscher zu wählen. Die entscheidenden Männer einigen sich auf Marwan Ibn al-Hakam, auch er ein Mann, der nicht gerade von Kraft und Phantasie beflügelt

war. Um seine schwache Machtbasis zu festigen, heiratete Marwan eine der Frauen des verstorbenen Kalifen Jazid. Doch diese Entscheidung sollte ihm Unglück bringen: Die Frau erwürgte ihn, als er sich weigerte, ihrem Sohn aus der Ehe mit Jazid zu versprechen, daß er der nächste Kalif werde.

Abdel Malik –
Der Weg aus dem Chaos

Zum Glück für das Haus Omayya folgte auf die schwachen Kalifen Mu'awija II. und Marwan eine starke Persönlichkeit: Abdel Malik (685–705), der Sohn des Marwan. Er hatte im Sommer 656 als Kind die Ermordung des Kalifen Othman Ibn al-Affan in Medina erlebt. Abdel Malik war damals im Haus des Othman gewesen, als die Horde der Rebellen über den Haushalt des Kalifen herfielen. Zehn Jahre alt war er damals gewesen. Er erzählte später oft, wie er den toten Othman habe liegen gesehen. Sein Blut sei im Sand versickert.

Abdel Malik wußte seit diesem Sommertag, wie rasch der Sturz erfolgen kann von der höchsten Stellung im Staat in den Untergang. Mit Skepsis betrachtete er die Beziehung zwischen sich und dem Volk. An einem Freitag sprach er in der Moschee von Damaskus über die Brüchigkeit dieses Verhältnisses:
»Mir geht es mit euch wie der Schlange im Märchen. Ich will euch erzählen, was da geschehen ist. Eines Tages kamen zwei Brüder vor eine Höhle. Da kroch eine Schlange heraus, legte einen Dinar an den Höhleneingang und kroch wieder zurück. Neugierig geworden, stellten sich die zwei Brüder am nächsten Tag wieder vor die Höhle. Die Schlange kam, zischte und verschwand wieder. Als sie aus dem Blickfeld war, lag ein Dinar vor den Brüdern. Von nun an wiederholte sich dieses Geschehen an jedem Tag. Die beiden Brüder konnten glücklich und zufrieden von dem Geld leben, das ihnen die Schlange brachte. Über lange Zeit hin erhielten die zwei täglich einen Dinar, bis einer der Brüder vom Gedanken befallen wurde, es sei doch besser alles Gold, das sich in der Höhle befinde, auf einmal zu erhalten. Mit einem Stock bewaffnet lauerte er vor dem Höhleneingang der

Schlange auf. Als die herauskroch, schlug er zu. Der Schlag aber war nicht heftig genug gewesen; die Schlange lebte noch, doch an ihrem Leib klaffte eine Wunde. Im Zorn fuhr sie auf den Mann los, biß ihn und tötete ihn mit ihrem Gift. Der eine der Brüder starb. Voll Trauer beerdigte ihn der andere. An jedem Tag stellte er sich vor die Höhle und wartete auf die Schlange. Er wollte sie um Versöhnung bitten. Nach vielen Tagen erst ließ sich die Schlange wieder blicken. Der Mann fragte sie, ob nicht wieder alles so sein könnte, wie früher. Da antwortete ihm die Schlange: »Beim Grabe deines Bruders und bei der brennenden Wunde, die ich am Leibe trage, es ist keine wahre Freundschaft mehr zwischen uns möglich.«

Beim Amtsantritt übernahm Kalif Abdel Malik ein Reich, das von Feindschaft im Innern zerrissen war. Der Tod des Prophetenenkels Hussein bei Kerbela lag fünf Jahre zurück, doch schon war spürbar, daß damals eine Wunde in den Leib des islamischen Volkes geschlagen worden war, die schmerzte. Jeder Versuch der Versöhnung zwischen dem Nachfolger des »Teufels Jazid« und der wachsenden Zahl der Anhänger des toten Hussein, scheiterte. Aufstände an Euphrat und Tigris führten dazu, daß das Zweistromland der Herrschaft des Abdel Malik nach und nach entglitt. Ahmed Ibn Zubair, der Herr über Mekka, gewann Einfluß im Zweistromland. Geschickt wußte er die feindliche Stimmung gegen die Omayyaden auszunutzen. Als er aus Kufa die Aufforderung erhielt, er möge einen Gouverneur schicken, der den omayyadischen Beauftragten ablöse, ernannte Ahmed Ibn Zubair seinen Bruder Musab Ibn Zubair zum Bevollmächtigten für das Zweistromland. Ihm sollte es allerdings ähnlich ergehen wie Ali und Hussein: Kaum in Kufa angekommen, fielen viele von ihm ab, die zuvor seine Ankunft gewünscht hatten. Seine Streitkräfte verzettelten sich in der Auseinandersetzung mit den Abtrünnigen.

Der Kalif in Damaskus kalkulierte das schwankende Verhalten der Bewohner von Euphrat und Tigris in seine Pläne ein. Er sah die Chance, das Gebiet im Osten wiederzuerobern. Zuvor aber hatte er sich noch um näherliegende Probleme zu kümmern. Zum Zeitpunkt seiner Übernahme des Kalifenamts bestand der Damaskus unterstehende Herrschaftsbereich nur noch aus Syrien und Ägypten. Mit Mühe war die Verbindung aufrechtzuerhalten zwischen beiden Regionen, denn in Zentralarabien herrschte Ahmed Ibn Zubair, und der ließ häufig seine Reiterverbände ins Gebiet des heutigen Staates Israel und bis zum Mittelmeer durchstoßen. Die Absicht des Kalifen von Mekka war, die Verbindung zwischen Ägypten und Syrien zu durchtrennen.

Der Niedergang des Omayyadenstaates veranlaßte den byzantinischen Kaiser Justinian II. Stämme im Grenzgebiet von Byzanz und Syrien aufzuhetzen, sich von Abdel Malik zu lösen. Die Beduinen reagierten auf ihre Art: Ihre Scheikhs beschlossen, Raubzüge bis in die Gegend von Damaskus zu unternehmen. Als dann in der Stadt deutlich wurde, daß die Macht des Staates schwand, da begannen die Sklaven zu rebellieren und beherrschten bald die Straßen. Sie töteten die Wachen der Gefängnisse, öffneten die Tore und ließen die Häftlinge frei. Sklaven und Häftlinge verbündeten sich sofort, terrorisierten die reichen Stadtviertel. Wer sich nicht ausplündern ließ, der wurde erschlagen. Diese Rebellion in Damaskus hatte wiederum immer tollkühnere Raubzüge der Beduinen zur Folge. Die Staatsautorität war am Ende.

Kalif Abdel Malik handelte in kühler Logik. Für ihn war wichtig, im Norden den Rücken freizubekommen. Er bot dem byzantinischen Kaiser Abtretung von Gebieten an und erklärt sich außerdem bereit, Tribut zu bezahlen. Justinian II. nahm das Angebot an.

Die Konsequenz war bald schon spürbar: Die Raubzüge der Beduinenstämme hörten auf und Abdel Malik konnte Truppen von der byzantinischen Grenze nach Damaskus holen. Die Sicherheit in der Hauptstadt wurde bald wieder hergestellt. Der nächste militärische Schritt galt der Stabilisierung der Verbindung zwischen Ägypten und Syrien. Starke Reiterverbände wurden an den Jordan verlegt. Nun konnte Abdel Malik seine Aufmerksamkeit dem Zweistromland zuwenden.

In Kufa versah inzwischen ein neuer Beauftragter des Kalifen von Mekka das Amt des Gouverneurs. Er war in Streit verwickelt mit seinem Herrn, der unzufrieden war mit den Erfolgen in der Niederkämpfung der Aufstände. Der Konflikt führte dazu, daß sich der Gouverneur Gedanken machte über die Rechtmäßigkeit der Herrschaft des Ahmed Ibn Zubair. Er kam zur Überzeugung, Mohammed Ibn al-Hanafiya, einer der Söhne des Kalifen Ali, sei nach göttlicher Ordnung der wahre Kalif. Er allein könne die Brücke der Legalität schlagen zum Schwiegersohn des Propheten und Ehemann der Prophetentochter Fatima – und damit zum Gesandten Allahs selbst. In Wahrheit wollte der Gouverneur den Nachfahren des Propheten für seine Zwecke einspannen.

Mohammed Ibn al-Hanafiya zeigt nur geringe Neigung, sich in die Politik hineinziehen zu lassen. Er hatte als Privatmann ein ruhiges Leben geführt und sollte nun – ohne jede politische Erfahrung – Beherrscher der Gläubigen werden. Da geschah Entsetzliches in Kufa. Von Mund zu Mund wurde ein Befehl weitergegeben: Alle Personen, die bei Kerbela am Kampf gegen den Prophetenenkel Hussein teilgenommen hatten, sollten getötet oder verstümmelt werden. Dieses Ereignis lag nur zehn Jahre zurück – groß war die Zahl derer, die damals den »Teufel Jazid« unterstützt hatten. Ein barbarisches Blutgericht geschah nun. Die Schuld daran wurde Mohammed Ibn al-Hanafiya gegeben. Er beteuerte zwar, den Befehl nicht erteilt zu haben, doch niemand glaubte ihm. Privatmann konnte der Sohn des Ali nun nicht mehr sein. Er warf tief verstrickt im politischen Geschehen.
Nachdem er Mohammed Ibn al-Hanafiya an sich gebunden hatte, plante der Mächtige von Kufa den Schlag gegen den Kalifen von Mekka. Der Gouverneur – sein Name ist Mukhtar – nahm Reformen in Angriff, die sein Regime abstützen sollten. Bislang waren überall im islamischen Gebiet die Adelsfamilien bevorzugt worden, deren Ahnen an den Eroberungszügen der Zeit nach dem Jahre 632 teilgenommen hatten. Mehr als 50 Jahre nach dem Aufbruch der arabischen Reiterheere war die Führungsschicht von damals bestimmend im Reich gewesen. Diejenigen, die erst den Islam angenommen hatten, als ihr Land erobert war, besaßen einen Status, der sie noch immer der Führungsschicht unterordnete. Mukhtar stellte die »neuen Moslems« dem alten Adel gleich. Sie wurden von Steuern befreit und durften Land in unbeschränktem Umfang besitzen.
Diese Reform verschaffte ihm eine beachtliche Zahl dankbarer Untertanen, die bereit waren, für Mukhtar zu kämpfen. Sein Heer war schließlich stark genug, die Kämpfer des Ahmed Ibn Zubair in der Nähe von Basra zu schlagen. Nun konnte Mukhtar

den Sohn Alis, Mohammed Ibn al-Hanafiya, zum Kalifen ausrufen lassen. Kufa sollte zunächst dessen Residenz sein. Ein Umzug nach Mekka war vorgesehen.

Mohammed Ibn al-Hanafiya versprach, er werde ein Zeitalter der sozialen Gerechtigkeit anbrechen lassen. Jede Form der Ungleichheit unter den Menschen werde verschwinden, und jede Art der Unterdrückung. Diese Versprechungen wurden zunächst bejubelt, doch dann folgten die Enttäuschungen. Weder zieht Gerechtigkeit in Kufa ein, noch leben die Menschen dort freier. Bis zum Jahre 687 war keine Veränderung eingetreten. Die »neuen Moslems« orientierten sich nach und nach auf Ahmed Ibn Zubair, den Kalifen von Mekka zu. Der sie unter Anerkennung der Rechte, die ihnen Mukhtar verliehen hat, aufnahm.

In Damaskus beobachtete Kalif Abdel Malik den Zweikampf zwischen den Mächtigen von Mekka und Kufa. Dann entschloß er sich, die reiche Provinz des Zweistromlandes wieder in Besitz zu nehmen. Damaskus sollte erneut Zentrum eines großen Staates sein. Berichtet wird, er habe seinen Koran zugeklappt mit den Worten: »Auf lange Zeit haben wir, das Heilige Buch und ich, uns zum letztenmal gesehen!« Er meinte damit, daß die Zeit des Nachdenkens vorüber und die Zeit des Handelns angebrochen sei.

Beim Aufbruch nach Osten ließ Abdel Malik einen Verwalter der Macht zurück – den Gouverneur von Damaskus Amru Ibn Said al-Aschdak. Der Kalif war gerade eine Woche unterwegs, da rief der Gouverneur sich schon selbst zum Herrscher aus und zwang mit Hilfe der ihm ergebenen Garnison die Bewohner von Damaskus zur Huldigung.

Die Nachricht von der Rebellion in der Hauptstadt erreichte Abdel Malik nach kurzer Zeit. Er brach seinen Feldzug in Richtung Euphrat ab und kehrt mit seinen Truppen um. Amru Ibn Said al-Aschdak erkannte, daß er zu früh losgeschlagen hatte: Er hätte warten sollen, bis sich Abdel Malik vor Kufa befand. Er versuchte sein Glück in der Demütigung seiner eigenen Person: Er warf sich vor dem Kalifen nieder und versprach künftig Treue. Abdel Malik nahm die Unterwerfung in Gnaden an.

Doch je näher der Zeitpunkt zum erneuten Aufbruch in Richtung Osten rückte, desto mehr packte Abdel Malik der Zweifel, ob es klug war, den machthungrigen Amru Ibn Said al-Aschdak am Leben zu lassen. Nach gründlicher Überlegung kam er zum

Entschluß, den Gouverneur zu töten. Er bat ihn zu einem Abendessen, bei dem auch über Verwaltungsprobleme der Stadt Damaskus während der Abwesenheit des Kalifen gesprochen werden sollte. Amru Ibn Said al-Aschdak kannte aus der arabischen Geschichte genügend Beispiele für die Gefährlichkeit solcher Einladungen. Wie viele Gastgeber hatten dabei schon ihren Gast einfach erschlagen lassen! Der Gouverneur nahm deshalb eine große Zahl seiner besten Freunde zum Abendessen mit. Unter ihren Umhängen trugen sie Waffen. Sie waren entschlossen, Amru zu verteidigen.

Der Kalif erkannte, daß der Gouverneur nicht so einfach zu überrumpeln war. Aber während des Essens dachte er sich eine List aus. Abdel Malik sprach freundliche Worte zu Amru. Sie griffen beide mit den Händen den Reis aus derselben Schüssel. Für den Gouverneur war dies ein Zeichen, daß ihm Abdel Malik den Putsch verziehen hat. Er gab seinen Männern zu erkennen, daß sie ihre Pflicht erfüllt hätten und sich zurückziehen sollten.

Da sagt Abdel Malik mit sanfter Stimme: »Damals, als der Aufruhr war, hier in Damaskus, da habe ich den Eid geleistet, dich an Händen und Füßen zu fesseln. Daß ich den Eid nicht einlösen konnte, das bedrückt mich seither. Schwüre müssen gehalten werden. Du kannst mir helfen. Laß' dich von mir fesseln und der Eid ist erfüllt. Ich schwöre dir, daß ich selbst dir die Ketten abnehmen werde.«

Amru Ibn Said al-Aschdak glaubte, mit einer solchen Geste seine Schuld gegenüber dem Kalifen abstreifen zu können. Ohne zu Zögern ließ er sich die Ketten anlegen. Einige Zeit lang stand er gebunden vor Abdel Malik, dann bat er seinen Herrn, verabredungsgemäß ihm die Fesseln wieder abzunehmen. Da sprach Abdel Malik: »Es ist wahr, ich habe versprochen, dir die Ketten zu lösen – und Versprechen müssen gehalten werden. Ob dies allerdings vor oder nach deinem Tod geschieht, darüber habe ich kein Wort gesagt. Erst wirst du sterben und dann nehme ich dir die Fesseln ab!«

Abdel Malik tötete Amru Ibn Said al-Aschdak mit dem Schwert. Er schlug ihm den Kopf ab und warf ihn zum Fenster hinaus auf die Straße. Dort hatten sich inzwischen die weinenden Frauen des Gouverneurs versammelt. Sie brachen beim Anblick des Schädels in lautes Geheul aus.

Wichtig war dem Kalifen, sich mit den Söhnen des Toten zu versöhnen, denn sie vertraten eine politisch bedeutend Familie. Er zog sie auf seine Seite mit diesen Worten: »Mir ist keine andere Wahl geblieben. Ich mußte ihn töten. Hätte ich nicht zugeschlagen, so hätte er mich getötet!«

Der Feldzug, den er dann unternahm, war erfolgreich. Im Jahre 691 unterwarf sich Abdel Malik das Land um die Stadt Kufa. Dem Hause Omayya gehörte damit wieder das reiche Mesopotamien. Allerdings mußte Abdel Malik einen Gouverneur in Kufa zurücklassen, der mit harter Hand das unruhige Volk im Zaum hielt.

Ein Problem blieb ungelöst: Die heiligen Städte Mekka und Medina befanden sich noch immer in der Hand des Kalifen Ahmed Ibn Zubair. Der verlangte von jedem Gläubigen, der die Ka'aba zur Pilgerfahrt besuchte, daß er ihm, als dem Beherrscher der Gläubigen, huldigte. Auch Pilger aus Damaskus waren zu dieser Huldigung gezwungen. Dies konnte Abdel Malik nicht dulden. Er ordnete an, daß künftig nicht mehr Mekka, sondern Jerusalem das Ziel der Pilgerfahrt sei.

Um diesem Ort Bedeutung zu geben, ließ der Kalif über der grauen Felsplatte auf dem Hügel Moria, die seit undenklichen Zeiten als Opferplatz gedient hat, einen prächtigen Kuppelbau errichten. »Qubbet as-Sakhra« entstand – der Felsendom. Der Ort ist gut gewählt, denn die Moslems sind überzeugt, daß der Prophet Mohammed von jener Felsplatte aus in den Himmel aufgestiegen ist, um dort die Inspiration zum Koran zu empfangen.

Abdel Malik gab den Auftrag zum Bau des Felsendoms an einen Meister, der die Struktur des byzantinischen Kirchenbaus beherrschte. Die ursprüngliche Gestalt der Kuppel ist bis heute erhalten. Sie strahlt weit über die Stadt und ist das Wahrzeichen von Jerusalem.

Dem Kalifen nützte der Bau des Felsendoms wenig: Die Gläubigen waren überzeugt, nur die Pilgerfahrt nach Mekka – und nicht die Reise nach Jerusalem – sei von Allah und vom Propheten gesegnet. Die Anordnung des Kalifen, statt der Ka'aba siebenmal den Felsendom in Anbetung Allahs zu umrunden, wurde kaum beachtet. Um zu verhindern, daß seine Untertanen dem Kalifen Ahmed Ibn Zubair huldigten, muß Abdel Malik Mekka wieder dem Haus Omayya unterwerfen.

Die bewaffneten Männer, die sich für den Feldzug zur Verfügung stellten, stammten aus Syrien und Ägypten. War es schon nicht leicht, Kämpfer zur Schlacht um die heilige Stadt zu finden – hat der Prophet doch den Streit um die Ka'aba verboten – so war es um so schwerer, einen Befehlshaber zu gewinnen, der für die militärische Aktion verantwortlich zeichnete.

Abdel Maliks Mann in Kufa hatte keine Hemmungen, die Offensive gegen Mekka zu führen. Sein Name war Hadjedj.

Wieder zogen Tausende von Reitern in Richtung Mekka. Wieder rollten Belagerungsmaschinen durch die Wüste: Katapulte, die schwere Steinbrocken schleudern können. Doch kaum waren sie auf den Hügeln bei Mekka in Position gebracht, da hatten die Belagerer den Eindruck, Allah zeige seinen Zorn über die Aktion: Ein schweres Gewitter brach über das Tal von Mekka herein. Dunkle Wolken machten den Tag zur Nacht, Donnerkrachen erschütterte die Luft. Blitze schlugen in die Katapulttürme ein und töteten zwölf Mann von der Besatzung. Der Schrecken unter den Belagerern war derart groß, daß viele der Männer ihre Habe schnürten und schon ihre Reittiere bestiegen.

Am nächsten Tag zur Mittagszeit zog das Gewitter wieder auf. Doch diesmal erlitten die Belagerten Verluste; die Blitze töteten ein Dutzend Männer auf den Wällen von Mekka. Hadjedj kommentierte das Ereignis so: »Das Gewitter hat seinen Fehler von gestern wieder gutgemacht. Unser Sieg ist nahe!«

Um Zeit zu gewinnen, verkündete Hadjedj, jeder Bewohner von Mekka, der dem Kalifen Abdel Malik huldige, könne mit der Gnade des rechtmäßigen Kalifen rechnen. Diese Amnestie veranlaßte viele, das Lager des Ahmed Ibn Zubair zu verlassen, um Abdel Malik die Treue zu schwören. Hunderte von Männern klettern die Mauern herunter und gaben durch Gesten zu erkennen, daß sie nicht länger kämpfen wollten. Selbst Ahmed Ibn Zubair, der seine Chance schwinden sah, war schließlich geneigt, das Angebot des Hadjedj anzunehmen. Doch seine Mutter Asma hinderte ihn daran. Sie war die Tochter des ersten Kalifen Abu Bakr, der sechzig Jahre zuvor gestorben war. Asma war nahezu hundert Jahre alt, doch ungebrochen waren Verstand und Mut. Asma, die Schwester der Aischa, der Lieblingsfrau des Propheten Mohammed, gehört zu den wenigen Frauengestalten der arabischen Geschichte, die den Gläubigen in Erinnerung geblieben sind.

Berichtet wird, sie habe ihrem Sohn mit diesen Worten an seine Pflicht erinnert: »Du allein, mein Sohn, kannst in dein Inneres schauen. Wenn du von deinem Recht, Kalif zu sein, überzeugt bist, dann bleibe auch bei deiner Überzeugung. Deine Gefährten haben den Tod für deine Sache nicht gescheut. Du darfst nicht in Gefangenschaft zum Gespött der Söhne des Hauses Omayya werden.«

Ahmed Ibn Zubair folgte Asmas Rat. Als er im Kampf an der Ka'aba fiel, ordnete der Syrer Hadjedj an, den Kopf des Toten dem Kalifen in Damaskus zuzusenden – der Körper aber wurde am Tor von Mekka gekreuzigt.

Geistiger Mittelpunkt – Hof der Sinnlichkeit

Als das Chaos im islamischen Reich beendet war, empfand Abdel Malik Lust, das Leben in Damaskus zu genießen. Er sorgte dafür, daß in der Stadt feste und schöne Gebäude aus Stein gebaut, daß die Straßen gepflastert wurden und Brunnen in öffentlichen Gärten sprudelten. Es entstand seine Residenz, die er zum geistigen Mittelpunkt des Staates machen wollte. Abdel Malik lud Dichter ein, durch ihre Verse seine Feste zu verschönen. Drei Dichter, die Liebeslieder verfaßten, hatten es ihm besonders angetan: Omar Ibn Abdallah, Djamil Ibn Mi'mar und Kutheir Ibn Rahman, die häufig zum Dichterwettstreit aufgerufen wurden. Für den Gewinner setzte der Kalif einen hohen Preis aus: Ein Kamel, das mit so vielen Goldbarren beladen war, wie es nur tragen konnte.

Einmal war den Dichtern am Hof von Damaskus die Aufgabe gestellt, den Grad ihrer Zuneigung zu einer Frau in Worte zu fassen. Omar Ibn Abdallah sprach: »Geliebte, wenn meine letzte Stunde naht, will ich dein Gesicht küssen. Wenn ich tot bin, will ich mit deinem Speichel gewaschen werden. Der Staub deiner Füße soll mich einbalsamieren. Ich wünsche mir, daß die Geliebte Suleima mir auch im Paradies beigegeben wird. Liegt sie bei mir, ist es mir gleichgültig, ob ich mich im Paradies oder in der Hölle befinde.«

Djamil Ibn Mi'mar sprach als nächster: »O Buthaina, die Liebe bricht mein Herz. Ich ertrage das Leben nicht länger. Doch wenn ich entschlafen bin, dann holt mich ein einziges Wort aus deinem Mund wieder ins Leben zurück.«

Kutheir Ibn Rahman sprach: »Meine Azza hat viele Feindinnen, und sie beschämt sie alle. Schöne Frauen besuchen mich, um mir Azza zu verleiden. Doch die Wange keiner Frau ist so schön wie Azzas Fußsohlen. Wenn einer unparteiisch über die Schönheit der Frauen zu richten hätte, er würde meiner Azza den Preis geben.«

Bei diesem Dichterwettstreit von Damaskus erhielt Omar Ibn Abdallah Kamel und Gold.

Der Kalif, so wird berichtet, habe einen auserlesenen Geschmack besessen – was Frauen betrifft. Als das Zweistromland wieder der Herrschaft des Hauses Omayya unterworfen war, schrieb Abdel Malik einen Brief an seinen Statthalter in Kufa mit der Aufforderung, ihm drei Mädchen zu schicken, die von fremdartigem Aussehen und von ungewöhnlicher Schönheit sein sollten. Der Gouverneur – er hieß al-Hagag – wurde angewiesen, zunächst schriftlich über die Art der Schönheit zu berichten und mitzuteilen, wie hoch jeweils der Preis des Mädchens sei.

Al-Hagag, der wußte, wie wichtig dem Kalifen weibliche Schönheit war, ließ sofort die bedeutendsten Sklavenhändler des Landes um Euphrat und Tigris zu sich kommen. Er sprach mit ihnen über den Wunsch des Kalifen. Die Sklavenhändler verlangten zunächst eine beträchtliche Summe als Vorauszahlung und benannten dann aus ihren Reihen eine Kommission, die in jene Länder des Ostens reisen sollte, um drei Mädchen von außergewöhnlicher Schönheit aufzuspüren

Die Kommission kam aus dem Osten zurück mit drei Jungfrauen von nie gesehener Schönheit. Al-Hagag nahm sie zunächst in seinen Harem auf und begutachtete sie, ohne sie zu berühren. Dann soll er, so wird erzählt, diesen Brief nach Damaskus geschrieben haben:

»Das Schreiben meines Herrn, des Kalifen – Allah schenke ihm ein langes Leben – ist eingetroffen. Wir haben gesucht und gefunden. Die drei schönsten Mädchen warten darauf, dem Kalifen – Allah schenke ihm ein langes Leben – zu dienen. Das erste Mädchen besitzt einen schlanken Hals, aber üppige Hüften. Die Augen sind von tiefer Schwärze. Ihre Brüste sind hart, ihre Schenkel kräftig. Ohne Haar ist ihr Schoß. Ihre Haut gleicht in der Farbe jenem edlen Stoff, der aus Gold und Silber gemischt ist. Der Preis, o Herr, beträgt dreißigtausend Dirhem«.

Die zweite Schönheit soll al-Hagag, der Gouverneur von Kufa, so gepriesen haben:

»Diese Jungfrau ist ein Wunder an Schönheit. Grazil sind die Brüste und die Backen des Rückens. Ihr Geschlecht ist haarlos und zierlich eingeschnitten. Die Vertiefung des Nabels ist geeignet, duftende Essenzen zu bewahren. Der Preis dieses Mädchens ist sechzigtausend Dirhem«.

Für die dritte Schönheit habe al-Hagag, so wird berichtet, diese Worte gefunden.

»Diese Jungfrau ist schwer zu beschreiben. Ihre Vorzüge haben mit ihrer sanften Art zu tun. Ihr Blick ist voll Hingabe. Ihre Gestalt ist Ausdruck ihrer Demut. Die Haut ist weiß wie der Schnee auf den Bergen des Nordens. Wer ihren üppigen Leib sieht, der ist geblendet. Die Brüste sind von großen runden Monden gekrönt. Breit ist ihr Becken. Ihr Schoß ganz ohne Haare, wartet darauf, sich dem Kalifen – Allah verleihe ihm ein langes Leben – zu öffnen. Der Preis für diese Jungfrau beträgt achtzigtausend Dirhem.« Am Ende des Briefes bat al-Hagag um Anweisung, wie er die Wünsche seines Herrschers erfüllen könne.

Zwei Monate später kam die kleine Karawane mit den drei Mädchen beim Haus des Kalifen an. Vier Wochen war sie unterwegs gewesen. Die Erzählung aus jener Zeit berichtet, Abdel Malik habe sich die drei Schönheiten angeschaut und habe die Realität mit der Beschreibung verglichen, die er zuvor erhalten habe. Sein Urteil sei gewesen, daß Übereinstimmung bestehe. Nur bei der Betrachtung der dritten Jungfrau stutzte Abdel Malik: Ihr Leib war keineswegs üppig, und die Brüste waren nicht rund, sondern eher schlaff. Der Kalif ließ die Männer kommen, die der Karawane als Wächter zugeordnet gewesen waren. Sie gaben nach eindringlichen Fragen des Herrschers zu, daß sich der Jüngste der Karawanenführer und das Mädchen ineinander verliebt hätten. Aus Liebeskummer sei die Schönheit geschwunden, das Mädchen sei mager geworden, weil es nichts mehr gegessen hatte. Der Kalif soll gütig reagiert haben. Er habe dem Mädchen die Freiheit geschenkt und sie dem Jüngsten der Karawanenführer überlassen. In seinem Beisein sei Hochzeit gefeiert worden. Reich beschenkt hätten sie Damaskus verlassen. Die Geschichte vom gnädigen Kalifen findet allerdings ein jähes Ende. In der ersten Nacht der Reise nach Osten lagen das Mädchen und der junge Mann abseits der Karawane unter einem Zelttuch. Als sich die beiden am Morgen nicht rührten, da hob der Karawanenführer das Tuch – und sah, daß zwei Tote darunter lagen. Offenbar hatte Abdel Malik es nicht verwinden können, daß ein anderer Mann diese Schönheit besitzen sollte.

Noch mit sechzig Jahren soll sich Abdel Malik täglich an seinen Frauen erfreut haben. Der Harem habe baulich erweitert werden müssen, um Jungfrauen aus dem ganzen Reich dort standesgemäß unterzubringen. Sie besaßen individuelle Schlafräume und gemeinsame Bäder. Schattig waren die Innenhöfe mit Palmen und grünen Büschen, Springbrunnen plätscherten, geschnitzte Gitter trennten die Lebensbereiche der Frauen voneinander ab. Kühle, Ruhe, Wasser und Frauen im Überfluß – so stellte sich Abdel Malik das Paradies vor. In Damaskus besaß der Kalif ein irdisches Abbild dieses Ortes ewigen Glücks. Obgleich er sicher war, daß das von Mohammed versprochene Paradies auf ihn wartete, wollte er von seinem Damaszener Glück nicht lassen. Die Vergänglichkeit des Lebens und der Dinge beunruhigten ihn. Manchmal klagte er:»Wie herrlich könnte unser Dasein auf der Erde beschaffen sein, wenn ihm nur Dauer verliehen wäre.« Sein Dichter Oma Ibn Abdallah habe ihn dann getröstet mit der Bemerkung, in der Vergänglichkeit liege der Reiz, daß Neues entstehen könne. Der Beherrscher der Gläubigen habe doch immer Lust auf Neues.

In jener Zeit wurde in Damaskus bekannt, daß Abdel Malik oft nicht mehr die Kraft besitze, seinen Frauen Freude zu bereiten. Das Gerede kam durch das Verhalten des Kalifen selbst auf: Er fragte manchmal ganz beiläufig Männer seines Alters, ob sie Schwierigkeiten im Umgang mit ihren Frauen hätten. Gab ein Mann zu, daß ihm hin und wieder die Kraft fehle, dann soll der

Herrscher ganz zufrieden dreingeblickt haben. Von Adjman Ibn Huraim, einem reichen Mann aus Damaskus wird erzählt, er habe zum Kalifen gesagt, es sei ihm auch jetzt im Alter noch möglich, in jeder Woche drei Mädchen zu entjungfern. Adjman Ibn Huraim sei daraufhin in Ungnade gefallen. Er habe allerdings lange Zeit die Ursache nicht begriffen, bis er seiner Lieblingsfrau den Inhalt seines letzten Gesprächs mit dem Kalifen geschildert hätte. Sie habe Adjman dann aufgeklärt, daß er den Neid des Herrn von Damaskus erregt hätte.

Die Frau war klug. Die Erzählung schließt damit, daß sie zur Lieblingsfrau des Abdel Malik ging, um bei ihr über die große Zahl von Jungfrauen zu jammern, die im Harem darauf warteten, dem Beherrscher der Gläubigen beigegeben zu werden. Am nächsten Tag schon schickte der Kalif dem Adjman Ibn Huraim ein Kamel zu, das einen Becher aus reinem Gold auf dem Rücken trug.

Diese Freuden des Harems hielten Abdel Malik nicht von seinen Regierungspflichten ab. Da er seine Zeit nicht mehr mit Feldzügen zu verbringen hatte, konnte er über Reformen der Staatsverwaltung nachdenken. Er strebte Vereinheitlichung der Verwaltungsvorgänge an, die in den Provinzen nach überkommenen Traditionen abgewickelt wurden. Die Beamten des Gouverneurs über Persien handelten noch nach Vorschriften, die im längst untergegangenen persischen Reich gültig gewesen waren. Seit zwei Generationen bestand der souveräne Staat ostwärts von Euphrat und Tigris schon nicht mehr, seine Gesetze hatten jedoch immer noch Geltung. Die Beamten sprachen Persisch und konnten somit von der arabischen Aristokratie gar nicht kontrolliert werden. Diese Klagen seiner Elite waren dem Kalifen zu Ohren gekommen.

Selbst in seiner eigenen Hauptstadt verhielt es sich nicht viel anders. Obwohl sich Damaskus nun bereits über 60 Jahre in der Hand der Araber befand, galten vielfach noch die Grundsätze der byzantinischen Verwaltung. Die Beamten benutzten die griechische Sprache, obgleich sich inzwischen weite Kreise der Bevölkerung die Sprache der Eroberer angeeignet hatten. Die Beamten hatten sich zu einer eigenen Kaste entwickelt, die sich von den Arabern nur wenig sagen ließ.

Abdel Malik erkannte den Grund, warum sich die alte Ordnung so hartnäckig hatte halten können: Die arabische Aristokratie der

Hauptstadt besaß keinerlei Neigung, sich für Schreibarbeit herzugeben. Verwaltung machte ihr keinen Spaß, und deshalb mußte sie diejenigen gewähren lassen, die darin eine Aufgabe sahen, die Saatsfinanzen in Ordnung zu halten. Nun aber war die Anzahl der Beamten nicht gering, die durchaus in der Lage waren, in zwei Sprachen zu arbeiten, es brauchte nur die entsprechende Anordnung gegeben werden. Der Kalif bestimmte, künftig sei Arabisch die Amtssprache im Staate. Die Anordnung wurde gültig, ohne daß das Personal ausgewechselt werden mußte.

Dann sollte ein einheitliches Münzsystem geschaffen werden. Die Provinzen besaßen immer noch ihre eigenen Währungen aus längst vergangener Zeit. Die Damaszener Staatskasse mußte iranische Silbermünzen und byzantinisch geprägtes Gold annehmen. Die Bewertung der unterschiedlichen Währungen machte den Finanzbeamten Schwierigkeiten. Jetzt erging von Damaskus die Order, die alten Münzen durch einen neuen Wert, den einheitlichen arabischen Dinar zu ersetzen, der aus 4,25 Gramm schweren Gold bestand. Als kleine Münze wurde der Dirham eingeführt, der aus 2,9 Gramm Silber geprägt sein mußte.

Im Verlauf des Sommers 705 fühlte der Kalif, daß sein Leben sich dem Ende näherte. An einem Freitag betrat er die Moschee im Ostteil der Kathedrale, deren westlicher Teil noch immer Johannes dem Täufer geweiht war, um eine Ansprache zu halten. Dies war nicht ungewöhnlich: Der Herrscher wandte sich häufig direkt an die Bewohner seiner Hauptstadt, wenn er eine politische Entscheidung zu treffen hatte. Die Moschee bildete den Rahmen für eine Art von Parlament: Der Kalif sprach mit seinen Untertanen – und manchmal durften sie auch mit ihm sprechen. Der Beherrscher der Gläubigen hatte sich entschlossen, die Erbfolge zu regeln. Abdel Malik, der nach der Ermordung seines Vaters Marwan Oberhaupt des islamischen Staates geworden war, wollte nun – gemäß der Erbfolgeregelung im Jahr 685 – seinen eigenen Sohn Walid mit dem Kalifenamt betrauen. Doch da bestand ein gewaltiger Unterschied zur damaligen Situation: Sein Vater Marwan war bei der Proklamation der Amtsübernahme durch den Sohn tot gewesen – Walid aber lebte. Zum erstenmal sollte die Erbfolge festgelegt werden, solange der Amtsinhaber noch volle Autorität im Staat besaß.

In der Moschee von Damaskus wurden nun die Gläubigen durch

Abdel Malik aufgefordert, seinem Sohn Walid zu huldigen. Zuerst war Erstaunen und sogar Widerstand gegen das ungewöhnliche Verfahren zu spüren. Schließlich aber setzten sich die Anhänger des Kalifen durch. Zu bestimmen hatte ohnehin nur die arabische Aristokratie – doch selbst der engste Omayyadenclan hatte sich nur zögernd dem Kalifen gefügt. Sie hatten ihm geraten, doch erst zu sterben, ehe die Nachfolge festgelegt wird.

Die stärkste Ablehnung herrschte in Medina. Die islamischen Gelehrten dort waren ohnehin gegen die Einführung der erblichen Monarchie, die Festlegung des Erben vor dem Tod des Kalifen verurteilten sie als Bruch des Vermächtnisses, das der Prophet Mohammed hinterlassen hatte. Den bedeutendsten Kritiker, den Gelehrten Said Ibn al-Musaijeb, ließ der omayyadische Statthalter von Medina auspeitschen. Dafür tadelte kurz vor seinem Tode Abdel Malik den Gouverneur mit den Worten: »Es wäre besser gewesen, den Said Ibn al-Musaijeb köpfen zu lassen!« Am 8. Oktober 705 starb Abdel Malik in seinem Harem in Damaskus.

Auf Befehl des Kalifen –
Die Omayyadenmoschee entsteht

Genau 70 Jahre waren vergangen seit der Einnahme der Oase durch die Moslems. Die Vereinbarung von damals galt noch immer: Im Osten des Gotteshauses, das Johannes dem Täufer geweiht war, beteten die Moslems, im Westen die Christen. Zwei unterschiedliche Aufforderungen zum Gottesdienst waren in Damaskus zu hören: Die Christen wurden durch eine Glocke in die Kirche gerufen, die Moslems hörten auf den Ruf »Allah Akbar!« – »Allah ist über allem!«

Während dieser 70 Jahre hatten sich allerdings die Zahlen der Kirchgänger und der Moscheebesucher verändert. Die Christen waren weniger geworden, während die Moslems die Moschee immer mehr gefüllt hatten. In Abdel Maliks letzten Tagen war sie an Freitagen völlig überfüllt. Sein Nachfolger, der Sohn des verstorbenen Herrschers, fand diesen Zustand unerträglich und nahm sich vor, ein größeres Bethaus bauen zu lassen.

Doch war nicht allein die Überfüllung der Moschee Grund für diesen Entschluß. Walid dachte auch an den Glanz seiner Hauptstadt. Kalif Walid war darüber informiert, daß überall in den Städten des islamischen Reiches prächtige Moscheen entstanden waren – nur in der Hauptstadt begnügten sich die Gläubigen mit einem Provisorium, dessen Weiterbestand der Beherrscher der Gläubigen nicht verantworten wollte.

Walid hätte den Christen ohne weiteres mitteilen können, daß die 70jährige Vereinbarung nicht mehr gültig sei. Argumente hätte er als der Herrscher von Damaskus nicht gebraucht. Sein Befehl, die Kirche Johannes des Täufers abzureißen, wäre sofort befolgt worden. Doch Walid respektierte die Christen der Hauptstadt, trugen sie doch als Händler und Handwerker durch Fleiß und Steuerehrlichkeit sehr zum Reichtum des Schatzhauses bei. Der Kalif veranlaßte deshalb seine Beamten, mit der christlichen Geistlichkeit Verhandlungen über die Abtretung der Kirche aufzunehmen.

Die Geistlichkeit war gegenüber den Argumenten ihrer islamischen Gesprächspartner aufgeschlossen. Sie nahm die angebotene Entschädigung und die Zuteilung eines geeigneten Areals für den Bau einer Kirche an anderer Stelle an. Dann gab der Kalif seinen Befehl: »Ich verlange, daß eine Moschee in Damaskus gebaut wird, die größer ist, als jede Moschee, die bisher errichtet worden ist.«

Die Maße waren im Rahmen der bisherigen Stadtanlage vorgegeben: Das umfangreiche Rechteck, auf dem Kirche und Vorhof standen. Auf diesem Platz befand sich in römischer Zeit das Heiligtum des Jupiter Damscenus. Nun sollte genau dort der beispielgebende Bau eines islamischen Bethauses entstehen, der Muster sein sollte für künftige Moscheebauten im ganzen Reich der Moslems. Auf Anordnung des Kalifen wurde die Kirche abgebrochen und die Hallen im Innenhof auch. Verschont vom Abbruch wurden die Umfassungsmauern und die beiden Ecktürme im Südwesten und Südosten. In byzantinischer Zeit waren sie als Aussichtspunkte genutzt worden: Nun wurde ihnen eine Funktion im täglichen Ablauf der Gottesdienste zugewiesen: Auf ihnen stand der Rufer, der die Gläubigen zum Gebet einlud. Anzunehmen ist, daß bereits während der zurückliegenden 70 Jahre der christlich-islamischen Gemeinsamkeit auf dem Turm im Südosten der Gebetsrufer die Worte »Allah Akbar«

erschallen ließ. Die Türme der Moschee von Damaskus sind wohl die ersten Minaretts überhaupt gewesen.

Die Steine, die beim Abbruch der Kirche gewonnen wurden, fanden Verwendung beim Moscheebau. Das neue Gebäude, das auf diese Weise aus dem alten entstand, wurde schon zur Zeit des Kalifen Walid »der Adler« genannt. Warum dies geschah, wird deutlich beim Blick von einem der Türme auf die Moscheeanlage. Von oben gesehen, hat – bei einiger Phantasie – die Moschee die stilisierte Gestalt eines sitzenden Adlers, der seine Schwingen ausbreitet. Die Kuppel stellt den Kopf des Adlers dar. Das von Nord nach Süd verlaufende hochragende Mittelschiff (Transept) kann als Adlerkörper gedeutet werden. Die von West nach Ost orientierten Seitenschiffe sind die ausgebreiteten Schwingen.

Das eigentliche Wunder der Omayyadenmoschee sind die Mosaiken an den Mauern des Innenhofs und an der Fassade des Mittelschiffs. Sie stellen eine Landschaft dar, durch die ein Fluß strömt. Zu sehen sind große und kleine Gebäude, einfache Häuser und gewaltige Paläste, alles überragende Bäume, niedere Büsche, Torbögen und Wege, Ranken und kunstvolle Vasen. Nirgends aber ist ein Mensch zu sehen.

Anzunehmen ist, daß die Darstellung der Flußlandschaft nicht das Ufer des Baradaflusses abbilden wollte. Auch wird wohl kaum das Paradies gemeint sein, obwohl die Betonung des Überflusses an Wasser darauf hinweisen könnte. Der Sinn der Mosaiken wird gewesen sein, den Gläubigen in der Moschee nicht nur einen Ort des Gebets, sondern auch der Besinnung auf das Schöne, zu bieten.

Etwa 180 Jahre nach der Fertigstellung der Moschee schrieb der Geograph al-Mugaddasi auf, was er in Damaskus erfahren hat:

»Man sagt, der Kalif Walid habe beim Bau der Moschee die besten persischen, indischen und griechischen Handwerker zusammengeholt. Der Bau hat das syrische Steueraufkommen von sieben Jahren verschlungen. Für die Ausschmückung wurden darüber hinaus noch achtzehn Schiffsladungen an Gold und Silber gebraucht.«

Die Legende erzählt, daß der Ruhm der Omayyadenmoschee noch während der Bauzeit Konstantinopel erreicht habe. Der Kaiser, der es nicht für möglich halten wollte, daß die Araber die byzantinische Tradition der Mosaikkunst übernehmen und weiterentwickeln konnten, schickte eine Delegation nach Damaskus. Einige der Gesandten sollen beim Anblick der kunstvollen Darstellung der Flußlandschaft mit dem Ausruf in die Knie gebrochen sein, Schöneres sei im ganzen byzantinischen Reich nicht zu sehen.

Als das Bauwerk sich seiner Fertigstellung näherte, ging auch das Leben des Kalifen Walid zu Ende. Er spürte den Zerfall seines Körpers, er litt unter der Schwäche seiner Arme und Beine. Doch er wollte unbedingt noch am Leben bleiben, weil er wußte, daß sich eine Karawane auf Damaskus zubewegte, die reich mit Schätzen beladen war. Boten hatten ihm berichtet, unermeßlich sei die Beute des Feldzuges gegen Andalusien, der im Mai des Jahres 711 mit der Überschreitung der Straße von Gibraltar begonnen hatte. Sein Feldherr Musa Ibn Nussair wollte sich eine Ehre daraus mache, dem Herrn Gold und Silber vor die Füße zu legen. Seine Karawane, die durch Nordafrika ziehe, werde begleitet von 30 000 wunderschönen Jungfrauen. Musa Ibn Nussair wolle, so erfuhr man in Damaskus, die Auswahl der Mädchen und die Verteilung an die Harems der Elite dem Kalifen überlassen.

Walid wartete in der Hauptstadt auf den Triumph, die Beute aus Andalusien in Empfang nehmen zu können. Musa Ibn Nussair aber befahl den Karawanenführern, langsamer in Richtung Damaskus zu ziehen. Er hatte vom Zerfall der Kräfte des Kalifen gehört, und er hielt es für klüger, den Reichtum nicht einem Sterbenden zu übergeben, von dem der Überbringer nichts mehr zu erwarten hatte. Musa Ibn Nussair wollte dem kommenden Herrscher des islamischen Reiches mit Gold, Silber und Jungfrauen imponieren – in der Überzeugung, selbst reichlich belohnt zu werden.

Der Feldherr, der Andalusien dem Islam unterworfen hatte, traf wirklich erst nach dem Tod des Kalifen Walid in Damaskus ein. Der Dichter Djenin hat damals die Stimmung des Abschieds vom Erbauer der Omayyadenmoschee so beschrieben: »Wenn ich an Walid denke, rinnen aus meinen Augen unstillbare Tränen. Alles, was ihn auszeichnete vor anderen Menschen, liegt nun unter dem Erdenstaub begraben. Als er uns entrissen war, glichen wir Sternen, denen der Mond genommen wurde.«

Die Trauer war bereits abgeklungen, als Musa Ibn Nussair Gold, Silber und Jungfrauen im Hof der Residenz des Kalifen ablieferte.

Der Feldherr, der Dankbarkeit erwartete, war erstaunt, daß er unfreundlich vom Nachfolger begrüßt wurde – das Amt des Kalifen hatte Suleiman übernommen, der Bruder des Walid. Ihm war zugetragen worden, in Andalusien habe der Sohn des Musa Ibn Nussair – er hieß Abdel Aziz – die Befehlsgewalt an sich gerissen, ohne länger Anweisungen aus Damaskus zu beachten. Die Nachricht über diesen Vorgang war schneller in die Hauptstadt gelangt, als die langsam ziehende Karawane. Früher angekommen als Musa Ibn Nussair war auch der Kopf des Abdel Aziz, der von einem Getreuen des Kalifen abgeschlagen worden war. Im Angesicht des Vaters wurde das Paket geöffnet. Suleiman fragte Musa Ibn Nussair, ob er erkenne, wem der Kopf gehört hatte. Der Vater antwortete: »Allerdings kenne ich diesen Kopf. Er gehörte einem Mann, der kein Gebet ausließ und der viel fastete. Allahs Fluch treffe ihn, wenn der Mörder ein besserer Mensch ist, als mein Sohn.«

Suleiman – »Der Schlüssel zum Guten«

Den Ehrentitel »Der Schlüssel zum Guten« gaben die Bewohner der Hauptstadt dem Kalifen Suleiman nach seinem Tode, weil er für einen tüchtigen Nachfolger gesorgt hatte. Ruhmlos war sein Versuch zu Ende gegangen, Byzanz zu besiegen. Ehrgeiz hatte Suleiman zu diesem Abenteuer getrieben, auch er wollte in die Chronik der Eroberer eingehen. Sein Bruder Walid hatte die Ehre für sich gewonnen, durch den Feldzug in Andalusien und die Vernichtung des Westgotenreiches auf dem europäischen Kontinent eine Basis für den Islam geschaffen zu haben. Suleiman hatte den Erzrivalen Byzanz vernichten wollen, doch die Flotte, die er dafür hatte bauen lassen, fiel den taktischen Tricks der byzantinischen Kommandeure zum Opfer. Die Belagerung Konstantinopels mißlingt. Das war im September des Jahres 717.
Suleiman wollte zwar einerseits den Ruhm, andererseits zeigte er jedoch wenig Interesse an militärischen Dingen. Er hatte es sich angewöhnt, die heißen Tage im Tal des Baradaflusses zu verbringen, wo unter den Orangenbäumen Teppiche ausgelegt und Zelte gespannt waren. Das Kalifen Privileg war es, eine Sklavin

in sein Zelt mitzunehmen, die Höflinge hatten die Sommernächte ohne Frauen am Fluß zu verbringen. Erzählt wird, der Herrscher hätte sogar verboten, daß die Dichter ihre Lieder vortrugen – aus Sorge, seine Sklavin würde ihr Interesse dem Sänger zuwenden. Die Höflinge hatten den »Wechselreden der Vögel« zu lauschen.

Hielt sich der Kalif in seiner Residenz auf, dann war der Harem sein Lieblingsplatz. Dieser war wiederum ausgebaut worden und umfaßte angeblich 100 Zimmer. Wegen der großen Zahl der Frauen mußte der Kalif die Neuerung einführen, daß die Sklavinnen bewacht wurden. Diese Aufgabe wurde Eunuchen übertragen, die eine wichtige Rolle an den Höfen Arabiens spielen sollten.

Gesprächsthema der Händler in Damaskus waren die Abenteuer des Kalifen mit den schönen Töchtern der angesehenen Familien. Die Sippen der Stadt sahen es als Ehre an, ein Mädchen im Harem des Herrschers unterzubringen. Manche Frau wurde oft nur für eine Nacht in den Palast gerufen. Gingen zu später Stunde ein Mann und eine Frau, die verhüllt war, über die Straße, dann fragten sich die Händler in ihren Ladengewölben, welche Familie das Glück getroffen habe, dem Kalifen Suleiman mit einer Frau zu Diensten sein zu dürfen. Sie spotteten dann wohl auch:

»Der Beherrscher der Gläubigen wird zu dem Mann sprechen: Vater einer angesehenen Familie, was kann mir in dieser Nacht Freude machen? Und die Antwort wird sein: O Kalif, dem Allah ein langes Leben schenken möge, in dieser Nacht kann dir ein Becher Wein Freude machen, kredenzt von einer Frau mit großen Brüsten und einer schlanken Leibesmitte, und die sich vor allem durch üppige Schenkel auszeichnet. An ihren Wangen kannst du die Lippen trocknen, die naß vom Wein sind.«

Der Kalif selbst, so wird berichtet, sei überaus dick gewesen und das Atmen sei ihm schwer gefallen. Den Hofdichtern aber war befohlen, den Beherrscher der Gläubigen immer als jugendliche Erscheinung darzustellen, als tatkräftig und mutig.

Doch ist wenig Bemerkenswertes über seine Regierungszeit zu berichten – außer eben, daß es ihm gelang, einen guten Nachfolger zu finden. Radja Ibn Hajat, einer der Ratgeber des Kalifen erinnerte sich später an das Gespräch, das er mit dem todkranken Kalifen geführt habe:

»Als Suleiman spürte, daß ihm der Tod nahte, ordnete er an, daß ein Dokument zu verfassen sei über die Festlegung der Erbfolge. Suleiman wollte seinen noch minderjährigen Sohn zum Nachfolger ernennen. Da sagte ich: ›O Kalif, dem Allah ein langes Leben schenken möge, willst du das Schicksal der Moslems in die Hand eines Kindes legen?‹ Suleiman antwortete: ›Du hast recht. In dieser Frage ist Besonnenheit am Platz.‹ Nach zwei Tagen wurde ich wieder zum Kalifen gerufen. Diesmal fragte er: ›Was sagst du dazu, daß ich meinen Sohn Da'ud zum Nachfolger bestimme. Er ist kein Kind mehr.‹ Ich antwortete: ›Er ist kein Kind, aber er befindet sich bei den Truppen, die gegen Byzanz kämpfen. Es kann durchaus sein, daß er tot ist. Wir sind ohne Nachricht.‹«

Der Ratgeber Radja Ibn Hajat, befragt, wen er für würdig halte, das höchste Amt zu übernehmen, nannte ein Mitglied des Omayyadenclans, das Klugheit und Energie besaß. Sein Name war Omar, und er war ein Neffe des vorletzten Kalifen Abdel Malik.

Der Rat des Radja Ibn Hajat war erstaunlich. Omar hatte einen schlechten Ruf. Er galt als Mann, dem sinnliches Vergnügen das Höchste im Leben war. Viel Geld gab er für Schmuck aus, den er den Frauen seines Harems schenkte. Sie wiederum schenkten ihm Kinder. Allein seine Lieblingssklavin soll ihm neun Söhne geboren haben. Außer den Frauen liebte er Düfte indischer Essenzen und begeisterte sich für Pferde.

Dabei war Omar kein Weichling – seine Härte hatte er in Medina bewiesen, als er dort Statthalter des Kalifen Walid war. In dessen Auftrag hatte er die Nachkommen der Gefährten des Propheten Mohammed zu bekämpfen, die für strenge Befolgung der Korangesetze eintraten – und die das Haus Omayya beschuldigten, es übe Verrat am islamischen Erbe. Ein Sohn des Ahmed Ibn Zubair, des einstigen Kalifen von Mekka, hatte besonders lautstark die Rückkehr zu den religiösen, und damit auch zu den politischen Prinzipien der Frühzeit des Islam gefordert. Er war dann auf Befehl des Omar so lange gepeitscht worden, bis er tot war. Die Nachfahren der Gefährten des Propheten hatten sich fortan gehütet, gegen das Haus Omayya Widerstand zu leisten.

Kaum war Omar im Jahre 717 Kalif geworden – er nannte sich Omar II. –, änderte er sein Leben völlig. Er befolgte die Gebetsvorschriften, die den Omayyadenkalifen gleichgültig geworden waren. Er kleidete sich einfach, die Fläschchen mit Duftessenzen wurden zerschlagen, die Pferde verkauft. Vorbei war die Zeit der Vergnügungen unter Zelten am Baradafluß.

Die Veränderung der Einstellung zum Glauben wird damit in Verbindung gebracht, daß zum Zeitpunkt der Machtübernahme durch Omar II. 100 Jahre – in islamischer Zeitrechnung – vergangen waren, seit dem Beginn der islamischen Epoche (im Jahre 622 christlicher Zeitrechnung). Beide Zeitrechnungen stimmen nicht überein, weil sich das islamische Jahr auf den Mondumlauf bezieht, und damit kürzer ist als das Sonnenjahr.

Im 100. islamischen Jahr waren besonders die Bewohner der Hauptstadt Damaskus von einer religiösen Bewegung erfaßt, die Besinnung auf das einfache Leben des Propheten verlangte. Die Menschen glaubten, in einer Endzeit zu leben. Viele waren überzeugt, die islamische Epoche sei von Allah auf genau 100 Jahre festgesetzt worden und nach dieser Epoche komme der Weltuntergang. Das Jüngste Gericht stehe bevor. Dem Verdammungsurteil könne nur derjenige entgehen, der sich streng an die Offenbarungen halte, die Mohammed 100 Jahre zuvor den Menschen mitgeteilt habe.

Überliefert ist der Wortlaut einer Freitagsansprache, die Omar II. in der neuen Moschee von Damaskus gehalten hat. Er verwies auf das bevorstehende Jüngste Gericht:

»Wenn ihr vor Allah gerufen werdet, dann scheidet dieser Richter die Guten von den Bösen. Wehe dem, der dann von Allahs Barmherzigkeit ausgeschlossen wird. Wehe dem, der keinen Eingang ins Paradies finden kann. Nur derjenige kann Gnade erwarten, der Allah fürchtet, der Vergängliches außer acht läßt. Seht ihr nicht, daß ihr beim Tode allen Besitz anderen überlassen müßt, die sich, bei ihrem eigenen Tod, dann auch wieder davon trennen? Jeden Tag tragt ihr einen Menschen, dessen Lebenszeit abgelaufen ist, hinaus zum Platz der Ruhe. Er liegt dann im Staube, bis das Gericht beginnt. Seine Rettung findet er dann nicht im Besitz, der ihm hier gehört hat, sondern allein in seinen guten Taten. Fürchtet Allah, ehe euere Zeit abgelaufen ist.«

Der Kalif mag erfaßt worden sein von der religiösen Bewegung, aber in seinen Handlungen ließ er sich nicht von Endzeitgedanken leiten. Er gab Anordnungen, die erkennen ließen, daß er an eine lange Zukunft der Welt glaubte – und auch an eine lange Zukunft des Hauses Omayya. Omar II. sorgte für die Vergrößerung seiner Hauptstadt, vor allem in Richtung Westen, ins

Baradatal hinein. Das Stadtbild veränderte sich: Steinbauten ersetzten Lehmziegelhäuser. Der seit hellenistischer und römischer Zeit regelmäßige und quadratisch geordnete Stadtplan wurde aufgegeben. Die Hauptstraße blieb zwar gerade, doch die Sträßchen und Gassen wurden verwinkelt.

Die Oase begann sich auszudehnen. Draußen vor den Mauern legten die Bewohner größere Gärten an, Steppenboden verwandelte sich durch harte Arbeit in fruchtbares Land. Die Ausweitung hatte zur Folge, daß Vororte entstanden, die wiederum erhielten Moscheen – alle Bauvorhaben wurden finanziert vom Kalifen.

Omar II. sah ein Verhängnis voraus, das er verhindern wollte, weil es – nach seiner Erkenntnis – die Zerstörung des islamischen Staates bewirken konnte: Im Land um Euphrat und Tigris nahm die Zahl derer, die glaubten, an Ali, dem Schwiegersohn des Propheten, sei vor rund 50 Jahren Unrecht geschehen, zu. Dieselben Gläubigen waren auch überzeugt, mit dem Tode des Prophetenenkels Hussein – zur Zeit des Kalifen Jazid – sei ein Verbrechen an Allah begangen worden. Wer Ali und Hussein für heilige Männer hielt, der gab die Schuld an ihrem Untergang dem Hause Omayya, deren Mitglieder von vielen Bewohnern des Zweistromlandes als Nachkommen des »Teufels Jazid« angesehen wurden. Omar II. hat die Absicht, dem Dauerkonflikt mit den Anhängern von Ali und Hussein ein Ende zu bereiten. Er ordnete an, daß die Schmähworte gegen Ali und Hussein, die seit einer Generation an jedem Freitag nach dem Gebet in der Moschee von Damaskus ausgestoßen wurden, künftig zu unterbleiben hätten. Der Kalif versuchte, mit den führenden Köpfen der »Schiat Ali« – der Partei des Ali – ins Gespräch zu kommen. Doch sein guter Wille wurde nicht honoriert.

Stärker noch als seine Vorgänger bemühte sich Omar II. um die »neuen Moslems«, die nicht Nachfahren der Araber waren, die zur Zeit des Propheten die Eroberungen durchgeführt hatten. Noch immer wurden viele der »neuen Moslems« durch Steuern belastet, die sie, als Gläubige, gar nicht betrafen. Der Kalif verordnete nun eine Regelung, die das Besteuerungsproblem löste. Sie lautete: »Wer mit dem Gesicht nach Mekka gerichtet betet, der bekennt sich zum Islam und zahlt keine Steuer.«

Die Folge dieser »Steuerreform« war, daß die Staatseinnahmen nachließen. Von seinem eigenen Clan wurde der Kalif nun aufgefordert, die Regelung für die »neuen Moslems« zu ändern. Jeder Moslem sollte die Zugehörigkeit zu diesem Glauben durch Beschneidung beweisen. Aber Omar erwiderte: »Allah hat mich zum Kalifen gemacht, um die Menschen zum rechten Glauben zu führen und nicht um sie beschneiden zu lassen!«

Die Regierungszeit des Kalifen dauerte zwar nur drei Jahre, bewirkte jedoch die Auflösung der Verkrustung, die während der zwei Generationen dauernden Herrschaft des Hauses Omayya eingetreten war. Omar II. beendete auch den kostspieligen Krieg gegen Byzanz: Die Angriffe gegen Konstantinopel wurden eingestellt, die Armee verließ byzantinisches Gebiet.

Feindschaft erwuchs dem Kalifen im eigenen Clan. Die Besorgnis der Verwandten, der »gute Kalif« werde alle Vorrechte der Aristokratie abschaffen, wuchs. Die »alten Moslems« sahen ihren Besitzstand gefährdet. Eine Oppositionsallianz gegen den Kalifen formierte sich. Der Clan besann sich darauf, daß Suleiman kurz vor seinem Tode noch bestimmt hatte, nach dem Ableben des Omar solle der Sohn des Abdel Malik Kalif werden. Er hieß Jazid. Er wußte davon, daß ihm das hohe Amt zufallen würde – und er begann damit, sich dem Clan zu empfehlen. Mancher der Aristokraten gab ihm den Rat, er möge doch dafür sorgen, daß der letzte Wille des Suleiman rasch in Erfüllung gehe. Daraufhin wurden Mordpläne in Damaskus geschmiedet. Warnungen waren ans Ohr des Kalifen Omar II. gedrungen. Doch er dachte nicht daran, nun argwöhnisch zu beobachten, was die Männer des Hauses Omayya unternahmen. Mit folgenden Worten soll er die Warnungen in den Wind geschlagen haben: »Wo sind meine Vorgänger geblieben, trotz aller Vorsicht? Bei Allah, ich fürchte nichts als das Gericht, das Allah abhalten wird.«

Der »Gute Kalif« starb im Februar des Jahres 720 – wahrscheinlich an Gift, das ihm Jazid hatte verabreichen lassen.

»Denkt an die Leiden des Ali
und des Hussein«

Zu Beginn der Herrschaft des Jazid Ibn Abdel Malik zirkulierte eine Schrift durch die Städte und Dörfer des islamischen Reiches. Wer zu lesen verstand, der erfuhr, daß der wahre Gläubige verpflichtet sei, gegen die Angehörigen des Haus Omayya zu kämpfen: »Haben sie nicht Hussein, den Sohn des Ali enthauptet, und selbst dem Ali unsagbare Qualen bereitet? Denkt an die Leiden des Ali und des Hussein!«
Jazid nahm diese Hetze nicht zur Kenntnis. Er war damit beschäftigt, das Leben in Damaskus zu verändern. Die Moschee, unter Omar II. der Ort, auf den sich das Leben zuordnete, verlor immer mehr an Bedeutung. Da sich der Kalif dort nicht sehen ließ, mieden auch die Untertanen das Bethaus. Den Dichtern, die drei Jahre lang zu schweigen hatten, war wieder gestattet, von Liebe zu singen und von den Reizen der Frauen. Tänzerinnen aus Indien sorgten für das Vergnügen des Adels. Während der Nächte wurde in den Hainen am Baradafluß Wein getrunken, die Gouverneure der Provinzen erhielten Order, Sklavinnen in den Harem des Kalifen zu senden.
Jazid genoß sein Dasein als Herrscher. Den Moslems Leitfigur zu sein, lehnte er ab. Er ließ sich auch nicht aus seinem Vergnügen aufschrecken, als noch im Jahr seiner Machtübernahme von Osten her ein Haufen bewaffneter Männer in Richtung Damaskus zog, deren Anführer entschlossen war, das Haus Omayya zu vernichten. Er hieß Jazid – wie der Kalif. Doch waren die beiden nicht verwandt. Der Anführer Jazid war der Verfasser der Hetzschrift, die an die Leiden von Ali und Hussein erinnerte. Er hatte die Besitzlosen zum Kampf aufgerufen, die Bauern ohne Land.

Überall im islamischen Reich waren Umwälzungen der Besitzverhältnisse geschehen: Eine Schicht der Großgrundbesitzer war entstanden. Die arabische Aristokratie war zu der Überzeugung gelangt, Grund und Boden zu besitzen sei ein Zeichen des Adels. So geschah es, daß den Bauern das Land weggenommen wurde. Rechtsmittel dagegen gab es nicht. Die Nachfahren der Eroberer bestimmten die Gesetze – und sie wußten, wie das Recht zu manipulieren war. Mit den Vorschriften des Koran hatte die

Gesetzesauslegung des Jahres 720 nichts mehr zu tun. Hatte der Prophet Mohammed noch 90 Jahre zuvor Gerechtigkeit verlangt, so ist zur Zeit des Kalifen Jazid Ibn Abdel Malik davon nichts mehr zu spüren.

Die Entwurzelten und Entrechteten begannen gegen die Aristokratie des Hauses Omayya zu revoltieren. Der Rebell Jazid fand die Worte, die Massen zu mobilisieren. Er versprach nicht nur Rache für den Tod des Ali und des Hussein, er überzeugt die Bauern auch, daß sie, wenn der Omayyaclan erst vernichtet ist, auf ihre Äcker zurückkehren können. Zunächst aber war ihnen zugesagt, daß sie Damaskus plündern durften. Jeder sah sich bereits mit Beute beladen auf dem Heimweg in das Land an Euphrat und Tigris.

Doch die Bauernrevolte endete rasch. Ein gut ausgebildeter Reiterverband, dessen Kommandeur dem Haus Omayya treu ergeben war, griff den Haufen des Rebellen Jazid entschlossen an. Da zeigte es sich, daß die entrechteten Bauern wenig Mut entfalteten, um »die Leiden des Ali und des Hussein« zu rächen. Schon beim ersten Anlauf der Omayyadenreiter flohen die Aufständischen, nur wenige entkamen ihren Verfolgern.

Die Ordnung des Omayyadenclans wurde durch dieses Ereignis nicht berührt. Die arabische Aristokratie, die in Damaskus regierte, hatte den islamischen Staat im Griff. Die Zeit war noch nicht reif für den Umsturz. Doch waren Anzeichen des Verfalls nicht zu übersehen. Die zentrale Macht im Reich fehlte. Der Kalif selbst hatte wenig zu bestimmen, seine Generäle und Hofbeamten gaben den Ton an in der Hauptstadt. Der Kalif wehrte sich nicht. Der Beherrscher der Gläubigen schloß sich in seinem Harem immer mehr von der Welt ab.

Sonderbares erzählten sich die Händler auf dem Markt von Damaskus: Jazid habe Tage lang auf seinem Lager den Leib einer toten Sklavin liegen lassen, weil er ihre Schönheit auch weiterhin genießen wollte. Mit Gewalt habe man die Leiche aus dem Harem bringen müssen. Eine Woche nach der Bestattung habe der Kalif verlangt, die Frau sei aus dem Grab zu holen. Der Kalif wollte sich von ihr nicht trennen.

Im Jahre 724 starb Kalif Jazid II. Sein Nachfolger Hischam Abdel Malik unterbrach die Kette der kraftlosen Kalifen nicht. Auch er gab der Staatsverwaltung keine Impulse. Der Adel und die von ihm abhängigen Beamten wurden kaum mehr kontrolliert. Sie handelten willkürlich. Sie setzten die Höhe der Steuern fest und sperrten jeden ein, der seine Steuer nicht am festgesetzten Tag bezahlen konnte. Die Gefängnisse waren, besonders im Land um Euphrat und Tigris, überfüllt. Der Clan der Omayyaden hatte sich zu einem Feudalregime entwickelt, das von der Ausbeutung der Massen lebte. Die Aristokraten waren eine Clique der Sklavenhalter geworden. Das islamische Volk wurde von ihnen ausgeplündert.

Die Bauern, die Hauptbetroffenen, versuchten in ihrer Verzweiflung sich zu wehren. Die Zahl der regionalen Rebellionen stieg an. Jeder Rebellenführer machte das Haus Omayya für das Unglück der Bauern verantwortlich. Die Vertrauensbasis für den Clan schwand fast überall.

Auch Kalif Hischam reagierte nicht durch Entschlossenheit. Im Gegenteil: Er wich den Schwierigkeiten aus. In der Damaszener Residenz wurde er – selbst wenn er keine Entscheidung traf – mit Berichten über Rebellionen und deren Niederwerfung konfrontiert. Um ihnen zu entgehen, bereitete der Kalif die Verlagerung seiner Residenz vor. Die sozial bedingten Unruhen waren nicht das einzige Problem, das der Beherrscher der Gläubigen verdrängen wollte. Streitigkeiten unter den Stämmen waren ausgebrochen, und vom Kalifen wurde eine schlichtende Entscheidung verlangt. Hischam besaß nicht die Kraft, umparteiisch einen Standpunkt zu beziehen, der dann energisch durchgesetzt wurde. Obgleich sich der Kalif nicht äußerte, hatten die Sheikhs der Stämme im Umland von Damaskus das Gefühl, die Sympathie des Herrschers verloren zu haben. Die Folge war, daß die Bewohner der Hauptstadt Argwohn gegenüber Hischam entwickelten. Der Kalif nun wiederum begann die Damaszener mit Verachtung zu behandeln.

Hischam erkannte die Gefahr, daß sich die Honoratioren von Damaskus gegen ihn stellen könnten. Er fürchtete Aufruhr in der Stadt. Schutz für sich und für die engsten Mitglieder des Clans suchte Hischam in der Wüste. In einer kleinen Oase nördlich der Stadt Palmyra ließ er sich eine festgemauerte Residenz bauen, eine Festung in der Einöde. Im Innern war sie luxuriös ausgestattet: Da befanden sich Bäder und Schlafräume, Kammern für Gelage in kleinem Kreis und Innenhöfe, in denen Palmen Schatten spendeten. Die Einrichtung hatte nur den einen Zweck, dem Herrscher und seinen Adeligen Freude zu bereiten.

Ließen ihm die Vergnügungen Zeit, kümmerte sich Kalif Hischam um das Trümmerfeld der Stadt Palmyra, die zur Zeit der Römer eine wichtige Rolle in der Frühzeit syrischer Geschichte gespielt hatte. Die legendäre Herrscherin Zenobia war wohl auch dem Hischam als bedeutende historische Gestalt bekannt. Der Kalif gab Befehl einige zerstörte Gebäude in Palmyra wieder aufzubauen.

Der Beherrscher der Gläubigen lebte weit entfernt vom Machtzentrum des gewaltigen islamischen Reiches. Er wurde kaum mehr über die Finanzlage des Staates informiert und hatte auf die Verwaltung des Damaszener Schatzhauses keinen Einfluß mehr. Die Beschäftigung mit Jagd und Liebe nahm in völlig in Anspruch. Die kleine Oase – ihr Name war Rusafa – war kaum geeignet, sich selbst zum politischen Mittelpunkt zu entwickeln. Zu groß war die Entfernung zu den Städten Syriens oder des Zweistromlandes. Nachrichten brauchten Tage, bis sie Rusafa erreichten. Es ist zweifelhaft, ob Hischam im abgelegenen Wüstenschloß davon erfuhr, daß der islamische Vorstoß ins westliche Europa, die Eroberung des Frankenreiches, mißlang: Im Jahre 732 erlitten die Moslems eine Niederlage bei Tours und Poitiers. Kämpfer des fränkischen Reiches, das von den Arabern Afrandscha genannt wurde, hatten sich unter Karl Martell den Haufen der islamischen Reiterei erfolgreich in den Weg gestellt.

In der Hauptstadt fehlte die politische und religiöse Leitfigur. Da befand sich zwar die gewaltige Moschee, doch der freitägliche Gang dorthin war unwichtig geworden, denn da war niemand, der den Höflingen, Kaufleuten und Handwerkern, Baumeistern, Ärzten, Architekten in eindeutigen Worten die politische Richtung gewiesen hätte. Die Moscheebesucher gehörten vor allem zur Schicht der »neuen Moslems«. Die Damaszener Aristokratie hielt sich vom Bethaus fern.

Obgleich die Zeichen des Zerfalls nicht zu übersehen waren, brachte die Regierungsphase des Hischam, die immerhin 19 Jahre dauerte, für die Hauptstadt eine Zeit des Wohlstandes. Die Steuereinnahmen – hochgetrieben nach den Vorschriften der Aristokraten – füllten das Schatzhaus. Keine Steuerquelle wurde ausgelassen, um die Einnahmen zu erhöhen. Bisher waren die islamischen und die christlichen Geistlichen von Steuerzahlungen befreit gewesen – nun wurden auch sie abgabepflichtig.

Diese Änderung der Steuergesetze sollte sich als folgenschwerer Fehler erweisen. Die Priester und Prediger wurden zu Feinden des Hauses Omayya. Gerade während der Stürme der kommenden Jahre hätte der regierende Clan dringend die Unterstützung der Herren von Moschee und Kirche gebraucht.

Als Hischam im Jahr 743 an Scharlachfieber starb, wurde vom Rat des Clans Walid, der Sohn des Jazid, für das Kalifenamt bestimmt. Dieser verlangte sofort bei der Amtsübernahme, die Bevölkerung von Damaskus habe auf der Stelle seinen Söhnen Hakam und Othman zu huldigen. Über diese Forderung flammte Empörung auf, denn die beiden, so wird berichtet, seien noch Kleinkinder und »nicht fähig zu beten« gewesen. Die Gläubigen waren verärgert und vergaßen, daß sie zur Treue gegenüber dem Kalifen verpflichtet waren. Sie überlegten sich schon, wem sie in Zukunft huldigen sollten. Eine Alternative zum Clan Omayya bot sich jedoch noch nicht an.

Die Verachtung gegenüber dem Haus Omayya wurde immer wieder aufs neue genährt. Die Händler aus dem Suk von Damaskus erzählten sich, Walid II. habe dem Islam abgeschworen. Andere Gerüchte besagten, er sei jede Nacht betrunken – und er brüste sich damit, die eigenen Töchter entjungfert zu haben. Genaues war natürlich nicht zu erfahren, denn auch dieser Herrscher lebte nicht in der Hauptstadt, sondern in der Wüste, in abgelegenen Steinbauten, die seinen Luxus verbargen.

Walid II. hatte einen guten Grund, warum er Damaskus mied: Die Stadt wurde von der Pest heimgesucht. Die Bewohner sagten, Schuld daran trage der Kalif, der vor Blutschande nicht zurückschrecke. In einer Moschee von Damaskus versammelten sich Verschwörer, die entschlossen waren, den Kalifen, der das Ansehen der Sippe belastete, zu töten. Zu denen, die handeln wollten, gehörten auch führende Personen des Clans Omayya. Den Plan zur Ausführung des Mordes entwarf Jazid, ein Enkel des im Jahre 705 gestorbenen Kalifen Abdel Malik. Er führte einige tausend Männer hinaus zum Wüstenschloß. Mit Gewalt brachen sie die festen Tore auf. Überliefert ist, Walid II. habe gerade noch so viel Zeit gehabt, um zu sagen: »Dies ist ein Tag wie der, an dem Othman ermordet wurde.«

Sein Kopf wurde wenige Tage später durch die Marktgassen von Damaskus getragen – auf eine Lanze gespießt. Zum neuen

Herrscher wurde der Mann ausgerufen, der den Ritt zum Wüstenschloß angeführt hatte: Jazid, der jetzt Jazid III. genannt wurde. Dies soll der Wortlaut seiner ersten Rede in der großen Moschee der Residenz gewesen sein:

»O ihr Menschen von Damaskus! Nicht aus Habgier oder Herrschsucht habe ich gehandelt. Ich habe mich nicht für würdig gehalten, das Amt des Kalifen zu übernehmen. Ein Sünder bleibe ich, wenn sich Allah meiner nicht erbarmt. Der Eifer für Allah, für den Islam, für den Propheten Mohammed hat mich zum Handeln getrieben. Allahs Fahne ist durch den Dreck gezogen worden. Ein Tyrann hat uns regiert, der weder an das Heilige Buch des Koran noch an den Tag des Gerichts glaubte. Ich habe ihn verachtet, obgleich er zu meiner eigenen Sippe gehörte. Allahs Macht hat ihn vernichtet, nicht meine eigene. Ich verspreche euch, das Geld des Schatzhauses nicht für mich, für meine Frauen oder für meine Kinder zu verwenden, bis ich allen Gläubigen, die Not leiden, geholfen habe. Wer Steuer zu bezahlen hat, der soll nach dem Gesetz behandelt werden. Ich bin mit euch gnädig – Allah mag mit mir gnädig sein.«

Berichtet wird, daß die Rede wenig Wirkung hatte. Die Männer von Damaskus verließen eher bedrückt die Moschee. Dem Omayyaclan gab niemand mehr eine Zukunft. Die Skepsis wurde vor allem durch die finanzielle Situation genährt: Es blieb kein Geheimnis in Damaskus, daß das Schatzhaus leer war. Bedingt durch Unruhen an Euphrat und Tigris waren die Zahlungen aus den Ostprovinzen ausgeblieben. Die Folge war, daß der Sold der Soldaten reduziert werden mußte. Dieser Schritt wiederum führte dazu, daß die Truppen ihr Vertrauen in das Haus Omayya verloren und unzuverlässig wurden. Das Nachlassen der militärischen Kontrolle veranlaßte einige Stammessheikhs dazu, Unabhängigkeit von der damaszener Zentralgewalt zu verlangen. Überall im Reich erklärten sich Mitglieder der Aristokratie für unabhängig. Diese lokalen Kalifen nahmen keine Befehle aus Damaskus mehr an und – sie zahlten auch keine Abgaben mehr an das Schatzhaus. Die Zentralverwaltung litt unter Geldmangel. Um Reformen durchzusetzen, hatte Jazid III. keine Kraft. Er starb bereits fünf Monate und 22 Tage nach seiner Rede, die er in der Moschee von Damaskus gehalten hatte.

Im Jahre 744 trat der letzte Beherrscher der Gläubigen aus dem Hause Omayya sein Amt an. Er war 60 Jahre alt und hatte eine glanzvolle Laufbahn als Feldherr hinter sich. Als Kalif wurde er Marwan II. genannt. Im Verlauf seiner Karriere war er auch Gouverneur von Mesopotamien gewesen. Obgleich sich die Menschen dort nun in permanenter Rebellion gegen den Omayyadenclan befanden, verließ Marwan Damaskus, um künftig in der Stadt Harran in Mesopotamien zu residieren. Das, was vom Inhalt des Schatzhauses noch übriggeblieben war, wurde aus Damaskus abtransportiert. Die kranken Finanzen des omayyadischen Machtbereichs wurden nun von Harran aus verwaltet. Die Höflinge und Beamten hatten nach Mesopotamien umzuziehen. Damaskus war nicht mehr Hauptstadt.

Vielleicht hatte Marwan II. die Absicht, mit seinem Umzug in die Unruhegebiete durch persönliche Präsenz die Autorität des Hauses Omayya wieder zu stärken. Sein Ruhm als Offizier war strahlend. Vielleicht war mit entschlossenem Handeln die Herrschaft noch zu retten. Fest steht, daß Marwan einen Brief vom Statthalter in Chorasan erhalten hatte, in dem die Frage gestellt wurde: »Wacht das Haus Omayya oder schläft es?« Der Statthalter hatte gewarnt: »Glühende Kohlen glimmen unter der Asche, aus ihnen werden heiße Flammen auflodern. Wenn die Glut nicht erstickt wird, verzehrt das Feuer die Herrschaft im Reich der Gläubigen.«

Die Glut hatte ein brillanter Redner entfacht. Er hieß Abu Muslim. Er war begabt sowohl als militärischer Kommandeur als auch in der Kunst der politischen Führung. In seiner Jugend war er Sklave bei einer adeligen Familie in der Provinz Chorasan gewesen. Als Freigelassener hatte er sich vorgenommen, für die Unterprivilegierten zu kämpfen. Seine Parole hieß »Tod den Nachkommen des Teufels Jazid!« – und jeder wußte, daß der Clan der Omayyaden damit gemeint war. Bei den Massen der verarmten Bauern war Abu Muslim populär. Abu Muslim betonte, nicht der Herrscher zu sein, den Allah dem islamischen Volk verordnet habe; er sei nur dessen Unterführer. Der künftige Beherrscher der Gläubigen stamme aus dem »Haus des Gesandten Allahs«, also aus der Familie des Propheten Mohammed. Mehr verriet Abu Muslim nicht. Über seine Aufgabe sagte er: »Mein Schwert hat die Verbrechen derer zu sühnen, die sich nicht auf unsere Seite stellen.«

130

In einer Oase der Provinz Chorasan versammelten sich im Herbst 747 Bauern aus der ganzen Region. Sie waren einem Aufruf des Abu Muslim gefolgt, der versprach, daß Gerechtigkeit den Moslems beschieden sei, wenn erst die Nachfahren des Propheten die Verwaltung des Reiches übernommen hätten. Tausende, die unter der Steuergesetzgebung der Omayyaden litten, glaubten den Schlagworten. Viele der unzufriedenen Bauern und Landarbeiter brachten Kamele und Pferde mit. Abu Muslim konnte eine berittene Truppe aufstellen. An langer Stange flatterte den Reitern ein schwarzes Banner voran.

Die Aufrufe des Abu Muslim wurden auch westlich von Chorasan vernommen. Rasch breitete sich die Rebellion in Richtung Tigris aus. Zu spät nahm Kalif Marwan II. den Aufstand ernst. Er verfügte nicht über eine ausreichende Zahl von Kämpfern und war gezwungen, Männer anzuwerben, die keinerlei Erfahrungen im Kampf besaßen. An einem Nebenfluß des Tigris stießen die Reiter des Abu Muslim und die des Kalifen aufeinander. Marwan II. wurde geschlagen und konnte sich mit Mühe retten. Er floh nach Damaskus. Plötzlich sah der Beherrscher der Gläubigen seine politische und militärische Basis in der Stadt am Baradafluß. Aber er mußte erkennen, daß ihn seine Hoffnung trog. Die Bevölkerung von Damaskus wollte sich nicht mehr für den Clan der Omayyaden einsetzen. Die Armee zeigte keine Begeisterung, als sich Marwan mit dem Befehl zum Kampf an sie wandte.

Beinahe wäre Marwan in der Nähe von Damaskus erschlagen worden. Aus dem Hinterhalt überfielen ihn Männer aus der Stadt Homs. Seine Wache konnte ihn im letzten Augenblick schützen.

Inzwischen erreichte der Aufstand die Stadt Kufa am Euphrat. Jetzt stellte sich der geheimnisvolle Mann aus dem »Haus des Gesandten Allahs« vor: Er nannte sich Abu al-Abbas. Seine Berechtigung die Moslems zu führen, leitete er von seiner direkten Verwandtschaft zu Abbas ab, dem Onkel des Propheten Mohammed. Abu al-Abbas gehörte damit tatsächlich zum engsten Kreis der Nachkommen des Gesandten Allahs.

Bis zur Ankunft des Abu Muslim und seiner Reiter hatte sich Abu al-Abbas in Kufa versteckt gehalten aus Sorge, Getreue des Kalifen Marwan II. könnten ihn erschlagen. Er präsentierte sich nun in der Moschee von Kufa als der oberste Herrscher aller Gläubigen. Überliefert sind diese Worte des Abu al-Abbas: »Gepriesen sei Allah, der den Islam als das Edelste für sich erwählt hat. Unsere Familie hat Allah über alle anderen erhoben. Durch die Verwandtschaft mit dem Gesandten Allahs sind wir zur würdigsten Familie geworden. Wir sind aus dem selben edlen Stamme wie er entsprossen. Allah hat uns im Islam einen besonderen Platz zugewiesen. Im Koran hat Allah unsere Rechte festgelegt, als er sagte: ›Ich will euch durch die Familie des Propheten von der Sünde befreien und euch reinigen!‹ Ferner bestimmte Allah: ›Was dem Gesandten Allahs gehört, bleibt immer seinen Verwandten erhalten.‹ Allah hat den Gläubigen unsere Vorzüge genannt. Er hat ihnen befohlen, uns zu lieben und unsere Rechte zu achten.«

Eine Woge der Begeisterung durchflutete Kufa. Abu al-Abbas hütete sich, die Bewohner darauf hinzuweisen, daß ihre Vorfahren einst Ali und später Hussein – die direkten Nachfolger der Propheten – im Stich gelassen hatten. Im Gegenteil: Er pries die Kufaner als Gläubige, die immer gegen die Tyrannei gekämpft hätten. Jetzt sei für sie die Zeit gekommen, um das Blut der Verbrecher fließen zu lassen.
Unter der schwarzen Fahne ritt die Truppe des Abu Muslim nach Westen, in Richtung Damaskus. Da war niemand mehr – kein Truppenkommandeur und kein Stammessheikh –, der mit seinen Männern die entschlossenen Massen hätte aufhalten können, die im Sturmlauf den Prophetenverwandten Abu al-Abbas nach Damaskus bringen wollten, damit er dort in der Großen Moschee zum Kalifen ausgerufen werde.
Marwan II. wollte die Oase verteidigen, doch es gelang ihm auch zum Zeitpunkt der höchsten Gefahr nicht, die Garnison seiner Hauptstadt zu mobilisieren. Er floh aus Damaskus nach Süden. Im Gebiet zwischen Jordan und Mittelmeer versuchte der bedrängte Herrscher, Kämpfer zu rekrutieren. Doch niemand wollte mehr für das vom Glück – und offenbar auch von Allah – verlassene Haus Omayya sein Schwert erheben. Der drohend gemeinte Hinweis des Marwan, er sei schließlich der rechtmäßige Herr im islamischen Reich, löste in den Städten an der Ostküste des Mittelmeers nur noch Rebellion aus. Marwan rettete sich an den Nil in der Hoffnung, hier wenigstens ein Boll-

werk zu finden zur Verteidigung seines Machtanspruchs. Doch auch in Ägypten stieß der Omayyade auf Ablehnung. Die Kopten lehnten jede Zusammenarbeit ab, und auch die arabische Elite war nicht zur Hilfe bereit.

Mit wenigen Getreuen schlug Marwan II. sein Lager bei den Pyramiden von Gizeh auf. Spätere Chronisten, die den Omayyaden feindlich gesinnt waren, berichteten, die Flüchtlinge seien in Gizeh in ein Nonnenkloster eingebrochen und hätten die Frauen belästigt. Dies muß nicht unbedingt der Wahrheit entsprechen. Als Marwan versuchte, weiter nach Westen zu entkommen, wurde er gefangengenommen und getötet. Das war im Jahre 750. Nur sehr wenige Männer der Omayyadenfamilie konnten ungeschoren aus Syrien fliehen. Dazu gehörte der etwa 25 Jahre alte Abdel Rahman, dessen Mutter aus einem Berberstamm in Nordafrika stammte. Die Verwandten nahmen den jungen Mann für einige Monate auf. Er konnte sich verstecken und Kontakte aufnehmen zu den Adeligen in Andalusien, die ohnehin die Unabhängigkeit von Damaskus bereits erkämpft hatten. Sie akzeptierten den Omayyaden als ihren Herrn. Er begründete das Emirat Córdoba und legte die Wurzel zur kulturellen Blüte der Iberischen Halbinsel.

Die Abbasiden –
Machtwechsel und Niedergang

Schrecken zu verbreiten, war die Absicht von Abu al-Abbas und seinem Helfer Abu Muslim. Kaum in Damaskus angekommen, gaben sie Befehl, die Gräber der Toten des Omayyadenclans aufzubrechen. Die Leichen der erst kürzlich Verstorbenen wurden vor der Moschee aufgehängt, Skelette auf Haufen geworfen. Kein Toter der Sippe sollte in seinem Grab ruhen dürfen. Nach Ansicht der Sieger waren die Angehörigen des Omayyadenclans ohnehin zu ewigen Höllenstrafen verurteilt. Die Mitglieder der Familie, die in Damaskus lebten und auch dort bleiben wollten, gaben sofort bei der Ankunft des Abu al-Abbas zu erkennen, daß sie sich dem neuen Herrscher unterwerfen. Sie dachten nur daran, Leben und Besitz zu retten. Doch der Haß der Sieger war abgrundtief: Alle, die in Damaskus und im ganzen Land gefaßt wurden, wurden getötet. Mehr als achtzig Männer und Frauen des Hauses Omayya verloren ihr Leben. Nur einige der besonders attraktiven jungen Mädchen wurden verschont – sie überlebten in den Harems der Genossen des Abu al-Abbas.

Abu Muslim ließ jeden töten, der auch nur zu den direkt Abhängigen vom Clan der Omayyaden gehört hatte. Wer den Nachkommen des »Teufels Jazid« gedient hatte, dem wurde das Recht auf Leben abgesprochen. Die Häscher des Abu Muslim zogen in Scharen durch Damaskus, durch Vororte, Städte und Dörfer überall im Land. Sie kündigten sich durch Schläge auf Trommeln an, die mit Hundsfellen bespannt waren. Schrecklich muß das Geräusch in den Ohren derer geklungen haben, die loyal zum Haus Omayya gestanden hatten.

Abu al-Abbas, der erste Kalif der »Abbasidendynastie«, starb vier Jahre nach seinem Sieg über die Omayyaden. Das Versprechen, im islamischen Reich werde nun Gerechtigkeit herrschen, hatte er nicht wahrgemacht. Die Zustände hatten sich nicht geändert: Die Steuern wurden mit Härte eingetrieben, die Steuerhöhe willkürlich festgelegt, und die Strafen für Steuersünder waren grausam. Selbst Abu Muslim, der Exekutor des Willens der Abbasiden, kam zur Erkenntnis, daß er nur dem Ehrgeiz der neuen Herren gedient hatte. In einem Brief an den zweiten Abbasidenherrscher soll er Abu Dschafar Mansur geschrieben haben:

»Ich hatte Vertrauen zu einem Mann aus dem Hause des Propheten. Er sollte mein Führer auf dem Weg zu Allah sein. Ich wollte durch ihn erkennen, was Wahrheit ist. Doch sein Weg führte zum Irrtum. Er verdrehte die Wahrheit des Koran. Er tat es mit Absicht, denn er wollte reich werden und mächtig.«

Abu Muslim hat wohl auch Scham für die Härte, mit der er gegen den Omayyaclan hatte vorgehen müssen, empfunden. So teilte er dem Herrscher mit, Allah habe ihm die Augen geöffnet und er könne nicht länger der Familie des Propheten dienen. Seine Absicht sei, in die Heimat nach Chorasan zurückzukehren. Dschafar Mansur konnte diese »Untreue« nicht dulden und ließ Abu Muslim töten.

Von Anfang an fühlten sich die neuen Mächtigen nicht wohl in der Stadt am Baradafluß. Sie war ihnen zu eng. Die Nähe der Wüste störte sie – den Sand, der in die Straßen und Häuser geweht wurde, verfluchten sie. Sie hatten Sehnsucht nach den fruchtbaren Ebenen des Zweistromlandes. Sie waren aus dem Osten gekommen –, sie zogen wieder nach Osten. Alles, was zum Staatsapparat gehörte, nahmen sie mit: Das Schatzhaus wurde ausgeräumt, die Beamten hatten die Steuerlisten einzupacken. Wertvolles Mobiliar und Teppiche wurden ins Land an Euphrat und Tigris gebracht. Die bisherige Residenz des Kalifen stand bald leer.

Schnell verwandelte sich die Oase am Baradafluß in eine Stadt ohne politische Bedeutung. Da trafen kein Delegationen mehr ein aus entfernten Provinzen. Die Karawanen blieben aus, die erbeutete Reichtümer der eroberten Länder brachten. Die Kunsthandwerker, die mit ihren Arbeiten den Palästen der Aristokratie Pracht und Eleganz verliehen hatten, fanden keine Arbeit mehr, die Hoflieferanten verarmten. Den Dichtern und Musikern hörte niemand mehr zu. Die Händler in den Marktgassen klagten bald über schlechte Geschäfte.

Die Kalifen des Abbasidenclans bauten sich in der Folge im Osten Residenzen und Städte. Baghdad entstand und wurde prachtvoller als Damaskus je gewesen war. Die Stadt wurde nicht allein politischer Mittelpunkt sondern auch geistiges Zentrum des Zweistromlandes. Am Tigris sammelte sich die intellektuelle Elite des islamischen Reiches – Ärzte, Philosophen, Astronomen, Mathematiker und Baumeister. Krankenhäuser und Hohe Schulen wurden gegründet. Bibliotheken mit Zehntausenden von Schriften standen den Interessenten zur Verfügung, die Bücher der griechischen Philosophen wurden hier vor der Vergessenheit bewahrt.

Damaskus blieb abseits von dieser Entwicklung: Die Zentralregierung im Osten sorgte nicht für die einstige Hauptstadt. Der Blick der Kalifen war auf Persien und auf Zentralasien gerichtet, Arabien war zweitrangig geworden.

Für Damaskus brachte diese Zurücksetzung allerdings nicht nur Nachteile. Die Vorteile wurden allerdings erst im Verlauf des Jahres deutlich. Die Oase blieb verschont von der Barbarei mit der die Kalifen in Baghdad ihre Macht festigten und erweiterten. Das Leben in Damaskus war friedlicher als in der neuen Haupt stadt. In Baghdad stand der Henker Tag und Nacht bereit, demjenigen den Kopf abzuschlagen, der dem Beherrscher der Gläubigen mißfiel. Ein Wort des Kalifen genügte, und ein Haupt rollte in den Staub. Das Urteil des Kalifen unterlag nicht der

Kontrolle durch ein Gericht. Der Herrscher brauchte sich vor niemandem zu rechtfertigen.

Damaskus – durch die weite Wüste von Baghdad getrennt – war nicht dem unmittelbaren Zugriff des Kalifen und der Willkür der Obrigkeit ausgesetzt. Ein Bewohner geriet selten in Gefahr, dem allmächtigen Herrscher zu mißfallen. Urteile über Beklagte wurden durch Richter gesprochen, die sich an die Gesetze des Koran hielten.

Der Handel unterlag keinen Beschränkungen. Die Verbindungen, die Damaszener Händler zur Zeit der Omayyaden geknüpft hatten, bestanden weiter. Im gesamten Reich waren Stoffe, Glaswaren, Metallgefäße und Waffen aus Damaskus überaus gefragt. Klingen aus Damaskus begannen besonders beliebt zu werden. Die Herstellungstechnik bestand darin, dünne Metallstäbe miteinander zu verschmelzen und zu verschweißen. Die Klingen erhielten dadurch eine auffällige Musterung.

Was diese Waren betrifft, gab es für die Stadt keine Konkurrenz im weiten Gebiet zwischen Nordafrika und Zentralasien. Und doch herrschte zeitweise Unbehagen bei den wirtschaftlich orientierten Bewohnern. Sie spürten, daß sich Wesentliches verändert hatte: Von Baghdad und Basra aus begann sich der Handel mehr und mehr nach Südosten zu orientieren. Die Händler aus diesen beiden Städten befuhren den Persischen Golf, besuchten die Märkte der Hafenstädte und wagten sich schließlich hinaus aufs offene Meer. So erreichten sie die Westküste Indiens. Bald lebten dort in den Städten am Meer Tausende von Untertanen der abbasidischen Kalifen, die damit beschäftigt waren, Güter einzukaufen und zu verkaufen, Waren aus Basra zu empfangen und andere dorthin zu schicken.

Schon während der ersten fünfzig Jahre der Herrschaft des Abbasidenclans kannten die Seefahrer von Basra den Weg nach China. Sie gründeten eine Niederlassung in Kanton. Kaufleute aus Baghdad bauten dort Moscheen und bekamen bald das Recht zugesprochen, ihre Streitfälle von islamischen Richtern entscheiden zu lassen.

Die wachsende Bedeutung des Handels mit Indien und China schwächte die kommerzielle Situation von Damaskus. Basra am Schatt al-Arab blühte auf. Überregional wichtig war Damaskus nur noch für den Warenaustausch mit Byzanz, der meist über

syrische Mittelmeerhäfen abgewickelt wurde. Im Handelsver-
kehr mit den Mächten des westlichen Mittelmeerraums war
Damaskus zu einem zweitrangigen Markt geworden.

Mit dem wirtschaftlichen Aufstieg des Zweistromlandes geschah
gleichzeitig der politische Abstieg der Abbasidenkalifen. Die
beiden historischen Prozesse hingen nicht voneinander ab. Die
Kalifen verloren nach und nach die Macht an eine Kaste, die
ihnen eigentlich hätte dienen sollen. Aus Zentralasien waren
junge Männer der Turkvölker als Sklaven nach Baghdad geholt
worden, um dort die Leibgarde der Kalifen zu bilden. Aus den
Abhängigen wurden im Verlauf der Jahre Herren. Nach und
nach übernahmen die Offiziere der Wachmannschaft die Kon
trolle in der Residenz des Kalifen. Sie bestimmten, wer den
Beherrscher der Gläubigen besuchen durfte – und besaßen damit
wesentlichen Einfluß auf politische Entscheidungen. Die Offiziere der Turktruppen machten schließlich den Herrschern Vorschriften. Der Kalif wurde zum »Papagei« der Turkgenerale. Er
war ihr Gefangener. Seine Aufgabe bestand nur noch darin,
Solderhöhungen für Offiziere und Mannschaften festzusetzen.
Die Generäle wiederum steigerten die Mannschaftszahlen um
die eigene Machtbasis zu vergrößern. Handelte ein Kalif nach
den Wünschen seiner »Bewacher«, blieb er am Leben. zeigte er
sich halsstarrig, wurde er beseitigt. Während der ersten 100 Jahre
ihrer Herrschaft waren die Abbasidenkalifen Gewaltherrscher
gewesen, dann aber wurden sie selbst Opfer der Gewalt. Der
Versuch, den Aufsehern zu entfliehen, scheiterte immer.

Der »Papagei« –
Zwischenspiel in Damaskus

Kalif Dschafar al-Mutawakkil fürchtete um sein Leben. Von
sieben Kalifen, die seit dem Umzug von Damaskus nach Osten
regiert hatten, waren drei ermordet worden. Wenig war ihm
geblieben, um die Ansprüche seiner Bewacher zu befriedigen. Er
wußte, daß sich die Turkoffiziere nach einem anderen »Papagei«
umsehen würden, der ihnen größeren Reichtum versprach. Er
begann die Flucht zu planen. Seine Bewacher gestatteten dem
Kalifen, der nichts zu bestimmen hatte, Ausflüge und kleinere

Reisen. Sie zeigten wenig Lust, ihn dabei zu begleiten. Oft blieb Dschafar al-Mutawakkil mehrere Tage seiner Residenz fern. Behutsam gewöhnte er die Palastwache an seine Abwesenheit. Im Winter des Jahres 856 gab der Kalif bekannt, er werde einen Jagdausflug unternehmen, und jeder, der von seinen Höflingen reiten könne, sei dazu eingeladen. Doch nur wenige waren bereit, den Kalifen zu begleiten. Dem Gefolge, das schließlich losritt, blieb das Ziel unbekannt – und auch der Zweck der Reise.

Zunächst ritten der Kalif und seine Begleiter gemütlich den Tigris hinauf. Sie schlugen abends ihr Lager auf und genossen die kühle Luft am Fluß. Die Strecke, die sie tagsüber zurücklegten, war zunächst nicht groß. Doch nach rund 300 Kilometern verließen die Reiter den Tigris und schlugen die Richtung nach Westen ein. Von nun an beschleunigten sie ihre Geschwindigkeit, aus Sorge, von den Bewachern zurückgeholt zu werden. Zwei Wochen war der Kalif samt Gefolge unterwegs, dann ritt er in Damaskus ein.

Genau 107 Jahre waren vergangen seit dem Untergang des Omayyadenclans in der Oase am Baradafluß. Nach mehr als einem Jahrhundert war wieder ein Kalif bereit, in Damaskus zu residieren. Zunächst war notwendig, die Bewohner für die Sache des Kalifen zu gewinnen. Die Männer mußten bereit sein, sich mit ihrem Leben für die Verteidigung der Stadt gegen den zu erwartenden Angriff der Bewacher einzusetzen. Aber die Mobilisierung der Damaszener Massen war nur möglich, wenn Dschafar al-Mutawakkil die waffentragenden Männer in die Große Moschee rief, damit ihm dort gehuldigt würde. Doch al-Mutawakkil war müde vom langen Ritt. Eigentlich wollte er gar nicht regieren, sondern sich erholen, die Freiheit genießen. Die Gelegenheit, die Streitkräfte gegen die Verfolger zu organisieren, war verpaßt.
Die Unterbringung des Kalifen und seines Gefolges war keineswegs komfortabel: Die frühere Residenz des Beherrschers der Gläubigen war nahezu verfallen. Über 100 Jahre lang hatte sich niemand für den Bau verantwortlich gefühlt und jetzt zeigten die Damaszener nicht durch Tatkraft, daß sie sich über die Ankunft des Herrschers freuten. Ihr Verhalten ließ erkennen, daß sie Angst hatten: Die Läden des Suks blieben geschlossen. Dies war

immer das Anzeichen dafür, daß die Bewohner insgesamt die Situation für gefährlich hielten. Die Menschen verkrochen sich in ihren Ladengewölben, ihren Wohnungen. Sie wollten nicht hineingezogen werden in einen Konflikt, der sie eigentlich nichts anging.

Für al-Mutawakkil war die Lage deprimierend: Er hatte gehofft, ohne große Mühe eine für ihn günstige Situation vorzufinden. Er war gekommen im Glauben, die Damaszener wären begeistert von der Aussicht, daß die Oase wieder Hauptstadt werde. Doch niemand jubelte.

Die Flucht des Kalifen nach Damaskus war zum Scheitern verurteilt. Wenige Tage nach dem stillen Einzug des Herrschers waren Trommeln zu hören. Auf der Straße von Osten her. Dann zogen tausend Kämpfer der Turktruppen in die Stadt ein. Sie huldigten dem »Papagei« in einer Zeremonie, die ihre Kommandeure selbst nicht ernst nahmen. In Wirklichkeit war al-Mutawakkil wieder zum Gefangenen seiner Bewacher geworden.

Anzunehmen ist, daß die Bewohner von Damaskus zu Allah beteten, die Fremden aus dem Osten mögen wieder an Euphrat und Tigris zurückkehren. Das Geschäftsleben war zum Erliegen gekommen. Die Soldaten – unzufrieden mit der Stationierung fern der Garnison – rotteten sich zusammen und verlangten Sondersold. Doch der Kalif verfügte nicht über ausreichende Geldmittel. Einige Extrazahlungen wurden vorgenommen, aber Einheiten, die leer ausgingen, drohten mit offener Meuterei. Sein Ratgeber, Righa al Hidari, empfahl dem Kalifen, die Trommeln schlagen zu lassen als Zeichen der Bereitschaft zum Abmarsch in die Heimatgarnison. Die Soldaten vergaßen sofort ihren Streit um die Soldauszahlung und formierten sich zur Marschkolonne. Ihre Habseligkeiten waren rasch in den Satteltaschen untergebracht – sie brachen auf.

Hatte sich al-Mutawakkil Hoffnung gemacht, er dürfe in Damaskus zurückbleiben, so täuschte er sich. Die Offiziere zwangen den Kalifen, sich ihnen anzuschließen. Er hatte keine Möglichkeit, sich dagegen zu wehren. Den wenigen von den Honoratioren, die sich zum Abschied vor der Moschee einfanden, sagte er, daß er es bedauere, nicht in Damaskus bleiben zu können, doch sein Palast sei durch Ungeziefer verseucht. Er werde wiederkommen, wenn das Gebäude sauber sei. Doch kein Abbasidenkalif kam jemals wieder nach Damaskus.

Dschafar al-Mutawakkil lebte noch einige Zeit als Gefangener in Samarra, in der von ihm gewählten Hauptstadt im Zweistromland, dann wurde er von seinen Turkgarden erstochen – sein Sohn hatte ihnen zuvor bessere Bezahlung versprochen. Aber auch ihm war kein langes Leben vergönnt. Die Schwächung der Position des Herrschers blieb nicht ohne Folge für die Stärke der Turkgenerale. Sie bestimmten zwar, was in der Hauptstadt Samarra geschah, doch sie bekamen aus den Provinzen zu spüren, daß ihnen die Legitimität zur Herrschaft fehlte: Die Generale galten als Emporkömmlinge, die nicht weiter ernst zu nehmen waren. Die Steuereintreiber am Nil, in Chorasan, in Zentralasien dachten nicht daran, ihre Einnahmen an das Schatzhaus in Samarra weiterzuleiten. Die Gelder, die dort aus dem Land um Euphrat und Tigris eintrafen, wurden für den Bedarf der Turkgarden aufgebraucht. Der Zusammenhalt des islamischen Staates zerfiel.

Ahmed Ibn Tulun –
Erinnerung an Damaskus

Als der 13. Kalif des Abbasidenclans, sein Name ist al-Mutaz, am Tigris der »Papagei« der Turkoffiziere war, machte sich der Gouverneur am Nil selbständig. Er hieß Ahmed Ibn Tulun. Der Griff nach der Unabhängigkeit wurde ihm leicht gemacht durch die Situation in der Hauptstadt. Al-Mutaz wurde im Jahr 869 ermordet und dessen Nachfolger schon wenige Monate später ebenfalls. Befehle vom Tigris hatte der Mächtige am Nil nicht zu erwarten.
Der Aufstieg zur Macht war rasch erfolgt. Der Vater des Gouverneurs, Tulun, war vom Kalifen Abdallah al-Mamun, der von 813 bis 833 regiert hatte, als Sklave aus der Gegend ostwärts von Samarkand verschleppt und zunächst an den Tigris geholt worden. Dort war Tulun dem Herrscher durch seine Treue aufgefallen. Ihm wurde gestattet, eine Sklavin zu nehmen und mit ihr zusammenzuleben. Ahmed Ibn Tulun war ihr gemeinsamer Sohn. Der Junge durfte sich bald frei in der Kalifenresidenz bewegen. Er erhielt Unterricht und wurde Offizier. Er sammelte Erfahrungen auf dem Gebiet der Steuereintreibung. Schließlich

wurde er an den Nil geschickt, um diese reiche Provinz des islamischen Staates zu kontrollieren und zu verwalten – zum Nutzen der Turkoffiziere, zu deren Kaste er selbst gehörte. Ahmed Ibn Tulun spürte bald, daß er vom Beherrscher der Gläubigen nicht beaufsichtigt wurde. Auch die Turkgenerale machten ihm keine Vorschriften. Er begann im Jahre 869 seine eigene Machtposition aufzubauen. Seine Residenz am Nil hieß damals noch Fostat – aus ihr entwickelte sich bald schon Kahira (Cairo).

Ahmed Ibn Tulun hatte den Ehrgeiz, seine Stadt zur schönsten überhaupt zu machen. Im Zentrum seines Bauplans stand die Moschee, die seinen Namen trägt. Doch die Sanierung und Modernisierung von Fostat dauerte dem ehrgeizigen Mann dann doch zu lange. Sein Interesse wendet sich der Stadt zu, die früher einmal ein Mittelpunkt der Macht gewesen ist: Ahmed Ibn Tulun wollte von Damaskus aus sein eigenes Reich regieren.

Der Feldzug verlief erfolgreich: Damaskus befand sich bereits in Reichweite der Reitertruppe des Ahmed Ibn Tulun. Schon bereitete er sich auf den Einmarsch in die Oase vor, da erfuhr er von der Meuterei seines Sohnes Abbas zu Hause am Nil. Abbas, der noch sehr jung war, hatte die Wendigkeit des Vaters geerbt und sah eine Chance, selbst mächtig zu werden. Ahmed Ibn Tulun aber wollte Fostat nicht verlieren. Er brach seinen Feldzug ab und ritt zurück an den Nil. Die meisten seiner Soldaten ließ er vor Damaskus zurück.

Allein die Nachricht, Ahmed Ibn Tulun nähere sich Fostat, machte der Rebellion des Sohnes ein Ende. Abbas floh – unter Mitnahme des Staatsschatzes.

Während Ahmed Ibn Tulun damit beschäftigt war, Ordnung zu schaffen am Nil, eroberten seine in Syrien zurückgelassenen Truppen Damaskus. Damit besaß Ahmed Ibn Tulun eine stabile Machtbasis. Doch er sah auch, daß ihm die Legitimität zur Macht fehlte: Er konnte keinerlei Verwandtschaft mit der Familie des Propheten vorweisen. Diese Verwandtschaft aber galt als Voraussetzung für die Stabilität eines Regimes. Das Haus Omayya war verbunden gewesen mit dem Gesandten Allahs – mehr noch baute der Abbasidenclan seinen Machtanspruch auf die Zugehörigkeit zur Familie Mohammeds auf. Ahmed Ibn Tulun aber war der Sohn eines Sklaven aus Zentralasien. Deshalb plante er, den Abbasidenclan zum Verzicht auf das Amt des Kalifen zu bewegen. Aus der Hand des Abbasidenherrschers wollte sich Ahmed Ibn Tulun die Macht übertragen lassen. Die Zeremonie sollte in Damaskus geschehen.

Das Problem war nur, daß in Baghdad und der Nebenhauptstadt Samarra damals zwei Brüder an der Spitze des Regimes standen – beide für die Idee des Machtverzichts zu gewinnen, war unmöglich. Außerdem besaßen die Abbasidenbrüder zu diesem Zeitpunkt wirklich die Regierungsgewalt. In den Ostregionen des Staates waren Revolten ausgebrochen, die von den Turksoldaten niedergekämpft werden mußten. Die Kasernen der Bewacher in Samarra waren leer und die Brüder, die sich die Macht teilten, konnten Soldaten arabischer Abstammung für sich rekrutieren. So gewannen sie nach und nach wieder eine Basis für eigene Entscheidungen.

In seinen Überlegungen, wie er seinen Anspruch auf die Macht durch Legitimität untermauern könnte, kam Ahmed Ibn Tulun auf den Gedanken, Eifersucht zwischen den Brüdern zu säen. Da das Kalifenamt unteilbar war, konnte nur einer wirklich an der Spitze des Staates stehen. Der Bruder des Kalifen al-Mutamid – sein Name war Muwaffak Bilahi – mußte formal immer im Schatten des Bevorzugten stehen. Nur war in Wirklichkeit die Situation umgekehrt: Muwaffak Bilahi war die dominierende Persönlichkeit – sehr zum Ärger des Kalifen. Diesen Ärger wollte Ahmed Ibn Tulun ausnützen.

Von Damaskus aus schickte er Agenten ins Zweistromland. Sie sollten dem Kalifen al-Mutamid einen Plan unterbreiten, der vorsah, daß der Beherrscher der Gläubigen nach Damaskus kam, um dort – am Ort, wo einst das Haus Omayya mächtig war – unbehelligt von seinem Bruder über das islamischen Volk zu herrschen. Die Agenten sprachen davon, daß Ahmed Ibn Tulun der Helfer sein wolle, um dem Kalifen Ellbogenfreiheit bei der Ausübung seines Amtes zu geben. Sie ließen den Kalifen wissen, daß alles zur Flucht vorbereitet sei.

Der etwas einfältige al-Mutamid machte sich mit den Agenten auf nach Westen. Doch die Flucht blieb nicht unbemerkt. Die Spitzel des Gouverneurs von Mossul entdeckten die Reitergruppe und meldeten dies an den Kalifenhof. Muwaffak Bilahi, der Bruder des Entflohenen, gab Befehl, den Kalifen wieder zurückzuholen. Ahmed Ibn Tulun wartete vergebens auf den

Abbasiden, den er in Damaskus zur Abdankung hatte zwingen wollen.

In der Moschee von Damaskus sprach am darauffolgenden Freitag Ahmed Ibn Tulun zu den Gläubigen. Den Fehlschlag seiner eigenen Absichten erwähnte er nicht. Er sprach vom verfaulten Stamm der herrschenden Clique der Abbasiden. Die Verkommenheit sei daran abzulesen, daß zwei Brüder um die Macht stritten. Es sei an der Zeit, so verkündete Ahmed Ibn Tulun, dem arabischen Volk ein würdiges Herrschergeschlecht zu geben. Doch die erwartete Reaktion der Damaszener blieb aus. Sie jubelten ihm nicht zu, die Huldigung unterblieb. Der Kadi, die Rechtsautorität von Damaskus, hatte die Begeisterung mit den Worten gebremst, der rechtmäßige Herrscher sei noch immer der Kalif al-Mutamid und er könne nicht zulassen, daß der wahre Beherrscher der Gläubigen geschmäht werde. Der Traum des Ahmed Ibn Tulun, aus der Hand eines Abbasiden die Macht übereignet zu bekommen, war geplatzt.

Ahmed Ibn Tulun konzentrierte all seine Energie künftig auf das Land am Nil. Damaskus blieb allerdings in seinem Besitz. Erst im Dezember 904 können die Abbasiden die Oase am Baradafluß dem Enkel des Ahmed Ibn Tulun entreißen.

Die Epoche der »Tuluniden« erwies sich als nicht glücklich für die einst wohlhabende Stadt. Der Chronist Abdel Rahman Ibn al-Jawzi, der im 12. Jahrhundert die Vergangenheit von Damaskus untersuchte, teilte mit, daß sich 200 Jahre zuvor die Bevölkerung gewaltig reduziert habe. Nur noch 5000 Bewohner hätten in der Oase gelebt – weniger als der zehnte Teil der Einwohnerzahl zur Omayyadenzeit. Am Ende der Herrschaft des Hauses Omayya hätte es 240 Bäckereien gegeben – davon seien gerade noch zwei übriggeblieben. Das Geschäftsleben sei völlig zusammengebrochen. In den Ladengewölben der Märkte habe niemand mehr Waren angeboten, weil die Kunden ausblieben. Den Damaszenern fehlte das Geld. Häuser, für die zuvor 3000 Dinare gefordert worden wären, seien nun für zehn Dinare zu kaufen gewesen. Der Tiefpunkt der Stadtgeschichte war erreicht.

Doch der Niedergang war nicht auf Damaskus beschränkt. Die alte Ordnung im gesamten islamischen Gebiet geriet in Gefahr. Fremde Völker aus dem Osten drangen nach Westen vor. Am 22. Tag des Fastenmonats Ramadan im Jahr 1055 wurde in der

Moschee von Baghdad verkündet, der erhabene Tughril Bey und sein Volk besuche die Stadt als Freund; er habe den Schwur geleistet, Leben und Eigentum der Bewohner nicht anzutasten.

Tughril Bey war der Enkel des legendären Saljuk, der zwischen Balkaschsee und Aralsee Sippen um sich geschart hatte, die mit ihm sicheren und fruchtbaren Lebensraum suchen wollten. Das Volk der »Saljuken« war klein an Zahl gewesen, als es in Zentralasien aufbrach. Unter Führung von Saljuk überquerten vielleicht neunhundert Menschen den Fluß Oxus, der heute Amu Darya heißt. Auf der Wanderung durch Chorasan schlossen sich andere Turksippen dem Zug an. Die Saljuken wuchsen auf rund 10000 Männer, Frauen und Kinder an. Zu diesem Zeitpunkt übernahm Tughril Bey das Kommando. Er veranlaßte, daß die Saljuken islamisch wurden – dies geschah beim Einbruch in den arabischen Lebensraum. Der Vorteil war, daß Tughril Bey und sein Volk von den islamischen Sippen als Glaubensbrüder bevorzugt aufgenommen wurden. Tughril Bey ließ verkünden, sein Clan sei unterwegs nach Mekka, um die Vorschriften des Propheten zur Pilgerfahrt zu erfüllen.

Diese Verlautbarung hatte den Saljuken auch die Tore von Baghdad geöffnet. Der Kalif Al-Kaim bi Amrillahi (1031–1075) hatte die Bewohner aufgefordert, den Gästen aus dem Osten freundlich zu begegnen. Doch die reichen Familien der Stadt weigerten sich, den staubbedeckten Fremden ihre Haustore zu öffnen. Sie dachten auch nicht daran, das Wandervolk zu ernähren. Die Saljuken schlugen schließlich die Tore ein und verprügelten die Wächter. Gegenwehr organisierte sich. Die Wohlhabenden schlossen sich zusammen und überfielen die Fremden auf den Straßen. Aus Rempeleien entwickelten sich Straßenkämpfe. Doch die Eindringlinge waren stärker: Es dauerte nur wenige Stunden und die Saljuken waren die Herren der Stadt.

Den Kalifen Al-Kaim bi Amrillahi ließen sie unbehelligt. Zu bestimmen hatte er allerdings nichts mehr, da Tughril Bey nicht nur die Kontrolle über Baghdad in seine Hand nahm, sondern auch über die Provinzen des islamischen Staates. Er setzte Statthalter ein, die sein Vertrauen besaßen. Der Kalif gab dem Saljukenfürsten – wohl nicht ganz freiwillig – den Titel »König des Ostens und des Westens«. Formal aber blieb der Kalif der Herrscher. Er war zeitweise nicht unglücklich darüber, daß das Saljukenvolk eine starke Militärmacht stellte, die den Bestand des

Kalifats wenigstens im Land um Euphrat und Tigris sichern konnte.

In Cairo regierte seit dem 10. Jahrhundert ein Clan, der seine Vollmacht aus der Verwandtschaft mit der Prophetentochter Fatima ableitete – die »Fatimiden«. Die Berufung auf die Zugehörigkeit zur »Heiligen Familie« war wieder einmal erfolgreich. Im Gebiet zwischen Jordan und Mittelmeer bekannten sich die Menschen zu Fatima und damit zur Herrschaft der Fatimiden am Nil.

Daß sich Ägyptens Einflußgebiet nicht ausdehnte, dafür sorgten die Saljuken. Sie nahmen Damaskus ein (1076) und schließlich sogar Jerusalem.

Der heilige Ort war Jahr für Jahr das Ziel großer Pilgerströme aus Europa. Schon die Fatimiden hatten Zölle erhoben für die christlichen Gläubigen und die Saljuken übernahmen diesen Brauch. Sie dachten sogar daran, die Einreisegebühren in den Häfen Akkon und Jaffa zu erhöhen. Für Pilger, die auf dem Landweg eintrafen, sollten besondere Kontrollen die Reise erschweren. Dagegen wurde in Konstantinopel energisch protestiert. Als die Gefahr byzantinischer Militäraktionen zur gewaltsamen Öffnung der Grenzen drohte, entschloß sich die Saljukenführung zu einem Präventivschlag. Der führte im Jahr 1071 zu einem ersten Erfolg: Die Moslems drückten die Ostgrenze des christlichen Staates nach Westen. Damit war der Landweg für die Christenpilger noch gefährlicher geworden, denn er verlief auf einer langen Wegstrecke durch islamisches, und sogar weitgehend feindliches Gebiet.

Das Christentum reagierte nur langsam auf diese Herausforderung. Doch als der byzantinische Kaiser Alexius einen Hilferuf nach Rom schickte, da entschloß sich Papst Urban II., die christlichen Ritter Europas aufzufordern, das Heilige Land zu erobern. Mit dem Jahr 1096 begann das Zeitalter der Kreuzzüge.

Die Kreuzfahrer –
Das Schatzhaus von Damaskus

Der Feldzug im Orient war für die Europäer schwierig, doch er führte zum Erfolg: Fünf Jahre nach der Verkündung der Kreuzzugsidee durch den Papst konnte die Gründung des christlichen Staates im Lande des islamischen Kalifen proklamiert werden.

Die Ritter aus Europa waren motiviert: Zunächst trieb sie Glaubenseifer an, doch dann verlockte sie mehr und mehr der Reichtum Arabiens. Damaskus befand sich damals in einer Phase der wirtschaftlichen Erholung. Die Oase war im Jahre 1076 von den Saljuken eingenommen worden und zur Hauptstadt einer gewaltigen Provinz aufgestiegen, die im Osten bis zum Euphrat und im Westen bis zum See Genezareth reichte. Die Steuereinnahmen aus reichen Landwirtschaftsgebieten flossen dem Schatzhaus von Damaskus zu. Auch die Herren des christlichen Königreichs waren an dem Gold von Damaskus sehr interessiert.

Um die Jahreswende 1124/25 lagerte das Heer des christlichen Königreichs Jerusalem vor der südlichen Stadtmauer von Damaskus. König Balduin II. befehligte den Verband. Beim Anblick der gewaltigen Mauern zögerte er mit dem Befehl zum Angriff. Um die Stadt zu belagern war die Zahl der christlichen Kämpfer zu gering. An eine wirkliche Einschließung konnte Balduin nicht denken. Der König beriet sich noch mit seinen Rittern, als die Nachricht eintraf, vom Zweistromland her nähere sich ein großer Reitertrupp der Saljuken. Balduin glaubte diesem Entsatzheer nicht gewachsen zu sein. Er gab Befehl zum Abmarsch. In Damaskus herrschte Jubel: Offenbar waren die Christen doch nicht immer siegreich. Der bisherige Feldzug der Kreuzritter hatte diesen Eindruck entstehen lassen.

Die Verantwortlichen für die Verteidigung der Stadt wußten, daß die Christen wiederkommen würden. Sie sorgten vor: Die Mauern wurden erhöht, die Tore durch Balkenriegel verstärkt, und die Zahl der ausgebildeten Bogenschützen nahm zu. Diese Maßnahmen lohnten sich bereits im darauffolgenden Jahr. Wieder lagerte das Heer des christlichen Königreichs Jerusalem in den Obstgärten vor der Südmauer. Der zweite Versuch begann, die wohlhabende Oase dem Staat der Kreuzritter anzugliedern. Die Verteidiger aber wehrten sich derart geschickt, daß die Belagerer mit ihren Kräften bald am Ende waren: Die Männer in der Stadt öffneten überraschend ein Tor, stürmten heraus und überfielen einzelne Gruppen der Belagerer. Die Abwehr der Ausfälle war schwierig, weil nie vorauszusehen war, welches Tor geöffnet wurde. Bis sich die Belagerer zusammengerottet hatten, waren die Damaszener wieder hinter den Stadttoren verschwunden. Als schließlich die Verluste so hoch waren, daß an einen Sturmangriff nicht mehr zu denken war, wurde auch dieser Feldzug gegen Damaskus unrühmlich abgebrochen.

Zengi –
Ein Mann aus Mossul

Drei Jahre nach dem zweiten Versuch, Damaskus der christlichen Herrschaft zu unterwerfen, begann sich ein Mann von Mossul – sein Name ist Imad ed-Din Zengi – ebenfalls für Damaskus zu interessieren. Sein Vater war saljukischer Truppenkommandeur und von ihm hatte Imad ed-Din Zengi das Kriegshandwerk gelernt. Das Saljukenregime förderte den Generalsohn. Man übertrug ihm die Verwaltung von Städten und Provinzen und schließlich die Kontrolle von Mossul.
Nun aber schickte ihn das Regime nach Syrien mit dem Auftrag, dort der Fahne der Saljuken Respekt zu verschaffen. Damaskus sollte seine politische Machtbasis im Dienst der Saljuken werden. Der Auftrag bedeutete, daß Imad ed-Din Zengi die weitere Ausbreitung des christlichen Königreichs zu verhindern hatte. Der Chef des Saljukenclans und der in Baghdad parallel regierende Kalif fürchteten, Damaskus könne doch noch vom Kreuzfahrerheer erobert werden.
Der ehrgeizige Zengi hatte nicht die Absicht, weiter den Herren von Baghdad zu dienen. Er wollte sich seinen eigenen Staat schaffen – mit Damaskus als Hauptstadt. Er war deshalb darauf bedacht, sich nicht in kräftezehrende Auseinandersetzungen mit den Kreuzrittern zu verstricken. Er spürte, daß auch im christlichen Königreich Bereitschaft zur Verständigung mit den Moslems bestand. Die Witwe des Kriegshelden Bohemund II., die Fürstin Alice von Antiochia, nahm durch Boten Kontakt zu Zengi auf. Sie schrieb an den Feldherrn, daß sie durchaus bereit sei,

sich ihm zu unterstellen, wenn er Antiochia Autonomie gewähre.

Einer der Boten wurde von einer christlichen Patrouille abgefangen. König Balduin ließ den Boten töten, Alice aber – die seine Tochter war – bekam als Witwensitz die Stadt Lattakia zugewiesen: Antiochia verwaltete der König bis zu seinem Tode selbst. Balduin starb im Jahre 1131, Nachfolger wurde sein Schwiegersohn Fulk, Graf von Anjou.

Zu diesem Zeitpunkt sind Zengi und seine Kämpfer zum Schrekken der Kreuzritter geworden. Zengi hatte es sich zur Pflicht gemacht, Übergriffe der häufig raubgierigen fränkischen Adeligen durch Strafaktionen zu rächen. Als im nördlichen Jordangebiet Beduinen von christlichen Reitern überfallen wurden, griff Zengi die Streitkräfte von Jerusalem an. Seine Kämpfer setzten den Rittern derart zu, daß sie Zuflucht suchten in der Burg Montferrand. Zengi ließ Belagerungsmaschinen heranschaffen. Tag und Nacht katapultierten seine Männer Steine gegen die Burgmauern. Entnervt kapitulierte der christliche König.

Zengi hatte die Wahl, König Fulk gefangenzuhalten als Pfand für künftige Verhandlungen oder ihn freizulassen. Er entschied sich, dem König, den Rittern und dem Fußvolk die Freiheit zu geben. Anlaß zu dieser Geste war nicht allein seine Großmut, sondern auch die Nachricht, daß sich von Jerusalem her ein christliches Heer nähere. Zengi hatte Grund, den Konflikt mit König Fulk rasch zu beenden.

Die Freilassung Fulks hat zur Folge, daß Zengi als »menschlich« eingestuft wird und – nach Meinung der christlichen Ritter – offenbar keine ernsthafte Bedrohung des Königreichs Jerusalem darstelle. Wenige Wochen zuvor war in Jerusalem der Plan einer Allianz zwischen dem Kreuzritterstaat und Byzanz zur Bewältigung des Problems Zengi diskutiert worden – das war nun kein Thema mehr. König Fulk glaubte, den Gegner allein bändigen zu können.

Damaskus–Jerusalem
Eine seltsame Allianz

Der Mächtige in Damaskus – Unur ist sein Name – hatte guten Grund, Zengi auch weiterhin für gefährlich zu halten. Er wußte, daß der Feldherr der Saljuken Damaskus in seine Hände bringen wollte, um sich endlich vom Chef des Saljukenclans und vom Kalifen in Baghdad lösen zu können. Angst vor Zengi veranlaßte Unur, dem König von Jerusalem ein Bündnis vorzuschlagen zur gemeinsamen Abwehr expansiver Absichten des Zengi. Die Verantwortlichen in Jerusalem waren zuerst überrascht, ließen sich jedoch rasch überzeugen, daß ihnen diese Allianz Vorteile bot. Ausgangspunkt ihrer Politik war die Unabänderlichkeit der Feindschaft zwischen Christen und Moslems gewesen – und jetzt schlug der Moslemherrscher Frieden und Zusammenarbeit vor! König Fulk nahm den Vorschlag aus Damaskus an. Er empfing Unur, den Mächtigen der Oase, in Jerusalem, als sei er immer schon ein enger Verbündeter des Kreuzritterstaates gewesen. Ihm zu Ehren fanden festliche Essen und Jagdausflüge statt, wurden Ritterspiele veranstaltet.

Der Staatsbesuch des Damasceners Unur in der Hauptstadt des christlichen Staates an der Ostküste des Mittelmeers markierte den Beginn einer glücklichen Zeit für Jerusalem und für Damaskus. Die Allianz veranlaßte Zengi zur Vorsicht. Er wußte, daß er Unur zum Feind hatte, wenn er die christlichen Ritter angriff, und er wußte auch, daß die Ritter dem Unur bei Gefahr zur Seite stehen werden. Keinen von beiden konnte er ungestraft überfallen. Die Zeit der Ruhe nützten der christliche und der islamische Staat zum Bau von Straßen und Burgen aus und zur Sanierung ihrer Städte.

Da stürzte im Jahre 1143 König Fulk vom Pferd. Er war so schwer am Kopf verletzt, daß er nach wenigen Stunden starb. Melisande, die Witwe des Fulk, griff nach der Macht – mit Erfolg: Jerusalem hatte eine Herrscherin.

Fast zur gleichen Zeit verlor auch Zengi sein Leben. Er war für kurze Zeit ins Zweistromland beordert worden, um dort einen Aufstand niederzuschlagen. Daran war zu erkennen, daß er noch immer abhängig war vom Chef des Saljukenclans und vom

Kalifen. Seine Absicht, Damaskus zu erobern, konnte er nicht mehr verwirklichen, denn er wurde auf dem Weg vom Euphrat nach Syrien ermordet. Unbekannt ist der Grund für das Attentat.

Nachfolger wurde Zengis Sohn Nur ed-Din. Ihm fiel sogleich die Aufgabe zu, Angriffe christlicher Ritter abzuwehren, die nach Zengis Tod meinten, nun sei die Zeit gekommen, die Streitkräfte des Ermordeten vernichten. Nur ed-Din aber wehrte nicht nur ab, er griff selbst an. Im Sturmangriff eroberte er Edessa, die größte christliche Stadt der gesamten Region. Die Christen wurden aus der Stadt vertrieben.

Als die Nachricht vom Fall dieser Stadt in Europa bekannt wurde, wuchs die Entschlossenheit, das Königreich Jerusalem gegen islamische Angriffe zu schützen. Der zweite Kreuzzug wurde ausgerufen. Wieder machten sich Ritter aus Frankreich und Deutschland auf den Weg ins Heilige Land.

Diesmal befanden sich auch Könige unter den Kreuzfahrern: Ludwig VII. von Frankreich und König Konrad III. aus dem Hause Hohenstaufen. Die ehrgeizigen Herrscher wollten nicht ohne Triumph das Heilige Land wieder verlassen. Für einen glanzvollen Sieg wollten sie sich in Europa feiern lassen. Da gab es nur ein Kriegsziel: Die Eroberung der – nach Jerusalem – berühmtesten Stadt zwischen Mittelmeer und Euphrat. Die Könige wollen in Damaskus einziehen. Das Argument, gerade die Stadt für das Christentum zu gewinnen, in der Saulus zum Paulus wurde, führten sie als Begründung für den Feldzug nicht an . . .

Die Wahl des Kriegsziels war verständlich, doch da gab es ein Problem: Zwischen Jerusalem und Damaskus bestand seit dem Jahr 1039 ein Bündnis, ein Freundschaftsvertrag, der oft gefährdet war, jedoch nie gebrochen wurde. Darüber setzten sich die Oberhäupter der Kreuzfahrer hinweg. Am 24. Juli 1148 beschloß der Kronrat des christlichen Königreiches in Akkon die Einnahme von Damaskus. Einen Monat später hatten die Belagerungstruppen bereits ihre Zelte in den Obstgärten am Baradafluß aufgeschlagen. Dort befanden sich auch die Hauptquartiere der Könige. Sie entwickelten eine erstaunliche Trägheit. Den Befehl zum Angriff gaben sie nicht. Anzunehmen ist, daß sich die beiden Herrscher in ihren Entscheidungen gegenseitig behinderten.

Der alte Unur aber hatte in der Stadt alleinige Befehlsgewalt. Niemand redete ihm drein. Er gab die Parole aus, daß eine Kapitulation nicht in Frage komme. Unur hatte Vorräte angesammelt, die für eine längere Belagerungszeit ausreichten – und er hat Goldstücke herstellen lassen für die Zahlung von Bestechungsgeldern an ihm nützliche christliche Ritter. Allerdings bestanden diese Goldstücke nur aus schwach vergoldeten Silberlingen.

Eine Entscheidung fiel ihm allerdings schwer: Unur war gezwungen, sich mit Nur ed-Din zu verständigen. Er mußte damit rechnen, daß die beiden Könige ihr Ziel, einen Sieg in Damaskus zu erringen, mit Zähigkeit verfolgen würden. Er konnte nicht annehmen, daß Ludwig VII. und Konrad III. leicht auf den Ruhm verzichten würden, Eroberer von Damaskus zu sein. Für die Bevölkerung jeder Stadt ist bei einer Belagerung irgendwann das Maß der Leiden voll. Wenn die Bewohner verhungern ist der Kommandeur zur Kapitulation gezwungen. Unurs Vorräte waren beachtlich, doch wenn die Christen ein Jahr lang vor der Stadt blieben, war Damaskus verloren. Dann konnte nur das rechtzeitige Eintreffen einer Entsatzarmee helfen. Über eine entsprechend starke Truppe verfügte allein Nur ed-Din, der Herr über Edessa. Ihn bat Unur um Hilfe – auf die Gefahr hin, daß Nur ed-Din Geschmack daran fand, in Damaskus zu bleiben.

Unur erfuhr schon bald, daß das Tor in der nördlichen Mauer der Oase von den Belagerern nicht kontrolliert wurde. Durch diesen freien Ausgang schickte Unur vertrauenswürdige Männer in die Dörfer im Norden der Stadt mit der Aufforderung an die Dorfältesten, Bewaffnete nach Damaskus zu schicken, um den Kreis der Verteidiger zu verstärken. Das Nordtor blieb auch weiterhin unkontrolliert.

Sobald die Boten an Nur ed-Din und die Dorfältesten die Stadt verlassen hatten, traf Unur Maßnahmen zur aktiven Verteidigung. Er ließ die Christen, die unter den Obstbäumen am Baradafluß lagerten, durch Bogenschützen beschießen. Die Pfeile flogen aus kurzer Entfernung, denn die Schützen saßen versteckt im Laubwerk der Bäume. Zwar konnten viele der schießenden Damaszener gefangengenommen werden, trotzdem erwies sich diese Kommandoaktion als überaus erfolgreich. Ritter und Fußvolk wurden unruhig, ängstlich. Die Könige beschlossen, das Heerlager aus den gefährlichen Obstgärten zu verlegen. Sie glaubten, ihre Kämpfer seien sicherer auf der freien Fläche vor dem Osttor. Da waren zwar keine Bäume, auf denen sich Bogenschützen aus Damaskus verstecken konnten, doch dafür brannte die Sonne unbarmherzig – es waren die heißen Tage Ende Juni. Weit war der Weg zum Baradafluß; das Trinkwasser mußte mühsam herangeschleppt werden. Die Könige begriffen rasch, daß – trotz feindlicher Bogenschützen – der Aufenthalt unter den Bäumen angenehmer gewesen war als auf der sandigen Ebene. Streit brach darüber aus, wer nun schuld war an der Verlegung des Lagers.

Schon nach wenigen Tagen wurden Ludwig VII. und Konrad III. ungeduldig: Sie wollten nicht ihre Zeit vor den Mauern von Damaskus verbringen, sie wollten in der Großen Moschee christlichen Gottesdienst feiern. Doch den Befehl zum Sturmangriff gaben sie noch immer nicht.

Unur begriff, daß die Zeit für ihn arbeitete. Den christlichen Herren traute er keine Geduld mehr zu. Einigen der bekannten Persönlichkeiten im christlichen Lager ließ er Botschaften zukommen – durch das unkontrollierte Nordtor. Sie enthielten finanzielle Angebote als Entschädigung für einen baldigen Abzug einzelner Teile des Christenheeres. Die Antworten, die – ebenfalls durch das Nordtor – in die Stadt zurückkommen, waren durchaus positiv: Einige Ritter waren bereit, das Angebot sofort anzunehmen. Nun wurden zum Nordtor Geldsäcke hinaustransportiert. Sie enthielten die vergoldeten Silberlinge, die wie echte Goldstücke aussahen. Vier Tage nur hielt die Belagerungsfront, dann zogen die ersten Ritter, die »Goldstücke« erhalten hatten, von der heißen Ebene vor Damaskus ab. Am fünften Tag waren von der Stadtmauer aus Gruppen von Rittern und Fußvolk zu beobachten, die überstürzt das Lager verließen. Unur erkannte nun die Gelegenheit, durch Aktionen seiner Bogenschützen das Durcheinander auf der Ebene zu verstärken. Ein Hagel von Pfeilen stürzte auf die christlichen Kämpfer nieder, die beratend beieinander standen. Aus ungeordneten vereinzelten Rückzügen wurde chaotische Flucht. Jetzt schickte Unur seine

Reiter los. Sie überfielen die kopflos Flüchtenden, Tausende wurden niedergestochen.

Der zweite Kreuzzug war mit dieser Niederlage zu Ende. Es standen keine Streitkräfte mehr für weitere militärische Unternehmungen zur Verfügung. König Konrad III. begab sich nach Konstantinopel. Der König von Frankreich blieb noch im Heiligen Land, er fürchtete wohl den Prestigeverlust, den er bei seiner Rückkehr in Frankreich hinnehmen müßte.

Die Moslems hatten einen großen Sieg errungen. Nur ed-Din zog die Erkenntnis aus der blamablen Niederlage der Christen, daß die Ritter doch leichter als gedacht zu besiegen waren. Und er sah noch einen Vorteil für sich: Das Bündnis zwischen Damaskus und Jerusalem war nun vollständig zerplatzt. Zwar waren das christliche Königreich Jerusalem und das souveräne Damaskus noch immer seine Feinde, doch er brauchte nicht mehr damit zu rechnen, daß er es mit beiden gemeinsam aufnehmen mußte. Griff er Damaskus an, bestand nicht mehr die Gefahr, daß er automatisch vom Heer des christlichen Königreichs überfallen wurde.

Nur ed-Din entschloß sich im Frühjahr 1154, Damaskus zu erobern. Die Gelegenheit dazu war günstig – der alte Feldherr Unur war gestorben.

Nur ed-Din –
Der Sieger über die Christen

Auf Nur ed-Dins Anordnung wurden während der Monate Februar und März 1154 Lebensmittelkarawanen, die für die Stadt am Baradafluß bestimmt waren, auf ihrem Weg abgefangen. Das Ausbleiben der Lieferungen bewirkte, daß die Bewohner allmählich in Not gerieten. Unruhen erschütterten die Stadt. Die Hungernden rebellierten gegen die Mächtigen. Als sich das Heer des Nur ed-Din näherte, sandten sie in ihrer Verzweiflung doch noch einen Hilferuf an die christlichen Ritter ab. Der aber erreichte Jerusalem nicht rechtzeitig.

Am 18. April 1154 schlugen die Kämpfer des Nur ed-Din ihre Zelte am Baradafluß auf. Zunächst bestand nur geringe Hoffnung auf einen raschen Erfolg. Dann aber gelang es einigen seiner Kommandeure Kontakt zu Bewohnern des jüdischen Viertels der belagerten Stadt zu knüpfen. Die Juden waren unzufrieden mit dem in der Oase herrschenden Regime. Sie erhofften sich bei einem Sieg des als tolerant geltenden Moslems Aufhebung der rechtlichen Einschränkungen, die ihre Existenz erschwerten.

Nur ed-Dins Versprechungen führten dazu, daß sich eine jüdische Familie dann entschloß, einen Stoßtrupp der Belagerer durch eine kleine Pforte in die Stadt zu lassen. Nur ed-Dins Männer besetzten sofort von innen eines der Tore und stießen die Flügel auf. Ihre Kampfgenossen drangen in Damaskus ein. Die Bevölkerung strömte aus den Häusern – nicht um die Angreifer zu bekämpfen, sondern um sie zu begrüßen. Sie erhofften sich alle eine bessere Zukunft unter einem Befehlshaber, der ähnlich veranlagt war wie Unur, ihr bisheriger Herr. Die Damaszener wollten künftig Nur ed-Dins Untertanen sein.

Der Sieger war überrascht. Da die Stadt nicht erobert, sondern übergeben worden war, mußte er seinen Männern verbieten, Damaskus zu plündern. Zuvor schon hatte er vor der Stadt Transporte mit Lebensmitteln bereitstellen lassen; sie rollten nun durch die Tore. Die Bewohner,die nun wieder genügend zu essen hatten, feierten Nur ed-Din als Befreier von aller Not.

Der Sieger wußte, daß die Mächtigen in Baghdad reagieren würden. Er mußte mit einem gut organisierten Angriff aus Osten rechnen, der das Ziel hatte, Damaskus der Herrschaft des islamischen Ostreiches einzuverleiben. Um gegen diesen Angriff gewappnet zu sein, nahm Nur ed-Din Gespräche mit Jerusalem auf, in der Absicht, das Bündnis aus der Zeit des Königs Fulk und des Damaszeners Unur zu erneuern. Die Verhandlungen zogen sich hin, doch im Jahre 1156 wurde ein entsprechender Vertrag abgeschlossen, der zwei Jahre lang gültig sein sollte. Nur ed-Din war sogar bereit, dafür Tribut zu bezahlen.

Doch König Balduin von Jerusalem brach die Vereinbarung bereits im Februar 1157 – seine Gier nach Reichtum verleitete ihn dazu. Er hatte davon erfahren, daß sich im Gebiet des nördlichen Jordan – etwa fünfzig Kilometer von Damaskus entfernt – große Schafherden befanden, die ein Vermögen darstellten. Balduin gab Befehl, die Hirten zu überfallen und die Herden ins christliche Königreich zu treiben. Die Tiere wurden auf den Märkten verkauft und brachten so der Kasse des Königs bares Geld ein.

Nur ed-Din war wütend über den Vertragsbruch. Das Abkommen hatte auch Garantie des Eigentums der Vertragspartner zum Inhalt gehabt. Nur ed-Din zögerte nicht lange. Von Damaskus aus ritt er mit seiner Streitmacht nach Südwesten – dorthin, wo er das christliche Heer vermutete. Nördlich des Sees Genezareth stießen die Damaszener auf ihre Gegner. In dem Gefecht, das stattfand, siegten Nur ed-Dins Männer. König Balduin konnte sich nur durch Flucht retten. Nur ed-Dins Ruhm als Sieger über die Christen wurde bald überall an Lagerfeuern arabischer Sippen zwischen Jordangraben und Euphrat besungen.

Doch rasch geriet die Heldentat in Vergessenheit, denn eine Zeit des Schreckens brach an. Noch im Frühjahr 1156 überraschten erste Erdstöße die Menschen; dann wurden die Erschütterungen immer stärker. Zum Jahreswechsel 1156/57 verbreiteten sich grauenvolle Nachrichten über Zerstörungen der Städte nordwestlich von Damaskus in ganz Arabien. Der Weltuntergang schien sich anzukündigen. Im Frühjahr 1157 wurden Siedlungsgebiete an der Mittelmeerküste nördlich von Tripoli Opfer der Erschütterungen. Im August starben Hunderte von Menschen in Homs und Aleppo, erschlagen von den Trümmern ihrer Häuser. Im ganzen Land verharrten die Bewohner in Angst. Die Gedanken waren gefangengenommen von der Sorge vor den Ereignissen der nächsten Nacht und des nächsten Tages. Nur in Damaskus waren die Erdbebenschäden gering.

Ein Unglück kam zum anderen. Der »Held der Araber« wurde plötzlich krank. Nur ed-Din war überzeugt, daß der Tod ihn holen wolle. Niemand hat über die Art der Krankheit berichtet, fest steht jedoch, daß sie seine Lebenskraft zerstört hat. Nur ed-Din trotzte zwar dem Tod, doch er war nicht länger der glanzvolle Streiter für den Islam. Im Jahre 1163 wurde er sogar vom christlichen Heer derart bedrängt, daß er nach Homs fliehen mußte.

Kriege zu führen, war seine Haupttätigkeit. Sie hatte Priorität, da seine Herrschaft bedroht war. Nur ed-Din war jedoch auch darauf bedacht, seiner Hauptstadt durch neue Gebäude Glanz zu verleihen. Er wollte Damaskus über die eigene Zeit hinaus wertvoll machen. Während Nur ed-Din Herr war über die Stadt entstand »Dar al-Hadith«, das Institut, in dem die überlieferten Aussagen des Propheten Mohammed gesammelt und für kommende Generationen aufbereitet wurden. Im »Dar al-Hadith«

befaßten sich gelehrte Männer und Schüler damit, sich in die bisher mündlich weitergegebenen Anweisungen und Meinungsäußerungen des Gesandten Allahs zu vertiefen. Mehr als fünf Jahrhunderte waren vergangen seit dem Tode des Propheten, und noch immer war – außerhalb der Korantradition – die geistige Hinterlassenschaft Mohammeds nicht geordnet. In der Erinnerung der Nachfahren der Mitstreiter des Propheten waren von einer Generation zur anderen unzählige Aussagen von Mund zu Mund weitergegeben worden, die geeignet waren, den Gläubigen den rechten Weg zu weisen. »Dar al-Hadith« in Damaskus sollte zum Zentrum werden der damaligen Islamwissenschaft.

Nur ed-Din, so wird berichtet, habe auch einen Bau errichten lassen, den er »Palast der Gerechtigkeit« genannt habe. An festgelegten Tagen sei er zu diesem Palast geritten, um dort einem Gericht vorzusitzen. Nur ed-Din habe sich die Klagen angehört und dann mit den Rechtsgelehrten beraten und entschieden. Sein Grundsatz war, daß Allah ihm Gerechtigkeit gegenüber den Untertanen zur Pflicht gemacht habe.

Sein Einsatz für die Religion war nun Ersatz für ruhmreiche Taten. Denn Nur ed-Din hatte keinen Anlaß mehr militärische Triumphe zu feiern: Jahre der Plänkelei mit den christlichen Rittern zogen sich hin. Gefechte wechselten ab mit Bemühungen um eine friedliche Übereinkunft. Die Siege erfocht jetzt ein anderer: sein Feldherr Schirkuh.

Der Befehlshaber, der eigentlich die Aufgabe hatte, Palästina von der christlichen Fremdherrschaft zu befreien, plante die Eroberung von Ägypten. Er war zu der Erkenntnis gekommen, daß der Besitz des reichen Nillandes die beste Voraussetzung bot für die Eroberung des Königreiches Jerusalem. In den Städten und Dörfern am Fluß wohnten Männer, die bereit waren, in den Krieg zu ziehen, für Geld und für das Versprechen, daß üppige Beute sie erwarte. Aus den Getreidebeständen Ägyptens konnten jederzeit gewaltige Armeen ernährt werden. Das Steueraufkommen reichte aus, um Waffen in großer Zahl schmieden zu lassen.

Nur ed-Din, der sich nach seiner Erkrankung häufig in Damaskus aufhielt, trauerte der Zeit nach, in der er selbst die Siege des Islam errungen hatte. Untätigkeit ließ Mißtrauen entstehen gegen den, der nun als Sieger gefeiert wurde. Nur ed-Din wußte, daß die Eroberung Ägyptens den Ruhm des Feldherrn Schirkuh so steigern würde, daß Nur ed-Dins Ansehen in der gesamten Region nachlassen würde. Er zögerte deshalb mit der Erlaubnis zum Angriff in Richtung Nilland. Erst als auch die Ritter des christlichen Königreichs entdeckt hatten, daß sich Ägypten in einem miserablen Verteidigungszustand befand, erging aus Damaskus an Schirkuh der Befehl, bis zum Nil vorzustoßen. Die Offensive gelang.

Ein halbes Jahr nach der Einnahme von Cairo starb Schirkuh an Fettleibigkeit – Essen war sein einziges Vergnügen gewesen. Er soll ein aufgedunsenes rotes Gesicht gehabt haben und nur mit einem Auge gesehen haben.

An jenem 23. März 1169, als Schirkuh starb, übernahm dessen Adjutant Salah ed-Din das Kommando am Nil. Keiner der Offiziere der Ägyptenarmee glaubte zunächst daran, daß Salah ed-Din auf Dauer ihr Oberbefehlshaber sein würde – sie hielten ihn für unerfahren. Doch Salah ed-Din setzte sich durch. Er war energisch und klug. Die Festigung seiner Position wurde in Damaskus registriert. Sie erregte Bewunderung und Neid. Die Folge war, daß auch er vom Herrn über Damaskus mit Argwohn beobachtet wurde.

Am 29. Juni des Jahres 1170 wurde Syrien erneut von Erdstößen erschüttert. Sie waren sogar stärker als die des Jahres 1156/57. Besonders betroffen waren wiederum Homs und Aleppo. Die Bewohner von Damaskus stellten sich die Frage, ob ihre Stadt noch verschont bleiben würde. Obgleich auch diesmal die Überzeugung herrschte, der Weltuntergang stünde bevor, gab Nur ed-Din die Anweisung, die Schäden in den Städten schnell zu beheben.

Die Gedanken des Mächtigen in Damaskus waren in dieser schweren Zeit vom Glauben an Allah bewegt. Ihm wurde bewußt, daß dem Menschen nur eine beschränkte Zeit auf der Erde geschenkt war, und daß nicht des Menschen Wille, sondern der Wille Allahs das Leben bestimme. Im Frühling des Jahres 1174 war Nur ed-Din häufig in den Obsthainen draußen vor der Stadt anzutreffen, wo er sich mit Geistlichen und mit seinen Freunden über den Sinn des menschlichen Daseins unterhielt. Die Spaziergänge am Baradafluß sind Nur ed-Dins letzte Vergnügungen. Am 11. Mai jenes Jahres stirbt er.

In der Damaszener Straße »Nur ed-Din Ashahid« ist sein Grab zu besuchen. Der weiße Marmorsarg steht in einem Raum zu ebener Erde hinter einem vergitterten Fenster, den Blicken derer freigegeben, die heute noch den edlen Herrscher über Damaskus verehren. Der Grabraum gehört zu einer Moschee, deren Namen an Nur ed-Din erinnert.

58 Jahre alt war Nur ed-Din gewesen. Damaskus verdankt ihm viel. Die Spuren seiner Bemühungen um die Stadt sind heute noch zu sehen. Im alten Teil der Stadt – nur wenige Schritte von der Omayyadenmoschee entfernt – öffnet sich eine unauffällige Tür ins »Hamam Nur ed-Din«. Ein Mann, der Hamami, winkt den Fremden herein ins »Bad des Nur ed-Din«. Das Vergnügen, sich hier aufzuhalten, die warmen und kalten Wasser zu genießen, im Dampf zu schwitzen, sich massieren zu lassen, ist nur den Männern vorbehalten. Sie verbringen Stunden der Entspannung im »Hamam Nur ed-Din«. Sie reden über politische Ereignisse draußen in der Welt, über ihre Familien, über die Nachbarn und über die gewaltige Bautätigkeit in der Stadt. Seit alten Zeiten sind die Themen gleichgeblieben, nur Personen und Dinge, Namen der Mächtigen und das Umfeld der Stadtbewohner haben sich verändert. Wurde einst im Hamam über den Konflikt mit den Kreuzrittern gesprochen, so ist heute die Rede von der Auseinandersetzung mit den Israelis, von der Möglichkeit eines Friedens mit dem jüdischen Staat. Einst interessierte sich der Badbesucher für die Fortschritte beim Ausbau der Zitadelle, heute rätseln sie, wie wohl die Räume in der Burg des Präsidenten droben auf dem Berg im Westen der Stadt beschaffen sein mögen. Wird der heute Mächtige von Damaskus erwähnt, schweifen die Gedanken manchmal ab zu Nur ed-Din, der die Freuden des Bades zu genießen verstand. Es spielt dabei keine Rolle, daß das »Hamam des Nur ed-Din« erst im 17. Jahrhundert eingerichtet worden ist. Wahrscheinlich hatte an seiner Stelle schon ein uraltes Badehaus gestanden.

Der Ruhm des Wohltäters Nur ed-Din wirkt noch in unsere Zeit nach. Im Jahr 1154, als Nur ed-Din Damaskus für sich eroberte, ließ er ein Krankenhaus, das »Bimaristan«, bauen, das den Bewohnern von Damaskus zur Verfügung stehen sollte. Jeder wurde aufgenommen – gleichgültig, ob er reich war oder arm. Nur die Reichen hatten zu bezahlen. Um den Bau finanzieren zu können, ließ Nur ed-Din gefangene christliche Ritter gegen Bezahlung eines Lösegelds frei. Diese Gelder stellte er den Baumeistern zur Verfügung.

Ein Raum im Eingangsbereich war dazu bestimmt, die Kranken zunächst einmal aufzunehmen, damit sie untersucht werden konnten. Dann brachten die Ärzte die Patienten je nach Art der Krankheit in dafür vorgesehene Räume: So gab es besondere Abteilungen für Unfallopfer, deren gebrochene Gliedmaßen behandelt werden mußten. In anderen Räumen wurden Seuchenkranke betreut. In besonderen Stationen wurden Geisteskranke aufgenommen. Die Ärzte hatten die Art und den Verlauf jeder Erkrankung schriftlich festzuhalten. Sie mußten notieren, welche Medizin den Kranken verordnet wurde. Sie hatten Rechenschaft abzulegen über die Kosten der Behandlung.

Das Bimaristan des Nur ed-Din war für seine Zeit vorbildlich. In der Mitte des 12. Jahrhunderts gab es nirgends in Europa vergleichbare Einrichtungen. Dort existierten Siechenhäuser, in die Kranke zum Sterben gebracht wurden. Bis ins 15. Jahrhundert hinein dachte niemand im Abendland daran, Institutionen zu schaffen, die sich um Heilung der Kranken bemühten.

Das Gebäude des Bimaristan ist erhalten geblieben. Es befindet sich in der Nähe des Suk Hamidiya. Der syrische Staat hat 1976 vernünftigerweise das Museum für Arabische Medizin und Wissenschaften dort untergebracht. Zu sehen sind medizinische Geräte, Manuskripte zum Thema Heilung von Krankheiten, bildliche Darstellung von Operationen und ärztliche Verordnungen. Die Ausstellung gibt einen Eindruck vom erstaunlich hohen Stand der arabischen Medizin zur Zeit des Nur ed-Din in Damaskus.

Während der zwanzig Jahre der Herrschaft des Nur ed-Din über Damaskus hatte sich die Oase am Baradafluß beachtlich verändert. Zum Teil trugen daran Katastrophen die Schuld: Im Jahre 1065 – neun Jahre vor Nur ed-Dins Tod – wütete ein Großfeuer in der Stadt, das im Holz der Häuser in den engen Gassen reiche Nahrung fand. Einige Straßenzüge wurden völlig vernichtet. Die Baumeister des Nur ed-Din nützten die Gelegenheit: Die Ruinen wurden abgerissen; an ihrer Stelle enstanden neue Gebäude aus Stein. Ihre Fassaden wurden schwarz-weiß gemustert.

Nur ed-Din sorgte auch für größere Sicherheit. Seit Jahren schon war die Stadtmauer an vielen Stellen durch Einwirkung von Kriegen und Natur zerfallen und bot nur noch wenig Schutz. Nur ed-Din hatte Befehl gegeben, die Schäden auszubessern. Gleichzeitig wurden zwei neue Tore geschaffen – beide in der nördlichen Stadtmauer: Bab as-Salam und Bab al-Faraj. Die Stadtsilhouette hatte sich verändert: Neue Moscheetürme ragten über die Häuser empor als Zeugnis für die Glaubensstärke des Herrschers und der Bewohner.

Außerhalb der Stadt entstanden Karawanserails und ein kleiner Palast, der dem Vergnügen des Herrschers diente. Draußen vor den Mauern wurden neue Stadtviertel begründet, in denen insbesondere Flüchtlinge aus Jerusalem und anderen Orten Palästinas Aufnahme fanden, die vor den christlichen Rittern geflohen waren. Die Familien siedelten sich an, um für immer in Damaskus zu bleiben. Ihre Häuser waren bald Bestandteil der Stadt.

Durch Nur ed-Dins Initiative war Damaskus zu einer großen attraktiven Stadt geworden. Seine Bewohner erwarteten, daß ihre Stadt überregionale politische Bedeutung erlangt und innerhalb ihrer Mauern Entscheidungen von gesamtarabischer Tragweite gefällt wurden. Sie hofften, daß nach Nur ed-Dins Tod eine ebenso starke Persönlichkeit die Geschicke der Stadt in die Hand nehmen würde. Enttäuschung machte sich breit, als der elfjährige Sohn des Verstorbenen in der Zitadelle zum Herrscher ausgerufen wurde. Sein Name war Al-Malik as-Salih Ismaïl.

Salah ed-Din, der sich zum Zeitpunkt des Machtwechsels in Cairo befand, schien sich zunächst mit dem Erben seines verstorbenen Herrn abzufinden: Er ließ Münzen prägen mit dem Kopf irgendeines jungen Mannes; sie trugen die Schrift »Al-Malik as-Salih Ismaïl«. Diese Münzen schickte er nach Damaskus. Sie erweckten dort den Eindruck, Salah ed-Din huldige dem jungen Mann. Doch er verfolgte bereits eigene Ideen.

Salah ed-Din –
in Damaskus spielte er Polo, in Cairo residierte er

Was in Damaskus geschah, war in der Zitadelle von Cairo wohlbekannt. Die beiden Städte waren durch eine Kette von Brieftaubenstationen verbunden, die Nur ed-Din eingerichtet hatte. Vertraute des Salah ed-Din schickten von Damaskus Nachrichten und Berichte los, die abgerichtete Tauben von Station zu Station trugen. Am Ende der Strecke lockte der Taubenschlag in der Zitadelle von Cairo. Salah ed-Din erfuhr von der zunehmenden Unzufriedenheit der Damaszener.
Die Adeligen, die Nur ed-Dins Hofstaat gebildet hatten, stritten um Einfluß auf den elfjährigen Herrscher. Sie luden den Jungen auf ihre Burgen ein und verwöhnten ihn. Es geschah auch, daß er am Weiterritt gehindert wurde. Wer immer sein Gastgeber war, der glaubte, der Regent zu sein, der im Namen seines Schützlings Anordnungen geben dürfe. Der Streit der Adeligen führte zu handgreiflichen Auseinandersetzungen und schließlich zu militärischen Aktionen, die das Land, vor allem die Handelswege unsicher machten. Die Kaufleute in Damaskus waren über diese Entwicklung aufgebracht: Ihre Geschäfte litten darunter.

Der Boden war bereitet für Salah ed-Dins Einzug in die Stadt. Niemand hinderte ihn, als er tatsächlich hoch zu Roß das Tor der Zitadelle für sich öffnen ließ. Er machte dem elfjährigen Herrscher sofort seine Aufwartung. Doch dann traf Salah ed-Din eine Entscheidung ohne dessen Zustimmung: Er senkte die Steuern für die Händler von Damaskus. In einer Stadt, die vom Handel und vom Handwerk lebte, war dies eine populäre Maßnahme. Vom ersten Tag seiner Anwesenheit an war die Bevölkerung dafür, daß Salah ed-Din ihr Oberhaupt sei. Er aber sagte, er sei nur gekommen, um dem Treiben der ehrlosen Adeligen ein Ende zu bereiten. Sie wurden nach und nach aus den Hofämtern und schließlich aus der Zitadelle gedrängt.
Als Al-Malik as-Salin Ismaïl von seinen bisherigen Freunden und Ratgebern völlig isoliert war, begriff der Jüngling, daß es klüger sei, Damaskus dem Salah ed-Din zu überlassen. Ihm blieb nur die Herrschaft über einige kleinere Städte. Er starb schon wenige Monate später, aus ungeklärter Ursache.

Die Hoffnung der Damaszener, das Zentrum Arabiens werde sich wie einst zur Zeit der Herrschaft des Hauses Omayya in ihrer Stadt entfalten, erfüllte sich nicht. Salah ed-Din zog Cairo, die Stadt am mächtigen Nil, der Oase am Baradafluß vor. Dort entstand seine glanzvolle Residenz. Der Poet Usama schilderte die enge Verbindung zwischen Herrscher und Residenz so:
»Salah ed-Din hat Cairo durch seine Schönheit und durch seinen Prunk beglückt. Viele unwürdige Freier hat Ägypten abgewehrt, bis es gefreit wurde von dem einen Bewerber, der als Mitgift sein Schwert anbot.«
Salah ed-Din ließ die Zitadelle von Cairo erbauen als Wahrzeichen seiner Macht. Das Bauwerk sollte genauso eindrucksvoll wirken wie die Pyramiden drüben über dem Nil. Repräsentierten diese den früheren Glanz der Macht am Nil, so war die Zitadelle als Symbol der neuen Epoche gedacht. Und doch konnte Cairo den Glanz von Damaskus nicht verblassen lassen.

Der arabische Reisende Ibn Jubair setzte in seinem Bericht über einen Besuch in Damaskus diese Stadt über alle anderen. Im Jahre 1184 berichtete er über seinen Eindruck von Damaskus:
»Die Stadt ist das Paradies des Orients. Hier steigt die Morgenröte seiner Schönheit und seines Glanzes auf. Die Gärten der Ghuta umgeben Damaskus wie der sanfte Lichtkreis den Mond und wie Blütenblätter die Blume. Im Osten reicht die Ghuta soweit das Auge sehen kann. Die Gassen der Stadt aber sind eng und dunkel. Die Häuser sind aus Lehm gebaut, dem ein Weidengeflecht Halt gibt. Sie sind meist drei Stockwerke hoch. Die Mauern von Damaskus umfassen so viele Häuser, wie sie sonst in drei Städten zu finden sind. Mehr Menschen wohnen in Damaskus als in jeder anderen Stadt. Ihre Märkte sind die besten der Welt, mit dem reichsten Angebot. Die Läden sind geschickt angeordnet.«
Von der Pracht der Omayyadenmoschee ist Ibn Jubair begeistert. Die Moschee sei so groß, daß alle Bewohner der Stadt in ihr Platz fänden. Ibn Jubair hat auch Salah ed-Din beobachtet, wie er zu Pferde mit einem langstieligen Hammer einen Ball über ein Feld trieb, von dem eine Hälfte durch eine gegnerische Mannschaft verteidigt wurde – Salah ed-Din spielte in Damaskus Polo.

Doch lange hielt er sich nicht in dieser Stadt auf. Von Cairo aus führte Salah ed-Din den Krieg gegen das christliche Königreich Jerusalem. Er feierte Triumphe und erlitt Niederlagen. Im Sommer des Jahres 1187 besiegte Salah ed-Din die christlichen Ritter am See Genezareth. Damit war das Ende des Königreichs Jerusalem besiegelt.

Die Beute aus der Schlacht wurde nach Damaskus gebracht. Die schönsten und kräftigsten der gefangenen Christen und Christinnen wurden auf dem Markt der Stadt zum Verkauf angeboten. Da das Angebot groß war, fiel der Preis für die menschliche Ware um die Hälfte!

Am Ziel seiner Wünsche war Salah ed-Din am 2. Oktober des Jahres 1187: Seine Truppen besetzten Jerusalem. Als die Nachricht, die Heilige Stadt befinde sich in den Händen der Moslems, in Europa eintraf, löste sie Entsetzen aus. Die christlichen Herrscher, die diese Schmach unbedingt tilgen wollten, begannen mit der Organisation eines dritten Kreuzzuges. Er sollte aus den Einnahmen einer besonderen Steuer finanziert werden, die in Frankreich »La Saladine« und in Deutschland der »Saladinszehnte« genannt wurde.

Friedrich I., Deutscher König und Römischer Kaiser – genannt Barbarossa – war die führende Persönlichkeit des dritten Kreuzzuges. Er war ein politisch überaus erfahrener Herrscher und Salah ed-Din nahm ihn ernst.

In Damaskus empfing Salah ed-Din eine Delegation des Kaisers, die einen freundlich gestimmten Brief zu überbringen hatte. Der deutsche Adelige Heinrich von Dietz war mit der Aufgabe betraut, den Mächtigen des Islam zum friedlichen Einlenken zu bewegen: Salah ed-Din sollte Gebiete freigeben, die einst zum christlichen Königreich gehört hatten; er war aufgefordert, die fränkischen Gefangenen freizugeben. Vor allem wurde von ihm verlangt, das echte Kreuz Christi auszuliefern.

Heinrich von Dietz mußte warten, bis er eine Antwort erhielt. Salah ed-Din hatte ihm ein Haus am Baradaufer zuweisen lassen, Sklaven und Sklavinnen standen dem Gesandten zur Verfügung. Aus der Küche der Zitadelle wurde die Gesandtschaft mit Speisen versorgt. Überreicht wurden die Gerichte mit der Bemerkung: »Salah ed-Din bittet seine Gäste, das Salz mit ihm zu teilen.« Nur auf Wein wartete Heinrich von Dietz vergeblich.

Als Salah ed-Dins Antwort schließlich eintraf, war sie entäuschend: Der Herr der Damaszener Zitadelle sei zwar bereit, fränkische Gefangene freizulassen, weitere Zugeständnisse aber kämen für ihn nicht in Frage. Das Schreiben schloß mit der schroffen Feststellung: Bestehe der Kaiser auf seinen Forderungen, müsse das Schwert entscheiden, ob sie berechtigt seien.

Im Mai 1189 machte sich der Kaiser mit einem gewaltigen Heer von Regensburg aus auf den Weg. Nach einem Jahr erreichte die Streitmacht Konya im Süden der heutigen Türkei. Am 11. Juni 1190 ritt Barbarossa hinab in die Ebene von Seleukia, wo der Fluß Saleph ein Hindernis bildete. In seinem Wasser ertrank der Kaiser. Wie es geschehen konnte, ist ein Rätsel geblieben.

Für Salah ed-Din war der Tod dieses ruhmreichen Gegners ein Geschenk Allahs. Er wußte, daß die meisten der deutschen und französischen Ritter nur dem Kaiser zuliebe den dritten Kreuzzug mitgemacht hatten. Tatsächlich entschlossen sich viele sogleich, den Rückweg anzutreten.

Der Sohn des Verstorbenen, Friedrich von Schwaben, ließ Barbarossa in eine Wanne mit Essig legen. So nahm der tote Kaiser noch eine Zeitlang am Heerzug teil. Trotz des Essigs zerfiel der Leichnam allmählich, und er mußte in Antiochia beigesetzt werden. Salah ed-Din hatte allen Grund, Allah zu danken.

Der Krieg war jedoch keineswegs zu Ende. Die Kreuzritter erhielten oft genug Verstärkung – zum Teil auch prominente Persönlichkeiten wie Richard Löwenherz. Zeitweise herrschte, als Unterbrechung der Kämpfe, Waffenstillstand, der es möglich machte, daß Gruppen von Rittern zu den heiligen Stätten nach Jerusalem pilgern konnten. Die Situation zwischen Christen und Moslems entspannte sich schließlich so sehr, daß Salah ed-Din die Genehmigung gab, zwei Priester und zwei Diakone für immer dem Heiligen Grab zuzuordnen.

Die Hoffnung auf eine Wiedereroberung von Jerusalem mußten die Kreuzfahrer allerdings aufgeben. Jedoch auch die Moslems besaßen nicht die Kraft, militärisch dem Kreuzritterstaat ein Ende zu bereiten. Kriegsmüde waren beide Seiten.

Müde war aber vor allem Salah ed-Din. Sobald das Verhältnis zwischen seinem Gebiet und dem Reststaat der Kreuzritter vertraglich stabilisiert war, hatte er die Absicht, an den Nil zu reiten, um sich in seiner geliebten Stadt Cairo zu erholen. Salah ed-Din war inzwischen 54 Jahre alt geworden, und er hielt jetzt die Zeit für gekommen, die im Islam vorgeschriebene Pilgerfahrt nach Mekka zu unternehmen. Doch die Pflicht rief ihn nach Damaskus. Vier Jahre lang hatte sich Salah ed-Din fast ausschließlich um die Kriegführung gekümmert, jetzt waren auf dem Gebiet der Staatsverwaltung Entscheidungen zu treffen: Der Herrscher hatte sich um die Finanzen zu kümmern, er mußte für syrische Städte Gouverneure ernennen, die Arbeit der Hofbeamten war zu kontrollieren.

Der Winter des Jahres 1192/93 war hart in Syrien. Die Kälte drang in die Räume der Zitadelle ein. Salah ed-Din klagte über Magenschmerzen, er aß nur noch wenig. Da seine Kräfte immer mehr nachließen, bewältigte er sein Arbeitspensum nicht mehr. Salah ed-Din gab zu, daß er völlig erschöpft sei. Zu bemerken war eine Gedächtnisschwäche, die in Konzentrationsstörungen ausartete. Im Suk von Damaskus wurde bereits darüber geredet, daß Salah ed-Din bald sterben werde.

Für den 19. März 1193 war die Rückkehr der Mekkapilger nach Damaskus angekündigt. Es war alljährlich Brauch, daß der Herr der Zitadelle dem Zug der Heimkehrer entgegenritt, um den glücklichen und segenbringenden Abschluß der beschwerlichen Reise zu feiern. Salah ed-Din, der wußte, daß sein Volk einen strahlenden Herrscher sehen wollte, gab sich Mühe, seine Schwäche zu verbergen. Wie es von ihm gefordert war, begrüßte er die Pilger vor den Toren von Damaskus. Am Abend peinigten ihn Schmerzen. Er legte sich auf sein Lager und verließ es kaum mehr. Darmblutungen stellten sich ein. Am 1. März verlor Salah ed-Din das Bewußtsein. Am 3. März trat der Kadi von Damaskus an das Krankenlager, um Koranverse zu sprechen. Er war eben dabei, die Worte zu rezitieren, die Allah als Herrn aller Geschöpfe und Dinge preisen, als Salah ed-Din zu lächeln begann. Wenige Augenblicke später war er tot.

Der Tote wurde zunächst in der Moschee der Omayyaden aufgebahrt und dann in die Zitadelle zurückgebracht. Drei Jahre später war der würdige Ruheplatz in Reichweite von Moschee und Zitadelle bereitet – das Mausoleum des Salah ed-Din.

Bei seinem Besuch in Damaskus im Jahre 1898 hat Kaiser Wilhelm II. dem von ihm verehrten Salah ed-Din einen Sarkophag aus Marmor gestiftet. Er umhüllt heute die sterblichen Reste des populärsten Helden des Islam. Daneben steht der hölzerne Sarkophag, der zunächst seine letzte Ruhestätte gewesen war.

In den hölzernen Sarkophag hatte Salah ed-Dins Sohn dessen Schwert gelegt, das der Held in dreißig Jahren Kampf gegen das Königreich der Christen benutzt hatte. Überliefert ist, daß der Sohn – sein Name war al-Afdal – dabei gesagt habe: »Auf dieses Schwert wird sich Salah ed-Din stützen, wenn er einzieht, zusammen mit dem Propheten Mohammed, in Allahs Paradies.

Im Tode fand Salah ed-Din Ruhe in Damaskus. Die Ruhestätte ist seiner würdig. Das Mausoleum ist ein schlichtes weißes Gebäude mit leicht rötlich getönter Kuppel. Ein Garten mit Springbrunnen am Weg, der zur Omayyadenmoschee führt, lädt durch Kühle und Schatten zum Eintritt ein. An den Wänden rings um die Sarkophage aus Holz und Marmor erinnert eine Schrift den Gläubigen daran, daß er für immer in der Schuld Salah ed-Dins stehe, der durch sein Schwert Jerusalem den Ungläubigen entrissen habe.

Der Sohn al-Afdal befand sich in Damaskus, als der Vater starb. Noch ehe der Tod eingetreten war, ließ al-Afdal die Emire, die in der Hauptstadt anwesend waren, schwören, ihm die Treue zu halten. Der Schwur enthielt diesen ungewöhnlichen, ja unwürdigen Zusatz: Sollte ein Emir eidbrüchig werden, hatte er seine Frauen zu verstoßen und seine Kinder zu enterben. Über diese Zumutung waren die Emire empört. Sie waren voll guten Willens gewesen, al-Afdal als ihren Souverän anzuerkennen, fortan aber betrachteten sie ihn mit Skepsis und Ablehnung. Er war für sie nicht der würdige Nachfahre des Vaters.

Al-Afdal hatte die Chance der Stunde genutzt, doch er hatte Verwandte, die ihm die Herrschaft streitig machen wollten. Salah ed-Dins Bruder al-Adil glaubte, daß Damaskus ihm gehören müsse. Er war der Ansicht, die direkten Nachkommen Salah ed-Dins hätten hinter ihm zurückzustehen – und er meinte damit vor allem al-Afdal. Angesprochen fühlte sich aber auch al-Afdals jüngerer Bruder al-Aziz, der eigenen Ehrgeiz entwickelte. Al-Aziz war bereits Statthalter in Ägypten und beanspruchte jetzt auch Damaskus. Um sich eine Basis für die Auseinandersetzung mit seinem Bruder zu schaffen, erklärte al-Aziz die Unabhängigkeit seines Herrschaftsbereichs Ägypten. Da al-Aziz erst 21 Jahre alt war, wurde sein Anspruch kaum ernstgenommen – als ebenso unbedeutend wurde die Mitteilung des nächstjüngeren Sohnes des Verstorbenen betrachtet, er werde sich al-Afdal nicht unterordnen. Dieser Sohn hieß al-Zahir und war Gouverneur von Aleppo.

Das kommende Chaos im islamischen Staat kündigte sich an. Nicht ganz ein Jahr nach dem Tod des Salah ed-Din lagerte al-Aziz mit einem Heer aus Ägypten vor der Stadtmauer von Damaskus. Die Kapitulation der Stadt erreichte er nicht, doch machte ihm al-Afdal das Zugeständnis, er dürfe sich künftig als Herr über Judäa betrachten. Damit gab sich al-Aziz zunächst zufrieden.

Ein weiteres Jahr später wurde Damaskus erneut von al-Aziz belagert. Al-Afdals Streitkräfte aber waren stark genug, um den jüngeren Bruder samt seinem Heer nach Ägypten zurückzutreiben. Dieser militärische Sieg blieb allerdings der einzige Erfolg des Herrn über Damaskus. Es gelang ihm nicht, sich mit den abtrünnigen Brüdern zu arrangieren. Er bekam die Verwaltung des Damaszener Gebiets einfach nicht in den Griff. Bald macht sich in der Stadt die Meinung breit, daß al-Afdal nicht in der Lage sei, das Erbe des Salah ed-Din weiterzuführen.

Die Emire überlegten sich, mit welchem Verwandten des Verstorbenen sie sich verbünden sollten. Mit Mißvergnügen stellten sie fest, daß sich al-Afdal immer mehr seinem Wesir Az-Ziya unterordnete, der schließlich Damaskus für sich beanspruchte. Az-Ziya besaß allerdings keinen Rechtsanspruch auf die Stadt.

Ein Jahr nach der letzten Belagerung von Damaskus befand sich wieder eine Streitmacht in den Obstgärten der Ghuta. Diesmal waren gleich zwei Verwandte des Salah ed-Din die Kommandeure der Truppen: al-Adil, Salah ed-Dins Bruder, und al-Aziz, der auf Unabhängigkeit pochende Gouverneur von Ägypten. Den beiden gelang die Eroberung der Stadt. Al-Aziz trug fortan den Titel »Sultan« – in Wahrheit war sein Onkel al-Adil Herr über die Oase.

Die Situation veränderte sich wieder, als al-Aziz zwei Jahre später vom Pferd stürzte und an den Folgen der Verletzungen starb. Formal fiel das Erbe an den Sohn Mansur, der war jedoch erst zwölf Jahre alt. Der Tod seines Bruders veranlaßte al-Afdal – er lebte in der syrischen Provinz Hauran in der Verbannung – wiederum seine Ansprüche anzumelden. Im Januar 1199 erschien er in Cairo, um Nachfolger seines jüngeren Bruders als Regent am Nil zu werden. Kaum war es ihm gelungen, sich in der

Zitadelle von Cairo einzurichten, mobilisierte er ein Heer zum Ritt nach Damaskus. Im Juni 1199 gelang ihm tatsächlich der Sturm auf die Stadt. Doch der Triumph war nur von kurzer Dauer, denn die Garnison konnte die Eindringlinge vertreiben. Nun wußte niemand mehr, wer in der Oase eigentlich noch zuständig war.

Die Nachkommen des Salah ed-Din waren in einen Bürgerkrieg verstrickt, aus dem zwei Generationen lang kein Ausweg gefunden wurde: Die Provinzen Syrien und Ägypten zerfleischten sich gegenseitig. Von diesem Zustand des islamischen Lagers profitierten die Kreuzritter: Sie konnten ihr Land, das zu Salah ed-Dins Zeiten gewaltig geschrumpft war, langsam wieder ausdehnen. Die geschwächte Streitmacht der Moslems war zu keiner Aktion fähig – und so hatte ihre Führung dem geschickt agierenden Kaiser Friedrich II. von Hohenstaufen nichts entgegenzusetzen. Der Kaiser, vom Papst gebannt, unternahm den Kreuzzug in der Hoffnung Gregor IX. werde den Bann lösen, wenn Jerusalem wieder eine christliche Stadt würde. Im Juni 1228 verließ seine Flotte den Hafern von Brindisi. Am 18. Februar 1229 gelang es ihm, mit der Moslemführung einen Vertrag abzuschließen, der ihm die Oberhoheit über Jerusalem zusicherte. Ohne Kampf öffneten sich Friedrich II. die Tore zur Heiligen Stadt. Wer den Kaiser zu Gesicht bekam, war enttäuscht. Die Moslems, die ihn sahen, schilderten ihn als Person mit geringer Ausstrahlungskraft: Sein Antlitz sei glatt und nichtssagend. Die Damaszener witzelten, ein Mann wie er bringe auf dem Sklavenmarkt nicht einmal 200 Dirhem ein.
Von langer Dauer war die christliche Kontrolle von Jerusalem nicht. Der Kaiser hielt sich nur wenige Wochen bei den heiligen Stätten auf, im Mai schiffte er sich unter Schmähungen des Volkes in Akkon ein. In Jerusalem hatte sich nichts geändert – die Moslems blieben die Herren.

In dieser Zeit der Wirren, Anfang des 13. Jahrhunderts, entstand die Zitadelle von Damaskus. Bauherr war al-Adil, der Bruder von Salah ed-Din. Als Baubeginn gilt das Jahr 1208. Insgesamt hat die Errichtung dieses Bauwerks zehn Jahre lang gedauert – sie war als Bastion gegen die Bedrohung durch die Kreuzritter gedacht. Notwendig war der Neubau geworden, weil die alte Festung der

Seleukiden nicht mehr dem Standard der Zeit entsprach und auch nicht saniert werden konnte.

Die Zitadelle wurde nach den damaligen Erkenntnissen des Kriegswesens errichtet, wobei die fortschrittliche Technik der christlichen Ritter im Festungsbau die Konstruktion des Bauwerks beeinflußte. Von Türmen aus konnten die Verteidiger beobachten, wer im Westen das Baradatal herunterritt und wer sich von Süden oder Osten der Stadt näherte. Auf den Mauern befanden sich Vorrichtungen, um das heiße Öl auf Angreifer herunterzugießen, außerdem sichere Standpunkte für die Bogenschützen. Ein tiefer Graben umfaßte die gesamte Zitadelle, der im Falle der Gefahr mit Wasser aus dem Barada gefüllt werden konnte.

Wer in jener Zeit das östliche Tor der Zitadelle verließ, und die Gasse nach links einschlug, der gelangte zu einem Gebäude, das Nur ed-Din 50 Jahre zuvor hatte errichten lassen, um dort eine Koranschule unterzubringen. Als al-Adil, der Bauherr der Zitadelle, im Jahre 1218 starb, wurde er in dieser Madrassa beigesetzt. Das Mausoleum ist seither kaum verändert erhalten geblieben.

Madrassa al-Adiliyya heißt der Gebäudekomplex, in dessen rechtem Teil al-Adil beigesetzt ist. Ein Koranvers – über der Tür angebracht – soll dem Besucher zu denken geben: »Gehen Sie nicht auf der Erde und erkennen Sie, um wieviel größer die Macht derer war, die vor Ihnen auf der Erde gingen.« Zu Lebzeiten hatte al-Adil den Ehrennamen »Saif ad-Din« getragen, »Schwert des Glaubens«.

Gegenüber der Madrassa al-Adiliyya befindet sich die Madrassa az-Zahirriya, ein Haus, das ursprünglich von Salah ed-Dins Vater für seine eigenen Zwecke gebaut worden war. Als im Jahre 1277 der Herrscher Az-Zaher Ruku ad-Din Baybars in der Zitadelle von Damaskus starb, wurde sein Leichnam in dieses Gebäude überführt. Er war ein Fremder in Damaskus gewesen – und dennoch der Retter der Stadt. Er war für derart bedeutend gehalten worden, daß sein Mausoleum prächtiger ausgestaltet wurde als das des Salah ed-Din. Az-Zaher Ruku ad-Din Baybars ruht in einem Raum, der mit Marmor verkleidet ist, den Mosaiken schmücken, die durchaus an Schönheit mit den Mosaiken der Omayyadenmoschee vergleichbar sind. Sie stellen das Paradies dar. Der Raum ist nicht als Grabstätte geschaffen worden, er war zuvor von gläubigen Männern als Ort für ihre Koranstudien verwendet worden. Er besitzt eine edle Gebetsnische aus Marmor und Perlmutt. Das Grab selbst ist eher einfach gehalten. Gestorben ist Az-Zaher Ruku ad-Din Baybars 17 Jahre nach dem Sieg, der seine immerwährende Verehrung durch die Damaszener ausgelöst hat. Er war der Sieger über die Mongolen gewesen.

»Ein Raub der Flammen« – die Mongolen halten nicht Wort

Die Katastrophe hatte sich seit langem angekündigt. In Damaskus wußten die Verantwortlichen um die Gefahr aus dem Osten: Mongolenstämme waren über die Grenzprovinzen des von Baghdad aus kontrollierten arabischen Ostgebietes hereingebrochen. Am 12. Februar des Jahres 1258 stand die mongolische Streitmacht vor den Toren von Baghdad. Da der Kalif al-Mustasim Bilahi keine Möglichkeit mehr zum Widerstand sah, ritt er hinaus ins Feldlager des siegreichen Fürsten Hülegü und erklärte seine Kapitulation. Der Kalif wurde mit ausgesuchter Höflichkeit behandelt: Man stellte ihm ein Zelt zur Verfügung und Tänzerinnen aus Asien bedienten ihn. Nach Baghdad zurück durfte er nicht.

Al-Mustasim Bilahi lebte üppig im Hauptquartier des Siegers auf dem Westufer des Tigris, doch wohl war es ihm dabei nicht. Bei Nacht konnte der gefangene Kalif den Feuerschein über seiner Stadt sehen. Baghdad wurde geplündert und angezündet, kein Haus wurde verschont. Baghdad, die fortschrittlichste Stadt der damaligen Zeit ging in einem Feuersturm unter: Bibliotheken, Hochschulen, Krankenhäuser, Moscheen, Bäder zerfielen im Feuersturm. Die Mongolen vergewaltigten und töteten. Insgesamt sollen sie 800 000 Menschen umgebracht haben.

Zwei Tage lang durfte al-Mustasim Bilahi im Glauben bleiben, Hülegü werde ihn verschonen, er suche vielleicht sogar seine Mitwirkung bei der Eroberung der restlichen islamischen Welt. Dann aber führten ihn Mongolenoffiziere über den Fluß zum Palast. Der Kalif wurde gezwungen, den Ort anzugeben, wo er seine Schätze versteckt hatte, dann brachten sie ihn um. Seine Leiche wurde in den Tigris geworfen. Der letzte »Nachfolger des Propheten Mohammed« war tot, das Kalifat erloschen.

Als Baghdad gefallen war, glaubten viele Damaszener, damit sei die Beutegier der Wilden aus dem Osten befriedigt. Doch zwei Jahre später traf die Schreckensnachricht ein, Aleppo sei in die Hände der Mongolen gefallen und die Mongolen hätten 50 000 Menschen umgebracht. Diese Stadt war nur 300 Kilometer von Damaskus entfernt. Jetzt wußten die Bewohner von Damaskus, daß auch sie nicht verschont wurden.

Ihre Hoffnung war, daß die Zitadelle, die al-Adil hatte errichten lassen, dem Sturm standhalten würde. Doch diese Hoffnung trog. Die Kampfkraft der Mongolen war derart stark, daß jeder Widerstand erlahmte. Sie eroberten die Zitadelle und begannen ihre Mauern niederzureißen.

Noch einmal hatte Damaskus Glück: Von Ägypten her zog eine Streitmacht, die losgeschickt worden war, um die Mongolen aus Syrien zu vertreiben. Der Augenblick zum Angriff auf die Mongolen war günstig, denn sie waren dabei, Damaskus zu plündern. Es gelang ihnen nicht mehr, eine Abwehrfront aufzubauen. Das Heer aus Ägypten errang den Sieg. Sein oberster Befehlshaber war Sultan Az-Zaher Ruku ad-Din Baybars, der im Jahre des Mongolenüberfalls (1260) die Macht am Nil übernommen hatte.

Dort herrschte die Kaste der Mamluken, die aus ehemaligen Militärsklaven und deren Nachkommen bestand. Ihre Heimat lag nördlich des Kaukasus, wo sie von Sklavenhändlern entführt oder gekauft worden waren. Über die Sklavenmärkte Jerewan und Aleppo gelangten Männer und Frauen nach Cairo. Die Frauen fanden ihren Platz im Harem, die Männer leisteten Arbeit oder wurden als Wächter eingesetzt. Manche lernten reiten und kämpfen. Sie wurden in die Leibwache des Herrschers eingegliedert. Die Kaste der Militärsklaven entstand. Ihre Mitglieder wurden »mamlukun« genannt. Dieses Wort läßt sich so umschreiben: »Sklaven, die ihrem Herrn gehören.« Angewandt wurde es für Sklaven weißer Hautfarbe – im Gegensatz zu dunkelfarbigen Sklaven, die aus Nubien stammten und die für Dienste im Hause verwendet wurden.

Die »mamlukun« wuchsen an Zahl und an Selbstbewußtsein. Sie

machten sich immer unabhängiger von den Entscheidungen des Herrschers, wurden zu einer Macht im Staate am Nil. Als im Jahre 1249 einer der schwachen Nachfahren des Salah ed-Din gestorben war, entschlossen sich die Mamlukenoffiziere, Ägypten selbst zu regieren. In der Tat gaben sie dem Staat Stabilität. Die Zeit der Bürgerkriegswirren ging zu Ende.

Im Jahre 1260 besiegten die Mamluken die Mongolen bei Damaskus. Sie blieben in der Stadt und vereinigten erneut Syrien mit Ägypten – das Reich des Salah ed-Din war wieder entstanden. Weitere Versuche der Mongolen, Damaskus zu erobern, wurden vereitelt. Im Jahre 1280 konnten die Mamluken einen Angriff bei Homs zurückschlagen – diese Stadt liegt etwas mehr als 200 Kilometer nördlich von Damaskus. 19 Jahre später rückte eine gewaltige mongolische Streitmacht von Norden her in Syrien ein. Diesmal waren die Mamluken nicht auf die Offensive vorbereitet – sie wurden bei Homs geschlagen. Doch Damaskus sollte noch eine Frist von 100 Jahren bleiben, ehe das Unheil aus dem Osten über die Stadt hereinbrach.

Während dieser 100 Jahre Mamlukenherrschaft veränderte sich die Stadt. Die Herrscher liebten die Baukunst, und ließen viel Mühe darauf verwenden, die Fassaden der Gebäude zu verzieren. Die Stabilität brachte den Händlern von Damaskus große Gewinne, die sie in Neubauten mit reichverzierten Fassaden investierten. Da innerhalb der alten Mauer dafür kein Platz mehr war, wurden die freien Flächen um die Vororte bebaut. Prächtige Paläste und Gärten entstanden sowie das Viertel Salhiyeh, das bald so groß wurde wie die bisherige Stadt. Es wird berichtet, daß in Salhiyeh zur Mamlukenzeit 500 Moscheen existierten, zehn Märkte und zwanzig Dampfbäder. Bei dieser gewaltigen Ausdehnung der Stadt war nicht zu vermeiden, daß die Ghuta, der Grünstreifen um Damaskus, immer kleiner wurde.

Ibn Battuta, der arabische Reiseschriftsteller des 14. Jahrhunderts, der sich im Jahre 1326 in Damaskus aufhielt, war verwundert über die Bauwut der Damaszener. Bis dahin hatte er noch nie und nirgends erlebt, daß derart viele Moscheen, Koranschulen und Häuser in derart kurzer Zeit entstanden seien. Die Begeisterung des Reisenden kannte keine Grenzen: »Keine Beschreibung, und sei sie noch so wortreich, kann den Reizen dieser Stadt gerecht werden.« Ibn Battuta, der die damals bekannte Welt gesehen hatte, schwärmte, daß keine Stadt Damaskus an Glanz gleichkäme.

Während der Zeit der Mamluken wurde Damaskus Zentrum des Handwerks, berühmt für seine kunstfertigen Schmiede und Weber. Damaskus war damals die Stadt der Seide, der Baumwolle, der Glaswaren. Auf seinen Märkten wurden Porzellan gehandelt, geschmiedete Werkzeuge, Töpferartikel, Lederwaren, Papier, Seife, Parfüm, Gewürze, Silber und Gold und alle Früchte von Acker und Garten.

Besonders wichtig aber war die Oase als Sammelpunkt für die Pilgerkarawanen auf dem Wege nach Mekka. Aus Baghdad und Zentralasien, aus dem nördlichen Syrien und aus dem Libanon reisten die Gläubigen nach Damaskus, um sich an der Großen Moschee zu Kolonnen zusammenzuschließen. Auch der Schriftsteller Ibn Battuta verließ Damaskus mit einer Pilgerkarawane.

Die Katastrophe kann keine Überraschung gewesen sein. Der mongolische Heerzug am Ende des 14. Jahrhunderts hatte im Osten weite Landstriche verwüstet und die Damaszener wußten, daß sie keine Schonung von Timurlain, dem Heerführer der Mongolen, zu erwarten hatten. Kurze Zeit schöpften sie Hoffnung, als Timurlain versprach, während er sich mit seinen Truppen der Stadt näherte, er werde im Falle der Kapitulation weder plündern noch morden lassen. Was allerdings dann im Jahre 1400 geschah, darüber berichtet Taghri-Birdi, ein Autor jener Zeit:

»Timurlain erklärte, jede Zusage der Schonung sei ungültig. Er teilte die Quartiere der Stadt unter seinen Emiren auf. Sie zogen mit ihren Elitetruppen in das jeweilige Stadtviertel. Sie zwangen die Bewohner zur Herausgabe von Geld und Gold unter Anwendung von brutalen Mitteln. Die Emire gaben Befehl, Menschen lebendig zu verbrennen, andere haben sie an den Zinnen der Stadtmauer aufhängen lassen. Dann vergingen sie sich an Frauen und jungen Männern. Dies geschah vor aller Augen. Noch nie hatte das Volk von Damaskus ähnliches erleben müssen. Sobald die Emire ihre Lust befriedigt hatten, ritten sie aus der Stadt hinaus, um in den Gärten zu lagern. Timurlain überließ nun Damaskus seinen Kriegern. Sie handelten noch wilder und blutrünstiger. Sie nahmen alle Kinder mit, um sie auf Sklavenmärkten zu verkaufen.«

Ein anderer Augenzeuge dieser Ereignisse war Ahmed Ibn Arab-schah, der zur Zeit, als Timurlain die Stadt verwüstete, zwölf Jahre alt war. Er gehörte zu den Kindern, die verschleppt wurden. 30 Jahre lang lebte er in Samarkand als Sklave. Nach seiner Heimkehr erinnerte sich Ahmed Ibn Arabschah:
»Drei Tage lang dauerte die Plünderung. Sie nahmen alles mit, was sie nur konnten. Sie haben jede Art von Brutalität ausgeübt. Sie haben die Menschen gefoltert. Bäche von Blut der Moslems flossen in den Gassen. Als die Plünderung vorüber war, haben sie die Stadt an mehreren Ecken angezündet.«
Ahmed Ibn Arabschah berichtete vom gnadenlosen Zorn schiiti-scher Krieger aus Chorasan, die ihren Haß an der Moschee ausließen, die einst vom Hause Omayya gebaut worden war. Der Haß von einst war nicht erloschen: 650 Jahre nachdem sich erstmals Zerstörungswut aus dem Osten in Damaskus ausgetobt hatte, war die Stadt wieder einem schiitischen Clan ausgeliefert. Die Moscheen der Omayyaden wurden angezündet, in ihren Mauern verbrannten einige hundert Frauen, die Zuflucht vor Vergewaltigung gesucht hatten. Ahmed Ibn Arabschah schrieb:
»Mit der Erlaubnis des Allmächtigen hat diese Qual eine Nacht und einen Tag gedauert. Was noch von der Plünderung übrigge-blieben war, wurde nun ein Raub der Flammen. Als der Brand erlosch, herrschte Stille über den Ruinen. Zwischen den qual-menden Überresten war niemand zu sehen. Es war, als ob nie jemand an diesem Ort gelebt hätte.«
Beim Abzug gab Timurlain Befehl, festzustellen, ob sich unter den Überlebenden noch Handwerker befänden, die in Samar-kand zu gebrauchen wären. Hunderte wurden mit den abziehen-den Reitern nach Osten weggeführt. Reich beladen waren die Reittiere. Selten war von einem siegreichen Heer derartiger Reichtum erbeutet worden.

Nur langsam erholte sich Damaskus von der Verwüstung des Jahres 1400. Doch nach einer Generation hatte die Lebenskraft der Stadt gesiegt. Reisende, die um die Mitte des 15. Jahrhun-derts am Baradafluß Quartier bezogen, stellten fest, daß das Viertel um das St. Paulustor noch immer eine Öde sei. Zu erfahren ist auch, daß sich bereits wieder 100000 Menschen Wohnung und Arbeit geschaffen hätten. Manche seien sogar schon wieder wohlhabend. Die kommerzielle Begabung der

Damaszener hatte sich offenbar wieder durchgesetzt. Die Märkte, so wird berichtet, seien zahlreich und mit Waren von hoher Qualität versorgt gewesen. Aus dem Nichts waren Handwerk und Kunsthandwerk wieder erstanden. Dazu hat sicher beigetragen, daß keine Sorge vor äußerer Bedrohung mehr die Gemüter belastete und Initiativen lähmte.

Nach dem Abzug der Mongolen hatte wieder die Kaste der Mamluken die Herrschaft von Damaskus übernommen. Ihren Kommandeuren gelang es, der Stadt und dem Land wieder Stabilität zu geben. Doch ganz verschont vom Unglück blieb Damaskus nicht: Mehr als einmal brach die Pest aus. Ihre ersten Opfer forderte die Krankheit fast immer in den südlichen Quartieren der Stadt, dort, wo sich die Mekkapilger versammelten. Trotz gesunder Luft und guten Wassers verbreitete sich die Krankheit über alle Gebiete von Damaskus. In den dichtbewohnten Häusern der engen Gassen um die Omayyadenmoschee war die Ansteckungsgefahr am größten. Tausende fielen der Pest zum Opfer.

Doch die Stadt lebte weiter. Ein Zeugnis davon bietet die Madrassa Quilijiyah in unmittelbarer Nähe der Omayyadenmoschee, an deren Fassade noch immer die Spuren der Flammen zu sehen sind, die von der Eroberung durch die Mongolen herrühren. Von einem, der überlebt hatte, war der Auftrag gegeben worden, hinter dieser Fassade wieder ein Haus zu errichten, das als Koranschule und als Mausoleum dienen sollte. Die Stimmung der Menschen von Damaskus zu jener Zeit ist aus der Inschrift abzulesen, die von der Straße aus zu erkennen ist: »Dies ist das Haus, in das du bald schon getragen wirst.«

Nach dem Mongolensturm dehnten sich vor allem die Viertel aus, in denen die Offiziere der Mamlukenkaste lebten. Daraus ist abzulesen, daß die militärische Präsenz in Damaskus verstärkt wurde. Deutlich wird bei näherem Blick auf die Bauwerke des 15. Jahrhunderts ein Drang zum Luxus. Die Vorderseiten der Häuser wurden reicher verziert als je zuvor. Betont wurden die Klassenunterschiede, Reichtum wurde hervorgehoben. Die Besitzenden genossen Privilegien. Die Folge waren Spannungen in der Stadt. Im Verlauf dieser Jahre machte sich das Regime der Mamluken immer unbeliebter. Als im Jahre 1516 – angeführt vom Sultan Selim I. – ein osmanisches Heer in Damaskus einzog, trauern nur wenige der Mamlukenherrschaft nach.

Die osmanischen Türken, deren Machtzentrum Istanbul war, befanden sich in jener Zeit in der Phase der Expansion. Sie hatten den Balkan und ganz Mitteleuropa im Visier. Da erkannte Sultan Selim, der eigentliche Begründer des Osmanischen Großreichs, die Gefahr einer Allianz zwischen den Herrschaftsbereichen der Mamluken und der Perser im Südosten des Osmanischen Reiches. Wäre dieses Bündnis geschlossen worden, hätten die Verbündeten den Osmanen während der Europa-Offensive in den Rücken fallen können. Vor diesem Vorstoß mußte die Gefahr beseitigt werden. Dies gelang durch die Schlacht von Mari Dabik nördlich von Aleppo im August 1516. Der Sieg der Osmanen öffnete ihnen den Weg nach Damaskus.

Unter »Suleiman dem Prächtigen« – eine Provinzstadt an der Grenze

Wieder einmal war Damaskus besetzt. Doch die Besatzungsmacht gehörte diesmal nicht einem fremden Glauben an – wie etwa die Kreuzritter. Die Osmanen waren islamisch, und ihr Sultan nannte sich »Beherrscher der Gläubigen«. Die Damaszener sahen zunächst keinen Grund, warum sie nicht das Mamlukenregime gegen die Herrschaft der Osmanen austauschen sollten. Bald bemerkten sie jedoch den Unterschied: Für die Mamluken war Damaskus eine Hauptstadt gewesen, für die Osmanen war die Oase eine Provinzstadt an der Grenze. Besondere Aufmerksamkeit verdiente sie nur, wenn die Sicherheit der Grenze bedroht war.
Der Übergang von den Mamluken zu den Osmanen hatte sich mit damaszenischem politischem Geschick vollzogen: Janbirdi al-Ghazali, ein prominentes Mitglied der Mamlukenkaste, hatte rechtzeitig mit dem anrückenden Sultan Selim I. Kontakt aufgenommen und mit ihm die Modalitäten eines reibungslosen Einmarsches in Damaskus vereinbart. Der Sultan erwies sich als großzügig: In einem Anflug von Dankbarkeit ernannte Selim I. den Mamluken Janbirdi al-Ghazali zum osmanischen Gouverneur von Damaskus. Der Statthalter sorgte dafür, daß der Bestand der inneren Machtverhältnisse erhalten blieb.
Doch nach vier Jahren Verwaltungsarbeit im Namen des Sultans

machte Janbirdi al-Ghazali einen entscheidenden Fehler: Als Selim I. starb, glaubte das Mitglied der Mamlukenkaste, nun sei seine Zeit gekommen: Er proklamierte sich selbst zum Sultan über Syrien. Eine neue Epoche der Unabhängigkeit schien angebrochen zu sein. Schon machten sich die Damaszener Hoffnung darauf, wieder glanzvoller Mittelpunkt eines unabhängigen Staates zu werden. Doch der Nachfolger des verstorbenen Beherrschers der Gläubigen, Suleiman al-Kanuni, der Prächtige, reagierte hart: Er schickte eine Reitertruppe an den Baradafluß, die den Auftrag hatte, den aufsäßigen Mamluken umzubringen. Fortan achteten die Mächtigen in Istanbul ganz besonders auf die Wahl des richtigen Kandidaten für den Posten des Gouverneurs in Damaskus.

Suleiman al-Kanuni machte den Statthaltern vor allem zur Aufgabe, für die reibungslose Abwicklung des Transitverkehrs zwischen den osmanischen Provinzen und den heiligen Stätten zu sorgen. Damaskus blieb so weiterhin der zentrale Sammelpunkt für die Pilgerkarawanen. Zum Nutzen der Pilger wurden Unterbringungsmöglichkeiten und Versorgungshäuser für Kranke geschaffen – Suleiman al-Kanuni wollte als Wohltäter der Gläubigen gelten.
Die Voraussetzung für kostspielige soziale Maßnahmen war höhere Effektivität der Wirtschaft und der Verwaltung. Der osmanische Sultan sorgte für eine Gebietsreform, die sich bis in unsere Zeit politisch auswirkt. Während seiner langen Regierungszeit (1520–1566) teilte er die Region in neue Einheiten auf. Drei Provinzen (Vilajat) entstanden: Damaskus, Aleppo und Tripoli. Die Vilajats wurden unterteilt in Sanjaks (Regierungsbezirke). Der Vilajat Damaskus gliederte sich wiederum in die Sanjaks Gaza, Nablus, Palmyra, Sidon, Beirut und Jerusalem. Der Blick auf diese Ortsnamen zeigt, daß die Provinz ein beachtliches Territorium umfaßte – und genau darauf erhebt der Staat Syrien bis heute Anspruch.
Die Wurzel wurde damals gelegt für den Ehrgeiz der in Damaskus heute Verantwortlichen, zuständig zu sein auch für das Gebiet der Staaten Israel und Libanon. Daß der Sanjak Gaza zum Vilajat Damaskus zählte, ist für Hafez al-Assad heute Veranlassung, syrische Souveränität auch über die autonomen Gebiete der Palästinenser, Gaza und Jericho, zu beanspruchen. Arafats

Bemühungen, im mühsam errungenen Palästinensergebiet Selbstbestimmung seines Volkes durchzusetzen, wird von Hafez al-Assad nur widerwillig zur Kenntnis genommen. Was Suleiman der Prächtige um die Mitte des 16. Jahrhunderts festgelegt hat, wird am Ende des 20. Jahrhunderts in Damaskus als politisch verbindlich angesehen.

Mehrere Generation lang wechselten die osmanischen Herrscher die Gouverneure in rascher Folge aus. In 200 Jahren residierten in Damaskus nacheinander 150 Paschas, die kaum Spuren hinterließen. Erst im 18. Jahrhundert wurden bedeutende Persönlichkeiten eingesetzt, die dann den Ehrgeiz hatten, der Stadt Merkmale ihrer Herrschaft aufzudrücken. Beispiel dafür ist der Statthalter Assad Pascha al-Azem. Sein Palast ist heute zu besichtigen als Musterbeispiel Damaszener Baukunst im Osmanischen Reich.
Kaum 200 Meter südlich der Omayyadenmoschee steht dieses Gebäude, das um das Jahr 1750 errichtet worden ist. Berichtet wird, schon bald nach Baubeginn seien in der Region bis hin nach Basra und Dera'a keine Handwerker mehr zu finden gewesen, die Meister ihres Fachs waren – alle hätten sie am Azempalast gearbeitet. Auch habe Mangel an Baumaterial bestanden. Deshalb seien einige feste Gebäude der Suks von Damaskus abgebrochen worden.
Der Azempalast besteht aus drei Baukomplexen: Zur Straße hin befindet sich das Haus der Repräsentation, das den Empfängen dient und vor allem den Zweck hatte, Eindruck zu machen. Der Glanz der Macht sollte sich präsentieren – jedoch nicht in übertriebenem Maße, denn der wirkliche Pomp blieb dem Beherrscher der Gläubigen vorbehalten, der in Istanbul residierte. Zurückgesetzt von der Straße sind die Häuser der Frauen und der Dienerschaft. Im Haus der Diener wurde gearbeitet. Hier wird die Haushaltsarbeit abgewickelt – unbemerkt von denen, die sich in den Gebäuden näher an der Straße aufhielten.
In jenen Jahren, als der Azempalast seiner Vollendung entgegen ging, besuchte im Auftrag des Königs von Dänemark der Forschungsreisende Carsten Niebuhr Damaskus. Der Besuch in der Oase war Teil eines Programms zur Erforschung des fast unbekannten Landstrichs, der »Felix Arabia« genannt wurde – »glückliches Arabien«. Die Geheimnisse Arabiens sollten erkundet

werden, und die Gründe, warum es als »glücklich« bezeichnet wurde. Carsten Niebuhr, an der Niederelbe geboren und mit der Beschreibung Arabiens beauftragt, erwies sich als aufmerksamer Beobachter. In seiner »Reisebeschreibung nach Arabien und anderen umliegenden Ländern« (1774–1778) hat er seine Eindrücke festgehalten.

Noch ehe Carsten Niebuhr die Stadt betreten hatte, wunderte er sich über die Wassermenge, die sich in die Oase ergoß. Er bemerkte zwei Flüsse, die sich in sieben Arme teilten. Niebuhr war von der libanesischen Küste her über das Gebirge in die Oase gekommen und empfand den Wasserreichtum als Wohltat.

Der Reisende bezog Quartier im größten Karawanserail der Stadt. Da er sich außerhalb der jährlichen Zeit der Pilgerfahrt dort aufhielt, war dieser »Chân« nicht überfüllt. Die Unterbringung war für ihn komfortabel.

Von den Marktstraßen berichtete Niebuhr, daß sie breit und überdacht seien – diese Besonderheit haben sie bis heute behalten. Die Straßen außerhalb der Suks aber seien schmal; dies sei kein Problem, weil in ihnen keinerlei Wagen verkehrten. Die Enge sei günstig, weil sie Schatten erzeuge.

Die Zahl der »Kaffeeschenken« war für Niebuhr erstaunlich. Die »anmutigste« lag beim Bab as-Salam, beim Tor des Friedens: »Sie hat einen Vorplatz, auf dem Bäume stehen, und liegt vor einem kleinen Wasserfall. Noch schöner ist das Kaffeehaus nahe der Hauptmoschee. Vor ihm befindet sich ein großer Springbrunnen, der die Luft kühl und angenehm macht.«

Immer wieder zeigte der Forschungsreisende seine Begeisterung über die einfallsreiche Verwendung des Wassers in der Oase: »Die Reichen und Vornehmen haben Springbrunnen nicht nur in den Höfen ihrer Häuser. Es gibt auch fließendes Wasser in den Küchen.« Er stellte allerdings auch fest, daß der Wasserreichtum seine Tücken hat: Die Luft in der Oase ist feucht und begünstigt Erkältungen. Niebuhr meint: »Deshalb tragen wohl die Kaufleute selbst im August Pelze.«

Dem Reisenden fiel auf, daß die Häuser der Damaszener äußerlich von schlichtem Charakter seien. Sie bestünden meist nur aus an der Sonne getrockneten Ziegelsteinen. Über die Gründe dieser Bescheidenheit erfuhr er: »Dies ist eine Folge der Willkürherrschaft im Osmanischen Reich. Denn ließe sich jemand einen prächtigen Palast erbauen, könnte er sicher sein, daß der Pascha von ihm, einem Mann, der seinen Reichtum zeigt, eine ansehnliche Summe Geldes leihen würde, die er nie zurückbekäme. Jeder will für arm gehalten werden.«

Die Folgen der Willkürherrschaft der osmanischen Verwaltung bekam Niebuhr selbst zu spüren:

»Damaskus war die erste und einzige Stadt im ganzen Osmanischen Reich, in der man von mir eine Aufenthaltssteuer verlangte. Kaum war ich angekommen, wurde ich zu einem vornehmen Türken geführt, der, wie es sich erwies, der Sekretär des Steuereinnehmers war. Er verlangte von mir eine ansehnliche Summe. Als ich ihm das Empfehlungsschreiben zeigte, das man in Konstantinopel ausgestellt hatte (es enthielt den Befehl, keine Steuern zu verlangen) erklärte er mir, dieses Schreiben habe keine Bedeutung, da darin der Name Damaskus nicht enthalten sei. Meine Erfahrung hatte mich gelehrt, daß ein Christ bei einer Auseinandersetzung mit einem Türken immer am besten davonkommt, wenn er sogleich bezahlt. Also erklärte ich mich bereit, die Steuer zu entrichten, unter der Bedingung allerdings, daß ich auf der Bestätigung Sekretär des dänischen Gesandten zu Konstantinopel genannt würde. Dies machte den Türken stutzig, und er sagte zu mir, ich solle am nächsten Morgen wiederkommen. Er müsse nämlich meinen Fall mit seinem Herrn besprechen. Darauf wartete ich jedoch nicht. Ich verließ Damaskus im Morgengrauen zusammen mit mehreren Bauern vom Berge Libanon, deren Ziel Saida war.«

In keiner anderen Stadt, so notierte der Reisende, sei der Haß der Moslems auf die Christen so groß wie in Damaskus: »Die Mohammedaner haben den Europäern die Kreuzzüge noch nicht verziehen.« Carsten Niebuhr mußte sich an die diskriminierende Vorschrift halten, die es einem Christen verbot, in Damaskus auf einem Maultier zu reiten. Zu bemerken ist, daß es dem Reisenden aus Europa nicht gestattet war, auch nur einen Blick auf die Omayyadenmoschee zu werfen – er durfte nicht einmal den Vorhof betreten. Carsten Niebuhr hat das wichtigste Bauwerk der Stadt nur von weitem gesehen.

Auch ihm wurde erzählt, Christus werde am Tag des Jüngsten Gerichts auf dem Dach der Moschee zu sehen sein. Ihm sei aufgetragen, die Ankunft des höchsten Richters zu verkünden. Diese Überzeugung, so meinte Carsten Niebuhr, führe dazu, daß die Damaszener fest daran glaubten, daß ihre Stadt nie völlig zerstört werden könne, denn schließlich müsse sie für das Erscheinen Christi erhalten bleiben.

Sicherheit für die eigene individuelle Existenz der Damaszener aber bot diese Überzeugung jedoch kaum. Zu jener Zeit, als sich Carsten Niebuhr in Damaskus aufhielt, starb der Erbauer des prächtigen Azempalasts eines gewaltsamen Todes: Er wurde im Bad jenes Prunkhauses ertränkt. Auftraggeber des Mordes an Assad Pascha al-Azem war der Beherrscher der Gläubigen. Der Gouverneur hatte wohl den Neid des Mächtigen in Istanbul erregt.

Die Erinnerung an die wohlhabende Familie Azem lebt weiter in ihren Bauwerken. Sie ließ eine Madrasse nach der anderen bauen – Grabstätten für zahlreiche Familienmitglieder. Sie errichtete Stadthäuser als Wohnungen für ihre Nachkommen, sie erstellte öffentliche Bäder und Märkte für die Bewohner von Damaskus. Die Familie Azem ließ die Häuser an der Straße, »die da heißt die Gerade«, so renovieren, daß sie einen Marktkomplex für sich bilden.

Im Verlauf des 19. Jahrhunderts verdoppelte sich die Zahl der Häuser in der Oase. Auch an Umfang wuchs die Stadt – und dies geschah wieder auf Kosten des Grüngürtels der Ghuta. Gleichzeitig entstanden die wichtigen Verkehrsadern, die Damaskus durchschneiden. Genau im Westen des Haupteingangs der Omayyadenmoschee wurde der Suk al-Hamidiyeh geplant und erbaut. Der Name leitet sich vom Sultan Hamid I. ab, dem damaligen Herrscher des Osmanischen Reiches. Noch heute fasziniert der Suk al-Hamidiyeh den Besucher aus dem Westen.

Zur Zeit, als der Suk Hamidiyeh entstand, wurden französische Intellektuelle von der Faszination der orientalischen Stadt Damaskus erfaßt. Französische Dichter und Schriftsteller ließen sich durch das Fluidum der Oase inspirieren. Sie identifizierten sich häufig derart mit Damaskus, daß sie damaszener Kleidung trugen. Zu denen, die von der Stadt gepackt wurden, gehört der Dichter Alphonse de Lamartine, der Damaskus im Jahre 1833 besuchte. Er pries die Schönheit der Damaszenerinnen: Ihr Reiz bestehe aus der Mischung von Furcht und Neugier, aus Zurückhaltung und Lust zu verführen.

Auch der Schriftsteller Constantin-François de Chassebœuf,

Comte de Volney begeisterte sich für die Attraktivität der Frauen. Ihre Gesichter seien durch klare Linien geprägt, durch Offenheit. Volney fand in seinem Werk »Voyage en Syrie et en Egypte« fast hymnische Worte, nicht allein für die Frauen, sondern auch für die Früchte der Ghuta. Er verglich:

»Gaza bringt Datteln hervor, die so süß sind, wie die Datteln von Mekka; seine Granatäpfel schmecken wie die von Tunis; die Orangen von Tripoli sind köstlich, wie die Orangen von Malta; Beiruts Feigen sind für die Zunge so angenehm, wie die Feigen von Marseille und Beiruts Bananen haben den Geschmack der Bananen von St. Dominique; privilegiert sind die Pistazien von Aleppo. Doch die Früchte von Damaskus vereinigen alle Vorteile in sich. Auf seinem steinigen Boden gedeiht die Apfelsorte der Normandie, die Pflaume der Tourraine, der Pfirsich von Paris. In Damaskus wachsen zwanzig Sorten der Aprikose. Eine Sorte enthält einen Kern von ganz besonderem Geschmack – seinesgleichen findet sich nirgends in der ganzen Türkei.«

Die Affinität einiger Franzosen zu Damaskus und Syrien ist sicher aus der traditionellen Bindung Frankreichs an den zu Syrien gehörenden Libanon zu erklären. Schon im 16. Jahrhundert hatte Frankreich Schutzfunktionen gegenüber den Christen des Libanongebirges übernommen, die sich von ihrer islamischen Umwelt bedroht fühlten. Wohlhabende maronitische Familien waren seit Generationen darauf bedacht gewesen, ihre Söhne zum Studium nach Frankreich zu schicken. Die Maroniten hatten es sich angewöhnt, die französische Sprache der arabischen vorzuziehen. Die französische Kultur hatte einen Stützpunkt im Nahen Osten, der den Kontakt der Franzosen zu den Menschen der Region erleichterte. So entwickelte sich Syrien nach und nach zum französischen Einflußgebiet.

Das Interesse Frankreichs bewirkte, daß sich auch mancher kluge Kopf in Damaskus über die eigene Oase hinaus nach Frankreich zu orientieren begann. Das Geistesleben Frankreichs wurde von einigen für bemerkenswert und vor allem für richtungsweisend gehalten. Daß es eine Französische Revolution gegeben hatte, wurde zur Kenntnis genommen – und damit auch die Idee der Freiheit. In einigen Damaszener Zirkeln wurde über Wert und Sinn des menschlichen Lebens nachgedacht. Der Ansatz einer Neubewertung der Situation des Menschen fand statt.

Revolution in Damaskus
oder die Geburt der panarabischen Idee

Parallel zur Annäherung zwischen einigen klugen Köpfen in Paris und Damaskus vollzog sich der Prozeß der Übernahme europäischer Gewohnheiten in die osmanische Gesellschaftsordnung. Sultan Mahmud II., der Herrscher, begünstigte das Tragen europäischer Kleidung; er setzte durch, daß an Stelle des arabischen Turbans von den Männern der weniger traditionelle Fez getragen wurde. Die Absicht war, durch die neue Kleiderordnung das Denken der Menschen zu beeinflussen.

Diese »Reformen«, die auch in Damaskus durchgeführt werden sollten, lösten in den Kaffeehäusern am Baradafluß Zorn aus. Mahmud II., der weit entfernt in Istanbul residierte, wurde als Verräter beschimpft, als Ungläubiger, der die Tradition und damit den Islam zerstören wolle. Die Empörung löste im Jahre 1825 einen Aufstand aus. Die Demonstranten drohten, den Gouverneur umzubringen und ihre Stadt von jeder Bindung an die Zentralgewalt in Istanbul zu lösen. Doch die Kraft der revolutionären Bewegung erlahmte rasch. Der Beherrscher der Gläubigen war noch immer eine respektierte Person.

Mehr Kraft besaß der Aufstand des Jahres 1831. Die politischen Umstände waren diesmal günstiger. Sultan Mahmud II. (1808–1839) hatte sich gezwungen gesehen, Syrien an den Pascha von Ägypten, Muhammad Ali zu übertragen, als Entschädigung für dessen Hilfe während des griechischen Unabhängigkeitskriegs. Die Übertragung war jedoch nur auf dem Papier erfolgt. Die Absprache wirklich erfüllen, wollte der Sultan nicht. Er brachte sich damit in eine schwierige Lage: Muhammad Ali mobilisierte seine Streitmacht zur Eroberung des ihm zustehenden Gebiets – Damaskus durfte er sich nicht entgehen lassen. Die Situation wollten fortschrittliche Kräfte in Damaskus ausnützen. Sie revoltierten gegen den osmanischen Gouverneur.

Dem Vertreter des Sultans blieb kein Ausweg: Er floh mit seiner gesamten Garnison in die Zitadelle von Damaskus. Er hoffte auf einen baldigen Zusammenbruch des Aufruhrs. Für einen mehrtägigen Aufenthalt der Soldaten reichten die Vorräte an Wasser und Lebensmittel nicht – die Verwaltung der Zitadelle war nicht auf eine derartige Situation eingestellt.

Nach sechs Tagen der Belagerung befahl der Gouverneur den Ausbruch aus der Festung. Er selbst stürmte der Truppe voran und wurde getötet. Dieses Ereignis feierten die Rebellen als Erfolg. Sie proklamierten den Austritt ihrer Stadt Damaskus aus dem Osmanischen Reich. Ein unabhängiger Staat Syrien sollte entstehen.

Unbeeinflußt von den Ereignissen in Damaskus hatte Ibrahim Pascha, der Sohn des ägyptischen Herrschers Muhammad Ali, begonnen, Syrien absprachegemäß zu besetzen. Sultan Mahmud II. wurde so gewaltsam gezwungen, sein Versprechen gegenüber dem Herrscher am Nil einzuhalten.
Ibrahim Pascha zog mit seinen Truppen in Damaskus ein und wurde begeistert begrüßt. Die Damaszener akzeptierten die Ankömmlinge aus Ägypten als Araber und damit als Brüder – auch wenn die in der Cairoer Zitadelle herrschende Sippe von einem albanischen Offizier im Dienst der Osmanen abstammte. Die Truppen jedenfalls waren ägyptisch, und damit arabisch. Die Osmanen dagegen waren immer die fremden Türken – regiert vom »ungläubigen Sultan« Mahmud II.
Der britische Premierminister Palmerston bemerkte im Jahr 1832: »Der Ehrgeiz des Muhammad Ali hat sich mit den Träumen der Bewohner von Damaskus verbündet. Beide wollen die Verwirklichung eines gemeinsamen Ziels: Beabsichtigt ist die Schaffung eines arabischen Königreichs, das alle Völker umfassen soll, die arabisch sprechen.«
Palmerston hatte damit die Situation richtig eingeschätzt: In Damaskus war die Idee entstanden, die Araber aus dem Osmanischen Reich zu lösen, um ihnen die eigene Souveränität zu geben. Zum erstenmal wurde in der neueren Geschichte von einem unabhängigen Staat der Araber gesprochen. Damaskus, der Geburtsort der panarabischen Idee der Neuzeit!
Ibrahim Pascha begann nach seinem Einmarsch damit, unverzüglich die Staatsorganisation zu reformieren. Er hatte festgestellt, daß die Sanjaks im Vilajat Syrien zu starke Autonomie genossen. Im Gegensatz dazu besaßen die Regierungsbezirke Ägyptens Verwaltungsorgane, die ausführender Arm der Zentralverwaltung waren und kaum selbständig entscheiden durften. Damit war am Nil die Gleichbehandlung der Untertanen einigermaßen gewährleistet – nicht aber in Syrien.

Die gesamte Ordnung in Ägypten war auf Muhammad Ali zugeschnitten, der absoluter Herrscher war. Eine ähnliche Zuordnung auf eine Person war im Osmanischen Reich nicht gegeben. Der Sultan war zwar formal die absolut bestimmende Persönlichkeit, doch längst waren die Herrscher keine starken Charaktere mehr. Diese Entwicklung hatte dazu geführt, daß die Gouverneure der Provinzen in ihren Hauptstädten an Bedeutung zunahmen – doch die ihnen untergeordneten Verwalter der Regierungsbezirke ließen sich dadurch nicht beeindrucken. Sie machten was sie wollten. Ibrahim Pascha – jetzt Souverän über Syrien – war entschlossen, eine straffe Ordnung einzuführen.

Die lockere Form der Verwaltungsstruktur hatte Auswirkung gehabt auf die Praxis der Steuereintreibung: Sie war nicht nach einheitlichen Grundsätzen gehandhabt worden. Die Zuständigen in den Sanjaks konnten willkürlich handeln – wobei sie auch häufig Gelder für sich abzweigten. Dieser individuellen Methode der Steuereinnahme bereitete Ibrahim Pascha ein Ende.
Im Osmanischen Reich war es üblich, daß die Großgrundbesitzer Einflußmöglichkeiten auf die Verwaltung der Regierungsbezirke besaßen. Sie waren die Honoratioren, deren Meinung gefragt war – und sie hatten darauf bestanden, gehört zu werden. Die Stärkung der Zentralgewalt aber hatte zur Folge, daß kein Platz mehr war für die Großgrundbesitzer in der Hierarchie der politischen Meinungsbildung. Die Honoratioren aber ließen sich ungern in den Hintergrund drängen. Da Ibrahim Pascha an seinen Reformen festhielt, machte er sich die Herren über Grund und Boden Syriens zu seinen Feinden.
Doch auch die Bauern wurden immer unzufriedener. Ihre Söhne wurden, ohne Rücksicht auf familiäre Umstände, zum Militärdienst eingezogen. Da war die osmanische Wehrordnung flexibler gewesen. Als hart wurden auch die Vorschriften empfunden, die das Ausmaß der unbezahlten Arbeit der Bauern zu Gunsten der Bezirksverwaltung regelten. Da die neuen Gesetze mit Härte durchgesetzt wurden, wuchs der Unmut. Im Jahre 1840 brachen Revolten aus.
Es war die Absicht des Ibrahim Pascha gewesen, das Osmanische Reich entscheidend zu schwächen, um die völlige Unabhängigkeit Ägyptens abzusichern. Das Land am Nil unterstand legal dem Sultan in Istanbul. Diese Bindung an einen Oberherrn hätte

Muhammad Ali gerne aufgelöst. Doch der entscheidende militärische Schlag gegen die Streitmacht des Sultan gelang nicht. Dieses Scheitern hatte zur Folge, daß die Zeit gegen die Absichten des Herrn über Ägypten arbeitete. Andere Großmächte begannen sich einzumischen.

Wäre eine rasche Entscheidung über die Machtverhältnisse zwischen dem Osmanischen Reich und Ägypten möglich gewesen, hätten die europäischen Mächte keine Möglichkeit gehabt, in den Konflikt einzugreifen. Die Dauer der Auseinandersetzung zwang sie jedoch, Standpunkt zu beziehen. Die Regierung der britischen Krone setzte sich dafür ein, an der Ostküste des Mittelmeers die früheren Grenzverhältnisse wieder herzustellen. Sie wollte nicht, daß Cairo und Damaskus einem Herrscher unterstanden. Die Mächtigen in Cairo wurden unter Druck gesetzt. Ibrahim Pascha wurde gezwungen, mit seinen Truppen Damaskus zu räumen.
Nur die Schicht der Intellektuellen bedauerte den Weggang der Ägypter – bedeutete er doch das Scheitern der Verwirklichung einer Vision vom arabischen Königreich. Die Vision selbst aber blieb erhalten. Sie intensivierte sich sich während der folgenden Jahre.

Der siegreiche Sultan hielt es für klug, zunächst auf die erwachten nationalen Gefühle der Damaszener Rücksicht zu nehmen. Er gestand die Aufstellung arabischer Einheiten innerhalb der osmanischen Streitkräfte zu. Diese Einheiten wurden während der kommenden Jahrzehnte zu Trägern der nationalen Idee in Damaskus, zu Bewahrern des nationalen Gewissens. Damals wurden die Grundlagen gelegt für die Machtergreifung durch arabische Offiziere in Syrien und Ägypten, die 100 Jahre später stattfand.
Im Verlauf des 19. Jahrhunderts wurde deutlich, daß das Osmanische Reich nicht auf Dauer Bestand haben konnte. Doch gerade während dieser Endphase blühte die Provinzstadt Damaskus stärker als bisher auf. Nazim Pascha hieß der Gouverneur, der eine Bautätigkeit entfaltete, die zu vergleichen war mit dem Baueifer der Familie Azem 200 Jahre zuvor. Das »Serail« entstand, der Regierungssitz; Damaskus erhielt seine erste Straßenbahn, die elektrische Straßenbeleuchtung wurde eingeführt; die

Bahnverbindung zwischen Damaskus und Beirut, die über das Libanongebirge führt, konnte eingeweiht werden. Besonders spektakulär aber war der Bau einer Eisenbahnlinie, die Mekka und Medina, die heiligen Stätten des Islam, dem modernen Verkehr öffnen sollte: Deutsche Ingenieure planten und überwachten den Bau der Hejazbahn.

Die Hejazbahn –
Schienenstrang der Pilger und Soldaten

Der Platz im Süden des Stadtkerns läßt erkennen, wie Damaskus an der Schwelle zur Neuzeit aussah. Aus dem Baradatal steigt die al-Jabri-Straße leicht an und mündet in einen halbrunden Platz. Die Gebäude des Halbkreises sind von Banken und Hotels belegt. Der Hejazbahnhof beherrscht den Platz. Der Bau ist zweigeschossig. Er enthält Stilelemente, die Architekten europäischer Schulung um die Jahrhundertwende für orientalisch hielten. Ausgefüllt ist der Bau durch die Schalterhalle, in deren Mitte ein Leuchter von der Decke herabhängt. Die Farben der Wände sind in blaugrün und beige gehalten. Vergittert sind die Schalter, an denen einst die Fahrkarten der einfachen und der komfortablen Klasse erstanden werden konnten. Der Bahnhof macht den Eindruck als ob er in jedem Augenblick wieder zum Leben erweckt werden könnte.
Ein Bild des Präsidenten Hafez al-Assad – von innen angestrahlt – zieht das Auge auf sich. Es befindet sich neben dem Ausgang zu den Bahnsteigen. Sechs Gleise führen von der Rückseite des Hejazbahnhofs nach Süden, um sich bald zu einem einzigen Strang zu vereinigen: Er band Damaskus und die Städte des Propheten verkehrstechnisch zusammen. Die Wagen stehen auf den Gleisen bereit. Doch vom Hejazbahnhof fährt schon längst kein Zug mehr ab.

Bei der Entwicklung der Idee einer Bahnverbindung weit in die Arabische Halbinsel hinein hatten zwei Interessensgruppierungen zusammengewirkt. Die osmanische Armeeführung sah ein Anwachsen des arabischen Nationalismus mit dem Zentrum um Mekka und Medina voraus. Befürchtet wurden Aufstände bewaffneter Banden der Stämme im Gebiet zwischen Aqaba und Medina. Um diese Gefahr abzuwenden, mußten Möglichkeiten geschaffen werden zur raschen Verlegung von Truppen zur Arabischen Halbinsel. Dafür war eine Eisenbahn besonders geeignet.

Parallel zu den Überlegungen der militärischen Führung entwikkelten sich Gedanken der Zivilverwaltung von Damaskus, das Pilgerwesen entscheidend zu verbessern. Die Beamten des Gouverneurs waren Jahr für Jahr konfrontiert mit mehr als einer Million Pilger, die Mekka erreichen und wieder zurückkehren wollten. Die Pilger reisten mit Karawanen, die langsam durch Steppe und Wüste zogen, unterwegs benötigten sie Ruhepausen und sie waren immer in Gefahr, von räuberischen Beduinen überfallen zu werden. Die Eisenbahn konnte den Pilgern eine bequemere, raschere und sichere Beförderung zu den heiligen Stätten bieten. Die Reise war ohne größere Aufenthalte abzuwikkeln. Geringere Strapazen reduzierten die Anfälligkeit der Reisenden für Krankheiten. Die Zivilverwaltung von Damaskus sprach sich deshalb gegenüber der osmanischen Zentralverwaltung für den Bau einer Pilgerbahn aus.

Sultan Abdul Hamid erkannte, daß der zivil-religiöse Aspekt des Bahnprojekts völlig ausreichte, um die Öffentlichkeit im Osmanischen Reich und auf internationaler Ebene von seiner Bedeutung zu überzeugen. Niemand konnte bezweifeln, daß die Gläubigen ein sicheres Transportmittel brauchten, um die heiligen Stätten bequem und rasch zur Erfüllung ihrer religiösen Pflicht zu erreichen. Die Spendenaufrufe der osmanischen Regierung waren erfolgreich: Die Moslems der ganzen Welt gaben Geld für die Eisenbahnlinie, die Hejazbahn genannt wurde – weil sie in die Provinz Hejaz auf der Arabischen Halbinsel führte.

Unmittelbar nach der Jahrhundertwende waren die Planungen abgeschlossen. Im Sommer des Jahres 1903 erreichte die Strecke bereits den Ort Dera'a an der heutigen syrischen Staatsgrenze. Ein weiteres Jahr später waren 500 Kilometer der Gesamtstrecke von 1300 Kilometern fertig. Die Stadt Ma'an nördlich des Roten Meeres war damit von Damaskus aus mit der Eisenbahn erreichbar.

Von Anfang an verbargen die osmanischen Auftraggeber und ihre deutschen Ingenieure den militärischen Charakter des Bahnprojekts nicht. Die Stationsgebäude waren festungsartig gestaltet. Sie besaßen zwei Stockwerke und umschlossen einen Innenhof. Den meisten Raum nahmen die Unterkünfte für Offiziere und Soldaten ein. Überragt wurden die Gebäude durch Türme zur Beobachtung der Bahnstrecke. Die Mauern der Stationsgebäude besaßen keine Fenster, sondern Schießscharten.

Zunächst war die Hejazbahn nicht durch nationalbewußte arabische Aufständische bedroht, die gegen die Fremdherrschaft der Türken kämpfen wollten, sondern durch Beduinen, die sich dagegen wehrten, daß ihnen die Eisenbahn das Geschäft mit den Pilgerkarawanen zerstörte. Die Beduinen fürchteten zurecht, Eisenbahnreisende seien nicht darauf angewiesen, sich für ihre Fortbewegung Kamele beschaffen zu müssen. Die Beduinen versuchten deshalb, den Bahnverkehr zu stören und den Weiterbau der Strecke über Ma'an hinaus zu verhindern. Die osmanische Verwaltung aber war gezwungen, die Hejazbahn mit starken Militäreinheiten zu sichern.

Nach weniger als zehn Jahren Bauzeit war Medina erreicht. An einen Weiterbau war nicht zu denken: Mekka, die heilige Stadt, sollte nicht durch dampfende und qualmende Lokomotiven entweiht werden. Der Pilger hatte den letzten Streckenabschnitt von Medina nach Mekka auf traditionelle Weise – zu Fuß oder auf einem Reittier, im Gebet und in Gedanken an den Sinn der Wallfahrt – zurückzulegen.

Für die deutschen Ingenieure war die Bautätigkeit schon in einiger Entfernung von Medina zu Ende gewesen. Auch diese Stadt gilt den Moslems als heilig, liegt doch in ihrem Boden der Prophet Mohammed bestattet. Die letzten Bahnkilometer waren daher von türkischen Ingenieuren geplant worden – türkische Fachleute hatten die Bauausführung überwacht. Das Ergebnis war, daß dieser Abschnitt der Strecke als schwierig zu befahren galt. Der unsichere Bahnkörper zwang die Lokomotivführer die Geschwindigkeit auf unter 20 km/h zu reduzieren. Trotz aller Vorsichtsmaßnahmen war der Streckenabschnitt vor Medina häufig durch Unfälle unterbrochen.

Eine Schwierigkeit des Bahnverkehrs zwischen Damaskus und Medina bestand darin, daß auf der gesamten Strecke kaum Heizmaterial zu finden war. In der Steppe wuchs höchstens Buschwerk. Aus dem Libanongebirge wurde Holz nach Damaskus gebracht, das dann die Feuerung der Heizkessel ermöglichte. Der geringe Heizwert des Holzes ließ den Dampfdruck der Maschinen selten so hoch ansteigen, daß ständig eine flotte Fahrt möglich war. Oft mußten die Lokomotiven stehenbleiben, um dem Heizer die Möglichkeit zu geben, ausreichenden Dampfdruck anzustauen.

Die Bahntrasse selbst galt unbestritten als Meisterleistung der Ingenieurskunst. Eine Amortisation der Baukosten aber war nicht möglich, denn der Hejazbahn war nur eine kurze Blütezeit vergönnt.

Politische Ereignisse veränderten die Situation auf der Arabischen Halbinsel. Die heiligen Stätten lagen plötzlich in einem Kriegsgebiet. Die Hejazbahn wurde nicht mehr für den Pilgerverkehr gebraucht – ihre militärische Bedeutung stand im Vordergrund. Diese Entwicklung hatte die osmanische Heeresverwaltung vorausgesehen. Ihre Eisenbahnadministration übernahm den Betrieb der Hejazbahn. Der Schienenstrang wurde zur Lebensader der osmanischen Verteidigung im Kampf gegen aufständische Araber, die sich von Englands Versprechungen hatten blenden lassen, und die – ohne es zu wissen und ohne es zu wollen – englischen Interessen dienten. Die Regierung in London verhieß den Sheikhs der Arabischen Halbinsel die Unanhängigkeit. In Wahrheit wollte sie nur ihr Weltreich vergrößern.

Der Traum vom arabischen Königreich
oder der dreifache Betrug an den Arabern

Als der Erste Weltkrieg begann, stellte sich das Osmanische Reich auf die Seite der Deutschen. Ursache dafür war die erkennbare Annäherung Englands und Frankreichs an Rußland. Die Türkei, die sich von Rußland bedroht fühlte, suchte einen starken Verbündeten im Deutschen Reich.

Die Allianz mit dem Osmanischen Reich war allerdings auch für die Deutschen von großer Bedeutung. Die türkische Armee –

stationiert in Syrien und in Palästina – war in der Lage, die Lebensader des britischen Weltreiches, den Suezkanal, zu bedrohen. Dadurch banden die Türken starke britische Truppeneinheiten, die eigentlich an der französischen Front zum Kampf gegen Deutschland gebraucht wurden.

Die britische Regierung mußte darauf bedacht sein, Truppen im Nahen Osten einzusparen, um sie in das entscheidende Kriegsgebiet in Europa verlegen zu können. Dies konnte nur durch den Einsatz von Verbündeten geschehen. Dafür kamen allein die Stämme der Arabischen Halbinsel in Frage. Sie wollten sich ohnehin von der osmanischen Herrschaft befreien. Für die Araber waren die Türken zwar Moslems, aber eben doch Fremde und damit eine Besatzungsmacht. Seit den 30er Jahren des 19. Jahrhunderts blühte in vielen arabischen Köpfen der Traum vom unabhängigen Staat der Araber. Die Überzeugung machte sich breit, daß mit dem Verschwinden der Osmanen das souveräne arabische Königreich entstehen würde. Die britische Regierung nährte diesen Glauben.

Im Juli 1915 nahm der britische Hochkommissar in Cairo, Sir Henry McMahon, Kontakt auf zum Herrn über die heiligen Stätten der Moslems, zum Scherifen Hussein von Mekka. Geprüft werden sollte, ob Scherif Hussein in der Lage war, arabische Streitkräfte zum Kampf gegen die Osmanen zu mobilisieren. Gedacht war zunächst an Attacken kleineren Umfangs gegen die türkische Garnison in Medina.

Scherif Hussein bot seine Dienste an. Er war bereit, England zu unterstützen, doch er stellte Bedingungen: Nach einem Sieg über die Osmanen mußten die Vorstellungen der Araber in die Tat umgesetzt werden. Wirklichkeit werden sollte die Vision von Umma al-Arabia, vom umfassenden arabischen Mutterland. Zwei Generationen nach dem ersten Versuch der Damaszener, das osmanische Joch abzuschütteln und frei zu werden von fremder Herrschaft, schöpften Araber wieder Hoffnung, selbst über sich bestimmen zu können.

Ein Vierteljahr nach Aufnahme der Kontakte zwischen McMahon und Scherif Hussein waren die Absprachen soweit gediehen, daß sie schriftlich fixiert werden konnten. Die Vertreter der britischen Krone waren allerdings darauf bedacht, ihre Versprechen wortreich aber wenig konkret zu formulieren.

Am 24. Oktober 1915 schrieb der britische Hochkommissar an den Scherifen von Mekka:

»Ich bedaure sehr, daß mein letzter Brief an Sie den Eindruck hinterließ, ich würde die Frage der Grenzen sehr kühl und nur zögernd ansprechen. Dies ist nicht der Fall. Doch war ich tatsächlich überzeugt, daß die Zeit noch nicht gekommen war, um dieses Problem abschließend zu behandeln. Ich entnehme jedoch Ihrem Brief, daß das Grenzproblem für Sie von größter Bedeutung ist. Ich habe deshalb nicht gezögert, die Regierung von Großbritannien vom Inhalt Ihres Briefes zu informieren. Mit Freude kann ich Ihnen den Standpunkt der Regierung mitteilen. Ich bin überzeugt, er wird Ihre Befriedigung auslösen.

Die zwei Bezirke Mersina und Alexandrette und Teile Syriens westlich der Bezirke Damaskus, Homs, Hama und Aleppo sind nicht als rein arabisch zu betrachten, und sollten deshalb nicht dem von Ihnen gewünschten Gebiet zugeschlagen werden. Über Gebiete, die innerhalb dieser Grenzen liegen, kann die britische Regierung verfügen ohne ihrem französischen Verbündeten zu schaden.

Ich bin bevollmächtigt im Namen der Regierung von Großbritannien, Ihnen folgende Zusicherung zu geben:

Unter Berücksichtigung der bereits erwähnten Grenzänderungen ist Großbritannien bereit, den unabhängigen Staat der Araber anzuerkennen und zu unterstützen. Er soll die Gebiete umfassen, die der Scherif von Mekka fordert.«

Eindeutig besagt dieses Dokument vom 24. Oktober 1915, daß die britische Regierung mit der Gründung eines souveränen arabischen Staates einverstanden ist. Scherif Hussein machte sich nach Empfang dieses Schreibens Hoffnung, er werde das Oberhaupt des nun zu gründenden arabischen Königreichs sein. Daß den Franzosen das Libanongebiet zur Kontrolle überlassen blieb – es sollte den Maroniten zur Heimstätte dienen –, konnte Hussein verschmerzen. Die Engländer behielten sich einen Sonderstatus für Baghdad und Basra vor. Er war mit britischen Ölinteressen und mit britischer Einflußnahme am Persischen Golf zu erklären. Auch damit konnte Scherif Hussein einverstanden sein.

Scherif Hussein trat jetzt an der Seite Englands in die militärische Auseinandersetzung mit dem Osmanischen Reich ein. Der »arabische Aufstand« begann.

Dem Scherifen von Mekka blieb verborgen, daß England nur ein halbes Jahr nach der Abmachung mit dem britischen Hochkommissar über die Schaffung eines unabhängigen Staates der Araber, ein Abkommen mit Frankreich unterzeichnete, das die Aufteilung der arabischen Gebiete des Osmanischen Reiches vorsah. Frankreich erhielt die Aufsicht über Syrien, England durfte sich künftig zuständig fühlen für Ägypten, Irak und Palästina. Das »Sykes-Picot-Abkommen« ließ dem arabischen Staat keine Chance der Unabhängigkeit. Das »McMahon-Dokument« und das »Sykes-Picot-Abkommen« waren miteinander nicht vereinbar.

Doch damit war der Gipfel der Zweideutigkeit britischer Nahostpolitik um die Zeit des Ersten Weltkriegs keineswegs erreicht. Eineinhalb Jahre später unterzeichnete der britische Außenminister Arthur James Balfour eine Erklärung, deren Inhalt mit den beiden genannten Dokumenten ebenfalls nicht in Einklang zu bringen war:

»Lieber Lord Rothschild,

ich habe das Vergnügen, Ihnen im Namen der Regierung Ihrer Majestät die folgende Erklärung der Sympathie mit den Bestrebungen der jüdisch-zionistischen Organisation zu übermitteln:

Die Regierung Ihrer Majestät faßt mit Sympathie die Errichtung einer nationalen Heimstätte für das jüdische Volk in Palästina ins Auge. Sie wird sich nach besten Kräften darum bemühen, dieses Ziel zu erreichen.«

Das Dokument, dessen Empfänger, Lord Rothschild, der führende Kopf der zionistischen Bewegung in England war, schließt zwar mit der Bemerkung, daß die Rechte der nicht-jüdischen Bevölkerungm in Palästina gewahrt bleiben müßten, doch der Kern der »Balfour-Declaration« bildete die Tatsache der Verpflichtung Großbritanniens, auf die Gründung einer »nationalen Heimstätte« für das jüdische Volk hinzuarbeiten.

Die »Balfour-Declaration« hatte den Zweck, die jüdische Bevölkerung Englands und vor allem auch der USA stärker in die Kriegsanstrengung gegen das Deutsche und das Osmanische Reich einzubinden.

Daß die britische Regierung betrügerisch an ihren arabischen Verbündeten handelt, wurde dem Scherifen von Mekka nach der russischen Revolution bekannt: Im zaristischen Archiv von St. Petersburg wurde eine Kopie des »Sykes-Picot-Abkommens«

entdeckt. Die revolutionäre russische Regierung informierte den Scherifen Hussein von ihrem Fund. Als dann auch die »Balfour-Declaration« bekannt wurde, war die Verbitterung der Führer des arabischen Aufstands groß. Doch der Scherif von Mekka klammerte sich an die Hoffnung, daß seine Absprache mit dem britischen Hochkommissar vor allen anderen Dokumenten Gültigkeit besaß. Er wollte Damaskus zur Hauptstadt des von ihm beherrschten unabhängigen Königreichs Arabien machen. Britische Offiziere, die zu seiner Unterstützung abkommandiert waren, zerstreuten Zweifel an der Verläßlichkeit ihrer Regierung. Die herausragende Persönlichkeit unter den Engländern, die den »arabischen Aufstand« vorantrieben, war T. E. Lawrence – genannt »Lawrence of Arabia«.

Lawrence of Arabia –
Kampf um den Hafen von Aqaba und die Hejazbahn

T. E. Lawrence entwickelte die Idee, den Konflikt mit den Osmanen auf zwei Schwerpunkte zu konzentrieren: Auf die Einnahme des Hafens Aqaba am Roten Meer und auf die Lähmung der Hejazbahn, die Damaskus mit Medina verband. Die Bahnlinie wies die Richtung auf das Ziel des Kampfes: Die Einnahme von Damaskus, der Stadt, die von den arabischen Aufständischen als künftiges Zentrum ihres Staates betrachtet wurde.
Aqaba sollte zum Nachschubhafen für den arabischen Aufstand werden. Dieses Problem war bereits im Juli 1917 gelöst: Die Reiter des Scherifen von Mekka – geführt von Lawrence – erreichten die Stadt. In seinen Erinnerungen »Die sieben Säulen der Weisheit« beschreibt Lawrence den Einzug in Aqaba: »Durch den aufwirbelden Staub bemerkten wir, daß Aqaba in Trümmern lag. Die wiederholten Beschießungen durch die englischen und französischen Kriegsschiffe hatten den Ort in einen Trümmerhaufen verwandelt. Die Häuser waren zusammengestürzt. Wir wanderten zum schattigen Palmenhain dicht am Rande der schäumenden Wogen und setzten uns dort nieder, um den Strom unserer Leute vorüberziehen zu sehen. Seit Monaten war Aqaba das Ziel und der einzige Gegenstand unseres Wollens gewesen.«
Nun besaß Lawrence einen Hafenkai, an dem Transportschiffe

festgemacht werden konnten. Für den arabischen Aufstand trafen Waffen, Fahrzeuge und Sprengstoff aus England ein. Die zweite Phase des Konflikts konnte beginnen.

Für die Araber bedeutete die Einnahme des Hafens einen Prestigeerfolg, den sie vorweisen konnten – auch gegenüber den bisher skeptischen Engländern. Den Osmanen war es nicht gelungen, Aqaba zu halten. Ein zweites Mal durften sie sich einen derartigen strategischen Fehler nicht leisten. Verstärkt konzentrierten sie sich nun darauf, die Hejazbahn zu schützen. Zunächst war nur der Süden gefährdet. Beim Bahnkilometer 1131, von Damaskus an gemessen, erfolgten die ersten Sabotageakte. Sprengstoff wurde an die Schienen gelegt und dann gezündet, wenn sich ein Zug auf dem entsprechenden Gleisabschnitt befand. Von der Auswirkung berichtet Lawrence:

»Die beiden holzbeheizten schweren Maschinen bogen unter schrillem Pfeifen in die Kurve ein und der Zug kam in Sicht. Er bestand aus zehn gedeckten Wagen. Aus Fenstern und Türen drohten Gewehrmündungen, während auf den Dächern in kleinen Sandsacknestern türkische Schützen im Anschlag lagen. Ich hatte nicht mit zwei Lokomotiven gerechnet, entschloß mich aber sofort, die Ladung unter der zweiten detonieren zu lassen, damit nicht, im Falle einer geringen Wirkung der Explosion, die unbeschädigte Maschine abkoppeln und mit den Wagen zurückfahren konnte. So gab ich, als das vordere Triebrad der zweiten Maschine auf der Brücke war, den Befehl zur Sprengung. Ein furchtbarer Knall erfolgte und der Zug entschwand den Blicken hinter einer aufschießenden Säule von dunklem Staub und Rauch. Man hörte Krachen und Splittern und den kreischenden Klang zerberstenden Stahls. Teile aus Eisen und Holz flogen hoch und plötzlich wirbelte ein Lokomotivrad durch die Luft. Dann herrschte Totenstille.«

Die Wagen standen noch auf den Gleisen und wurden jetzt von den Arabern unter Beschuß genommen. Den türkischen Posten auf den Dächern blieb keine Chance zur Verteidigung. Maschinengewehrfeuer mähte sie herunter. Als die Waffen verstummten, begannen die Araber zu plündern.

Es stellte sich heraus, daß der Zug zur Evakuierung der Stadt Medina eingesetzt war. In den ersten Wagen befanden sich Kranke, die an Typhus litten. Die weiteren Wagen waren besetzt mit Offiziersfamilien, die in Damaskus in Sicherheit gebracht werden sollten. In den Packwagen befand sich ihr Hausrat. Möbel, Teppiche, Geschirr, Kleider, Uhren und Schmuck. Die Beute für die Araber war reich.

Innerhalb von vier Monaten gelang den Reitern des T. E. Lawrence die Zerstörung von 17 Lokomotiven. Da die Bahnverwaltung in Damaskus das gesamte rollende Material der arabischen Gebiete zentral steuerte, machte sich sofort der Mangel an Maschinen auch in Aleppo und Beirut bemerkbar. Ein geregelter Zugverkehr zur Versorgung der osmanischen Truppen war bald nicht mehr möglich.

Angst vor der Benutzung der Hejazbahn machte sich im Südteil des osmanischen Reiches breit. Doch stand für den Bereich zwischen Medina und Damaskus kein anderes Transportmittel zur Verfügung. Durch Agenten ließ Lawrence am Bahnhof und am Rathaus in Damaskus einen Anschlag an die Wände heften mit der Warnung an alle Araber, derzeit die Hejazbahn zu benutzen. Für die Sicherheit arabischer Reisender könne die Führung des Kampfes gegen die Osmanen nicht garantieren. Reisen zu den heiligen Stätten seien auf später zu verschieben, auf die Zeit nach dem Kriege – wenn der souveräne arabische Staat Wirklichkeit geworden sei.

Lawrence erklärte den »Krieg um Brücken und Stationsgebäude«. Seine Taktik war, die Strecke nie nachhaltig zu zerstören. Die osmanische Bahnverwaltung sollte immer der Meinung sein, die Gleise könnten innerhalb von drei Tagen wieder repariert werden. Den Verantwortlichen in Damaskus wollte Lawrence die Illusion nicht nehmen, ihre Lebensader durch die Arabische Halbinsel funktioniere noch und könne wirksam geschützt werden. Lawrence war der Meinung, er könne auf diese Weise starke osmanische Kräfte binden und schließlich demoralisieren.

Nicht immer waren die Anschläge vom Glück begünstigt. Häufig waren die neuesten elektrischen Sprenggeräte aus England für die Verwendung im Wüstensand ungeeignet. Außerdem passierte es manchmal, daß die Türken starke und schnelle berittene Patrouillen einsetzten, die die Sabotagekommandos überraschen und verjagen konnten.

Doch durch Hartnäckigkeit gelang es den arabischen Reitern, die zu Lawrence hielten, den Kampf immer näher an Damaskus

196

heranzutragen. Im Streckenbereich zwischen Kilometer 200 und Kilometer 150, von Damaskus an gemessen, war keine Brücke und kein Stationsgebäude vor Anschlägen sicher. Meist genügten Schüsse auf die großen Wasserbehälter einer Station um den Verkehr lahmzulegen: Wenn der Dampfkessel einer Lokomotive nicht mehr mit Wasser versorgt werden konnte, dann blieb sie mitten auf der Wüstenstrecke stehen.

Bei Überfällen auf Bahnhöfe machten sich Engländer und Araber einen Spaß daraus, Gerätschaften der Eisenbahner als persönliche Beute mitzunehmen. Voll Stolz vermerkt Lawrence, daß er nach dem Sturm auf eine Station die Glocke mitgenommen habe, mit der die Abfahrt der Züge angekündigt worden war. Lawrence meinte, es handle sich um »ein schönes Stück damaszenischer Kupferarbeit«. Einer der arabischen Reiter nahm den Fahrkartenlocher mit und ein anderer den türkischen Amtsstempel.

Ab Frühjahr 1918 waren die Reiter der arabischen Stämme nicht mehr die einzigen, die Angriffe auf die Hejazbahn ausführten. Die britische Luftwaffe setzte ihre in Palästina stationierten einmotorigen Doppeldecker-Flugzeuge ein. Die Piloten schossen mit Maschinengewehren auf Lokomotiven und durchlöcherten so deren Dampfkessel; sie warfen auch hin und wieder einfache Bomben auf die Züge. Die Treffsicherheit der Bombenabwürfe war allerdings gering. Für Lawrence und seine arabischen Abenteurer waren die Flieger keine Konkurrenz.

Schließlich begann die letzte Phase des Kampfes entlang der Hejazbahn. Die davon betroffene Region war das Land um die Strecke Dera'a–Damaskus. Tausend Reiter standen Lawrence für diese Offensive zur Verfügung. Die Absicht war, durch die Einnahme von Dera'a – die Bahnstation und die Stadt liegen nur 150 Kilometer südlich von Damaskus – die osmanische Heeresleitung zu veranlassen, Truppen aus Palästina zur Verteidigung der Bahnlinie abzuziehen. Diese Truppenverlegung würde den englischen Verbänden des Generals Allenby die Chance eines Vormarsches auf palästinensischem Gebiet verbessern.

Gerade zu diesem Zeitpunkt, als der Erfolg des »Aufstands der Araber« gegen die Osmanen bevorstand, empfand Lawrence Scham über seine Beteiligung am britischen Betrug gegenüber den Arabern. Denn er wußte, daß Scherif Hussein nicht die

Möglichkeit bekommen würde, den souveränen Staat der Araber zu gründen. Lawrence kannte den Text der Abmachung, den die Diplomaten Sykes und Picot zur Aufteilung Arabiens zwischen England und Frankreich abgeschlossen hatten. In seinen Erinnerungen »Die sieben Säulen der Weisheit« rätselt er selbst über die Gründe, warum er die Täuschung mitgetragen habe: »Ich kann meine Zustimmung zum Betrug an den Arabern nicht auf Charakterschwäche oder angeborene Heuchelei zurückführen; obwohl ich natürlich zum Betrug neigen und dazu fähig sein mußte, denn sonst hätte ich nicht die Menschen so gut getäuscht, und es zwei Jahre lang ausgehalten, einen Betrug zum Erfolg zu führen, für den andere den Rahmen geschaffen und den andere auf die Beine gestellt hatten.« Lawrence gibt zu, daß er damals bitter bereute, sich in diesen Aufstand eingemischt zu haben. Die Bitterkeit der Reue habe seine Mußestunden vergällt. Doch die Reue sei nicht stark genug gewesen, sich aus Arabien in eine andere Kriegsregion versetzen zu lassen. Lawrence sprach sich Mut zu, daß die Einnahme von Damaskus bald möglich sein werde – und allein darauf habe er hingearbeitet und »zehntausend Plagen auf mich genommen und Geist und Kräfte vergeudet.«

Enttäuschung über den Betrug –
Die Friedenskonferenz von Versailles

Der Vorstoß gegen Dera'a gelang. Als sich Lawrence der Stadt näherte, stiegen Rauchschwaden auf: Die deutschen Verbände, die dort zur Unterstützung der osmanischen Streitkräfte bereitgestanden hatten, waren dabei, ihre Magazine anzuzünden. Die Deutschen räumten Dera'a kampflos. Gefechte fanden erst nördlich von Dera'a statt. Die Türken und die Deutschen hatten jedoch kaum mehr die Kraft, sich wirkungsvoll zu wehren.
Der Vormarsch der arabischen Reiterverbände auf die Stadt erfolgte wiederum entlang der Bahnlinie. Englische und australische Streitkräfte rückten von Palästina aus heran. Die 4. türkische Armee, die den Krieg auf der Arabischen Halbinsel geführt hatte, löste sich unter dem Druck ihrer Gegner auf. Völlig ungeordnet versuchten Einheiten, sich eilig nach Norden abzusetzen.

Die Oase Damaskus lag offen vor den neuen Herren. Die Frage war nur, wer bestimmte künftig in der Stadt?

General Allenby hatte den Plan zur Einnahme von Damaskus ausgearbeitet. Vorgesehen war, daß australische Streitkräfte den Raum westlich und nördlich der Stadt absicherten und dann abwarteten, bis Engländer von Süden her den Stadtrand erreicht hatten. Den englischen Soldaten war die Ehre vorbehalten, in Damaskus einzuziehen. Den arabischen Reitern war dabei nur die Rolle von Statisten zugewiesen – sie hatten sich den Engländern beizuordnen.

Doch General Allenby wußte ganz genau, wie wichtig die Präsenz der Araber beim Einzug war. Sie hatten vor der Bevölkerung zu demonstrieren, daß der Sieg in ihrem Namen errungen worden war – mit Hilfe der englischen Verbündeten. Allenby rechnete damit, daß die Damaszener von ihren arabischen Brüdern derart begeistert waren, daß sie die Engländer kaum zur Kenntnis nahmen.

Der Höhepunkt des Betrugs an den Arabern war erreicht: Um den englisch-australischen Einmarsch reibungslos abwickeln zu können, wurde den Bewohnern von Damaskus durch Teilnahme der arabischen Reiter am Triumphzug vorgegaukelt, die Zeit der arabischen Herrschaft breche nun an – und die Engländer seien nichts als Verbündete der Araber in ihrem Freiheitskampf.

Lawrence erinnert sich:

»Wir mußten nichts tun, als der Öffentlichkeit zeigen, daß die alte Zeit endgültig vorbei war und eine Regierung aus dem Lande schon an der Macht war. Als wir einzogen schienen alle Männer, Frauen und Kinder, schien eine Viertelmillion Menschen auf der Straße zu sein und nur darauf zu warten, daß unser Erscheinen den Funken der Begeisterung in ihre Herzen würfe. Damaskus wurde toll vor Freude. Die Männer schleuderten jubelschreiend ihre Kopfbedeckungen in die Luft; die Frauen rissen ihre Schleier vom Gesicht. Die Hausbesitzer streuten Blumen, breiteten Teppich und Vorhänge vor uns auf den Weg. Ihre Frauen lehnten sich, schreiend vor Lachen durch die Gitterfenster und überschütteten uns mit ganzen Eimern von Wohlgerüchen.«

Um den Eindruck zu verstärken, die Engländer seien nur an den Baradafluß gekommen, um ihren arabischen Freunden zu helfen, in Damaskus Fuß zu fassen, wurde in allen Verlautbarungen betont, die englische Streitmacht befinde sich auf dem »Durchmarsch« – vom »Einzug« in Damaskus wurde nicht gesprochen. General Allenby ließ zu, daß Emir Faisal, der Sohn des Scherifen Hussein von Mekka, im Sonderzug von Dera'a kommend, auf dem Hejazbahnhof eintraf. Er wurde noch mehr bejubelt als die arabischen Reiter des T. E. Lawrence. Mit Tränen in den Augen stand Faisal auf den Stufen der Vorderfront des Hejazbahnhofs und nahm die Huldigung der Damaszener entgegen. Er fuhr im Auto durch die Straßen und erklärte sich damit einverstanden, zunächst einmal eine Suite im Hotel zu beziehen.

Dort angekommen, wurde ihm ein Telegramm des Foreign Office ausgehändigt, das eben in Damaskus eingetroffen war. Der Text teilte mit, die britische Regierung betrachte die Araber künftig als »kriegführende Partei« – gemeint war, die Araber seien von nun an gleichberechtigte Alliierte und keine Banditen aus der Wüste. Emir Faisal aber verstand den Sinn der Mitteilung nicht; er glaubte, das Telegramm übermittle die britische Anerkennung seiner Machtübernahme in Damaskus.

Die Verantwortlichen in London dachten nicht daran, einen Emir aus dem Hause der Haschemiten zum Herrscher in Damaskus einzusetzen. Scherif Hussein und Emir Faisal hatten ihre Funktion erfüllt: Das Volk von Damaskus glaubte weiterhin von nun an in der Hauptstadt eines souveränen Landes zu leben. Es sah keinen Grund, sich gegen die Engländer zu wehren.

Die Entwicklung der kommenden Wochen führte rasch zur Reduzierung der Hochstimmung, die den Clan der Haschemiten zunächst erfaßt hatte. Die Engländer begannen mit Deutlichkeit auszusprechen, daß für den Sieg über die Osmanen der »Aufstand der Araber« ziemlich wertlos gewesen sei. Die Störung des Zugbetriebs zwischen Medina und Damaskus sei keineswegs kriegsentscheidend gewesen. Insgesamt seien die Verluste der Türken in den Gefechten mit Arabern nur mit 5000 Mann anzusetzen.

Bald schon war der Vorwurf an die Adresse des Scherifen von Mekka zu hören, es sei ihm eben nicht gelungen, die Araber insgesamt zum Aufstand gegen die Osmanen zu bewegen; nur ein Bruchteil des arabischen Volkes – allein die vom Haschemitenclan abhängigen Stämme des Hejaz – hätten sich am Kampf beteiligt. Diese Einschränkung der Bedeutung des Aufstands der Araber war durchaus berechtigt, denn weder in Damaskus noch im syrischen Umland noch in Palästina und schon gar nicht im Zweistromland von Euphrat und Tigris hatten sich die Bewohner zu Widerstand gegen die Türken hinreißen lassen. Sie hatten sich sogar in Damaskus bis zuletzt loyal gegenüber den Osmanen verhalten.

Die Konsequenz der Vorwürfe war, daß die Regierung in London bald schon den Standpunkt vertrat, es sei wohl nicht angebracht, das Haus Haschem für eine derart geringe Leistung besonders auszuzeichnen und zur politisch bestimmenden Sippe Arabiens zu erheben. Mit diesem Argument wurde jedoch nur ein Schein gefecht geführt, denn für die britische Regierung stand längst ohne Einschränkung fest, daß nur das Abkommen, das die Diplomaten Sykes und Picot vereinbart hatten, für die Zukunft Arabiens gültig sein konnte.

Scherif Hussein von Mekka, der sich selbst als Oberhaupt aller Araber fühlte, glaubte noch immer, die Chancen des Hauses Haschem wahren zu können. Er schickte seinen Sohn Faisal zur Friedenskonferenz nach Versailles, damit er dort vor den Konferenzteilnehmern und vor der Weltöffentlichkeit den Standpunkt der »arabischen Völker« vertrete. Diese Friedenskonferenz war einberufen worden, um die nun anstehenden drängendsten Weltprobleme nach dem großen Krieg zu lösen. Für diese schwierige Aufgabe war Faisal kaum geeignet: Den Umgang mit Diplomaten und deren verbalen Finten hatte er in Mekka nicht lernen können; er sprach auch nur arabisch und war damit von der Geschicklichkeit der Dolmetscher abhängig. Faisal war eine einsame Gestalt in den Gängen und Sitzungssälen der Verhandlungsorte – er besaß auch keinen Stab, der ihn hätte beraten können. Zweimal gab ihm die Konferenzleitung die Chance, seinen Standpunkt in Plenarsitzungen zu vertreten. Faisal pochte ohne Wenn und Aber auf die Forderung nach Anerkennung eines großarabischen Staates durch alle Regierungen und Völker der Erde. Kaum jemand hörte ihm zu. Allein der amerikanische Präsident Woodrow Wilson empfand eine gewisse Sympathie für den seltsamen Mann, der so weltfremde Forderungen stellte.

Der französische Ministerpräsident Clemenceau aber warnte davor, dem arabischen Emir weitere Möglichkeiten zu öffentlichen Reden zu geben, denn er stifte nur Unruhe unter Völkern, die sich bisher noch von der zivilisierten Welt leiten ließen – er meinte damit Algerien, Tunesien und Marokko – drei arabische Länder, die Frankreich beherrschte. Clémenceau ließ auch keinen Zweifel daran, daß er am »Abkommen Sykes-Picot« festhalten wolle. Selbstverständlich werde Syrien künftig der Aufsicht Frankreichs unterstellt sein.

Dem Emir Faisal gelang es schließlich, alle Delegierten der Friedenskonferenz durch seinen herrischen Ton zu verprellen. Als das Thema diskutiert wurde, ob die Araber über genügend Erfahrungen im administrativen Bereich verfügten, um sich selbst regieren zu können, antwortete Faisal: »Ich gehöre zu einem Volk, das schon zivilisiert war, als noch sämtliche hier vertretenen Völker Barbaren waren!« Selbst wenn Faisal hätte konzilianter sein wollen, wäre ihm dies nicht möglich gewesen, denn sein Vater hatte ihm jede Form des Entgegenkommens untersagt. Faisal mußte seine harte Linie beibehalten; an Zugeständnisse durfte er nicht denken. Scherif Hussein wollte, daß Faisal immer wieder betonte, am 24. Oktober des Jahres 1915 habe der Britische Hochkommissar Sir Henry McMahon schriftlich mitgeteilt, die britische Regierung sei mit der Gründung eines umfassenden arabischen Staates einverstanden: Doch mit Hartnäckigkeit war in Versailles nichts zu erreichen.

Dort wurde nicht über das Schicksal der arabischen Völker entschieden – dies geschah bei einer Konferenz des Obersten Rates der Alliierten am 25. April 1920 in San Remo. Bei dieser Konferenz war kein Vertreter der Haschemitenfamilie anwesend. Arabien war überhaupt nicht vertreten. Das Ergebnis fiel entsprechend aus. Der Oberste Rat der Alliierten faßte den Entschluß, das Sykes-Picot-Abkommen in die Tat umzusetzen. England und Frankreich sollten mit der direkten Herrschaft über Arabien betraut werden, wobei den Engländern Ägypten und den Franzosen Syrien zugewiesen wurde. Von einer Mitbestimmung der betreffenden Völker war nicht die Rede. Sie hatten sich bedingungslos den Kolonialmächten zu unterwerfen. Keine Rücksicht wurde bei der Aufteilung genommen auf gewachsene territoriale Zusammenhänge. Daß für die Syrer die Zugehörigkeit Palästinas zu ihrem Staat eine Selbstverständlichkeit war, kümmerte weder die englischen noch die französischen Politiker. Palästina wurde der Aufsicht Englands unter-

stellt. Viele Syrer sahen in dieser Aufspaltung eine Verschwörung, die damals schon das eine und einzige Ziel hatte, die
Gründung des Staates Israel auf dem abgespaltenen Gebiet zu
ermöglichen.
Der Beschluß der Konferenz von San Remo kam einer Annexion
gleich. Sich fremdes Land anzueignen, widersprach allerdings
den Prinzipien des Völkerbunds, der sich die Aufgabe gestellt
hatte, der Welt Gerechtigkeit und Frieden zu bringen. Auf die
Beachtung dieses hehren Grundsatzes drängte besonders der
amerikanische Präsident Woodrow Wilson. Um Wilson vom
Widerspruch gegen die Aneignung arabischer Gebiete durch
England und Frankreich abzuhalten, erklärte der Völkerbund, es
handle sich um ein »Mandat« – und eben nicht um eine Annexion. Woodrow Wilson protestierte nicht gegen den offensichtli-
chen Verrat an den Prinzipien des Völkerbunds.

Arabiens Spaltung –
Syrien und Irak

In Vorahnung dieser Entwicklung hatten arabisch-nationalisti-
sche Persönlichkeiten in Damaskus gehandelt: Sie hatten Männer zusammengeholt, die sich in der Endphase des Krieges
gegen die osmanische Herrschaft und für den arabischen Nationalstaat ausgesprochen hatten. Die lockere Versammlung bekam
den stolzen Namen »Syrischer Nationalkongreß«. Er umfaßte
nicht allein Moslems, sondern auch eine beachtliche Anzahl von
Christen. Dieser »Syrische Nationalkongreß« verkündete am
8. März 1920 – also eineinhalb Monate vor dem Aufteilungsbe-
schluß des Obersten Rates der Alliierten – Syrien sei von nun an
ein unabhängiges Land. Verabschiedet wurde eine Art Notver-
fassung, in der die Staatsform des Landes als konstitutionelle
Monarchie festgelegt wurde. Emir Faisal wurde zum König Syriens ausgerufen. Die Absicht war, damit eine »historische Tatsache« zu schaffen, die nur schwer verändert oder rückgängig
gemacht werden konnte.
Parallel hierzu vollzog sich auch in Mesopotamien der Prozeß der
Gründung des souveränen Staates Irak. In Baghdad wurde Emir
Abdallah, der Bruder des Emirs Faisal, zum Monarchen prokla-

miert. Emir Abdallah war allerdings vorsichtig. Er blieb in Mekka und wartete ab. Abdallah schätzte die Situation richtig ein. Er ahnte, daß die Engländer sich die Beute des Ölreichtums um Euphrat und Tigris nicht entgehen lassen würden.

Emir Faisal aber nahm die Königswürde an. Er bestimmte eine Regierung, die Syrien Stabilität geben sollte. Er begann mit dem Aufbau nationaler Verteidigungskräfte zum Schutz der syrischen Grenzen. Seine Hoffnung war, rechtzeitig über eine schlagkräftige Truppe zu verfügen, für den Fall, daß die Franzosen eingreifen sollten. In Damaskus, seiner Hauptstadt, wartete König Faisal auf das Eintreffen der Diplomaten aus der ganzen Welt, die ihm die Anerkennung der syrischen Souveränität durch ihre Regierungen mitteilen würden. Doch der Monarch wartete vergebens. Eine Enttäuschung folgte der anderen.

Am 14. Juli 1920 traf ein Ultimatum der französischen Regierung in Damaskus ein. Faisal wurde aufgefordert, sich bedingungslos dem Beschluß des Obersten Rates der Alliierten – der vom Völkerbund sanktioniert worden sei – zu unterwerfen. Am selben Tag erfuhr Faisal, daß Frankreich bereits Truppenverbände übers Meer nach Beirut und Tripoli gebracht hatte. Diese Streitmacht bereitete sich zum Marsch auf Damaskus vor.

König Faisal hoffte auf Schwierigkeiten der französischen Verbände im unwegsamen Gelände des Libanongebirges. Doch die französischen Infanteristen und Artilleristen kamen samt schwerer Ausrüstung rasch voran: Sie benutzten die Eisenbahn Beirut–Damaskus.

Im Tal von Maissalun stellte sich den Franzosen ein syrisches Kontingent rasch mobilisierter Soldaten und Offiziere entgegen. Die Truppe kommandierte der junge Verteidigungsminister des Königs, der jedoch nur geringe militärische Erfahrung besaß. Er verlor sein Leben während des Kampfes, der kurz aber verlustreich war für die Truppe des Königs. Die Franzosen zogen bereits am 25. Juli in Damaskus ein. König Faisal wurde aufgefordert, sofort das Land zu verlassen.

Der siegreiche französische General begab sich noch am selben 25. Juli zum Mausoleum des Salah ed-Din. Er trat vor das Grab des legendären Helden der Araber und sagte: »Salladin! Wir sind wieder da!« – und er meinte, mit seiner Ankunft sei die Schmach der Niederlage der fränkischen Ritter gegen Salah ed-Din vor mehr als 700 Jahren ausgelöscht.

Die Franzosen gaben zu erkennen, daß sie nach Syrien gekommen waren, um hier zu bleiben – durchaus in Erinnerung an die Kreuzfahrer, deren Fehler nicht noch einmal begangen werden sollten. König Faisal sah nach dieser Demonstration der Entschlossenheit, sich nicht wieder vertreiben zu lassen, keine Möglichkeit mehr, dem Willen der Regierung Frankreichs Widerstand entgegen zu setzen. Er zögerte jedoch noch mit der Abreise – er wollte nur der Gewalt weichen –, und außerdem wußte er nicht, mit welchem Transportmittel er die Reise antreten sollte. Da schickte ihm der Kommandierende General des französischen Expeditionskorps einen Brief, der nicht an den König, sondern an den Emir Faisal adressiert ist – und doch nennt der General den Unerwünschten »Königliche Hoheit!« Der Text des Briefes lautet:

»Ich habe die Ehre, Ihrer Königlichen Hoheit eine Entscheidung der französischen Regierung mitzuteilen. Ihre Hoheit wird aufgefordert, Damaskus zu verlassen. Ein Sonderzug steht Ihrer Königlichen Hoheit und dem Gefolge zur Verfügung. Dieser Zug wird vom Hejazbahnhof um 5 Uhr morgen des morgigen Tages abfahren. Das Datum der Abreise ist der 28. Juli 1920.«

Niemand kam zu dieser frühen Stunde zur Verabschiedung des ausgewiesenen Monarchen auf den Bahnhof der Hejazbahn. Der Sonderzug fuhr pünktlich ab. Bis zur Station Dera'a benützte er die Hauptstrecke nach Süden, dann zweigte er auf die Palästinalinie ab. Zunächst war die Begleitung des Königs noch zahlreich. Sie bestand aus 25 Frauen, 17 Mann der Leibgarde und 70 Höflingen. Die Begleiter begriffen während der Fahrt, daß Faisal nicht wußte, wo er künftig leben sollte, daß keine Existenz in Würde und Glanz auf ihn wartete. Da verloren erst die Höflinge die Lust, den Emir ins Exil zu begleiten, dann verschwanden die Leibgardisten und schließlich stiegen auch die Frauen aus, um zu ihren Familien zurückzukehren. Am 29. Juli saß der Mann, der König sein sollte, auf seinen Koffern am Bahngleis der Station Al Kantara am Suezkanal und wartete auf den fahrplanmäßigen Zug nach Cairo. Der Sonderzug war bereits auf der Rückfahrt nach Damaskus.

Eigentlich hatten die französischen Herren in Damaskus gedacht, daß der Sonderzug auf der eigentlichen Hejazstrecke nach Süden fahren würde – in Richtung Medina. Zwar wäre der Schienenstrang schon bald nach Dera'a unterbrochen gewesen – niemand sah einen Sinn darin, die Schäden an Schienen und Brücken zu reparieren, die Lawrence und seine Männer verursacht hatten – doch hätten die Reisenden an die Fortbewegung auf Kamelrücken denken können. In den Hejaz zu reisen, war nie die Absicht Faisals. Er hütete sich vor der Begegnung mit seinem Vater Hussein. Der herrschte immer noch im Hejaz – und war verärgert über die treulosen Engländer, die er als »Schoßhunde des Satans« bezeichnete. Lautstark verwünschte er McMahon in das heißeste Feuer der Hölle. Er fluchte auf seinen eigenen Sohn Faisal, der sich – nach seiner Meinung – den Franzosen zu früh gebeugt hatte.

Doch den alten Herrn sollte selbst noch ein herbes Schicksal treffen, in das er sich fügen mußte. Ein starker Feind war dem Hause Haschem in der Sippe as-Saud entstanden. Die Saudfamilie war seit dem Jahre 1902 erfolgreich im Bemühen, sich die Arabische Halbinsel zu unterwerfen. Die Krönung ihres Eroberungszuges sollte die Einnahme der heiligen Stätten Mekka und Medina sein. Abdel Aziz hieß der Ehrgeizige, der Herr sein wollte über das Grab des Propheten. Dazu mußte er die Haschemiten aus dem Hejaz vertreiben.

Emir Hussein lieferte selbst aus unüberlegtem Machtstreben den Grund für seine Vertreibung. Er verkündete aus eigener Machtvollkommenheit, er sei Kalif – und damit Nachfolger des Propheten Mohammed. Das Kalifat, die Funktion des »Beherrschers der Gläubigen«, war seit dem Untergang der osmanischen Herrscherdynastie nicht mehr personell besetzt. Dies Vakuum versuchte Hussein nun auszunutzen. Doch seine Proklamation wurde von nahezu allen islamischen Geistlichen abgelehnt. Selbst die Sheikhs des Hejaz, die loyal zu den Haschemiten waren, hielten den Griff nach dem Kalifenamt für Wahnsinn und frevlerische Anmaßung. Abdel Aziz, der Herr über das Haus as-Saud und über wesentliche Teile der Arabischen Halbinsel, erklärte Scherif Hussein zum Ketzer, der aus der Stadt des Propheten vertrieben werden müsse.

Im September 1924 rückten Reiter des Abdel Aziz gegen Mekka vor. Die Palastwache des Scherifen hatte Angst vor der im langen Eroberungszug bewiesenen Grausamkeit der Saudikrieger und desertierte. Die Honoratioren der Stadt baten Hussein, sein Heil in der Flucht zu suchen, da sie ihm nicht mehr helfen konnten. In Wirklichkeit hatten sich die Wohlhabenden von Mekka bereits mit Abdel Aziz geeinigt, da sie nicht länger von den Launen des alten Emirs abhängig sein wollen. Von Abel Aziz erwarteten sie eine Aktivierung des seit dem Krieg stagnierenden Pilgergeschäfts.

Emir Hussein erwies sich nicht als Held. Er ließ den Staatsschatz des Hejaz in Benzinfässer einschweißen und an Bord eines kleinen Dampfers bringen, der an der Küste des Roten Meeres wartete. Die Bewohner von Mekka verfluchten ihren bisherigen Herrscher: »Er hat uns schlimmer ausgeplündert als alle osmanischen Gouverneure zusammengenommen!« Abdel Aziz as-Saud aber wird mit Jubel empfangen.

Die Haschemiten wären nun heimatlos gewesen, wenn nicht zuvor ein Ereignis stattgefunden hätte, das dieser Familie eine Heimstätte sicherte. Als Emir Faisal Damaskus verlassen hatte, übernahm die französische Verwaltung, wie vorgesehen, die Kontrolle über Syrien. Das Sykes-Picot-Abkommen begrenzte das syrische Gebiet im Süden: Die Trennungslinie zur britischen Region verlief zwischen den Städten Dera'a und Ramtha. Das Steppen- und Wüstenland südlich dieser Demarkationslinie unterstand britischer Aufsicht, doch war das Interesse der Regierung in London an dieser Öde gering – wichtig war ihr allein Palästina als Hinterland zur Absicherung des Suezkanals. Das Desinteresse hatte allerdings Grenzen. Anarchie sollte so nahe der französischen und der britischen Einflußzone allerdings auch nicht herrschen. Da ergab es sich geschickt, daß ein Angehöriger der den Briten vertrauten Sippe Haschem die Initiative ergriff.

Vorausgegangen war ein Gespräch des Hochkommissars für Palästina mit Sheikhs und arabischen Würdenträgern in der transjordanischen Stadt Salt. Der Beamte hatte den Würdenträgern mitgeteilt, seine Regierung stimme der Selbstverwaltung des Gebiets zwischen dem Jordan und der Wüste zu – unter der Bedingung, daß britische Berater als übergeordnete Instanz das letzte Wort in Entscheidungen zugestanden bekämen.

Sobald der Inhalt dieses Gesprächs in Medina bekannt wurde, beschlagnahmte Emir Abdallah, einer der vier Söhne des Emirs Hussein, einen Zug der Hejazbahn zur Fahrt in den Norden. Seine Begleitung bestand aus einem Dutzend Männer, auf die er sich verlassen konnte. Die Reise verlief allerdings langsam, denn es fehlte an Heizmaterial für den Lokomotivkessel. Die Reisenden hackten unterwegs Telegraphenmasten um und rissen Holzschwellen aus dem Gleisbett. Nach tagelanger Fahrt – mit Unterbrechungen – gelangte Emir Abdallah nach Ma'an. Von dort aus war die Strecke, die nach dem Krieg nicht ausgebessert worden war, nicht mehr zu benützen. Abdallah und seine Begleiter ritten auf Kamelen weiter.

In Kerak, der Stadt, in der einst der Kreuzritter Rainald von Châtillon geherrscht hatte, traf der Emir auf den ersten britischen Beamten. Der hatte bereits Anweisung, den Haschemitenfürsten aus dem Hejaz freundlich zu begrüßen und ihn nach Salt weiterzuleiten. Dort traf Abdallah mit den Notabeln des Ostjordanlandes zusammen, die ihn als ihren Herrn anerkannten.

Wenig später gab der britische Kolonialminister Winston Churchill die offizielle Zustimmung zur Gründung des Emirats Transjordanien. Er definierte die Grenzen. Seine Grenzziehung verlief allerdings willkürlich. Churchill nahm auf Lebensbereiche der Stämme im Gebiet von Wüste und Steppe keine Rücksicht. Die Beduinen wurden nicht gefragt, ob sie zum neuen Staat Transjordanien, zum Königreich Saudi-Arabien gehören wollten oder zu Syrien. Transjordanien war ihnen gleichgültig.

Es war ein kleines Land; die Fläche, in der Menschen leben konnten, war gering. Die Zahl der Bewohner betrug 350 000. Ihr Staat war – auf sich selbst gestellt – nicht lebensfähig. Die britische Regierung versprach, den Staatshaushalt zu finanzieren. Das Emirat Transjordanien kostete Großbritannien jährlich Millionenbeträge an Steuergeldern.

Die Familie Haschem hatte zwar in den Jahren nach dem Ersten Weltkrieg ihr angestammtes Land Hejaz an die Familie as-Saud verloren, doch die Engländer sorgten für angemessenen Ersatz. Im Jahr 1921 organisierten sie den Aufbau eines eigenständigen Staates im Zweistromland von Euphrat und Tigris: Der Irak entstand. Dort wurde Emir Faisal, der Monarch, der ein Jahr zuvor aus Syrien vertrieben worden war, nun doch – wie von den dortigen Honoratioren vorgesehen – zum König eingesetzt.

England hatte die Staatenwelt rings um Syrien nach seinem Willen geordnet. Arabien war aufgespalten worden – den großflächigen arabischen Staat von internationalem politischem Gewicht hatten die Kolonialmächte England und Frankreich gemeinsam verhindert. Unabhängige Staatsgebilde waren entstanden, die Rivalitäten entwickelten, die bald zu Konflikten führten. Die Ordnung, die in den 20er Jahren begründet wurde, ist in der Gegenwart noch immer wirksam.

Die Franzosen in Damaskus – der Sanjak Alexandrette an die Türkei

Die Damaszener spürten, daß Fakten geschaffen wurden, die auf lange Zeit nicht mehr zu korrigieren waren. Viele fühlten sich betrogen und gedemütigt. Die mächtigen Staaten der Welt trauten den Arabern offenbar nicht zu, sich selbst regieren zu können.
Ganz offen wurde in Damaskus die Frage gestellt, welchen Nutzen Frankreich aus seiner Präsenz in Syrien zog. Während die Engländer Palästina und Ägypten besetzt hielten, weil ihre Regierung glaubte, sie brauche ein Hinterland zur Verteidigung der internationalen Wasserstraße Suezkanal, verfolgten die Franzosen keine derartigen Interessen – außer dem Schutz der christlichen Maroniten vor der islamischen Mehrheit. Die Mandatsverwaltung wußte zwar, daß sie keine Basis besaß in der Gesamtheit des syrischen Volkes, war jedoch überzeugt, daß sie eine Methode zur Festigung ihrer Herrschaft besaß: Sie bevorzugte religiöse Minderheiten. Davon profitierten die christlichen Maroniten und die islamischen Alawiten. Beide Minoritäten hatten bisher zu den unterdrückten Volksgruppen gezählt; sie wurden jetzt bevorzugt und bekamen Aufsichtsfunktionen in Verwaltung und Armee zugewiesen.

In Damaskus erregte diese Entwicklung Zorn. In der Stadt hatten bisher kaum Maroniten und überhaupt keine Alawiten gelebt. Ihr Machtzuwachs löste Argwohn aus: Die Sunniten fürchteten, durch die Franzosen den beiden Minoritäten ausgeliefert zu werden.
Die Empörung über die Franzosen wuchs im Verlauf von vier Jahren derart an, daß sie zur Explosion führte. Im Jahre 1925

demonstrierten die Damaszener gegen die Bevormundung ihres Lebens durch die Franzosen. Erst gingen nur Hunderte auf die Straßen, dann Tausende und schließlich Zehntausende. Sie belagerten den Amtssitz der Mandatsverwaltung, und sie blockierten die Zufahrtswege zu den französischen Kasernen. Der Widerstand begann sich zu organisieren. Die politischen Gruppierungen, die sich formierten, besorgten sich Waffen. Die ersten Schüsse fielen auf den Straßen von Damaskus. Die Krise eskalierte rasch.

Die Regierung in Paris gab Anweisung, hart durchzugreifen. Die französischen Soldaten faßten scharfe Munition. Durch diese Maßnahme ließen sich die Demonstranten nicht einschüchtern – ihre Parolen forderten weiterhin den Abzug der Mandatsstreitkräfte. Die Soldaten schossen in die Menge, die Demonstranten feuerten zurück. Vor der Übermacht wichen die Franzosen aus. Sie räumten die Innenstadt von Damaskus. Die syrischen Nationalisten zogen daraus den Schluß, daß sich die Mandatsmacht geschlagen geben würde. Das französische Militär eröffnete jedoch das Feuer von den Außenbezirken auf das Zentrum. Häuser brannten, dann ergriffen die Flammen ganze Straßenzüge. Ein ganzes Stadtviertel wurde Opfer der Brände. An zwei Tagen lag Damaskus unter besonders intensivem Beschuß: erstmals im Oktober 1925, das zweite Mal im Mai 1926. Die Zahl der Opfer wurde damals mit mehreren Tausend angegeben.

Im Sommer des Jahres 1926 war der Machtkampf entschieden: Die Nationalisten sahen ein, daß sie mit Gewalt den Abzug der Franzosen nicht erzwingen konnten. Aber auch die Mandatsverwaltung wußte, daß ihre harte Politik auf Dauer von den Gremien des Völkerbundes nicht geduldet werden würde – in Genf war bereits Kritik laut geworden, die von der französischen Regierung ernst genommen wurde. Sie bot den nationalistischen Gruppierungen Gespräche an, um die Modalitäten für eine behutsame Entwicklung der Selbstverwaltung in Damaskus auszuarbeiten.

Die Annäherung führte zu Erfolgen: Im April 1928 konnten Wahlen stattfinden für ein syrisches Parlament, dessen Abgeordnete eine Art Verfassung ausarbeiteten. Wichtig war Artikel 2, der bestimmte, daß das syrische Territorium eine unteilbare Einheit darstelle, die durch die Größe der einstigen osmanischen Provinz Damaskus bestimmt sei. Gegen diesen Artikel 2 protestierte sofort der französische Hochkommissar. Er verfolgte – weisungsgemäß – eine Politik der Sonderbehandlung für das Gebiet des Libanongebirges und der Küstenregion südlich und nördlich von Beirut. Ausgeklammert sollte auch die Region bei Lattakia sein, in der die Minorität der Alawiten zu Hause war. Den Maroniten des Libanon und den Alawiten war von der französischen Regierung Autonomie zugesagt worden.

Die Ablehnung des Artikels 2 der Verfassung und die trotzige Reaktion der Parlamentarier führte dazu, daß der Hochkommissar die gesamte Arbeit des Parlaments verwarf. Die neuen Spannungen zwischen der Bevölkerung von Damaskus und der Mandatsverwaltung lösten diesmal nur Demonstrationen und keine Straßenkämpfe aus und blieben damit unbeachtet von den Völkerbundsgremien.

Im Jahre 1930 legte der Hochkommissar selbst einen Verfassungsentwurf vor. Er verärgerte die Nationalisten, denn in seinem Text war die Autonomie der Maroniten und der Alawiten festgeschrieben. Der Streit um die Integrität des syrischen Staatsgebiets wurde allerdings gemildert durch das Versprechen des Hochkommissars, für das Jahr 1932 Neuwahlen festzusetzen. Doch auch dieses neue Parlament fand keinen Ausweg aus der politischen Krise – es wurde 1934 aufgelöst.

In dieser Zeit vollzog sich in Frankreich eine politische Veränderung, die für die syrischen Nationalisten Vorteile brachte: Die Regierung der Volksfront übernahm die Macht. Das sozialistisch orientierte Kabinett hatte einen anderen Zugang zum Problem der Mandatsverwaltung für Syrien. Ministerpräsident Léon Blum entwickelte Verständnis für den syrischen Wunsch nach einem autonomen und souveränen Land. 1936 entschloß sich die Volksfrontregierung, dem syrischen Volk »im Prinzip« die Unabhängigkeit zuzugestehen. Sie sollte nach drei Jahren völlig wirksam sein.

Wiederum war Frankreich aber nicht bereit, den Libanon und das Alawitengebiet den Damaszener Verwaltungsorganen zu unterstellen. Um die eigene Souveränität »im Prinzip« zu retten, wehrten sich die syrischen Nationalisten nur verhalten gegen die Hartnäckigkeit der Franzosen, die sich noch verstärkte, als die Volksfrontregierung wieder abgelöst wurde. Die syrischen Nationalisten mußten sogar noch eine weitere Demütigung durch Frankreich in Kauf nehmen.

Im Jahre 1921 hatte der türkische Staat zugestimmt, daß der ehemalige osmanische Verwaltungsbezirk (Sanjak) Alexandrette der französischen Mandatsverwaltung unterstellt wurde. Die Türkei war damals nach dem verlorenen Krieg in schwieriger Position – sie hatte zustimmen müssen. Im Laufe der Jahre war der Provinz in der Nordostecke der Mittelmeerküste Selbstverwaltung zugestanden worden – nur die Bereiche Außenpolitik und Finanzen hatte sich Frankreich vorbehalten. Die türkische Regierung konnte sich Hoffnung machen, daß der Bereich Alexandrette doch noch ihrer Autorität unterstellt werden würde. Die Hoffnung hielt mehr als ein Jahrzehnt lang an, ließ jedoch nach, als der Nationalismus in Syrien Aufwind bekam. Die Verantwortlichen in Ankara fürchteten die Etablierung eines syrischen Nationalstaats unter Einbeziehung der von den Türken beanspruchten Zone.

Da half die weltpolitische Entwicklung den Türken: Im Jahre 1939 war in Europa abzusehen, daß ein Krieg bevorstand. Die britische und die französische Regierung fürchteten, die Türkei könnte sich – wie schon einmal – auf der Seite Deutschlands am bewaffneten Konflikt beteiligen. In Absprache beider Regierungen bot Frankreich der Regierung in Ankara ein Geschäft an: Gegen die Zusage, wohlwollende Neutralität gegenüber den Alliierten zu bewahren und das Deutsche Reich nicht zu unterstützen, erhielt die Türkei den Sanjak Alexandrette zugesprochen.

Die türkische Regierung hielt sich zunächst an ihre Zusage, nicht den deutschen Interessen zu dienen. Als dann aber die Kriegslage den Eindruck erweckte, das Deutsche Reich würde Sieger sein in diesem Krieg, orientierte sich die türkische Politik auf Berlin zu. Erst als deutlich wurde, daß Deutschland den Krieg unter keinen Umständen gewinnen konnte, reaktivierte die türkische Regierung ihre Bindung an die Westalliierten – und erklärte am 23. Februar 1945 dem Deutschen Reich sogar noch den Krieg. Auf diese Weise konnte Ankara verhindern, daß er den Gebietszipfel von Alexandrette verlor. Den syrischen Anspruch nahm niemand ernst.

Der »Diebstahl syrischen Landes« –
Übergang zur Selbstverwaltung

Wer auch immer seit dem Jahre 1939 in Damaskus an der Spitze des Staates stand, fühlte sich verpflichtet, den »Diebstahl syrischen Landes« immer wieder anzuprangern. Keiner der Politiker und Offiziere konnte den Verlust von Alexandrette akzeptieren. Dies führte zu einer seltsamen kartographischen Besonderheit: Die heutigen syrischen offiziellen Landkarten weisen den Landzipfel in der Nordostecke der Mittelmeerküste als Territorium Syriens aus. Wer sich nach dieser Karte orientiert, stößt nördlich von Lattakia auf eine Grenze, die er der Karte nicht entnehmen kann. Damaskus will mit der »falschen Landkarte« demonstrieren, daß es die Rückgabe von Alexandrette verlangt. Deshalb in einen Konflikt mit der Türkei einzutreten, ist der syrischen Regierung allerdings zu riskant, denn ihr Land hängt wirtschaftlich davon ab, daß ihm Euphratwasser zur Verfügung steht. Staut die Türkei in ihrem Gebiet den Fluß intensiv auf, leidet die Landwirtschaft in Ostsyrien an Wassermangel. Mit dem Wasser des Euphrat hat die Türkei ein überaus starkes Druckmittel gegenüber Syrien in der Hand.

Damaskus ist heute auf gute Nachbarschaft gegenüber den Verantwortlichen in Ankara bedacht. Die Aufbauphase des neuen türkischen Staates nach dem Ersten Weltkrieg war keine leichte Zeit für die gegenseitigen Beziehungen gewesen. Die Türken konnten nur schwer verwinden, daß ihnen alle arabischen Gebiete genommen wurden und das Staatsterritorium auf das eingeengte türkische Kernland reduziert wurde. Der Verlust von Damaskus wog für die Türken schwer.

Darüber hinaus machte das Land an der syrischen Nordgrenze gewaltige Veränderungen durch. Der Offizier Mustapha Kamal führte Reformen ein, die Staat und Volk auf die Herausforderungen einer neuen Epoche vorbereiten sollten. Die Türkei gab die arabische Schrift auf und verordnete den Menschen die Buchstaben des in Europa gebräuchlichen lateinischen Alphabets. Das Resultat dieser Schreibreform war, daß die Kommunikation zwischen der Türkei und Mitteleuropa leichter, zwischen Türken und Syrern aber schwieriger wurde. Zwischen Damaskus und Ankara trat Entfremdung ein.

Die nachfolgenden Reformen verstärkten diesen Prozeß. Mustapha Kamal veränderte die Grundlagen der Rechtssprechung für sein Land: Künftig war nicht mehr der Koran Richtschnur für Urteile zivilrechtlicher oder strafrechtlicher Natur, sondern das Bürgerliche Gesetzbuch Frankreichs. Die Trennung von Moschee und Staat wurde vollzogen – ein für das islamische Land gefährliches Experiment.

Durch Mustapha Kamal, der bald schon Kamal Atatürk genannt wurde – »Vater der Türken«, verwandelte sich der Reststaat des einstigen islamisch-ausgerichteten Osmanischen Reiches in ein Land, das sich nach Europa orientierte, während Syrien und seine Hauptstadt Damaskus stärker dem Orient verbunden blieben.

Als sich die Türkei durch Atatürks Reformen dem Westen annäherte, da war Syrien zwar »im Prinzip« unabhängig, in Wirklichkeit aber wurde das Land noch immer von Paris gegängelt. Doch auch den Syrern half die politische Entwicklung in Europa: Im Jahre 1940 begann der Westfeldzug. Der deutschen Wehrmacht gelang es, Frankreich rasch zu besiegen und ihm einen Waffenstillstand aufzuzwingen. Die weltpolitische Bedeutung Frankreichs schien beendet zu sein. Da baute ab 1943 General de Gaulle – in London und später in Nordafrika – seine Autorität als Führer des Freien Frankreich auf. Er wurde zum Konkurrenten des Marschalls Pétain, der in Vichy unter der Kontrolle der Deutschen regierte. Diese Entwicklung konnte nicht ohne Auswirkungen auf die Situation in Damaskus bleiben.

Dort war in der ersten Hälfte des Jahres 1941 noch General Dentz, der Hochkommissar der Vichy-Regierung zuständig. Als in Damaskus Unruhen nationalistischer Kräfte ausbrachen, versprach General Dentz die Verwirklichung der Autonomie für Syrien. Doch noch im Juni 1941 wurde Dentz abgelöst durch General Catroux, der das Freie Frankreich des General de Gaulle vertrat. Ihm war aufgetragen, unter allen Umständen dafür zu sorgen, daß sich Syrien frei hielt von deutschen Einflüssen, die im Irak wirksam waren. Das beste Mittel sah er darin, den Syrern die Unabhängigkeit zu versprechen. Dabei blieb es zunächst.

Im Jahre 1943 ließ General Catroux Neuwahlen zu. Die Verantwortlichen für das Freie Frankreich waren zur Einsicht gekommen, daß die Zukunft der Levante von Unruhen und Revolten bestimmt sei. Damit wollten sie sich nicht belasten. General de

Gaulle sah die Interessen Frankreichs in Nordafrika und in Südostasien verankert – das Mandat über Syrien hatte für ihn keine Priorität. General Catroux bereitete den Übergang zu Syriens Selbstverwaltung vor.

Damaskus, Hauptstadt eines freien Landes –
Beirut oder die Kunst der Verdrängung

Die Neuwahlen des Jahres 1943 brachten den Nationalisten eine stabile Mehrheit ein, die politische Aufbauarbeit ermöglichte. Der führende Kopf der Mehrheit war Shukry al-Kuwatli. Er stammte aus einer wohlhabenden Familie und besaß Ausstrahlung auf die Mitglieder der wirtschaftlich wichtigen Schichten in der Hauptstadt. Er übernahm den Aufbau der staatlichen Verwaltung in Damaskus und die Organisation einer Armeestruktur. Als erste Soldaten der nationalen syrischen Armee wurden die Syrer übernommen, die unter den Franzosen gedient hatten. Da die Mandatsverwaltung die Einstellung von Männern aus der Minderheit der Alawiten bevorzugt hatte, geschah es nun ganz automatisch, daß die Alawiten auch in der von Shukry al-Kuwatli geschaffenen Armee stark vertreten waren. Die Grundlage für zukünftige Entwicklungen und Konflikte wurde gelegt.
Die Übergangsphase endete im Jahre 1946: Damaskus wurde zur Hauptstadt eines unabhängigen Staates Syrien. Die Zeit der Bevormundung durch die Europäer schien nun zu Ende zu sein. Mit Begeisterung begrüßten die Damaszener die Freiheit. Die Bewohner glaubten, mit dem Abschluß der Kolonialzeit breche eine Epoche des Glücks an. Alle Schwierigkeiten der vergangenen Jahre wurden dem Einfluß der Fremden zugeschoben. Jetzt konnten die Syrer zum erstenmal über sich selbst entscheiden – und viele waren überzeugt, daß Syrien, von Männern geführt, die allein an syrische Interessen dachten, den richtigen Weg finden werde.
Doch schon kurze Zeit nach der Unabhängigkeitserklärung waren die ersten Enttäuschungen spürbar. Die Damaszener mußten feststellen, daß die Kolonialzeit eben nicht für die gesamte arabische Welt zu Ende gegangen war. Die Engländer blieben in Palästina. Ihr Argument für das Festklammern an der Ostküste

des Mittelmeers war noch immer der Hinweis auf die Absicherung des internationalen Seewegs Suezkanal: In einer Region, die von Unruhe erfüllt sei, müsse eine Großmacht im Auftrag der handeltreibenden und seefahrenden Nationen für Ordnung sorgen.

Die Richtigkeit dieses Arguments wurde auch von den Politikern in Damaskus akzeptiert, doch sie waren der Meinung, daß die englische Politik sich nicht nur von Gedanken an den Suezkanal leiten ließ. Sie suchten nach den Hintergedanken der Briten – und glaubten, das Spiel der britischen Regierung zu erkennen. Sie ärgerten sich über die bevölkerungspolitische Auswirkung der britischen Mandatsverwaltung in Palästina: Die Zahl der jüdischen Bewohner nahm rasch zu. Zu Beginn der Kontrolle durch die britische Regierung hatten in Palästina 56 000 Juden gelebt, im Jahre 1946 waren es bereits 308 000. Der Vorwurf der Verantwortlichen in Damaskus lautete: »Die Engländer schaffen die Voraussetzung dafür, daß sich Palästina zum jüdischen Staat entwickelt und nie mehr Bestandteil von Großsyrien werden kann.« Die Konsequenz des Vorwurfs war, daß für die politischen Köpfe in Damaskus England zum Feind Nummer 1 wurde. Dabei war der Vorwurf unberechtigt, England fördere die jüdische Zuwanderung nach Palästina oder rege sie sogar an. Im Mai des Jahres 1939 hatte das offizielle Regierungsdokument »White Paper« festgelegt, daß die Zahl der jüdischen Einwanderer die Marke von 75 000 während der folgenden fünf Jahre nicht überschreiten dürfe. Doch dieses »White Paper« war verfaßt worden, ehe der Zweite Weltkrieg begann und ehe die Vernichtung der Juden ihren Höhepunkt erreichte. Die Verfolgten, die fliehen konnten, suchten Zuflucht in Palästina. Die Mandatsverwaltung gab sich Mühe, trotzdem die Vorgaben des »White Paper« zu erfüllen und hielt die legale Einwanderung in Grenzen. Der Druck der Verzweifelten aber war derat stark, daß die illegale Einwanderung zwangsläufig zunahm.

Die britischen Sicherheitskräfte handelten entschlossen und vielfach unter Anwendung von Gewalt, doch alle Anstrengungen schlugen fehl. Die britische Regierung mußte auch auf die Weltöffentlichkeit Rücksicht nehmen, die wenig Verständnis für eine erneute Mißhandlung jüdischer Menschen, die der Hölle der Vernichtungslager entkommen waren, aufbrachte. Die Weltmeinung außerhalb Arabiens war eindeutig: Wenn Juden auf der

Suche waren nach einer sicheren Heimat, dann mußte ihnen geholfen werden.

Die Juden Palästinas halfen sich vor allem selbst. Sie gründeten Kampforganisationen wie die Haganah und die Irgun Zwai Leumi. Der Feind beider Gruppen war die britische Mandatsmacht, der Kampf wurde gegen die Engländer geführt. Ohne es sich eingestehen zu wollen und zu können, waren Juden und Araber in dieser Auseinandersetzung zwischen Mandatsmacht und den um Unabhängigkeit Kämpfenden zu Verbündeten geworden.

In dieser Zeit entwickelte sich der Libanon zum unabhängigen Staat – zur Enttäuschung der Syrer. Daß das Libanongebirge, die Beka'a-Ebene und das Küstenvorland nicht in den souveränen Staat Syrien integriert worden ist, wurde als Anschlag der Kolonialmacht Frankreich gegen Arabien insgesamt angeprangert. Die enge Verbindung der Maroniten zu den Repräsentanten Frankreichs hatte sich für die christliche Minderheit gelohnt – zum Verdruß der Damaszener. Beirut war ihr Hafen gewesen. Die Verbindung zum Meer war nun zeitraubender geworden. Die Strecke nach Beirut war an einem Vormittag zu bewältigen – die Fahrt nach Lattakia dauerte einen ganzen Tag.

Zwischen Damaskus und Beirut lag nun eine Grenze. Wer sie überschreiten wollte, hatte Formalitäten zu erfüllen, die oft zeitraubend waren. Eine bürokratische Sperre entstand zwischen Syrien und dem Libanon; das Resultat waren unterschiedliche Entwicklungen der Wirtschaftssysteme. Die Kaufleute von Beirut, Saida und Tripoli benutzten ihr orientalisches Händlertalent, um die Handelskontakte zu Frankreich und anderen europäischen Ländern zu beleben. Sie wurden zu überlegenen Konkurrenten der Händler von Damaskus – wobei allerdings die politischen Umstände des Libanon besonders günstige Voraussetzungen für wirtschaftliche Blüte boten.

Die Politiker in Damaskus wollten vom ersten Tag der Unabhängigkeit an die Voraussetzungen bestehen lassen für eine Vereinigung des Libanon mit Syrien: Sie nahmen keine diplomatischen Beziehungen zur Regierung in Beirut auf. Sie gestatteten auch nicht, daß sich in Damaskus ein libanesischer Botschafter niederließ. Die Normalisierung zwischen den beiden Staaten fand nicht einmal auf Konsulatsebene statt.

Die Syrer übten sich wieder einmal in der Kunst der Verdrängung. Sie glaubten, auf diese Weise könne die Abspaltung des Libanon überwunden werden. Zwar mußten sie zur Kenntnis nehmen, daß eine Grenze zwischen Syrien und Libanon bestand, und dennoch benahm sich die Regierung in Damaskus, als ob der Großsyrische Staat Wirklichkeit wäre. In der Hauptstadt am Baradafluß herrschte die Neigung, die Augen vor Realitäten zu verschließen: Dies betraf den Verlust des Sanjaks Alexandrette und das Problem des unabhängigen Libanon.

Die maronitische Führung, die in Beirut zu bestimmen hatte, dachte nicht daran, die Heimat, die sie – nach ihrer Meinung – von Gott zum Schutz ihres Volkes gegen den Druck der Moslems erhalten hatte, in den islamischen Staat Syrien zu integrieren. Sie widerstand auch den Zwangsmaßnahmen, die in Damaskus ausgeheckt wurden, um die Libanesen zum Einlenken zu zwingen. Die Maroniten, und die mit ihnen verbündeten Sunniten waren überaus wirtschaftlich orientiert und reagierten empfindlich auf jede Veränderung, die den Fluß des Handels störte.

Beirut ist seit jeher ein Umschlagplatz für Waren, die über die Gebirge Libanon und Antilibanon transportiert werden, um von Damaskus aus nach Baghdad oder in die Emirate des Persischen Golfes weitergeleitet zu werden. Schloß Syrien, das die Grenzen der Transitwege kontrollierte, die Übergänge, dann waren die Handelsrouten blockiert, dann kam das Geschäft der libanesischen Händler zum Erliegen. Dann bestand die Gefahr, daß die Vereinigung der Kaufleute des Libanon Druck ausübte auf die Beiruter Regierung, sich mit Damaskus zu arrangieren. Die Übereinkunft durfte allerdings nie die politische und wirtschaftliche Unabhängigkeit der Libanesen gefährden. Unterwerfung gegenüber Syrien kam für die Kaufleute nicht in Frage.

Allerdings muß auch festgestellt werden, daß das Zwangsmittel der Grenzschließung von Syrien nur selten angewandt wurde, denn es bedeutete auch Verminderung des Handels und damit der Einkünfte der Kaufleute von Damaskus. Sie befanden sich in Abhängigkeit von ihren libanesischen Kollegen.

Eine derart enge Verzahnung der Wirtschaftssysteme führte zu folgenden Überlegungen: Wenn schon die Staaten getrennt bleiben sollten, dann sollte man wenigstens die Wirtschaftssysteme zusammenzuschließen. Die Märkte Damaskus und Beirut waren ohnehin finanzpolitisch verbunden, da ihre Währungen mit dem französischen Franc gekoppelt waren. Diese Abhängigkeit führte im Januar 1948 zu Schwierigkeiten für die Damaszener Wirtschaft: Damals wertete die Regierung in Paris den Franc ab. Dies blieb nicht ohne Auswirkung auf die abhängigen Währungen, die Kurseinbrüche hinnehmen mußten. Die stärkere libanesische Wirtschaft fing den Währungsschnitt auf, die syrische jedoch geriet ins Trudeln. Sie verlor auf lange Zeit ihre Stabilität.

Der »fruchtbare Halbmond« –
die Bedrohung durch die Haschemiten

Daß die Regierenden in Damaskus nach Erlangung der Unabhängigkeit Probleme mit dem Aufbau und der Führung ihres Staates hatten, gab den haschemitischen Monarchen in Baghdad und Amman das Gefühl, eines Tages werde sich der Plan eines umfassenden arabischen Reiches unter Führung des Hauses Haschem doch noch verwirklichen lassen. Besonders der Zweig der Haschemiten, der nun in Baghdad regierte, hatte nie vergessen, daß es ihr Emir Faisal war, der auf unrühmliche Weise von der Kolonialmacht Frankreich aus Damaskus vertrieben worden war – nachdem ihn die Damaszener Honorationren als König bejubelt hatten.
In Baghdad wurde der Gedanke entwickelt, das Gebiet des »fruchtbaren Halbmonds«, das in großem Bogen vom Libanon aus über Syrien ins Zweistromland von Euphrat und Tigris reicht, in einem Staat mit dem Emirat Transjordanien zu vereinigen. Wichtige Teile dieses Gebiets waren bereits von Haschemiten beherrscht: Transjordanien und Irak konnten die Klammer bilden für das geplante Großreich. Ein Blick auf die Landkarte zeigt, daß im Zentrum des »fruchtbaren Halbmonds« das unabhängige Land Syrien liegt – regiert von Damaskus aus. Ohne Syrien und Damaskus war ein Zusammenschluß von Transjordanien und Irak sinnlos. Syrien, der eigentliche Mittelpunkt des arabischen Reiches, wäre dann kein Teil des ersehnten Mutter-

lands der Araber gewesen. Diese Lösung hätte vom arabischen Volk insgesamt nicht akzeptiert werden können. Diese Erkenntnis war für das Haus Haschem der Anstoß, dafür zu kämpfen, daß Syrien Bestandteil ihres Herrschaftsgebietes werden würde. Die Häupter der Haschemiten waren der Meinung, die politisch führenden Köpfe in Damaskus würden sich mit Begeisterung bereit erklären, den Anschluß an den Haschemitenstaat zu vollziehen. Doch in der Stadt gab es keine Demonstrationszüge zugunsten der Monarchie. Es waren vor allem die Offiziere der neuentstandenen Armee, die sich weigerten, die monarchische Idee aufzugreifen. Langsam hatte sich die Vorstellung entwickelt, das arabische Offizierskorps bilde künftig die Elite der arabischen Nation und sei Träger der Vision vom arabischen Nationalstaat. In dieser Konstellation war ein König als Kristallisationspunkt der Nationalisten nicht mehr vorgesehen.

Die Zeiten hatten sich verändert in Damaskus seit dem Jahre 1920: Damals waren sich die Bewohner der Stadt bewußt gewesen, daß die Haschemitensippe eine wichtige Funktion im Verlauf des Aufstands der Araber zu erfüllen hatte. Während der unmittelbar zurückliegenden Jahre aber war der Kampf gegen die Franzosen für die Freiheit Arabiens ohne das Haus Haschem geführt worden. Die Damaszener waren selbstbewußter geworden während der zurückliegenden 25 Jahre.

Ihr Wille zur Unabhängigkeit wurde von außen unterstützt: Das Haus as-Saud erkannte die Gefahr der Entstehung eines mächtigen Staates der Haschemiten. König Abdel Aziz kalkulierte ein, daß die Haschemiten insgesamt seit ihrer Vertreibung aus Mekka und Medina zu Todfeinden der Regierenden in Saudi-Arabien geworden waren. Die Zusammenfassung der Regionen von Amman, Baghdad und Damaskus hätte einen Staat von politischer Bedeutung und militärischer Schlagkraft geschaffen, der den Haschemiten eine Basis bieten würde zur Rückeroberung von Mekka und Medina. König Abdel Aziz scheute keine Anstrengung, die Konzentration arabischen Landes unter einer Haschemitenherrschaft zu verhindern.

Das Königreich Saudi-Arabien gehörte schon in der Zeit nach dem Ende des Zweiten Weltkriegs zu den arabischen Ländern, die wegen ihres vermuteten Ölreichtums von den amerikanisch orientierten Ölgesellschaften umworben und mit Finanzmitteln verwöhnt wurden. König Abdel Aziz verfügte über Gelder, die er für politische Zwecke einsetzen konnte. Mancher Nationalist Syriens war bereit, sich seine Abwehrhaltung gegen die Haschemiten bezahlen zu lassen. Saudiarabische Dollars steigerte die Abneigung einiger wichtiger Damaszener gegen die Vorherrschaft der Sippe Haschem in Arabien.

Gegen die Ausweitung der Haschemitenherrschaft war auch das Königshaus in Ägypten. König Faruk war darauf aus, innerhalb der noch jungen Dachorganisation der arabischen Staaten, der Arabischen Liga, eine starke Position aufzubauen. Er war nicht gewillt, einen Konkurrenten neben sich zu dulden. Ein haschemitischer Herrscher in Damaskus hätte ihm unbedingt die Führungsrolle streitig gemacht. Um dies zu verhindern, half er mit, in Damaskus eine Abwehrfront gegen die bereits in Baghdad und Amman herrschende Familie aufzubauen.
Eine dritte politische Kraft wollte nicht dulden, daß in Damaskus die Haschemiten zu bestimmen hatten: Frankreich. Sowohl der Herrscher in Baghdad als auch der von Amman waren von England abhängig. Beide dienten Englands Interessen und es war vorauszusehen, daß die Haschemiten auch dann den Wünschen der britischen Regierung gehorchen würden, wenn sie die Macht in Damaskus übernommen hätten. Eine Vergrößerung der britischen Einflußsphäre wollte aber Paris auf keinen Fall dulden. Die französische Vertretung in Damaskus machte ihren Kontaktpersonen in den nationalistischen Gruppierungen deutlich, daß sie nur dann auf weitere Unterstützung durch Paris rechnen konnten, wenn sie auf dem Kurs der Unabhängigkeit blieben. Die Diplomaten warnten ihre Gesprächspartner ausdrücklich vor Londoner Agenten, die Propaganda machten für die Sache der Haschemiten.
Daß diese unterschiedlichen Interessen zu Spannungen in Damaskus führen mußten, war vorauszusehen. Die Anhänger der Idee vom großen Staat der Araber suchten Parteigänger unter den Händlern der Suks von Damaskus. Sie sprachen davon, daß allein unter der Herrschaft der Haschemiten Damaskus wieder zum machtvollen Zentrum eines eindrucksvollen Staatsgebildes und damit zu einem bedeutenden wirtschaftlichen Schwerpunkt Arabiens werden konnte. Erinnert wurde an die Glanzzeit der Omayyaden, die durch die weise Herrschaft des Hauses Haschem wiedererweckt werden würde. Wer an die Epoche der

Omayyaden anknüpfen wollte, der konnte mit Sympathie rechnen am Baradafluß.

Nationalisten aber erinnerten daran, daß die Herrscher aus dem Hause Omayya Fremde gewesen seien, die aus Mekka und Medina gekommen seien, um die reiche Oase in Besitz zu nehmen. Auch die Haschemiten kämen aus Mekka und Medina und seien damit Fremde, wie einst die Omayyaden. Die Nationalisten zogen die Konsequenz, es sei an der Zeit, daß sich Damaskus auf seine eigene politische Souveränität ausrichte.

Den Nationalisten gelang es darüber hinaus, Gerüchte auszustreuen, der haschemitische Herrscher Abdallah von Transjordanien unterhalte Beziehungen zu jüdischen Politikern in Palästina, die auf Absicherung der jüdischen Siedlungsgebiete hinarbeiteten, die sogar planten, einen unabhängigen Staat der Juden zu gründen.

Daß Abdallah zum Realisten geworden war, der sich mit der Politik der Engländer abgefunden hatte, entsprach der Wahrheit. Der Herrscher von Amman war der Meinung, die Juden seien nach Palästina gebracht worden, um dort zu bleiben. Als kluger Kopf war er – um den Schaden zu begrenzen – darauf aus, mit den jüdischen Nachbarn zu einem guten Einverständnis zu gelangen. Diese realistische Haltung wurde Abdallah aber in Damaskus übelgenommen.

Am 29. November 1947 akzeptierte die Generalversammlung der Vereinten Nationen einen Plan zur Teilung Palästinas. 33 Stimmen waren dafür und 13 dagegen abgegeben worden – bei 10 Enthaltungen. Der Plan sah vor, Palästina in sechs Bezirke aufzusplittern. Drei dieser Bezirke – sie umfaßten 56% des Territoriums – sollten den Juden vorbehalten bleiben. Die anderen drei Bezirke mit insgesamt 43% des Landes waren als Gebiet der Araber ausgewiesen. Jerusalem war von der UN-Kommission, die den Teilungsplan ausgearbeitet hatte, weder den Arabern noch den Juden zugeteilt worden – die Stadt hätte der Verwaltung der Vereinten Nationen selbst unterstellt werden müssen.

Die Verantwortlichen in Damaskus waren nicht daran interessiert, daß der Teilungsplan verwirklicht wurde – Palästina gehörte schließlich nach der in Damaskus herrschenden Vorstellung zum Gebiet des syrischen Staates. Der Geheimdienst, der sich in der Aufbauphase befand, besaß Mittel, um die Araber Palästinas aufzuhetzen gegen den »Anschlag der Imperialisten in England und in den USA«. Die Parole der Demonstranten lautete: »Die Zionisten sind die Handlanger der Imperialisten, die nur das eine Ziel haben, einen Brückenkopf im Nahen Osten zu bilden, um in dieser Ölregion den Arabern ihren Willen aufzwingen zu können.«

Wieder war in Damaskus das böse Gerücht zu hören, das Haus Haschem sei an dieser Verschwörung gegen die Palästinenser beteiligt. Emir Abdallahs Abgesandte hätten mitgewirkt an der Ausarbeitung des Teilungsplans mit dem Hintergedanken, das arabische Gebiet Palästinas dem jordanischen Staat angliedern zu können. Argwohn kam auf, der in kommenden Jahren Unheil stiften sollte: Die Haschemiten wurden verdächtigt, mit Israel und den USA gegen die Araber verschworen zu sein.
Die Parolen aus Damaskus erweisen sich als wirksam in Palästina: Unruhen brachen aus. Menschen starben bei Anschlägen, Straßenkämpfen, heimtückischen Überfällen. Die britische Mandatsverwaltung, die noch immer für Palästina zuständig war, gab die Zahl der Toten mit rund 1000 an. Damit stand fest: Palästina war nicht mehr von London aus zu regieren. In Damaskus war eine politische Gruppierung bereit, Verantwortung zu übernehmen.

»Meine Hauptstadt ist Damaskus« oder die Halsstarrigkeit eines alten Mannes

»Das Prinzip meiner Außenpolitik ist unabänderlich: Ich werde die Vereinigung von Syrien und Jordanien nie aus dem Auge lassen. Meine Hauptstadt ist Damaskus!« Diese Worte bildeten den Kern der Thronrede des Emirs Abdallah im November 1946. Der Herrscher über Transjordanien forderte »die sofortige Vereinigung der beiden Staaten« und gab seinem Ministerpräsidenten den Auftrag, die Legitimität Syriens in Frage zu stellen mit der Begründung, Damaskus sei nur durch die Gnade der französischen Regierung zur Hauptstadt eines unabhängigen Landes geworden – durch die Entscheidung einer Kolonialmacht.

Mit Erstaunen nahm die britische Regierung zur Kenntnis, daß der Emir nicht mehr die Heimkehr seiner Familie nach Mekka und Medina anstrebte, sondern in Damaskus residieren wollte. Besonders verblüffte die Halsstarrigkeit des Mannes, der keine Rücksicht mehr darauf nahm, welche Reaktion seine Forderung nach Vereinigung von Syrien und Jordanien auslöste.

Es war Abdallah gleichgültig, daß die Liga der Arabischen Staaten – sie war damals gerade ein Jahr alt – in einer Resolution vom November 1946 feststellte, Emir Abdallah handle gegen Sinn und Ziel des Bündnisses, das deshalb geschlossen worden sei, um Streit zwischen arabischen Staaten in Güte beizulegen. Der Emir hätte seine Bedenken gegen die Existenz des unabhängigen Staates Syrien zunächst im Rat der Arabischen Liga zur Diskussion stellen müssen. Der syrische Vertreter in diesem Rat wies darauf hin, es sei eine Ungeheuerlichkeit, wenn gerade der Monarch von Transjordanien behaupte, Syrien sei ein spätes Produkt des Sykes-Picot-Abkommens. Jeder historisch Informierte und politisch Denkende wisse doch, daß dies genau auf Transjordanien zutreffe. Es sei schließlich bekannt, daß die Kolonialmacht England Transjordanien geschaffen habe.

Je älter Abdallah wurde – er war im Jahr 1882 geboren –, desto rücksichtsloser gab er zu erkennen, daß ihn der Drang nach Damaskus beherrschte. Im März 1947 äußerte er sich ganz direkt: »Ich will einen Staat haben, der Syrien, Transjordanien und den Libanon umfaßt.« Und er betonte, damit keine Unklarheit bleibe: »Ja, auch der Libanon muß dazugehören!«

Im August 1947 berief Abdallah, verärgert über die Ablehnung seiner Idee durch Syrien und den Libanon, eine Konferenz nach Amman ein, an der Repräsentanten aller Regionen teilnehmen sollten, die von Abdallah beansprucht wurden. Einziger Tagesordnungspunkt war die Diskussion darüber, wie die Einheit zu vollziehen sei. Aus Verärgerung wurde Frustration, als der Emir feststellen mußte, daß die Honoratioren von Damaskus keine Delegation nach Amman schickten, und daß auch die Vertreter des Libanon ausblieben. Der offizielle Standpunkt in Damaskus und Beirut war, der nicht mehr zurechnungsfähige Emir von Transjordanien möge sich bitte nicht in die inneren Angelegenheiten seiner Nachbarländer einmischen. Abdallahs Absichten wurden als Ergebnis »imperialistischer Beeinflussung durch die britische Regierung« bezeichnet.

Den regionalen Charakter verlor Abdallahs aussichtsloser Kampf um Damaskus, als König Abdel Aziz Ibn Saud die amerikanische Regierung auf den Konflikt hinwies, für den allein der Emir von Transjordanien verantwortlich sei. Der Herrscher von Saudi-Arabien – er war ein gnadenloser Feind der Haschemiten – forderte den amerikanischen Präsidenten auf, er möge in London intervenieren mit dem Ziel, den alten Emir absetzen zu lassen.

Diese Intervention geschah tatsächlich: Die US-Regierung wies London darauf hin, daß der Emir Abdallah abgelöst werden müsse. Die Antwort der britischen Regierung nach Washington lautete, sie sei aufs höchste beunruhigt über des Emirs Pläne, sich Damaskus anzueignen. Auf den Wunsch von König Abdel Aziz Ibn Saud nach Absetzung des Emirs gingen die Verantwortlichen in London nicht ein. Die Vertreibung der Haschemiten aus Amman gehörte nicht zu ihrem politischen Konzept für Arabien. Abdallah galt in London als »befreundetes Staatsoberhaupt«, das mit einigem Verständnis rechnen konnte. Doch wurde der Vertreter der britischen Krone in Amman aufgefordert, den Herrscher darauf hinzuweisen, daß er die Beziehungen zwischen London und seiner Person störe, wenn er weiterhin öffentlich die Belange der Damaszener Regierung diskutiere. Alec S. Kirkbride, der British Resident in der transjordanischen Hauptstadt, warnte Seine Hoheit, den Emir, vor unklugen Äußerungen. Abdallah möge bitte zur Kenntnis nehmen, daß die britische Regierung einer Verlegung der Residenz der Haschemitenfamilie nach Damaskus nicht zustimmen werde. Kirkbride berichtete nach London, die Geisteskräfte des Haschemitenfürsten seien keineswegs ausreichend, um ihm einen großsyrischen Staat anvertrauen zu können – er sei nicht einmal in der Lage, seine eigene Außenpolitik zu ordnen: »Er handelt oft närrisch!«

Als Abdallah spürte, daß er nirgends auf Sympathie stieß für seinem Drang nach Damaskus, versuchte er, ein Argument einzusetzen, das er in der weltpolitischen Konstellation für wirkungsvoll hielt: Er beschwor die Gefahr der sowjetischen Einflußnahme im Nahen Osten. Abdallah machte darauf aufmerksam, daß die Sowjetunion versuchen werde, im Bereich der arabischen Ölregion Fuß zu fassen. Die instabile Situation des Regimes in Damaskus könnte Moskau dazu verleiten, dort die Basis zu finden, die für eine Einflußnahme notwendig sei. Zu

Abdallahs gewaltiger Enttäuschung überging Washington seine Argumentation völlig.

In einem Punkt hatte Abdallah recht: In Damaskus wirkten Politiker, die zumindest eine Zeitlang Sympathien für Marxismus und für die Sowjetunion gezeigt hatten. Es waren Kräfte am Werk, die bisher unbekannt waren in Arabien und die sich unabhängig von bisher wirksamen Stammesbindungen entwickelten. Einflüsse europäischer politischer Strukturen wurden deutlich. Dem Stammesfürsten Abdallah mußte das, was in Syrien geschah, wie Wirklichkeit gewordene Befürchtungen erscheinen.

Eine politische Organisation modernen Zuschnitts – Die Syrische Soziale Nationale Partei

»Wir brauchen den Emir Abdallah nicht, denn er will ein Syrien schaffen, das vom islamischen Glauben geleitet wird!« Diese Worte sprach Antun Sa'ada, ein Intellektueller, der zur griechisch-orthodoxen Glaubensrichtung gehörte. Antun Sa'ada konnte junge Menschen an Universitäten und Militärakademien überzeugen. Er fühlte sich zum Führer geboren, Mussolini und Hitler waren seine Vorbilder. Wer diesen Antun Sa'ada gekannt hatte, äußerte sich mit Worten der Begeisterung über ihn: Er habe Überzeugungskraft besessen, Charakterstärke und Ausstrahlung.

Im November 1932 gründete Antun Sa'ada in Beirut eine Geheimorganisation mit dem Ziel, die Unabhängigkeit Syriens zu erkämpfen. Damals war noch die Kolonialmacht Frankreich zuständig für das syrische Territorium. Die Geheimorganisation bereitete sich darauf vor, den Kampf mit Mitteln der Gewalt zu führen. Ihre Gegner waren zunächst Politiker, die für eine Loslösung des Libanon von Syrien eintraten.
Antun Sa'ada sah bald ein, daß die Geheimorganisation für offene politische Agitation ungeeignet war und entschloß sich, eine Parteiorganisation aufzuziehen. Er gab ihr den Namen »Syrische Soziale Nationale Partei« (SSNP). Die Anlehnung des

Namens an die »Nationalsozialistische Deutsche Arbeiterpartei« war offenkundig. Der Parteigründer übernahm Rituale der NSDAP: den Gruß des deutschen Vorbilds; das Parteizeichen war eine Abart des Hakenkreuzes – es wurde »der Rote Hurricane« genannt. Sa'ada sah sich als »Führer einer Bewegung«, die sich dem Kampf um »Großsyrien« verpflichtet fühlte.

Den Emir Abdallah von Transjordanien sah Antun Sa'ada als Konkurrenten in der Auseinandersetzung um die Führungsposition im künftigen Staat Syrien. Zwar war Sa'adas Ziel identisch mit dem des Monarchen, doch war ein gemeinsamer Weg zum Ziel nicht einmal für eine gewisse Zeit möglich: Der Emir war – als Herrscher über die heiligen Stätten von Mekka und Medina – dem Islam als Ideologie verpflichtet. In seiner Person war die Verbindung geschaffen von Religion und Politik – und genau diese Kombination wurde von der Syrischen Sozialen Nationalen Partei abgelehnt.

Punkt 1 von Sa'adas Parteiprogramm verlangte die Trennung von Moschee und Staat. Für eine solche Trennung hatte es in der islamischen Welt bereits ein Vorbild gegeben: in der Türkei des Kamal Atatürk, der in seinem Land die religiöse Überzeugung zur Privatsache erklärt hatte. Trotz dieses funktionierenden Vorbilds war für Syrien, das sich als Zentrum der arabisch-islamischen Welt empfand, die Forderung einer Trennung von Moschee, Kirche und Staat revolutionär. Sie faszinierte vor allem junge Menschen, die häufig der engen Bindung an die Religion die Schuld an der Rückständigkeit Arabiens gaben.

Punkt 2 des Parteiprogramms stützte Punkt 1 ab: Geistliche – gleichgültig ob christlich oder islamisch – durften sich in keiner Weise in die Politik einmischen; politische Äußerungen waren ihnen verboten. Diese Forderung stieß auf Widerstand der islamischen Geistlichen, die sich seit der Frühzeit des Glaubens verpflichtet fühlten, zu Tagesfragen Stellung zu nehmen. Sie richteten sich dabei nach dem Propheten Mohammed, der eben nicht nur geistlicher Führer, sondern auch der politische Chef war, dem auf allen Bereichen des Lebens gehorcht werden mußte. Die Geistlichen sahen in der Forderung der SSNP einen Verrat an den Grundsätzen des Islam und kämpften mit Argumenten und Schmähungen gegen die Organisation des Antun Sa'ada.

Wenn die Religion in der Öffentlichkeit nicht mehr wirksam sein sollte und wenn sich die Geistlichen in ihren Äußerungen auf religiöse Bereiche beschränken mußten, dann durfte auch die Grenzziehung zwischen den Religionsgruppen nicht mehr wirksam sein: Die traditionellen Trennungslinien zwischen sunnitischen, schiitischen, alawitischen, maronitischen Siedlungsbereichen hatten zu verschwinden – dies war die Forderung des Programmpunkts 3 der SSNP. Die Siedlungsbereiche waren zwar Teile des Staates und doch wurden sie von den Bewohnern als nahezu autonome Territorien betrachtet. Kein Schiit konnte es jemals wagen, eine wichtige Funktion in den Stadtteilen der Maroniten von Beirut zu beanspruchen. Kein Sunnit durfte hoffen, in einem alawitischen Dorf Ansehen zu gewinnen. Verwegen war der Gedanke des Antun Sa'ada, die Barrieren zwischen den Religionsgruppen beseitigen zu können.

Punkt 4 des Programms der SSNP verlangte die Abschaffung des Feudalismus. Damit sollte das Herrschaftsprinzip der Sheikhs gebrochen werden – und damit die Ordnungsstruktur der Stämme und Großfamilien, die jeweils einem Sheikh unterstanden. Wäre dieser Programmpunkt realisiert worden, hätte dies einen entscheidenden Einschnitt in die arabische Tradition bedeutet. Die Durchsetzung hätte einen Prozeß ausgelöst, dessen Resultat die Zerstörung der arabischen Großfamilien gewesen wäre. Zu einer derartigen Revolution der bestehenden Ordnung und Tradition war Syrien während der 30er Jahre nicht bereit.

Der 5. Punkt des Parteiprogramms der SSNP verlangte den Aufbau einer starken Armee. Ihre Aufgabe sollte der Schutz des Staates nach außen und zugleich die Absicherung der Veränderungen im Innern Syriens sein. Dieser Programmpunkt orientierte sich am Vorbild der Neuordnung der Türkei während der 20er Jahre. Kamal Atatürk, der selbst Armeeoffizier war, hatte seine Reformen mit Hilfe einer starken militärischen Streitmacht durchsetzen können. Atatürk war darauf bedacht gewesen, seine Armee völlig freizuhalten von jedem religiösen Einfluß. Auch Antun Sa'ada sah die kommende syrische Truppe als Instrument zur Überwindung der Aufspaltung des Volkes in unterschiedliche Glaubensgruppen. Die Absicht war, die Armee zum Schmelztiegel der Nation zu machen.

Die Syrische Soziale Nationale Partei war die allererste Organisation Arabiens, die den Namen »Partei« verdiente. Die bestehenden politischen Gruppierungen waren religiös orientiert und Ausdruck von Stammeszugehörigkeiten oder der Treue gegenüber einem bestimmten Sheikh. Die SSNP war gedacht als Massenorganisation im modernen europäischen Sinne. Antun Sa'ada wollte – wie Mussolini in Rom und Hitler in Berlin – seine Anhänger in Damaskus paradieren lassen. Die Straßen am Baradafluß wären durchaus für Aufmärsche geeignet gewesen.

Doch die Massen blieben aus. Nie hatte die SSNP mehr als 1000 Mitglieder, aber dennoch war ihre Wirkung groß. Sie rekrutierte ihre Anhänger unter den Studenten der Amerikanischen Universität von Beirut. Angesprochen fühlten sich Intellektuelle, die dem Parteigründer Antun Sa'ada geistig verwandt waren. Wer Talent besaß für die Politik, blieb letztlich der SSNP nicht treu, sondern nützte die gewonnene Erfahrung für eigene Aktivitäten. Insbesonders die Palästinenser, die frühe Mitglieder der Partei waren, vermißten den Einsatz der Führung für ihre ganz besonderen Belange und gingen schließlich eigene Wege. Der Kommandochef Ahmed Jibril ist ein Beispiel für die Persönlichkeiten, die bei der SSNP das politische Handwerk gelernt hatten.

Zu ihnen gehörte auch der Drusenführer Kamal Jumblatt, der zunächst von der Idee einer umfassenden syrischen Partei fasziniert war. Doch allmählich setzte sich die Erkenntnis durch, daß die Eigenart des Drusenvolkes in der SSNP nicht repräsentiert war, daß es sogar gezwungen werden sollte, diesen eigenen Charakter aufzugeben.

Punkt 3 des Parteiprogramms schrieb vor, daß die Trennungslinien zwischen den Religionsgruppen aufzulösen seien. Die Verwirklichung dieses Punktes hätte bedeutet, daß die Drusen, die im Shufgebirge des Libanon lebten, den Gedanken an ein sicheres abgeschirmtes Siedlungsgebiet hätten aufgeben müssen. Die Öffnung des Shufgebirges aber hätte Verzicht auf den eigenständigen Charakter der Städte und Dörfer der Drusen bedeutet. Der Druse Kamal Jumblatt wandte sich deshalb von der SSNP ab und baute seine eigene Parteiorganisation auf, die vor allem die Aufgabe hatte, den Drusen zu ihrem Recht im Staat zu verhelfen. Kamal Jumblatt kehrte die Prinzipien der SSNP in ihr Gegenteil um: Er betonte die Eigenheit seiner Glaubensgemeinschaft und hütete sich, sie in ein Volksganzes einzuschmelzen.

Als Antun Sa'ada begriff, daß die Programmpunkte seiner Partei nicht durchzusetzen waren, wollte er sich auf den Kampf zum Anschluß des Libanongebiets an Syrien konzentrieren – Beirut sollte zum Vorort für Damaskus werden. Zu diesem Zweck gründete der Parteichef eine paramilitärische Organisation, der die Aufgabe zugewiesen wurde, durch Anschläge und Sabotageakte den eigenständigen Staat Libanon zu destabilisieren. Die Waffen dazu hoffte Antun Sa'ada von der syrischen Regierung zu bekommen.

Im Sommer des Jahres 1949 regierte in Damaskus der Offizier Husni al-Zaim. Als sich der Chef der SSNP an ihn mit der Bitte um Unterstützung wendete, wurde Antun Sa'ada herzlich in Damaskus empfangen. Husni al-Zaim versprach, Waffen für den Kampf um Beirut zur Verfügung zu stellen. Dann plötzlich entschied sich Husni al-Zaim, Antun Sa'ada verhaften und an die libanesische Regierung ausliefern zu lassen. Nach kurzem Prozeß wurde der »Führer« in Beirut hingerichtet.
Für lange Zeit wurden die Regierenden in Damaskus den Ruf nicht mehr los, sie seien hinterhältig, heimtückisch und treulos zu Freunden.
Mit dem Tod des Antun Sa'ada verlor die SSNP ihren Führer. Niemand konnte ihn ersetzen und die Partei propagierte fortan unterschiedliche Ziele. Es gab sogar Zeiten, da sie sich für die Politik der Haschemiten einspannen ließ. 1962 wurde die SSNP sogar von König Hussein finanziert, damit sie im Libanon eine Opposition zu Gamal Abdel Nassers politischen Expansionsplänen aufbauen konnte. Um diese Zeit waren Gerüchte im Umlauf, die Organisation werde von der US-Regierung bezahlt. Die Folge war, daß sie mehrmals im Libanon verboten und wieder zugelassen wurde. Ihr einstiges Mitglied Kamal Jumblatt setzte sich im Jahr 1970 dafür ein, daß sie legal bleiben konnte. Politischen Einfluß errang die Syrische Soziale Nationale Partei allerdings nie, jedoch wichtig war sie als Vorstufe für eine andere Organisation, die Lehren aus der Arbeit der SSNP zog.

»Auf dem historischen Erbe aufbauen« –
Der Aufstieg der Baathpartei

Al Hisb al Baath al Arabi al Ishtiraki – die Partei der arabischen Wiedergeburt im Sozialismus. Dieser vollständige Name der Baathpartei umreißt ihr Programm: Wiedererstehen soll Arabien im Glanz, der das Arabische Reich in der Vergangenheit umstrahlt hatte. Die Parteigründer hatten die Absicht, die neue Größe Arabiens aus dem Sozialismus zu entwickeln. Dieser Gedanke ist allerdings im Lauf der Jahrzehnte mehr und mehr verblaßt. Die Idee des Sozialismus wurde als fremdartig empfunden in Arabien.

Die Baathpartei will die Erinnerung wecken an eine weit zurückliegende Epoche, in der Arabien politisch und kulturell bestimmend, in der es sogar Europa überlegen war. Gemeint ist die Zeit der großen Kalifen, die in Damaskus herrschten, das dann als Zentrum des Reiches von Baghdad abgelöst wurde. Der Kalif Harun ar Rashid regierte ein Gebiet, das vom Atlantik bis zum Indus reichte. In seiner Hauptstadt standen den Bewohnern Krankenhäuser, Bibliotheken und Hohe Schulen zur Verfügung. In Baghdad arbeiteten Ärzte, Mathematiker und Astronomen. Während der Regierungsjahre des Harun ar Rashid herrschte Kaiser Karl der Große in Europa – in seinem Reich waren öffentliche Bibliotheken, Krankenhäuser und Hohe Schulen unbekannt. Der Kaiser mußte mit Beschämung zur Kenntnis nehmen, daß ihm eine Delegation aus Baghdad Schätze brachte, die an seinem Hof Erstaunen weckten: Bücher über Mathematik und Sternkunde, Gefäße mit Düften und Essenzen, Ballen wertvoller Stoffe und eine kunstvoll gefertigte Uhr, die von Wasserdruck angetrieben wurde. Die Geschenke aus Baghdad ließen Kaiser Karl dem Großen die schmerzhafte Erkenntnis gewinnen, daß der Fortschritt in Arabien zu Hause war.
An diese Glanzzeit Arabiens anzuknüpfen, dazu waren die Gründer der Baathpartei entschlossen. Zwei Lehrer der Damaszener staatlichen Schule al Tajhiz hatten die Idee der »arabischen Wiedergeburt«: der griechisch-orthodoxe Christ Michel Aflaq und der sunnitische Moslem Salah ad-Din Bitar.
Michel Aflaq, Jahrgang 1910, entwickelte sich zum programma-

tisch führenden Kopf. Seine Familie war wohlhabend. Der Vater hatte zur Zeit der Osmanen und der Franzosen zu den aktiven syrisch-nationalistischen Politikern gezählt – von beiden Regimen war er deshalb zu Haftstrafen verurteilt worden. Der Reichtum der Familie litt darunter nicht. Michel Aflaq konnte sich während der 20er Jahre zum Studium in Paris aufhalten. Er befaßte sich mit Geschichte und ließ sich von marxistischen Ideen faszinieren. Der Christ Michel Aflaq war der Meinung, sie könnten auch den Arabern Freiheit und Glück bringen.

Nach Damaskus zurückgekehrt, arbeitete Michel Aflaq als Geschichtslehrer, sympathisierte einige Monate mit der Kommunistischen Partei Syriens, dann allerdings empfand er den Marxismus als fremdartig. Aflaq suchte nach einer »arabischen Lösung« für die Probleme des Nahen Ostens, die frei sein sollte von fremden Heilslehren. Er befaßte sich mit der Geschichte seines eigenen Volkes. Die Erinnerung an Arabiens einstige Größe ließ ihn nicht mehr los. Hoffnung auf Veränderung der Situation Arabiens machte ihm der Aufstand im Irak während des Zweiten Weltkriegs. Politiker und Militärs an Euphrat und Tigris sahen eine Chance, das irakische Volk von der britischen Mandatsmacht zu befreien. Die deutsche Wehrmacht leistete ihnen dabei Hilfe.

Michel Aflaq bemühte sich, in Damaskus Freiwillige für den Kampf gegen die Engländer zu mobilisiern. Er proklamierte die »Bewegung für den Sieg des Irak«. Doch noch ehe die kampfbereiten Männer aus Damaskus nach Baghdad reisen konnten, war der irakische Aufstand zusammengebrochen. Das Deutsche Reich war zu weit von Euphrat und Tigris entfernt, um den Aufständischen dort wirkungsvoll helfen zu können.

Der Ort der Agitation des Michel Aflaq war die Schule, an der er unterrichtete. Salah ed-Din Bitar half ihm dabei. Von Anfang an waren Intellektuelle die Zielgruppe, die Aflaq und Bitar ansprachen. Beide machten die Erfahrung, daß Schüler aus wohlhabenden Damaszener Familien nur schwer für den Gedanken der »Wiedergeburt Arabiens« zu begeistern waren. Schüler, die aus ländlichen Gebieten kamen, waren empfänglicher für nationalistische Ideen. Während der gesamten Entwicklung der Partei sollte sich dies nicht ändern.

Die Bürger von Damaskus sahen mit Skepsis dem Werdegang der Baathpartei zu. Dabei war der programmatische Ansatz keineswegs revolutionär. Gefordert wurden Fortschritt und Gerechtigkeit – unter Verzicht auf Prinzipien des Marxismus und des europäischen Sozialismus. Michel Aflaq proklamierte: »Wir können Fortschritt und Gerechtigkeit für Arabien nicht mit fremden, importierten Theorien erkämpfen. Der arabische Sozialismus muß die Wirklichkeit in der arabischen Welt widerspiegeln; er muß auf unserem historischen Erbe aufbauen. Unser Sozialismus hat programmatisch zu sein. Er muß sich den Situationen anpassen, die auf uns zukommen. Unsere Gesellschaft ist in der Entwicklung. Wir können deshalb keine Theorie brauchen, die uns festlegt. Wir müssen den Gang der Welt verstehen, um ihn ändern zu können.«

Der Blick auf den Zustand Arabiens mußte den Nationalisten betrüben. Die Mandatsmächte England und Frankreich bestimmten, was zu geschehen hatte. Beide Länder waren nicht bereit, Arabien in die Freiheit zu entlassen. Außerdem konnten sie sich in Arabien auf Partner stützen, die am Erhalt der Mandatsmacht interessiert waren: Die Schicht der Unternehmer und Grundbesitzer wollte keine Veränderung. Die »Kapitalisten« fürchteten, beim Abzug der Kolonialmächte könnten revolutionäre Köpfe die Eigentumsverhältnisse ändern wollen. Michel Aflaq argumentierte gegen die besitzende Klasse: »Um ihr Eigentum zu sichern und zu vermehren, haben sie ihre arabische Seele an die Fremden und deren Helfer verkauft. So ist es den Ausländern gelungen, sich große Anteile arabischer Unternehmen zu sichern. Wenn wir diese Betriebe verstaatlichen, machen wir uns frei von fremdem Einfluß.«

Aflaq und Bitar lehrten ihre Anhänger, wirtschaftliche Unabhängigkeit und damit Freiheit seien nur zu erreichen, wenn alle Araber zusammenstünden. Gerade die Aufspaltung Arabiens mache es den Kolonialmächten leicht, die Araber fest im Griff zu halten. Michel Aflaq war überzeugt, daß die englische und die französische Regierung mit allen Mitteln versuchen würden, jede Form des Zusammenschlusses der arabischen Teilstaaten zu verhindern: »Der Kampf um die Einheit der Araber wird hart werden, weil für die westliche Welt vitale Interessen auf dem Spiel stehen.«

Aflaq propagierte die Idee von der Einheit aller Araber: »Die Araber bilden eine einzige Nation und haben ein natürliches

Recht, innerhalb eines einzigen Staates zu leben. Das arabische Heimatland ist eine unteilbare politisch-ökonomische Einheit, kein arabisches Gebiet kann sich voll entfalten, ohne mit den anderen arabischen Gebieten zusammenzuarbeiten.«

»Einheit, Freiheit, Sozialismus« war die Parole, die Aflaq und Bitar prägten. Würden die drei Begriffe verwirklicht, könnte die Wiedergeburt eines glanzvollen arabischen Vaterlandes Wirklichkeit werden. Für die Zeit nach der Vereinigung aller Araber in einem Staat entwickelte Aflaq diese Vision: »Die arabische Nation hat eine unsterbliche Mission zu erfüllen. Im Verlauf der Menschheitsgeschichte hat sich diese Mission in immer neuen Formen enthüllt. Das Ziel der Mission der Araber ist die Erneuerung der menschlichen Werte, die Beschleunigung des menschlichen Fortschritts, die Stärkung von Harmonie und gegenseitiger Hilfe unter den Menschen.«

Für die beiden Denker Aflaq und Bitar war das Programm aus der Frühzeit ihrer politischen Arbeit, das sie propagierten, ein Traum, von dessen Erfüllung sie selbst nicht überzeugt waren. Sie glaubten selbst nicht, daß ihre Organisation einmal Regierungspartei werden könnte, sie dachten nicht in Kategorien der Macht. Beide erlebten jedoch den Aufschwung der Baathpartei zum Instrument der Regierungsgewalt – Bitar wurde im Jahr 1980 ermordet und Aflaq starb 1989. Weder Aflaq noch Bitar waren einverstanden, daß ihre Partei in einen Machtapparat verwandelt wurde. Sie hielten fest an der Vorstellung aus ihrer Anfangszeit, daß die Partei der »Wachhund« sein müsse, der die Regierung auf dem rechten Weg halte.

Die Baathpartei, so meinte Michel Aflaq, müsse für die politisch denkenden Menschen eine Quelle der Inspiration sein, ein mobilisierender Faktor, ein Katalysator für Ideen. Die Zukunft der Partei liege darin, daß ihr immer junge Menschen zuströmten, die ihre Gedanken in das Programm einbrachten und es veränderten. Aflaq und Bitar wollten für die Baathpartei einen hohen intellektuellen Anspruch aufrechterhalten. Der Intellekt sollte die Rückständigkeit der Araber überwinden, er sollte Arabien aus der Epoche der permanenten Demütigung herausführen. Das letzte Ziel war jedoch, die gesamte Menschheit auf den Weg des Fortschritts zu bringen.

Die Baathpartei war von Anfang an rein weltlich orientiert. Der griechisch-orthodoxe Christ Aflaq und der Sunnit Bitar vermieden in Reden und Proklamationen jeden Hinweis auf christliche oder islamische Glaubensfragen. Die Religion sollte für die Politik der Partei ohne Bedeutung sein. Das Bekenntnis zum Christentum oder zum Islam war Privatsache jedes Parteimitglieds.

Am 24. Juli 1943 trat die Baathpartei in Damaskus zum erstenmal vor die Öffentlichkeit. Zu diesem Zeitpunkt war Wahlkampf in Syrien. »Die französische Kolonialmacht steuert durch ihre Partner in der besitzenden Klasse den Wahlvorgang zu ihren Gunsten«, so lautet die Parole der Baathpartei. »Die französische Regierung gibt sich den Anschein, sie wolle Syrien gestatten, künftig in Freiheit zu leben. In Wahrheit fesseln uns die Franzosen erneut!«

Michel Aflaq, der selbst kandidierte, erhielt eine beachtliche Anzahl Stimmen, obwohl die französische Mandatsverwaltung den Wahlkampf seiner Partei behinderte. Der Parteigründer erklärte immer wieder, die Wahl sei für ihn nur eine Gelegenheit, seine Organisation dem syrischen Volk vorzustellen: »Es eilt uns keineswegs, zur Macht zu kommen. Wir sind auf einen langen Kampf eingestellt!« In Wahrheit dachte Michel Aflaq nicht daran, die Macht zu ergreifen, er sah sich als Chef der volksnahen Opposition.

Im November des Jahres 1943 gestattete die Mandatsverwaltung die Gründung eines unabhängigen Staates Libanon. Das Gebiet um das Libanongebirge wurde der Elite der christlich-maronitischen Schicht als Heimat übergeben. Die Absicht der französischen Verwaltung war die Schaffung eines christlichen Brückenkopfes in der arabischen Welt, um Frankreich auf diese Weise einen Einfluß im Nahen Osten zu sichern.

Daß der Schritt zur Gründung des Staates Libanon notwendig war, darin waren sich die sonst feindlich gegenüberstehenden Regime des Marschalls Pétain und des Generals de Gaulle einig. Beide erkannten die Probleme der Zukunft im Nahen Osten, Frankreich sollte nicht durch Streit mit dem aufstrebenden Nationalismus in der Levante belastet werden. Frankreich handelte damit klüger als England, das Palästina nicht freigab.

Die Baathpartei in Damaskus verurteilte Frankreichs Entscheidung. Michel Aflaq, der die Einheit Arabiens anstrebte, konnte sich nicht mit der Schaffung eines arabischen Kleinstaates abfinden, dessen Fläche nur wenig mehr als 10000 Quadratkilometer umfaßte. Für den Gründer der Baathpartei gehörte das Gebiet um das Libanongebirge ganz selbstverständlich zu Syrien. Nach seiner Ansicht wurden die Syrer durch die Franzosen »bestohlen«.

Die Proklamation des Staates Libanon konnte die syrische Baathpartei nicht verhindern – doch sie wollte ihre ganze Kraft daransetzen, einen weiteren ähnlichen Schritt der Kolonialmacht unmöglich zu machen. Michel Aflaq erkannte zum Jahresbeginn 1944, daß die Vereinigten Staaten von Amerika dem Plan des Aufbaus eines jüdischen Staates in Palästina positiv gegenüberstanden. Die Regierung der USA drängte die Regierung in London, die Zuwanderung jüdischer Menschen nach Palästina zu erleichtern. Jüdische Flüchtlinge aus Europa – eben der Hölle entronnen – sollten ein Territorium betreten dürfen, das sie aus historischer Sicht als ihre Heimat betrachten konnten. Für Michel Aflaq zählte dieser humanitäre Grund nicht. Er glaubte, die USA würden die jüdische Zuwanderung deshalb begünstigen, um die Voraussetzung zu schaffen für die Gründung eines eigenen Staates der Juden. Nach Aflaqs Überzeugung gehörte Palästina, auf dessen Boden der jüdische Staat entstehen sollte, zum syrischen Territorium.

Als in Europa und im Fernen Osten der Zweite Weltkrieg zu Ende ging, hatte die syrische Baathpartei ihre Position für die zukünftige Auseinandersetzung definiert. Aflaq und Bitar glaubten, den Gang der Welt verstanden zu haben, um ihn künftig beeinflussen zu können. Sie fühlten sich als die Wissenden und sahen keine Notwendigkeit, die Massen an der politischen Entwicklung zu beteiligen. Aflaq wehrte sich gegen die Forderung, im syrischen Staat der Zukunft müsse ein Parlament Kontrollfunktionen besitzen. »Ein Parlament würde nur stören«, denn Parlamente seien immer ein Instrument zur Unterdrückung durch die ausbeutende Klasse gewesen. Die Kontrolle der Regierung sei Aufgabe der Baathpartei – meinte der Parteigründer.

Michel Aflaq wies der Baathpartei Aufgaben zu, die weit über die Grenzen Arabiens hinausgriffen: »Wir wollen allen Menschen ihr wahres Sein zurückgeben, von dem sie keine Ahnung mehr haben. Mit ihrem innersten Willen sind die Menschen bereits auf unserer Seite, auch wenn sie mit Wort und Schwert noch für unsere Feinde kämpfen. Wir wollen die Befreiung des einzelnen von wirtschaftlichen, politischen und sozialen Fesseln. Erst durch die Befreiung wird der einzelne seine eigenen Fähigkeiten erkennen können, nur so wird er ein besseres und produktives Leben führen.«

Mit der offiziellen Gründung der Baathpartei warteten Aflaq und Bitar bis zum 4. April 1947. Für diesen Tag hatten die beiden 200 ihrer Anhänger nach Damaskus gerufen. Beim Gründungskongreß waren nicht nur Syrer anwesend, sondern auch Jordanier, Libanesen und Iraker. Bemerkenswert ist, daß alle, die sich zu den Idealen der Baathpartei bekannten, um die 20 Jahre alt waren – und fast alle waren Studenten. Die Baathpartei war zu diesem Zeitpunkt – wie von ihren Gründern gewünscht – tatsächlich attraktiv für die junge Generation der Intellektuellen. Ihre politischen Köpfe wollten nichts zu tun haben mit den Persönlichkeiten, die sich bisher im Bereich der syrischen Politik engagiert hatten. Den Älteren warf Michel Aflaq vor, sie hätten sich durchweg mit der französischen Mandatsverwaltung abgefunden. Sie seien gar nicht in der Lage, an eine wirkliche Unabhängigkeit von Frankreich zu glauben.
Mit seiner Analyse beschrieb Michel Aflaq die Situation ziemlich präzise. Die Damaszener Elite , die in der Kolonialzeit herangewachsen war, sah in der westlichen Welt, und ganz besonders in Frankreich, das kulturelle Vorbild, dem unbedingt nachzueifern war. Die Rechtsanwälte, Kaufleute, Ingenieure, Verwaltungsbeamte und Ärzte sprachen französisch und dachten französisch. Damaskus war für sie ein Anhängsel von Paris. Sie waren zwar in manchen politischen Positionen uneins gewesen mit dem Standpunkt der französischen Regierung, doch die Angehörigen der Elite waren sich darin einig, daß ein geistiges Band zwischen Frankreich und Syrien bestand. Michel Aflaq selbst war ein Beispiel dafür: Der Vater war von den Franzosen zu Haftstrafen verurteilt worden – und dennoch hatte er den Sohn Michel nach Paris zum Studium geschickt. Eine Alternative war ihm gar nicht in den Sinn gekommen!
Michel glaubte, sich aus den Fängen Frankreichs gelöst zu haben. Er hielt sich für berechtigt, den Vierzigjährigen »koloniale Befangenheit« vorzuwerfen und versprach, diesen Älteren »das Zittern beizubringen«. Die Studenten waren begeistert: Am

6. April 1947 wählten sie Michel Aflaq zum ersten Präsidenten der Baathpartei.

Der Zeitpunkt der Parteigründung war günstig gewählt: Am 17. April 1947 verließen die französischen Mandatstruppen Syrien. Ein wirklich unabhängiger Staat konnte jetzt entstehen. Aflaq formulierte die politische Konsequenz für seine Partei so: »Jetzt haben wir den Kopf frei, um an die arabische Nation zu denken!«

Die neue Freiheit löste die Probleme nicht. Notwendig waren soziale Veränderungen. Im Verlauf des 19. Jahrhunderts war eine Schicht der Landbesitzer entstanden, die weit ab vom Akkerland, das ihnen gehörte, in Damaskus und anderen Städten lebte. Geldvermögen waren in Landbesitz angelegt worden. Zwei Drittel der Bauern waren in diesem Entwicklungsprozeß zu Landarbeitern degradiert worden, die in Abhängigkeit auf den großen Gütern gehalten wurden. Die Bauern hatten dem doppelten Druck nicht standhalten können: Kapitalbesitzer hatten den chronischen Geldmangel der Landwirte und kapitalkräftige Händler ihre Monopolstellung ausgenutzt. Den Bauern war nichts übriggeblieben, als ihr Land abzugeben.

So waren Klassen entstanden, die keine gemeinsame Basis besaßen: Die auf dem Land lebende Bevölkerung, die abgeschnitten war von der kulturellen Entwicklung, und die Honoratioren der Städte, die von den Kapitalerträgen leben konnten. Dazwischen aber bildete sich eine neue Schicht: Die Masse der Lohnabhängigen, die für Arbeit bezahlt wurden. Sie rekrutierte sich meist aus Menschen, die vom Land in die Stadt geströmt waren: Bauernsöhne, die sich mit den ärmlichen Zuständen auf dem Dorfe nicht abfinden konnten. Diese Ehrgeizigen bildeten bald schon eine neue Mittelschicht, die politisch zu mobilisieren war. Ihre Grundhaltung war »sozialistisch«, das heißt, sie traten für eine Umverteilung des Besitzes ein. Diese Mittelschicht wurde zum Reservoir der Anhänger des Michel Aflaq. Einzelne Mitglieder sollten bald den Parteigründer an Radikalität überrunden, wozu auch die Entwicklung des politischen Umfelds beitrug: Sie begünstigte die Radikalisierung.

Aflaqs Befürchtungen, die Regierung der USA wolle den Aufbau eines jüdischen Staates in Palästina, waren begründet. Washington zeigte im Jahre 1947 Bereitschaft, einen Teilungsplan zu

unterstützen, der den jüdischen Menschen in Palästina autonome Siedlungsgebiete zuwies. Die Baathpartei bezog sofort
Front gegen diesen Plan: »Er ist ein tödlicher Schlag gegen die
arabische Einheit.« Nach Meinung von Aflaq war sein Hauptzweck, den Vorgang der arabischen Einigung zu stören. Der
Präsident der Baathpartei sah voraus, daß die Araber gezwungen
sein würden, um den Besitz von Palästina Krieg zu führen:
»Unser Recht kann nur durch Feuer und Schwert gewahrt bleiben. Um Palästina darf nicht verhandelt werden!« Die Partei
beschloß, ihre Mitglieder auf den Kampf gegen jeden Ansatz
zum Aufbau eines jüdischen Staates vorzubereiten.

»Rache für Palästina« – Damaskus, die Stadt der Putsche

Die Verantwortung für Palästina trug im Jahre 1947 England.
Seine Mandatsverwaltung hat den Auftrag Ordnung zu wahren,
das Zusammenleben von Juden und Araber zu sichern. Doch
weder die Araber noch die Juden wollten sich ihr Leben von den
Engländern reglementieren lassen. Beide Volksgruppen wehrten sich gegen die koloniale Bevormundung. Die britische Regierung war gezwungen, ihre militärische Präsenz in Palästina zu
verstärken. Zu Beginn des Jahres 1947 befanden sich rund 100 000
Soldaten im Land zwischen Mittelmeer und Jordan.
Die Kosten für diese gewaltige Besatzungstruppe überstiegen die
wirtschaftlichen Kräfte Englands. Noch waren die finanziellen
Belastungen durch die Anstrengungen während des Zweiten
Weltkriegs nicht bewältigt. Das einst mächtige Empire brach
langsam in sich zusammen. Die Regierung in London mußte
darauf achten, Konfliktfelder abzubauen. Der Verzicht auf das
Mandat in Palästina könnte Entlastung bringen. Am 18. Februar
1947 verkündete Ernest Bevin, der britische Außenminister, im
House of Commons, England werde seine Verantwortung über
Palästina abgeben. Vorgesehen zur Beendigung des Mandats sei
der Mai 1948.

Ungeklärt blieb, an wen die Verantwortung übertragen werden
sollte. Die Engländer kümmerten sich um diese Frage nur wenig.

Sie wollten nur eigene Verluste vermeiden und hüteten sich deshalb vor Zusammenstößen mit den bewaffneten Kräften beider Seiten. Es zeigte sich rasch, daß die jüdischen Politiker besser darauf vorbereitet waren, ihre Chancen beim Abzug der Engländer zu wahren. Am Tag der Beendigung des britischen Mandats – es war Freitag, der 14. Mai 1948 – proklamierte David Ben Gurion die Errichtung des Staates Israel. Die jüdischen bewaffneten Verbände übernahmen sofort den Schutz des jüdischen Siedlungsgebiets.

Die Verantwortlichen in Damaskus reagierten rasch: Noch am selben 14. Mai eröffnete die syrische Artillerie von den Golanhöhen aus das Feuer auf israelische Wohngebiete südlich des Sees Genezareth. Vier Tage später stieß die syrische 1. Panzerbrigade aus dem Gebiet des Jarmukflusses gegen die Ortschaft Zemach an der Südspitze des Sees vor. Die militärische Führung in Damaskus hatte diese Operation für den Tag des »Machtvakuums« in Palästina seit langem geplant. Der Frontkommandeur war Brigadegeneral Husni al Zaim.
Den Syrern gelang der Vorstoß ins Jordantal und Husni al-Zaim glaubte schon an den raschen Erfolg der arabischen Offensive: An anderen Abschnitten zwischen dem See Genezareth und dem Toten Meer griffen Jordanier und Iraker an, die libanesische Armee war im Norden aktiv. Eine Absprache zwischen den Kommandeuren bestand allerdings nicht. Da kam der syrische Vormarsch an der Südspitze des Sees Genezareth ins Stocken. Beim Kibbutz Degana hatten die Israelis Verstärkung zusammengezogen. Da die Männer keine panzerbrechenden Waffen hatten, bewarfen sie die syrischen Panzer mit einfachen Molotowcocktails. Daß ihnen Widerstand entgegenschlug, damit hatten die Syrer nicht gerechnet. Zur Verblüffung des Kommandeurs Husni al-Zaim verfügten die israelischen Streitkräfte ab dem 21. Mai sogar über Artillerie – die Geschütze waren erst zwei Tage zuvor in Tel Aviv angekommen. Die syrischen Soldaten, die bisher der Meinung waren, nur sie seien im Besitz von Artillerie, stellten umgehend ihren Angriff ein und zogen sich zurück. Am Abend des 23. Mai mußte der syrische Generalstab zur Kenntnis nehmen, daß seine Truppen zu den Ausgangsstellungen am Jarmukfluß zurückgekehrt waren. Schon machte sich in Damaskus die Meinung breit, die israelischen Kämpfer seien unbesiegbar.

Das unrühmliche Ende dieser Offensive schmälerte das Ansehen des Brigadegenerals Husni al Zaim nicht. Er besaß den nötigen Rückhalt bei den Politikern, die sich in Damaskus die Macht teilten. Sie sorgten sogar dafür, daß er zum Oberkommandierenden der syrischen Streitkräfte ernannt wurde. Er gruppierte seine Verbände um und griff am 6. Juni erneut an. Wieder wurden seine vorrückenden Panzertruppen aufgehalten, und auch die anderen arabischen Einheiten konnten nicht auf Dauer Geländegewinne erzielen.

Waffenruhe unterbrach die Kämpfe im Sommer und Herbst 1948. Die Hoffnungen der arabischen Militärs, Politiker und der Bevölkerung auf einen Sieg über die jüdischen Kämpfer wurden während dieser Monate immer geringer. Weitverbreitet war der Glaube gewesen, die Juden seien nicht fähig, sich wirkungsvoll zu wehren.

Nach den Erfahrungen der ersten Kriegswochen waren die Araber insgesamt überzeugt, sie seien Opfer einer Verschwörung, an der England und vor allem die USA maßgeblich beteiligt waren. Die Zeitungen in der syrischen Hauptstadt stellten das eigene Land als Opfer des »zionistischen Komplotts« dar. Von nun an waren die Gräben aufgerissen zwischen Arabien und dem Westen. Vor allem sah sich die Führungsschicht der Baathpartei in ihrer Feindschaft gegen die Kolonialmächte bestätigt. Sie forderte zum energischen Kampf gegen das Komplott auf, doch die arabische Widerstandsfront zerbröckelte.

Die ägyptische Regierung war als erste bereit, mit Israel Waffenstillstand zu schließen. Er wurde am 24. Februar 1949 auf der Insel Rhodos unterzeichnet. Die Syrer zögerten am längsten. Die Verantwortlichen in Damaskus – von Präsidenten und Königen Arabiens im Stich gelassen – unterschrieben das Waffenstillstandsdokument erst am 20. Juli 1949. Der syrische Staatschef war zu diesem Zeitpunkt Brigadegeneral Husni al-Zaim, der Kommandeur der syrischen Offensiven. Er war durch Putsch an die Macht gekommen. Er eröffnete die Kette der militärischen Staatsstreiche in Syrien.

In den frühen Morgenstunden des 29. März 1949 hatte er seinen Panzerfahrern auf den Golanhöhen den Befehl gegeben, in die Hauptstadt Damaskus einzurollen. Dort war jeder Abteilung ein anderes Ziel zugewiesen worden. Die Residenz des Präsidenten wurde besetzt, die Gebäude der Ministerien, der Post und des Rundfunks. Um 6 Uhr 10 strahlte Radio Damaskus diesen Aufruf aus:

»Wir wollen die Niederlage Palästinas rächen. Die Schuld an dieser Schmach fällt auf die Politiker. Sie haben durch Egoismus und Nachlässigkeit Syrien an den Rand des Abgrunds gebracht!« Nur wenig später zogen Kolonnen von Menschen aus den Außenvierteln der Stadt zum Zentrum. In den engen Gassen des Suks sammelten sich die Händler – auf ihre Unterstützung ist jede Regierung angewiesen: Wenn die Händler ihre Gewölbe verschließen, stirbt das wirtschaftliche Leben in der Hauptstadt ab. Hätten die Händler die Läden an jenem 29. März 1949 geschlossen gehalten, dann wäre der Putsch des Brigadegenerals Husni al-Zaim gescheitert. Nach nur kurzer Diskussion fiel die Entscheidung: Die Läden werden geöffnet. Husni al-Zaim hatte gewonnen.

»Rache für Palästina!« Dieser Ruf war auf dem Platz vor dem Hejazbahnhof zu hören. Schwarzgekleidete Frauen schrien ihn. Er wurde von den Masse aufgenommen. Der Schrei steigerte die Wut der Zehntausende, die sich eng zusammendrängten. Der Zorn richtete sich gegen die Politiker, die seit dem Abzug der Franzosen Verantwortung getragen hatten. Ihnen wurde vorgeworfen, die Niederlage in Palästina leichtfertig, wenn nicht gar mit Absicht herbeigeführt zu haben. Die Baathpartei sah die Aussage ihres Gründers Michel Aflaq als bestätigt an, die gelautet hatte, die alte Generation der syrischen Politiker könne sich aus den Verwicklungen der Kolonialzeit nicht lösen.

Diese Propaganda mit der Richtigkeit der Prognosen stärkte den Ruf der Partei. Sie wiederum intensivierte die Argumentation gegen Honoratioren von gestern und deren Leichtfertigkeit beim Beginn des Konflikts mit Israel. In Erinnerung ist geblieben, daß der syrische Ministerpräsident Jamil Mardam bei der Gründung des Staates Israel hochmütig verkündet hatte: »Vierzig Millionen Araber leben rings um dieses Israel. Wenn wir uns mit Bambusstöcken bewaffnen, können wir die zionistischen Banden ins Meer werfen. Größere Anstrengungen sind da wirklich überflüssig!«

Für Jamil Mardam war es bei Ausbruch des militärischen Konflikts undenkbar gewesen, daß die 350 000 Juden, die damals in

Palästina lebten, in der Lage waren, eine schlagkräftige Armee zu bilden. Der syrische Geheimdienst hatte versäumt, festzustellen, daß die Kampforganisation Haganah seit Monaten jeden Mann ausbildete, der in der Lage war, eine Waffe zu tragen. Der junge Staat Israel verfügte schon zu Beginn der Kämpfe über 65 000 Bewaffnete, die zur Verteidigung ihrer neuen Heimat entschlossen waren. In der Endphase war die Zahl auf 120 000 angestiegen. Die arabischen Staatschefs aber hatten geglaubt, mit 33 500 Soldaten leicht den Sieg erringen zu können. Leichtsinn der arabischen Führung und Kampfgeist ihrer Gegner führten zum Sieg der Israelis.

Noch vor Unterzeichnung der Waffenstillstandsabkommen war das Selbstvertrauen des arabischen Volkes insgesamt erschüttert. Husni al-Zaim versprach, die Ehre der Araber wiederherzustellen. Durch diktatorische Maßnahmen wollte er dieses Ziel erreichen: Das Parlament wurde aufgelöst und viele der bisher Verantwortlichen wurden verhaftet. Doch sonst änderte sich wenig. Husni al-Zaim war jetzt 54 Jahre alt – seine militärische Laufbahn hatte er noch im Osmanischen Reich begonnen. Er sah sich jetzt am Ziel seiner Wünsche und wollte seine hohe Position genießen. Es wurde ihm nachgesagt, daß er Stammkunde in den Freudenhäusern von Damaskus gewesen sei. Sicher war, daß er eine Menge trank.

Kaum war Husni al-Zaim an der Macht, da glaubte der greise Emir Abdallah von Transjordanien, daß jetzt die Zeit gekommen sei, um erneut die Pläne einer Union zwischen seinem und dem syrischen Staat zu propagieren. Er war der Meinung, der neue Herr über Syrien werde seine Unabhängigkeit aufgeben, wenn er unter entsprechenden Druck einflußreicher Damaszener Kreise gerate. Abdallah schickte Geld an Persönlichkeiten, von denen er wußte, sie waren auf seiner Seite. Doch Husni al-Zaim handelte entschlossen: Er schloß die Grenze nach Jordanien und zeigte auf diese Weise, was er von einer Vereinigung hielt.

Da Husni al-Zaim nur geringe politische Erfahrung besaß, mußte er sich beraten lassen. Er traute zurecht den Politikern nicht – und den Militärs erst recht nicht, denn die meisten seiner Offizierskameraden hatten noch weniger Erfahrung als er. Es blieb ihm nichts anderes übrig, als sich an ausländische Ratgeber zu halten. Der französische Botschafter wurde zur einflußreichsten Persönlichkeit in der Residenz des syrischen Präsidenten.

Diese Entwicklung mißfiel dem britischen Botschafter, der die Order hatte, aus Syrien ein in Richtung London orientiertes Bindeglied zwischen den Königreichen Irak und Jordanien zu machen. Der britische Geheimdienst schaltete sich ein. Seine Agenten fühlten sich in jenen Jahren in Syrien zu Hause. Sie gaben sich als Altertumsforscher aus, als Orientalisten. In Wahrheit suchten sie durch vielfältige Kontakte Einfluß zu gewinnen, um die britische Machtbasis im Nahen Osten nach der Aufgabe von Palästina wieder konsolidieren zu können. Dem Geheimdienstoffizier Sterling gelang es, Sami Hennani, den Generalstabschef der syrischen Armee, auf den Gedanken zu bringen, er – Hennani – sei der richtige Mann, um Syrien zu führen.

Sami Hennani verdankte den Posten des Generalstabschefs seinem Freund Husni al-Zaim. Treue zu ihm beeinflußte jedoch sein Handeln nicht. Als Generalstabschef hatte er die Mittel in der Hand, um militärische Aktionen zu befehlen. Am Abend des 13. August 1949 ordnete Sami Hennani die Besetzung der strategisch wichtigen Gebäude in Damaskus an. Sobald diese Aktion erfolgreich abgeschlossen war, ließ der Generalstabschef vor der Residenz des Präsidenten Lautsprecherwagen auffahren. Husni al-Zaim wurde aufgefordert, sich zu ergeben. Der Präsident, der bemerkte, daß seine Residenz umzingelt war, sah keinen Ausweg und ließ sich festnehmen.

Husni al-Zaim bestieg einen der bereitstehenden Militärlastwagen. Der Konvoi fuhr in Richtung des Mezze-Gefängnisses. 300 Meter vor dem Tor, auf einem Platz, hielten die Lastwagen an. Dem Präsidenten wurde befohlen auszusteigen. Neben ihn stellte man den Ministerpräsidenten Muhsin Barazi. Autoscheinwerfer richteten sich auf die beiden Männer. Husni al-Zaim bemerkte jetzt, wer ihn hatte verhaften lassen. Er begann zu schreien: »Du bist das, Hennani, du Schwein, du Hund! Mir verdankst du deinen Posten. Ich habe dich rehabilitiert vor dem Volk. Mir verdankst du es, wenn du nicht zur Rechenschaft gezogen wurdest für dein Versagen in Palästina. Ihr werdet mich doch nicht umbringen. Ich bin ein Patriot. Schaut nach, ob ich Geld auf der Bank habe!« Husni al-Zaim erhielt keine Antwort. Er bot schließlich an, freiwillig ins Exil zu gehen. Seine Worte blieben nicht ohne Wirkung: Die Soldaten folgen dem Befehl zu schießen nicht. Der Hauptmann, der die Einheit anführte, feuerte selbst. Die Geschosse aus seiner Maschinenpistole töteten

Husni al-Zaim und Muhsin Barazi sofort. Die Herrschaft der beiden Männer hatte nicht einmal fünf Monate gedauert.

Die Ermordung von Husni al-Zaim war durch den Verrat an Antun Sa'ada ausgelöst worden, dem Führer der Syrischen Sozialen Nationalen Partei. Der Offizier, der schließlich geschossen hatte, wollte Sa'adas Auslieferung an den Libanon rächen.

Sami Hennani übernahm nach diesem Putsch kein politisches Amt. Er fürchtete, daß sich seine Tat rächen könnte. Er wollte in Vergessenheit geraten. An die Spitze der Regierung trat Hashim al-Atassi, der, wie von den Engländern gewünscht, eine Politik des engen Anschlusses an den Irak verfolgte. Es wurde deutlich, daß al-Atassi letztlich sogar an den Zusammenschluß von Syrien und Irak dachte. Profitiert hätte von einer solchen Entwicklung der König des Irak, der zur haschemitischen Familie zählt. Der wirkliche Gewinner aber wäre der Emir von Transjordanien gewesen, der auch Haschemit war. Der Machtgewinn der Familie insgesamt wäre bei der Realisierung der britischen Absichten bedeutend gewesen. Die Haschemiten hätten ihre ursprüngliche Absicht, den »Fruchtbaren Halbmond« zu regieren, nahezu verwirklicht.

Die Haschemiten aber, die bis zum Ende des Ersten Weltkriegs in Mekka und Medina regiert hatten, und von der Sippe as-Saud vertrieben worden waren, hatten sich selbst zu Todfeinden des Hauses as-Saud erklärt. Nie, so hatten die Chefs der vertriebenen Sippe geschworen, würden sie den Sauds den Raub der heiligen Stätten Mekka und Medina verzeihen. Für ihre Absicht, die Rückkehr in die Heimat vorzubereiten, hätte die Vereinigung von Syrien und Irak eine starke Basis geschaffen.

Die Mächtigen in Mekka und Medina wollten aus gutem Grund nicht zulassen, daß der Machtbereich der Haschemitenfamilie auf Syrien ausgedehnt wurde. Durch saudische Geldspenden wurde der syrische Oberst Adib Schischakli veranlaßt, gegen den Präsidenten al-Atassi zu putschen. Dieser Staatsstreich geschah am 20. Dezember 1949. Atassi war gerade vier Monate im Amt gewesen. Im Verlauf des Jahres 1949 wurden drei syrische Regierungen durch Gewalt gestürzt.

Sami Hennani floh in den Libanon, doch kurze Zeit später wurde er ermordet. Die Familie des Ministerpräsidenten Muhsin Barazi, den er hatte erschießen lassen, hatte sich gerächt.

Adib Schischakli, der neue Mächtige in Damaskus, war Kommandeur des Militärbereichs Aleppo gewesen. In der Hauptstadt war er ein Außenseiter, aber er genoß als syrischer Nationalist Respekt. Bereits am ersten Tag als Oberhaupt Syriens machte er deutlich, daß er nicht daran dachte, seinen Staat an den Irak anzugliedern. Die britischen Geheimdienstpläne waren gescheitert. Wer sich in Damaskus dafür ausgesprochen hatte, wurde verhaftet. Die Damaszener Staatsstreiche hatten viele Opfer und hinterließen meist eine breite Blutspur.

Seit dem Staatsstreich des Sami Hennani hatte Syrien wieder die Staatsform der parlamentarischen Demokratie gehabt. Nur zwei Jahre waren der parlamentarischen Tradition zur Entwicklung geblieben, als Adib Schischakli dem halbwegs demokratischen Regierungssystem im Dezember 1951 ein Ende machte.

Obgleich der Präsident als Diktator herrschte, gelang es ihm, aus Syrien einen fortschrittlichen Staat zu machen. Die Hauptstadt veränderte ihr Gesicht. Hotels und Geschäftshäuser entstanden. Bis zu diesem Zeitpunkt hatte Damaskus das Aussehen behalten, das ihm die osmanischen Herren gegeben hatten. Jetzt verschwanden die Bauten der Türkenzeit. Schischaklis Stadtplaner ließ Grünflächen anlegen, die sich längs des Baradaflusses hinziehen. Finanzprobleme gab es keine, weil die reichen Damaszener ihr Geld in der eigenen Stadt investierten. Sie waren überzeugt von der Stabilität des Regimes.

Finanziert hatte Schischaklis Putsch die Königsfamilie Saudi-Arabiens. Die enge Verbindung zwischen dem syrischen Präsidenten und dem Herrscherhaus des Öl-Königreiches blieb nach der erfolgreichen Machtübernahme erhalten. Davon profitierte nicht nur Schischakli, sondern auch die wirtschaftlich bestimmende Schicht in Damaskus. Die Familie as-Saud belohnte alle, die zu ihr hielten.

Darüber ärgerte sich König Hussein von Jordanien aus der Dynastie der Haschemiten. Seine Agenten fanden putschwillige Offiziere in der Garnisonsstadt Aleppo. Am 25. Februar 1954 war es soweit: General Faisal al-Atassi und Hauptmann Mustafa Hamdun rebellierten gegen Präsident Schischakli. Es gelang den beiden, die Armeekommandeure der Nordregion auf ihre Seite zu ziehen. In ihrer ersten Proklamation gaben sie bekannt, daß sie die nördliche Provinz Syriens an den Irak angliedern wollten. Ihre Parole hieß: »Wir schaffen die Einheit des Euphrattales.« Sie kopierten damit das politische Konzept des Ägypters Gamal Abdel Nasser, der verkündet hatte, er trete für die Schaffung der »Einheit des Niltales« ein.

Die Angliederung der syrischen Nordprovinz an Irak war von dem General und dem Hauptmann nur als Vorstufe zur völligen Verschmelzung Syriens mit dem haschemitischen Königreich Irak gedacht. Ausgeheckt hatte den Plan wieder einmal der britische Geheimdienst: Seine Funktion im Putsch von Aleppo wurde offenbar, als Schischaklis Finanzministerium die Soldzahlung an die Soldaten und Offiziere von Aleppo unterbrach. Da stellte London die fälligen Beträge zur Verfügung. Per Flugzeug via Baghdad wurde das Geld nach Aleppo gebracht.
Schischakli hatte das Gefühl, dieser britisch-haschemitischen Verschwörung nicht gewachsen zu sein. Da die Unterstützung aus Saudi-Arabien von einem Tag zum anderen ausblieb, geriet er in Panik und floh nach Beirut, wo er schon bald ermordet wurde.
Von Bedeutung war bei diesem Machtkampf nicht nur die Rivalität zwischen den königlichen Familien Haschem und as-Saud, die um die Vorherrschaft in Arabien stritten, sondern bereits der Konflikt zwischen Moskau und Washington. Die amerikansiche Regierung bemühte sich, ein Bündnis zu schmieden, das als Bollwerk gedacht war gegen die Ausbreitung der kommunistischen Ideologie im Nahen Osten. Pfeiler des Bündnisses sollten die Türkei, Iran und der Irak sein. Gelang es, Syrien dem Irak anzuschließen, dann war an der Südflanke der Sowjetunion eine lückenlose Barriere gegen die Expansionspolitik der Kremlherren geschaffen. Die syrische Angliederung war jedoch nicht Voraussetzung für den Abschluß des Bündnisses. Sie hätte ihm jedoch eine beachtliche Aufwertung verschafft. Das Abkommen, das am 24. Februar 1955 unterschriftsreif wurde, trug die Bezeichnung Baghdad-Pakt (CENTO).

Die haschemitischen Herrscher in Jordanien und Irak sahen im Baghdad-Pakt ein Mittel zur Stärkung ihrer Macht. Der bedeutendste Gegner ihrer Politik war der ägyptische Präsident Gamal Abdel Nasser, der seit 1952 der starke Mann am Nil war.

Nasser hatte sich zum Idol der jüngeren Generation Arabiens entwickelt. Er vertrat den Standpunkt, das arabische Volk bilde eine Einheit von mehr als 100 Millionen Menschen. Der geschichtliche Prozeß werde bald schon dazu führen, daß sich diese 100 Millionen Menschen in einem Staat vereinigen – in »Umma al Arabia«, im arabischen Mutterland. Die Vereinigung zu einem Volk und einem Staat werde das Selbstwertgefühl der Araber, das durch jahrhundertelange Fremdherrschaft zerstört worden sei, wieder herstellen. Dieses wiederum sei die Grundlage für eine fortschrittliche Entwicklung Arabiens und ermögliche die Loslösung aus allen Bindungen an die imperialistischen Großmächte des Westens und an die nicht weniger imperialistischen Sowjetunion. Ein stolzes Arabien, so sagte Nasser, dürfe sich nicht in einen Staatenblock des Ostens oder des Westens einbinden lassen. Gamal Abdel Nasser wollte Arabien und der gesamten dritten Welt Blockfreiheit verordnen. Der ägyptische Präsident war ein strikter Gegner des Baghdad-Paktes.
Nassers Parolen wurden überall in Arabien vernommen und bejubelt. Die Jugend fühlte sich angesprochen vom Aufruf zur Einheit des arabischen Volkes. Der Traum vom Großarabischen Reich entstand. Die Zeit dafür schien gekommen zu sein, und Nasser präsentierte sich als der Garant einer glücklichen Zukunft Arabiens in der Unabhängigkeit von fremden Einflüssen und Ideologien.

Die syrische Baathpartei hatte die Vision vom souveränen Arabien schon zehn Jahre zuvor entwickelt, doch war die Resonanz ihres Aufrufs gering geblieben. Dies war ein personelles Problem. Aflaq und Bitar waren farblose Persönlichkeiten im Vergleich zu Gamal Abdel Nasser. Sie hatten den Verstand der jungen Intellektuellen angesprochen – Nasser aber verstand es, die Massen zu packen, sie aufzustacheln, sie in eine bestimmte Richtung zu lenken. Die Führung der Baathpartei in Damaskus begriff, daß Nasser erfolgreicher war in der Mobilisierung der Araber. Die Ziele Nassers und der Baathpartei waren in der großen Linie identisch, Differenzen in den Programmen bestanden nicht. In dieser Situation waren Aflaq und seine Mitstreiter gut beraten, Nassers Führungsrolle als arabischen Nationalisten anzuerkennen. Im Sommer des Jahres 1956 nahm die Partei Kontakt auf zum ägyptischen Präsidenten und besprach mit ihm die Möglichkeit eines Zusammenschlusses der syrischen und der ägyptischen Republiken. Dieser Schritt sollte die Keimzelle schaffen für eine Fusion aller arabischer Staaten. Der Syrer Michel Aflaq war bereit, sich unterzuordnen und sogar seine Partei zu opfern für den Erfolg des Gamal Abdel Nasser.

Diesen Schritt wollten jedoch nicht alle Mitglieder der Parteispitze mitvollziehen. Michel Aflaq verlor Anhänger und die Baathpartei begann sich zu verändern. Die Grundlage wurde gelegt für den Aufstieg des Parteimitglieds Hafez al-Assad, der zu diesem Zeitpunkt dabei war, die ersten Sprossen der Karriereleiter in Partei und Armee zu erklimmen.

»Unsere Menschen kennen einander doch nicht« – Damaskus wird Hauptstadt der »Nordprovinz« der VAR

Geheimdienstchef Abdel Hamid Sarradsch, war ein glühender Verehrer des Ägypters Gamal Abdel Nasser. Sarradsch kontrollierte das politische Geschehen in Damaskus. Der Mann, der Syrien eigentlich führen sollte, der Staatspräsident Shukri al-Kuwatli, konnte dem Land keine Impulse geben. Einem Vergleich mit Gamal Abdel Nasser hielt al-Kuwatli nicht stand. Die Jugend der syrischen Hauptstadt lachte über ihren Präsidenten – und wollte von Nasser regiert werden.

Der Geheimdienstchef schätzte die Situation richtig ein: Die Mehrzahl der Menschen in Damaskus war bereit, einer Union ihres Landes mit Ägypten zuzustimmen. Bei dieser Einstellung der Bevölkerung war es leicht, Verbündete für den Unionsplan zu finden.

Sarradsch offenbarte seine Absicht dem Generalstabschef Afif Bizri, der ohnehin zornig war auf al-Kuwatli. Der Generalstabschef hatte schon vor Wochen dem Präsidenten vorgeworfen, er habe keine Ideen, er sei zu lasch und er habe jede Autorität verloren. Afif Bizri entschloß sich zu handeln. Am späten Abend des 27. Januar 1958 begab er sich zum Präsidenten.

Al-Kuwatli, der schon seit Wochen befürchtete, das Militär werde ihn absetzen und verhaften, mußte sich von seinem Generalstabschefs sagen lassen, er trage die Schuld an der Misere des Landes, und er müsse durch eine populäre Persönlichkeit ersetzt werden – allein Gamal Abdel Nasser sei stark genug, Syrien zu retten. Afif Bizri forderte den Staatschef auf, sofort am kommenden Morgen nach Cairo zu fliegen und Nasser zu bitten, auch die Verantwortung für Syrien zu übernehmen. Schukri al-Kuwatli begriff, daß er – wenn er überleben wollte – dem Wunsch des Generalstabschefs nachkommen mußte.

Auf Befehl von Afif Bizri hatten sich sämtliche syrischen Minister mit dem Präsidenten nach Cairo zu begeben. Kurz nach Mitternacht schickte Geheimdienstchef Abdel Hamid Sarradsch in alle Wohnungen der Minister seine Agenten. Sie sollten dafür sorgen, daß sich keiner um die Reise drücken konnte. Das syrische Kabinett hatte vollzählig bei Nasser zu erscheinen.

Mahmud Riadh, der später ägyptischer Außenminister und dann Generalsekretär der Arabischen Liga wurde, war damals Botschafter Nassers in Damaskus. Er begleitete den syrischen Präsidenten und die Minister nach Cairo. Vom Flugzeug aus nahm er über Funk Verbindung auf zu Nassers Kanzlei. Er regte an, die Massen zum Empfang der Syrer zu mobilisieren. So geschah es, daß am Morgen Zehntausende von Männern und Frauen am Rande der Cairoer Flughafenstraße standen, um der Delegation aus Damaskus zuzurufen: »Lang lebe die syrisch-ägyptische Union!«

Mit der Ankunft von Schukri al-Kuwatli ging für Gamal Abdel Nasser ein Wunschtraum in Erfüllung: Der Chef eines anderen arabischen Staates bot ihm an, sein Land mit Ägypten zu vereinigen. Seit dem Jahre 1952 hatte Nasser den arabischen Massen eingeschärft, sie hätten für die Vereinigung aller Araber zu einem Volk zu kämpfen. Er konnte die Aufforderung, Ägypten und Syrien zusammenzulegen, nicht übergehen. Da er ein kluger Mann war, der die Schwierigkeiten ahnte, die nach der Euphorie der Vereinigung entstehen mußten, bat er um Bedenkzeit, die dafür genutzt werden konnte, die Syrer und die Ägypter einander näherzubringen. Nasser meinte: »Unsere Menschen kennen einander doch gar nicht!« Schukri al-Kuwatli aber wußte, daß er nicht ohne Nassers Einwilligung zur Fusion der Staaten nach

Damaskus zurückkehren durfte – er wäre als Verräter verhaftet und abgeurteilt worden. Deshalb beschwor er den Ägypter, ihn selbst und die Syrer nicht im Stich zu lassen. Trotz schwerer Bedenken stimmte Nasser schließlich am Nachmittag des 28. Januar 1958 der Ausrufung der »Vereinigten Arabischen Republik« zu.

Der bisherige syrische Staatschef war nach der Unterschrift sichtlich erleichtert. Er fand zurück zu seiner gewohnten Ironie als er zu Nasser sagte: »Exzellenz, Sie haben mir sehr geholfen. Sie haben mich von der undankbaren Aufgabe befreit, fünf Millionen Menschen zu regieren, von denen sich jeder als Politiker von hohem Format fühlt. Die Hälfte davon glaubt, zum Führer der Nation geboren zu sein. Ein Viertel meint, als Prophet wirken zu können. Aber wenigstens zehn Prozent sind der Meinung, Allah ähnlich zu sein!«

Nasser bekam an jenem 28. Januar absolute Vollmacht zugesprochen, Syrien nach seinem Willen zu regieren. Die bisher in Damaskus Verantwortlichen verzichteten für ihr Land auf jegliche Souveränität und auf jede Eigenständigkeit. Nasser gab die Direktive: »In revolutionärem Schwung schweißen wir die beiden Länder zusammen!«

Während der ersten Februartage erlebten die Menschen von Damaskus, was Nasser damit meinte: Auf dem Flughafen trafen Ägypter ein, die den Auftrag hatten, Schlüsselpositionen in den Ministerien zu übernehmen. Alle Gesetze und Verordnungen, die am Nil galten, mußten jetzt auch in Syrien befolgt werden. Ägyptische Finanzbeamte kontrollierten von nun an die Steuerbehörde, Richter aus Ägypten urteilten nach ägyptischen Rechtsregeln, Polizisten aus Cairo versuchten, den Verkehr in Damaskus zu ordnen, Diplomaten aus dem ägyptischen Außenministerium übernahmen die Akten der Kollegen in Damaskus und verfügten die Schließung der syrischen Botschaften in den Hauptstädten der Welt.

Die Damaszener mußten erleben, daß in ihrer Stadt fast nichts blieb, wie es war. Sie wurden behandelt, als ob sie durch Ägypten in einem Feldzug besiegt worden wären. Sie nahmen die Entmündigung hin, weil sie zunächst glaubten, historische Stunden der gesamtarabischen Entwicklung zu erleben. Solange die Begeisterung der Bewohner von Damaskus über Nassers Verpflichtung, die Syrer zu regieren, anhielt, ertrugen sie es sogar, daß der Begriff »Syrien« durch das kalte Wort »Nordprovinz« ersetzt wurde. Damaskus war zur Provinzhauptstadt degradiert. Der starke Mann der Nordprovinz war Abdel Hamid Sarradsch, der Geheimdienstchef. Seinen bisherigen Verbündeten, den Generalstabschef Afif Bizri, hatte er schon bald nach dem 28. Januar aus dem Amt gedrängt. Nasser vertraute ihm, und dies aus gutem Grund: Sarradsch rettete dem Ägypter das Leben.

In Saudi-Arabien war der Plan für den Mordanschlag ausgeheckt worden. Der Familie as-Saud – zuständig für die islamischen Heiligtümer in Mekka und Medina – lehnte die Union zwischen Ägypten und Syrien ab, sah sie sich doch selbst als beherrschende Kraft Arabiens. Der steile Aufstieg Nassers zum Volkshelden der Araber hatte den Herren Saudi-Arabiens mißfallen. Daß Nasser jetzt auch noch für Syrien zuständig war und vielleicht andere arabische Staatchefs – solche, die sich im Einflußbereich Saudi-Arabiens befanden – auf den Gedanken kommen könnten, ihr Land der »Vereinigten Arabischen Republik« anzuschließen, machte die Situation noch brisanter. Politische Kräfte des Jemen hatten bereits derartiges Interesse signalisiert. Der Saudclan beschloß zu handeln.

König Saud, mehrmals verheiratet, hatte zahlreiche Schwiegerväter. Einer wohnte damals, im Jahr 1958, in Damaskus. Er war so gut bekannt mit dem Geheimdienstchef Abdel Hamid Sarradsch, daß er ihm ein gefährliches Geschäft vorschlagen konnte: Die Ermordung Nassers – gegen Übergabe eines Schecks, dessen Wert Sarradsch selbst bestimmen sollte. Sarradsch ging auf den Vorschlag ein: Für einen Scheck über 22 Millionen Pfund Sterling würde er Nasser ermorden lassen.

Vom Schwiegervater des saudiarabischen Königs erhielt der Geheimdienstchef schon während der nächsten Tage einen Vorschuß von 2,2 Millionen Pfund Sterling. Der Scheck trug das Datum vom 26. Februar 1958, unterzeichnet war er vom Direktor der Arabischen Bank in Riadh.

Der Mordplan sah vor, das Flugzeug des ägyptischen Präsidenten bei dessen nächstem Flug nach Damaskus abzuschießen. Die syrische Luftwaffe sollte diese Aufgabe übernehmen. Als Ort des Abschusses war die Region der Golanhöhen festgelegt worden. Die Nähe des Absturzplatzes zur israelischen Grenze hätte dann die Erklärung ermöglicht, die israelische Luftwaffe habe Nassers Flugzeug abgeschossen.

Der Geheimdienstchef nahm das Geld und informierte Nasser über die Absichten des Saudiclans. Nasser wiederum gab sein Wissen in einer Rede preis und löste damit eine Wut der Massen in Ägypten und Syrien auf die »verkommene Sippe der as-Sauds« aus. Das Königshaus von Saudi-Arabien war blamiert. Aus Ärger darüber forderten die Prinzen in Riadh und Djedda, daß in ihrem Lande die »unfähigen Alten« die Macht abgeben sollten. Schrittweise folgte die Entmachtung des Königs Ibn Saud, der persönlich für den Plan verantwortlich war. Im März 1958 mußte Ibn Saud alle Befugnisse über Außen- und Innenpolitik und über die Staatsfinanzen an seinen Bruder Faisal abtreten. Der getreue Sarradsch aber erhielt im Sommer 1961 den Auftrag, nun auch in Syrien die Gesetze für die Verstaatlichung anzuwenden, die in Ägypten Gültigkeit besaßen. Nasser kalkulierte nicht ein, daß die Besitzverhältnisse für Boden und Kapital in Syrien anders waren, als in Ägypten. Am Nil hatten die meisten der Banken und Industriebetriebe ausländischen Kapitalgruppen gehört. Die Maßnahmen zur Verstaatlichung hatten in Ägypten darauf abgezielt, fremden Einfluß auszuschalten. In Syrien aber verbarg sich kaum ausländisches Kapital in Banken, Versicherungsgesellschaften und Industriefirmen. Investoren waren syrische Familien, die sich das Geld während der wirtschaftlichen Blütezeit der frühen 50er Jahre erworben hatten. Als nun das Kapital dieser Familien enteignet wurde, fühlten sich diese um den Lohn ihrer Arbeit betrogen. Das Resultat war, daß die maßgebliche großbürgerliche Gesellschaft von Damaskus Position gegen Nasser bezog. Soweit es noch möglich war, wurden Gelder ins Ausland transferiert, »um sie vor dem Verrückten aus Ägypten zu retten«. Innerhalb kurzer Zeit verarmte das Leben in Damaskus. Die Bewohner gaben Nasser die Schuld. Allgemein war die Meinung: »Allah bestraft uns dafür, daß wir diesen Ägypter zu uns geholt haben!«

Der Unionsstaat, der sich »Vereinigte Arabische Republik« nannte, besaß seit März 1960 eine Nationalversammlung. Gamal Abdel Nasser hatte ganz selbstverständlich verfügt, daß dieses Pseudoparlament – an wirklich freie Wahlen war nicht zu denken gewesen – in Cairo tagte, und nicht in Damaskus. Diese Zurücksetzung führte dazu, daß sich plötzlich politische Kräfte völlig unterschiedlicher Richtung einig waren in der negativen Beurteilung der Union. Landbesitzer und Kommunisten verwünschten

Gamal Abdel Nasser mit Ausdrücken, die sich kaum unterschieden.

Zum Zentrum der Unzufriedenheit wurde die Baathpartei. Sie hatte noch im Frühjahr 1958 die Union zwischen Syrien und Ägypten als »glorreichen Sieg in der Geschichte Arabiens« gefeiert. Doch bereits nach wenigen Wochen mußte Michel Aflaq feststellen, daß Nasser die Baathpartei nicht als Verbündeten ansah, im Gegenteil, daß er sie bald sogar als unerwünschten Konkurrenten bekämpfte. In der parteiamtlichen Schrift »Aperçu sur le combat du Baath 1947–1974« schreibt der Parteigründer: »Zur Zeit der Union von Syrien und Ägypten durchlebte die Baathbewegung ihre schwerste und heftigste Krise ihrer gesamten Geschichte. Die Partei hatte wesentlich dazu beigetragen, daß dieses historische Ereignis der Vereinigung zwischen Ägypten und Syrien überhaupt hatte stattfinden können. Die Partei erfuhr kurze Zeit nach dem Einigungsbeschluß ihre gewaltigste Enttäuschung: Der Sinn der Einigung wurde verfälscht. Wir, die Speerspitze der arabischen Einigung, von der die Grundlage für derartige Prozesse geschaffen worden ist, wurden ausgeschaltet. Dies war schmerzhaft für uns. Wir konnten nichts unternehmen, um den Einigungsgedanken vor dem Verderben zu schützen.«

Die Parteiorganisation wurde behindert, obgleich Michel Aflaq die Direktive ausgegeben hatte, in Reden und Publikationen nicht auf die unterschiedliche Meinung zwischen Baathführung und Nasser einzugehen. Die Publikationsorgane der Regierung aber – so teilt die parteiinterne Schrift mit – gaben sich alle Mühe, die Haltung der Baathführung in Mißkredit zu bringen. Politiker, die der Partei nahestanden, wurden aus ihren Ämtern entfernt, die Zeitschriften der Baath mußten sich Zensur gefallen lassen. Es kam noch schlimmer: Nasser stellte schließlich sogar die Bedingung, die Partei müsse aufgelöst werden – sonst werde die Union zwischen Syrien und Ägypten beendet.

Das Resultat dieser Auseinandersetzung war, daß in Damaskus das Ansehen der nun im Verborgenen wirkenden Baathpartei als eigenständige syrische politische Kraft ständig anwuchs, obwohl die Organisation den Zusammenhalt immer mehr verlor. Der Druck, den Ägypten und Nasseristen ausübten, führte zur Zersplitterung. Durch Verlockung und Repression zerfiel allmählich die Parteistruktur. Viele Sunniten sahen keine Chance mehr zur vernünftigen und zukunftsträchtigen politischen Arbeit und traten aus der Partei aus. Als Faktor der Spaltung wirkte auch das Klassenproblem: Angehörige der Mittelschicht und der Bauern begannen jeweils eigene politische Wege zu gehen. Die Baathpartei wäre völlig zerfallen, wenn nicht wenigsten die Offiziere, die der Organisation nahestanden, den Zusammenhalt gewahrt hätten.

Glück für die Partei und Unglück für die Anhänger Nassers bedeutete die zunehmende Entfremdung zwischen dem syrischen Offizierskorps und den aus Ägypten entsandten Offizieren. Gerade die Offiziere der Armee, denen die Idee der arabischen Einigung eigentlich heilig war, wandten sich – enttäuscht von den nahezu kolonialistischen Methoden der Ägypter – der unterdrückten Baathpartei zu. General Abdel Karim Zahr ad-Din erinnerte sich später:

»Mit der Muttermilch haben wir syrischen Offiziere die Sehnsucht nach der Einigung der Araber in uns aufgenommen. Wir glauben an diese Einheit, wie wir an Allah glauben. Doch unsere Brüder aus dem Süden, aus Ägypten, haben eine andere Mentalität. Wir Syrer waren vom ersten Tag der Einheit für den Austausch der Offiziere beider Armeen eingetreten. Unsere jungen Männer flogen voll Begeisterung über die errungene Einheit in die Südprovinz. Doch wer kam zu uns? Die Ägypter schickten Offiziere, die eine Ausbildung in Spionage hinter sich hatten. Sie dachten, sie seien hier als Geheimdienstler eingesetzt. Vom Geist des arabischen Nationalismus spürten wir bei ihnen nichts. Wie Kraken griffen diese Männer nach Einfluß. Ihre Fangarme packten alles. Sie machten sich zu Herren über uns. Sie arbeiteten nicht mit unserem Hauptquartier zusammen. Sie nahmen immer nur Kontakt zu ihren eigenen Offizieren auf. Sie hatten bald alle wichtigen Posten der Ersten Syrischen Armee in der Hand. Aber unsere Offiziere saßen in Ägypten hinter leeren Schreibtischen. Man übertrug ihnen keine Autorität. Wer sich beklagte, der bekam den Vorwurf zu hören, er weine wohl dem alten Syrien nach. Unsere Unzufriedenheit bekämpften die Ägypter mit Entlassung oder mit Versetzung in die Verwaltung. Vertrauen und Freundschaft verschwanden. Die Ägypter benahmen sich so, als hätten sie es darauf angelegt, Haß zu säen. Die Situation war genauso, wie zur Zeit des französischen Mandats. Wir waren jetzt eben in den Fängen des ägyptischen Imperialismus. Eigentlich müßte man doch annehmen, daß bei einer Vereinigung das beste Gesetz im Unionsstaat zur Anwendung kommt, aber unsere Brüder aus dem Süden hatten diese Absicht gar nicht. Sie zwangen uns mit Gewalt ihre Gesetze auf.«

Einige Offiziere rangen sich schließlich zum Entschluß durch, diesem Unionsstaat durch einen Militärputsch ein Ende zu bereiten. Der Kreis der Putschisten bestand fast ausschließlich aus Obersten und Hauptleuten, die in Damaskus zu Hause waren. Intern trug der Putschplan deshalb auch die Bezeichnung »Damaskus-Affäre«. Schlüsselfigur war der Oberstleutnant Abdel Karim al-Nahlawi.Er war einer der wenigen Offiziere, die während des Bestehens der Vereinigten Arabischen Republik Entscheidungsfreiheit besaßen. Er hatte die Position des Stellvertretenden Direktors für die »Angelegenheiten der Offiziere«. Al-Nahlawi war zuständig für Versetzungen innerhalb des Offizierskorps, sein Vorgesetzter war ein Ägypter, der sich jedoch kaum um die Geschäfte kümmerte. So hatte der syrische Oberstleutnant freie Hand seine Offiziersfreunde aus Damaskus auf Kommandostellen zu setzen, die für die Durchführung eines Putsches wichtig waren.

Auslösender Faktor für die Rebellion der Offiziere war im August 1961 die Abschaffung des Provinzialrates von Syrien, der ein Provinzparlament darstellte – allerdings ohne demokratische Legitimität. Gleichzeitig wurde auch der Provinzialrat von Ägypten abgeschafft, doch diese Maßnahme fand in Damaskus keine Beachtung. Zorn flammte auf in der Hauptstadt der »nördlichen Provinz« über den »Willkürakt, der gegen syrische Interessen gerichtet ist«. Nassers Absicht war, durch Auflösung der regionalen Körperschaften im Norden und im Süden die spürbare Kluft zwischen beiden Unionshälften zu überbrücken. Die Damaszener aber sahen in dieser Maßnahme nur eine weitere Verschärfung der Unterdrückung. Nichts mehr, was Gamal Abdel Nasser fortan unternahm, fand eine positive Reaktion in Damaskus. Haß bestimmte das politische Klima.

Das Ende der Union –
Damaskus erhält seine Bedeutung zurück

Es war noch dunkel am Morgen des 28. September 1961 als Panzer ins Zentrum von Damaskus einrollten. Bald kontrollierten Soldaten die Rundfunkstation, das Telefonamt, das Innenministerium und die Polizeizentrale. Nur zögernd näherten sich die Panzer dem Gebäude, das dem Provinzpräsidenten als Residenz diente, denn der Inhaber des höchsten Amtes in der Nordprovinz war Ägypter: Marschall Abdel Hakim Amer. Die Putschisten wollten unter allen Umständen verhindern, daß der Marschall getötet, verletzt oder auch nur unsanft und unhöflich behandelt wurde. Die syrischen Offiziere fürchteten den Zorn Nassers.

Marschall Amer war erst am 21. September 1961 von Nasser nach Damaskus geschickt worden, um aufmüpfige Syrer zum Schweigen zu bringen. An diesem Tag war der bisher allmächtige Abdel Hamid Sarradsch abgelöst worden. Nasser hatte ihm zuletzt die Schuld an der unzufriedenen Stimmung in Damaskus gegeben.

In der einen Woche seit seiner Ankunft in der Hauptstadt der Nordprovinz der Vereinigten Arabischen Republik hatte Abdel Hakim Amer kaum Zeit gehabt, Veränderungen zu bewirken. Sein pompöses Auftreten in Damaskus hatte eher zur Folge gehabt, daß sich der Ärger der syrischen Offiziere noch steigerte. Die Anwesenheit des Marschalls führte dazu, daß die Offiziere rasch handelten.

Als Amer beim ersten Schein des Tageslichts begriff, daß ein Militärputsch begonnen hatte, versuchte er, mit Nasser in Cairo zu telefonieren. Es war jedoch in vier Jahren der Einheit zwischen Ägypten und Syrien nicht möglich gewesen direkte Telefonleitungen zwischen den Machtzentren in Damaskus und Cairo einzurichten. Telefongespräche mußten über Beirut und Europa vermittelt werden. Es war längst Tag, als Marschall Amer mit Präsident Nasser sprechen konnte.

Die Anweisung aus Cairo war eindeutig: »Dieser unwürdigen Aktion ist ein Ende zu bereiten!« Nasser bestand darauf, daß Amer den »Separatisten« keinerlei Zugeständnisse machte. Der Marschall sah sich aber aufgrund der militärischen Situation in der Stadt zu Verhandlungen gezwungen. Von acht Uhr bis zwölf

Uhr verhandelte er mit Oberstleutnant Abdel Karim al-Nahlawi. Amer gab zu, daß Fehler gemacht worden wären und daß die Ägypter die Syrer falsch behandelt hätten. Die syrischen Gesprächspartner wiederum wollten nicht als die Saboteure einer Keimzelle der arabischen Einheit gelten. So stimmten sie dem Wortlaut eines Kommuniqués zu, das vom Rundfunk um 13 Uhr 30 verbreitet wurde: »Wir Syrer verfolgen das Ziel, die Zusammengehörigkeit der Araber zu bewahren. Wir gefährden nicht die Siege, die der arabische Nationalismus bereits errungen hat.«

Als Gamal Abdel Nasser den Text las, war er empört. Er enthielt kein eindeutiges Bekenntnis zum Unionsstaat. Marschall Amer wurde angewiesen, von den syrischen Offizieren zu verlangen, daß alle Befehle aus Cairo strikt befolgt würden. Der Ägypter sah sich nicht in der Lage, seinen syrischen Gesprächspartnern mit dem Hinweis auf Nassers Autorität zu imponieren, so meldete er nach Cairo, daß er niemanden mehr finde, der ihm gehorche. Nasser teilte Amer schließlich mit, wenn die Syrer auf Eigenständigkeit pochten, sei es besser, auf den Unionsstaat zu verzichten. Diese Worte Nassers veranlaßten jetzt die bisher vorsichtigen syrischen Offiziere, die Trennung ihres Landes von Ägypten durchzuführen. Marschall Amer wurde verhaftet und mit den führenden Offizieren seines Machtapparats nach Cairo ausgeflogen.
Nasser wollte diese Niederlage nicht hinnehmen. Er glaubte, die Garnisonen in Nordsyrien hätten sich der Rebellion nicht angeschlossen und schickte Luftlandetruppen nach Lattakia. Doch der Gegenputsch mißlang, da sich am späten Nachmittag des 21. September 1961 alle syrischen Garnisonen mit den Aktionen der Offiziere von Damaskus solidarisch erklärt hatten. Die ägyptischen Fallschirmjäger wurden auf dem Flugfeld von Lattakia verhaftet. Syrien und Ägypten bildeten von nun an keinen gemeinsamen Staat mehr.

Die Menschen von Damaskus fühlten sich befreit nach jenem 28. September 1961. Die Geschäftsleute, die darauf warteten, daß die Zeit der Verstaatlichungen ein Ende nahm, konnten daran denken, ihr Kapital aus dem Libanon, aus Europa zurückzuholen. Die Investoren gewannen wieder Interesse an der eigenen Stadt. Die freie Wirtschaft setzte sich durch gegen Bevormundung durch Planungsministerien. Die Militarisierung des Lebens, die der Ägypter begünstigt hatte, wurde aufgehoben.

Doch das beglückende Gefühl, wieder Herr in der eigenen Hauptstadt zu sein, verflog rasch. Die politische Entwicklung stockte. Die Wahlen, die abgehalten wurden, ergaben keine eindeutigen Mehrheitsverhältnisse. Den Zivilisten gelang es nicht, das Land in den Griff zu bekommen, und die Offiziere bereuten es schon, nach dem Coup vom 28. September 1961 darauf verzichtet zu haben, selbst eine politische Rolle zu spielen.

Die Baathpartei verstand es während dieser Zeit der Unsicherheit sich zu profilieren. Sie vertrat den Standpunkt, die Vereinigung von Ägypten und Syrien sei der richtige Ansatz gewesen, nur Nassers gewalttätige Haltung habe diesen Ansatz vernichtet. Die Baathpartei attackierte das bürgerliche Regime. Der Konflikt spitzte sich im Oktober 1962 zu, als die Parteizeitung »Al-Baath« erneut verboten wurde. Diese Maßnahme trug zur Popularität der Partei bei. Es gelang ihr, sich eine starke Basis zu schaffen, die den Weg zur Macht öffnete. Sie benützte dabei die traditionelle Besonderheit syrischer Politik, die ausgeprägte Eigenständigkeit syrischer Regionen. Die Partei konnte allerdings eine Gefahr nicht vermeiden – die Gefahr, selbst für die Zwecke anderer ausgenützt zu werden.

Die Alawiten –
Nährboden für die Baathpartei

Die vier Jahre des ägyptischen Einflusses hatten eine bemerkenswerte positive Wirkung: Die Rivalität unterschiedlicher Clans in der Bevölkerung war verschwunden. Die syrische Politik vor Nassers Griff nach Damaskus war gekennzeichnet durch übernationale, panarabische Tendenzen und zugleich durch die Bindung an die Region, an die engere Heimat. Am syrischen Staat selbst waren die Politiker weit weniger interessiert. Das Resultat war, daß ideologisch ausgerichtete Parteien nur geringe Chancen hatten, wirklich erfolgreich zu sein. Man war nicht zu einer Ideologie und nicht zum Staat loyal, sondern zu einer Region. Aus Damaskus zu sein, aus Dera'a, Lattakia oder Suwayda

259

bedeutete für einen jungen Mann mehr als das Bewußtsein, aus Syrien zu stammen.

Für zwei Provinzen galt diese Tatsache noch mehr als für alle anderen: Für Lattakia und für Suwayda. Die Mehrheit der Bewohner von Lattakia gehören zur Glaubensgemeinschaft der Alawiten, die meisten der Menschen des Gebiets von Suwayda sind Drusen. Beide Gruppen zeichnen sich durch engen Zusammenhalt aus; stark ausgeprägt ist die Solidarität der Gruppenangehörigen untereinander. Diese Eigenschaft pflegt in besonders hohem Maße die Gemeinschaft der Alawiten. Ihnen gelang es durch Geschick und Hartnäckigkeit, die Baathpartei in die Hand zu bekommen.

Der Parteifunktionär Sami al-Jundi, einer der ersten Mitglieder der Baathpartei, sagte über deren Aufbauphase:

»In Damaskus fanden wir wenig Beachtung. Die wirklichen Damaszener kümmerten sich um uns nicht. Wer sich uns in Damaskus anschloß, der gehörte zum Kreis der Studenten, die von auswärts aus kleinen Städten und Dörfern kamen. Bei ihnen fielen unsere Gedanken auf fruchtbaren Boden. Diese Studenten schlossen sich uns an. Waren sie mit dem Studium fertig, dann kehrten sie in ihre Heimatgegend zurück und wurden dort für die Baathpartei aktiv. Sie kamen meist aus Landstrichen, in denen die sozialen Bedingungen schlecht waren, in denen das Land den Grundbesitzern gehörte. Dort fanden die Baathmitglieder Menschen, die für unsere Ideen aufgeschlossen waren. In einigen ländlichen Gegenden wurden wir stark – in Damaskus blieben wir schwach.«

Rasch fand die Baathpartei Anhänger bei einer religiösen Minderheit, deren Mitglieder bisher in Syrien wenig geachtet wurden: die Alawiten. Sie entdeckten, daß ihnen die Partei Möglichkeiten zur Entwicklung gab. Alawit zu sein, bedeutete in Damaskus nur geringe Aufstiegschancen zu besitzen.

Die Alawiten sind Moslems und sind den Schiiten zuzurechnen. Sie bilden nur eine kleine Sekte, die nicht mehr als 500 000 Menschen umfaßt. Sie sind überzeugt, daß der Prophet Mohammed und insbesondere dessen Schwiegersohn Ali Inkarnationen Allahs sind. Die Moslems sunnitischer Ausrichtung – also die Mehrheit aller Gläubigen – halten diesen Glauben für Ketzerei. Dies ist der Grund, warum die Alawiten den Sunniten mit großem Mißtrauen begegnen. Gegenseitige Abneigung führte dazu, daß die alawitische Minderheit isoliert und verachtet wurde. Es gab Zeiten, da wagte sich kein Alawit nach Damaskus, aus Furcht, erschlagen zu werden.

Nur die Armee hatte die Alawiten nicht diskriminiert – die Offizierslaufbahn stand auch für Angehörige dieser Gemeinschaft offen. Junge Alawiten, die ehrgeizig waren, nutzten diese Möglichkeit aus. So geschah es zu Beginn der 60er Jahre, daß alawitische Männer in einer Zahl beim Offizierskorps vertreten waren, die weit über der Zahl ihres Anteils an der Gesamtbevölkerung lag. Etwa 12 Prozent der Menschen Syriens sind Alawiten – sie stellen ein Viertel aller Offiziere der syrischen Armee.

Drei Viertel aller Alawiten sind in der Region Lattakia zu Hause, in einer besonders armen Gegend Syriens. Von dort stammen auch die alawitischen Offiziere. Sie bilden untereinander eine starke Gemeinschaft. Jeder alawitische Offizier sorgt dafür, daß aus seiner Heimat ständig Nachwuchs zu den Militärakademien strömt.

Die Heimatregion der Alawiten – ärmlich und unterentwickelt – bot einen idealen Nährboden für das Gedankengut der Baathpartei. Aufgeschlossen für die Ideen waren besonders die Offiziere, die aus dem alawitischen Landstrich stammten. Sie waren fasziniert von der Parole, die Araber bildeten ein Volk und seien verpflichtet, für die Einheit Arabiens zu kämpfen.

Die alawitischen Offiziere fühlten sich nicht nur durch die Zugehörigkeit zur Baathpartei miteinander verbunden, sondern auch durch das Mißtrauen gegenüber der sunnitischen Bevölkerung der Hauptstadt Damaskus. Die Alawiten verachten die Damaszener. Diese Haltung sollte später die Politik Syriens beeinflussen.

Am 8. März 1963 wagte eine Gruppe von Offizieren, die sich zur Baathpartei bekannten und die meist alawitischen Glaubens waren, den Griff nach der Macht. Der Putsch wurde wiederum in den frühen Morgenstunden durchgeführt. Das bürgerliche Regime brach ohne Widerstand zusammen – nur am Eingang zum Verteidigungsministerium wehrte sich die Wache. Um 6 Uhr 45 sendete Radio Damaskus dieses Kommuniqué:

»Im Namen Allahs und der Arabischen Nation! Syrien wird fortan wieder seine Aufgabe erfüllen im Kampf für die Einheit der arabischen Welt. Das syrische Volk hat sich nie damit abgefunden, daß es durch Grenzen abgetrennt wird von der arabischen Nation. In der syrischen Nationalhymne ist kein Wort zu finden von Syrien. Die Hymne feiert das große arabische Volk und den heroischen Krieg, den alle Araber zu führen haben.«

Der Putsch war zwar von Offizieren durchgeführt worden, die Regierung jedoch, die in Damaskus am 8. März 1963 Verantwortung für Syrien übernahm, gab sich betont zivil. Ministerpräsident wurde das Parteimitglied Salah al-Baytar. Parteigründer Michel Aflaq kommentierte den Vorgang dieses Machtwechsels so: »Die Baathpartei bestimmt künftig den Weg Syriens.«

Gamal Abdel Nasser bemerkte den Aufstieg der Baathpartei mit Verblüffung. Er hatte geglaubt, er habe die Organisation zerschlagen. Die Parolen von Radio Cairo in jenen Tagen vermitteln einen Eindruck von Nassers Denken: »In Damaskus sind Clowns im Mantel des Propheten an die Macht gekommen. Syrer, wehrt euch gegen diese Nachahmer der wahren Kämpfer für die arabische Einheit. Syrer befreit euch von diesen machthungrigen Feinden Arabiens.«

Parolen gehören zum politischen Kampf. Die Realität aber verlangte Zugeständnisse. Nasser wurde gezwungen, sich mit den Vertretern der Baathparteien von Syrien und Irak – auch in Baghdad hatte die Partei Verantwortung übernommen – an den Verhandlungstisch zu setzen. Die Baathparteien beider Länder schlugen dem Ägypter vor, noch einmal den Versuch einer Föderation zu unternehmen – diesmal unter Einschluß des Irak.

Vom Beginn der Verhandlungen an konnte Gamal Abdel Nasser seine Abneigung gegen die Baathpartei nicht verbergen: »Wer steckt denn eigentlich hinter diesem Vorschlag? Ist es die Baathpartei oder das syrische Volk? Wenn die Föderation von der Baathpartei angestrebt wird, dann lasse ich auf der Stelle die Finger davon. Das ägyptische Volk will sich mit dem syrischen Volk zusammenschließen, aber es kann und will nichts mit der Baathpartei zu schaffen haben. Ich erinnere mich gut an die Schlagworte der Damaszener damals, als wir die Union hatten: »Einheit ja – aber ohne Nasser!« Dann fragte Nasser sehr direkt: »Was hat denn die Baathpartei mit dem Geld gemacht, das ich ihr zur Regelung ihrer Finanzprobleme habe zukommen lassen? Das waren ganz schöne Summen!«

Nasser sprach seinen ganzen Ärger aus. Der Syrer, Salah al-Baytar hörte geduldig zu. Er war in einer schwachen Position, denn er brauchte Nassers Signatur unter einem Dokument, das als Beschluß zur Föderation zu Hause vorgezeigt werden konnte. Die Baathpartei in Damaskus litt unter der Meinung im syrischen Volk, sie habe zwei Jahre zuvor die Union hintertrieben. Inzwischen hatte in der syrischen Hauptstadt ein Meinungsumschwung stattgefunden. Die Zeit der Nasserherrschaft wurde verklärter gesehen. Der Grund dafür war in der Enttäuschung der Damaszener darüber zu sehen, daß Politik und Wirtschaft stagnierten, daß sich die Auseinandersetzung mit Israel nicht zu Gunsten der Araber entwickelt hatte, daß ihr Land in der Welt als rückständig galt. Gamal Abdel Nasser hatte Arabien insgesamt Glanz gegeben, Nassers Ansehen war gestiegen. Die Partei ließ sich auf ein gefährliches Spiel ein.

Tatsächlich wurde am 17. April 1963 erneut der Beschluß gefaßt, Syrien und Ägypten zusammenzuschließen. Der Dritte im Bunde sollte der Irak sein. Diesmal, so glaubte die Baathführung in Damaskus, könnten Fehler vermieden werden, schließlich war jetzt die Partei die treibende Kraft, die die Initiative ergriffen hatte. Insgeheim glaubten die Parteichefs, Nasser werde auf Dauer der schwächere Partner sein und müsse Rücksicht nehmen auf die Parteiführung in Damaskus und Baghdad.
Doch da drohte der Unionsversuch der Baathpartei zu platzen. Ein Putsch veränderte die Situation: Der Kommandeur der Garnison von Aleppo wollte die Macht in Syrien an sich reißen. In der Garnisonsstadt wurde bereits gekämpft. Der Kommandeur gab bekannt, daß er nicht an die Aufrichtigkeit der Baathpartei glaube – sie wolle die Vereinigung mit Ägypten nicht wirklich; sie passe sich nur der Volksmeinung an. Er allein wäre der Garant, daß der Wille der Araber zur Einheit erfüllt würde. Dieser Wille werde von den »unaufrichtigen Damaszenern« korrumpiert. Überrascht mußte der Garnisonschef von Aleppo feststellen, daß die Zahl derer, die mit ihm den sofortigen Anschluß an Ägypten erzwingen wollten, geringer war als er gedacht hatte. Die meisten Offiziere der Garnison Aleppo waren Mitglieder der Baathpartei und folgten der Direktive der Parteiführung, die eine Niederschlagung des Aufstandes angeordnet hatte. Immer mehr Offiziere verließen die Aufständischen. Die Kämpfe flauten ab. Die Parteileitung reagierte jetzt entschlossen: Wer sich jemals aktiv zu Nasser bekannt hatte, wurde aus dem Offiziersdienst

entlassen und durch Mitglieder der Partei ersetzt. Jetzt gelang es, die Zahl der Baathanhänger auf führenden Posten in der Armee beachtlich zu steigern. Bald bekannte sich die Hälfte der Offiziere zur Baathpartei.

Die Führung der Baathpartei wollte auf Dauer das Risiko ausschalten, daß ehrgeizige Offiziere die Macht der Partei untergruben. Ihr war bewußt, wie dünn ihre personelle Basis war: Die Baathpartei verfügte zu diesem Zeitpunkt nur über etwa 400 Funktionäre. Doch sie wußte auch, daß sie sich auf die Alawiten der Region Lattakia verlassen konnte. Sie beschloß aus Männern jener Region eine Parteiarmee aufzustellen, die nicht dem Verteidigungsministerium unterstellt war. Eine nicht kasernierte Miliz entstand, der vor allem die Kontrolle der Stadt Damaskus übertragen wurde.

Die Miliz war noch nicht voll mobilisiert, da kam sie schon zum Einsatz. Offiziere, die nicht der Baathpartei angehörten, versuchten in einer verzweifelten Aktion, die totale Machtergreifung der Parteiführung zu verhindern. Am 18. Juli 1963 fuhren wieder einmal Panzerverbände in die Stadt ein. Dieser Putsch begann bei hellem Tageslicht – um 10 Uhr 15. Dies war eine Premiere in der abwechslungsreichen syrischen Putschgeschichte. Und noch eine Neuerung fällt auf: Zum erstenmal war auch die Luftwaffe am Aufstand beteiligt. Vier Kampfflugzeuge griffen das Hauptquartier der Armee in Damaskus an. Baathoffiziere des Generalstabs gerieten in Panik. Viele gaben die Sache der Partei bereits verloren, da passierte den Putschisten eine Panne: Die vorbereitete Proklamation zur Information der Bevölkerung konnte nicht verlesen werden, da ein Techniker die Schaltzentrale des Rundfunks außer Betrieb gesetzt hatte. Die Damaszener merkten zwar, daß in Damaskus gekämpft wurde, doch von den Absichten der Putschisten erfuhren sie nichts. So unterblieb die Mobilisierung der Massen. Niemand jubelte auf den Straßen der Hauptstadt. Kein Druck der Menge unterstützte die militärische Aktion. Auf diesen Druck aber hatten sich die Putschisten verlassen.

Als Köder für die Menschen der Hauptstadt hätte wieder der Aufruf zur Vereinigung von Syrien und Ägypten dienen sollen. Dies war der einzige Programmpunkt von Bedeutung, den sich die Putschisten ausgedacht hatten. Doch selbst wenn die Bevölkerung die Proklamation hätten empfangen können, wäre dies kein Anreiz gewesen, dafür auf die Straße zu gehen, um zu jubeln.

Die Mitglieder der Parteimiliz waren rasch zur Stelle. Sie kämpften gegen die Aufständischen, die das Polizeihauptquartier, das Hauptpostamt und das Funkhaus besetzt hielten. Hunderte von Soldaten und Milizionären verloren ihr Leben. Am Abend dieses Tages war der blutigste Aufstand in der neueren Geschichte von Damaskus zu Ende. Sieger ist das Baathregime.

»Sie sahen in mir den Anführer« –
 Der Aufstieg des Hafez al-Assad

Auf diesen Sieg folgten Spannungen unter ehrgeizigen Männern, die sich gegenseitig im Wege standen. Im April 1965 drang Major Salim Hatum in das Haus des Generalmajors Salah Jadid ein. Hatum war Druse und Jadid Alawite. Diese beiden Minderheiten vertrugen sich ganz gut und arbeiteten in der Erhaltung der Macht für die Baathpartei zusammen. Im persönlichen Bereich aber brach häufig Rivalität aus. Der Druse Hatum bedrohte an jenem Apriltag den Alawiten Jadid mit der Pistole. Er verlangte, daß Jadid sofort von seinem Posten als Generalstabschef der syrischen Armee zurücktrat. Als Grund für seine Forderung gab der Druse an, er sei vom Generalstabschef bei der letzten Beförderungsphase übergangen worden. Jadid, von der Pistole eingeschüchtert, gab nach: Er erklärte seinen Rücktritt, der jedoch vom Staatspräsidenten Amin al-Hafiz nicht angenommen wurde.
Al-Hafiz wäre verpflichtet gewesen, nun den Drusenoffizier zu maßregeln. Auf keinen Fall hätte er das Verhalten des Majors Salim Hatum hinnehmen dürfen. Doch der Staatspräsident deckte den Drusen weil er die Unterstützung dieser Religionsgruppe zum Ausgleich gegen übermäßige Ansprüche der Alawiten brauchte. Diese offensichtliche Nachgiebigkeit gegenüber einem Drusen ärgerte die alawitischen Offiziere. Sie warfen dem sunnitischen Präsidenten Amin al-Hafiz vor, den Alawiten schaden zu wollen. Die Spannung erzeugte Unsicherheit, Ängste.

Die Sunniten fürchteten um ihre Position. Gerüchte wurden verbreitet in Damaskus, Drusen und Alawiten planten einen gemeinsamen Putsch zur Absetzung des sunnitischen Staatschefs. Dieses Gerede veranlaßte wiederum al-Hafiz, Waffen an sunnitische Offiziere verteilen zu lassen.

Die Situation in Damaskus spitzte sich derart zu, daß der Ausbruch eines Bürgerkrieges zwischen Sunniten und Alawiten zu befürchten war. Da entschied sich einer der starken Männer in der Gruppe sunnitischer Offiziere dafür, den Generalstabschef Jadid zu unterstützen: Oberst Mustafa Tlass stellte sich demonstrativ neben den Alawiten Jadid und verteidigte dessen Standpunkt. Damit war die Gefahr einer Polarisierung zwischen Sunniten auf der einen und Alawiten auf der anderen Seite beseitigt. Die Alawiten waren die Gewinner des Konflikts. Dem Sunniten Mustafa Tlass aber waren die Alawiten dankbar. Er sollte in Zukunft davon profitieren.

Am 23. Februar 1966 – wieder vor Tagesanbruch – rollten aus den Kasernen in den östlichen Vororten Panzer in Richtung Stadtzentrum. Der Präsidentenpalast war ihr Ziel. Präsident Amin al-Hafiz – über die Truppenbewegung sofort informiert – wußte was geschah, und er wehrte sich nicht. Alawitische Offiziere stürmten in sein Arbeitszimmer und verlangten seinen Rücktritt. Al-Hafiz nickte nur mit dem Kopf.

Der erste innerparteiliche Putsch hatte stattgefunden: Mitglieder der Baathpartei hatten einander abgesetzt. Auch der Sunnite al-Hafiz hatte der Baathpartei angehört, sein Problem war, daß er kein Alawite war. Der Putsch vom 23. Februar war ein entscheidender Schritt zur Festigung der Macht der Alawiten innerhalb der Partei. Wieder verloren Sunniten einflußreiche Positionen.

Die Parteiführung betonte in der Zeit nach diesem 23. Februar 1966 ausdrücklich, die Baathbewegung bevorzuge in keiner Weise bestimmte religiöse Gruppen und verurteilte lautstark die »Sektiererei«. Sie hatte guten Grund zu vertuschen, daß die Alawiten zum mächtigsten Clan in Syrien wurden, daß sie alle militärischen und politischen Schlüsselstellungen in Händen hielten. Propagandistisch ausbalanciert werden mußte die Tatsache, daß einer der ehrgeizigsten Alawiten am 23. Februar den Posten des Verteidigungsministers übernommen hatte: Hafez al-Assad.

Bemerkenswert an dieser Ernennung ist, daß sie von der Partei ausgesprochen wurde, noch ehe überhaupt die Kabinettsliste feststand. Damit wurde demonstriert, daß die übrigen Minister unwichtig waren. Von vornherein war Hafez al-Assad jetzt das Zentrum der Macht.

Hafez al-Assad ist am 6. Oktober 1930 geboren. Er ist im Alawitengebiet Syriens auf die Welt gekommen, im Dorf Qardaha unweit der türkischen Grenze, als das neunte von elf Kindern einer angesehenen Familie. Sie gehörte zu einem vornehmen Stamm der Alawiten; von ihm ist bekannt, daß er vor rund 800 Jahren aus Mesopotamien nach Nordsyrien gezogen war. Wenn Hafez al-Assad auf seine Jugend zu sprechen kommt, legt er Wert auf die Feststellung, seine Eltern seien arm gewesen und hätten für ihn die sechs syrischen Pfund Schulgeld nicht bezahlen können. Die Armut kann allerdings nicht so schlimm gewesen sein, denn die Familie lebte im einzigen Steinhaus des Dorfes Qardaha – die übrigen Gebäude bestehen aus getrockneten Lehmziegeln. Den Lebensunterhalt verdiente der Vater als Landwirt.

Im Jahr 1939 war es den Eltern immerhin möglich, den Sohn auf eine bessere Schule in Lattakia zu schicken. Hafez war das erste Familienmitglied, das regelmäßig eine Schule besuchte. Er machte als Kind auf seine Lehrer den Eindruck, daß er außergewöhnlich begabt sei. Im Frühjahr 1948 ging er zu Fuß, ohne Geld, nach Damaskus. Die Hauptstadt liegt rund 150 Kilometer vom Dorf Qardaha entfernt. Er wollte sich dort freiwillig melden zum Kriegsdienst gegen Israel, das damals gerade im Entstehen war. Hafez wurde nicht angenommen, weil er noch keine achtzehn Jahre alt war. In jener Zeit lernte er Mitglieder der Baathpartei kennen und er begriff, daß diese Partei einen Organisationsapparat bieten konnte, der als Leiter zu Macht und Ansehen zu benützen war. Zurückgekehrt nach Lattakia gründete er ein Schülerkomitee der Partei und ließ sich sogleich zum Vorsitzenden wählen. Über seine politische Aktivität während der Zeit als Schüler sagt Hafez al-Assad:
»Ich habe mich diesem Parteikomitee keineswegs aufgezwungen. Ich habe ihnen die Prinzipien der Partei erklärt, und die Schüler sahen in mir den Anführer. Sie haben mich ganz einfach

an die Spitze gesetzt. Ich habe mir dann den Respekt verdient, denn ich habe mich wirklich für sie eingesetzt.«

Hafez al-Assad ist der Meinung, die politische Arbeit in der Schule habe ihn besonders geprägt, von seinen Mitschülern habe er gelernt, was Demokratie ist: »Schüler sind von Natur aus demokratisch. Sie lassen sich nicht gängeln!« Damals, so erinnert sich al-Assad, hätte er niemanden gegen seinen Willen zu einer Meinung oder zu einer Handlung gezwungen – es sei ihm immer gelungen, zu überzeugen. Seine Erfahrungen aus der Zeit vor dem Abitur hätten ihn veranlaßt, diese Führungsmethode auch nie aufzugeben.

Die Schulzeit war 1951 zu Ende. Der Alawit Hafez al-Assad bewarb sich an der Militärakademie in Homs. Alawiten, die zum Lehrkörper gehörten, sorgten dafür, daß er angenommen wurde. Als er davon hörte, daß in Aleppo eine Luftwaffenakademie eröffnet wurde, ließ er sich dorthin versetzen. Im Jahre 1955 erhielt er sein Diplom als Offizier der Luftwaffe. Er galt als Spezialist für Einsätze in Kampfmaschinen.
Den Kontakt zur Baathpartei hatte er während des Aufenthalts in Homs und Aleppo nie verloren. In diesen vier Jahren waren seine politischen Vorstellungen entstanden. Zu den Feinden eines geordneten und starken syrischen Staates rechnete Hafez al-Assad die Kommunisten, die sich – nach seiner Meinung – dem Willen Moskaus unterwarfen. Hafez al-Assad war schon als junger Mann entschlossen, gegen die Einflußnahme Moskaus einzutreten.
Im Jahre 1958 machte der Luftwaffenoffizier erste direkte Erfahrungen mit der Sowjetunion. Auf einer Luftwaffenbasis bei Moskau wurde er zum Piloten der neu entwickelten MiG-19 Kampfmaschinen ausgebildet, die der syrischen Luftwaffe zur Verfügung standen. Der Politiker Hafez al-Assad konnte die sowjetische Gesellschaftsordnung an Ort und Stelle kennenlernen. Seine Überzeugung verstärkte sich, daß sie nicht auf Arabien übertragen werden konnte. Der Alawit begriff, daß das sowjetische System Auflösung der besonderen Eigenschaften von Volksgruppen bedeutete. Für ihn war es undenkbar, daß die Alawiten darauf verzichten sollten.
Um die Sowjets noch besser zu verstehen, bemühte er sich, die

russische Sprache zu lernen. Al-Assad war dann später der einzige arabische Politiker, der sich ohne Dolmetscher mit russischen Präsidenten und Außenministern unterhalten konnte. Seine Moskauer Gesprächspartner beeindruckte er damit ungemein.

Als im Jahre 1958 die Vereinigung von Syrien und Ägypten zur Vereinigten Arabischen Republik stattfand, wurde Hafez al-Assad nach Ägypten versetzt als Kommandeur einer Nachtjägerstaffel. Untergebracht war er auf einer Basis westlich von Cairo. Da er nur wenig im rein fliegerischen Bereich eingesetzt war, fand er Zeit und Gelegenheit, unter seinen Offizierskollegen Anhänger für die Baathpartei zu werben. Ihr Gedankengut zu verbreiten war in Nassers Staat allerdings streng verboten. Die Propaganda im geheimen war wirkungsvoll. Auf der Luftwaffenbasis entstand ein Aktionskomitee zur Neuordnung Syriens nach Auflösung der Vereinigten Arabischen Republik.
Als die Vision vom Unionsstaat dann wirklich 1961 platzte, da befand sich Hafez al-Assad noch immer in Cairo. Jetzt wurden syrische Offiziere in Ägypten verdächtigt, Sabotageakte verüben zu wollen. Ihnen wurde von den Ägyptern die Schuld gegeben am Scheitern der Union. Hafez al-Assad wurde verhaftet und einen Monat lang in einem Militärgefängnis eingesperrt. Dann durfte er über Beirut in seine Heimat ausreisen.
In Damaskus wurde er nicht freudig empfangen. Die Politiker, die an der Macht waren, zählten zu den konservativen Kreisen und sahen in Offizieren, die zur Baathpartei gehörten, eine Gefahr. Der Luftwaffenhauptmann Hafez al-Assad wurde in ein Ministerium versetzt, das sich mit Schiffahrt zu befassen hatte. Assads Posten dort war untergeordneter Natur und es fiel nicht auf, wenn er gar nicht an seinem Schreibtisch saß. Er besuchte frühere Kollegen in ihren Standorten und brütete politische Aktionsprogramme aus.

Im März 1962 versuchten Armeeoffiziere die Macht in Damaskus an sich zu reißen. Staatspräsident Dr. Nazim Kudsi wurde zwar zum Rücktritt gezwungen, doch dann fanden in Hama, Homs und Aleppo Sympathiekundgebungen für ihn statt. Anfang April war er wieder Staatspräsident. Der Putsch war gescheitert. Wer in irgendeiner Form daran beteiligt war, lief Gefahr, verhaftet zu werden.

Hafez al-Assad war zwar kein führender Kopf unter den Verschwörern gewesen, aber er wollte sich in Sicherheit bringen. Er floh in die libanesische Küstenstadt Tripoli. Als Fremder, der nicht zu einer Familie gehörte, fiel er den dortigen Sicherheitsorganen schon bald auf. Er wurde festgenommen und nach zwei Wochen über die Grenze nach Syrien abgeschoben. Die syrischen Grenzbehörden verhafteten ihn sofort. Anklage wegen verschwörerischer Umtriebe wurde nicht erhoben. Nach fünf Tagen durfte Hafez al-Assad als freier Mann nach Damaskus weiterreisen.

Nach diesen Erfahrungen verstärkte er seine politische Arbeit. Sein Feindbild war erweitert worden: Neben den Kommunisten gehörten nun auch die Nasseristen zu den Gegnern. Er hielt sie für Agenten des »ägyptischen Imperialismus«, der das Ziel hatte, ganz Arabien dem Willen Nassers zu unterwerfen.

Der Alawit Hafez al-Assad mußte selbstverständlich auch kämpferische sunnitische Gruppierungen als Gegner betrachten. Kontrahenten der Alawiten waren die »Moslembrüder«, die eine konservative Ausrichtung des Islam als politische Ideologie pflegten. Die Moslembrüder rekrutierten sich aus den Reihen der Söhne einflußreicher Händler in den Suks der Städte im syrischen Norden. Je intensiver sich die Alawiten bemühten, ihre Position im Staate zu stärken, desto aktiver wurde die Moslembruderschaft, die daran interessiert war, der sunnitischen Mehrheit die Macht in Syrien zu erhalten.

Als am 8. März 1963 eine Militärjunta die Regierung in Syrien an sich riß, gehörte Hafez al-Assad zu den Mitgliedern des Putsches. Die Machthaber, die meist der Baathpartei angehörten, holten al-Assad wieder in den aktiven Militärdienst zurück. Er bekam zunächst den früheren Rang eines Hauptmanns. Im Dezember 1964 wurde er bereits Generalmajor. Al-Assad war der Kommandeur der Luftwaffenbasis Dumair, dem bedeutendsten Stützpunkt der syrischen Luftwaffe. In Dumair war der Generalmajor absoluter Herrscher. Er baute die Basis zu einer Festung aus, entschlossen, sie als Bollwerk seiner Macht zu nutzen. Die Offizierskollegen begriffen rasch, daß sich al-Assad eine solide Grundlage für den weiteren Aufstieg zur Macht geschaffen hatte, und daß sie klug beraten waren, wenn sie sich ihm anschlossen. Die Kommandeure aller anderen Militärflughäfen bekundeten ausdrücklich ihre Verbundenheit und ordneten sich ihm unter. So erreichte es Hafez al-Assad, daß er bereits ein Jahr später Chef der gesamten syrischen Luftwaffe wurde.

Immer wieder betont der Aufsteiger, er habe niemand gezwungen, ihn als Chef anzuerkennen – jeder, der zu ihm gekommen sei, habe den Schritt aus eigenem Antrieb unternommen. Hafez al-Assad gibt sich überzeugt, in einem demokratischen Prozeß zum starken Mann Syriens geworden zu sein.

Hafez al-Assad war nun gezwungen, in Damaskus zu leben, obwohl er diese Stadt haßte. Die Sunniten, die dort wohnten, sah er als potentielle Gegner an, die eher heute als erst morgen die Alawitenherrschaft, die sich anbahnte, wieder beenden wollten. Von Anfang an ließ sich der Mächtige nie in der Stadt sehen. Für die Damaszener blieb er eine geheimnisvolle Person. Sie wußten nur, daß er seit 1958 mit Anisa Makhluf verheiratet ist. Kaum jemand durfte diese Frau erblicken, das Familienleben war nicht für die Öffentlichkeit bestimmt. Erst später, als der Sohn Basil amtliche Funktionen übernahm, wurde das Geheimnis um die Familie etwas gelüftet.

Den Privatmann Hafez al-Assad bekamen eher die Bewohner des Dorfes Qardaha zu sehen. Dort, an der türkischen Grenze, feierte er Familienfeste, besuchte er Hochzeiten befreundeter Familien, pflegte er Kontakt zu alawitischen Offizierskollegen. Unter der Herrschaft des Hafez al-Assad wurde Qardaha zum eigentlichen Zentrum von Syrien. In diesem Dorf fielen Entscheidungen, die dann in Damaskus ausgeführt und verkündet wurden. Aus Qardaha stammen die Angehörigen der bewaffneten Miliz, die in Damaskus dafür sorgten, daß keine Umtriebe stattfinden konnten, die gegen das Regime gerichtet waren. Verwandte aus Qardaha wurden hohe Funktionäre im syrischen Staat. Der Verteidigungsminister Hafez al-Assad begann schon im Jahre 1966 mit einer Konzentration der Machtbefugnisse auf einen ganz engen Kreis von Männern aus der Schicht der Alawiten.

Al-Assad gehörte zu denen, die als Alawiten ihre Chance darin sahen, in der Armee Karriere zu machen – wobei ihm der Militärapparat nur als Leiter diente. Er besaß nie militärischen Ehrgeiz, wollte sein fliegerisches Können auch nie im Krieg unter Beweis stellen. Die Offizierslaufbahn war für ihn Basis zum Griff nach der politischen Macht. Der entscheidende Schritt geschah, als er 1964 offiziell Befehlshaber der syrischen Luftwaffe wurde.

Als Verteidigungsminister hatte er 1966 nahezu die Spitze erreicht. Nur noch eine Stufe trennte ihn von der Position des Präsidenten. Sie war seit dem 23. Februar 1966 von Dr. Nureddin al-Atassi besetzt, dem der wenig einflußreiche Ministerpräsident Dr. Jusuf Zuayyen zur Seite stand.

Verteidigungsminister Hafez al-Assad besann sich darauf, daß der eigentliche Zweck für die syrische Armee nicht die politische Aktion ist, sondern die Vorbereitung eines Krieges gegen Israel. Diese Zielsetzung hatten die Offiziere im Verlauf des Machtkampfes völlig aus den Augen verloren. Al-Assad wollte die militärische Schlagkraft der Truppe verstärken, doch Geschehnisse zwangen ihn, Panzerverbände und Flugzeugstaffeln im internen Streit einzusetzen.

Am 8. September 1966 begab sich Staatspräsident Dr. Nureddin al-Atassi in ein Dorf im syrischen Drusengebiet. Ein bedeutender Drusenclan hatte ihn zu einem Gastmahl eingeladen. Freundschaft sollte gefeiert werden. Große Mengen Hammelfleisch und Reis standen in Schüsseln bereit. Da erhob sich der Drusenoffizier Salim Hatum – es war der Mann, der eineinhalb Jahre zuvor den Generalstabschef Salah Jadid bedroht hatte – zog seine Pistole aus der Tasche und erklärte den Staatspräsidenten für verhaftet. Die anwesenden Offiziere jubelten.

Im Verteidigungsministerium in Damaskus behielt Hafez al-Assad einen kühlen Kopf. Einige Flugzeuge seiner Luftwaffe griffen auf al-Assads Befehl hin das Drusendorf an. Panzer rollten auf der Straße nach Suwayda in Richtung des Drusengebiets.

Salim Hatum, der geglaubt hatte, die Garnisonen Syriens würden sich auf seine Seite stellen, geriet rasch in Panik. Er begriff, daß es ein Fehler war, den Präsidenten al-Atassi zu verhaften und nicht den Verteidigungsminister al-Assad ins Visier zu nehmen. Er floh vor den anrückenden Panzern nach Jordanien.

Einer der Verschwörer, Talal Abu Asali, entkam über den Libanon nach Cairo. Dort enthüllte er die Hintergründe des Putsches: Der Plan dazu war in der jordanischen Hauptstadt Amman ausgeheckt worden, mit der Absicht, das Baathregime zu beseitigen. Dem amerikanischen Geheimdienst in Jordanien war aufgefallen, daß in Syrien der Ansatz einer geistigen Mobilisierung zur Stärkung der Kampfkraft gegen Israel zu spüren war. Die Geheimdienstchefs in Washington waren – im Interesse Israels – bestrebt, Syrien schwach zu halten. Dazu war die Anstachelung eines internen Streits das rechte Mittel.

Talal Abu Asali erzählte in Cairo auch, daß der amerikanische Geheimdienst bereits seit einem Vierteljahr Geldmittel zur Vorbereitung des Putsches eingesetzt hatte. Dem Drusenstamm Anza wäre monatlich der Betrag von 60 000 Dollar ausbezahlt worden. Ähnliche Summen hätten auch einflußreiche Händler im Suk von Damaskus erhalten. Sie wären im voraus dafür bezahlt worden, daß sie am Putschtag die Gitter ihrer Läden geschlossen hielten. Mit der Schließung hätten sie das wirtschaftliche Leben zum Erliegen gebracht. Wenn sich die Ladengitter nicht geöffnet hätten, dann wären auch die Türen der Banken verschlossen geblieben. Somit hätte auch der nationale und internationale Zahlungsverkehr eingestellt werden müssen und die Welt außerhalb der Hauptstadt wäre darauf aufmerksam gemacht worden, daß das herrschende Regime in Damaskus über keinen Kredit mehr verfügte. Dem Beispiel der Damaszener Banken wären dann die Geldinstitute in Hama, Lattakia und Aleppo gefolgt. Vereinbart worden war, daß die Läden erst nach der Verkündung eines neuen Regimes wieder geöffnet würden. Diesem wirtschaftlichen Druck hätten die Regierenden nicht widerstehen können. Der Putschplan war klug eingefädelt.

Die Bestechung der Händler war dem Verteidigungsminister Hafez al-Assad schon einen Monat zuvor hinterbracht worden. Er hatte seine Vorbereitungen treffen können. Dazu gehörte die Alarmierung der Parteiarmee. Sie war während der vergangenen Monate zahlenmäßig erweitert, trainiert und gut bewaffnet worden. Die Milizionäre waren zwar dem Verteidigungsminister Hafez al-Assad unterstellt, nicht aber der Befehlsstruktur des Verteidigungsministeriums. Der syrische Generalstab war nicht befugt, dieser Truppe Befehle zu geben – sie folgte nur den Anordnungen aus dem Büro des Verteidigungsministers.

Am Putschtag standen die Milizionäre mit schußbereiter Maschinenpistole vor allen wichtigen Gebäuden in Damaskus. Sie hatten auch im Suk Stellung bezogen. Die Milizionäre zwangen die Händler, die Gitter am Eingang ihrer Läden hochzuziehen und veranlaßten Bankbeamte, ihre Schalter zu öffnen. Somit war erreicht, daß in Damaskus am Putschtag ein nahezu normales

Geschäftsleben ablief. Zwar herrschte Nervosität in der Stadt, doch die Damaszener versuchten sich so zu benehmen, als merkten sie nicht, daß sich das herrschende Regime auf Leben und Tod verteidigen mußte. Als dann die Gefahr des gewaltsamen Umsturzes vorüber war, fühlte sich auch das Bürgertum erleichtert und die Händler im Suk von Damaskus hatten die Lust am politischen Abenteuer verloren.

Während einer Pressekonferenz in der jordanischen Hauptstadt, fünf Tage nach seinem gescheiterten Putschversuch, sagte Salim Hatum, er habe gehandelt, weil er es nicht mehr länger habe ertragen können, auf welche »schamlose Art« eine bestimmte Religionsgruppe die Macht in Syrien an sich gerissen habe: »Nicht nur Offiziere werden bevorzugt, wenn sie zu den Alawiten gehören. Es ist so, daß es überhaupt nur noch alawitische Rekruten gibt in der syrischen Armee.« Salim Hatum machte präzise Angaben über das Kräfteverhältnis in der syrischen Truppe: »Es steht 5 zu 1 für die Alawiten. Auf 5 Alawiten kommt nur ein Mann aus anderen Glaubensgemeinschaften.« Weiter führte er aus, er hätte von Suwayda aus mit Verteidigungsminister Hafez al-Assad telefoniert und von ihm verlangt, die Zahl der Alawiten in der Armee zu reduzieren auf ein Maß, das ihrer Repräsentanz in der Bevölkerung entspreche. Hafez al-Assad hätte diese Forderung schroff abgelehnt. Der gescheiterte Putschist erklärte, er werde von Jordanien aus den Kampf fortsetzen, um die syrische Armee vor dem verderblichen Einfluß der Alawiten zu retten.

In den Alawitengebieten Syriens wurde der Ausgang der Revolte mit Begeisterung begrüßt. Freudenschreie der Frauen waren zu hören. Nachrichten über Verhaftungen von drusischen oder sunnitischen Offizieren lösten besonderen Jubel aus. Die Parole vom »eigenständigen Staat der Alawiten« war zum erstenmal zu hören. Besonders fanatische Alawiten sprachen sogar vom »eigenständigen Staat der Alawiten mit einer besonderen, von Allah befohlenen historischen Mission«, die darin bestehe, Beispiel zu geben in der arabischen Welt für Ordnung und Disziplin. Nicht umsonst, so sagten die Propagandisten des eigenen alawitischen Staates, habe das Volk der Alawiten so lange der Gefahr widerstanden, von den Sunniten aufgesogen zu werden.

Hafez al-Assad hörte derartige Parolen ungern. Sein Ziel war keineswegs die Gründung eines unabhängigen alawitischen Staates. Er wollte Damaskus, und damit Syrien in die Hand bekommen. Das Volk der Alawiten, für das er zu sorgen bereit war, hatte seine Hausmacht zu bilden, die Basis seiner weiteren politischen Karriere.

Im März 1967 fanden in Damaskus die Gerichtsverfahren gegen die Verschwörer statt. Die Anklage lautete auf Versuch des Hochverrats. Das Verfahren verlief korrekt. Gegen die meisten wurde in Abwesenheit verhandelt, der Staatsanwalt verlangte fünf Todesurteile. Das Gericht folgte dem Antrag. Alle Verurteilten waren Drusen.

Kaum war dieser Konflikt von Hafez al-Assad brillant gemeistert worden, wurde seine Position durch eine interne Auseinandersetzung bedroht. Der Alawite Salah Jadid war im August 1965 als Generalstabschef abgelöst und auf den Posten eines Stellvertretenden Generalsekretärs der syrischen Baathpartei versetzt worden. Trotzdem behielt Jadid Einfluß auf das Offizierkorps: Männer, die er früher gefördert hatte, hielten jetzt auch in schwieriger Situation zu ihm. Sie ermutigten ihn, auch weiterhin seine ehrgeizigen politischen Ziele zu verfolgen. Diese Entwicklung paßte wiederum nicht ins Karrierekonzept des Verteidigungsministers, der sich das Ziel gesetzt hatte, Alleinherrscher in Syrien zu werden.

Im Kampf um die absolute Macht im Staate standen sich nun zwei Alawiten gegenüber. Die Minderheit war auf ihrem Weg zur Beherrschung Syriens am Ziel angekommen. Die Frage war nur, welcher der beiden machtbewußten Alawiten Sieger sein würde. Die Entscheidung wurde allerdings durch den Krieg des Jahres 1967 aufgeschoben.

»Wir schießen Tel Aviv in Brand« –
Hafez al-Assad läßt die Zügel nicht aus der Hand

Im Frühjahr 1967 testete Verteidigungsminister al-Assad die Entschlossenheit der Israelis – und er machte eine Erfahrung, die ihm zu denken gab. Am 7. April drang ein Dutzend syrischer Kampfflugzeuge in den israelischen Luftraum ein. Im Norden überflogen sie die seit dem Waffenstillstand von 1948 entmilitarisierte Zone. Die Kampfmaschinen setzten zum Tiefflug an und beschossen Traktoren, die zur Feldbestellung unterwegs waren. Vier Traktoren gerieten in Brand, zwei Landarbeiter starben an ihren Verletzungen. Die israelische Luftwaffe reagierte rasch. Abfangjäger starteten und griffen die heimkehrenden Syrer über dem Libanongebirge an. Sechs Maschinen wurden abgeschossen. Die Israelis kehrten ohne Verluste auf ihre Flugplätze zurück.

Ganz offensichtlich waren die syrischen Piloten in dieser Auseinandersetzung den Israelis unterlegen gewesen. Sie besaßen kaum Erfahrung im Luftkampf. Sie wußten nicht, wie gegenseitiger Schutz im Verbandsflug zu erreichen war. Hafez al-Assad, der als einstiger Chef der Luftstreitkräfte für den Ausbildungsstand der Piloten Mitverantwortung trug, zog aus dem schmählichen Vorfall zunächst keine Konsequenzen. Er benahm sich so, als messe er dem Vorfall keine besondere Bedeutung zu.
Für die Öffentlichkeit wurden die Tatsachen entstellt. Die Bevölkerung von Damaskus erfuhr nichts von der Beschießung der israelischen Traktoren. Durch Presse und Rundfunk wurde nur mitgeteilt, israelische Kampfflugzeuge seien in den syrischen Luftraum eingedrungen, heroische syrische Piloten aber hätten die Feinde vertrieben. Die Darstellung erweckte den Eindruck, Syrien hätte einen Sieg errungen. Die Partei mobilisierte Demonstrationen auf den Straßen von Damaskus. Die Parole lautete: »Tod den israelischen Banditen!« Die Massen wurden auf den Krieg vorbereitet. Radio Damaskus sprach davon, daß die Auseinandersetzung nicht zu vermeiden sei: Israel müsse bestraft werden. Die Kommentare wurden von kriegerischer Musik umrahmt.
Am frühen Morgen des 13. Mai 1967 waren auf der israelischen Seite der Waffenstillstandslinie Veränderungen in den vorgeschobenen Stellungen zu bemerken. Die syrischen Frontoffiziere stellten fest: Die Zahl der Panzer hatte sich um mehr als verdoppelt. Der syrische Abschnittskommandeur war der Überzeugung, über Nacht sei ein israelischer Vormarsch auf Damaskus vorbereitet worden. Er griff zum Telefon und rief den Verteidigungsminister Hafez al-Assad an. Der Major und der Minister waren durch Zugehörigkeit zur Partei und zur alawitischen

Glaubensgemeinschaft miteinander verbunden. Hafez al-Assad ließ nun die Zügel nicht aus der Hand. Er wußte, daß der kommende militärische Konflikt politische Veränderungen mit sich brachte, die er auszunützen beabsichtigte. Er telefonierte mit anderen Frontoffizieren – auch sie waren Parteimitglieder und Alawiten. Auch sie hatten den Eindruck, daß die israelische Offensive unmittelbar bevorstand. Ein Gesprächspartner erinnerte den Verteidigungsminister daran, daß der israelische Generalstabschef Jitzhak Rabin drei Tage zuvor gesagt hatte, es sei durchaus möglich, daß er den Befehl zum Angriff auf Damaskus gebe, um dort das Baathregime auszulöschen.

Rabin – der mehr als ein Vierteljahrhundert später darauf warten sollte, ein Friedenssignal aus Damaskus zu erhalten – sah zu diesem Zeitpunkt in Syrien den wesentlichen Gegner des Staates Israel. Der Generalstabschef kannte die Damaszener Absicht, ein Großsyrisches Reich zu schaffen, das jeden Quadratkilometer des israelischen Territoriums einschließen sollte. Im Frühsommer 1967 wurde Syriens Vision von »Großsyrien« in Tel Aviv noch ernst genommen.

Jitzhak Rabin hatte einzukalkulieren, daß die syrische Aggressivität leicht mit der Militärmaschinerie Ägyptens kombiniert werden konnte. Seit dem Jahr 1966 bestand zwischen den Regierungen in Damaskus und Cairo ein Abkommen zur gegenseitigen Hilfeleistung im Kriegsfall. Der Vertrag sah vor, daß bei Gefahr sofortige Konsultationen stattzufinden hätten. Hafez al-Assad besprach deshalb zunächst mit seinem ägyptischen Kollegen die Veränderung an der Front. Er teilte ihm mit, daß sich rund 60 000 israelische Soldaten in den vordersten Stellungen aufhielten und bat den ägyptischen Verteidigungsminister, seine Truppen in Alarmbereitschaft zu versetzen. Nach Rücksprache mit Gamal Abdel Nasser erfolgte die Alarmierung der ägyptischen Sinaiverbände.

Während der nächsten Tage blieb die Situation an der syrisch-israelischen Waffenstillstandslinie gespannt. Die drei Zivilisten in der Regierungsmannschaft von Damaskus, Dr. Nureddin al-Atassi, der Staatspräsident, Dr. Jusuf Zuayyen, der Ministerpräsident und Dr. Ibrahim Makchos, der Außenminister, gerieten in Euphorie. In ihren Reden steigerten sie sich in den Wahn hinein, ein Sieg gegen Israel sei möglich. Der Präsident sagte öffentlich: »Wir schießen Tel Aviv in Brand – alle Städte und Dörfer der Juden müssen brennen!« Durch den Haß, der in diesen Reden zum Ausdruck kam, verlor Syrien jegliche Sympathie in der westlichen Welt. Die Meinung der Öffentlichkeit in Europa und in den USA war einhellig, Israel sei bedroht und habe das Recht, sich zu wehren.

Hafez al-Assad beteiligte sich an der Redeschlacht nicht. Doch er griff auch nicht ein, um die Phrasen zu verhindern oder wenigsten abzumildern – sollten sich Dr. Nureddin al-Atassi, Dr. Jusuf Zuayyen und Dr. Ibrahim Makchos doch blamieren! Er wußte, daß die Erwartungen, die sie weckten, nicht erfüllt werden konnten. Bald schon, so meinte er, würde dieser Wahn zerplatzen und die Zivilisten, so kalkulierte der Verteidigungsminister, würden den Ausgang eines Krieges politisch nicht überleben. Hafez al-Assad entschloß sich am 3. Juni 1967, im anstehenden Konflikt die syrischen Truppen möglichst zu schonen. Er wußte, daß er die Panzer als politisches Machtinstrument brauchen würde. Hafez al-Assad befahl seinen Elitetruppen, im Konfliktfall im Raum Damaskus zu bleiben.

Die Gefahr eines von außen gesteuerten Umsturzes war zu befürchten. Der syrische Geheimdienst meldete, in Jordanien sei Salim Hatum überaus aktiv, der Druse, der bereits am 8. September 1966 einen Aufstand gegen das Baathregime angeführt hatte. Offenbar rechneten sich Hatum und seine Partner in der jordanischen Führung eine Chance aus, die Spannung für eine politische Änderung in Damaskus zu benutzen.
Die Drusen Syriens achteten auf die Vorgänge. Sie schöpften Hoffnung, nicht unterzugehen in dieser Epoche der Umwälzung, des Aufstiegs der Alawiten.

»Duruz«, die Drusen –
Eine ruhmreiche Vergangenheit

Die Drusen Syriens – zu ihnen gehörten mehr als 300000 Menschen – waren stolz auf ihre Vergangenheit, und sie sahen mit Unmut, wie sie zurückgedrängt wurden in der Politik, in der

Wirtschaft, im Ansehen überhaupt. In fast allen Familien lebte die Erinnerung fort an die Aufstände der 20er Jahre gegen die französische Protektoratsmacht. Die Großväter, die Urgroßväter hatten damals an der Spitze der Revolten gestanden und viele hatten ihr Leben gelassen. In den Stuben der Drusenfamilien hing das Bild des Sultan Pascha al-Atrash, der Anführer des Kampfes gegen die Fremden gewesen war. Sultan Pascha al-Atrash lebte noch im Jahre 1967 in der Stadt al-Quraya in den Drusenbergen; doch er war alt und konnte die Ansprüche der Drusen nicht mehr verteidigen. Er lebte noch – und war doch eine Legende, unsterblich in den Herzen der Männer und Frauen dieser Gemeinschaft. Sie fühlten sich durch ihre Vergangenheit den Alawiten überlegen. An Zahl waren sie den Alawiten gleich; ihr Selbstwertgefühl aber gab ihnen die Überzeugung, daß ihr Volk dazu berufen wäre, auf dem Weg der Menschheit voranzugehen. Der Begründer des Drusenglaubens war von hohen Zielen geleitet gewesen.

Am 29. Tag des Monats Ramadan des islamischen Jahres 386 – es war der 14. September 996 n. Chr. – wurde ein elfjähriger Junge in Cairo Kalif der Fatimidendynastie. Bewundert wurde sein Wissen, seine Entschlossenheit, sein Auftreten, seine Durchsetzungskraft. Er nahm den Namen »al-Hakim bi-Amrillah« an, »Herrscher durch Allahs Befehl«. Kaum Kalif geworden, hatte er die Inspiration, zu verkünden, eine neue Zeit werde anbrechen, in der sich Allah denen, die dazu würdig sind, in seiner vollkommenen Wahrheit zeigen werde. Nach Meinung des Kalifen war die Menschheit reif für diese Wahrheit.

Grundlage dieses Denkens ist ein besonderes Verständnis für die Entwicklung des Islam. Sie entspricht der bis heute traditionell gewordenen Vorstellung der Drusen vom geistigen Weg des Islam. Sie läßt sich so darstellen:

Der Prophet Mohammed offenbarte die Suren des Koran. Seine Gläubigen nahmen den Inhalt wörtlich. Diese Auffassung vom geistigen Gehalt des Koran wurde von den Moslems, die den Sunniten zugeordnet werden, beibehalten. Die Schiiten aber begannen die Aussage der Suren zu hinterfragen, nach den Erfordernissen der Zeit zu interpretieren. Nach schiitischer Ansicht ist die Botschaft Allahs so geoffenbart, daß sie für jede Generation der Menschheit die richtige Antwort gibt. Allerdings ist nicht jeder befugt, die Antwort zu suchen. Diese Aufgabe fällt jeweils einer besonderen Persönlichkeit zu, die Imam genannt wird. Nach schiitischer Überzeugung war Ali, der Schwiegersohn des Propheten, der erste der Imame, vom Gesandten Allahs persönlich ernannt.

Die Sunniten hielten sich in Fragen der Ausdeutung zurück. Ihre Geistlichen sagten bewußt, »die Tür ist geschlossen«. Die Imame der Schiiten aber gaben dem Korantext immer neue Bedeutungen. Nach Alis Tod war erst sein Sohn Hassan der Imam, dann dessen Bruder Hussein, der Märtyrer von Kerbela. Seine Nachfolger waren Opfer der politischen Situation, die den Imam dazu zwang, seine Macht im verborgenen auszuüben – denn die Staatsgewalt lag in der Hand der Kalifen, die zur Schicht der Sunniten gehörten. Von nun an war das Geheimnis und das Geheimnisvolle Bestandteil des Wesens eines Imams. Mancher lebte völlig im verborgenen. Einer aber, der Imam al-Mahdi Billah, wurde mächtig am Nil. Er begründete die Kalifendynastie der Fatimiden. Eine Zeit der Gelehrsamkeit brach an. In Cairo entstand die islamische Lehranstalt al-Azhar und »das Haus des Wissens«. Hier entstand die Vision, daß während der vier Jahrhunderte, die seit der Offenbarung des Koran durch den Propheten Mohammed vergangen waren, die permanente Interpretation den wahren Kern von Allahs Wesen verschleiert habe. Die Erkenntnis war gewachsen im »Haus des Wissens« am Nil, daß das Ritual der Anbetung die Erkennung des Einen, des Vollkommenen verhindere. Die »neue Zeit« des Kalifen al-Hakim bi-Amrillah sollte den Zugang zum Einen und Vollkommenen öffnen. Nach der Vorstellung des Kalifen war dann die Unterscheidung zwischen Wahrheit und Unwahrheit aller Bereiche des Lebens möglich. Wirklichkeit werde auch die Übereinstimmung des Menschen mit Allahs Willen: das wirkliche Naturgesetz werde dann erkannt.
Der Kalif al-Hakim bi-Amrillah setzte Missionare ein, um die Menschen am Nil von seiner Revolution des Glaubens zu überzeugen. Einer dieser Propheten war Nashtakin al-Darazi. Er bewies besonderen Eifer und glaubte, er werde vom Kalifen zum Imam bestimmt, zur obersten Autorität in Glaubensfragen. Doch al-Hakim zog ihm einen Mann aus Chorasan vor. Dieser war 33 Jahre alt und hieß Hamza Ibn Ali. Er übernahm die Aufgabe, den Gläubigen das Wissen um Allah zu vermitteln und ihnen beizu-

bringen, daß künftig für die Anbetung Allahs kein Ritual mehr nötig sei. Neuartig war, daß Hamza Ibn Ali verlangte, jeder Moslem der die Glaubensreform mitmachte, habe eine Verpflichtungserklärung zu unterschreiben, daß er der bisherigen Vorstellung von Allah abschwöre. Am Tag des Jüngsten Gerichts, so erklärte Hamza Ibn Ali, werde jeder dann zur Rechenschaft gezogen, ob er seine Verpflichtung eingehalten habe.

Auch der Missionar Nashtakin al-Darazi wurde ausgeschickt, Verpflichtungserklärungen einzusammeln. Er war ehrgeizig und wollte dem Kalifen al-Hakim bi-Amrillah imponieren. So wurde er skrupellos: Er bestach die Gläubigen, erpreßte sie und fälschte Unterschriften. Da Nashtakin al-Darazi aktiver war als andere Vertrauensmänner des Kalifen, fiel er im Land am Nil besonders auf, sein Name wurde bald zum Synonym für die Reformbewegung. Diejenigen, die sich weigerten, in der Moschee einem Vorbeter zuzuhören, wurden »Darazi« genannt. Daraus entwickelte sich das Wort »Duruz« – die Drusen. Sie waren alle mit diesem Dekret des Kalifen al-Hakim bi-Amrillah vertraut:

»Haltet fern von euch alle Ursache von Furcht und Beklemmung. Macht euch frei von der Korruption der Täuschung. Ihr sollt wissen, daß euch der Fürst der Gläubigen die freie Entfaltung des Willens zugestanden hat, daß er euch befreit, damit ihr eueren bisherigen Glauben und euere bisherige Meinung von Allah aufgeben könnt, denn ihr braucht derartige Lügen nicht mehr. Der Fürst der Gläubigen teilt euch seine wahren Absichten mit, und er fordert euch auf, eueren wirklichen Glauben offen zu bekennen. Ihr seid nun sicher, daß euch niemand Schaden zufügen kann. Ihr könnt sicher leben in der Gewißheit, daß ihr euch nicht irrt. Wer den Inhalt dieses Dekrets erfährt, soll ihn weitergeben an solche Menschen, die ihn noch nicht kennen. Wissen von ihm müssen die Erhöhten und die gemeinen Leute. Allahs Weisheit soll herrschen in allen Tagen, die kommen werden.«

Den Gläubigen, die sich zur Teilnahme an der Glaubensreform verpflichteten, blieb die Vorstellung von Allah verschwommen. Da sich der einzelne kaum vorstellen konnte, was von ihm verlangt wurde, erlahmte die Begeisterung für die »neue Zeit« rasch. Die »Darazi« wurden nicht zur Massenbewegung. Darüber war der Kalif enttäuscht. Er zeigte sich nicht mehr in der Öffentlichkeit. Seinen Palast verließ er nicht mehr.

Nashtakin al-Darazi hatte freie Hand im Umgang mit den Gläubigen. Hamza Ibn Ali, der Imam, war ebenso enttäuscht wie der Kalif und verbarg sich ebenfalls. Damit war Nashtakin al-Darazi zur alleinigen Autorität geworden – und dies nicht nur in Glaubensfragen. Ihm fiel nun auch politische Macht zu. Der Kalif al-Hakim bi-Amrillah regierte nicht mehr. Al-Darazi mußte ihn ersetzen.

Die Geistlichen des Islam, die den Traditionen treu geblieben waren, sahen in dieser Entwicklung eine Chance. Sie begannen, erst insgeheim, dann immer offener zu predigen. Al-Darazi habe die Staatsgewalt an sich gerissen. Er sei ein Verbrecher am Willen Allahs, weil er den Kalifen, den wahren Beherrscher der Gläubigen, an der Ausübung der Macht hindere. Die Massen, die ohnehin nicht verstanden hatten, was die Glaubensreformer von ihnen verlangten, ließen sich zum Aufruhr anstacheln.

Im Frühjahr 1019 wurde der Widerstand gegen al-Darazi gewalttätig. Im Mai überfielen organisierte Banden das Haus, in dem al-Darazi lebte. Er setzte noch einmal seine Überredungskunst ein, und es gelang ihm auch für kurze Zeit, die Massen, die sich vor seinem Haus versammelt hatten, davon zu überzeugen, daß er rechtmäßig zum Verwalter der Staatsgewalt eingesetzt worden sei – doch dann erschien plötzlich der Kalif al-Hakim bi-Amrillah. Ein Jahr lang hatte ihn sein Volk nicht mehr gesehen. Um so gewaltiger war die Wirkung seines Auftritts. Er verfluchte Nashtakin al-Darazi als Aufrührer. Die Massen jubelten. Am folgenden Tag wurde Nashtakin al-Darazi getötet. Hamza Ibn Ali wurde vom Kalifen beauftragt, die Glaubensreform weiterzuführen.

Nach diesen Ereignissen entwickelte sich die Überzeugung, der Kalif al-Hakim bi-Amrillah sei die Inkarnation des göttlichen Willens. Anstoß dazu gab die Äußerung des Kalifen, er habe selbst die vollkommene Übereinstimmung mit Allah erreicht. Der neue Glaube, so lehrte der Herrscher, gestatte jedem einzelnen nach seiner geistigen Kraft, den Grad seiner Verbindung mit Allah festzulegen. Seine eigene Person entspreche deckungsgleich dem Wesen Allahs.

Am 27. Tag des Monats Schawwal des Jahres 411 nach islamischer Zeitrechnung – es war der 13. Februar 1021 n. Chr. – verschwand der Kalif al-Hakim bi-Amrillah auf dem Berge Mokattam im Osten von Cairo. Er blieb verschollen. Seine Anhänger sagten, Allah habe ihn zu sich geholt.

Al-Zahir, der Nachfolger im Amt des Kalifen, sah in der Glaubensreform einen Irrweg des Islam. Er wollte sie rückgängig machen. Er verkündete: »Tod denen, die den Verpflichtungsschein unterschrieben haben.« Tausende wurden hingerichtet. Für die Darazi insgesamt waren die Hingerichteten Märtyrer für die Sache Allahs. Der Glaube an sie stärkte wiederum die Überzeugung der Überlebenden. Sie wollten diese Überzeugung nicht aufgeben. Da sie am Nil mit Härte und Brutalität verfolgt wurden, flohen sie. Es sprach sich herum, daß weit im Osten ein gebirgiges Land sei, das Schutz biete vor den Häschern des Fatimidenkalifen. Das Libanongebirge nahm die Flüchtenden zunächst auf. Von dort wanderten sie in die Gegend von Damaskus und in die Hügel um Lattakia. Dort konnten die Wissenden dem Glauben leben, den Hamza Ibn Ali ihnen gelehrt hatte.

Geheimnisse umgeben bis heute die religiöse Überzeugung der Drusen. Sie liegen auch nicht für alle Gläubigen offen, zumal unterschiedliche Grade der Einweihung bestehen. Es ist sinnlos, einen Drusen nach seinem Glauben zu fragen. Gehört er zu denen, die nicht eingeweiht sind, kennt er die Geheimnisse nicht; ist er eingeweiht, wird er schweigen. Wenige wissen um das Gottesbild, das Hamza Ibn Ali so definiert hat:

»Er befindet sich nicht an einem bestimmten Ort, denn dies würde bedeuten, daß Er sich an einem anderen Platz nicht befindet. Es gibt keinen Ort, der nicht erfüllt ist von Ihm. Würde ein solcher Ort bestehen, dann wäre Seine Macht nicht allumfassend. Er ist nicht der Erste in allen Dingen, denn dies würde bedeuten, daß der Letzte in allen Dingen nichts mit Ihm zu tun habe. Er ist nicht der Anfang und nicht das Ende, denn auch Er hat keinen Anfang und kein Ende. Er befindet sich nicht außerhalb der Dinge, denn dann würde Er sich nicht innerhalb von ihnen befinden können. Er hat keine Seele, und er ist kein Geist. Er ist nicht gleich den geschaffenen Wesen. Wäre Er ihnen gleichzusetzen, dann wäre Er Veränderungen unterworfen, wie sie. Ich sage nicht vom Ihm, Er habe einen Körper oder auch nur eine Körperlichkeit, Er habe ein Aussehen oder Er sei Substanz. Wenn dies von ihm behauptet werden könnte, dann wäre Er sechs Begrenzungen unterworfen: Oben und unten, rechts und links, vorne und hinten. Wäre Er ein Wesen, dann wäre Er dem

Zufall unterworfen. Ich sage aber auch nicht, daß Er kein Wesen ist, denn dann würde ich behaupten, es gebe Ihn nicht. Er ist nicht abhängig von etwas, denn dann wäre Er nicht allmächtig. Er steht nicht, und Er sitzt nicht. Weder schläft Er, noch wacht Er. Er geht nicht weg, und Er kommt nicht. Er ist weder stark noch schwach. Er ist erhaben über Namen und Eigenschaften und über Einordnungen. Er ist der Schöpfer aller Dinge. Ihm verdankt jeder und jedes seine Existenz. Von Seinem Licht gehen alle Dinge aus. Alle Dinge gehen in Seine Größe zurück.«

Diese Gottesvorstellung hatte nichts mehr mit der traditionellen islamischen Lehre gemeinsam, Allah halte sich oberhalb der Erde auf und wache darüber, was die Menschen unternehmen. Nach Hamza Ibn Alis Überzeugung umfaßte und durchdrang Allah jede Existenz. Die existierenden Wesen und Dinge sind Ausdruck von Allahs umfassendem Willen. Dieser Wille sei Ausgangspunkt und Endzweck jeder Existenz: »Allah gab aus seinem funkelnden Licht eine reine und perfekte Form frei. Sie ist die Urform, aus der alles geschaffen wurde. Allah gab ihr selbst den Namen ›aql‹. In ›aql‹ band Allah alle Dinge und Wesen zusammen, die Er geschaffen hatte.«

Vom Wissenden wird verlangt, daß er sich zu Allah, als dem Schöpfer aller Wesen und Dinge bekenne, und zu »aql« als dem Ursprung der Schöpfung. Die Erschaffung der Seele des Menschen geschah durch einen Funken des »aql«. Da dieser Funke, als Teil des »aql« ewig währt, so existiert auch diese Seele für alle Zeit. Die Seele – so lehrt der Glaube der Drusen – ist als einziges beständig und unzerstörbar; der Körper aber ist vergänglich. Beim Tod des Körpers verläßt die Seele die absterbende Hülle, um in einem neugeborenen Körper weiterhin existent zu sein. Sie wandert ihren ewigen Weg durch die Körper und gewinnt dadurch an Erfahrung, die auch negativer Art sein kann, wenn die Seele einen Körper ausfüllt, der von den Glaubensgeboten nichts wissen will. Es wird jedoch nie geschehen, daß die Seele von einem Tierkörper aufgenommen wird.

Berichtet wird in den Legenden der Drusen vom Emir Fakr ed-Din II. (1572–1635), der sich mit seinem Onkel, einem besonders gläubigen Mann, darüber unterhalten habe, warum ausgerechnet ihm, dem weniger glaubensstarken Drusen Glück und Reichtum in Hülle und Fülle zufalle. Der gläubige Onkel soll geantwortet haben: Deine Seele hat vielleicht in einer früheren Existenz dafür gesorgt, daß jemand, der in der Sonne eingeschlafen war, in den Schatten getragen wurde. Dabei hat deine Seele einen anderen vor Schaden bewahrt.«

Jener Fakr ed-Din II. lebte in einer Zeit des Glanzes für die Drusen. Innerhalb des Osmanischen Reiches verwaltete er als Emir der Drusen einen souveränen Staat, der vom östlichen Ende der Halbinsel Sinai bis nach Anatolien reichte. Die Region von Damaskus gehörte allerdings nicht zur autonomen Drusenregion. Fakr ed-Din II. wurde vom Gouverneur von Damaskus verdächtigt, er stehe in Kontakt mit dem christlichen Europa und ermutige deren Herrscher, ein Heer zu schicken, um den Kreuzritterstaat wieder erstehen zu lassen.

Diese Denunzierung aus Damaskus bewirkte schließlich, daß der Sultan des Osmanischen Reiches dem Gouverneur von Damaskus den Befehl gab, die Drusenregion anzugreifen. Dieser Offensive waren die Bewaffneten des Fakr ed-Din nicht gewachsen. Der Emir floh zum Großherzog der Toscana, mit dem er Kontakt gepflegt hatte. Fünf Jahre des Exils verbrachte Fakr ed-Din II. in Florenz, dann kehrte er in das Drusenland zurück – gefeiert von seinem Volk.

Sein Drang nach Unabhängigkeit ließ ihn nicht zur Ruhe kommen: Er setzte seinen Kampf gegen die Osmanen fort. Im Jahre 1635 erlitt er allerdings im Libanongebirge eine Niederlage. Die Osmanen nahmen Fakr ed-Din II. gefangen und töteten ihn. Mit seinem Untergang war die Glanzepoche der Drusen keineswegs zu Ende. Kraftvolle Herrscher sorgten dafür, daß im Libanongebirge und in den Hügeln des nördlichen Syrien – dort liegt Jebel ad-Duruz, der Drusenberg – ein autonomes Drusengebiet weiterhin existierte. Die Emire entstammten den Familien Shehab und Yamani. Emir Bashir II. (1788–1840) – er entstammte der Sippe Shehab – unterhielt, zur Absicherung der drusischen Unabhängigkeit enge Beziehungen zu England. Er behauptete gegenüber britischen Emissären, er habe den christlichen Glauben angenommen – was nicht der Wahrheit entsprach. Tatsächlich schickte England Waffen und Geld ins Drusengebirge. Die Regierung in London glaubte Fuß fassen zu können in einer Region, die zur Einflußsphäre Frankreichs zählte.

Um die Mitte des 19. Jahrhunderts setzte sich im autonomen Drusengebiet eine Familie durch, die in Aleppo zu Hause und eigentlich kurdischer Abstammung war: das Haus Jumblatt. Sein Einfluß ist bis heute gewaltig im Volk der Drusen. Es gehört zu den Verbündeten, auf die sich die Mächtigen in Damaskus meist verlassen konnten. Das Zentrum der Macht des Hauses Jumblatt befindet sich im Libanongebirge. Ihr Schloß ist ein architektonisches Wunder: In seinem Inneren tost ein Wasserfall.

Während der 20er Jahre des 20. Jahrhunderts erwuchs der Familie Jumblatt im Norden Syriens starke Konkurrenz: Die Atrash-Sippe übernahm die Kontrolle von Jebel ad-Duruz. Sultan Pascha al-Atrash wurde zum Idol der Drusen im Kampf gegen die Franzosen – und gegen die mit Frankreich kooperierenden politischen Kräfte in Damaskus.

Mit Hartnäckigkeit hielten die Drusen auch in moderner Zeit an den überkommenen Feudalstrukturen fest. Die Häupter der bestimmenden Häuser waren und sind gebietsweise noch immer unumschränkte Herrscher, die sich kaum Vorschriften durch die offiziellen Regierungen in den Hauptstädten machen ließen. Die Dekrete der Regierung in Beirut kümmerten die Chefs des Hauses Jumblatt nur wenig – und dies änderte sich auch nicht, als sie selbst an der Regierung beteiligt waren. Kamal Jumblatt war ein Minister, der sich in Beirut zu sozialistischen Prinzipien bekannte; in der libanesischen Gebirgsgegend des Shuf aber war Kamal Jumblatt absoluter Feudalherr und der reichste Mann unter den Drusen.

In Nordsyrien dominierte das Haus al-Atrash. Sultan Pascha al-Atrash war die glanzvollste Persönlichkeit. Doch als er alt wurde, zerfiel die Kraft der Familie. Sie wurde verehrt, doch sie gab dem Drusenvolk Syriens nicht mehr die Energie, politisches Mitspracherecht zu fordern.

Die drusische Minorität hatte, genau wie die Alawiten, eine Basis ihres Einflusses in der Armee gefunden. Die Drusen hatten fähige Offiziere gestellt. Als Hafez al-Assad die Spitze der Karriereleiter erklommen hatte, wurden ihnen die Kommandos entzogen. Bis zum Jahre 1967 ist es dem alawitischen Offizierskorps gelungen, die Drusen aus den Positionen der Oberstleutnante und sogar der Obersten zu vertreiben. Resignation machte sich breit. Gepflegt wurde die Erinnerung an Fakr ed-Din II. und an

Sultan Pascha al-Atrash. Doch der Stolz litt unter der Machtlosigkeit. Salim Hatum versuchte, dem Drusenvolk wieder zu Ansehen zu verhelfen. Daß er sich im Exil in Jordanien befand, weckte Erinnerungen und Hoffnungen: Auch Sultan Pascha al-Atrash hatte Asyl in Jordanien gesucht. Doch der Kriegsausbruch am 5. Juni 1967 veränderte die psychologische Situation. An einen Aufstand der Drusen ist nicht mehr zu denken. Der Drusenoffizier zog die Konsequenz. Bei Kriegsausbuch, noch am 5. Juni, kam Salim Hatum tatsächlich in die Hauptstadt. Er glaubte, sich auf Freunde verlassen zu können, aber er wurde sofort verhaftet. Noch während des Junikrieges fand der Prozeß vor dem Kriegsgericht statt. Hatum wurde angeklagt, er sei das Haupt einer Verschwörung, die von »amerikanischen und westdeutschen Imperialisten« finanziert werde mit der Absicht, das »sozialistische Lager zu schwächen«. Das Todesurteil wurde am 26. Juni 1967 vollstreckt. Im Drusengebiet löste der Tod des Salim Hatum Trauer und Entsetzen aus. Die psychologischen Folgen waren von langer Wirkung. Von nun an brauchte Hafez al-Assad nicht mehr zu befürchten, daß die Drusen daran denken konnten, die ruhmreiche Vergangenheit wieder auferstehen zu lassen.
Der interne Konflikt der Machtkonsolidierung durch den alawitischen Kern der Baathpartei verlief unbeachtet von der Aufmerksamkeit der Welt. Interessant war für die Öffentlichkeit allein der Krieg zwischen Israel und Arabien. Verfolgt wurden die Schlachten, in denen die arabische Seite unterlag.

Syriens Niederlage
oder al-Assad ergreift die Macht

Der militärische Konflikt mit Israel endete für Syrien in einer Katastrophe. Nach anfänglichen Erfolgen hielt die syrische Armee dem Druck nicht stand. Die Verbände verließen ihre Verteidigungsstellungen auf den Golanhöhen und wichen in Richtung Damaskus zurück. Die Stadt Kuneitra wurde den Israelis überlassen. Die Kommandostruktur zerfiel völlig. Der Verteidigungsminister wurde nicht mehr mit Informationen versorgt und hatte keinen Einfluß mehr auf die Kriegführung. Zu einer Frontbildung vor der Hauptstadt waren die Syrer nicht mehr in der Lage.

Die Katastrophe kam für die Bevölkerung von Damaskus überraschend. Vier Tage lang hatten die Menschen aus den Radios Siegesmeldungen gehört, die einen Taumel der Begeisterung ausgelöst hatten. Die Damaszener waren darüber informiert worden, die syrische Luftwaffe habe Tel Aviv angegriffen und zerstört. Die feindlichen Flugzeuge seien nahezu alle abgeschossen worden. Da, plötzlich erfuhren die Damaszener, daß ein Waffenstillstand unterzeichnet worden sei. Offenbar war also kein Sieg errungen über die Israelis. Die Flüchtlingströme, die von Westen her die Stadt erreichen wollen, waren ein Zeichen, daß erneut Gebiete verlorengegangen sind. Die Massen verfielen in Hysterie, Frauen verprügelten Soldaten auf den Straßen. Die Parteimiliz mußte zusammengezogen werden zum Schutz der Regierungsgebäude.

Dr. Nureddin al-Atassi, der zuvor den Sieg prophezeit hatte, wandte sich wieder ans Volk. Diesmal klagte er die Regierung der USA an, sie habe den Israelis Flugzeuge und Piloten zur Verfügung gestellt. Auch Westdeutsche hätten auf der Seite der Sieger gekämpft. Die gesamte imperialistische Welt sei über Syrien hergefallen. Die Aufgabe der Syrer sei es nun, die Schlacht fortzusetzen. An Kapitulation sei nicht zu denken.
Für Verteidigungsminister Hafez al-Assad war die Stunde zur Beseitigung des Präsidenten noch nicht gekommen. Sein Problem war zunächst die Reorganisation der Armee. Waffen in unvorstellbarer Menge waren verlorengegangen. Die Sowjetunion wurde gebeten, Ersatz zu leisten. Diese zögerte allerdings, denn sich fürchtete, die syrische Armee werde nie den Standard erreichen, der nötig war, um mit diesen Waffen wirklich umgehen zu können. Die Sowjetführung hatte bereits die Erfahrung gemacht, daß ihre Waffen von der Weltöffentlichkeit als schlecht angesehen werden, weil die Syrer – und die Ägypter auch – mit ihnen und vielleicht wegen ihnen den Krieg so blamabel verloren hatten. Die sowjetischen Waffensysteme wurden verspottet.

Das Zögern der Sowjets ärgerte den syrischen Verteidigungsminister. Er rächte sich auf seine Weise an der sowjetischen Führung, die, um Solidarität mit dem arabischen Kriegsverlierer zu demonstrieren, Einheiten ihrer Kriegsflotte zum Freundschaftsbesuch nach Lattakia und Tartus schickte. Hafez al-Assad ließ den Sowjets ausrichten, in beiden Häfen seien Reparaturarbeiten im Gange – der Besuch der Schiffe müsse auf einen späteren Zeitpunkt verschoben werden.

Hafez al-Assad reizte mit dieser Absage des Freundschaftsbesuchs nicht nur die Herren des Kreml, sondern auch seinen Staatspräsidenten, der die Einladung ausgesprochen hatte. Dr. Nureddin al-Atassi wiederum nahm einen völlig anderen Vorfall zum Anlaß, um den Verteidigungsminister zu maßregeln: Al-Atassi klagte al-Assad an, er habe von der irakischen Führung Bestechungsgelder angenommen. Er präzisiert den Vorwurf: Die Beträge seien von der Iraq Petroleum Company, die eine Ölpipeline durch Syrien zum Mittelmeer betreibt, bezahlt worden. Da die Gesellschaft ohnehin monatlich hohe Summen an die syrische Staatskasse abführte, hätten ganz unauffällig auch Hunderttausende von Dollars direkt auf Konten von Hafez al-Assad gebucht werden können. Dr. Nureddin al-Atassi legte keine Beweise vor. Er pochte auf seine Autorität in der Partei: Ein Urteil, das er ausspreche, brauche nicht überprüft zu werden. Für ihn stehe fest, daß Hafez al-Assad bestechlich sei.

Dieser Vorwurf betraf nun nicht einen normalen Bestechungsfall. Die Angelegenheit roch nach Hochverrat. Zwar waren beide Staaten, Syrien und Irak, in den Händen der Baathpartei, doch lagen die Parteiführungen im unversöhnlichen Streit miteinander. Sie intrigierten gegeneinander – sie schickten sich sogar gegenseitig Mordkommandos in die Hauptstädte. In Damaskus galt es als todeswürdiges Verbrechen, von der Baathführung in Baghdad Dollars angenommen zu haben – auch wenn sich der Staat von der Iraq Petroleum Company für die Nutzung der Pipeline bezahlen ließ. Dr. Nureddin al-Atassi glaubte, er habe den Rivalen in der Falle. Ein außerordentlicher Kongreß der Baathpartei, nach Damaskus einberufen, sollte den Sturz des Verteidigungsministers beschließen.

Der Staatspräsident wußte allerdings ganz genau, daß der Verteidigungsminister die Macht besaß, die 150 Mitglieder des Parteikongresses verhaften zu lassen. Dr. Nureddin al-Atassi schrieb dem angeklagten Parteimitglied al-Assad, er bitte darum, daß die Parteidisziplin gewahrt werde. Jedes Mitglied der Baathpartei habe sich dem Parteitagsbeschluß zu fügen. Eigene Interessen hätten sich den Interessen der Partei unterzuordnen. Al-Assad antwortete dem Präsidenten, wenn auch nur ein Wort der Kritik zu hören sei, werde er seine Soldaten schicken, um den Kongreß aufzulösen.

Dr. al-Atassi ließ sich allerdings nicht einschüchtern. Er beschuldigte Hafez al-Assad in einer Rede im geschlossenen Kreis, insgeheim Kontakt aufgenommen zu haben zur irakischen Baathführung, die aus »rechten Abweichlern« und folglich aus Verrätern im Kampf gegen den Imperialismus und für die arabische Einheit bestehe. Salah Jadid, der frühere Generalstabschef, stellte sich auf die Seite des Präsidenten. Das Ergebnis war, daß der Standpunkt von Dr. al-Atassi zur offiziellen Meinung des Parteikongresses erklärt wurde.

Für al-Assad bestand die Gefahr, verhaftet, abgeurteilt und erschossen zu werden. Er hatte oft genug Gefängnisse von innen kennengelernt, hatte Verhaftungen erlebt ohne zu wissen, ob er jemals wieder ein freier Mann sein würde. Nur, damals war er nicht verheiratet gewesen, hatte keine Kinder gehabt. Das persönliche Risiko fiel ihm einst leicht.

Dr. al-Atassi erweiterte den Vorwurf gegen den Verteidigungsminister. Al-Assad wurde beschuldigt, ein Feind der arabischen Einheit zu sein. Dieser Vorwurf wog deshalb so schwer, weil er das Dilemma der syrischen Baathpartei betraf: Sie trat offiziell für Pan-Arabismus ein, für den Zusammenschluß aller arabischen Staaten und kümmerte sich in Wahrheit doch nur um Syrien. Dieses Dilemma erzeugte ein schlechtes Gewissen. Die Baathspitze war ständig auf der Suche nach einem Sündenbock. Jetzt war der Verteidigungsminister der Schuldige.

Hafez al-Assad dachte nicht daran, sich geschlagen zu geben. Er gab den Armeeoffizieren den Befehl, sich jedes Kontakts zu den zivilen Mitgliedern der Parteiführung, deren Zentrum Dr. al-Atassi war, zu enthalten. Er spaltete damit die Baathpartei in einen zivilen und einen militärischen Zweig. Der Geheimdienst erhielt Anweisung, die Offiziere zu überwachen. Wer sich dem Verbot der Kontaktaufnahme nicht fügte, wurde verhaftet.

In Damaskus wartete man darauf, daß der Verteidigungsminister durch Waffengewalt den Konflikt für sich entschied. Doch nichts dergleichen geschah. Da erschoß sich Oberstleutnant Abdel Kerim al-Jundi, der Chef der syrischen Geheimpolizei.

Der 39jährige Oberstleutnant hatte im Dienst für die Partei die Aufgabe seines Lebens gesehen. Seit er den Posten des obersten

Beschützers von Partei und Staat übernommen hatte, war er seit langem kaum einmal außerhalb seines Büros gesehen worden. Kerim al-Jundi verzehrte sich für die Partei – er war besessen und uneigennützig. Er wußte, daß er von allen wichtigen Männern der Partei geachtet wurde. Um einen heilsamen Schock auszulösen, entschloß er sich zum Selbstmord – er wollte damit ein Zeichen setzen zur Besinnung und zur Versöhnung. Von seinen Mitarbeitern verabschiedete er sich mit den Worten: »Die Revolution braucht Märtyrer.«

Vom Italienischen Krankenhaus aus zogen Tausende von Trauernden durch Damaskus. Hafez al-Assad ging neben Dr. Nureddin al-Atassi. Am Grab sagte der Staatspräsident: »Abdel Kerim al-Jundi war das Gewissen der Partei!«

Hafez al-Assad wußte zu dieser Zeit, daß er seinen Ehrgeiz zügeln mußte. Die Führung der Sowjetunion hatte ihm mitteilen lassen, sie wünsche nicht, daß er die absolute Macht in Syrien übernehme. Die Kremlherren hatten al-Assad nicht vergessen, daß er schon als Student seine Abneigung gegen Kommunisten bewiesen hatte, daß er als Verteidigungsminister mehrmals in Worten und Taten die Würde der UdSSR mißachtet hatte, daß er verantwortlich war für die Verhaftung und Aburteilung von Kommunisten in Damaskus. Moskau warnte: Wenn der Gegner der Kommunisten die Macht übernehme, werde jeglicher Nachschub an Waffen und Ersatzteilen eingestellt. Niemand wußte besser als Verteidigungsminister al-Assad, daß die syrische Armee nicht mehr schlagkräftig war, wenn der Nachschub aus der UdSSR ausblieb. Versuche, die Mustafa Tlass unternommen hatte, um in China Ersatz zu beschaffen, waren gescheitert. Die Abhängigkeit von Moskau war total. Außerdem zeigten sich die Verantwortlichen in Moskau auch noch entschlossen, den bestehenden Handelsvertrag aufzukündigen, wenn der syrische Verteidigungsminister das höchste Staatsamt übernehmen würde.

Al-Assad zügelte tatsächlich für einige Zeit seinen Ehrgeiz. Doch er wartete auf seine Chance, denn er spürte, daß ihm die politische Entwicklung die Macht zuspielen würde.

Im September des Jahres 1970 kämpften in der jordanischen Hauptstadt Amman die Soldaten des Königs Hussein gegen die Palästinensische Befreiungsorganisation. Der König wollte die Kontrolle über sein Land wieder in den Griff bekommen, nachdem die Palästinenser nahe daran gewesen waren, Jordanien in einen Staat zu verwandeln, der ihnen gehört. »Amman wird unser Hanoi – Tel Aviv ist unser Saigon!« war die Parole der PLO in Amman gewesen. Diese Entwicklung hatte der amerikanischen Regierung mißfallen und sie trieb Hussein dazu an, sich der Herausforderung durch die Palästinenser zu stellen. Mit aller Wucht griff die jordanische Armee an.

Jassir Arafat, der in Bedrängnis geriet, bat Syrien um Hilfe. Ein Panzerangriff aus der Gegend Dera'a und Ramtha im Norden sollte Hussein zwingen, Streitkräfte aus Amman abzuziehen. Hafez al-Assad war gegen eine derartige Militäraktion, denn er fürchtete, die Israelis könnten den Jordaniern zu Hilfe kommen. In diesem Fall war mit hohen Verlusten zu rechnen. Dr. Nureddin al-Atassi aber sah eine Chance, die Herrschaft des Königs im Nachbarland zu beenden, um dort ein Regime der Baathpartei zu errichten. Er befahl deshalb seinem Verteidigungsminister, Panzerverbände in Richtung Amman in Marsch zu setzen. Hafez al-Assad gehorchte – jedoch nur zum Schein.
Ehe die Panzer aus den Kasernen rollten, ließ Hafez al-Assad die Erkennungsembleme ändern. Die syrischen Zeichen wurden ersetzt durch die Symbole der Palästinensischen Befreiungsarmee (PLA). Al-Assad schob damit die Verantwortung von sich weg und signalisierte zugleich der israelischen Führung, er stehe nicht hinter dieser Beteiligung am Konflikt – die syrische Armee selbst verhalte sich neutral. In Israel wurde das Signal verstanden. Luftangriffe zur Vernichtung der Panzertruppe, die bereits angesetzt waren, unterblieben.
Lange hielten sich die syrischen Panzer nicht in Jordanien auf, Feindberührung fand nicht statt. Außenpolitische Entwicklungen kamen Hafez al-Assad zu Hilfe. Moskau übte Druck auf den Präsidenten al-Atassi aus, er möge das Abenteuer abbrechen. Die Strategen im Kreml glaubten nicht an dauerhafte Zurückhaltung der Israelis: Bei einer wirklichen Konfrontation der Panzer aus Damaskus mit den Truppen des Königs Hussein rechneten die Militärspezialisten der Sowjetunion mit Angriffen der israelischen Luftwaffe. Eine Vernichtung der syrischen Panzer, die aus der UdSSR stammten, wäre in Moskau als neuerliche Blamage sowjetischer Waffen empfunden worden. Deshalb drängten die Sowjets auf raschen Abzug der Panzer. Dr. Nureddin al-Atassi, der die Sowjetunion als Waffenlieferanten nicht verlieren durfte,

gab nun Hafez al-Assad den Befehl, die Verbände in die Kasernen zurückzuholen.

Der Abbruch des Unternehmens schadete dem Ansehen des Präsidenten. Der Zivilist Dr. al-Atassi hatte den Befehl zum militärischen Angriff gegeben und war gescheitert. Die Parteigremien gingen auf Distanz zu ihm. Sein Verbündeter Salah Jadid ermutigte ihn allerdings, im Amt zu bleiben, in der Hoffnung, der Parteikongreß werde den zivilen Flügel der Baathpartei doch noch an der Macht halten.

Im November 1970 machte der Präsident den Fehler, seinen sicheren Palast in Damaskus zu verlassen, um sich in ein Krankenhausbett zu legen: Er wollte sich eine Zyste am Fuß entfernen lassen. Während der Nacht zum 14. November besetzen Infanterieeinheiten, deren Kommandeure dem Verteidigungsminister ergeben waren, das Krankenhaus und verhaften Dr. Nureddin al-Atassi. In derselben Nacht ließ al-Assad die Büros des zivilen Flügels der Baathpartei schließen. Vielen der Getreuen des Dr. al-Atassi gelang es, sich der Verhaftung zu entziehen. Sie trafen sich an einem geheimen Ort in Damaskus, wo der Beschluß gefaßt wurde, Hafez al-Assad gemäß Paragraph 113 der Parteistatuten aus der Baathpartei auszuschließen, da er gegen die Parteidisziplin verstoßen hatte. Der Beschluß fand keine Beachtung.

Mehr als 20 Jahre lang sollten Dr. Nureddin al-Atassi und weitere Mitglieder des zivilen Flügels der Baathpartei in Haft bleiben. Erst im Jahre 1993 glaubte Hafez al-Assad es wagen zu können, die Gegner von einst freizulassen. Keiner von ihnen war nach derart langer Haft in der Lage, die Freiheit zu ertragen. Dr. al-Atassi starb bald nach der Entlassung aus dem Damaszener Mezze-Gefängnis.

Im Februar 1971 leistete niemand mehr Widerstand, als Hafez al-Assad nach dem Amt des Staatspräsidenten Syriens griff. Die Macht in der Partei gehörte ihm bereits. Er war der erste Alawit an der Spitze des Staates. Mit seiner Amtsübernahme wurde der Erfolg der früher verachteten Religionsgemeinschaft deutlich: Sie beherrschte jetzt Syrien.

Die Alawiten bildeten jedoch keinen in sich geschlossenen Block. Al-Assad hatte alawitische Neider, die für sich Macht bean-

spruchten. Als sie allerdings ihre Ansprüche zu deutlich artiku-
lierten, gerieten sie in Gefahr: Im März 1972 wurde der alawitische Generalmajor Mohammed Umran in der libanesischen
Stadt Tripoli ermordet, im Dezember desselben Jahres wurden
Anhänger des früheren alawitischen Generalstabschefs Jadid
verhaftet. Von 15 Offizieren, die angeklagt waren, Hochverrat
begangen zu haben, gehörten 12 zur Gemeinschaft der Alawiten.

Hafez al-Assad, der das Gefühl hatte, daß er sich nicht mehr
ganz auf seine Glaubensbrüder verlassen konnte, holte jetzt
Mitglieder der eigenen Großfamilie nach Damaskus und übergab ihnen Aufgaben, die für seine Sicherheit wichtig waren. Vor
allem betraute er seine fünf Brüder mit Ämtern, die eine straffe
Kontrolle der Partei sicherten. Besonders Rifaat al-Assad besaß
das Vertrauen des Familienoberhaupts: Ihm wurde die Aufsicht
über die Panzertruppen von Damaskus übertragen. Er kommandierte im Jahre 1972 die Sicherheitskräfte, die Gebäude der
Partei und der Regierung zu schützen hatten. Nach dem Krieg
des Jahres 1973 erhielt Rifaat aus der Hand des Bruders hohe
Auszeichnungen. Doch bald danach wurden Gerüchte in Damaskus verbreitet, der Hochdekorierte verfolge eigene Absichten, die dem mächtigen Bruder mißfielen. Zu hören war sogar,
er habe versucht, gegen den eigenen Bruder zu meutern. Die
Reduzierung der Machtbasis auf die eigene Familie brachte dem
Chef von Partei und Staat auch nicht volle Sicherheit.

Der »Schwarze September« –
al-Assads Konflikt mit Arafat

Hafez al-Assad war entschlossen, sich von niemandem sein
Handeln diktieren zu lassen. Die Entscheidung über Krieg und
Frieden wollte er von keinem äußeren Zwang abhängig machen.
Daß al-Assad dem PLO-Vorsitzenden in Damaskus keine freie
Hand für Aktionen gegen Israel lassen wollte, hatte Gründe.
Verübte die Palästinensische Befreiungsfront Anschläge auf isra-
elischem Gebiet, trafen die harten Gegenschläge immer die arabi-
schen Staaten. Als von Jordanien aus nach dem Junikrieg 1967
die Fedajin Strommasten und Wasserpumpwerke in Israel

sprengten, zerstörten die israelischen Truppen im März 1968 die Kleinstadt Karameh im Jordantal.

Syrien bekam den Zorn Israels im Jahre 1972 zu spüren. Um 4 Uhr 30 drangen am 5. September 1972 acht Palästinenser in das israelische Quartier im Münchner Olympischen Dorf ein. Zwei der Athleten der Olympiamannschaft Israels wurden sofort getötet, neun Männer blieben als Geiseln in der Hand der Palästinenser. Für ihre Freilassung forderten die Geiselnehmer die Öffnung israelischer Gefängnisse für 200 verhaftete Fedajin.

Mit dem Überfall war der Organisation »Schwarzer September« ein Schlag gelungen, der die Aufmerksamkeit der gesamten Weltöffentlichkeit garantierte. Wäre eine Sprengladung im Weißen Haus detoniert oder ein Staatspräsident ermordet worden, hätten die Menschen nicht derart emotional reagiert. Das Ereignis wäre bald wieder in Vergessenheit geraten. Die Olympischen Spiele in München zu nutzen, um Israel zu treffen, rückte die PLO ins Blickfeld – brachte ihr jedoch keine Sympathien ein. Die Israelis wurden als Opfer des palästinensischen Terrors bedauert. Ihnen wurde das Recht auf Rache zugesprochen.

Die Bewältigung der kritischen Situation an jenem 5. September 1972 gilt nicht als Glanzleistung der deutschen Sicherheitskräfte. Sie hatten den Eindruck erweckt, sie seien einverstanden, daß die Geiselnehmer und die neun überlebenden Israelis nach Cairo ausfliegen könnten. Israelis und Palästinenser wurden am Abend zum Militärflughafen Fürstenfeldbruck gebracht – in zwei Hubschraubern, die auf dem hell erleuchteten Flugfeld abgestellt werden. Während zwei der Palästinenser die zum Flug nach Cairo bereitstehende Lufthansamaschine inspizierten, eröffnete die Polizei das Feuer. Daraufhin zünden die Palästinenser in den Hubschraubern Handgranaten. Als die Detonationen vorüber waren, lebte keine der israelischen Geiseln mehr. Drei Palästinenser wurden gefangengenommen. Die Welt wartete auf die Antwort der Israelis.

Drei Tage später schlug die israelische Luftwaffe zu. Sie griff Flüchtlingslager rings um Damaskus an. Kampfmaschinen vom Typ Skyhawk und Phantom feuerten Raketen ab auf die Blechhütten und Bretterbuden. Besonders hart getroffen wurde das Stadtviertel al-Hama. Die israelischen Piloten unterschieden nicht zwischen Gebäuden, in denen Palästinenser lebten, und solchen der Syrer. Am folgenden Tag donnerten die Phantoms wieder über Damaskus hinweg. Diesmal feuerten sie bei der Messeanlage von Damaskus am Baradafluß auf Autos und Zivilisten. Über 200 Menschen – viele von ihnen Frauen und Kinder – verloren ihr Leben.

Hafez al-Assad war wütend – nicht auf die Israelis, sondern auf Jassir Arafat. Er war überzeugt davon, daß er es sich nicht leisten konnte, durch PLO-Aktionen in einen bewaffneten Konflikt mit Israel hineingezogen zu werden. Sein Ehrgefühl und sein Ansehen hätten Hafez al-Assad jetzt zwingen müssen, die Toten von Damaskus zu rächen und militärisch gegen Israel aktiv zu werden. Die Konsequenz aber wäre gewesen, daß die israelische Luftwaffe erneut Damaskus angegriffen hätte. Ein Wirbel der Eskalation wäre ausgebrochen.

Hafez al-Assad beweist Selbstbeherrschung – auch wenn er einen Prestigeverlust hinnehmen mußte. Der Verzicht auf Rache für die Toten von Damaskus schadete dem Ansehen des syrischen Staatschefs in der ganzen arabischen Welt. Er war geschlagen worden, und er schlug nicht zurück. Verwunderung herrschte in den arabischen Hauptstädten Amman und Baghdad über den syrischen Staatschef, für den 200 Tote offenbar kein Grund waren, Vergeltung zu üben. Die Verantwortlichen in Jordanien und Irak kannten den Grund der syrischen Zurückhaltung nicht. Weder König Hussein noch der irakische Präsident wußten, daß die Armee und die Luftwaffe Syriens in Absprache mit Präsident Anwar as-Sadat mit Vorbereitungen für einen Krieg gegen Israel begonnen hatten. Al-Assad wollte den Aufbau seiner militärischen Kräfte für den Konflikt des kommenden Jahres nicht in voreiligen Gefechten verzetteln.

Daß er jetzt als Schwächling angesehen wurde, ärgerte den Herrn der Syrer gewaltig. Seinen Zorn reagierte al-Assad an Jassir Arafat ab. Er verlangte vom Chef der Palästinensischen Befreiungsbewegung die Einstellung sämtlicher Aktionen von syrischem Boden aus. Der Befreiungsbewegung war nur noch gestattet, die Flüchtlingslager zu verwalten. Selbst politische Agitation wurde untersagt. Hafez al-Assad spielte sogar mit dem Gedanken, auf syrischem Territorium die PLO überhaupt zu verbieten.

Fortan empfand der syrische Staatschef wenig Sympathie für Jassir Arafat. Er sagte ganz offen, daß ihm dessen Erscheinung zuwider sei, außerdem könne er Arafats Umarmungen und Küsse schon allein wegen des stacheligen Barts nicht ertragen. Gemeinsame Politik mit dem PLO-Chef war somit für die Zukunft ausgeschlossen. Der Streit zwischen al-Assad und Arafat im Herbst 1972 sollte während der nächsten Jahre Auswirkungen haben.

Hafez al-Assad konzentrierte viel Energie auf den Versuch, Arafat durch eine andere Persönlichkeit ersetzen zu lassen. Mancher der bisherigen Unterführer war durchaus bereit unter al-Assads Anleitung PLO-Chef zu werden. Im Verlauf der Jahre war die Zahl derer, die mit Arafat unzufrieden waren, angewachsen. Wer sich bei Beförderungen übergangen fühlte, wem die finanziellen Zuwendungen aus der PLO-Kasse nicht genügten, wer sich über ungerechte Behandlung beklagte, der fand nun offene Ohren in Damaskus. Die Geheimpolizei war die erste Anlaufstation für Palästinenser, die zu Arafat in Opposition standen. Einige wurden ausgewählt, in einer reorganisierten PLO Führungspositionen zu übernehmen. Doch alle Bemühungen, einen Nachfolger für Arafat zu finden, scheitern schließlich. Die Namen der Kandidaten waren und bleiben unbekannt.
Zwar durften die Palästinenser in den syrischen Lagern keine Arafatportraits mehr an die Hauswände kleben, doch sie trugen sein Bild im Herzen. Sie wollten sich keinen anderen als Leitgestalt aufzwingen lassen. Es gelang al-Assad vor allem nicht, die Mitglieder der PLO-Gremien zu beeinflussen, Arafat abzuwählen. Im Exekutivkomitee hielt Arafat die Mehrheit, und wer von Hafez al-Assad protegiert wurde, hatte überhaupt keine Chance, in dieses Gremium aufgenommen zu werden.
Jassir Arafat besaß zu diesem Zeitpunkt einen gewaltigen Vorteil: Seine Kassen waren gefüllt. Die Unterstützung durch Saudi-Arabien und durch die wohlhabenden Ölemirate am Persischen Golf war ihm sicher. Arafat konnte die Personen, die ihm nützlich waren, bezahlen. Hafez al-Assad dagegen konnte dafür kein Geld ausgeben. Die Aufrüstungsbemühungen fraßen die syrischen Finanzreserven auf. Der Termin des lange geplanten Angriffs auf die Golanhöhen rückte näher.

Der Krieg von 1973 –
Die Ägypter sind erfolgreicher

Al-Assad und sein Verteidigungsminister Mustafa Tlass hatten gründlich vorgearbeitet: Die Sowjets hatten ihnen den erbetenen Panzertyp T-62 in beachtlicher Stückzahl geliefert. Dieser Panzer war das neueste Modell, das der sowjetischen Armee selbst zur Verfügung stand. Die Sowjets hatten diesmal also keineswegs älteres Material geliefert. Insgesamt stand der syrischen Militärführung eine Panzerarmee von 1500 Kettenfahrzeugen zur Verfügung. Die Anzahl der Geschütze betrug mehr als 1000.

Den Angriffsplan hatte Hafez al-Assad selbst genehmigt. Er sah einen Durchbruch südlich des Hermongebirges vor. Dieser Angriff aber war nur als Entlastung gedacht für die Attacke in der Region Kuneitra, die eine Öffnung der israelischen Linien ostwärts des Jordantals erzwingen sollte. Weiter südlich sollte eine Panzerdivision zum See Genezareth vordringen. Die Voraussetzungen für diesen Angriffsplan waren realistisch, denn der syrische Nachrichtendienst hatte festgestellt, daß den eigenen Streitkräften nur 170 feindliche Panzer und 60 Geschütze gegenüberstanden. Den Überraschungseffekt eingerechnet mußte die syrische Überlegenheit zum Sieg führen.

Mit Anwar as-Sadat war abgesprochen, daß die Ägypter und die Syrer zur gleichen Zeit losschlugen. Am Samstag, dem 6. Oktober 1973, um 14 Uhr, gab das Hauptquartier in Damaskus den Befehl zum Artillerieschlag gegen die israelischen Linien. Unmittelbar hinter der Feuerwalze rückten die Panzer nach Westen vor. Hubschrauber flogen in Richtung der israelischen Beobachtungsstellungen auf dem Hermongebirge.

Die Positionen auf dem alles überragenden Bergrücken war wichtig für die Israelis. Von dort aus war die Straße, die von Kuneitra nach Damaskus führt, vollständig zu überblicken. Die Einnahme der Stellungen war vom Generalstab in Damaskus mit Vorrang geplant worden, denn sie sollte den Bewohnern endlich das Gefühl nehmen, ständig vom Feind beobachtet zu werden. Auch Damaskus konnten die Israelis, die auf dem Hermongebirge standen, mit ihren Fernrohren überblicken. Außerdem wußten die Damaszener, daß elektronische Sensoren den Telefonverkehr der Hauptstadt überwachen konnten.

Die Überraschung gelang: Schon nach einer Stunde befanden sich die Bunker auf der höchsten Erhebung des Hermon in syrischer Hand. Wenige Minuten später trafen sowjetische Spezialisten dort ein, die mit dem Abbau der elektronischen Geräte begannen. Die Sowjets hatten damit zum erstenmal Musterexemplare der amerikanischen Beobachtungs- und Abhörelektronik in Händen. Mit dem Versprechen dieser Gefälligkeit hatte sich Hafez al-Assad das Entgegenkommen der Sowjets zu raschen Waffenlieferungen erkauft.

Die Aktion Hermon war erfolgreich verlaufen, doch der Vorstoß der Panzertruppen südlich des Hermon entwickelte sich nicht zum brillanten Erfolg. Die Israelis erholten sich rasch vom Schock der Überraschung. Sie verteidigten die Straßen, die zum Jordan und zum See Genezareth hinunterführten mit aller Energie. Ihre Verluste waren allerdings beträchtlich. Die Last des Kampfes hatte die 188. Brigade zu tragen. 90 Prozent ihrer Offiziere waren am Abend des 7. Oktobers entweder tot oder verwundet.
Um 14 Uhr des 6. Oktober hatten auch die Ägypter angegriffen. Ihnen war der Übergang über den Suezkanal gelungen. Ihre Infanterie hatte die Verteidiger der Bar-Lev-Linie am Ostufer der Wasserstraße überrascht und überwunden. Für die arabische Welt insgesamt war damit ein Wunder geschehen: Arabische Soldaten hatten einen spektakulären Erfolg gegen den als unüberwindbar geltenden Feind errungen.
Die Situation am Suezkanal war für die israelische Führung bedrohlich. Die ganze Welt verfolgte mit Spannung, was an der so wichtigen Wasserstraße geschah. Verteidigungsminister Moshe Dayan war gezwungen, alle verfügbaren Reserven an diese Front zu werfen. Für die syrische Front standen nur geringe Kräfte bereit. Hätte Verteidigungsminister Mustafa Tlass konzentrierte Angriffe befohlen, wäre eine Zersplitterung des israelischen Widerstands möglich gewesen. Doch die Kampflinie der syrischen Panzertruppen war überdehnt, so daß der Zusammenhang der Einheiten untereinander zerriß. Am vierten Kampftag begannen einzelne Verbände schon den Rückzug in Richtung Damaskus. Es zeigte sich, daß die Kampfmoral der Syrer schon bei ersten Schwierigkeiten nachließ.
Kleinere Panzergruppen hatten zuvor tatsächlich nahezu die Jordanbrücken erreicht – im israelischen Hauptquartier hatte

dies Besorgnis ausgelöst. Der Generalstab verlegte daraufhin Panzer in den Bereich der Nordspitze des Sees Genezareth und der Bnot-Ya'akow-Brücke, die den Befehl bekamen, in Richtung Kuneitra vorzustoßen. Am Mittwoch, den 10. Oktober befanden sich bereits alle syrischen Einheiten auf der Flucht und am späten Abend jenes Tages waren nahezu alle der 1500 Panzer, über die Syrien an der Front verfügte, außer Gefecht gesetzt. Den israelischen Soldaten fielen auf den Golanhöhen 867 Panzer in die Hände, die von ihren Besatzungen verlassen worden waren. Viele gehörten zum modernsten sowjetischen Typ T-62. Wieder einmal endete der Kampf mit der blamablen Niederlage einer arabischen Armee – und der sowjetischen Waffen.

Trotz dieser für die Sowjetunion peinlichen Entwicklung erwiesen sich die Mächtigen des Kreml als treue Verbündete des syrischen Präsidenten. Auf dem Flughafen von Damaskus landeten sowjetische Transportmaschinen in ununterbrochener Kette. Moskau gab sich Mühe, die Materialverluste der Syrer auszugleichen. Frachtschiffe waren bereits unterwegs, um russische Waffen nach Tartus und Lattakia zu bringen.
Die russischen Militärspezialisten hatten die Niederlage vorausgesehen. Schon am zweiten Kriegstag, als die syrischen Panzer auf die Bnot-Ya'akow-Brücke im Jordantal zurollten, hatte die sowjetische Diplomatie die Möglichkeit eines Waffenstillstands ausgehandelt. Der sowjetische Botschafter in Cairo war beauftragt worden, auch das Einverständnis des ägyptischen Präsidenten zur Feuereinstellung einzuholen. Anwar as-Sadat aber, dessen Truppen eben den Übergang über den Suezkanal geschafft hatten, wollte sich diesen Erfolg nicht durch einen vorzeitigen Waffenstillstand schmälern lassen. Er lehnte die diplomatische Initiative der Sowjets ab mit der Bemerkung, diesmal sei der Sieg der Araber sicher. Daraufhin erklärte auch Hafez al-Assad, er werde weiterkämpfen.
Jetzt aber, am Abend des 10. Oktober 1973, bat der syrische Staatschef die Sowjetführung dringend, sie möge einen Waffenstillstand herbeiführen. Gleichzeitig forderte al-Assad den Ägypter Sadat auf, vom Suezkanal aus quer durch die Sinai-Halbinsel vorzustoßen, um so den Syrern Entlastung zu bringen. Sadat aber wollte seinen Erfolg am Suezkanal nicht durch riskante Operationen gefährden.

Um 22 Uhr an jenem 10. Oktober trafen sich die Verantwortlichen des israelischen Generalstabs, um darüber zu beraten, ob die Kampfhandlungen nach Zerschlagung der syrischen Panzerverbände abgebrochen oder durch einen Vormarsch auf Damaskus gekrönt werden sollten. Verteidigungsminister Moshe Dayan – sonst der wagemutige Draufgänger – mahnte zur Vorsicht. Er war nicht sicher, ob die US-Regierung einer Ausweitung des Krieges bis in den Bereich der syrischen Hauptstadt zustimmen würde. Lehnten die Amerikaner die Aktion ab, die weit über alle Maßnahmen zur Verteidigung Israels hinausging, dann konnten die Sowjets darin wiederum eine Ermutigung sehen, den Syrern militärisch aktiv zu helfen. Moshe Dayan machte deutlich, daß er in diesem Fall eine sowjetische Intervention zur Verteidigung von Damaskus nicht ausschließe. Breschnew habe sich persönlich derart mit syrischen Interessen verbunden, daß er eine Gefährdung der Hauptstadt Damaskus durch israelische Truppen nicht zulassen könne. Das Resultat wäre eine amerikanisch-sowjetische Konfrontation – zumindest auf diplomatischem Gebiet.

Generalstabschef Elazar gab Moshe Dayan im Prinzip recht, wies jedoch auf die Schwierigkeiten für sowjetische Truppenverbände hin, unmittelbar nach ihrer möglichen Landung auf dem Flughafen Damaskus, Verteidigungsstellungen westlich der Stadt zu beziehen. Auf dem Weg zur Front seien die sowjetischen Panzer verwundbar. Einem solchen Risiko, so sagte der Generalstabschef, würde Breschnew nie zustimmen.

Moshe Dayan blieb bei seinem Standpunkt, Breschnews Treue zu al-Assad dürfe nicht unterschätzt werden. Doch er stimmte dem Vorschlag des Generals Elazar schließlich zu, gerade noch so weit auf Damaskus vorzurücken, daß die Hauptstadt im Schußbereich der israelischen Artillerie lag. Dieser Vorstoß wurde am 11. Oktober durchgeführt.

An diesem Tag entschloß sich die israelische Regierung, auf keinen Fall in Damaskus einzumarschieren – auch wenn keine Gefahr seitens der Sowjetunion drohte. Moshe Dayans Argument, der militärische Wert einer solchen Eroberung sei höchst zweifelhaft, wurde akzeptiert. Schließlich lebten in der Stadt mehr als 900 000 Menschen; jeder einzelne würde eine Bedrohung für die israelischen Besatzungssoldaten darstellen. Generalstabschef Elazar setzte immerhin durch, daß einige militärische Anlagen in Damaskus durch Artilleriefeuer zerstört wurden.

Erst am 20. Oktober gab Moshe Dayan den Befehl, die Stützpunkte auf dem Hermongebirge zurückzuerobern. Am 22. Oktober war diese Aktion abgeschlossen, nun stimmte auch Moshe Dayan einem Waffenstillstand zu.

Zum Glück für Hafez al-Assad nahm die Weltöffentlichkeit nicht so recht zur Kenntnis, daß der Kriegsausgang für Syrien eine Katastrophe war. Der geschickte Politiker Sadat zog die Aufmerksamkeit auf sich. Er verkündete, mit dem Übergang über den Suezkanal habe Arabien insgesamt einen Sieg errungen. Der Krieg des Jahres 1973 sei für alle ruhmvoll ausgegangen – also auch für die Verantwortlichen in Damaskus. In der syrischen Hauptstadt wurde nicht darüber diskutiert, daß die personellen Voraussetzungen für die Schlacht um Israel keineswegs günstig gewesen sind. Es konnte überhaupt keinen Zweifel geben, daß die von Hafez al-Assad angeordneten »Säuberungen« des Offizerskorps von Angehörigen der sunnitischen und drusischen Glaubensgemeinschaften ganz wesentlich zur Schwächung der syrischen Armee beigetragen hatten. Die Truppenkommandeure waren jahrelang mit internen Konflikten beschäftigt gewesen – der Ausbildungsstandard hatte darunter gelitten. Außerdem waren als Ersatz für die ausgeschiedenen Sunniten und Drusen nicht gerade die besten Offiziere in verantwortliche Positionen gekommen.

Aber da gab es niemanden in Damaskus, der Hafez al-Assad offen kritisiert hätte. Jedes Mitglied des Offizierskorps wußte, daß es ein solches Risiko nicht eingehen durfte, Kritik wurde in Damaskus bestraft. Al-Assad war unfehlbar.

Damaskus gegen Baghdad – Baathpartei gegen Baathpartei

Belastet gewesen war der Konflikt auch durch innerarabischen Streit. Daß Spannung herrschte zwischen den Regierenden in Damaskus und Baghdad wurde während der kritischen Zeit des Oktoberkrieges 1973 deutlich. Keine Seite war wirklich an Zusammenarbeit interessiert. Absichtliche und ungewollte Mißverständnisse lähmten die Koordination der Kriegsanstrengungen. Schon die Vorgeschichte wirft ein Licht auf das Verhältnis zwischen Damaskus und Baghdad.

Der syrische Verteidigungsminister Mustafa Tlass behauptete, daß er schon im November 1972 den irakischen Generalstab informiert habe, eine größere militärische Aktion gegen Israel sei in Vorbereitung für Sommer oder Herbst 1973. Mustafa Tlass legte besonderen Wert auf die Feststellung, daß er seinen irakischen Amtskollegen ausdrücklich aufgefordert habe, seine Truppenverbände auf eine mögliche Teilnahme an den Kämpfen vorzubereiten. Im Juli 1973 sei dann eine Benachrichtigung über den definitiven Angriffszeitraum erfolgt. In beiden Fällen, so äußert sich Mustafa Tlass, habe der irakische Staatspräsident Ahmed Hassan al-Bakr den Syrern Glück für die militärische Operation gewünscht, jedoch vor allem seine Befürchtung geäußert, auch dieser Versuch, Israel eine Niederlage zuzufügen, könne in der militärischen Katastrophe enden. Zu keinem Augenblick habe Ahmed Hassan al-Bakr zu erkennen gegeben, daß er Kriegsvorbereitungen treffen werde.

Die irakische Führung wiederum behauptet, sie sei nie in die Kriegspläne der Syrer einbezogen worden. Mustafa Tlass habe absichtlich den Informationsfluß in Richtung Baghdad unterbrochen. Daß ein Krieg ausgebrochen sei, habe die irakische Regierung den Rundfunknachrichten entnehmen müssen.

Der irakische Generalstab hatte offensichtlich im Frühjahr 1973 dem Verteidigungsministerium in Damaskus eine ausgefeilte Studie übermittelt, wie der kommende Krieg gegen Israel erfolgreich zu führen sei. Die Studie enthielt Aufmarschpläne und Direktiven für Offensiven. Empfohlen wurde die Zusammenfassung der Streitkräfte von Syrien und Irak zu einem koordinierten Kampfverband. Die Iraker hatten nie eine Bestätigung, geschweige denn eine Antwort erhalten, daß ihre Vorschläge auf Interesse gestoßen waren. In Baghdads Machtzentrale waren die Verantwortlichen der Meinung, Hafez al-Assad denke nicht daran, einen wirklichen Befreiungskrieg führen zu wollen – sonst hätte er die irakischen Vorschläge beachtet.

Der militärische Konflikt begann am 6. Oktober 1973 um 13.30 Uhr mit dem Feuerschlag der Ägypter – die syrischen Truppen griffen um 14 Uhr an. Die Attacke in Richtung Golanhöhen verlief erfolgreich: Der Durchstoß zum Jordantal schien möglich zu sein. Die Armeeführung in Damaskus blickte optimistisch auf ihre Landkarten. In dieser Situation rief Ahmed Hassan al-Bakr, der irakische Staatschef, den Syrer Hafez al-Assad an. Er informierte den Herrn über Damaskus, er könne von Baghdad aus sofort die Dritte Panzerdivision in Richtung Kriegsgebiet schicken. Hafez al-Assad dankte für das Angebot, lehnte die Hilfe jedoch ab. Trotz dieser Zurückweisung befahl Ahmed Hassan al-Bakr, die Dritte Panzerdivision sei sofort in Alarmbereitschaft zu versetzen. Die Expeditionstruppe erhielt die Bezeichnung »Salah ed-Din«.

Die Stunde der Iraker brach am 8. Oktober an, als die israelischen Panzerverbände den syrischen Angriff zurückschlagen konnten. Die Front vor Damaskus geriet ins Wanken. Hafez al-Assad verfügte über keine Reserven mehr, um die Abwehrlinie zu stabilisieren. Nun war Mustafa Tlass gezwungen, den Generalstab in Baghdad um Hilfe zu bitten. Ahmed Hassan al-Bakr selbst ordnete an, so viele Panzer wie nur möglich, zu den Golanhöhen in Marsch zu setzen. Schon im Verlauf des 11. Oktobers traf die Irakische Dritte Panzerdivision im Kampfgebiet ein, schon am folgenden Tag befanden sich 20 000 Iraker im Fronteinsatz.

Die irakischen Kampfgefährten wurden allerdings keineswegs mit offenen Armen empfangen. Die Offiziere wurden nicht in das Geschehen an der Front eingewiesen, sie erhielten keine Funkfrequenzen zugeteilt, nicht einmal präzise syrische Landkarten standen den Irakern zur Verfügung. Die einzige Direktive war: »Fahrt in Richtung Westen und kämpft!«

Die irakische Führung ist bis heute der Meinung, nur das Eingreifen der eigenen Truppen habe Damaskus vor der Eroberung durch die israelischen Truppen gerettet, und nur dem irakischen Expeditionskorps »Salah ed-Din« sei es zu verdanken, daß ganz Arabien vor einer blamablen Niederlage bewahrt wurde.

Am 19. Oktober – die Front in Syrien ist längst dank israelischer Zurückhaltung stabilisiert – stimmte die Führung in Damaskus einem Waffenstillstand mit Israel zu. Die irakischen Verbündeten wurden nicht unterrichtet. Ahmed Hassan al-Bakr war aus dem Radio vom Kriegsausbruch unterrichtet worden – nun erfuhr er aus den Radio, daß der Krieg zu Ende sei. Hafez al-Assad und Mustafa Tlass dementierten in der Folgezeit die entsprechenden Vorwürfe aus Baghdad nicht.

Kaum war der Waffenstillstand in Kraft getreten, zog die irakische Führung die Dritte Panzerbrigade und alle Infanterieverbände sofort ab. Ahmed Hassan al-Bakr wollte damit demonstrieren, daß sein Regime nicht einverstanden war mit der raschen – und seiner Meinung nach – unrühmlichen Beendigung der Kriegshandlungen durch die syrische Führung. Die Herren am Tigris und Euphrat ärgerten sich darüber, daß in syrischen Publikationen über den Kampfverlauf kein Wort zu finden war über die irakische Beteiligung. Hafez al-Assad hatte – kaum war der letzte Schuß gefallen – damit begonnen, in der arabischen Welt zu propagieren, Syrien habe in diesem Krieg einen beachtlichen Erfolg errungen. Die Führungsrolle von Damaskus in der arabischen Welt sollte unterstrichen werden. Von Anfang des Krieges an stand Absicht hinter der syrischen Handlungsweise. Hafez al-Assad wollte verhindern, daß eine wirkliche Zusammenarbeit zwischen Syrien und Irak zustande kam. Die Baathführung in Damaskus wollte keine Partnerschaft mit Ahmed Hassan al-Bakr. Waffenbrüderschaft war nicht erwünscht.

Eigentlich waren die Voraussetzungen zur Kooperation zwischen den beiden arabischen Hauptstädten ideal: Sowohl in Damaskus als auch in Baghdad regierten Politiker die der Baathpartei angehörten. Seit der Beseitigung der Monarchie am 14. Juli 1958 hatten Baathpolitiker die Entscheidung, wem die Macht in Baghdad zufallen sollte, beeinflußt. Nach dem Sturz des Präsidenten Kassem im Jahre 1963 war das einflußreiche Baathmitglied General Ahmed Hassan al-Bakr Ministerpräsident geworden. Zeitweise lähmten innere Streitigkeiten zwischen radikalen und moderaten Parteiflügeln die Kraft der Organisation, sie war nahe daran, ihren Einfluß zu verlieren. Jedoch zeigte es sich, daß ihr auf Dauer keine andere Gruppierung gewachsen war. Seit dem Jahr 1968 regiert die Baathpartei im Irak unangefochten. Gefahr drohte dem Regime immer nur aus Syrien.

Der Streit entzündete sich am Problem des Wassermangels in der Region. Sowohl Syrien als auch Irak sind Anrainer des Flusses Euphrat. Beide sind wiederum abhängig von der Wassermenge, die von der Türkei flußabwärts freigelassen wird. Endabnehmer des Wassers ist der Irak.

Im Juli 1975 beschloß die syrische Regierung den Wasserspiegel des Stausees Tabqa ansteigen zu lassen. Dieser Stausee wird durch den Assaddamm in der Region von Raqqa gebildet. Die Folge der stärkeren Stauung war, daß dem Irak im Sommer 1975 weniger Wasser zur Verfügung stand. Verschärft wurde die Situation durch langanhaltende Trockenheit. Die irakischen Bauern litten Not.

Die Verantwortlichen in Baghdad erkannten schnell, daß dieser Zustand nicht auf wenige Monate beschränkt bleiben würde: Syriens Wirtschaftsplan sah die Bewässerung großer landwirtschaftlicher Anbauflächen vor. Daß dieses Projekt Wasser verschlingen mußte, war selbstverständlich. Unter normalen Umständen hätten die Regierenden in Damaskus und Baghdad miteinander über eine Lösung des anstehenden Konfliktes gesprochen. Doch die Kontakte zwischen den beiden Hauptstädten waren inzwischen völlig abgebrochen. Die Arabische Liga, die Dachorganisation der arabischen Staaten, bemühte sich um eine Beilegung des Wasserstreits. Durch Vermittlung Saudi-Arabien gelang es, Syrien zum Einlenken zu veranlassen. Das Königigreich erweist sich wieder einmal finanziell als überaus entgegenkommend.

Damaskus nahm jede Gelegenheit wahr, um das Ansehen von Baghdad herabzusetzen. Im Frühjahr 1975 befanden sich Syrien und Irak im Streit um die Grenzziehung am Shatt al-Arab. Seit der Zeit der britischen Kolonialverwaltung verlief die Grenze zwischen Iran und Irak entlang der Wasserstraße genau am iranischen Ufer. Auf diese Weise war die Souveränität über den Zusammenfluß von Euphrat und Tigris dem Irak, und damit letztlich der britischen Aufsichtsmacht übertragen worden. Der Schah von Iran konnte mit dieser Situation nicht einverstanden sein. Er verlangte die Verlegung der Grenze in die Mitte der Wasserstraße. Diese Forderung war keineswegs unbillig, sie folgte den Regeln des internationalen Rechts. Die irakische Regierung gab nach. Im März 1975 unterzeichnete Saddam Hussein, der damalige Vizepräsident des Irak, das Abkommen von Algier, das den Grenzverlauf im Sinne des Schahs korrigierte. Saddam Hussein hatte die irakische Zustimmung an eine Bedingung geknüpft: Der Iran mußte seine Unterstützung der aufständischen Kurden im Gebiet von Mosul und Kirkuk einstellen. Das entsprechende Abkommen wurde im Juni 1975 unterschrieben. Von diesem Zeitpunkt an hatte Baghdad kein Problem mehr mit Unruhen in seinem Kurdengebiet. Den Kurden fehlten künftig Waffen und Geld, sie mußten ihren Kampf einstellen. Die kriegerische Auseinandersetzung im Norden des Irak hatte über Jahre hin dem Baathregime in Baghdad die Beherrschung des Landes erschwert, denn sie hatte an den finanziellen und militärischen Mitteln gezehrt. Die beiden Verträge mit dem Schah trugen zur inneren Festigkeit der Baathherrschaft bei.

Die Mächtigen in Damaskus aber sahen jetzt eine Chance zum Propagandakrieg gegen Baghdad. Lautstark wurde verbreitet, daß Vizepräsident Saddam Hussein, der starke Mann des Irak, durch seinen Verzicht auf die östliche Hälfte der Wasserstraße Schatt al-Arab auf arabisches Territorium verzichtet habe. Dieser Vorwurf wurde noch durch die Feststellung untermauert, der Gewinner bei diesem Verzicht sei der Schah von Iran, der »Lakai des amerikanischen Imperialismus«. In Damaskus trat der Sechste Regionalkongreß der syrischen Baathpartei zusammen, dessen Delegierte den Beschluß faßten, das »faschistische Regime« in Baghdad sei für die Unterzeichnung der irakisch-iranischen Abkommen zu verurteilen. Die Unterzeichnung sei als Verrat an der gemeinsamen Sache aller Araber zu betrachten. Sie beweise die Zusammenarbeit zwischen Irak und den »kolonialistischen Mächten«.

Die Verantwortlichen der Baathpartei in Damaskus benutzten fortan mehr und mehr die Bezeichnung »Takriti-Regime«, wenn sie von den Regierenden in Baghdad sprachen. Sie wollten damit auf die Besonderheit hinweisen, daß nahezu alle Personen, die an der Spitze des Irak standen, aus der Stadt Takrit am Tigris stammten. Saddam Hussein hatte seine Führungsmannschaft aus seiner eigenen sunnitischen Großfamilie rekrutiert – in einem Land, dessen Bevölkerungsmehrheit aus Schiiten bestand.

Die Parallele ist nicht zu übersehen: In beiden Ländern herrschte die Baathpartei – und sie war sowohl in Syrien wie in Irak in die Hände einer religiösen Minderheit geraten: In Damaskus bestimmte die Religionsgruppe der Alawiten die Politik; in Baghdad hatten Sunniten die Führung übernommen. Dieser Faktor machte die Kluft unüberbrückbar.

Der Konflikt blieb nicht auf den verbalen Sektor beschränkt. Im

Sommer 1975 begannen beide Seiten mit der Vorbereitung militärischer Aktionen. Die syrische Regierung gab zu erkennen, daß sie einen Angriff der Iraker zur Eroberung des Stausees von Tabqa befürchteten. Sie verlegte Truppenverbände an die Grenze zu Irak. Baghdad antwortete durch Mobilisierung seiner Streitkräfte. Daraufhin ordnete Hafez al-Assad an, daß der irakische Militärattaché Damaskus sofort zu verlassen habe. Damit endete das Programm einer militärischen Zusammenarbeit – das nie funktioniert hatte.

Während der folgenden Monate blieben starke syrische Einheiten an der irakischen Grenze, obgleich keine Bedrohung zu erkennen war. Gerüchte in Damaskus besagten damals, Hafez al-Assad habe die Truppen aus der Hauptstadt geschickt, die verdächtigt wurden, gegen den Präsidenten putschen zu wollen. Die Offiziere dieser Einheiten, so war zu hören, wären nicht damit einverstanden gewesen, daß Hafez al-Assad durch den Generalstab Pläne zum Einmarsch im Libanon vorbereiten ließ. Er hatte tatsächlich den Entschluß gefaßt, in den libanesischen Bürgerkrieg einzugreifen.

Das Baathregime in Baghdad reagierte heftig. Saddam Hussein beschuldigte al-Assad, er werde auf Seiten der Christen stehen, die einen »separatistischen Kurs« betrieben und sich außerhalb der arabischen Solidarität befänden. Durch diese Handlungsweise arbeite Hafez al-Assad den westlichen Mächten in die Hände.

Ein Dorn im Fleisch – Die Krise des Staatschefs

Ein Blick auf die Landkarte zeigt, daß für jeden syrischen Staatschef die Existenz des libanesischen Staates ein Dorn im Fleisch sein muß: Die Hälfte der syrischen Küste ist blockiert durch das unabhängige libanesische Gebiet. Selbstverständlich ist Beirut der natürliche Hafen für Damaskus. Wer heutzutage von der Hauptstadt auf syrischen Straßen zum Meer gelangen will, muß nach Lattakia oder Tartus reisen. Die Syrer erinnern sich wohl daran, daß der Libanon Bestandteil des syrischen Landes war und daß die französische Kolonialmacht am Ende des Zweiten

Weltkriegs – als Syrien noch abhängig von Frankreich und somit wehrlos war – die Gründung des Staates Libanon geduldet und sogar unterstützt hatte. Damals entstand das kleine Land von wenig mehr als 10000 Quadratkilometern als Domäne der christlichen Maroniten. Seit der Stunde der syrischen Unabhängigkeit fühlte sich jeder syrische Präsident verpflichtet, für die Heimkehr des Libanon in den syrischen Staatsverband zu sorgen. Der Bürgerkrieg im Libanon, der im Jahre 1975 ausbrach, bot nach Meinung von Hafez al-Assad eine gute Möglichkeit, diese Verpflichtung einzulösen.

Seit der Gründung des Staates hatten die christlichen Maroniten den Ton in Beirut angegeben: Sie beherrschten die Armee, die Staatssicherheitsorgane, die Staatsverwaltung und das wirtschaftliche Leben. Während sie Machtbeteiligung gefügiger Sunniten duldeten, waren die Schiiten von den Entscheidungen ausgeschlossen.
Die unterprivilegierten Moslems erkannten eine Chance zur Besserung ihrer Situation, als im Jahre 1972 Jassir Arafat und die gesamte Führungsmannschaft der Palästinensischen Befreiungsbewegung aus Jordanien vertrieben wurde. Damaskus durfte der PLO-Chef nicht als Ort seines Hauptquartiers wählen, denn er wußte, daß Hafez al-Assad ihn sofort an die Kandare nehmen würde. So zog Arafat nach Beirut – und wurde zum Beschützer der Unterprivilegierten. Er ging mit Organisationen der Moslems eine Allianz ein, die einen Gegenpol bieten konnte zur herrschenden Schicht. Die Milizen der Moslems, die bisher an Kampfkraft unbedeutend gewesen waren, besaßen nun einen Verbündeten, der über schwere Waffen verfügte, über Kampferfahrung – und über Geld. Mit der Unterstützung der bisher Schwachen machte sich Arafat zum Feind der Mächtigen, der christlichen Maroniten. Ihre Führung sah sich veranlaßt, ebenfalls schwere Waffen zu beschaffen. Sheikh Pierre Gemayel, der starke Mann der Maroniten, glaubte im Frühjahr 1975, der PLO und den mit ihr verbündeten Milizen an Ausrüstung überlegen zu sein.

Am Pfingstsonntag des Jahres 1975 begann der Kampf der Christen gegen die Allianz der Moslems mit den Palästinensern. Die libanesische Armee – vom Ministerpräsidenten Raschid Karame dazu aufgefordert, die Streitenden zu trennen – zerfiel in christliche und in islamische Einheiten. Die islamischen und die christlichen Offiziere integrierten ihre Verbände sofort in die jeweiligen Milizen – wobei sie ihre Waffen mitbrachten. Es gab fortan keine Kraft mehr im Libanon, die den Bürgerkrieg hätte aufhalten können. Der Haß der Volksgruppen, der sich lange angestaut hatte, entlud sich. Die Folge war Zerstörung und Tod. Am 17. September brannte das Wahrzeichen der wirtschaftlichen Kraft des kleinen Landes, der Suk, vollständig nieder.

Für Hafez al-Assad war nun der Zeitpunkt gekommen, einzugreifen. Er schickte seinen Außenminister Abdel Halim Khaddam in den Beiruter Präsidentenpalast, der ostwärts der Stadt auf einem Hügel liegt. Khaddam hatte den Auftrag, Präsident Sleiman Frangieh, der als Freund der Syrer galt, dazu zu veranlassen, ein »Komitee des Nationalen Dialogs« einzusetzen. Dieses Gremium sollte – selbstverständlich unter syrischer Aufsicht – die verfeindeten Parteien zum Friedensschluß und zur Regelung ihrer Abgrenzungen veranlassen. Die islamische Seite akzeptierte den syrischen Vorschlag, Sheikh Pierre Gemayel aber, der Führer der maronitischen Kataeb-Partei, war dagegen. Er wußte, daß die Syrer ihn dazu drängen würden, auf traditionelle Vorrechte der christlichen Seite zu verzichten. Grundsätzlich hatten die Maroniten bisher den Präsidenten im Libanon gestellt, der wiederum das Recht hatte, den Ministerpräsidenten nach seinem Gutdünken zu ernennen. Der Präsident hatte so die Möglichkeit, die politische Ausrichtung des Kleinstaates im Sinne der Maroniten zu lenken. Verzicht auf dieses Vorrecht – das war der Standpunkt von Sheikh Pierre Gemayel – bedeutete Aufgabe der Idee vom Libanon als »Heimat der Maroniten«.

Nach dem Scheitern des Plans eines »Komitees des Nationalen Dialogs« wurde das Geschehen im ungewollten Kleinstaat für den Herrn von Damaskus zur »Affäre Libanon«. Er beobachtete, wie die Stadt Beirut und das ganze Land in christliche und islamische Gebiete zerfiel, die Krieg gegeneinander führten. Die Kriegsparteien besorgten sich Waffen in Europa und in der Sowjetunion. Waren die Kämpfe zunächst von Milizen geführt worden, so standen sich bald hochbewaffnete und straff organisierte Armeen gegenüber. Auch die Palästinensische Befreiungsbewegung, die den Moslems half, rüstete auf.

Hafez al-Assad wartete, bis die Zeit gekommen war, mit der politischen Aktion aufzuhören, um militärisch einzugreifen. Zuvor mußte der Libanon allerdings in ein noch größeres Chaos gestürzt werden. Auch die Drusen des Libanongebirges durften nicht länger abseits stehen. Schon lange hatte Drusenführer Kamal Jumblatt den Plan entwickelt, das Gebiet seines Volkes nach Westen bis zum Meer auszudehnen. Die Drusen sollten einen Hafen bekommen, der es ihnen erlaubte, Waffen unkontrolliert ins Land zu bringen. So beteiligten sie sich schließlich als Partner der Moslems am Konflikt. Im gesamten Libanongebiet gab es fortan keine Oase des Friedens mehr.

Am 31. Mai 1976 fiel im Präsidentenpalast von Damaskus die Entscheidung in den Libanon einzumarschieren. Am 1. Juni überschritten 4000 syrische Soldaten die libanesische Grenze. Den Kern des Verbandes bildeten 250 Panzer, an der Spitze die neu aufgebaute Dritte Syrische Panzerdivision, die als Eliteeinheit galt. Der syrische Vormarsch gelang allerdings nicht so reibungslos, wie sich das der Generalstab in Damaskus vorgestellt hatte: Jassir Arafat hatte angeordnet, den Vorstoß der Panzer aufzuhalten. So traten die Palästinenser in den Krieg gegen die Syrer ein.

Die PLO-Führung konnte mit dem Einmarsch der Syrer nicht einverstanden sein. War Hafez al-Assad erst Herr im Libanon, dann konnte die Palästinensische Befreiungsorganisation nicht mehr eigenverantwortlich handeln. Arafat unter seine Herrschaft zu bringen, war ohnehin eines der Ziele des syrischen Staatschefs. So sah sich der PLO-Vorsitzende gezwungen, den Kampf gegen die Dritte Syrische Panzerdivision aufzunehmen. Arafat setzte seine Artillerie ein, der es gelang, zahlreiche Panzer zu vernichten. Hafez al-Assad stimmte schließlich widerwillig einem vorläufigen Abbruch der Offensive zu.

Wenige Tage später verkündete Hafez al-Assad öffentlich, daß sein Ziel auch weiterhin die Einverleibung des Libanon in das syrische Territorium sei: »In der gesamten Geschichte bildeten Syrien und der Libanon immer eine Einheit. Wir haben eine gemeinsame Vergangenheit. Wir haben eine gemeinsame Zukunft, und wir werden ein gemeinsames Schicksal haben.« Und einer seiner Stabsoffiziere ergänzte: »Was derzeit geschieht, ist die längst fällige Löschung des Abkommens Sykes-Picot.«

Zu diesem Zeitpunkt traf im Präsidentenpalast von Damaskus ein Schreiben des Generalsekretärs der KPdSU, Leonid Breschnew, ein. Es hatte diesen Wortlaut:
»Die Sowjetunion fühlt sich beunruhigt durch die Position, die Syrien im Libanon bezogen hat. Wir, die Führer des Sowjetvolkes, bestehen darauf, daß die syrische Führung sofort allen militärischen Operationen gegen die Palästinensische Befreiungsbewegung ein Ende macht. Im Libanon müssen alle Kämpfe ohne Verzögerung eingestellt werden. Wir verlangen unbedingten Waffenstillstand. Sie können am besten dazu beitragen, daß er auch eingehalten wird, wenn Sie alle ihre Truppen aus dem Libanon zurückziehen. Findet dieser Rückzug nicht statt, werden die Imperialisten und ihre arabischen Verbündeten ihrem Ziel näherkommen, die fortschrittlichen Bewegungen Arabiens unter ihre Kontrolle zu bringen.«
Diesen Brief, der keinerlei diplomatische Floskeln enthielt, mußte der Staatschef Syriens ernst nehmen. Da die Regierung der USA ihm nicht freundlich gesinnt war, benötigte er dringend die Freundschaft mit den Herren in Moskau. Auf ihre diplomatische Rückendeckung und auf ihre Waffenlieferungen war er angewiesen. Al-Assad war gezwungen, die Dritte Syrische Panzerdivision wenigstens zum Schein einige Kilometer ins Libanongebirge zurückzuziehen.

Arafat triumphierte. Mit Hilfe der sowjetischen Freunde sei eine Verschwörung gegen Arabiens fortschrittlichste Bewegung verhindert worden. Die Worte des Triumphs äußerte der PLO-Chef allerdings zu laut. Assads Abneigung gegen Arafat stieg.
Der Herr in Damaskus fühlte sich auch weiterhin heftiger Kritik aus Moskau ausgesetzt. Aus den Texten der sowjetischen Nachrichtenagentur erfuhr er, daß Breschnew von Syrien die sofortige Beendigung des Blutvergießens und die Trennung der kämpfenden Parteien erwartet hatte. Dies sei doch der eigentliche Sinn der militärischen Intervention Syriens gewesen. Bemerkenswert ist, daß sich al-Assad nicht einschüchtern ließ – er zog die Panzer nicht aus dem Libanon zurück.
Hatte der Präsident und Parteichef die Niederlage im Krieg von 1973 ohne ernstzunehmende Kritik durchgestanden, so brachte ihm die militärische Intervention im Libanon Widerstand sogar in den eigenen Reihen ein. Offiziere, die der Baathpartei ange-

hörten, konnten es nicht glauben, daß die eigene Armee, die von der Baathpartei beherrscht wurde, im Libanon in Gefechte mit Palästinensern und mit Angehörigen linksorientierter politischer Gruppen verwickelt war. Al-Assad war verantwortlich für diesen Krieg gegen arabische Brüder – er vergoß arabisches Blut. Vor Beirut wurde gegen Menschen gekämpft, die im traditionellen Sinne Syrer waren. Viele Offiziere stellten sich die Frage, ob der Parteichef nun parteifeindliche Ziele verfolgte. Assadtreue Mitglieder des Offizierskorps entdeckten Keimzellen des Widerstands gegen das Regime. Putschpläne wurden aufgedeckt, Attentatsversuche konnten vereitelt werden.

Am 26. September 1976 drangen vier junge Manner in das Hotel Semiramis in Damaskus ein und nahmen sich Gäste und Hotelpersonal als Geiseln. Ihre Bedingung für die Freilassung war, daß der Staatschef den Rückzug seiner Truppen aus dem Libanon befahl. Verlangt wurde auch das Versprechen, die Vorrechte der Alawiten in Damaskus zu beschneiden. Die Geiselnehmer konnten rasch überwältigt werden. Es erfolgten Dutzende von Verhaftungen, betroffen waren sowohl die Armee als auch die Parteiorganisation. Gleichzeitig geschahen in Damaskus geheimnisvolle Morde an Persönlichkeiten, die al-Assad nahestanden. Die Pistolenkugeln und Sprengsätze töteten durchweg prominente Alawiten. Erschossen wurde Ende 1976 Major Ali Haydar, der Kommandeur der Garnison von Hama; kurze Zeit später wurde Professor Mohammed al-Fadil tödlich getroffen, der Rektor der Universität Damaskus. Opfer der Mordkommandos wurden auch Brigadegeneral Abdel Hamid Razzuq, der Chef der syrischen Raketenwaffen, und Dr. Ibrahim Nuameh, der Präsident der Zahnärztevereinigung.

Die Liste der Toten war groß. Sie umfaßte einen Universitätsprofessor aus Aleppo, den Stellvertretenden Vorsitzenden der Syrisch-Sowjetischen Gesellschaft und den Polizeidirektor im Innenministerium. Einige der Ermordeten gehörten zum engsten Kreis der Familie von Hafez al-Assad. Der Staatschef mußte die Bedrohung seiner Macht ernstnehmen.

Die Hintergründe blieben ungeklärt. Das Versagen der Sicherheitskräfte veranlaßte al-Assad, den Beauftragten für Nationale Sicherheit seines Amtes zu entheben – »weil es ihm nicht gelungen ist, die Morde zu verhindern«. Doch auch diese Maßnahme führte nicht zur Aufklärung der Attentate. Die Absicht der Morde war, die Herrschenden zu verunsichern.

Am 26. April 1976 meldete Radio Cairo, daß wenige Wochen zuvor in Damaskus ein Putsch stattgefunden habe, den Baath-offiziere organisiert hätten, die keine Mitglieder der alawitischen Glaubensgemeinschaft gewesen seien. Alle an der Rebellion Beteiligten seien hingerichtet worden.

Gegen diese Gefahr von innen rief jetzt Hafez al-Assad zu »besonderer Wachsamkeit« auf: »Alle Menschen des gesamten syrischen Gebiets sind aufgefordert, den imperialistischen Plänen entschlossen entgegenzutreten. Die syrische Armee ist unser Schutzschild im Kampf gegen Verschwörungen, wer auch immer der Urheber dieser Verschwörungen sein mag.«

Trotz dieses Lobs für die syrische Armee gingen immer mehr Offiziere auf Distanz zu al-Assad. Persönlichkeiten, die kaum Einwände gegen das Libanon-Abenteuer hatten, waren verunsichert durch die schwerwiegenden Meinungsverschiedenheiten zwischen Damaskus und Moskau. Sie waren sich bewußt, daß Syrien keinen anderen Freund von Bedeutung in der Welt besaß. Nach ihrer Meinung durfte der Kontakt zu Breschnew auf keinen Fall abreißen. Keiner sprach es jedoch mit Deutlichkeit aus, daß ihnen gute Beziehungen zum Kremlherrn wichtiger waren als der Fortbestand des Regimes Assad. Doch genau dies war weitverbreitete Meinung in Damaskus.

Der Präsident handelte nach dem Grundsatz: Nachgeben wird als Schwäche ausgelegt – und beließ die Panzer im Libanon. Ihre bedrohliche Anwesenheit gab den christlichen Maroniten die Möglichkeit, palästinensische Flüchtlingslager, die sich im christlichen Lebensraum des Libanon befanden, anzugreifen und niederzubrennen. Die Palästinenserführung konnte nie ihre Kräfte zur Verteidigung der Lager gegen die Christen konzentrieren, da sie immer mit einem Angriff der syrischen Panzer rechnen mußte. Die Tatsache, daß Hafez al-Assad durch sein beharrliches Festhalten an der Präsenz auf libanesischem Boden zum stillen Verbündeten der Maroniten wurde, brachte ihm weitere Feinde in den eigenen Reihen ein. Zu diesem Zeitpunkt konnte der Staatschef vor seinen Anhängern nicht davon reden, daß er in Übereinkunft mit der Regierung der USA handelte. Die

Verantwortlichen in Washington waren zu der Meinung gelangt, Syrien sei die einzige Macht, die den Libanon wieder stabilisieren konnte. Die USA und Israel hatten allerdings eine »red line« gezogen, die dem syrischen Einflußgebiet Grenzen setzte.

Am 28. September 1976 schüttelte Assad alle Rücksichtnahme auf mögliche Kritiker ab: Auf seinen Befehl hin setzten sich die Panzer im Libanongebirge wieder in Bewegung. Ihr Ziel waren die Stellungen der islamisch-sozialistischen Organisationen und der PLO ostwärts von Beirut. Am Abend hatten die Moslems und die Palästinenser die Kontrolle über strategisch wichtige Abschnitte der Straße von Beirut nach Damaskus verloren. Nach Absicherung des Erfolgs setzte die syrische Panzerarmee am 12. Oktober 1976 ihren 16 Monate zuvor unterbrochenen Vormarsch in Richtung Beirut fort. Drei Tage später waren die Ziele erreicht. Hafez al-Assad beherrschte die Hauptstadt des Libanon – auch wenn das Zentrum nicht besetzt wurde. Der Politiker seiner Wahl, Elias Sarkis, konnte zum Präsidenten des Libanon gewählt werden.

Die Anwesenheit der syrischen Truppen wirkte sich tatsächlich stabilisierend für den Libanon aus. Sie sorgten dafür, daß kein Libanese mehr auf den anderen schoß, und sie hielten die Palästinenser im Zaum. Die zahlreichen Beiruter Banken öffneten wieder ihre Schalter, damit das Leben der Geschäftswelt wieder in Gang kam. Darüber waren verständlicherweise nun auch die maronitischen Geschäftsleute glücklich. Beirut begann, sich erneut zum Wirtschaftszentrum Arabiens zu entwickeln.

Allmählich genoß der syrische Präsident im Libanon und in der arabischen Welt immer mehr Ansehen, hatte er doch durch hartnäckiges Vorgehen einen Bruderstaat vor dem Untergang gerettet. Al-Assad, dessen politische Zielsetzung die Einverleibung des Libanon in das syrische Gebiet gewesen war, galt nun als der Beschützer des unabhängigen libanesischen Staates – und als Protektor der Maroniten. Seine Kritiker im eigenen Land verstummten allerdings nicht.

Am 18. August 1977 wurden die Bewohner von Damaskus von der Nachricht überrascht, Hafez al-Assad habe die Einrichtung eines »Komitees zur Aufdeckung illegaler Profite« befohlen. Diesem Gremium, das aus Alawiten des engsten Kreises um den Präsidenten bestehen sollte, war die Aufgabe zugewiesen, jede

Form von Korruption in Syrien aufzudecken. Wer sich durch sein Amt bereichert, wer Bestechungsgelder angenommen hatte, sollte streng bestraft werden. Die Nachricht löste deshalb Überraschung aus, weil sich in Syriens Geschichte bisher niemand an die Bekämpfung der Korruption gewagt hatte.

Aus psychologischen Gründen hatte sich Assad zu dieser Maßnahme entschlossen. Seine Geheimpolizei hatte festgestellt, daß sich die Händler im Suk von Damaskus bitter über die Beamten beschwerten, die sich allein für ihre Anwesenheit im Amt bezahlen ließen. Wer sich den Forderungen der Beamten nicht fügte, lief Gefahr, daß ihm der Laden unter irgendeinem Vorwand geschlossen wurde. Maßnahmen zur Aufdeckung der Schuldigen mußten folglich überaus populär sein, kalkulierte der syrische Präsident. Die Einrichtung des »Komitees zur Aufdeckung illegaler Profite« hatte zum Hauptzweck, die innenpolitische Krise des Präsidenten zu beenden.

Doch der gescheit eingefädelte Coup mißlang. Kaum hatte das Komitee begonnen, nach den korrupten Beamten des Suks von Damaskus zu suchen, als die Mitglieder mit einer Flut von Anzeigen überschüttet wurden. Sie betrafen allerdings keineswegs die kleinen Beamten der Marktverwaltung, sondern vor allem hochgestellte Persönlichkeiten der engsten Umgebung von Hafez al-Assad. Betroffen waren Offiziere, aber auch Verwandte des Präsidenten, die ihren Einfluß zu Geld gemacht hatten. Al-Assad stand vor der Entscheidung, die Antikorruptionskampagne fortzusetzen – mit dem Resultat, daß der Kern der eigenen alawitischen Familie in die Affäre hineingezogen wurde – oder das Komitee wieder aufzulösen. Seinen eigenen Bruder, Generaloberst Dr. Rifaat al-Assad vor Gericht zu stellen, das konnte sich der Chef von Partei und Staat nicht leisten. Assad blieb nichts anderes übrig, als das Risiko in Kauf zu nehmen, daß er weiter an Ansehen verlor: Er befahl die Suche nach Korruptionsverdächtigen einzustellen.

Flexibilität hat Vorrang –
Die Assad-Doktrin

Seine politischen Leitsätze formulierte der Syrer al-Assad so:
»1. Ist die Sicherheit Syriens durch einen anderen arabischen
Staat gefährdet, gleichgültig, ob durch diesen Staat selbst oder
durch Organisationen, die in seinem Gebiet aktiv sind, wird
Syrien militärisch eingreifen. Sicherheit des Staates steht über
allen anderen Gesichtspunkten, denn Sicherheit berührt die
Souveränität Syriens.

2. Ist die Sicherheit Syriens gefährdet, werde ich handeln, ohne
die Großmächte um Erlaubnis zu fragen. Syrien ist eine regionale
Großmacht und hat eigene Verpflichtungen.

3. Ist die Sicherheit Syriens gefährdet durch Vorgänge in einem
Staat, der sich in amerikanischem Einflußgebiet befindet, so wird
auch diese weltpolitische Zuordnung Syrien nicht am Handeln
hindern – auch wenn Syrien anerkanntermaßen zum Einflußgebiet der Sowjetunion gehört.«

Die Aktion im Libanon bot ein Beispiel für die Anwendung des
ersten Punktes der Assad-Doktrin. Der Blick auf die Landkarte
zeigt, daß Vorgänge im Libanon den Verantwortlichen in Damaskus nicht gleichgültig sein können – der Libanon ist territorial
Bestandteil Syriens. Das politische und wirtschaftliche Übergewicht der christlichen Maroniten mit ihren wachsenden Bindungen an Israel und an die USA mußte Hafez al-Assad beunruhi-
gen. Aber auch der steigende Einfluß der Palästinensischen
Befreiungsorganisation löste Unbehagen aus, denn er bedeutete
einen Faktor der Unsicherheit, solange die PLO und Arafat nicht
der Aufsicht Syriens unterstanden. Damaskus auch zur Hauptstadt der Palästinenser zu machen, war Assads Ziel.

Im zweiten Punkt seiner Doktrin legte sich der Präsident fest, zu
handeln, wenn die Sicherheit Syriens gefährdet ist – wobei sehr
präzise die Sicherheit des herrschenden, von den Alawiten und
der Familie Assad gebildeten Regimes, gemeint ist. Der hartnäk-
kigste und entschlossenste Feind dieses Regimes hatte seinen

Sitz in Baghdad: der irakische Zweig der Baathpartei. Die offiziellen Parteiorgane am Tigris waren angewiesen, die Herrschenden in Damaskus als das »Assad-Familien-Regime« zu bezeichnen. Zwischen den Parteiführungen beider Staaten bestand keinerlei Bindung. Im Gegenteil: Der Konflikt, der als Todfeindschaft unter Brüdern bezeichnet werden kann, wurde von Haß erfüllt ausgetragen.

Ursprünge des Konflikts liegen im historischen Streit zwischen Damaskus und Baghdad. Die Rivalität unter den beiden Städten war für die gesamte arabische Geschichte voll unheilvoller Konsequenzen. Von Anfang an herrschte nie brüderliches Verständnis zwischen den beiden Städten, die – trotz der großen Entfernung – Nachbarn im großflächigen Raum um den Fluß Euphrat waren.

Im Jahre 750 unserer Zeitrechnung verlagerten die siegreichen Abbasiden nach grausamer Abrechnung mit den Omayyaden das Zentrum der Macht in Arabien von Damaskus nach Baghdad. Die neuen Herren im Reich sorgten dafür, daß Damaskus zur Provinzstadt wurde. Die Abbasidenherrscher duldeten fortan keine Eigenständigkeit der Oase im Westen mehr. Die Menschen von Damaskus aber fühlten sich an Kultur den eher gewalttätigen Bewohnern der Stadt am Tigris weit überlegen. So entwickelte sich Haß gegen die Mächtigen in Baghdad – und gegen das Volk am unteren Verlauf von Euphrat und Tigris. Die Schließung der Grenzen zwischen Syrien und Irak in unserer Zeit ist die Konsequenz der Geschichte. Daß heute niemand den einst bedeutenden Übergang von Abu Kama benutzen darf, ist eine Folge der »Assad-Doktrin«.

Dabei war es gerade die Baathpartei gewesen, die die Überbrückung der Kluft zwischen arabischen Staaten versprochen hatte. Die »Partei der arabischen Wiedergeburt« war in der Überzeugung gegründet worden, Einheit werde das arabische Volk zu Größe führen. Dieser Glaube hatte in der Zeit nach dem Zweiten Weltkrieg nicht nur die Offiziere in Damaskus bewegt, sondern auch deren Kollegen in Baghdad. Besonders im Militärlager Abu Juraib im Westen der irakischen Hauptstadt entwickelte sich das Parteiprogramm zum Glaubensbekenntnis. Die Offiziere dieser Kaserne putschten am 8. Februar 1963, Baghdad und der gesamte Irak fielen in die Hand der Baathpartei. Zu diesem Zeit-

punkt war Damaskus schon Zentrum der Macht syrischer Baath-
offiziere.

Zwei Staaten wurden von Regierungen beherrscht, die sich zur
Baathpartei bekannten. Es war zu erwarten, daß die Kräfte in
Damaskus und Baghdad auf eine Union von Syrien und Irak
hinarbeiteten. Beide Flügel der Partei waren entschlossen, den
Programmpunkt der Einheit zu verwirklichen: Zur Ausarbeitung
einer Vereinbarung über den Zusammenschluß von Syrien und
Irak fanden Verhandlungen statt. Hafez al-Assad selbt machte
sich zeitweise stark für eine Annäherung der beiden Regime.

Vom ersten Zusammentreffen der Offiziersdelegationen an war
jedoch Argwohn spürbar. Die Iraker waren überzeugt, die Syrer
planten auf lange Frist eine Union ihres Landes mit Ägypten
herbeizuführen – sie glaubten nicht an eine Dauer des Bruches,
der im Jahre 1961 zur Auflösung der »Vereinigten Arabischen
Republik« geführt hatte. Sie waren auch der Meinung, es sei
letztlich das Ziel der Syrer, auch den Irak in einen Unionsstaat
mit Ägypten einzubringen. An dieser Kombination aber war die
Baathpartei an Euphrat und Tigris in keiner Weise interessiert.
Ihre Verantwortlichen ließen sich nicht überzeugen, daß auch in
Damaskus die Parteifunktionäre Angst hatten vor der übermächtigen Persönlichkeit von Gamal Abdel Nasser.
Die Syrer wiederum aber waren deshalb vorsichtig während der
Verhandlungen, weil sie annahmen, die irakischen Partner eines
möglichen Unionsstaates hätten nur die eine Absicht, den Einfluß der Alawiten zurückzudrängen. Die syrischen Unterhänd-
ler, die durchweg Alawiten waren, hatte nur ein Ziel: Die Alawiten durften nicht Minderheit werden in einem irakisch-syrischen
Staatsgebilde.
Da eine Einigung nicht möglich war, wurde eine gewaltsame
Lösung versucht: In beiden Hauptstädten planten Agenten Um-
sturzversuche. Parteifunktionäre aus Baghdad wollten die Alawiten in Damaskus durch einen Putsch aus den Regierungsäm-
tern tegen, die Alawiten in Damaskus wiederum bezahlten
Putschwillige in Baghdad. Erfolgreich waren die Anschläge je-
doch nicht. Hafez al-Assad konnte den zweiten Punkt seiner
Doktrin – Absicherung seines Regimes durch Einflußnahme in
Baghdad – nicht durchsetzen.

Der dritte Punkt der »Assad-Doktrin«, der sich auf Vorgänge in einem arabischen Staat der »amerikanischen Einflußsphäre« bezog, nahm das haschemitische Königreich Jordanien aufs Korn. Zu beachten ist, daß im syrischen Bewußtsein das Gebiet um die jordanische Hauptstadt Teil eines großsyrischen Reiches ist. Hafez al-Assad wird – wenn er sich an seine Doktrin hält – einen unabhängigen Staat Jordanien niemals anerkennen können. Die syrischen Ansprüche sind bei dieser Denkweise nicht auszulöschen.

Von Damaskus aus wurden während der Jahre, die auf die Machtergreifung durch die Baathpartei folgten, immer wieder Versuche unternommen, die Herrschaft des Königs Hussein zu beenden. Hussein wehrte sich und schlug zurück. Die Bemühungen, sich gegenseitig Schaden zuzufügen, waren äußerst kräftezehrend.

Zur Zeit der frühen Baathjahre – gemeint ist die Spanne einer halben Generation nach 1967 – verlief die Demarkationslinie zwischen Ost und West genau zwischen der syrischen Stadt Dera'a und der jordanischen Stadt Ramtha. Die syrisch-jordanische Grenze trennte die von Moskau beeinflußte syrische Republik vom Königreich Jordanien, dessen Herrscher sich in Richtung Washington orientierte.

Da auch Israel von der amerikanischen Regierung abhängig war, galt es für einen syrischen Politiker als selbstverständlich, daß Jordanien und Israel eng kooperierten. An die Echtheit der Feindschaft zwischen dem Königreich und dem jüdischen Staat glaubte in Damaskus kaum jemand. Hafez al-Assad wußte um die Geheimkontakte zwischen Hussein und Rabin.

Im Verlauf der Jahre bewies Hafez al-Assad ein hohes Maß an Flexibilität, die letztlich dazu führte, die eigene Doktrin aufzugeben. Er hatte rasch begriffen, daß die Lehre vom Recht der syrischen Staatsführung, überall dort einzugreifen, wo syrische Sicherheitsinteressen auf dem Spiel standen, den Staat in eine Isolation geführt hatte. Keines der Nachbarländer unterhielt ungetrübte Beziehungen zu Damaskus. Es herrschte Angst vor Syrien und der aggressiven Ideologie der Baathpartei. Daß die Interessen der arabischen Welt darunter litten, wurde dem Chef von Partei und Staat nach und nach deutlich. Schon im Jahre 1970 gestattete er seinem Generalstab, Kontakte aufzunehmen zur militärischen Führung in Cairo und in Amman. Das Resultat war die gemeinsame syrisch-ägyptische Kriegsplanung für das Jahr 1973, die dann im Oktoberkrieg in die Tat umgesetzt wurde. 1975 kam es auch auf politischer Ebene zu Gesprächen zwischen Damaskus und Amman. Zwar bestanden Abneigung und Mißtrauen zwischen dem König und dem Baathsozialisten auch weiterhin, doch unterblieben jetzt die Bemühungen, sich gegenseitig um Macht und Leben zu bringen.

Die »Assad-Doktrin« hatte Syrien als »regionale Großmacht« bezeichnet, ihre Souveränität war allerdings durch Moskaus Willen eingeschränkt gewesen. Nur selten hatte es al-Assad wagen können, Moskau zu brüskieren – die Intervention des Jahres 1976 im Libanon war ein solches Wagnis gewesen. Der Ost-West-Konflikt hatte Syrien immer wieder daran gehindert, eigenständig und erfolgreich im Nahen Osten zu werden. Das Ende der »Epoche Breschnew« ermöglichte eine Befreiung der syrischen Politik. Hafez al-Assad sah die Chance, sein Land zur »Ordnungsmacht« im Nahen Osten zu entwickeln.

»Sadat, der Verräter« – Camp David und die »standhaften Staaten«

Im November des Jahres 1977 meldete sich bei al-Assad Besuch aus Cairo an. Der Syrer kannte den Grund der Visite. Er hatte den Text von Sadats Rede vor ägyptischen Parlamentariern gelesen. Sadat hatte angekündigt, er werde, um den Frieden im Nahen Osten zu erreichen, sogar mit dem Teufel reden, und, wenn es nötig sei, nach Jerusalem reisen.

Die Abgeordneten in Cairo hatten die Worte nicht ernst genommen. Auch die Diplomaten der fremden Mächte in der ägyptischen Hauptstadt waren der Meinung, dem Redner sei im rhetorischen Schwung ein verbales Mißgeschick passiert. Dieser Eindruck wurde noch verstärkt durch die Bemühungen des ägyptischen Außenministers Ismail Fahmi, die Äußerung abzuschwächen mit der Bemerkung, Anwar as-Sadat denke nicht daran, die israelische Regierung aufzusuchen.

Hafez al-Assad aber ließ sich nicht täuschen. Er kannte den Grundsatz, der das Handeln des Ägypters bestimmte: »Überraschung ist ein wichtiges Element in Krieg und Frieden!« Al-

Assad rechnete damit, daß ihm der Besucher mitteilen werde, die Reise nach Jerusalem stehe unmittelbar bevor.

Die Berater des syrischen Staatschefs hatten allen Ernstes in Erwägung gezogen, ob das Flugzeug des »Verräters Sadat« auf dem Weg nach Damaskus abgeschossen werden sollte. Al-Assad aber lehnte jeden derartigen Plan ab. Er meinte, die Strafe werde Sadat ohnehin treffen – die Schuld an dessen Tod dürfe nicht auf Syrien fallen.

Das Gespräch zwischen al-Assad und seinem Gast dauerte vier Stunden lang. Der Syrer sagte unmißverständlich, daß er die Reise nach Jerusalem als Kapitulation ansehe. Gerade darauf hätten israelische Regierungen seit dem Krieg von 1967 gewartet. Sadat antwortete, daß er ohnehin die Absicht habe, allein zu handeln. Er habe es nur als seine Pflicht angesehen, den »Bruder Hafez« selbst darüber zu informieren, daß er unter allen Umständen den Frieden herbeiführen wolle.

In seinen Memoiren »Unterwegs zur Gerechtigkeit« zitiert Sadat die Sätze, mit denen er sich von Hafez al-Assad verabschiedet hatte: »Höre, Hafez, selbst wenn dies mein letzter Akt als Präsident sein sollte, so werde ich doch diese Reise unternehmen und dann zurückkehren, um unserem Parlament meine Demission zu unterbreiten, wie es der Verfassung entspricht. Persönlich bin ich von der Notwendigkeit dieser Initiative absolut überzeugt.«

Mit ungläubigem Staunen nahmen die Damaszener zur Kenntnis, daß Anwar as-Sadat, der Nachfolger des großen Staatsmannes Gamal Abdel Nasser tatsächlich am 20. November 1977 eine Rede vor dem israelischen Parlament hielt, in der er den Regierenden und dem Volk des Staates Israel Versöhnung anbot. Daß as-Sadat nun aus der Front der Feinde Israels ausschied, war offensichtlich. Die Konsequenz war, daß die anderen arabischen Staaten künftig nicht mehr in der Lage waren, einen militärischen Konflikt mit Israel zu beginnen. Der Grundsatz galt: Ohne Ägyptens Beteiligung gibt es keinen Krieg gegen Israel.

An jenem 20. November 1977 schrieb al-Assad einen Brief an Ahmed Hassan al-Bakr, den der libysche Ministerpräsident Jallud nach Baghdad zu bringen hatte. Der syrische Präsident bat seinen »Bruder al-Bakr« die Vergangenheit zu vergessen, um eine neue Seite der Beziehungen zwischen Syrien und Irak aufzuschlagen. Gerade das Ereignis jenes Tages lasse es als unumgänglich erscheinen, daß alle arabischen Staaten, die den von den USA erzwungenen Frieden ablehnen, in enger Zusammenarbeit der Herausforderung durch den Abtrünnigen trotzen. Syrien und Irak hätten nun gemeinsam das Bollwerk zu bilden gegen Israel und die USA. Hafez al-Assad schlug Ahmed Hassan al-Bakr ein Treffen zur Absteckung der gemeinsamen Ziele vor.

Am 29. November unterzeichnete der irakische Staatschef ein Schreiben, das zwar an Hafez al-Assad gerichtet war – aber eben nicht an ihn allein. Empfänger waren auch die Oberhäupter von Algerien, Libyen, Südjemen und der Vorsitzende der PLO. Ahmed Hassan al-Bakr ging auf das Schreiben des Syrers nicht ein – als Antwort war sein Brief nicht zu werten. Er begann seine Ausführungen mit ungewöhnlich herber Kritik an der syrischen Haltung seit dem Krieg von 1973:

»Ich will völlig aufrichtig sein. Ich glaube, daß unsere Brüder in der syrischen Regierung verantwortlich sind für die Verschlechterung der arabischen Situation, die ein unerträgliches Ausmaß angenommen hat. Nach dem Oktoberkrieg von 1973 folgte die syrische Regierung der Linie, die Sadat eingeschlagen hat, auch wenn sie in Details unterschiedlich war. Die syrische Regierung verfolgte das Ziel, zu einer Lösung des Konflikts zu kommen – genau wie dies Sadat getan hat.«

Trotz dieser Kritik erklärte sich Ahmed Hassan al-Bakr bereit, der Aufnahme Syriens in den Kreis der »standhaften Staaten« zuzustimmen. Alle Regierungen die nicht zur »Kapitulation vor Israel« bereit waren, wurden auf den 5. Dezember 1977 nach Baghdad eingeladen.

Diese Konferenz aber kann deshalb nicht stattfinden, weil bereits Moammar al-Kathafi zu einem Gipfeltreffen nach Libyen eingeladen hatte. Der Iraker mußte seine Einladung zurückziehen und nach Tripoli fliegen. Dort verlangte er, daß die syrische Delegation versprach, die Existenz des Staates Israel nicht anzuerkennen. Als die anwesenden Syrer sich weigerten, die geforderte Verpflichtung abzugeben, stellt Ahmed Hassan al-Bakr den Antrag, Syrien aus der Front der »standhaften Staaten« auszuschließen. Der Antrag wurde abgelehnt. Dies wiederum hatte zur Folge, daß die irakische Delegation zornig den Sitzungssaal verließ.

Ahmed Hassan al-Bakr hatte jedoch keineswegs sein Ziel, innerhalb der »Standhaften« die tonangebende Persönlichkeit zu sein, aus den Augen verloren. Sein Zorn verflog rasch wieder. Um die Nase gegenüber Hafez al-Assad vorn zu haben, entwarf der Iraker eine Charta der »Standhaften«, die die Verpflichtung zur »Befreiung des gesamten arabischen Gebietes« enthielt. Sie erweckte den Eindruck, als sei sie gegen die Existenz des Staates Israel gerichtet. Ein Oberstes Militärkommando war geplant, dem allein die Entscheidung über Kriegsausbruch und Waffenstillstand zustehen sollte.

Hafez al-Assad dachte nicht daran, seine Kompetenz über Krieg und Frieden mit Ahmed Hassan al-Bakr zu teilen. Er war vor allem deshalb gegen den Entwurf der Charta, weil der Text ausdrücklich die Unterstützung der Allianz zwischen der PLO und den islamisch-progressiven Organisationen des Libanon forderte. Der Wortlaut war gegen die Interessen und Absichten des syrischen Präsidenten gerichtet, der im Libanon Position gegen die Palästinenser und progressiven Moslems bezogen hatte.

Der Streit um die Vorherrschaft zwischen Damaskus und Baghdad lähmte die Front der »Standhaften«. Die Gegner des Ägypters Anwar as-Sadat konnten sich nicht auf ein Aktionsprogramm einigen, das eine sinnvolle Politik versprach. Der Konflikt eskalierte zu terroristischen Aktionen. Am 17. September 1978 gaben die syrischen Sicherheitsbehörden bekannt, sie hätten eine Verschwörung entdeckt, die das Ziel hatte, Präsident Hafez al-Assad zu ermorden. Es war der Tag, an dem die Verhandlungen von Camp David erfolgreich zum Abschluß kamen. Anwar as-Sadat hatte sein Ziel erreicht.

In Damaskus agierten die Propagandisten nicht gegen den ägyptischen Staatschef, sondern gegen die Konkurrenten am Tigris: »Eine Verschwörung ist gescheitert, deren Absicht es war, die Entschlossenheit Syriens zum Widerstand gegen alle imperialistischen Winkelzüge zu liquidieren.«

Sogleich nach Abschluß der Verhandlungen von Camp David verbargen die Verantwortlichen in Syrien nicht ihre Sorge vor einer Isolierung in der arabischen Welt. Sie wußten, daß sie künftig im Falle einer militärischen Auseinandersetzung mit Israel nicht mit ägyptischer Hilfe rechnen konnten. Und diese allein hatte in einem Konflikt Entlastung schaffen können. Jordanien war nicht gerüstet, um wirklich zu helfen – und Iraks Unterstützung war suspekt.

Doch trotz aller Aversion gegen Ahmed Hassan al-Bakr und Saddam Hussein war Hafez al-Assad gezwungen, die Beziehungen zu Baghdad zu verbessern. Militärisch auf sich allein gestellt, mußte Syrien darauf bedacht sein, die Ausrüstung seiner Armee auf höchstem Stand zu halten. Moderne Waffen waren vonnöten, die jedoch waren nur gegen harte Währung zu kaufen. Geldmittel aber konnten wiederum nur die Ölstaaten zur Verfügung stellen – zu ihnen gehörte in wachsendem Maße der Irak. Die Regierenden in Damaskus begannen sich zu fragen, ob sie es sich überhaupt noch leisten konnten, mit den Herren von Baghdad Streit zu haben.

Am 6. November 1978 ist Hafez al-Assad bereit, Ahmed Hassan al-Bakr in Damaskus zu empfangen. Der Besuch geschah auf Wunsch des Irakers, der gespürt hatte, daß der syrische Machthaber zu diesem Zeitpunkt offen war für Hilfsangebote. Doch der Syrer ist überrascht, als al-Bakr verkündet: »In Baghdad und in Damaskus werden wir künftig handeln, als seien wir zu einem Staat vereinigt. Wir sind nicht zwei Staaten, die sich brüderlich zugetan sind, wir sind von nun an nur noch ein Staat.« Die Zeitungen der Staatspartei in Baghdad druckten an jenem Tag Kommentare, die deutlich machten, daß Ahmed Hassan al-Bakr die Absicht verfolgte, selbst die Führungsrolle in der Front der »standhaften Staaten« zu übernehmen: »Von Baghdad aus gehen künftig die Impulse, die Arabiens Zukunft beeinflussen!«

Die Spitze der syrischen Baathpartei reagierte sofort empfindlich, denn sie wußte, daß eine Vereinigung der beiden Staaten auch Zusammenschluß der beiden Staatsparteien bedeuten mußte. Für die Alawiten, die den syrischen Parteiapparat beherrschten, würden die Folgen verheerend sein: Sie wären in der syrisch-arabischen Unionspartei eine Minderheitengruppe und nicht mehr die beherrschende Kraft. Die Alawiten in der Parteiführung setzten alles daran, die von den Irakern gewünschte Union zu verhindern.

Ihre Methode war, die Gesprächspartner durch zahllose lange Verhandlungen zu ermüden und zu zermürben. Die Delegation aus Baghdad verstand es, immer neue Lockmittel anzuwenden: Sie kannte das Verlangen der syrischen Militärs nach den neuesten Waffen, speziell nach dem sowjetischen Kampfflugzeug MiG-27, und reizte die Gier durch die Mitteilung, daß der Irak in der Sowjetunion eine Anzahl dieser Flugzeuge für Syrien erworben habe.

Während dieser Entwicklung war in Baghdad Saddam Hussein zum allein mächtigen Mann geworden. Er hatte Ahmed Hassan al-Bakr alle wichtigen Funktionen abgenommen. Saddam Hussein sah sich bereits als Staatschef eines vereinten syrisch-irakischen Staates. Beim Abflug zu der letzten Konferenz sagte er auf dem Flughafen Baghdad: »Jetzt klappt es. Diesmal unterzeichnen wir die Dokumente, die den Zusammenschluß besiegeln.« Doch wieder hatte die syrische Delegation Einwände, Ausflüchte, Bedenken.

Schließlich wurde die Formel diskutiert: »Ein Staat – aber zwei getrennte Parteiorganisationen«. Damit war allerdings der Unionsgedanke fast ins Lächerliche gezogen. Die Iraker reagierten empört. Der bereits entmachtete Ahmed Hassan al-Bakr galt jetzt in Baghdad plötzlich als der Schuldige am Scheitern der Unionspläne. Am 17. Juli 1979 trat er als Staatschef und Vorsitzender des Revolutionsrates zurück und Saddam Hussein leistete den Schwur als Nachfolger. Zu den Feierlichkeiten traf aus Damaskus Außenminister Abdel Halim Khaddam ein. Bei dieser ersten Begegnung beschuldigte Saddam Hussein die syrische Regierung, daß sie Iraker zu Putschversuchen gegen die Baathpartei in Baghdad ermuntere. Der neue Staatschef legte Beweise vor, die Abdel Halim Khaddam anerkennen mußte. Ende Juli erfolgten in der irakischen Hauptstadt zahlreiche Verhaftungen und Hinrichtungen von Mitgliedern des Revolutionsrates unter dem Vorwurf der Konspiration im Dienste des Regimes von Damaskus. Wahrscheinlich ist, daß Saddam Hussein seine Gegner im höchsten Parteigremium auf diese Weise ausschaltete.

Die Idee der Vereinigung beider Staaten war von nun an tot. Saddam Hussein kam nie mehr darauf zurück.

Al-Assads harte Hand –
Das Massaker von Hama

Am 16. Juni 1979 überfiel eine sunnitische Kampfgruppe die Militärakademie in Aleppo. Die Eindringlinge hofften, die Kadetten überzeugen zu können, daß es ihre Pflicht sei, gegen die Herrschaft der Alawiten zu meutern. Sie starteten deshalb ihre Aktion zur Stunde des täglichen Appells. Doch ihre Aufrufe blieben ohne Wirkung. Als die sunnitischen Bewaffneten erkennen mußten, daß sie erfolglos blieben, feuerten sie auf die im Hof der Militärakademie angetretenen Kadetten. 83 starben im Geschoßhagel.

Die Führer der Baathpartei in Damaskus waren sofort überzeugt, daß das sunnitische Regime in Baghdad für die Aktion der Sunniten in Aleppo verantwortlich sei. Dem irakischen Baathflügel wurde auch die Schuld zugewiesen für die wachsende Unruhe in Damaskus und in anderen syrischen Städten nach dem Überfall.

In den Suks von Damaskus herrschte überall Unzufriedenheit bei der mittelständischen sunnitisch-bürgerlichen Schicht der Händler. Ihnen ging es ab dem Jahre 1979 wesentlich schlechter als in den Jahren des relativen Aufschwungs zuvor. Der Rückgang des Umsatzes, so war zu hören, sei auf das mangelnde Interesse der Alawiten am Geschäftsleben zurückzuführen. Die Märkte könnten nur blühen, wenn in Damaskus Sunniten das Ruder übernähmen. Verbündete der Händler waren Intellektuelle: Ärzte, Ingenieure, Rechtsanwälte, die alle durchweg zur sunnitischen Bevölkerungsschicht zählten. Sie verbreiteten die Parole, die alawitische Macht müsse gebrochen werden.

Am 31. März 1980 gaben die Händler von Aleppo das Signal zur Rebellion gegen Hafez al-Assad: Die Läden im Suk blieben geschlossen. Doch der Präsident und die Miliz erzwangen die Öffnung der Läden. Hunderte von Personen wurden verhaftet, viele wurden mißhandelt. Die bürgerliche Revolution der Sunniten erstickte das Regime im Keim.

Im Herbst des Jahres 1980 entstand in Damaskus die »Islamische Front«, deren Ziel der Kampf gegen die Alawiten war, die nicht als islamisch galten. Die Islamische Front vereinigte alle Widerstandsgruppen, die sich zuvor schon im geheimen gebildet hatten. Mitglieder waren auch militante Persönlichkeiten der Moslembrüder, die entschlossen waren, einen erbarmungslosen Kampf gegen Hafez al-Assad zu führen. Die Islamische Front konnte mit Unterstützung durch Baghdad rechnen.

Zum diesem Zeitpunkt brach Saddam Hussein die diplomatischen Beziehungen zu Damaskus ab. Der Grund dafür lag in der engen Verbindung, die Hafez al-Assad mit dem Regime des Ayatollah Ruhollah Khomeini in Teheran geknüpft hatte. Syrien hatte Waffen geliefert an den Iran – Waffen, die zum Einsatz gegen den Irak bestimmt waren.

Der Wechsel des Regimes in Teheran hatte sich während des Jahres 1979 vollzogen. Der Schah hatte Iran verlassen müssen, die schiitischen Geistlichen, unter Führung Khomeinis, bestimmten fortan das Leben der Iraner. Damit veränderte sich die politische Konstellation am Persischen Golf. Es war damit zu rechnen, daß Iran nicht mehr, wie zur Zeit des Schahs, auf dem Weg zur wichtigsten Großmacht dieser Region war. Die Generäle, die Mohammed Reza Pahlawi treu gedient hatten, waren hingerichtet worden. Die iranische Armee galt dadurch als wesentlich geschwächt. Zwar besaß die Islamische Republik Iran gewaltige Mengen an Waffen, die der Schah von den USA gekauft hatte, doch fehlten nun die Fachleute und Generalstabsoffiziere, um die Flugzeuge, Panzer und Raketen zu einem militärischen und damit auch einem politischen Potential zusammenzufassen. Der iranische Traum von der Beherrschung des Persischen Golfs und der wichtigsten Ölgebiete der Erde schien zu Ende zu sein.

Gerade zur Zeit dieses Machtwechsels in Teheran hatte Saddam Hussein die Macht in Baghdad übernommen. Er witterte im Abgang des Schahs eine Chance für den Irak: Unter Khomeini fiel der Iran zurück in die Position einer Macht zweiter Ordnung. Der Irak konnte die Führungsrolle übernehmen. Für den neuen Herrn in Baghdad bestand die Möglichkeit, die dominierende Persönlichkeit im Erdölzentrum der Welt zu werden. Er wußte, daß er damit für die Wirtschaftsmächte USA, Japan, Bundesrepublik Deutschland, England, Frankreich und Italien zu einem bedeutenden Partner wurde. Die Gefahren einer solchen Machtstellung kalkulierte er allerdings kaum ein.

Unter diesen Umständen ließ Saddam Husseins Interesse an Damaskus nach. Eine Vereinigung von Syrien und Irak kam für ihn nicht in Frage – mit Hafez al-Assad wollte er die Einfluß-sphäre am Persischen Golf nicht teilen müssen. Diese Region sollte seine eigene Domäne bleiben.

Ganz ohne Gefahren war die Situation am Golf für Saddam Hussein allerdings nicht. Er regierte ein Land, in dem die Schi-iten mindestens die Hälfte der Gesamtbevölkerung stellten. Die Schiiten waren jedoch unterprivilegiert – die sunnitische Minder-heit beherrschte Irak. Ihre Machtinstrumente waren der iraki-sche Zweig der Baathpartei, der Geheimdienst und die Armee. Seit dem Eintreffen des Ayatollah Ruhollah Khomeini in Iran war das Bewußtsein der irakischen Schiiten verändert. Ihre Glau-bensbrüder in Iran hatten ihre Vorstellungen durchgesetzt und waren damit zum Vorbild geworden für die Schiiten des Irak. Die führenden Köpfe der Schiiten in Basra begannen mehr und mehr daran zu glauben, daß ihre Glaubensgemeinschaft stark genug war, die Herrschaft der Sunniten zu brechen.

Während der Jahrzehnte der Pahlewi-Herrschaft hatte eine Kluft die Schiiten des Iran und Irak getrennt. Die Pahlewi-Dynastie hatte Wert darauf gelegt, daß die Iraner sich als Arier bezeichne-ten – der Schah selbst trug den Titel »Licht der Arier«. Die Iraker aber galten als Semiten und waren damit abgegrenzt gegenüber den »edleren« Iranern. Jetzt aber sagte Khomeini den schiiti-schen Gläubigen, daß die Kluft zwischen Schiiten von Iran und von Irak eine Erfindung der imperialistischen Staaten gewesen sei, die auf diese Weise getrennte Herrschaftsbereiche geschaf-fen hätten. Die Kluft habe den Imperialisten und Kolonialisten die Beherrschung der gesamten Region erleichtert. Khomeinis Parole hieß: »Vergessen wir den Unsinn von Ariern und Semiten – die Iraker und die Iraner sind Schiiten!« Der Ayatollah ver-sprach den weitgehend entmündigten irakischen Schiiten, er werde ihnen zur Befreiung von der sunnitischen Bevormundung verhelfen. Der Sunnit Saddam Hussein mußte dieses Verspre-chen Khomeinis ernst nehmen.

Die politische Gesamtsituation hatte sich auch für al-Assad ver-ändert. Seine alawitische Glaubensgemeinschaft fühlte sich mit den Schiiten verwandt – sie wurde abgelehnt durch die Sunni-ten. Diese Konstellation führte ganz von selbst zu einer Annähe-rung an die neuen Herren von Teheran. So geschah es, daß Hafez al-Assad die Erlaubnis gab zur Lieferung von Handfeuerwaffen und Ersatzteilen an die Truppe der Pasdaran, der Revolutionswächter, die unter Aufsicht der iranischen Geistlichkeit aufgestellt und organisiert wurde. Diese Kooperation zwischen dem alawitischen Regime Syriens und der schiitischen Revolutionsbewegung in Iran wurde von Saddam Hussein zu Recht als Bedrohung empfunden. Von nun an waren die beiden Flügel der Baathpartei mit den Zentren Damaskus und Baghdad Todfeinde. Äußerst nützlich erwies sich für al-Assad, daß sein Bruder Rifaat al-Assad Khomeini bereits im Herbst 1978 in dessen Exilort Neauphle le-Château bei Paris aufgesucht hatte. Gesprächsthemen waren die Unterstützung der iranischen Revolution durch die Bereitstellung von Sprengstoff und die spätere außenpolitische Zusammenarbeit zwischen Damaskus und Teheran gewesen. Auf der Basis dieses Kontrakts konnte die Allianz zwischen den beiden Regimen sofort aufgebaut werden.

Hafez al-Assad erhielt für diese Politik ermutigenden Zuspruch von der regierenden Familie in Saudi-Arabien. Die Sippe as-Saud, besorgt um die Zukunft ihrer Herrschaft über den Ölreichtum der Arabischen Halbinsel, erkannte mit Erschrecken, daß nach dem Ende der Herrschaft des Schahs die revolutionäre irakische Macht erstarkte. Von Saddam Hussein war bekannt, daß er die Könige und Emire der Region des Persischen Golfes haßte, daß er auf ihr Verschwinden hinarbeitete. Seine Parole »Der Ölreichtum der Arabischen Halbinsel gehört nicht der Clique as-Saud, sondern dem gesamten arabischen Volk« war überaus populär geworden in den armen Gebieten Arabiens. Die Familie as-Saud mußte fürchten, revolutionäre Bewegungen könnten sich aufgerufen fühlen, die Monarchien am Golf durch terroristische Akte destabilisieren zu wollen. Daß die Revolutionäre in diesem Fall Unterstützung bekämen vom irakischen Revolutionsrat lag für die Verantwortlichen der Familie as-Saud auf der Hand. Die Feindschaft, die zwischen Damaskus und Baghdad entstanden war, kam dem König in Saudi-Arabien und seinen Beratern sehr gelegen. Sie boten Hafez al-Assad als Gegenleistung für seine antiirakische Allianz mit dem Iran finanzielle Unterstützung an.

Sie mußten allerdings bald erkennen, daß diese Politik kurzsichtig war: Khomeini verkündete, Könige seien prinzipiell mit der

Gesamtlinie des Islam nicht in Einklang zu bringen. Sein Schlagwort hieß: »Könige sind unislamisch!« Diese Richtungsweisung des Ayatollah wurde von iranischen Pilgern aufgegriffen, die in der heiligen Stadt Mekka für die schiitisch-iranische Revolution und gegen die Monarchie demonstrierten.

Die politische Entwicklung ersparte der Familie as-Saud eine Umstellung ihrer Politik. Im Verlauf des Jahres 1980 sah sich Saddam Hussein gezwungen, iranische Versuche abzuwehren, Aufstände der Schiiten des Irak zu organisieren. Attentate und Anschläge in Baghdad waren nachweislich im Auftrag von Vertrauten des Ayatollah Khomeini durchgeführt worden. Saddam Hussein ließ sich schließlich dazu hinreißen, einen großen militärischen Konflikt gegen den Iran zu entfesseln. Er erklärte seinen Kampf zur Parallele der Schlacht von Qadisiya im Jahre 636 n. Chr., als die gläubigen Moslems die »ungläubigen Perser« besiegen konnten. Für die Königisfamilie as-Saud war ein Glücksfall eingetreten: Die beiden Feinde des Ölkönigreichs Irak und Iran führten Krieg gegeneinander und zerfleischten sich.

Syrien verstärkte sofort seine militärische Unterstützung für den Iran: Hafez al-Assad schickte 2000 Raketenexperten, die den Iranern helfen sollten, ihre Raketensysteme in Ordnung zu halten. Sie übernahmen zeitweise sogar das Kommando über ganze Raketenbasen, da im Iran – nach der Säuberung – Mangel an iranischen Offizieren herrschte.

In seiner Rede vom 8. März 1982 bezog Hafez al-Assad eindeutig für Iran Position: »Als uns die Iraner mitteilten, wir sind jetzt auf eurer Seite, ihr Araber, da fielen die Iraker über Iran her. Nun verlangt der Despot über die Iraker von den Arabern, daß sie mit ihm gegen Iran kämpfen. Gerade zu dem Zeitpunkt geschieht dies, da die Iraner bereit sind, mit uns gegen den Zionismus zu kämpfen – gerade zu dem Zeitpunkt, da sie sagen, der Kampf um Jerusalem sei auch ihr Kampf. Irak hat die Schuld auf sich geladen, die Front gegen den Zionismus zu zersplittern!«

Einen Monat später gab Hafez al-Assad seiner Luftwaffe Befehl, in den irakischen Luftraum einzufliegen. Er erzeugte damit Unruhe in Baghdad. Saddam Hussein befürchtete einen Zweifrontenkrieg, der abgestimmt war zwischen Iran und Syrien.

Zu diesem Zeitpunkt war al-Assad in innenpolitische Schwierigkeiten geraten. Im Februar 1982 war in der syrischen Stadt Hama ein Aufstand ausgebrochen. Die größte Herausforderung für das Regime des Hafez al-Assad hatte begonnen. Die Bevölkerung der Stadt wehrte sich erst durch Demonstrationen, dann durch Streiks und schließlich durch bewaffneten Kampf gegen die alawitische Vorherrschaft. Die Garnison wurde vertrieben. Barrikaden sperrten die Einfallsstraßen von Hama ab. Die Sunniten waren nach wenigen Stunden Herren ihrer Stadt.

Entscheidend war nun, ob das sunnitische Bürgertum in Damaskus den Kampf der Glaubensbrüder von Hama unterstützte. Nur wenn die Hauptstadt zu erkennen gab, daß auch ihre Bewohner entschlossen waren, das alawitische Regime zu bekämpfen, bestand eine Chance auf Erfolg der Revolution. Doch die Milizen der Baathpartei rückten rechtzeitig aus ihren Stützpunkten, um die strategisch wichtigen Punkte in Damaskus zu sichern. Die Milizionäre patrouillierten vor allem durch die Straßen und Gassen des Suks. Sie gaben deutlich zu erkennen, daß sie jeden Versuch, die Läden zu schließen, um dadurch Solidarität mit den Kämpfern von Hama zu demonstrieren, sofort unterbinden würden. Wagte ein Händler tatsächlich, die Gitter seines Ladengewölbes herunterzuziehen, wurde er – nach gewaltsamer Öffnung der Gitter – verhaftet. Noch ehe der erste Tag des Sunnitenaufstands vorüber war, war klar geworden, daß dem Regime von Damaskus aus keine Gefahr drohte.

Noch aber war die Sache der Aufständischen von Hama nicht verloren. Sie wußten, daß sie im Offizierskorps der Armee Sympathisanten hatten.

Eine Reihe von Offizieren waren mit der alawitischen Führungsschicht unzufrieden. Die Oberstleutnante und Hauptleute wollten nicht länger hinnehmen, daß Hafez al-Assad und seine Mitarbeiter die syrische Armee dazu zwang, dem Iran zu helfen. Ärger bereitete den Unzufriedenen die ständige Luftbrücke zu den Milizstützpunkten im Westiran. Diese Lieferungen hatten den iranischen Truppen die Möglichkeit gegeben, nicht nur den irakischen Vorstoß in Richtung Iran zu stoppen, sondern auch erfolgreiche Gegenoffensiven zu unternehmen. Iranische Truppeneinheiten befanden sich bereits auf irakischem, und damit auf arabischem Boden. Viele syrische Offiziere empfanden Gefühle der Solidarität für das bedrängte arabische Brudervolk der Iraker. Sie glaubten, Syrien lade sich Schande auf, wenn es weiterhin Iran, dem Feind der Araber half. Entschlossene Offiziere planten zu der Zeit , als der Aufstand in Hama vorbereitet wurde, einen Militärputsch in Damaskus. Er sollte zeitgleich mit der Revolte losbrechen. Der Putschplan sah vor, daß sich auch Einheiten der Luftwaffe am Kampf gegen das Assad-Regime beteiligten. Das Gebäude des Zentralkomitees der Baathpartei in Damaskus und der Amtssitz des Präsidenten sollten aus der Luft angegriffen werden.

Doch zu dem Zeitpunkt, als die sunnitischen Rebellen von Hama ihre letzte Hoffnung auf ihre Freunde im Offizierskorps setzten, da waren diese bereits verhaftet. Wieder einmal war der Geheimdienst der alawitischen Miliz schneller und schlagkräftiger gewesen. Unbekannt ist, ob Verräter die Agenten des Präsidenten über die Putschpläne informiert hatten. Hunderte von Offizieren wurden verhaftet und hingerichtet. Besonders bitter war für Hafez al-Assad die Beteiligung von Einheiten der Luftwaffe an den Vorbereitungen des Umsturzes. Gerade die Offiziere der Luftwaffe waren von ihm immer besonders verwöhnt worden.
Doch auch nach dem Scheitern des Militärputsches gaben die Aufständischen von Hama noch nicht auf. Sie wußten, daß sie von al-Assad keine Gnade zu erwarten hatten. Mit Tatkraft und Umsicht organisierten sie den Widerstand. Sie wollten erreichen, daß die Weltöffentlichkeit ihren Kampf gegen Alawiten und Baathpartei zur Kenntnis nahm. Doch mit Gewalt verhinderte die Geheimpolizei, Fahrten von Journalisten nach Hama. Unter Ausschluß der Öffentlichkeit geschah die Niederringung der Rebellion. Keine Fernsehbilder berichteten von der Beschießung des Stadtkerns von Hama durch die syrische Artillerie. Kein Neutraler war Zeuge, als Kämpfer der alawitisch geführten Spezialeinheiten die Häuser schließlich stürmten. Über die Zahl der Toten wird bis heute spekuliert. Realistisch mag die Annahme sein, daß etwa 10000 Bewohner der Stadt Hama im Verlauf der Kämpfe ums Leben gekommen sind. Ein Drittel der Gebäude von Hama sind zerstört worden. Rings um die große Moschee, die einst die schönste im gesamten Nahen Osten gewesen war, ist kein Haus verschont geblieben.
Am 8. März 1982 sprach al-Assad in seiner Rede zum Revolu-

tionstag von vielen gefallenen Syrern und nannte auch den nach seiner Meinung Schuldigen am Massaker von Hama:
»Es sind die Vereinigten Staaten von Amerika, die daran interessiert sind, daß syrische Menschen in großer Zahl sterben. Nach Amerikas Willen soll dies so oft als nur möglich geschehen. Die Agenten der USA in Übersee und an unseren Grenzen stehen bereit, um Unruhe zu stiften und Voraussetzungen zur Tötung von Syrern zu schaffen. Doch da gibt es einen, der übertrifft alle anderen, wenn es darum geht, den Tod unserer Bürger zu veranlassen: Es ist der Herrscher des mit uns brüderlich verbundenen Volkes der Iraker. Der Henker von Baghdad ist nicht damit zufrieden, daß er Iraker in großer Zahl umgebracht hat. Es stört ihn mächtig, daß bei uns in Syrien niemand getötet und niemand ermordet wird. Und so kam der Henker von Irak auf die Idee, daß es ihm nicht genüge, Zehntausende von seinen eigenen Landsleuten zu töten. Er kam zu uns. Das Ergebnis sind Tote.«
Mehr als einen Monat lang hatte der Kampf gedauert – vom 2. Februar bis zum 5. März 1982. Die Damaszener schwiegen zu den Ereignissen von Hama. Jeder wußte fortan, daß ein Aufstand gegen das herrschende Regime keine Chance hatte. Kein ernsthafter Versuch wurde in der Folgezeit unternommen, die Machtstruktur in Damaskus zu destabilisieren.
Die Wunden der Stadt Hama heilten nur langsam. Um sie leichter verbergen zu können, ließ Hafez al-Assad eine Umgehungsstraße bauen.

Al-Assad rüstet auf –
»Vertrag über Freundschaft und Kooperation mit der UdSSR«

Der Entschluß der israelischen Regierung – er wurde im Dezember 1981 formell gefaßt – die Golanhöhen »für immer« dem Territorium des Staates Israel einzuverleiben, löste Bemühungen der syrischen Regierung aus, die Armee aufzurüsten. Als einziger Waffenlieferant stand die Sowjetunion zur Verfügung. Den Kremlherrn konnte Hafez al-Assad deutlich machen, daß für Syrien nun keine andere Möglichkeit zur Rückgewinnung des verlorenen Bodens bestand, als durch militärische Aktion. Der syrische Präsident nutzte den im Oktober 1980 abgeschlossenen »Vertrag über Freundschaft und Kooperation mit der UdSSR«. Seit dessen Unterzeichnung waren bereits 4000 sowjetische Militärberater nach Syrien gekommen. Ihre Zahl stieg nun – nach der Annexion der Golanhöhen – auf 6000. Nirgends in der arabischen Welt hatte die Sowjetunion derart Fuß gefaßt wie in Syrien. Leonid Breschnew sah in der Erfüllung syrischer Waffenwünsche die Chance, das Image der UdSSR in der islamischen Region, das durch den Einmarsch in Afghanistan gelitten hatte, wieder aufzubessern. Die Parole hieß: »Moskau läßt seine Freunde in der Stunde der Not nicht im Stich!« Die Sowjetunion lieferte Luftabwehrraketen vom Typ SAM-5 und Boden-Boden-Raketen mit einer Reichweite von 240 Kilometern. Diese Scud-Raketen bildeten eine Bedrohung für Israel. Von ihren Basen Dumeir, im Norden von Damaskus, und Shinshar bei Homs aus konnten die Geschosse leicht Tel Aviv und Jerusalem erreichen. Nie zuvor waren diese Waffensysteme von Moskau an Staaten außerhalb des Warschauer Paktes geliefert worden. Mit Bestürzung analysierten die Verantwortlichen in Israel diese Entwicklung: Offenbar rüstete Syrien mit Moskaus Hilfe soweit auf, daß eine militärische Auseinandersetzung möglich war – auch wenn dies dem Grundsatz zuwiderlief, daß kein arabischer Feldzug gegen Israel stattfinden kann ohne Beteiligung Ägyptens.

Die Sowjetführung hatte lange nicht glauben wollen, daß Ägypten für ihre Nahostpolitik verloren war. In ihren Beziehungen hatte Cairo immer Vorrang gehabt, Damaskus wurde erst in zweiter Linie mit Aufmerksamkeit bedacht. Im Jahre 1972 aber hatte Anwar as-Sadat 17000 sowjetische Spezialisten aus dem Land gewiesen. Diese dramatische Geste führte zwar zu einer Verlagerung des sowjetischen Interesses in Richtung Syrien – jedoch zum Ersatz für Ägypten in der Rangliste der Prioritäten wurde Syrien nicht.

Die USA allerdings nahmen die Chance nicht wahr, die Enttäuschung des syrischen Staatspräsidenten über die vorsichtige Zurückhaltung der Sowjets auszunutzen. Im Jahre 1977 wäre Hafez al-Assad bereit gewesen, an einer allgemeinen Nahost-Friedenskonferenz teilzunehmen, die unter der Aufsicht der USA stattfinden sollte. Dar damalige Präsident, Jimmy Carter, aber gab den Plan auf zugunsten bilateraler Gespräche zwischen

Israel und den einzelnen arabischen Nachbarn. Dazu wiederum konnte sich Hafez al-Assad nicht durchringen. Er fühlte sich ausgeschlossen aus dem Kreis derer, die am Friedensprozeß teilnehmen durften.

Während der Verhandlungen nach dem Krieg von 1973 hatte der amerikanische Außenminister Henry Kissinger zu al-Assad gesagt: »Die Araber müssen sich darüber im klaren sein, daß sie von den Sowjets Waffen bekommen können – den Frieden aber erhalten sie nur in der Kooperation mit den USA.« Die Wahrheit dieses Grundsatzes hatte der Syrer begriffen, doch diese Erkenntnis nützte ihm wenig. Die USA ließen ihn im Abseits stehen.

Als Ronald Reagan im Jahre 1981 das Erbe von Jimmy Carter übernahm, berief er den General Alexander Haig zum Außenminister. Er orientierte die Außenpolitik der USA im Nahen Osten auf Israel zu. Sein Plan war, zusammen mit Israel eine unverbrüchliche Allianz aufzubauen. Alexander Haig nannte sein Vorhaben die Politik des »Strategic consensus«. Absolute Übereinstimmung sollte herrschen zwischen den Absichten Israels und denen der westlichen Staaten. Seine Gedanken waren dabei weniger von den politischen Bedürfnissen der USA geleitet, als von der Förderung der eigenen Karriere. Haig gab zu, daß er eine eigene Präsidentschaftskandidatur im Auge hatte! Er ging von der Überlegung aus, daß seine Chancen stiegen, wenn er den jüdischen Bürgern der USA das Gefühl gab, die Interessen des Staates Israel seien bei einem künftigen Präsidenten Haig besser aufgehoben als bei einem anderen amerikanischen Staatsoberhaupt.

Den Beweis dafür wollte er im Sommer 1982 liefern. Die israelische Regierung hatte dem amerikanischen Außenminister den Plan einer Invasion des Libanon unterbreitet, der das Ziel verfolgte, die »Terroristen der PLO« aus der Reichweite der Grenzen des Staates Israel zu vertreiben. Der »Strategic consensus« bestand darin, daß die amerikanische Regierung im Einvernehmen mit Israel dem Kampf gegen den »Terrorismus« mehr Beachtung schenken wollte.

Die Planung der israelischen Invasion des Libanon fiel in eine Zeit, als sich die Sowjetunion etwas stärker für Syrien engagierte. Breschnews Berater waren zur Einsicht gekommen, daß Ägypten für sowjetische Interessen auf Dauer keine Basis mehr bot, daß aber das Eingehen auf die Besonderheit Syriens Vorteile für die UdSSR bieten konnte.

Die Erfahrungen in Afghanistan hatten dem Kreis um Breschnew gezeigt, daß der Islam eine starke und überzeugend wirkende Ideologie darstellte, die dem Kommunismus gefährlich werden konnte. Es bestand die Gefahr, daß sich der Bereich, der von fanatischen Moslems beherrscht wurde, ausweitete. Geographisch befand sich Syrien im Zentrum der arabisch-islamischen Welt. Wichtig war deshalb für die Sowjetführung, wer im Präsidentenpalast von Damaskus regierte – Anlaß genug, die Beziehungen zu der herrschenden Schicht in der syrischen Hauptstadt wieder zu intensivieren.

Die entscheidende Gemeinsamkeit zwischen der Kommunistischen Partei der Sowjetunion und der Baathpartei war die Absicht, einen religiösen Schwerpunkt in der Politik zu verhindern. Die Alawiten dominierten zwar in der Partei, doch sie waren nie als religiöse Gruppierung zu erkennen. Für Hafez al-Assad als Politiker existierte das Thema »Religion« nicht. Breschnews Berater stellten fest, daß der syrische Präsident – genauso wie die Mächtigen im Kreml – ein Ansteigen der islamischen Bewegung zu fürchten hatte. Breschnew, der sich bewußt war, daß in seinem eigenen Staat zwischen dem Schwarzen Meer, dem Kaspischen Meer und dem Aralsee eine starke islamische Minderheit lebte, beschloß, al-Assad in seinen Bemühungen zu unterstützen, den Glauben nicht zum Faktor der Politik werden zu lassen.

Die Nahostexperten des Kreml sahen außerdem auch die Übereinstimmung zwischen der UdSSR und Syrien auf wirtschaftlichem Sektor: Zwar herrschte auf dem Markt von Damaskus das kapitalistische Gesetz von Angebot und Nachfrage, doch der Außenhandel und die Devisenwirtschaft unterlagen staatlicher Kontrolle. Der dem Staatsapparat unterstellte Sektor der Wirtschaft war an Umfang größer als der Privatsektor. Die sowjetischen Spezialisten bemerkten, daß die Baathpartei dem Sozialismus zuneige.

Eine Allianz zwischen Syrien und der UdSSR bedeutete, daß das Ansehen der Sowjetunion in der arabischen Welt insgesamt wieder stieg, Einflußnahme im Nahen Osten bedeutete Mitspracherecht im bedeutendsten Ölgebiet der Welt. Bei allen Entscheidungen, die den Nahen Osten betrafen, mußte künftig auch die Ansicht der Kremlherren berücksichtigt werden. Vor allem war – im Falle einer engen Bindung – die Meinung der Verantwortlichen der UdSSR in Fragen von Krieg und Frieden ausschlaggebend. Die Allianz mit Syrien bot die Möglichkeit, die internationale Bedeutung der Sowjetunion aufzuwerten.

Diese Aufwertung war vor allem wichtig gegenüber den USA. Im Nahen Osten wurde die Einflußnahme der USA immer stärker. Der ägyptische Präsident – gleichgültig, ob er Sadat hieß oder Mubarak – unternahm keinen politischen Schritt ohne Konsultation mit Washington. Mehr und mehr überließ die königliche Familie Saudi-Arabiens die Außenpolitik des Ölstaates dem State Department in Washington. Eine sowjetische Allianz mit Syrien konnte einen Gegenpol schaffen zum amerikanisch orientierten arabischen Staatenblock.

Die Militärstrategen des Kreml waren seit Jahren schon auf der Suche nach einer Flottenbasis im Mittelmeer. In Ägypten durften sowjetische Schiffe immer nur für kurze Zeit hinter den Hafenmauern festmachen. Auch die Hoffnung, an der libyschen Küste eine ständige Anlegemöglichkeit zu bekommen, hatte sich zerschlagen; Moammar al-Kathafi wollte den Sowjets in dieser Frage nicht entgegenkommen. Syrien – das war die Meinung der Militärstrategen – aber könnte vielleicht bereit sein, Teile der Häfen von Tartus und Lattakia der russischen Mittelmeerflotte zur Verfügung zu stellen. Erleichtert würde die militärische Zusammenarbeit durch die Tatsache, daß die syrischen Streitkräfte ihren Waffenbedarf schon seit Jahrzehnten in der Sowjetunion deckten. Während die ägyptische Armee längst dazu übergegangen war, sich aus amerikanischen Arsenalen zu versorgen, war Syrien dem Lieferanten Sowjetunion treu geblieben. Der Gedanke an Militärstützpunkte auf syrischem Boden reizte sowjetische Strategen auch deshalb, weil Syrien eine gemeinsame Grenze zum NATO-Partner Türkei besaß. In ihrem östlichen Teil befand sich die Türkei territorial in einer Klammer, die durch die UdSSR und Syrien gebildet wurde. Wenigstens bestand die theoretische Möglichkeit, den NATO-Partner dadurch in Bedrängnis zu bringen.

338

Der entscheidende Grund für eine enge Anbindung Syriens an die Sowjetunion war jedoch die Chance, die modernen sowjetischen Waffensysteme im Ernstfall zu testen. Der Nahe Osten war für die Waffentechniker der Sowjetunion der ideale Testplatz und bot zudem die Möglichkeit, das eigene mit dem amerikanischen Kriegsgerät zu vergleichen.

Im Jahre 1982 interessierten sich die Sowjets besonders für das amerikanischen Kampfflugzeug F-16, für das Warnsystem der Amerikaner gegen anfliegende Raketen und für die Luft-Boden-Raketen. Durch Geheimdienstberichte hatten die sowjetischen Waffentechniker in Erfahrung gebracht, daß die Amerikaner in Zusammenarbeit mit den Israelis ein unbemanntes Kleinflugzeug entwickelt hatten, das auf Radarschirmen nicht von einem normalen Kampfflugzeug zu unterscheiden war. Sogar die elektronischen Sensoren ihres Boden-Luft-Raketensystems SAM ließen sich täuschen. Näheres über alle diese Geheimwaffen war nur in einem echten Konflikt zu erfahren. Allein wenn die israelischen Militärs durch eine kriegerische Aktion gezwungen wurden, ihre Waffensysteme einzusetzen, konnte ihre Wirkung festgestellt werden. Sie mußten dazu durch den Einsatz sowjetischer Waffen herausgefordert werden. Natürlich war damit auch das Risiko verbunden, daß der Konflikt mit einer Blamage für die syrischen Piloten und Soldaten, und damit auch für die sowjetischen Waffen endete.

Die Möglichkeit des echten Waffentests zeichnete sich ab, als Alexander Haig im Frühsommer 1982 den Israelis grünes Licht für den Angriff auf den Libanon gab. Logische Konsequenz war, daß Syrien in die kriegerische Handlung hineingezogen wurde.

»Frieden für Galiläa« –
Das Massaker von Sabra und Shatila

Am Sonntag, dem 6. Juni 1982 griffen israelische Truppen das kleine Land Libanon an. Zuvor hatte das israelische Kabinett diesen Beschluß gefaßt:

»Die ›Israel Defense Forces‹ werden angewiesen, dafür zu sorgen, daß die Zivilbevölkerung von Galiläa nicht länger vom Feuer der Terroristen aus dem Libanon erreicht werden kann.

Die Basen und Hauptquartiere der Terroristen sind im Libanon konzentriert. Dort müssen sie vernichtet werden. Der Name der Operation heißt ›Frieden für Galiläa‹. Während dieser Operation wird die syrische Armee nicht angegriffen werden, vorausgesetzt, sie nimmt selbst von Angriffen Abstand.«

Am Abend des ersten Angriffstages erreichten die israelischen Panzer das Palästinenserlager Nabatiyeh. Sie hatten zwanzig Kilometer zurückgelegt. Damit war das den »Israel Defense Forces« vorgegebene Ziel eigentlich erreicht: Die Geschütze und Raketenwerfer der Palästinenser konnten Galiläa nicht mehr erreichen. Die Voraussetzungen für »Frieden für Galiläa« waren erfüllt, doch die Wucht des israelischen Panzervorstoßes läßt nicht nach.

An diesem ersten Kriegstag versprach die syrische Regierung der PLO-Führung, sie werde über internationale Kanäle Druck auf Israel ausüben. Die Absicht die, die Israelis rasch zum Waffenstillstand zu bewegen. Hafez al-Assad sagte Militärhilfe zu, wenn die diplomatischen Schritte ohne Erfolg blieben.

Die syrische Armee hatte die Möglichkeit einzugreifen. Kampfstarke Einheiten befanden sich im libanesischen Beka'atal zwischen den Gebirgszügen von Libanon und Antilibanon. Dort waren Panzerverbände stationiert, die mit dem modernen Modell T-72 ausgerüstet waren. Um die Stadt Shtora hatte man Flakgeschütze in Stellung gebracht, Luftabwehrraketen standen zum Einsatz bereit. Bei richtiger Anwendung bildete die Gesamtheit dieser Waffensysteme eine ernste Gefahr für die israelische Überlegenheit.

Während der ersten Stunden des israelischen Angriffs donnerten über Damaskus hinweg syrische Kampfflugzeuge in Richtung Westen. Nur Minuten später kehrten sie zurück – im Tiefflug. Die Damaszener erkannten, daß der Einsatz der eigenen Luftwaffe keinesfalls ruhmvoll verlaufen war. Sie erzählten sich bald darauf, die israelischen Piloten hätten nur deshalb die Verfolgung aufgegeben, weil sie erschrocken seien über das riesige Denkmal im Westen der Stadt; das auf ihren Orientierungskarten nicht vermerkt gewesen sei.

Die syrische Führung war offenbar tatsächlich entschlossen, Teile der Armee zur Verteidigung des Libanon einzusetzen. Lastwagenkolonnen bewegten sich von der syrischen Grenze aus auf den Straßen des Beka'atals. Zerschossen und ausgebrannte Fahrzeuge machten die Fahrer vorsichtig. Die Wracks waren Beweise der Schlagkraft der israelischen Luftwaffe. Nur wenige der Lastwagen erreichten die Paßhöhe des Libanongebirges.

Dabei operierten die israelischen Kampfflugzeuge überaus vorsichtig, aus Sorge, die legendären sowjetischen Luftabwehrraketen könnten so wirksam sein, wie ihr Ruhm dies berichtet. Vor jedem Angriff setzten die Israelis ihre unbemannten Kleinflugzeuge ein. Sie wurden prompt von den Sensoren der gegnerischen Luftabwehrraketen erfaßt. Die SAM-Batterien feuerten und gaben dem Feind durch ihren Leitstrahl ungewollt Frequenz und Position bekannt. Das unbemannte Kleinflugzeug wurde zwar abgeschossen, doch die israelischen Elektronikspezialisten waren nun im Bild, wo sich die gegnerische Batterie befand. Mit dem Einsatz einer preiswerten Attrappe gelang die Vernichtung einer teuren SAM-Batterie.

Schon am ersten Kriegstag war das Luftverteidigungssystem Syriens ausgeschaltet. Den Luftraum kontrollierten die Israelis. Die sowjetischen Militärberater hatten zwar wichtige Erfahrungen sammeln können, die später ausgewertet und für wertvoll erachtet werden sollten, doch für den Augenblick war das Ansehen der Sowjetunion als Waffenproduzent im Nahen Osten wieder einmal zerstört. Daß syrische Soldaten und Techniker mit den schwierig zu handhabenden Waffensystemen nicht zurechtgekommen waren, galt nur unter Fachleuten als Argument. Für die Damaszener waren es die sowjetischen Waffen insgesamt, die sich gegenüber denen der USA als nahezu wirkungslos erwiesen hatten.

Von den Verlusten der Syrer erfuhr Arafat im bedrängten Beirut nur wenig. Er verließ sich auf das Wort des syrischen Präsidenten, daß nach 72 Stunden die Entscheidung falle. Doch nichts geschah zur Entlastung der Verteidiger. Die israelischen Streitkräfte standen schon am Rand der libanesischen Hauptstadt, ohne daß sie von den Syrern aufgehalten wurden – aus Damaskus war Feuereinstellung befohlen worden. Hafez al-Assad hatte der israelischen Regierung bereits mitteilen lassen, daß sich seine Streitkräfte nicht länger an den Kämpfen beteiligen würden. Al-Assad wußte, daß seine Truppen im Libanon wenig gegen die israelischen Verbände ausrichten konnten.

Fortan hielt sich Syrien tatsächlich aus diesem Konflikt heraus. Die israelische Artillerie beschoß die eingeschlossene Stadt Beirut und ihre Luftwaffe erprobte neuartige Raketengeschosse. Aus Damaskus war dazu kein Kommentar zu vernehmen. Clusterbombs detonierten auf Straßen und Plätzen und sprühten Tausende von scharfgezackten Splittern aus, die menschliches Gewebe derart verletzen, daß es nicht mehr heilen kann. Vakuumbomben erzeugten durch Verbrennung der Luft Unterdruck, der die Menschen aus ihren Häusern heraussog; der Tod trat durch Zusammenklappen der Lungenflügel ein. Die Gebäude aber blieben intakt. Die Erfahrung hatte die Israelis gelehrt, daß eine Stadt, deren Häuser in Trümmern liegen, nur schwer erobert werden kann. Ruinen erleichtern die Verteidigung.

Tausende von Libanesen und Palästinensern verloren ihr Leben. Sie wurden in Massengräbern bestattet. Hafez al-Assad schwieg. Damaskus hörte im Sommer 1982 für Wochen und Monate auf, eine politische Rolle im Nahen Osten zu spielen. Al-Asaad konnte allerdings ohne Schaden für sein Ansehen darauf verzichten, sich für Syrien zu Wort zu melden, weil die anderen arabischen Staaten ebenfalls schwiegen. Im Juni 1982 verstummte ganz Arabien.

Da geschah das Paradoxe: Es war die Regierung der Vereinigten Staaten, die den Libanesen und Palästinensern zu Hilfe kam. Die für die amerikanische Politik Verantwortlichen konnten es nicht ertragen, daß die Fernsehsender Abend für Abend aus Beirut Bilder des Todes und der Verwüstung zeigten. Sie fühlten sich veranlaßt, den Luftangriffen und Beschießungen ein Ende zu bereiten. Es war der amerikanische Präsident Ronald Reagan, der die israelische Regierung energisch aufforderte, ihre Terrorangriffe gegen die libanesische Zivilbevölkerung einzustellen. Der amerikanische Sonderbeauftragte Philip Habib handelte mit Energie schließlich den ehrenvollen Abzug von Arafat und seiner PLO aus. Arabien konnte sein Gesicht wahren.

Der Mächtige in Damaskus war überzeugt, Arafat würde den Weg übers Libanongebirge nach Syrien einschlagen – die Strecke Beirut–Damaskus war in eineinhalb Stunden zu bewältigen. Weit wäre der Weg für die PLO also nicht gewesen. Doch al-Assad täuschte sich: Arafat verkündete, sein Hauptquartier werde künftig in Tunis, am Sitz der Arabischen Liga, sein. In der Hauptstadt des arabischen Staatschefs, der zugelassen habe, daß Beirut vernichtet wurde, würde er sich nicht niederlassen. Doch dieses Argument war nur ein Vorwand.

Arafat fürchtete die Damaszener Falle. Er wußte genau, daß er in Damaskus der Gefangene des Hafez al-Assad sein würde. Er hätte sich dort den Richtlinien der syrischen Politik zu unterwerfen. Innerhalb kurzer Zeit könnte es Hafez al-Assad gelingen, die PLO auszuschalten, um selbst Oberhaupt der Palästinenser insgesamt zu werden.

Daß Jassir Arafat eine direkte Einladung, nach Damaskus zu kommen, ablehnte, steigerte al-Assads Abneigung gegen den Vorsitzenden der Palästinensischen Befreiungsorganisation. Die Wut des Syrers bekam Arafat wenige Wochen nach der Ablehnung zu spüren.

In der marokkanischen Stadt Fes waren die arabischen Könige und Präsidenten versammelt, um Arafat, den »Helden von Beirut«, würdig zu empfangen. Bei der Zeremonie der arabischen Bruderküsse fehlte als einziger Hafez al-Assad. Er wollte diesen Palästinenser nicht umarmen. Doch der geschickte Taktiker Arafat wußte, wie er Hafez al-Assad geneigter stimmen konnte.

Die in Fes versammelten arabischen Staatschefs waren der Meinung, jetzt, nachdem der Libanonkonflikt zu Ende war, müßte auch die syrische Armee das Land verlassen. Der Libanon sollte eine faire Chance zum Wiederaufbau seiner Souveränität bekommen. Al-Assad gab dem Druck der Kollegen widerwillig und mürrisch nach. Da aber protestierte Arafat lautstark gegen die Absicht, syrische Soldaten aus dem Libanon abzuziehen. Sein Argument war, noch immer stünden PLO-Einheiten im Norden des Libanon und in der Beka'a-Ebene ostwärts des Libanongebirges. »Wenn die Syrer weg sind, fühlen sich die christlichen Libanesen veranlaßt, die PLO vollends zu vernichten – und die Israelis werden ihnen dabei helfen!« Ganz bewußt gab der PLO-Chef dem syrischen Staatschef die Funktion eines Protektors der Palästinensischen Befreiungsbewegung.

Hafez al-Assad übernahm diese Funktion sofort und informierte die in Fes anwesenden arabischen Könige und Präsidenten, daß die syrischen Verbände erst dann abziehen würden, wenn sich kein israelischer Soldat mehr auf libanesischem Boden befände. Die Formel »syrischer Abzug als Gegenleistung für israelischen

Abzug« wurde bei jener Sitzung der Gipfelkonferenz von Fes entwickelt.

Daß der Abmarsch der israelischen Verbände zuerst zu erfolgen habe, diese Bedingung stellten Hafez al-Assad und Jassir Arafat am 9. September 1982 gemeinsam. Ihre Begründung war, daß eine Allianz zwischen Israelis und Maroniten verhindert werden müsse.

Der Aufbau dieser Allianz war jedoch bereits sehr weit fortgeschritten. Eine Übereinstimmung in den Zielen war schon während der israelischen Offensive gegen Beirut zu erkennen gewesen: Beide, die Maroniten und die Israelis, waren von der gemeinsamen Absicht getrieben, die »Pest der PLO« auszurotten. Vor dem Präsidentenpalast der libanesischen Hauptstadt war es zum »Schulterschluß« zwischen der israelischen Armee und den Milizionären der maronitischen Phalange gekommen, Verteidigungsminister Ariel Sharon hatte ihn durch seinen Besuch in der Residenz des libanesischen Staatschefs besiegelt.

Mit Zustimmung der israelischen Regierung wurde am 23. August 1982 Beschir Gemayel, der Kommandeur der maronitischen Miliz, vom libanesischen Parlament, das kaum noch Legitimität besaß, zum Präsidenten gewählt. Hafez al-Assad hatte keine Möglichkeit, darauf Einfluß zu nehmen. Ob sein Geheimdienst beteiligt war am Tod des Beschir Gemayel – drei Wochen nach der Wahl – ist ungeklärt. Eine Sprengstoffexplosion zerstörte das Hauptquartier der Phalangisten und tötete den designierten Präsidenten und 60 seiner Gefolgsleute. Ob gewollt oder ungewollt, der Tod des Beschir Gemayel war im Sinne der Verantwortlichen in Damaskus.

Schon am nächsten Tag trafen sich israelische Offiziere in Beirut, um mit den Kommandeuren der Phalangisten die »Säuberung der Palästinenserlager« zu besprechen. Am Abend des 16. September 1982 drangen Bewaffnete der Phalangisten in die Lager Sabra und Shatila ein mit der erklärten Absicht, so viele Palästinenser wie nur möglich umzubringen. Bewiesen ist, daß dieses Massaker unter Aufsicht der vor Beirut stationierten israelischen Truppen stattfand. Die Zahl der Toten jener Nacht wurde auf rund 2000 beziffert.

Das Ergebnis war, daß die Herrschaft der Maroniten des Libanon international an Ansehen verloren hatten – und das moralische

Prestige der Israelis war angeschlagen. Die Verbindung zwischen Syrien und der PLO aber zerbrach jetzt. Arafat mußte einsehen, daß die syrischen Truppen im Libanon nicht in der Lage waren, die Palästinenser vor der Allianz zwischen Maroniten und Israelis zu schützen. Kaum eine Woche nach der arabischen Gipfelkonferenz von Fes war Hafez al-Assad als Schutzpatron der Palästinenser ausgefallen.

Zu diesem Zeitpunkt stimmte sich der Mächtige in Damaskus schon mehr und mehr mit dem amerikanischen Botschafter ab. Assad erwies sich als Politiker mit Gespür für künftige Entwicklungen. Er hatte das Gefühl, daß die Macht der Sowjetunion im Schwinden war und hielt es für klug, auf vorsichtige Distanz zu Moskau zu gehen. Im weltpolitischen Kräftefeld blieben dann nur noch die Vereinigten Staaten von Amerika als verläßlicher Fixpunkt. Al-Assad kalkulierte, daß für die regionale Großmacht Syrien politische Aktionsfähigkeit nur dann gewahrt werden konnte, wenn sie ihre Handlungen im großen Ganzen mit der Leitlinie einer wirklichen Großmacht in Einklang brachte. Diesen Standpunkt machte der Syrer auch den anderen arabischen Staatschefs deutlich. Bereits Anfang September 1982 schlug er den Teilnehmern der Gipfelkonferenz von Fes vor, sie sollten eine Delegation zu Präsident Reagan entsenden, um mit ihm gemeinsam ein realisierbares Modell für eine Friedenslösung zu entwickeln.

Al-Assads Vorschlag wurde angenommen. Die hochrangige Delegation sollte aus König Hassan von Marokko, König Hussein von Jordanien, dem tunesischen Präsidenten Habib Bourguiba, dem algerischen Präsidenten Chadli Benjadid – und aus Hafez al-Assad bestehen. Arafat bat darum, auch sein Name möge auf die Liste gesetzt werden. Die arabischen Staatschefs entsprachen pro forma diesem Wunsch, bestanden jedoch darauf, daß der PLO-Chef gar nicht erst versuchte, nach Washington zu fliegen, die Amerikaner würden ihm ohnehin die Einreise verweigern.

Arafat entschloß sich, die Belange der Palästinenser in die Hände des jordanischen Königs zu legen. Der Grund für diesen Entschluß lag darin, daß Arafat Vertrautheit des Königs mit allen Problemen der Palästinenser voraussetzen durfte. Vor allem kannte er das Land, um das gestritten wurde. Hussein sollte bei den Gesprächen in der amerikanische Hauptstadt den politischen Standpunkt der Palästinenser vertreten. Beide, Arafat und

Hussein, entwickelten den Plan einer Konföderation zwischen einem Staat Palästina – wie der auch immer beschaffen sein mochte – und dem Königreich Jordanien. Oberste Autorität in diesem Staatenbund sollte der König sein.

Hafez al-Assad handelt konsequent – Arafats Vertreibung aus Damaskus

Der Inhalt der Geheimgespräche von Amman wurde schon bald im Präsidentenpalast von Damaskus bekannt. Hafez al-Assad fühlte sich wieder einmal vom PLO-Chef verraten. Wie konnte es Arafat wagen, dem König Hussein die Funktion eines Sprechers der Palästinenser zu übertragen? Gerade dem Staatsoberhaupt, das sich im Jahre 1970 als gnadenloser Gegner der PLO erwiesen hatte! Nach al-Assads Meinung kam nur er als Verhandler in Sachen Palästina in Frage, ganz davon abgesehen, daß für jeden traditionell denkenden Damaszener, Palästina auf ewig zu Syrien gehörte. Hafez al-Assad und sein Informationsminister Ahmed Iskander Ahmed sagten sehr deutliche Worte der Warnung: »Niemand hat das Recht, die Angelegenheiten der Palästinenser mit Fremden zu diskutieren!«
Auf die Frage, ob al-Assad nicht mit Arafat über die Zukunft der Palästinenser geredet habe, antwortete Ahmed Iskander Ahmed: »Die syrische Regierung unterhält Beziehungen zur PLO, nicht zu Herrn Arafat!« Es war zu erkennen, daß die Verantwortlichen in Damaskus auf Distanz zu Jassir Arafat gingen. Sie wollten Arafat als Chef der PLO ablösen – und fanden rasch einen Ersatzmann. Er hieß Abu Musa, war 55 Jahre alt und ein bewährter Truppenkommandeur. Sein Ansehen bei den Kämpfern der PLO war hoch. Abu Musa war kein »Schreibtischheld« des palästinensischen Kampfes gewesen, er hatte sich beim Angriff der israelischen Armee als besonnen und standhaft bewährt. Wichtige Kampfgruppen der PLO waren mit seiner Einsetzung als Kommandeur der PLO einverstanden.
Abu Musa war der Meinung, Arafat für immer verdrängt zu haben. Er bezog sein Hauptquartier in Damaskus. Damit glaubte Hafez al-Assad erreicht zu haben, was er wollte: Die Führung der Palästinensischen Befreiungsorganisation befand sich in seiner

Hauptstadt. Hafez al-Assad war allen Ernstes der Meinung, er habe nun die Oberaufsicht über alle Aktivitäten der Vertretung des palästinensischen Volkes und könne sich nun als Oberster aller Palästinenser fühlen.

Abu Musa profilierte sich zunächst gegenüber den PLO-Kämpfern als Kritiker Arafats. Er warf Arafat vor, sich während des Krieges um Beirut nicht an vorderster Front gezeigt zu haben – Arafat sei feig gewesen. Dann klagte er Arafat an, viel Geld an seine Anhänger verschleudert und »Vetternwirtschaft« betrieben zu haben. Schmeichler seien von ihm als Ratgeber bevorzugt worden. Abu Musa bezichtigte Arafat, korrupt geworden zu sein, verdorben durch das Geld, das Saudi-Arabien bezahlt habe. »Er hat auf den Kampf verzichtet, obgleich er immer gesagt hat, er habe den Tod verdient, wenn er jemals den Grundsatz aufgebe, die Heimat mit der Waffe in der Hand zurückerobern zu wollen. In Beirut ist Arafat weich geworden. Damaskus wird der PLO die Härte zurückgeben, die sie braucht!«

Abu Musa klagte Arafat des Verrats an: »Arafat sucht die Versöhnung mit Israel. Sogar während der Schlacht um Beirut konnten wir dies spüren. Da war er tief in den Sumpf der Versprechungen des amerikanischen Unterhändlers Philip Habib geraten. Wir versuchten, ihn rauszuholen. Doch es ist sein höchster Wunsch, von den Amerikanern anerkannt zu werden. Arafat hat vergessen, daß die Amerikaner Imperialisten sind!«

Hartnäckig verlangte Abu Musa die offizielle Ablösung des PLO-Chefs. Ein Gericht müßte darüber entscheiden, ob Arafat strafbare verräterische Handlungen begangen habe. Abu Musa erklärte seinem bisherigen Oberbefehlshaber den gnadenlosen Krieg – bis zu Vernichtung. Er glaubte mit Unterstützung Syriens die Führungsspitze der PLO »säubern« zu können.

Der Beklagte scheute die offene Auseinandersetzung nicht und begab sich nach Damaskus. Im örtlichen Büro der PLO schlug er sein Hauptquartier auf. Nun amtierten zwei Vorsitzende der Palästinensischen Befreiungsorganisation in der syrischen Hauptstadt. In dieser Auseinandersetzung hatte Arafat allerdings einen großen Vorteil: Er besaß die Legitimation zur Ausübung des Amtes: Das Exilparlament der Palästinenser hatte ihn gewählt, Abu Musa dagegen war vom syrischen Diktator ins Amt berufen worden.

Sein Vorteil nützte Arafat zunächst allerdings wenig. In Damaskus wurde ihm die Arbeit und schließlich das Leben schwer gemacht. Die syrischen Behörden versuchten, ihn zu isolieren. Die Telefonleitung des Büros war häufig gestört, Auslandsgespräche waren in Damaskus in jener Zeit ohnehin nur schwer möglich. Wer das Büro betreten wollte, wurde vom Geheimdienst kontrolliert. Jordanische Verbindungsleute, die Kontakt zwischen Arafat und König Hussein halten wollten, wurden an der Grenze bei Dera'a abgewiesen. Den Bürochefs der PLO im Ausland verweigerten die Flughafenbehörden von Damaskus die Einreise. Von den höchsten Parteispitzen werden die Berater Arafats gedrängt, sich zu Abu Musa zu bekennen. Mancher gab dem Druck nach: Mahmud Labadi, Arafats Pressesprecher während der israelischen Belagerung von Beirut, übernahm bei al-Assads Schützling dieselbe Funktion.

Aus den eigenen Reihen mußte sich der Vorsitzende anhören, es wäre für die Sache der Palästinenser besser, wenn er sich mit dem Herrn von Damaskus einige. Hafez al-Assad sei schließlich der arabische Politiker, der für die Regierung der USA an Bedeutung gewinne. Auch in Washington hätte man die Richtigkeit dieses Grundsatzes schon erkannt: »Es gibt keinen Krieg im Nahen Osten ohne Cairo – es gibt keinen Frieden im Nahen Osten ohne Damaskus.« Cairo befinde sich bereits im Lager der USA – deshalb wäre ein Nahostkrieg unmöglich geworden. Jetzt werde Damaskus umworben, damit ein Friedensprozeß in Gang komme. Die politische Zukunft des Nahen Ostens wäre eng mit Hafez al-Assad und dem Regime in Damaskus verbunden.

Für Arafat bestand immer noch die Chance einer Aussöhnung mit al-Assad. Er hätte nur zu sagen brauchen, daß der Streit auf einem Irrtum unter Brüdern beruhe, daß die Absprachen mit König Hussein keineswegs verbindlich gewesen seien. Doch jetzt blieb Arafat auf hartem Konfrontationskurs. Mit Abu Musa ließ er sich allerdings auf keinen Streit ein. Ernsthaft setzt er sich mit dem Konkurrenten nicht auseinander, seinen Namen erwähnt er so gut wie gar nicht. Dagegen griff er Hafez al-Assad frontal an und traf einen wunden Punkt, als er ihn beschuldigte, er habe durch voreiligen Waffenstillstand mit den Israelis die Niederlage der PLO in Beirut verschuldet. Schon damals sei ihm deutlich geworden, daß Hafez al-Assad die völlige Zerstörung der PLO erreichen wolle.

Kaum war dieser Vorwurf ausgesprochen, rief der syrische Generalstabschef Hikmat al-Chehabi bei Arafat an. Dies geschah am Vormittag des 24. Juni 1983. Al-Chehabi teilte Arafat mit, er habe bis 14 Uhr desselben Tages Damaskus zu verlassen. Wenn er sich weigere, würde er deportiert. Die Ausweisung, so fügte der Generalstabschef hinzu, gelte nicht nur für die syrische Hauptstadt, sondern auch für die libanesische Beka'a-Ebene und für den Norden des Libanon. Dies bedeutete, daß auch die Palästinenserlager Nahr al Bared und Badawi bei der libanesischen Stadt Tripoli dem Vorsitzenden der PLO versperrt bleiben.

Arafat sah keinen Ausweg. Am 24. Juni 1983 um 13.30 Uhr flog er von Damaskus nach Tunis. Abu Musa verhöhnte den Ausgewiesenen: »Ich wünsche ihm ein süßes Leben am Strand von Tunis!« Arafat sagte später, es seien bittere Stunden gewesen, als er Damaskus habe verlassen müssen. Er besaß nun nirgends mehr eine Basis in der Nähe seiner Heimat Palästina. Unmöglich war ihm der Kontakt zum palästinensischen Widerstand im besetzten Gebiet. Abu Musas Hohn verletzte ihn tief. Wenig Trost brachte ihm ein persönlicher Brief von Juri Andropow, dem damaligen Staatsoberhaupt der UdSSR, der ihm mitteilte, er stehe voll und ganz hinter ihm. Dieser Brief wurde Arafat noch in Damaskus überreicht.

Daß Juri Andropow Arafats Position stützte, galt für Hafez al-Assad nichts. Der Politiker mit Spürsinn hielt wenig von den Nachfolgern des Leonid Breschnew, die alle alt waren und wenig Durchsetzungskraft besaßen. Immer stärker war in der syrischen Hauptstadt die Tendenz zu spüren, mit den Amerikanern zu einem Einverständnis über die Neuordnung der Region des Nahen Ostens zu kommen. Die Schwächung der PLO durch Ausschaltung ihres bisherigen Chefs konnte durchaus im Sinne der amerikanischen Regierung sein. Daß Andropow sich auf die Seite von Arafat stellte, konnte in den Augen der Amerikaner den Wert der syrischen Maßnahmen gegen Arafat nur noch steigern.

Die Situation hatte sich zum Duell Hafez al-Assad gegen Arafat entwickelt. Gewinner im Augenblick war der Syrer. Doch Arafat gab sich nicht geschlagen. Er hatte noch immer einen Vorteil gegenüber seinem Konkurrenten Abu Musa: Er verfügte über

Geld. Die königliche Familie in Saudi-Arabien dachte nicht daran, den syrischen Schützling finanziell zu unterstützen. Aus eigener Kasse aber war die Regierung in Damaskus nicht in der Lage, Abu Musa derart mit harter Währung auszustatten, daß er die Kämpfer der PLO – die gewohnt waren, ihren Sold in Dollar ausbezahlt zu bekommen – an sich binden könnte. Die Waffe »Geld« setzte Arafat in der Auseinandersetzung mit Hafez al-Assad geschickt ein.

Die militärische Situation war allerdings schlecht. Abgeschnitten von den Kämpfern in der Beka'a-Ebene und im Nordlibanon. Die Lager dort waren Arafats letzte militärische Basen, von denen aus Aktionen gegen Israel geplant und ausgeführt werden konnten. Ohne diese Basen war Arafats Person auf militärischem Gebiet bedeutungslos. Er war degradiert zum Kommandeur ohne Truppen in der eigentlichen Kriegszone. Um seinen Einfluß in Nahr al Bared und Badawi zu halten, mußte er auch die militärische Auseinandersetzung mit Hafez al-Assad fortsetzen. Von Tunis aus war dies allerdings schwierig. Sein Konkurrent Abu Musa dagegen hatte engen Kontakt zu den Kämpfern. Mancher von ihnen glaubte ihm, wenn er sagte: »Die PLO ist unter Arafats Leitung zu fett geworden, zu schwammig. Sie ist mit Bürokratie überladen! Sie hat jeglichen revolutionären Schwung verloren.« Die Mehrheit der PLO-Kämpfer aber wollte solche Parolen nicht hören. Viele der Arafattreuen fühlten sich in der Beka'a-Ebene zu sehr bedrängt von den Syrern, die Hauptstadt Damaskus lag ja nur 45 Autominuten entfernt. Nun machten sie sich auf den Weg nach Norden. Die Lager Nahr al Bared und Badawi waren ihr Ziel.
Hafez al-Assad und Abu Musa waren entschlossen, Arafats Stützpunkte in der Einflußsphäre Syriens auszulöschen. Kämpfer, die sich zu Abu Musa bekannten und reguläre syrische Truppenverbände bezogen Position in der Nähe der beiden Lager. Da Arafat in die zu erwartenden Kämpfe an Ort und Stelle eingreifen wollte, mißachtete er das Verbot, das die syrische Regierung zweieinhalb Monate zuvor ausgesprochen hatte und betrat im Hafen Tripoli nordlibanesischen Boden. Mit einem kleinen zypriotischen Frachter war er übers Meer gekommen. Seine Aktentasche war mit fünf Millionen Dollar in barem Geld gefüllt. Während der stürmischen Überfahrt hatte er die Tasche

zwischen die Beine geklemmt. Das Geld hat den Zweck, Verbündete zu bezahlen. In Tripoli warteten deren Chefs auf Arafat und das Geld. Die Sunniten, die in und um die libanesische Hafenstadt lebten, hatten Angst bekommen vor dem wachsenden schiitischen Einfluß im Nordlibanon. Schuld daran gaben sie dem alawitischen Regime in Damaskus. So waren die Sunniten zum natürlichen Verbündeten des Jassir Arafat geworden. Sie waren dankbar für die Unterstützung durch die PLO-Kämpfer und für Arafats Geld. Sie gestatteten dem geschwächten PLO-Chef den Aufbau eines Hauptquartiers im Palästinenserlager Badawi.

Arafat richtete Ämter und Büros ein, als ob er eine Regierung installieren müßte. Vor neuerworbenen Schreibmaschinen saßen junge Palästinenserinnen, die keine Ahnung hatten, wie moderne Bürogeräte zu bedienen waren. Arafats Militärchef Abu Jihad eilte inzwischen zu Fuß durch die östlichen Vororte von Tripoli in der Hoffnung, er könne eine Verteidigungslinie organisieren gegen die syrische Übermacht, die sich auf den Hügeln vor der Stadt konzentrierte. Jassir Arafat gab sich siegessicher, doch er merkte auch, daß unter dem nun einsetzenden Beschuß durch syrische Artillerie die Bevölkerung in Tripoli die Nerven verlor. Die Führung der Sunniten geriet dadurch unter Druck. Delegationen der führenden Familien forderten ein Ende der Kämpfe, da ja doch nur zur Zerstörung der Stadt führen würden.

Die Zahl der Opfer, die durch Raketen und Granaten ums Leben kamen, stieg mit jeder Stunde. Vor dem Krankenhaus von Tripoli stand ein Kühlcontainer-Lastwagen, in dem in durchsichtigen Plastiksäcken die Leichen aufbewahrt wurden. Immer wieder kamen Angehörige mit Autos oder Handwagen, um tote Familienmitglieder abzuholen.

Als der Beschuß immer stärker wurde, wurde der PLO-Chef bedrängt, sich in Sicherheit zu bringen. Arafat lehnte ab, da er in Tripoli noch gebraucht werde.

Seine Anwesenheit nützte jedoch nur wenig. Als am 31. Oktober 1983 um 5 Uhr 30 die syrische Offensive begann, zeichnete sich bereits die Niederlage für Arafats Kämpfer ab. Der Gegner besaß Artillerie und Raketenwerfer in gewaltiger Stückzahl. Die Feuerkraft zermürbte auch die Verteidiger der Lager Nahr al Bared und Badawi. Arafat ordnete den Rückzug seiner Kämpfer auf Positionen in der Stadt Tripoli, weil er glaubte, in den engen Straßen eine Verteidigungslinie aufbauen zu können. Doch diese Hoffnung trog, Arafat war gezwungen, Tripoli zu verlassen.

Der Abzug des PLO-Chefs und seiner 4000 Kämpfer vollzog sich unter ähnlich geordneten Umständen wie im Jahre 1982 aus Beirut – im Schutz eines Waffenstillstandsabkommens, das von Saudi-Arabien ausgehandelt und von den Vereinten Nationen garantiert wurde. Arafat zog propagandistischen Nutzen daraus. »Die Vereinten Nationen, und damit die Vertretung aller Nationen dieser Erde haben sich für mich – und damit gegen Hafez al-Assad entschieden!« Auf fünf gecharterten griechischen Schiffen verließen Arafat und seine Getreuen die Stadt.

In Damaskus triumphierte Hafez al-Assad auf seine Art: Er schwieg. Arafat existierte für ihn nicht mehr, Abu Musa sollte künftig der Chef der PLO sein. Sehr rasch stellte sich jedoch heraus, daß Abu Musa kein eigenständiges Konzept für die Politik der Palästinenser besaß; er redete nur nach, was Hafez al-Assad vorsagte. Es fehlten ihm die richtigen Berater – und er verfügte nur über ganz wenig Geld. Abu Musa hatte kaum eine Chance, sich die PLO unterzuordnen.

Im Winter 1983/84 begriff Hafez al-Assad, daß es ein Fehler gewesen war, in Tripoli einem Waffenstillstand zuzustimmen, der Arafat die Möglichkeit gegeben hatte, vor der Weltöffentlichkeit zu zeigen, daß er ungeschoren und als souveräner palästinensischer Politiker aus der Falle entkommen konnte, die der syrische Staatschef bereits für geschlossen gehalten hatte. Arafat war Hafez al-Assad entwischt, und damit hatte sich der Plan zerschlagen, die PLO insgesamt unter syrische Kontrolle zu bringen.

Der Herr in Damaskus bekam im folgenden Jahr 1984 zu spüren, daß ihm die Erringung der Führungsrolle in der arabischen Welt durch die politische Entwicklung schwer gemacht wurde. Ägyptens Staatschef Husni Mubarak gelang es durch Beständigkeit der Politik, sein Land wieder in die Gemeinschaft der arabischen Staaten zurückzuführen. Im März 1984 wurde Ägyptens Mitgliedschaft in der Konferenz der islamischen Staaten bestätigt. Die Rehabilitierung war nicht mehr aufzuhalten – nur noch Hafez al-Assad nahm übel, daß Mubaraks Vorgänger Anwar as-Sadat im Alleingang Frieden mit Israel geschlossen hatte.

Zentrum des Terrorismus –
Abu Nidal und Carlos in Damaskus

Der bekannteste und berüchtigste aller Terroristen schickte im Januar 1981 seinen Stellvertreter Abdel Rahman Isa nach Damaskus. Er sollte sondieren, ob ein Umzug der Kommandoorganisation des Abu Nidal in die syrische Hauptstadt möglich sei. Zwei Jahre zuvor war Abu Nidal am Herzen operiert worden; unter den Folgen litt er noch immer. Abu Nidal lebte zu diesem Zeitpunkt in Baghdad, doch er ertrug das heiße und feuchte Klima der Stadt am Tigris nicht. Seine Ärzte hatten ihm empfohlen, nach Damaskus umzuziehen. Die Luft am Baradafluß sei kühler und damit angenehmer für den Kreislauf.

Die Mission des Abdel Rahman Isa war heikel, denn Abu Nidal stand auf der Fahndungsliste der syrischen Geheimpolizei. Er war verantwortlich für Anschläge, die dem Regime des Hafez al-Assad geschadet hatten. Abu Nidal galt als Staatsfeind, dem die Todesstrafe drohte. Doch Abdel Rahman Isa wußte, wie er den Mächtigen Syriens gnädig stimmen konnte: Er wies darauf hin, daß Abu Nidals Mutter Alawitin gewesen sei, deren Familie noch immer in Syrien lebe. Abu Nidal besitze damit Heimatrecht in Damaskus. Dieses Argument wurde anerkannt: Der Chef der Terrororganisation durfte sich in der Hauptstadt niederlassen.

Verziehen wurden ihm Aktionen, die dem Ansehen des Damaszener Regimes geschadet hatten: Am 26. September 1976 waren vier Bewaffnete in das Semiramis-Hotel der syrischen Hauptstadt eingedrungen. In der Hotelhalle hatten sie 90 Gäste zusammengetrieben und zu Geiseln erklärt. Noch ehe die vier Gelegenheit hatten, den Sinn ihrer Aktion bekanntzugeben, waren sie von einer Spezialeinheit der Präsidentenmiliz überwältigt worden. Einer der Bewaffneten war dabei getötet worden. Die drei anderen gestanden unter der Folter, sie seien mit irakischen Pässen über die Türkei ins Land gekommen. Ihr Auftraggeber sei ein Palästinenser namens Abu Nidal, der sich dem irakischen Präsidenten Ahmed Hassan al-Bakr verdingt habe. Die drei wurden am nächsten Morgen bei Sonnenaufgang öffentlich gehängt.

Wenige Tage später detonierten Sprengladungen auf Plätzen

und Straßen der Damaszener Innenstadt. In Mülltonnen waren die Dynamitstäbe versteckt gewesen. Dann überfielen Maskierte die diplomatischen Vertretungen Syriens in Islamabad und Rom, in Ankara und Istanbul. Zweck der Anschläge war ganz offensichtlich die Verunsicherung des Regimes in Syrien.

Am 25. Oktober 1977 fielen Schüsse auf dem Flughafen von Abu Dhabi, die Saif al-Ghubash töteten, den Staatsminister für Auswärtige Angelegenheiten der Vereinigten Arabischen Emirate. Das eigentliche Ziel des Anschlags war der syrische Außenminister Abdel Halim Khaddam gewesen.

Untersuchungen der Anschläge und Attentate ergaben, daß sie in Baghdad geplant und organisiert worden waren. Als Initiator wurde der Palästinenser Omar Hamdi identifiziert, der ein Mitarbeiter des Fatah-Bürochefs Abu Nidal in der irakischen Hauptstadt war.

Jassir Arafat mußte rasch reagieren, wenn er vermeiden wollte, daß die Verantwortung für Abu Nidals Aktionen ihm angelastet wurde. Er wies darauf hin, daß Abu Nidal – dessen wirklicher Name Sabri al-Banna war – bereits am 26. Juli 1974 aus der Organisation al-Fatah ausgeschlossen und wegen Bedrohung von prominenten Palästinensern zum Tode verurteilt worden sei. Unter dem Schutz der irakischen Regierung habe er sich der Strafe entziehen können. Der PLO-Chef war darauf bedacht, den irakischen Präsidenten Ahmed Hassan al-Bakr nicht persönlich anzugreifen, denn er brauchte dringend die Unterstützung der Verantwortlichen in Baghdad. Ein Versuch, Abu Nidal bei einer seiner täglichen Autofahrten über die Tigrisbrücke töten zu lassen, war mißlungen.

Im Verlauf des Jahres 1980 kühlte die Beziehung zwischen Ahmed Hassan al-Bakr und Abu Nidal ab. Der Kommandochef fühlte sich in Baghdad nicht mehr sicher. Die Folgen der Herzoperation waren im Baghdader Klima nur schwer zu ertragen. Um zu überleben, mußte Abu Nidal den Aufenthaltsort wechseln. Sein Stellvertreter Abdel Rahman Isa war mit seinen Verhandlungen erfolgreich. Hafez al-Assad gestattete den Umzug nach Damaskus.

Abu Nidal bot dem Staatschef an, seine Organisation könne nützlich sein im Kampf der Baathpartei gegen die sunnitische religiöse Bewegung, die das Joch von Partei und Alawiten ab-

schütteln wollte. Abu Nidal, der Sohn einer Alawitin, war für
Hafez al-Assad der richtige Mann, um die internen Gegner durch
Terror niederzuringen. Verantwortlich für die Betreuung und die
Kontrolle der Organisation war der Geheimdienst der syrischen
Luftwaffe. Mit dessen Chef Mohammed al-Khuly hatte Abu
Nidal alle seine Aktionen abzustimmen. General al-Khuly war
künftig der Auftraggeber. Er bezahlte den Kauf eines fünfstöcki-
gen Gebäudes in einem der Vororte von Damaskus. Als Tarnung
wurde eine Scheinfirma gegründet, die sich mit Grundstücks-
handel befassen sollte. Mit der Begründung, er sei der Sohn eines
Bauern, der in Jaffa Orangenhaine besessen habe, erlangte er von
den syrischen Behörden die Genehmigung zum Erwerb eines
landwirtschaftlich nutzbaren Grundstücks außerhalb von Damaskus.

Noch ehe Abu Nidals Organisation ihre Aufbauschwierigkeiten
in Syrien überwunden hatte, war die Aufgabenstellung, die
sunnitische Aufstandsbewegung zu terrorisieren, hinfällig ge-
worden: Das Regime hatte die Schlacht um Hama gewonnen.
Hafez al-Assad hatte die Bedrohung durch die Anhänger der
Moslembruderschaft nicht mehr zu fürchten. General al-Khuly
wies Abu Nidal ein neues Kampfziel zu: Die Organisation sollte
König Hussein von Jordanien bekämpfen.
Gegenüber Abu Nidal wurde das Kampfziel so begründet: König
Hussein beabsichtigt – genau wie zuvor Präsident Anwar as-
Sadat – die Front der »standhaften Staaten« zu verlassen, um sich
mit Israel zu arrangieren.
Im Oktober 1983 begann die Serie heimtückischer Anschläge mit
der Ermordung des jordanischen Botschafters in New Delhi. Im
gleichen Monat wurde der Botschafter des Königs in Rom durch
Schüsse verwundet. In Athen trafen Schüsse einen jordanischen
Beamten tödlich, ein anderer mußte mit Verletzungen ins Kran-
kenhaus gebracht werden. Sprengstoffanschläge in Amman und
Madrid folgten. Im März 1984 detonierte eine Zeitbombe vor dem
Hotel Intercontinental in der jordanischen Hauptstadt. Zwei
Monate später starb ein Botschaftsrat nach einem Anschlag in
Bukarest. In mehreren europäischen Städten wurden in diesem
Zeitraum die Büros der jordanischen Luftverkehrsgesellschaft
»Alia« durch Detonationen beschädigt.

Der jordanische Geheimdienst schlug zurück: Syrische Diplomaten wurden in Athen, Rabat und Rom beschossen. Im Juli 1984
explodierten Sprengkörper in Damaskus. Vor dem Innenministerium starben zehn Personen auf der Straße, zerfetzt von der
Wucht der Detonation einer Autobombe.

Genau ein Jahr später entschloß sich König Hussein, dem
Sprengstoffkrieg ein Ende zu machen. Durch Vermittlung des
saudiarabischen Königshauses ließ der jordanische Monarch
nach Damaskus signalisieren, er habe seinen Geheimdienst angewiesen, jede Aktion gegen Syrien einzustellen. Die Verantwortlichen in der syrischen Hauptstadt waren überrascht, daß
der König so offen die jordanische Beteiligung an den Attentaten
zugab. General al-Khuly teilte Abu Nidal mit, Jordanien sei
künftig nicht mehr das Ziel von Anschlägen.

Als nächste Aufgabe wurde Abu Nidal mit Kampfaktionen gegen
Palästinenserverbände beauftragt, die im Nordlibanon treu zu
Arafat und damit gegen Hafez al-Assad standen. Seine Agenten
waren beteiligt an der Vertreibung des PLO-Chefs aus der Hafenstadt Tripoli im Jahr 1983.

Diese Aktion brachte Abu Nidal besonders Lob des syrischen
Staatschefs ein. Seiner Organisation wurden nun Freiheiten gewährt, die der PLO des Jassir Arafat nie zugestanden worden
waren: Abu Nidal durfte Trainingscamps im Beka'atal eröffnen;
seine Männer konnten unkontrolliert über den Flughafen Damaskus ein- und ausreisen; er bekam die Möglichkeit, den Geheimdienst der Luftwaffe für seine Zwecke zu verwenden.

Mit Geldern, die ihm die Ölstaaten des Persischen Golfs zur
Verfügung stellten, kaufte Abu Nidal im fruchtbaren Landstrich
zwischen Libanongebirge und der syrischen Wüste landwirt-
schaftliche Betriebe auf. Seine Landarbeiter rekrutierte er aus der
Alawitenfamilie seiner Mutter. Aus Alawiten bestand schließlich
auch seine Leibwache. Abu Nidal paßte sich den Gepflogenhei-
ten in Syrien an.

Als das Verhältnis mit Hafez al-Assad völlig ungetrübt zu sein
schien, bot sich ein anderer arabischer Staatschef als Patron der
Terrororganisation an: Moammar al-Kathafi. Im Frühjahr 1984
ließ der Libyer dem Palästinenser mitteilen, in seinem Lande sei
er künftig frei für jede Art von Aktion – und Geld spiele keine
Rolle.

Wenige Tage später leugnete der syrische Verteidigungsminister

Mustafa Tlass, daß sich Abu Nidal in Damaskus aufhalte – und Hafez al-Assad antwortete auf Befragen, er habe diesen Mann nie gesehen, und er könne sich nicht vorstellen, daß ein Terrorist Unterschlupf in Damaskus gefunden habe. Diese Äußerungen machten den sehr auf seine Sicherheit bedachten Abu Nidal stutzig. Ihn befiel der Gedanke, der syrische Präsident sei wohl schon bereit, ebenfalls das Lager der »Standhaften« zu verlassen. Abu Nidal fürchtete, in diesem Fall werde ihn al-Assad den Amerikanern übergeben. Die Zeit der Sicherheit in Damaskus war vorüber für Abu Nidal. Er nahm im Jahre 1984 das Angebot von Moammar al-Kathafi an: Er verlegte den Sitz seiner Organisation in die libysche Hauptstadt. In Damaskus ließ er sich nicht mehr sehen. Die Verantwortlichen dort waren froh, ihn los zu sein.

Im selben Jahr 1984 zeigte jedoch eine andere berüchtigte Gestalt des internationalen Terrorismus Interesse an einem Aufenthalt in Damaskus: Ilich Ramirez Sanchez – genannt Carlos.
Er hatte seit 1974 im Auftrag der Volksfront zur Befreiung Palästinas Anschläge verübt. Er hatte auf dem Rollfeld des Flughafens Paris ein israelisches Flugzeug mit Infanterieraketen beschossen, und dann zwei Beamte des französischen Sicherheitsdienstes, die den Vorfall untersuchten, getötet. Umfangreich ist die Liste der Anschläge, die Carlos durchgeführt hat. Gesichert ist, daß er 32 Menschen getötet und mehr als 500 verletzt hat.

In der Bundesrepublik wird Carlos beschuldigt, im Jahre 1983 die Sprengung des Maison de France am Berliner Kurfürstendamm organisiert zu haben. Die Zahl der Opfer: ein Toter und 23 Verletzte.
Die Berliner Justiz suchte seither den Terroristen. Die Spur der Geheimdienste führte nach Damaskus. Entdeckt wurde Carlos im Stadtviertel Mezze an der Autostraße, die nach Beirut führt. Das Haus war bekannt, in dem Carlos mit Frau und Kind unter Schutz von Milizionären lebte. Doch die syrische Regierung beantwortete jedes Ersuchen um Auslieferung mit der Feststellung, ein Mann, der Ilich Ramirez Sanchez oder Carlos heiße, sei in Damaskus unbekannt.
Während seines Aufenthalts in der syrischen Hauptstadt war der Terrorist Carlos nicht aktiv. Trotzdem wurde er für die Verantwortlichen in Syrien zur gefährlichen Last. Die Beherbergung

von Terroristen paßte nicht in eine Zeit der Annäherung Syriens an die USA. Wollte Syrien vom Friedensprozeß profitieren, mußte es darauf achten, vor allem von der Liste der Länder gestrichen zu werden, die – nach Meinung der amerikanischen Regierung – Terroristen Zuflucht bieten. Hafez al-Assad konnte, wenn er Carlos in Damaskus hielt, nicht damit rechnen, daß seine Friedensbereitschaft von Washington mit Finanzhilfe belohnt wurde.

Daß sich die syrische Regierung bemühte, die Last Carlos abzuschütteln, war aus der Bemühung zu erkennen, Ilich Ramirez Sanchez mit Frau und Kind nach Libyen abzuschieben. Die libyschen Behörden schickten ihn jedoch zurück nach Damaskus. Der Sudan war letzte Zuflucht des Terroristen. Am 15. August 1994 wurde er an Frankreich ausgeliefert.

Zusammenbruch der UdSSR – Stärkung der amerikanischen Position

Während der dramatischen Ereignisse der Auseinandersetzung zwischen Hafez al-Assad und Jassir Arafat vollzog sich in der Sowjetunion ein rascher Personalwechsel an der Staatsspitze, der auch auf Arabien nicht ohne Auswirkung bleiben konnte. Jahrelang war Leonid Breschnew ein stabiler Faktor der Beziehungen zwischen Syrien und der UdSSR gewesen. Nach dessen Tod wurde Juri Andropow im November 1982 in das höchste Staatsamt berufen. Der neue Generalsekretär der KPdSU war allerdings gesundheitlich angeschlagen. Als Jassir Arafat von einem Besuch bei ihm zurückkam, vertrat er die Meinung, Andropow werde für die arabische Position nur von geringem Nutzen sein. Tatsächlich war Andropows Haltung gegenüber Syrien von Vorsicht geprägt. Die Idee, Syrien in ein strategisches Gleichgewicht zu Israel zu bringen, mißfiel ihm offenbar. Er hatte sich sagen lassen, Waffenlieferungen in größerem Ausmaß würden Hafez al-Assad zu kriegerischen Abenteuern veranlassen. In Damaskus herrschte unter den Beratern des Präsidenten die Ansicht, daß die sowjetische Militärverwaltung angewiesen sei, gegenüber syrischen Waffenwünschen sich zurückhaltend zu geben.

358

Nur 14 Monate lang war Juri Andropow Herr im Kreml gewesen, als er am 9. Februar 1984 starb. Konstantin Tschernjenkow wurde sein Nachfolger. Sein Anspruch auf das Amt bestand darin, daß er alt war und lange gewartet hatte, bis er an der Reihe war. War schon beim Vorgänger Skepsis gegenüber dem Regime in Syrien zu spüren gewesen, so verstärkte sich diese Haltung jetzt. Die außenpolitischen Berater Tschernjenkows äußerten Vorbehalte gegen das Programm der Baathpartei. Zu Breschnews Zeiten hatte auch Moskau Wert darauf gelegt, daß mit Damaskus eine gemeinsame Basis im Sozialismus existierte. Nun aber wurden Zweifel laut an der sozialistischen Ausrichtung der Baathpartei. Auch im Kreml hatten die Analytiker begriffen, daß die Partei, die Syrien beherrschte, zum Machtinstrument einer religiösen Splittergruppe geworden war. Die starke Verbindung zwischen den Regierungen der beiden Länder begann mürbe zu werden.

Während der Regierungszeit Tschernjenkows, die 20 Monate dauerte, wurde Hafez al-Assad krank. Durchblutungsstörungen des Gehirns beeinträchtigten seine Arbeitskraft. Doch mit Energie überwand er diese Krise. Die Kremlspezialisten in Damaskus waren allerdings der Meinung, daß al-Assads Krankheit das Interesse der Sowjets an Syrien noch mehr vermindert habe. Dafür war Tschernjenkow allerdings nicht verantwortlich. Er war zu gebrechlich, um bestimmend in die Politik einzugreifen.

Im November 1985 war endlich die Zeit der alten Männer im Kreml zu Ende. Michael Gorbatschow wurde Generalsekretär der KPdSU. Gerade in den Wochen des Übergangs von Tschernjenkow zu Gorbatschow versuchte die sowjetische Diplomatie dem syrischen Gesprächspartner deutlich zu machen, daß die Haltung ihres Staatschefs gegenüber dem PLO-Vorsitzenden Arafat nicht die Billigung Moskaus finden könne. Schließlich wurde Arafat von nahezu allen anderen arabischen Regierungen unterstützt und al-Assads Alleingang schwäche die arabische Solidarität.

Kaum hatte Michael Gorbatschow die Zügel im Kreml in die Hand genommen, wurde deutlich, daß er die enge Bindung an Syrien auch formell beenden wollte: Gorbatschow zeigte sich interessiert an Kontakten zu anderen arabischen Regierungen. Die Herren in Damaskus mußten nun begreifen, daß ihr Monopol der Beziehungen zum Kreml zu Ende ging.

Der Schwebezustand der Bindung blieb jedoch bis zum April 1987 erhalten. Zu diesem Zeitpunkt war der Gesundheitszustand des syrischen Staatschefs wieder zufriedenstellend. Gorbatschow nützte dies aus, um Hafez al-Assad zu einer Reise nach Moskau zu veranlassen. Beim Bankett zu Ehren des Gastes verblüffte Gorbatschow die Anwesenden durch seine Tischrede: Al-Assad wurde darauf hingewiesen, daß die Politik der militärischen Stärke nicht mehr in diese Zeit passe. Die Epoche der kriegerischen Auseinandersetzung sei vorüber. Gorbatschow verwendete dabei keine diplomatischen Formulierungen, er sprach in fast schroffem Ton: »Niemand von Verstand kann annehmen, daß der Konflikt zwischen Israel und den Arabern durch den Einsatz von Waffen gelöst werden kann. Alle Bemühungen um ein strategisches Gleichgewicht sind deshalb Unsinn.«

Die Berater von Hafez al-Assad fragten sich, ob ihr Staatschef nach Moskau geholt worden sei, um sich vom Generalsekretär der KPdSU abkanzeln zu lassen. Dann aber kam noch ein Schlag, den sie nicht erwartet hatten. Gorbatschow sagte: »Ich warne ausdrücklich davor, uns daran hindern zu wollen, diplomatische Beziehungen zu Israel aufzunehmen. Das Fehlen dieser Beziehungen kann nicht als normal bezeichnet werden.«

Noch am selben Abend erläuterte der Generalsekretär der KPdSU gegenüber syrischen Diplomaten, er habe zum Ausdruck bringen wollen, daß durch Aufrüstung die Probleme des Nahen Ostens wahrhaftig nicht gelöst werden könnten. Wege des Friedens, der Verhandlungen müßten beschritten werden.

Hafez al-Assad war derart empört, daß er sofort nach der Landung seines Flugzeugs in Damaskus den Botschafter Syriens aus Moskau abberief. Er ärgerte sich insbesondere darüber, daß in Moskauer Zeitungen Zweifel geäußert wurde an der Fähigkeit der Syrer, die sowjetischen Waffen effektiv einzusetzen.

Völlig überrascht war der syrische Staatschef allerdings, daß wenige Wochen später die erste Lieferung von Kampfflugzeugen des Typs MiG-29 eintraf, auf die Syriens Luftwaffe schon lange gewartet hatte. Damit hatte sie Kampfmaschinen erhalten, die den neuesten Stand der Technik darstellten. Mustafa Tlass, der syrische Verteidigungsminister rätselte, warum die Sowjets – im Gegensatz zu den Äußerungen ihrer obersten Führung – den Wünschen der Militärs von Damaskus jetzt entgegenkamen.

Im März 1988, am Jahrestag der Machtergreifung durch die Baathpartei, definierte Hafez al-Assad die Beziehungen seines Landes zur UdSSR so: »Die Sowjetunion steht immer an unsere Seite. Unsere Beziehungen sind geprägt von gegenseitiger Wertschätzung:« Doch kurze Zeit später sagte Alexander Zotov, der Sowjetbotschafter in Damaskus, die UdSSR erfülle syrische Waffenwünsche so lange die Regierung in der Lage sei, die Lieferungen in harter Währung zu bezahlen. Wieder herrschte Verwunderung über die zweideutige Haltung der Kremlherren.

Zu Beginn des Jahres 1990 gab der Stellvertretende Außenminister Wladimir Polyakov den Syrern den Rat, so rasch wie möglich, den Konflikt im Nahen Osten zu beenden. Bedauerlicherweise gehöre Syrien zu den Staaten, die den Kriegszustand andauern ließen. Der Präsident möge bitte seine Politik ändern.

Zu diesem Zeitpunkt war die Sowjetunion schon keine politische Kraft mehr von Weltrang. Die Satellitenstaaten in Osteuropa hatten sich aus dem Ostblock gelöst und ihre von Moskau beherrschten Regime abgestreift. Diese Entwicklung wurde in Damaskus als Schwäche der Herrschaft Gorbatschows ausgelegt. Die Gremien der Baathpartei zogen daraus die Folgerung, daß der sowjetischen Führung in Zukunft kaum noch eine eigenständig-kraftvolle Nahostpolitik zuzutrauen sei; die sowjetische Politik werde wohl vom Kampf gegen die Auflösung des Sowjetimperiums geprägt sein. Die Kremlanalytiker waren der Meinung, sowjetische Außenpolitik bestehe fortan darin, die neu entstehenden Randrepubliken am Zügel zu halten.

Im Dezember des Jahres 1991 zerfiel die Sowjetunion völlig; als Kernland erhalten blieb Rußland. Im Prinzip mußte dieser Staat als mächtiger politischer Faktor gesehen werden, denn seine räumliche Ausdehnung und die Zahl seiner Bewohner waren beachtlich. Doch die Instabilität hinderte die russische Führung an wirklicher Einflußnahme.

Hafez al-Assad wußte, daß der Ausfall der UdSSR die Stärkung der amerikanischen Position zur Folge hatte. Sein Gespür, die USA würden an Bedeutung gewinnen, war richtig gewesen. Der Taktiker Hafez al-Assad vollzog nun allerdings keinen Schwenk in Richtung Washington. Er wollte sich nicht zum willfährigen Diener des Präsidenten George Bush entwickeln. Der syrische Präsident stellte im April 1992 demonstrativ seine Unabhängigkeit von der amerikanische Politik zur Schau:

Im Dezember 1988 war über der schottischen Ortschaft Lockerbie ein Passagierflugzeug der Pan American Airways abgestürzt. Die 259 Passagiere an Bord und elf Bewohner der Ortschaft kamen ums Leben. Der Pan Am-Flug 103 war in Frankfurt am Main gestartet. Auf dem dortigen Flughafen – so wurde im Verlauf der Untersuchungen festgestellt – war offenbar ein Gepäckstück zugeladen worden, das aus Malta nach Frankfurt gekommen war. Indizien wiesen darauf hin, daß sich in diesem Koffer der Sprengstoff befunden haben mußte, dessen Detonation den Absturz des Flugzeugs bewirkt hatte. Von Malta aus konnte rasch festgestellt werden, daß eine Verbindung nach Libyen bestand. Verdächtigt, den Sprengstoff auf den Weg gebracht zu haben, wurden zwei libysche Staatsangehörige. Die schottische und amerikanische Regierung verlangten die bedingungslose Auslieferung der beiden. Dieser Forderung nachzukommen, war dem libyschen Revolutionsführer unmöglich, weil die beiden zu seinem eigenen Stamm gehörten. Die Stammesgesetze aber schreiben zwingend vor, daß kein Stammesmitglied einem Angehörigen derselben Sippe Schaden zufügen darf. Die Auslieferung wäre also eine Maßnahme gegen die Interessen der eigenen Großfamilie gewesen, Moammar al-Kathafi wäre von den Stammesältesten zu Rechenschaft gezogen worden.

Seine Weigerung veranlaßte den Weltsicherheitsrat die Resolution 748 zu erlassen, die ein Embargo über Libyen verhängte: Vom 15. April 1992 an sollte keine Luftlinie mehr einen libyschen Flughafen anfliegen dürfen.

Die arabische Welt insgesamt war empört über das Embargo, das die US-Regierung erzwungen hatte. Von »double standard« wurde gesprochen, vom »zweierlei Maß« der Beurteilung politischer Handlungen. Arabische Kommentatoren wiesen darauf hin, daß zwei Sicherheitsratsbeschlüsse, die Israel zum Rückzug aus den besetzten Gebieten veranlassen sollten, seit einem Vierteljahrhundert unbeachtet geblieben waren – der Sicherheitsratsbeschluß gegen Libyen aber sollte auf Verlangen der amerikanischen Regierung sofort zur Anwendung kommen.

Am 31. März 1992 sprachen die Präsidenten Husni Mubarak und Hafez al-Assad auf einer Pressekonferenz in Cairo. Beide verurteilten die Embargomaßnahmen gegen ein »brüderliches islamisches Land«.

Hafez al-Assad beschränkte sich nicht darauf, in Worten gegen die Verurteilung Libyens zu kämpfen. Er ordnete an, daß die staatliche syrische Luftverkehrsgesellschaft das Verbot, libysche Flughäfen anzufliegen, nicht zu beachten habe. Hafez al-Assad bezog damit Stellung gegen die USA. Mit Spannung erwarteten die Verantwortlichen in Damaskus die Reaktion des Präsidenten George Bush. Ende April 1992 ließ dieser dem Außenministerium Syriens in aller Form mitteilen, in Washington werde keine Maßnahme erwogen, um den Bruch des Embargos gegen Libyen durch syrische Flugzeuge zu verhindern – die amerikanische Regierung sei keineswegs feindselig gegen die syrische Regierung gestimmt. Präsident Bush und Außenminister Baker handelten im Interesse der USA: Syrien hatte sich als nützlich und verläßlich erwiesen. Bush und Baker hatten erkannt, daß Hafez al-Assad für eine endgültige Friedensregelung im Nahen Osten gebraucht wurde.

Der Iran–Irak-Konflikt
Damaskus gerät in die Isolation

Fast ein Dutzend Jahre vor diesen Ereignissen ist die Wurzel für diese Entwicklung gelegt worden, obwohl Hafez al-Assad zunächst auf der den USA feindlich gesinnten Seite stand. Deutlich wird dies, wenn der gesamte Golfkonflikt im Zusammenhang betrachtet wird.
Am 22. September 1980 überrollten irakische Panzer ostwärts von Basra die Grenze zum Iran. Die Erfolge der Iraker während der ersten Kriegstage waren beachtlich, dann aber verstärkte sich der Widerstand der Iraner. Die Offensive in Richtung Ahwaz mußte abgebrochen werden. Zur Überraschung der irakischen Führung kämpften auf der Seite des Gegners ganz junge Männer, manche waren fast noch Kinder. Ihre Entschlossenheit und Todesbereitschaft machte ihre Unterlegenheit an Bewaffnung wett. Die Iraker hatten fest an ihre Überlegenheit geglaubt. Diese Fehleinschätzung hatte die Militärs in Baghdad blind gemacht.
Auch der irakische Staatschef war wie mit Blindheit geschlagen gewesen. Saddam Hussein war überzeugt von einem raschen Sieg. Nach seiner Ansicht hatte die iranische Armee – im Gegensatz zur Zeit des Schahs – an Schlagkraft verloren. Die Offiziere

höheren Ranges waren von Khomeinis Revolutionären ermordet oder zumindest abgelöst worden. Da war wohl niemand mehr, der die Truppe generalstabsmäßig hätte führen können. Saddam Hussein hatte den Krieg gegen den Iran in der Überzeugung begonnen, das Khomeiniregime werde schnell verschwinden. Das iranische Volk werde, nach der Niederlage der iranischen Armee, selbst dafür sorgen.

An finanziellen Mitteln zur Kriegführung fehlte es Saddam Hussein nicht. Die Königsfamilie von Saudi-Arabien und die Emire am Persischen Golf, die sich von Khomeinis schiitischer Revolution bedroht fühlten, waren bereit, den Kampf gegen die Gefahr aus dem Osten zu finanzieren. Die irakische Armee war durch das Geld der Feudalherren in der Lage, überall in der Welt die besten Waffen zu erwerben. Die Waffenmärkte in den USA, in Europa, im Fernen Osten waren lieferbereit – galt es doch ein Land aufzurüsten, das im Abwehrkampf stand gegen die »Wiedererweckung des finsteren Mittelalters«. Saddam Hussein wurde als der Verteidiger der menschliche Werte gegen das Aufflammen der unberechenbaren fanatischen Gewalt des Islam in schiitischer Ausprägung angesehen.

Die Gefahr war nicht zu unterschätzen, daß Khomeinis Revolution die gesamte Region des Persischen Golfs in Turbulenzen stürzte. Die Industrienationen fürchteten damals, die Ölfelder von Saudi-Arabien und Kuwait könnten von Khomeinis Revolutionsgarden überrannt werden. Ernst genommen wurde die Absicht der Mächtigen in Teheran, den Persischen Golf zum persischen Binnengewässer zu machen. Ausgangspunkt dieser Absicht war die Erkenntnis, daß auch auf der arabischen Seite des Meeres Schiiten lebten und nicht nur in Iran. Zu beachten ist, daß diese Menschen sogar starke familiäre Bindungen zu Schiitenclans von Iran besaßen. Die Schiiten von Kuwait und Saudi-Arabien hatten zu den wichtigsten finanziellen Helfern für Khomeinis Revolution gehört. Sie waren durchaus damit einverstanden, daß ihr Lebensbereich angeschlossen werden sollte an die Islamische Republik Iran. Sie warteten darauf, daß die iranische Führung die Initiative ergriff.

Saddam Hussein aber zerschlug alle Expansionspläne der iranischen Geistlichkeit. Der Angriff vom 22. September 1980 geriet zwar ins Stocken und verwandelte sich schließlich in einen Stellungskrieg, aber dennoch leistete die irakische Armee einen

Dienst für Europa, für die USA und Japan, der nicht zu unterschätzen war: Sie band Kräfte der revolutionären iranischen Truppen, die für einen gewaltsamen »Export der Khomeinirevolution« in Richtung Arabische Halbinsel hätten eingesetzt werden können.

Nahezu acht Jahre lang dauerte der bewaffnete Konflikt, dann stand Saddam Hussein als Sieger fest. Am 18. Juli 1988 mußte sich Ayatollah Ruhollah Khomeini damit einverstanden erklären, daß seine Truppen den Kampf einstellten. Der Wirkung der Waffe Gas war die Kampfmoral der Revolutionsgarden nicht gewachsen gewesen.

Die arabische Welt stand in diesem Krieg auf Seiten von Saddam Hussein. Kein König und fast kein Präsident wünschten einen Sieg Khomeinis. Selbst Jassir Arafat, dessen PLO viel zum Sturz des Schahs beigetragen hatte, distanzierte sich vom Regime der Geistlichen. Arafat wollte den Einfluß des Islam auf seine Organisation klein halten – Khomeini aber hatte für die Palästinensische Befreiungsbewegung eine islamische Ausrichtung gefordert. Der PLO-Chef zog die Konsequenz: Er versuchte zwar bei Beginn des Konflikts zwischen Iran und Irak zu vermitteln, doch dann stellte er sich eindeutig auf die Seite von Saddam Hussein. Er richtete sogar eine Zweigstelle seines Hauptquartiers in Baghdad am Tigrisufer ein.

Dieser Schritt vertiefte die Kluft zwischen Arafat und Hafez al-Assad. Als der PLO-Chef im November 1988 die Existenz eines Palästinensischen Staates proklamierte, da stimmten alle arabischen Präsidenten und Könige zu – nur Hafez al-Assad verweigerte dem Staat der Palästinenser seine Anerkennung. Syrien war durch seine Politik am Persischen Golf in die Isolation geraten.

Hafez al-Assad erregte Verwunderung in Cairo, in Amman, in Jeddah – aber auch Verwunderung für beharrliches Festhalten am für richtig erkannten Kurs.

Der einzige arabische Staatschef, der nicht für Saddam Hussein eintrat, war Hafez al-Assad. Unlogisch, willkürlich war seine Politik nicht. Für sein Verhalten gab es handfeste Gründe. Das wichtigste Argument für die Unterstützung des iranischen Standpunkts lieferte die Geschichte der Baathpartei. Zwei Flügel hatten sich herausgebildet, die feindlich einander gegenüber standen. Die Parteiführer von Damaskus und Baghdad bekämpften sich. Sie hatten sich sogar jeweils Mörder in die Hauptstädte geschickt. Hafez al-Assad und mit ihm die gesamte syrische Parteispitze durften einen Machtzuwachs des irakischen Baathführers nicht dulden. Sein Ansehen in Arabien war nach Möglichkeit zu schmälern: Es mußte verhindert werden, daß er zum Idol der Araber wurde.

Saddam Hussein war dazu auf dem besten Weg. Er hatte sich auf das Programm besonnen, das Michel Aflaq und Salah ad-Din Bitar eine Generation zuvor entwickelt hatten. Die beiden Parteigründer hatten die Forderung aufgestellt, Arabien müsse als Einheit gesehen und respektiert werden – das arabisch Volk bilde ein Ganzes. Die Konsequenz dieser Forderung war, daß die Bodenschätze Arabiens dann auch als Einheit gesehen werden mußten, die somit nicht Einzelpersonen gehörten, sondern dem gesamten arabischen Volk. Aus diesem Gedankengang leitete Saddam Hussein seine Parole ab:

»Das Öl der arabischen Halbinsel gehört nicht der regierenden Familie as-Saud und nicht dem Emir von Kuwait, sondern allen Arabern gemeinsam. Dies bedeutet, daß die Einnahmen aus dem Ölgeschäft nicht in die Privatkassen der Könige und Emire gehören, sondern in einen Finanzfonds, der im Interesse aller Araber genützt werden kann – vor allem im Interesse der armen Gebiete Arabiens.«

Diese Parole trug überaus zur Popularität des Saddam Hussein in Arabien bei. Der Gedanke, der von Allah den Arabern übergebene Reichtum des »Schwarzen Goldes« werde von einigen wenigen royalen Cliquen ausgebeutet, löste besonders in den armen Gegenden Arabiens Zorn aus, der allerdings immer wieder in Resignation mündete.

Nie ist die Idee, die Bodenschätze gehören allen Arabern gemeinsam, von einem Staatschef mit Autorität zum Ausdruck gebracht worden. Saddam Hussein war der erste Präsident, der deutlich sagte, was viele Gemüter zwischen Marokko und dem Persischen Golf bewegte. Besonders die politisch denkende jüngere Generation jubelte über den Iraker – in ihrer Vorstellung verblaßte die Person des Hafez al-Assad. Saddam Hussein wurde zum wahren Vertreter der Ideen der Baathpartei, die Arabiens Einheit in ihrem Programm führte.

Al-Assads Politik der Ablehnung des Saddam Hussein und der Anlehnung an Iran war deshalb äußerst unpopulär in Arabien. Doch der Syrer stand unter Zwang, sich mit dem Regime der Ayatollahs zu verständigen. Die Religionsgruppe, der er angehörte, hatte sich im 9. Jahrhundert n. Chr. aus der schiitischen Gemeinschaft gelöst um selbständig zu werden. Die Spaltung von einst hatte nie zum Streit zwischen Schiiten und Alawiten geführt. Die Alawiten empfanden immer Sympathie für die Schiiten. Beide Glaubensrichtungen distanzieren sich von den Sunniten. Sowohl die Alawiten als auch die Schiiten fühlen sich von der Übermacht der Sunniten bedroht. Insbesondere die Alawiten sind sich bewußt, daß ihr Glaubensprinzip, Mohammed sei nur ein Vorläufer für Ali gewesen, der wiederum die Inkarnation Allahs darstelle, von den Sunniten als gefährliche Irrlehre angesehen wird, die ausgerottet werden muß.

Die enge Verbindung der Glaubensvorstellungen zwischen den Herren von Iran und Syrien führt ganz von selbst zur bedingungslosen Ablehnung des Saddam Hussein, der – als Sunnit – die Schiiten in seinem eigenen Land bekämpft. Der Präsident des Irak gehört der sunnitischen Minderheit der Bewohner seines Heimatlandes an. Diese Minderheit aber kontrolliert das gesamte öffentliche Leben an Euphrat und Tigris. In diese Position gekommen war sie durch die Protektoratsmacht England, die bei Inbesitznahme des Irak am Ende des Ersten Weltkriegs der Kolonialregel folgte, eng mit den Minderheiten der Protektorate zusammenzuarbeiten. Herrschaftsregel der Kolonialmächte war, bei Übernahme der Kontrolle eines Landes, der Minderheit, die bisher das geringste Ansehen in diesem Lande besaß, die Polizeigewalt zu übertragen. Die Minderheit, nun plötzlich mächtig geworden, vertrat die Interessen der Kolonialmacht, denn es war ihren führenden Köpfen bewußt, daß sie nur dominierend waren, solange diese Kolonialmacht ihre Kolonie beherrschen wollte. Kehrte die Kolonialmacht der Region den Rücken zu, verlor die Minderheit die Macht und bildete wieder die unterprivilegierte Schicht. Diese Problematik hatten die Herrschenden in Irak rechtzeitig erkannt.

Die Minderheit der Sunniten verstand es, nach dem Abzug der Engländer mit Hilfe der Sowjetunion ihren Einfluß so auszubauen, daß ein absolutes sunnitisches Machtgefüge entstand, das nicht mehr von Entscheidungen anderer Mächte abhing.

Für Hafez al-Assad kann Saddam Hussein, der Unterdrücker der Schiiten, nur ein Ungeheuer sein, das zu verabscheuen und zu bekämpfen ist. Zwischen diesen beiden Männern kann keine Brücke geschlagen werden.

Es gibt allerdings eine Parallele zwischen den beiden Präsidenten: Auch Hafez al-Assad gehört einer Minderheit an, die absolute Macht ausübt gegenüber der Mehrheit der Bewohner von Syrien. Was die Sunniten für den Irak sind, stellen die Alawiten für Syrien dar.

Die politischen und religiösen Umstände ließen Hafez al-Assad keine andere Wahl, als sich gegen Saddam Hussein zu stellen. Diese eindeutige Position brachte dem Syrer allerdings ein Problem ein, das ihn monatelang beschäftigen sollte.

Arafat und Saddam Hussein – Krisenmanagement

Als am 20. August 1988 der Waffenstillstand zwischen Irak und Iran in Kraft trat, besaß der siegreiche Irak eine gewaltige Menge an Beutewaffen. Die iranische Armee hatte über hervorragende Geschütze und Raketenwerfer verfügt – noch aus der Zeit des Schahs, dessen Rüstungspolitik darauf gerichtet war, ausschließlich Geräte zu erwerben, die den höchsten technischen Standard besaßen. Neuentwickelte Waffen aus den Fabriken der Vereinigten Staaten von Amerika waren einst vom Monarchen mit Vorliebe gekauft worden. Hunderte dieser Geschütze und Raketenwaffen waren den Irakern während des Zusammenbruchs mehrerer iranischer Offensiven im Verlauf der letzten Kriegsjahre in die Hände gefallen. Da die Basis der irakischen Waffensysteme aus Produkten der sowjetischen Rüstungsindustrie bestand, gab es für Saddam Hussein kaum Möglichkeit, die Beutewaffen in das eigene Arsenal einzugliedern. Der Präsident konnte sie an Interessenten weitergeben.

Der Plan, den der Iraker im Frühjahr 1989 entwickelte, muß als überaus raffiniert bezeichnet werden: Saddam Hussein stellte Geschütze, Raketenwerfer und eine große Zahl von erbeuteten Panzern den christlichen Einheiten der Libanesischen Armee zur Verfügung. Ein Schachzug, der Hafez al-Assad überraschte.

Seit der Mitte des Jahres 1988 war die Situation in Beirut gespannt. Von al-Assad wurden Entscheidungen verlangt. Unter
seiner Protektion war eine Miliz aufgebaut worden zum Schutz
der Schiiten des Libanon. Ihre Bezeichnung war »Amal« – »Hoffnung«, ihr Chef war Nabih Berri. Die Führung von »Amal«
bemühte sich, die Organisation freizuhalten von religiöser Ausrichtung. Die schiitischen Glaubensprinzipien wurden im Programm von »Amal« nicht erwähnt. Zweck der Organisation
»Amal« war die Verteidigung des schiitischen Glaubens, nicht
des schiitischen Volkes.

Diese Zurückhaltung störte die schiitische Geistlichkeit in Beirut.
Sie wollte über eine Organisation verfügen können, die sich aktiv
und aggressiv für die Verteidigung und für die Propagierung der
Glaubensbewegung der Schiiten einsetzte. So entstand die poli-
tisch-religiöse Gruppierung »Hisb'Allah« – Partei Allahs.

»Amal« existierte von Anfang an dank syrischer Unterstützung.
Die Baathpartei gab finanzielle und organisatorische Hilfestel-
lung. Sie verlangte dafür, daß »Amal« im Libanon die Interessen
Syriens beachtete.

»Hisb'Allah« aber wollte nicht abhängig sein vom weltlich orientierten Regime in Damaskus. Die Organisation der schiitischen
Geistlichen wandte sich an die in Iran herrschenden Ayatollahs
und wurde sofort als rechtmäßige Vertretung der Schiiten im
Libanon anerkannt

Die Existenz zweier schiitischer Organisationen mußte zu Reibereien und Konflikten führen. »Amal« und »Hisb'Allah« stritten
sich um ihren Einfluß auf die schiitische Bevölkerung des Libanon. Die Folge des Streits waren bewaffnete Auseinandersetzungen. Dem syrischen Präsidenten war diese Entwicklung äußerst
unangenehm, bescherte sie ihm doch Probleme mit der iranischen Führung. Seine Stellungnahme für »Amal« war eindeutig
– sie brachte Verärgerung in Teheran mit sich. Es wurde deutlich,
daß das Bündnis zwischen Damaskus und dem Regime der
Geistlichen in Iran brüchig war: Hafez al-Assad war gezwungen,
»Amal« gegen »Hisb'Allah« zu unterstützen – wenn nötig sogar
mit Waffengewalt.

Diese Situation entstand im April 1988, als Kämpfer der »Hisb'
Allah« im Südteil von Beirut ein Gebiet besetzten, das von
»Amal« kontrolliert wurde. Am 15. Mai trafen 7500 syrische
Soldaten in Beirut ein, die den Verband der »Hisb'Allah« aus

dem Süden Beiruts vertrieben. Der Kommandeur der Truppen aus Syrien setzte durch, daß die islamische Organisation ihre Kampfverbände auflöste.

Um den Ärger mit Teheran auf ein erträgliches Maß zu reduzieren, wurde Nabih Berri am 3. Juni veranlaßt, zu verkünden, er löse seine Miliz ebenfalls auf, und er baue seine Organisation in eine rein politische Gruppierung um. Nabih Berri war gezwungen worden, dieses Opfer zu bringen.

In jener Zeit häuften sich die Krisen. Als Arafats militärischer Spezialist Abu Jihad in Tunis einem von Israel initiierten Anschlag zum Opfer fiel, sollte er in Damaskus beerdigt werden – dies war Abu Jihads Wunsch gewesen, dem sich Hafez al-Assad nicht verschließen konnte. Der Mächtige in Damaskus konnte auch nicht verhindern, daß der verhaßte PLO-Vorsitzende Arafat an der Beerdigung teilnahm.

Fünf Jahre waren vergangen, seit Arafats Ausweisung. Nun durfte er zurückkommen in die syrische Hauptstadt. Er bat darum, von Hafez al-Assad empfangen zu werden, und dieser Wunsch wurde ihm erfüllt. Der Syrer gestaltete das Gespräch überaus kühl. Er sprach dem palästinensischen Volk seinen Dank aus für die »Intifada«, für den Aufstand der Kinder, die im besetzten Gebiet Steine gegen israelische Patrouillen warfen; Arafats Führungsrolle erwähnte er jedoch mit keinem Wort.

Innerhalb der Führungsschicht der PLO verbreitete sich nun die Meinung, beim Treffen in Damaskus habe eine Aussöhnung zwischen Arafat und Hafez al-Assad stattgefunden. Daraus zogen vor allem die Arafatanhänger unter den PLO-Kommandeuren im Libanon den Schluß, Hafez al-Assad akzeptiere Arafat wieder als Repräsentanten der PLO und des palästinensischen Volkes. Dieser Gedanke führte wiederum zur Fehleinschätzung, das syrische Regime habe nun Abu Musa fallengelassen. Die Konsequenz war, daß die Arafatgetreuen im Palästinenserlager Shatila den Kampf aufnahmen mit Gruppen, die zu Abu Musa hielten. Sie waren der Meinung, Syrien würde ihnen in der Auseinandersetzung mit den Bewaffneten des Abu Musa freie Hand lassen.

Tatsächlich griffen die syrischen Truppenverbände in Beirut nicht in die Auseinandersetzungen ein, doch sie sorgten dafür, daß die Kämpfer des Abu Musa reichlich mit Nachschub versorgt wurden – den Nachschubweg für Arafats Männer aber unterbanden sie. Schon nach wenigen Stunden litten die Anhänger des rechtmäßigen PLO-Vorsitzenden unter Munitionsmangel. Sie mußten sich ergeben. Das Lager Shatila und das ebenso wichtige Camp Burj al-Barashne fielen in Abu Musas Hand. Arafats Kämpfer durften jedoch die Lager ungehindert in Richtung Südlibanon verlassen. In dieser Runde des Duells zwischen Arafat und Hafez al-Assad war wiederum der Syrer Sieger.

Die nächste Krise bahnte sich an: Die Amtszeit des libanesischen Präsidenten Amin Gemayel lief am 22. September 1988 aus. Die Libanesen waren zwar von Bürgerkriegskonflikten geplagt – ihr Land war in christliche und islamische Kantone zerfallen –, doch immer noch hatte es in der Person des Präsidenten Gemayel eine Personifizierung der legalen Staatsgewalt gegeben. Amin Gemayel hatte den Libanon repräsentiert. Endete seine Amtszeit ohne daß ein neuer Staatschef auf legale Weise durch das Parlament bestimmt wurde, hörte der Libanon auf, eine »Legalität« zu besitzen. Das Land konnte zur Beute werden für jeden, der danach griff.

Um ein Weiterbestehen des Libanon zu gewährleisten, ernannte Amin Gemayel nur wenige Minuten vor Mitternacht des 22. September 1988, dem definitiven Schlußpunkt seiner Amtszeit, eine Interim-Militärregierung, die aus drei christlichen und drei islamischen Offizieren bestand. General Michel Aoun sollte den Vorsitz führen. Geplant war, diese Regierung solange im Amt zu lassen, bis es den Abgeordneten des libanesischen Parlaments gelang, einen »legalen« Präsidenten zu bestimmen. Es stellte sich jedoch heraus, daß Amin Gemayel die drei Moslemoffiziere gar nicht gefragt hatte; sie weigerten sich prompt, die ihnen zugewiesenen Aufgaben zu übernehmen. Sie waren rechtzeitig informiert worden, daß Hafez al-Assad nicht daran dachte, die Interim-Militärregierung anzuerkennen. Syrien unterstützte das Kabinett des Ministerpräsidenten Dr. Selim al-Hoss, das zur Zeit des Präsidenten Gemayel die Geschäfte geführt hatte, und das immer noch amtierte. Der Libanon hatte zwei Regierungen.

Das Absurde dieser Situation war, daß General Michel Aoun, der Vorsitzende der Interim-Militärregierung, die nur noch aus drei christlichen Offizieren bestand, zugleich als Oberkommandierender der libanesischen Armee dem islamischen Ministerpräsidenten Dr. Selim al-Hoss unterstand. Zwar unternahm Dr. al-Hoss Anstrengungen, den General abzusetzen, doch der kümmerte sich nicht um die Anordnungen der Regierung. Er verfolgte eigene Pläne.

Die ihm ergebenen Truppenteile der libanesischen Armee bereiteten sich darauf vor, die syrischen Truppeneinheiten, die sich auf Befehl ihres Präsidenten noch immer im Libanon aufhielten, mit militärischer Gewalt über die Grenze nach Syrien zu treiben. General Michel Aoun war der Meinung, die Mannschaftsstärke seiner Verbände reichte aus, um die Syrer im Lande vernichtend zu schlagen. Der General proklamierte den »Befreiungskrieg« gegen Syrien.

Die schweren Waffen, die er dazu benötigte, erhielt er von Saddam Hussein – aus der Kriegsbeute, die der gegen Iran siegreichen irakischen Armee zur Verfügung stand. Die Absicht des Irakers war, die Christen mit den Beutewaffen den Krieg führen zu lassen, zu dem sein eigenes Heer nach acht Jahren Kampf gegen Iran derzeit nicht in der Lage war. Saddam Hussein hatte einen Ersatzkriegsschauplatz für die Befriedigung seiner Ambitionen gefunden. Die Christen des Libanon sollten Syrien eine entscheidende Niederlage beibringen – Saddam Hussein wollte Hafez al-Assad demütigen.

Transportschiffe wurden in Basra mit den Beutewaffen beladen. Sie fuhren rings um die Arabische Halbinsel herum, durch den Suezkanal ins Mittelmeer und zur libanesischen Küste. Im christlichen Hafen Junieh, nördlich von Beirut, wurden die Geschütze, Raketenwerfer und Panzer amerikanischer Produktion ausgeladen. Die Christenführung brauchte nur die Fracht zu bezahlen; die Waffen überließ ihnen Saddam Hussein umsonst.

Mitte März 1989 war Michel Aoun überzeugt, er sei für den Kampf gut ausgerüstet. Seine Artillerie begann, die Stellungen der Syrer im Libanon zu beschießen. Die Geschütze, die zuvor den Iranern gehört hatten, erwiesen sich als treffsicher.

Diese Entwicklung mißfiel der amerikanischen Regierung. George Bush – der eben sein Präsidentenamt angetreten hatte – vollzog eine Kursänderung. In der Vergangenheit waren die Christen des Libanon durchaus von Washington hofiert worden – vor allem deshalb, weil sie mit den Israel Defense Forces eng zusammenarbeiteten. Nach und nach aber hatte bereits Ronald Reagan Anstoß genommen an der Brutalität, mit der die maroni-

tischen Milizionäre die Politik ihrer Kommandeure gegenüber
der Moslembevölkerung durchsetzten. Ein Höhepunkt der Abneigung der Verantwortlichen in Washington gegen den Chef
der Christenmiliz, Dr. Samir Geagea, war am 7. September 1989
erreicht, als der den Maroniten befahl, sich mit Frauen und
Kindern vor Tor und Umfassungsmauern der amerikanischen
Botschaft zu setzen, um dafür zu demonstrieren, daß sich die
USA politisch-diplomatisch für die Interessen des christlichen
Teils der Libanesen einsetzten. Dr. Samir Geagea verlangte von
der amerikanischen Regierung, sie möge durch Druck auf Syrien
der christlichen libanesischen Armee bei der Vertreibung der
Syrer helfen.
Der amerikanische Botschafter in Beirut John McCarthy teilte
seinem Präsidenten mit, er und sein Stab seien durch den »christlichen Mob« aufs Äußerste bedroht. Der amerikanische Präsident befahl daraufhin, die Botschaft seines Landes von Beirut
nach Cypern zu verlegen – aus Sorge vor dem »christlichen
Terrorismus«.
Über Monate hin hatten amerikanische Politiker immer Damaskus, die Stadt, in der Abu Nidal gelebt hatte, als die »Hauptstadt
des Terrorismus« bezeichnet. Jetzt aber rückte Beirut ins Blickfeld. Hafez al-Assad erkannte die Chance, das schlechte Image
seines Landes in der Vorstellung der amerikanischen Regierung
aufzubessern. Geschickt und mit Methode betrieb er die Annäherung an die USA.

Der »Hitler vom Tigris« –
Kurswechsel in Damaskus

Die Führung der Christen zog aus der Drohung, die US-Botschaft
aus Beirut abzuziehen, den Schluß, Washington habe die Absicht, die maronitische Bevölkerung des Libanon der syrischen
Herrschaft zu überlassen. Man nahm an, daß die USA dabei
waren, sich mit Damaskus zu einigen, um endlich dem libanesischen Bürgerkrieg, der sich schon eineinhalb Jahrzehnte hinzog,
ein Ende zu bereiten. So abwegig war der Gedanke nicht. Die
amerikanische Regierung empfand keine Sympathie mehr für
die Christen des Libanon.

Am Ende der Entwicklung sollten nicht die »christlichen Terroristen« die Gewinner des Konflikts sein, sondern die Syrer. Die Berater des George Bush glaubten, allein Hafez al-Assad habe die Willenskraft und das Durchsetzungsvermögen, im Libanon Ordnung zu schaffen. Die israelische Regierung stimmte dieser Beurteilung der Kräfteverhältnisse weitgehend zu. Nach Meinung der Christenführung bahnte sich eine Verschwörung an.

Der »Befreiungskrieg« gegen Syrien, den der Christengeneral Michel Aoun führen wollte, hatte den Zweck, diese »Verschwörung« scheitern zu lassen. Mit Freuden nahm er die irakische Hilfe an: Schiffsladung auf Schiffsladung von Geschützen, Raketenwaffen und Panzern trafen in Häfen des christlichen Teils von Libanon ein.

Die Regierung in Damaskus zeigte sich nicht sonderlich beunruhigt durch die Aufrüstung der christlichen Streitkräfte des Libanon. Sie konzentrierte sich vielmehr darauf, für den Staat Libanon einen Präsidenten zu finden. Über 20 Kandidaten hatten sich ins Gespräch gebracht. Einer davon war Sleiman Franjieh, der bereits von 1970 bis 1976 Staatschef gewesen war. Franjieh war zwar Christ, hatte aber politische Wege eingeschlagen, die ihn zum Feind der maronitischen Organisation Lebanese Forces werden ließ: Er orientierte sich an Syrien und stimmte seine Handlungen mit Hafez al-Assad ab. Damit war er für den mächtigen Clan um den bisherigen Präsidenten Amin Gemayel nicht akzeptabel. In der Tat war es Sleiman Franjieh gewesen, der im Jahre 1976 die Syrer eingeladen hatte, in den Libanon einzumarschieren, um den Bürgerkrieg zu beenden. Die maronitischen Führer, die eben dabei waren, die syrischen Streitkräfte aus dem Land zu treiben, konnten die Kandidatur von Sleiman Franjieh nicht dulden.

Der syrische Präsident aber wollte nicht, daß sich der Bewerber durchsetzte, der dem Clan um Amin Gemayel und Dr. Samir Geagea nahestand: General Michel Aoun. An einen Kompromiß war nicht zu denken.

Den Präsidenten des Libanon zu wählen, war eigentlich die Aufgabe des libanesischen Parlaments. Seine Abgeordneten waren nicht gerade nach demokratischen Regeln Parlamentarier geworden – demokratische Traditionen bestimmten das politische Leben des kleinen Landes nicht. Die führenden Köpfe der Glaubensgemeinschaften, der Großfamilien, der wirtschaftlich dominierenden Familien wählten die Kandidaten aus, Parteien spielten keine Rolle.

Allerdings hatte es seit 1972 keine Parlamentswahl mehr im Libanon gegeben. Der Bürgerkrieg hatte selbst Pseudowahlen verhindert. Seit 1976 war auf mehr oder weniger legale Weise die Legislaturperiode verlängert worden. Ursprünglich bestand das Parlament aus 99 Abgeordneten, davon waren 23 während der Jahre des Bürgerkriegs gestorben. 76 Abgeordnete waren nun im Jahre 1988 aufgerufen, einen Staatschef zu wählen. Doch es gelang nicht, die Parlamentarier zu veranlassen, sich zum Zweck der Präsidentenwahl in genügender Zahl zu versammeln. Jeder Wahlversuch scheiterte daran, daß keine Zweidrittelmehrheit der noch lebenden Abgeordneten zustandekam. Sowohl Syrien, als auch die maronitische Organisation Lebanese Forces hatten Abgeordnete durch Druck, Drohung und auch durch Gewalt daran gehindert, das Parlamentsgebäude zu betreten. Hafez al-Assad und der Gemayelclan waren sich bewußt, daß ihr jeweiliger Kandidat keine Chance besaß – da hielten sie es für besser, den Wahlvorgang ganz zu verhindern.

Der Mächtige in Damaskus erwies sich nun wieder einmal als überaus geschickter Taktiker: Er schaltete die amerikanische Regierung in die Suche nach einem geeigneten Kandidaten für die Präsidentschaft im Libanon ein. Hafez al-Assad nahm bereits im Sommer 1988 Verhandlungen auf, die zunächst über den US-Botschafter in Damaskus und dann über das State Department geführt wurden. Schließlich war Richard Murphy, der Unterstaatssekretär für Angelegenheiten des Nahen Ostens, damit beschäftigt, nach einem Kandidaten zu forschen, der dem syrischen Präsidenten und dem Gemayelclan genehm sein könnte. Nach mehreren Konsultationen entschieden Hafez al-Assad und Richard Murphy, der völlig unbekannte Abgeordnete Michael ad-Daher sei der richtige Mann – er war Christ und farblos. Zur Enttäuschung von al-Assad und Murphy lehnten ihn die Chefs der christlichen Miliz, der Lebanese Forces, ab, da er von den Vereinigten Staaten von Amerika vorgeschlagen werde.

Ein Versuch, am 22. September 1988 eine Parlamentssitzung durchzuführen, scheiterte, weil die militanten Christen darüber empört waren, daß Syrien verlangt hatte, die Sitzung müsse – aus Sicherheitsgründen – im syrisch kontrollierten Teil von Beirut stattfinden. Das Regime in Damaskus setzte alle Druckmittel ein, um seinen Einfluß auf libanesische Politiker zu behalten oder nach Möglichkeit zu vermehren.

Diese Bemühungen beantwortete General Michel Aoun durch eine militärische Offensive gegen die syrischen Verbände im Libanon. Im März und April 1989 setzte er in großem Umfang die Beutewaffen ein, die Saddam Hussein den christlichen Streitkräften geschenkt hatte. Die Geschosse trafen vielfach zivile Wohngebiete. Bis Ende April 1989 hatten mehr als 300 Libanesen durch Artilleriebeschuß ihr Leben verloren.

Hafez al-Assad und seinem amerikanischen Gesprächspartner gelang es schließlich, einen Kandidaten für das libanesische Präsidentenamt zu finden und durchzusetzen: Der Abgeordnete René Mauwad wurde auch gewählt, doch 17 Tage nach der Wahl starb Mauwad durch einen Sprengstoffanschlag; kaum jemand in Beirut bezweifelte, daß die Agenten des christlichen Generals das Attentat ausgeführt hatten.

Doch die Präsidialkanzlei in Damaskus reagierte rasch: Zwei Tage nach dem Sprengstoffanschlag besaß der Libanon schon wieder einen Präsidenten: Elias Hrawi. Seine erste Amtshandlung war, General Michel Aoun abzusetzen, der noch immer formell Oberbefehlshaber der libanesischen Armee war. Der Grund: Elias Hrawi fürchtete, Hafez al-Assad sei entschlossen durch eine umfangreiche Offensive den Ort Baabda und den Präsidentenpalast, der sich in Baabda befindet, im Sturm zu erobern. Ort und Palast waren die Bastionen des Generals. Mit seiner Absetzung sollte dem syrischen Staatschef der Anlaß zum Sturmangriff auf Baabda genommen werden. Währenddessen wurde weiterhin Krieg geführt im Libanon: Bis März 1990 hatten die Artilleriegefechte 800 Menschenleben gefordert, 2500 Personen waren verwundet worden.

Michel Aoun mußte feststellen, daß die Maroniten keinesweg geschlossen hinter ihm standen. Die christliche Front zerbröckelte – vor allem auch deshalb, weil maronitische Politiker einsahen, daß die Syrer nicht aus dem Lande zu vertreiben waren. Außerdem wurde die Haltung der US-Regierung immer deutlicher: Sie sah in der Präsenz syrischer Streitkräfte im Libanon einen Faktor der Stabilität.

Einen entscheidenden Sieg konnte die christliche libanesische Armee nicht erringen. Nicht nur, daß die Kräfte, die General Michel Aoun zur Verfügung standen, zu schwach waren – er verfügte keineswegs über alle christlichen bewaffneten Einheiten –, es blieb auch die Unterstützung durch den Irak aus. Saddam Hussein hatte den zweiten Golfkrieg angefangen und konnte keine Waffen mehr entbehren. Außerdem waren bald schon durch militärische Aktionen die Transportwege versperrt.

Am 2. August 1990 überfielen Saddam Husseins Truppen das Emirat Kuwait, wenige Tage später erklärte der irakische Präsident das besetzte Gebiet zur 19. Provinz des Irak. Die Weltpresse bezeichnete ihn als »Hitler vom Tigris«. Vor allem für Präsident George Bush war Saddam Hussein ein Feind der Menschheit, der vernichtet werden mußte.
Für den Präsidenten in Damaskus aber gab es gar keinen Zweifel, daß er auch in diesem zweiten Golfkrieg nicht auf der Seite von Saddam Hussein stehen würde. Iran aber, mit dem er sich verbunden fühlte, nahm an diesem Konflikt nicht teil. Wenn der Syrer dem Iraker schaden wollte, mußte er sich auf die Seite der Vereinigten Staaten von Amerika stellen. Dies war ein schwieriger Vorgang, war doch al-Assad für die Herren in Washington bisher der »Beschützer der Terroristen« gewesen.
Der amerikanische Präsident wollte nicht, daß sein Land, obgleich dies denkbar gewesen wäre, den Krieg allein führte. Bush wollte eine möglichst große Koalition zusammenfügen. Wichtig war ihm vor allem arabische Beteiligung an dieser Koalition. Es sollte der Eindruck vermieden werden, die Großmacht USA verfolge durch ihr militärisches Eingreifen imperialistische Ziele. George Bush wollte den Konflikt internationalisieren – niemand sollte sagen können, Amerika greife ein, um seine Interessen im Ölgebiet des Nahen Ostens abzusichern. Eine arabische Beteiligung an der Auseinandersetzung würde deutlich machen, daß der amerikanische Präsident auch zur Verteidigung arabischer Interessen und Rechte bereit sei.
Den Ägypter Husni Mubarak zur Teilnahme am Krieg gegen den Irak zu gewinnen, war einfach. Mubarak war beleidigt, weil Saddam Hussein sein Versprechen gebrochen hatte, in Kuwait nicht einzumarschieren. Allein dafür, so meinte der ägyptische Präsident, müsse der wortbrüchige Iraker bestraft werden. Daß das ägyptische Volk diesen Standpunkt kaum teilte, war ihm gleichgültig. Viele Ägypter sahen in Saddam Hussein einen Politiker, der das Wohl der Araber insgesamt im Auge behielt.

Hafez al-Assad in die Koalition einzubringen, war auch deshalb ein Problem, weil es sein Erzfeind Saddam Hussein verstanden hatte, den Konflikt am Persischen Golf mit dem Problem der Palästinenser zu verbinden. Saddam Hussein forderte, Israel müsse sich aus dem besetzten Gebiet westlich des Jordan zurückziehen, dann erfolge auch sofort die irakische Räumung des Emirats Kuwait. Räumung gegen Räumung – das war das irakische Angebot. Mit dieser Koppelung glaubte der irakische Staatschef zu Recht Sympathien in der gesamten arabischen Welt gewinnen zu können. In Damaskus wurde genau registriert, daß der französische Staatspräsident Mitterand bereits den Gedanken der Verknüpfung der Konflikte um Kuwait und Palästina in seinen Reden aufgegriffen hatte. Hafez al-Assad konnte sich nicht gegen diese Idee stemmen, wenn auch nur die geringste Chance auf Verwirklichung des Koppelgeschäfts bestand. Er hatte immer den syrischen Anspruch aufrechterhalten, Palästina sei Teil Syriens – auch die Palästinenser seien eigentlich Syrer. Wenn sich jemand für die Palästinenser einsetzte, mußte der syrische Präsident eigentlich an seiner Seite stehen – und nicht in den Reihen seiner Gegner.

Saddam Hussein hatte einen weiteren Gedanken ausgesprochen, der es für den Syrer noch problematischer machte, der Koalition mit den USA beizutreten. Der Iraker hatte erklärt, der Streit mit ihm sei Bestandteil einer »zionistischen Verschwörung« zur Zerstückelung Arabiens, zur Zersplitterung des arabischen Volkes. Die USA handelten damit im Interesse der Israelis, die gerade begonnen hätten, Furcht zu empfinden vor der Solidarität aller Araber. Ihn wundere es nicht, daß die Königsfamilie von Saudi-Arabien und Husni Mubarak die amerikanische Regierung unterstützten, denn schließlich seien sie ja als »Lakaien der Amerikaner« bekannt.

Dieser Hinweis auf die »zionist connection« seiner Gegner sollte bewirken, daß die Koalition zerfiel, bevor sie überhaupt richtig gefestigt war. Beabsichtigt war, jeden abzuschrecken, der mit dem Gedanken spielte, sich an der Anti-Irak-Front zu beteiligen. Der Hinweis war insbesondere für die Ohren des Hafez al-Assad gedacht, der sich bisher streng davor gehütet hatte, in irgendeiner Form mit Israel in Verbindung gebracht zu werden. Zur wahrhaftigen Anerkennung des Staates Israel hatte sich al-Assad nicht durchringen können. Seine Haltung war während der vergangenen Jahre immer so zweideutig gewesen, daß zwar die USA daraus ablesen konnten, Syrien denke daran, sich in absehbarer Zeit an einer friedlichen Lösung des Nahostkonflikts zu beteiligen – den arabischen Brüdern aber hatte er signalisiert, Israel sei ein Fremdkörper im Nahen Osten. Die Möglichkeit der mehrdeutigen Interpretation seiner Politik wollte Hafez al-Assad bestehen lassen.

Daß Syrien in diesem Konflikt neutral blieb, war wichtig für den irakischen Präsidenten. Er zog viele Register der Psychologie, um Hafez al-Assad für sich zu gewinnen.

Saddam Hussein klagte sehr geschickt seine Gegner mit dem Argument an, sie seien Feinde des islamischen Glaubens: »Araber, Moslems, Gläubige, wo immer ihr lebt. Der Tag ist jetzt gekommen, an dem ihr euch erheben müßt, um Mekka zu verteidigen. Mekka ist Opfer der Amerikaner und der Zionisten. Die Herrscher dort mißachten den Willen ihres Volkes und der gesamten arabischen Nation. Sie fordern Allah heraus durch das Verbrechen, Mekka und damit das Grab des Propheten Mohammed ausländischen und ungläubigen Bewaffneten zu überlassen.«

Hafez al-Assad, Angehöriger einer islamischen Minderheit, die als ketzerisch verschrien ist, mußte ganz besonders darauf bedacht sein, keinen Anlaß zu bieten zum Vorwurf, er sei ein Feind des Islam. Doch der syrische Präsident überwand alle Bedenken, als George Bush ihn wissen ließ, er würde sich über eine persönliche Begegnung in Genf freuen. Das Treffen wurde rasch vereinbart. Al-Assad hütete sich normalerweise vor Auslandsreisen. Er fürchtete, irgend jemand könnte die Abwesenheit des Staatschefs zum Anlaß nehmen, einen Putsch zu versuchen. Die Gelegenheit zur Begegnung mit dem damals mächtigsten Mann der Welt aber konnte al-Assad nicht ausschlagen, bedeutete sie doch internationale Anerkennung seines Regimes und damit Überwindung der Isolation.

Dem Syrer die Hand zu geben, fiel dem amerikanischen Präsidenten nicht leicht. Sein Urteil über Hafez al-Assad stand fest: »Er ist kein bißchen besser als Saddam Hussein – er ist nur klüger. Er besitzt Ehrgeiz, doch er hat zum Glück nicht die Mittel, um seine Pläne in die Tat umzusetzen.« Bush war überzeugt, Assads Hauptstadt sei ein Nest für Terroristen, die nur das eine Ziel hatten, den USA zu schaden.

Daß Hafez al-Assad liebenswürdig und nachgiebig sein konnte, überraschte den Präsidenten der USA. Der Syrer sagte zu, sein Land werde an der Koalition gegen den irakischen Herrscher teilnehmen.

Al-Assad bekam sofort einen konkreten Wunsch zu hören: Bush bat ausgerechnet ihn um enge Kooperation bei der Bekämpfung des Terrorismus. Einer der Berater aus dem State Department hatte gegenüber seinem Präsidenten auf die Bedeutung des Gesprächspartners im Bereich des internationalen Terroismus hingewiesen: »Al-Assad sitzt am Schalter für terroristische Aktionen. Knipst er den Schalter an, dann kann die Hölle losbrechen. Knipst er den Schalter aus, dann ist die Szene des Terrorismus ruhig.«

Die Gefahr bestand, daß Gruppen aus dem weitverzweigten Netz der Palästinensischen Kampforganisationen aufgrund der antizionistischen und antiamerikanischen Parolen des Saddam Hussein Anschläge gegen sensible Einrichtungen der Vereinigten Staaten in Amerika und in Europa verübten. George Busch sagte, nach Überzeugung seiner Geheimdienstspezialisten hänge die Schlagkraft der terroristischen Gruppen von der Unterstützung ab, die ihnen vom Land zuteil wird, in dem sie ihre Basis haben. Er sprach nicht davon, daß dieselben Spezialisten der Meinung waren, Damaskus beherberge besonders viele Terroristen. Er fragte aber, ob es sich al-Assad vorstellen könne, daß die syrischen Sicherheitsbehörden mit dem amerikanischen Counter Terrorism Center zusammenarbeiten würden. Hafez al-Assad sagte zu, daß seine Leute alle Informationen über Aktivitäten mit terroristischem Charakter an das Counter Terrorism Center weitergeben würden.

Diese Zusage war dem Syrer deshalb möglich, weil sein starker Verbündeter, das Regime in Teheran, Stunden zuvor die syrische Regierung hatte wissen lassen, daß der Iran gegen jedes Aufflammen des Terrorismus bei Kriegsbeginn sei. Ayatollah Ali Khamenei hatte die entsprechenden Organisationen gewarnt, sie könnten nicht ungestraft im Interesse von Saddam Hussein aktiv werden.

Der syrische Präsident äußerte im Gespräch mit Bush ebenfalls eine Bitte: Der amerikanische Präsident möge gestatten, daß die syrischen Streikräfte im Libanon für Ordnung sorgen. Sein Argument: Die Machenschaften des General Michel Aoun seien terroristisch zu nennen, denn er wende sich gegen den gewählten Präsidenten des Libanon.

George Bush erklärte, er habe nichts dagegen, wenn sich Syrien in den Dienst des legalen libanesischen Staatschefs stelle. Der amerikanische Präsident gab deutlich zu erkennen, daß die USA den Christen des Libanon insgesamt mißtrauten – und dem General Aoun ganz besonders. Hafez al-Assad gewann im Verlauf des Gesprächs mit George Bush die Überzeugung, daß er – wenn er die Interessen und Einflußgebiete Israels nicht berühre – freie Hand bekam für die Übernahme der Kontrolle in Beirut und in weiten Teilen des Libanon. Al-Assad war schließlich sicher, George Bush habe sich zuvor schon mit der israelischen Regierung abgestimmt. Daß er seine Truppen anwies, sich in die Geschehnisse im Südlibanon nicht einzumischen, war selbstverständlich. Sie sollten sich von der libanesischen Einflußsphäre fernhalten.

Am 13. Oktober 1990 begannen die syrischen Streitkräfte im Libanon eine gründlich vorbereitete Offensive gegen den Ort Baabda und gegen den dortigen Präsidentenpalast. Von Flughäfen bei Damaskus aus starteten Kampfflugzeuge, die Aouns Hauptquartier mit Raketen beschossen. Diese Angriffe verletzten eigentlich Abmachungen, die zwischen dem syrischen und dem israelischen Generalstab getroffen worden waren: Sie verboten syrischen militärischen Flugverkehr in der Zone südlich von Beirut. Das State Department in Washington hatte rechtzeitig vor Angriffsbeginn das israelische Außenministerium gebeten, den israelischen Generalstab über den Angriffsabsichten der syrischen Luftwaffe zu informieren. Auf Bitten der amerikanischen Diplomaten erhob Israel keine Einwände gegen »Luftaktivitäten südlich der Roten Linie«.

Die Vermittlungsaktion des State Departments machte deutlich, daß Präsident George Bush mit der Entwicklung der syrischen Politik einverstanden war. Er hatte Syrien die Funktion einer Ordnungsmacht zugewiesen. Am Ende eines langwierigen Prozesses der Neudefinition der Beziehungen zwischen Syrien und den USA galt Hafez al-Assad durch seine konstante Politik als Sieger. Die US-Regierung gab ihm Handlungsfreiheit. Seine Position war damit in der von der USA beabsichtigten »Neuordnung der Welt« fast ebenso gefestigt wie die der israelischen Regierung.

Die Illusion des Generals Michel Aoun, die syrischen Truppenverbände aus dem Libanon zu vertreiben oder wenigstens ihnen standhalten zu können, zerplatzte rasch. Seit Ausbruch des Golfkrieges am 2. August 1990 waren keine Waffen mehr aus dem Irak im christlichen Hafen Junieh eingetroffen. Die Kämpfer des Generals litten an Munitionsmangel. Unter den Schlägen der syrischen Luftwaffe zerbrach die Kampfmoral. Als Aoun erkannte, daß die christliche Verteidigungslinie nicht mehr zu halten war, verließ er den Präsidentenpalast von Baabda und fuhr auf Schleichwegen zur französischen Botschaft in Beirut. Er bat den Botschafter darum, einen Waffenstillstand auszuhandeln: Der Botschafter sollte sofort Kontakt aufnehmen zu Hafez al-Assad.

Während sich General Aoun in der französischen Botschaft aufhielt, stürmten syrische Panzerverbände den Präsidentenpalast von Baabda. Der Widerstand der Christen war zu Ende. Der Botschafter sah keine Möglichkeit mehr der Vermittlung und gab dem General, auf den niemand mehr hörte, den Rat, in der Botschaft zu bleiben.

Wenige Stunden später teilte die französische Regierung mit, sie sei bereit, Aoun in Frankreich Asyl zu gewähren. Sie fragte beim libanesischen Präsidenten an, ob er dem General eine Ausreisegenehmigung geben könne. Diese wurde verweigert mit der Begründung, Aoun habe aus der Kasse des Verteidigungsministeriums Millionenbeträge entnommen, über die er noch immer verfüge. Tatsächlich hatte Michel Aoun Geldkoffer bei sich gehabt, als er den Präsidentenpalast von Baabda verließ. Die libanesische Regierung verlangte nun die Rückgabe der Geldkoffer. General Aoun ging auf diese Forderung nicht ein.

Die Niederlage der christlichen Armeeverbände machte den syrischen Präsidenten zum mächtigsten Mann im Libanon. Damaskus wurde zur wahren Hauptstadt des kleinen Landes. Von Damaskus aus wurde bestimmt, daß Ministerpräsident Dr. Selim al-Hoss, der Unterstützung gesucht hatte bei den Monarchien der Arabischen Halbinsel, durch den Politiker Omar Karame, der das volle Vertrauen des Damaszener Regimes besaß, abgelöst wurde.

Erst nach einem Jahr, im August 1991, erhielt General Michel Aoun die Erlaubnis, die französische Botschaft zu verlassen, und – samt den Geldkoffern – nach Frankreich auszureisen. Auf syrisches Drängen wurde ihm auferlegt, fünf Jahre lang dem Libanon fernzubleiben. Im Herbst 1996 darf er wieder nach Beirut zurückkehren ...

Im September 1991 wurde die Anbindung des Libanon an Syrien durch einen Staatsvertrag besiegelt: Syrien und Libanon schlossen ein Sicherheitsabkommen, das dem Regime in Damaskus im Falle einer Instabilität des libanesischen Staates militärische Eingriffsmöglichkeiten gewährt. Ein »Syrisch-Libanesischer Oberster Rat« hat seither die Oberaufsicht über politische Entscheidungen der Regierung des Libanon.

Der wichtigste Faktor der Anbindung des Libanon an Syrien ist die Präsenz der syrischen Armee in der Region von Beirut. Im Sommer des Jahres 1994 befanden sich 35000 syrische Soldaten im Gebiet zwischen dem Mittelmeer und dem Libanongebirge.

Diese Entwicklung geschah in Absprache mit der amerikanischen Regierung. Die Verantwortlichen in Washington und in Jerusalem waren daran interessiert, daß im libanesischen Kernland Ruhe herrschte. Hafez al-Assad hatte die Aufgabe übernommen, die zahlreichen Milizen der Christen und der Moslems zu entwaffnen und den Aufbau einer libanesischen Armee zu unterstützen, die weder moslemisch noch maronitisch orientiert ist.

Zu Beginn des Golfkrieges hatte sich Hafez al-Assad vom amerikanischen Präsidenten im Bewußtsein getrennt, daß sein Land von nun an nicht länger auf der Liste der Staaten stand, denen vorgeworfen wird, ihre Regierungen hegen Sympathie für Terroristen. Der syrische Staatschef war für die Regierung der Vereinigten Staaten zu einem wichtigen Partner geworden, er wurde gebraucht in der Koalition gegen Saddam Hussein.

Eine Sorge beschäftigte al-Assad: Verlief der Krieg verlustreich für Irak, dann mußte er selbst mit dem Vorwurf der Araber insgesamt rechnen, er sei mitschuldig am innerarabischen Brudermord. Er hatte deshalb schon beim Gespräch in Genf George Bush gebeten, die Zivilbevölkerung des Irak zu schonen. Der amerikanische Präsident hatte erwidert, genau dies sei die Absicht der Vereinigten Streitkräfte im Kampf gegen Irak.

»Neue Ordnung der Welt« –
Syrien unter den Gewinnern des Golfkrieges

Eine aktive Beteiligung am Krieg gegen Irak wurde von Syrien nicht verlangt. Als am 27. Februar 1991 die Truppen der Koalition in Kuwait eindrangen , um die letzten irakischen Soldaten über die Grenze zu treiben, war kein Syrer dabei. Während des gesamten Konflikts hatte kein syrischer Soldat arabisches Blut vergossen.

Mit einem minimalen Aufwand war es Syrien gelungen, am meisten vom Ausgang des Golfkrieges zu profitieren. Hafez al-Assad hatte die Chance erkannt, die Situation seines unterentwickelten Landes zu verändern. Die Isolation Syriens hatte zu wirtschaftlichen Schwierigkeiten geführt, die noch durch staatlich verordnete Restriktionen und Gängelungen verschärft worden sind. Ausländische Wirtschaftswissenschaftler hatten den baldigen Zusammenbruch der syrischen Ökonomie erwartet. Nun aber brachte der Ausgang des Golfkrieges ein Wunder.

Die Auswirkungen sind in Damaskus zu spüren – schon in ganz praktischen Angelegenheiten. Es war immer schwierig gewesen, von der syrischen Hauptstadt aus zu telefonieren. Für Auslandsgespräche hatte eine lange Anmeldefrist bestanden – die Postverwaltung hatte sich dazuhin nie festlegen lassen, zu welcher Uhrzeit eine Verbindung hergestellt werden konnte. Ursache für diesen Zustand war die Überlastung der Telefonüberwachung durch die Sicherheitsbehörde, aber auch die völlige Überalterung der Damaszener Telefonzentrale und des Kabelnetzes. Unmittelbar nach Kriegsende erklärte sich das Emirat Kuwait bereit, das Telefonsystem von Damaskus erneuern zu lassen – aus Dankbarkeit dafür, daß Syrien der Koalition gegen Irak beigetreten war.

Finanzhilfe aus Kuwait und aus Saudi-Arabien gab dem syrischen Staatshaushalt Stabilität. Das Finanzministerium reagierte durch Entspannung der Geldpolitik: Reisende brauchten an den Grenzen keine peinlich genauen Erklärungen über die Ein- oder Ausfuhr von Geld abzugeben. Auf einmal durfte jeder Syrer so viel Geld in fremder Währung besitzen, wie er nur wollte. Der Geschäftsverkehr mit dem Ausland wurde leichter als je zuvor. Unternehmerische Initiative wurde gefördert. Ein Gefühl von Freiheit verbreitete sich in Damaskus. Ausländer wurden nicht mehr als verdächtige Individuen betrachtet. Fragte man einen Syrer nach den Umständen dieser positiven Entwicklung, so konnte es geschehen, daß man die Antwort erhielt: »Diesmal ist alles anders – diesmal gehören wir zu den Siegern!«

Die finanzielle Hilfe war jedoch nicht die volle Belohnung, die Hafez al-Assad am Ende des Golfkrieges erwartete. Er ging davon aus, daß die Regierung der USA jetzt rasch Verhandlungen mit Israel aufnahm, um eine Rückgabe der besetzten Golanhöhen an Syrien zu erreichen. George Bush hatte davon gesprochen, daß die von ihm angestrebte »Neue Ordnung der Welt« auch eine neue Ordnung für den Nahen Osten bringen würde. Wenn Gerechtigkeit fortan ein Prinzip der Politik des amerikanischen Präsidenten sein sollte, dann mußte er dafür sorgen, daß der Staat Israel nicht länger über Land verfügt, das ihm nicht gehört.

Doch George Bush blieb nicht Präsident der Vereinigten Staaten von Amerika. Eineinhalb Jahre nach dem Triumph am Persischen Golf, der in New York mit einer Konfettiparade gefeiert worden war, verlor George Bush die Präsidentschaftswahlen. Zu Beginn des Jahres 1993 schied er aus dem Amt. Saddam Hussein kommentierte den Vorfall so: »George Bush verschwindet im Mülleimer der Weltgeschichte.«

In Damaskus aber sah man den Machtwechsel nur ungern. Hafez al-Assad und seine Berater hatten sich auf George Bush eingestellt. Sie hatten sich für Syrien einen Platz versprochen in der »neuen Weltordnung«, die sich der Präsident ausgedacht hatte. In ihrem Kreis herrschte die Überzeugung, der Präsident sei deshalb gescheitert, weil er mehrmals Position gegen Israel bezogen habe – dies habe ihm die sehr aktive jüdische Wählerschaft der Vereinigten Staaten nicht verziehen. Erinnert wurde daran, daß Außenminister Baker einige Wochen vor dem Wahltag gesagt habe, die Bush-Administration könne nicht mehr mit der Unterstützung durch jüdische Kreise rechnen. Baker sei dabei der Meinung gewesen, die Sperrung eines Israelkredits der Weltbank durch die Weigerung der amerikanischen Regierung, den Betrag zu garantieren, habe die jüdischen Wähler verärgert. Bill Clinton habe mit gutem Gespür genau diese Situation ausgenützt. Unterschwellig habe er zu erkennen gegeben, daß Israel von ihm eine positive Politik zu erwarten habe – führende Köpfe der Juden in den USA hätten daraufhin unter vorgehaltener

Hand die Parole ausgegeben, Bill Clinton müsse gewählt werden.

Hafez al-Assad verordnete sich nach dem Machtwechsel in den USA zunächst selbst Zurückhaltung im Bereich der internationalen Politik. Er wartete ab, wie Bill Clinton sein Amt ausüben würde. Al-Assads Devise für die Zeit unmittelbar nach der Wahl in den USA hieß: Nichts verändern an Bündnissen und politischen Freundschaften. Der vorsichtige Taktiker war überzeugt, daß Veränderung Instabilität und damit Unsicherheit bewirke. Der syrische Präsident behielt vor allem die Bindung an Iran bei, so wenig auch dieser Kontakt in die weltpolitische Entwicklung paßte. Mehr und mehr wurden im State Department und im Pentagon in Washington Besorgnisse geäußert über die Aggressivität der Ayatollahs in Teheran, die eindeutig zu verstehen gaben, daß sie jede friedliche Lösung des Nahostkonflikts, die Israels Existenzrecht absichere, ablehnten. Außerdem wuchs beim amerikanischen Geheimdienst die Überzeugung, Iran verfüge über das Wissen für den Bau der Atombombe. Ein neues Feindbild entwickelte sich in Washington: Iran ersetzte den Irak als »Staat des Bösen« am Persischen Golf.

Die »Persian Connection« Syriens ist gewichtiger, als dies bei oberflächlicher Betrachtung deutlich wird. Besonders brisante Aspekte sollen sogar weitgehend vor fremden Augen versteckt werden.

Da befindet sich an der Ausfallstraße von Damaskus nach Hauran linker Hand eine hohe Mauer. Sie verbirgt einfache Zelte aus braunem Filzmaterial. Sie gehören zum Palästinenserlager »Jarmuk«, das dort einen umfangreichen Stadtteil bildet. In den Zelten leben Mitglieder der Organisation »Hisb'Allah« – Partei Allahs. Der staubige Boden um die Zelte ist das Trainingsareal der Kämpfer. Sie werden für Aktionen gegen Israel ausgebildet – und sie werden zugleich auf ihren Märtyrertod vorbereitet. Den Kämpfern wird durch Geistliche eingeprägt, daß das Paradies auf sie warte, wenn sie im Kampf für das Reich Allahs sterben. Ihnen wird die Überzeugung beigebracht, die Existenz des Staates Israel verstoße gegen das Gebot Allahs, aus diesem Grunde entspreche der Kampf gegen Israel dem Willen Allahs.

Am Rande von Damaskus wird Haß gepredigt. Hier ist der Nährboden für die Ideologie des gnadenlosen Kampfes gegen

den jüdischen Staat. Das Lager der Hisb'Allah im Palästinensercamp »Jarmuk« bildet das Bindeglied zwischen den Geistlichen
in Iran und der palästinensischen Kampforganisation »Hamas«,
die im israelisch besetzten Gebiet die Massen zum Widerstand
gegen den Friedensprozeß aufstachelt. Hisb'Allah vertritt den
Standpunkt des iranischen Außenministers Ali Akbar Velajati:
»Israel wird von einem usurpatorischen Regime beherrscht, das
wir nicht anerkennen können!« Diesen Standpunkt teilt Hamas –
und handelt danach im von Israel besetzten Gebiet.
Hisb'Allah ist vom Libanon aus aktiv. Die Stellungen und Basen
der Organisation liegen in der Nähe der israelischen Grenze.
Siedlungen und Dörfer der Israelis befinden sich in Reichweite
der Raketen, über die Hisb'Allah dank iranischer Hilfe verfügt.
Zwar richten diese Geschosse nur selten wirklichen Schaden an,
doch die Explosionen auf israelischem Gebiet – auch wenn sie
nur Krater in ein Feld reißen – ärgern die israelische Regierung.
Sie schlägt durch massive Luftangriffe auf Siedlungen in libanesischem Gebiet zurück, in denen Hisb'Allah Basen unterhält. Von
syrischen Territorium aus wird allerdings kein einziger Schuß
abgefeuert. Der israelischen Regierung gibt Hisb'Allah keinen
Anlaß zum Vergeltungsschlag gegen Syrien.
Hafez al-Assad duldet nicht, daß jemand anderes als er selbst
über den Zeitpunkt militärischer Auseinandersetzungen mit Israel bestimmt. Daß in seiner Hauptstadt von Palästinensern und
Libanesen die Ideologie des Krieges weiterentwickelt und propa-
giert wird, übersieht er noch im Sommer 1994.
Die Geistlichen, die in Damaskus das Denken junger Menschen
in Richtung Krieg beeinflussen, haben engen Kontakt zu iranischen Ayatollahs. Aus Teheran kommt das Geld, das die Organisation Hisb'Allah benötigt. Doch der Grundsatz »Wer zahlt,
bestimmt« gilt in diesem Fall nur beschränkt. Hisb'Allah steht in
Damaskus unter Kontrolle. Dafür sorgt schon die Station der
Parteimiliz in unmittelbarer Nähe des Lagers »Jarmuk«. Hisb'Allah wird von den Verantwortlichen des Damaszener Regimes als
Werkzeug ihrer Politik angesehen, wobei sie gewisse Rücksichten auf die schiitischen Politiker in Teheran zu nehmen haben.
Eng verbunden ist das Lager der »Partei Allahs« mit der Moschee, deren zwei Türme die Zelte und Hütten überragen. Diese
Moschee ist die prächtigste in Damaskus. Durch den Goldüber-
zug ihrer Kuppel ist sie zugleich die teuerste Moschee der Stadt.

Trotz ihrer Besonderheit und ihres Wertes gehört sie nicht zu den Sehenswürdigkeiten, auf die Besucher der Stadt Damaskus hingewiesen werden. Fremde, die wie Europäer oder gar wie Amerikaner aussehen, werden schon im Hof der Moschee mit Verachtung behandelt. Wer nicht Schiit ist, fühlt sich als Fremdkörper. Es kann geschehen, daß dem Eindringling verschleierte Frauen mit scharfer Stimme die Worte entgegenzischen: »Islam is the best!«

Ersatz für die heiligen Stätten von Kerbela – Iranische Pilger in Damaskus

Mehr als 200 000 Gläubige aus Iran besuchen in jedem Jahr die Moschee. Sie erreichen Damaskus im Flugzeug und besteigen dann Busse, um das prächtige Bethaus beim Lager »Jarmuk« zu erreichen. Die Busse parken auf der vielbefahrenen Straße nach Hauran. Die Pilger stolpern über zerbrochene Steinplatten der Gehwege, bleiben kurz stehen an Läden und Ständen, in denen Korane feilgeboten werden. Bunte Postkarten zeigen die Pracht der Moschee. Zu kaufen sind gepreßte, sandfarbige Plättchen, die von den Gläubigen mit Ehrfurcht berührt werden. Die Plättchen bestehen aus Sand der heiligen Stätten von Kerbela – aus Sand, der vom Blut des Märtyrers Hussein getränkt ist.
Die Ereignisse von Kerbela, die für jeden Schiiten das Zentrum seines Glaubens bilden, sind Grundlage für die Existenz dieser Moschee. Sie birgt den Leichnam der Zaynab, der Schwester des Märtyrers Hussein. Al-Sajedeh Zaynab war dabei, als Hussein von den Bewaffneten der Omayyaden, der damaligen Damaszener Herrscher, erschlagen und erstochen wurde.
Zaynab war die Tochter der Fatima, die wiederum die Lieblingstochter des Propheten Mohammed war. Fatima hatte Ali geheiratet, den Vertrauten des Gesandten Allahs – ihre Kinder waren Hassan, Hussein, Zaynab und deren Schwester Rokija. Die Prophetenenkel lebten während der ersten Jahrzehnte des Islam in Medina. Sie hatten das Gefühl, daß es die Absicht des Propheten Mohammed und göttlicher Wille zugleich gewesen war, den Nachkommen des Gesandten Allahs für immer die Macht im Reich auf der Arabischen Halbinsel zu sichern. Daß andere

regierten, die nicht durch Allahs Recht dazu legitimiert waren, empfanden sie als Unrecht und als Verbrechen an Allah.

Nahezu 50 Jahre waren vergangen seit dem Tode des Propheten, da kam in Damaskus der Omayyade Jazid an die Macht. Er verlangte durch Dekret, daß alle Honoratioren des islamischen Staates ihm den Treueid leisteten – er forderte dies auch vom Prophetenenkel Hussein. Der aber hatte den Anspruch seiner Familie auf die Macht im Islam nicht aufgegeben. Deshalb war er nicht bereit, den Treueid zu leisten. Er wußte, daß er in Gefahr war, getötet zu werden, wenn er in Medina blieb. In der Dunkelheit der Nacht entwich Hussein aus der Stadt – mit seiner gesamten Familie. Es war Pilgerzeit und er glaubte, in Mekka unter den vielen Pilgern sicher zu sein. Doch er täuschte sich. Der Kalif Jazid hatte Agenten nach Mekka geschickt, die Hussein töten sollten. Dem Bedrohten wurde durch Getreue mitgeteilt, daß sich in der Stadt viele befänden, die Waffen unter dem Pilgerumhang verborgen hielten; sie warteten nur auf eine Möglichkeit, zuzustechen. In dieser Gefahr mußte der Prophetenenkel daran denken, irgendwo in Arabien ein sicheres Zuhause zu finden.

In jener Zeit trafen Briefe aus dem Zweistromland in Mekka ein, in denen Hussein aufgefordert wurde, als direkter Nachfahre des Gesandten Allahs, die Herrschaft im Land an Euphrat und Tigris zu übernehmen. Die Menschen dort, so wurde Hussein mitgeteilt, wollten nicht länger von den Omayyaden in Damaskus regiert werden. Man warte auf ihn. Er glaubte den Versprechungen – und wurde bitter enttäuscht.

Als er mit der Familie nach Kufa unterwegs war, erhielt er kaum Unterstützung. In einer trostlosen Gegend, die Kerbela hieß, wurden er und seine Begleiter schließlich von den Reitern des Kalifen Jazid umzingelt. Hussein argumentierte mit seinen Feinden, er sei aus der Familie des Propheten, Mohammeds Blut fließe in seinen Adern. Er verlangte Respekt, doch seine Worte wurden nicht gehört. Nach Tagen des Abwartens fielen die Männer des Jazid über die kleine Gruppe der Getreuen des Hussein her. Der Prophetenenkel starb, aus hundert Wunden blutend. Dem Toten wurde der Kopf abgeschlagen.

Der Kommandeur der siegreichen Jazidtruppe sorgte dafür, daß Husseins Kopf zum Kalifen nach Damaskus gebracht wurde. Auch die Frauen und Kinder Husseins mußten den Weg nach

Damaskus antreten. Die Überlieferung berichtet, sie seien unterwegs in jeder Stadt gedemütigt worden.

In Damaskus angekommen, wurden die Gefangenen vor den Herrscher geführt. Jazid war weder an den Frauen noch an den Kindern interessiert – er wollte nur den Kopf des Hussein sehen. In einem Raum im Ostteil der Omayyadenmoschee sei ihm der Kopf gezeigt worden. Der genaue Platz ist heute noch zu besichtigen. Doch kein Reiseführer gibt darüber nähere Auskunft. Zwischen den Bögen der östlichen Hofumfassung der Moschee, links vom Osttor, führt eine einfache Tür in einen Komplex von Räumen, der als Mashhad al-Hussein bezeichnet wird, als Mausoleum des Hussein. Männer und Frauen stehen voll Ehrfurcht vor einer Nische. Sie beten zu Hussein, dessen abgetrennter Kopf einst im Oktober des Jahres 680 christlicher Zeitrechnung diesem Ort für alle Zeit Weihe gegeben haben soll. Die Gläubigen, die sich hier treffen, sind schiitische Pilger aus Persien.

Gläubige Schiiten identifizieren sich derart mit den Leiden des Hussein, daß sie einmal im Jahr ihrem eigenen Leib die Qualen zufügen, die der Märtyrer einst bei Kerbela erlitten hat. Am zehnten Tag des Monats Muharram geschieht es, daß sich Gläubige selbst den Oberkörper peitschen bis Blut fließt, daß sie sich Wunden beibringen. Dieser Akt des sich selbst quälens findet in der Öffentlichkeit statt und wird meist in der Masse praktiziert. Die »Passion des Hussein« wird so für viele zum persönlichen Erlebnis. Wer die Schmerzen nicht selbst spüren will, der versenkt sich durch Gebete in das Martyrium des Hussein.

Die Verehrung konzentriert sich nicht allein auf die Person des Märtyrers; die »Heilige Familie« insgesamt ist darin eingeschlossen. Die Gläubigen gedenken in ihrem Gebet vor allem auch der Schwester des Märtyrers Hussein al-Sajedeh Zaynab. Die Überlieferung berichtet, Zaynab sei dabei gewesen, als Jazid sich den Kopf des Hussein angesehen habe. Sie hätte allen Mut zusammengenommen und sei dem Kalifen entgegengetreten. Fluchworte hätte sie ihm ins Gesicht geschleudert, ihn als Verbrecher beschimpft, als Mörder der Familie des Propheten. Al-Sajedeh Zaynab habe Jazid gedroht, der Zorn Allahs werde ihn und seine Familie für alle Zeiten treffen. Für die Schiiten ist seit Zaynabs Fluch der Kalif Jazid die Verkörperung des Teufels auf der Erde. Einen schlimmeren Menschen als Jazid kennen die schiitischen Gläubigen nicht.

Die Sunniten – sie bilden in Damaskus die Mehrheit – sehen die Ereignisse des Jahres 680 n. Chr. anders. Sie sind der Meinung, der Damaszener Herrscher habe nicht anders handeln können, als Hussein zu »liquidieren«. Hussein sei ein übler Agitator gewesen, der nur das eine Ziel gekannt habe, die Macht der Omayyadenherrscher zu reduzieren, ihre Herrschaft überhaupt in Frage zu stellen. Darüber hinaus aber sei es nicht die Absicht des Kalifen gewesen, die Familie des Propheten auszurotten. Ganz im Gegenteil: Jazid habe für ihren Unterhalt gesorgt, den Frauen und Kindern sei sicheres Geleit für die Reise nach Medina gegeben worden!

Diese völlig andere Interpretation des Geschehens vor mehr als 1300 Jahren erklärt das absurd erscheinende Verhalten der Damaszener: Sie verehren den Platz, an dem in der Omayyadenmoschee der abgeschlagene Kopf des Täufers Johannes aufbewahrt wird, doch sie wollen durchaus nichts wissen vom Ort, den der ebenfalls abgeschlagene Kopf des Prophetenenkels Hussein geheiligt haben soll.

Al-Sajedeh Zaynab hat ihre letzte Ruhestätte in Damaskus gefunden. Sie wird von den Schiiten verehrt in der Moschee beim Palästinensercamp »Jarmuk«. Jahrhundertelang war das Grab einfach gewesen – ein schmuckloses kleines Mausoleum. Die Damaszener hatten sich nicht dafür interessiert – für Sunniten ist al Sajedeh Zaynab kaum heilig. Doch als im Jahre 1980 der Iran-Irak-Konflikt begann, da wurde das Heiligtum aufgewertet: Es bot Ersatz für heilige Orte, die nicht mehr besucht werden konnten. Den Iranern war es während des Krieges und in den Jahren danach unmöglich, Kerbela, den Sterbeort des Prophetenenkels Hussein zu besuchen, denn Kerbela liegt im Irak. Der Weg dorthin ist für Iraner bis heute versperrt. Bei Beginn des langwierigen Konflikts besannen sich die schiitischen Geistlichen im Iran darauf, daß in der Hauptstadt des befreundeten Staates Syrien die Schwester des Hussein begraben liegt. Sie baten die Verantwortlichen in Damaskus darum, die Voraussetzungen schaffen zu dürfen für würdevolle Abwicklung der Pilgerfahrt zum Mausoleum der al-Sajedeh Zaynab.

Jetzt erst, nach dem Jahr 1980, entstand der Prachtbau an der Ausfallstraße nach Hauran. Die Gläubigen des Iran stifteten das Geld dazu. Sie bestimmten, in welchem Stil die Moschee zu bauen sei. Vorbilder waren eindrucksvoll ausgestaltete Bethäuser in Teheran und in der heiligen Stadt Qum: Beherrschend wurden die gebrochenen Spiegeldecken mit Zehntausenden von lichtbrechenden Fassetten, die dem Innenraum Helligkeit und Glanz verschaffen. Die Strahlen des Paradieses umfluten die Gläubigen. Von der Kuppeldecke hängt ein kristallener Leuchter, der einem riesigen Wassertropfen gleicht, der Licht ausstrahlt. Die tragenden Säulen sind mit Intarsien aus edlem Gestein verziert: Dargestellt sind blätterähnliche Gebilde und Ranken.

Eigentümlich ist der Kontrast zwischen der Leichtigkeit und der Heiterkeit des Bauwerks und der Strenge und Ernsthaftigkeit der Betenden. Ihre Gesichter zeigen kein Lächeln – dafür läßt der Glaube an den Märtyrer Hussein keinen Freiraum. Der Gedanke an seine Leiden vertreibt jeden Anflug von Freude. Die Gesichter der Frauen sind durch schwarze Tücher verhüllt; bärtig sind die Gesichter der Männer. Jeder macht den Eindruck, er sei entschlossen zum Märtyrertum – bereit, ins Paradies einzutreten.

Unter der Kuppel befindet sich das Grab der al-Sajedeh Zaynab. Seine hellglänzende viereckige Umhüllung hat einen Grundriß mit Seitenlängen von jeweils vier Meter. Sie ist drei Meter hoch und besteht aus einem Gitter, das den Blick in das dunkle Innere der Umhüllung kaum freigibt. Was sich hinter dem Gitter in der Finsternis befindet, bleibt ein Geheimnis; von einem Sarkophag ist nichts zu erkennen.

Die Gläubigen drängen sich um die Gitter, die aus Silber gearbeitet sind. Mit dem Blick in das Dunkel, auf das Geheimnis gerichtet, beten sie. Manche werfen Kleidungstücke auf die grüne Abdeckung der Silberhülle des Grabes. Die Gläubigen wollen damit ihre enge Verbindung zu al-Sajedeh Zaynab und damit zur Familie des Propheten bekunden. Wer einen Schal oder einen Umhang auf dem Grab der Geheiligten zurückläßt, der handelt im Glauben, er selbst sei aufgenommen in den heiligen Bereich. Die Männer und Frauen aus Iran, die in ihre Heimat zurückkehren, sind überzeugt, durch ihr in der Moschee verbliebenes Eigentum ihr Anrecht auf den Einzug ins Paradies verbessert zu haben.

Wertvolle Teppiche bedecken den Boden der Moschee. Mancher der Gläubigen hat eines der sandfarbigen Plättchen vor sich liegen, die aus Sand der heiligen Stätten von Kerbela gepreßt, und mit dem Blut des Märtyrers getränkt sein sollen. Die Plättchen verbinden Damaskus mit Kerbela: Sie geben dem Gläubigen die Überzeugung, in der syrischen Hauptstadt den Ort verehren zu können, an dem der Märtyrer Hussein sein Leben im Kampf gegen die Truppen des »Teufels Jazid« gelassen hat.

Daß der Kalif Jazid nach 1300 Jahren in Damaskus noch immer in hohem Ansehen steht, dringt nicht ins Bewußtsein der schiitischen Pilger, die aus dem Iran für fünf Tage nach Damaskus kommen, um religiöse Pflichten zu erfüllen. Die Damaszener erinnern sich voll Stolz an das Geschlecht der Omayyaden, die ihrer Stadt Glanz und Ansehen gegeben haben. Das »Haus Omayya« zu verfluchen – wozu die Schiiten verpflichtet sind – kommt einem Sunniten aus Damaskus nicht in den Sinn. Der Fluch liegt auch einem Alawiten fern. Hafez al-Assad rechnet die Omayyadenzeit zu den Glanzepochen Syriens.

An der Außenwand der Zaynab-Moschee stehen die Worte: »Hafez al-Assad ist der Baumeister des modernen Syrien.« Diese Huldigung ist Pflicht – auch für die iranischen Gäste.

Die schiitischen Pilger finden in Damaskus ein zweites Heiligtum, das ihnen am Herzen liegt: Mitten in Damaskus, in einer winkeligen Gasse, steht die Moschee der Rokija, der Schwester der Zaynab. Das Gebäude ist kleiner, die Kuppel niedriger – und doch wäre es auch diese Moschee wert, besichtigt zu werden. Allerdings ist es nicht ratsam, als Fremder einzutreten. In der Enge der Rokija-Moschee machen es die iranischen Schiiten dem Fremden deutlich, daß er unerwünscht ist. Besonders die verschleierten Frauen geben durch Worte zu verstehen, daß sie von den Christen nichts halten und allein den Islam als Glauben gelten lassen.

Das Innere der Moschee der Rokija in Damaskus ist auch nach iranischem Vorbild gestaltet: Die Decke besteht aus Zehntausenden von aneinandergefügten kleinen Spiegeln, die einen Eindruck vom Glanz und vom Licht des Himmels vermitteln sollen. Aufwendig ist die Gestaltung der Wände und Säulen: Gold, Silber und edle Steine sind in der Grabmoschee der Rokija in reichem Maße verwendet worden. Das einst kleine Mausoleum wurde zum Musterbeispiel iranischer Moscheebaukunst in Damaskus. Restaurierung und Erweiterung ist auch durch iranische Spendengelder finanziert worden. Finanzkräftige Geschäftsleute waren aufgefordert, sich um die Gläubigen und um die

Propagierung der schiitischen Überzeugung verdient zu machen.

Ayatollah Ali Khamenei, das geistliche Oberhaupt der Iraner, sieht die schiitischen Moscheen im sunnitischen Damaskus durchaus als Brückenkopf schiitischer Überzeugung weit im Westen und als Zeichen iranischer Präsenz in einer Region, in der zwar die Sunniten in der Mehrheit sind, in der jedoch die Zahl der Schiiten zunimmt – und damit auch ihre politische Bedeutung. Der Libanon bietet ein Beispiel für den Prozeß des Anschwellens schiitischer Macht.

Als mit dem Ende des Zweiten Weltkrieges die Staatsgründung des Libanon abgeschlossen und das libanesische Gebiet von Syrien abgetrennt war, bildeten die Christen – mit den Maroniten als Kern – die Mehrheit der Bevölkerung. Sie handelten danach und betrachteten den Libanon als ihren ureigenen Staat, als die Heimat, die ihnen von Gott für ewig übereignet worden ist. Die Christen glaubten, wenig Rücksicht auf die Moslems nehmen zu müssen. Doch bald schon verschoben sich die Mehrheitsverhältnisse. Die Ursache: Die Christen hielten ihre Familien klein. Sie waren durchweg der Meinung, daß sie ihren Kindern eine besondere Ausbildung zukommen lassen müßten, wenn sie sich – umgeben von einer feindlichen islamischen Umwelt – als Beherrscher des Landes behaupten wollten.

Ermutigt zur Vorherrschaft wurden sie aus Paris. Zu Pariser Politikern und zur Geschäftswelt hatten die Maroniten schon seit dem Mittelalter ausgezeichnete Beziehungen. Die Maroniten fühlten sich eher Frankreich verbunden als der arabischen Welt. Sie schickten deshalb ihre Kinder auf Schulen und Universitäten nach Frankreich. Dies war nur zu finanzieren, wenn die Zahl der Kinder klein war. Familienplanung war daher angebracht und wurde praktiziert. Die Moslems aber, und insbesondere die Schiiten, kannten solche Rücksichten nicht. Hatten christliche Familien höchstens drei Kinder, so zählten islamische Ehepaare durchaus zehn oder ein Dutzend Kinder zu ihren Familien. Die Folge war rapide Zunahme der islamischen Bevölkerung des Libanon; die Schiiten, die zu den ärmeren Schichten gehörten, zeichneten sich besonders durch Kinderreichtum aus.

Die letzte offizielle Statistik des libanesischen Staates stammt aus dem Jahr 1958. Sie weist rund 1,5 Millionen Christen aus – und 700 000 Moslems. Nach 1958 gab es keine Zählung der Bevölkerung mehr, sondern nur noch ungefähre Schätzungen, die den Faktor Glaubenszugehörigkeit absichtlich vernachlässigten, denn die politisch mächtigen Christen fürchteten die Offenlegung der wahren Verhältnisse. Ihren zahlenmäßigen Niedergang wollten sie nicht auch noch dokumentiert wissen. Dann verhinderten Krieg, Bürgerkrieg und Unruhen die Arbeit der Statistiker. Als die Konflikte im Libanon abklangen, da waren wenigstens wieder grobe Schätzungen möglich. Sie tendieren dazu, die Schiiten mit mehr als einer Million Menschen zur bedeutendsten Bevölkerungsgruppe zu erklären; die Christen werden mit kaum der Hälfte eingestuft. Der Schwund der Maroniten ist vor allem durch die starke Auswanderungsbewegung gerade dieser wirtschaftlich aktiven Schicht erfolgt. Maronitische Familien kontrollierten Banken und Hotelketten in Spanien und Westafrika. Sie halten durch das Geld, das sie nach Hause schicken, die Wirtschaft im christlichen Teil der Heimat am Leben. Doch sie fehlen als Basis der politischen Kraft der Maroniten im Libanon.

Die Schiiten aber blieben meist dort, wo sie geboren und aufgewachsen waren. Die Treue zur schiitischen Heimat machte sie zahlenmäßig stark. Diese Entwicklung führte dazu, daß ein Gegenpol entstand zum Einfluß des syrischen Regimes im Libanon. Die Schiiten hörten mehr auf Teheran als auf Damaskus. Zwar wurden die in Syrien herrschenden Alawiten als glaubensmäßig verwandt mit den Schiiten betrachtet, aber wirklich tief war die Beziehung dann doch nicht. Als echte Schiiten galten eben die Iraner. Eine Brücke des Glaubens und damit der politischen Überzeugung war geschlagen worden zwischen Iran und Libanon – eine Brücke, die über Syrien hinwegführt.

Deutlich wurde diese Brücke im Juni 1994 zum Zeitpunkt der Gedächtnisfeiern für den Märtyrer Hussein. Da detonierte in der wichtigsten Moschee der iranischen Stadt Mashed eine Sprengladung. Etwa 50 Menschen wurden getötet und mehr als 50 verletzt. Pilger waren nach Mashed gekommen, um die Ereignisse von Kerbela, den Tod des Märtyrers Hussein nachzuerleben und um an die »Heilige Familie« des Propheten zu denken. Anlaß für die Pilgerfahrt in die Hauptstadt der iranischen Provinz Chorasan ist das Grab des Imams Ali ar-Rida. Er war ein direkter Nachkomme des Propheten gewesen, der im Jahre 818 n. Chr – es war das Jahr 203 des Islam – in Mashed gestorben war.

Imam Ali ar-Rida wird zwar nicht im gleichen Maße wie der Märtyrer Hussein verehrt, doch er verdient hohe Achtung als Mitglied der »Heiligen Familie«.

Wer für die Detonation am Grab des Imams ar-Rida verantwortlich war, blieb ungeklärt. Beschuldigt wurde die Geheimorganisation der »Volksmudschahedin«, deren Basen sich im Irak befinden. Doch deren Kommandeur hat den Anschlag verurteilt und die Beschuldigungen zurückgewiesen.

Bemerkenswert waren die Reaktionen auf den Anschlag in der islamischen Welt. Daß Trauerdemonstrationen in Mashed, Qum und Teheran stattfanden, ist selbstverständlich. Doch wurde auch in den schiitischen Dörfern des Libanon demonstriert. Verboten waren Kundgebungen im Irak – und aus Syrien wurden im Zusammenhang mit dem Anschlag keine Meinungsäußerung gemeldet. Die Sicherheitsbehörden der syrischen Hauptstadt dulden keinerlei Demonstrationen – sie sind ganz besonders wachsam im Bereich der Grabmoscheen der al Sajedeh Zaynab und der Rokija. Schiitische Demonstrationen könnten zu Reibereien zwischen den Religionsgruppen führen und schließlich zu Unruhen. Den Pilgern, die aus Iran nach Damaskus kommen, ist auferlegt, sich still zu verhalten. Die Milizionäre, die zuständig sind für Ruhe und Sicherheit bei den Heiligtümern, sind informiert über die Probleme der saudiarabischen Behörden, deren Polizisten häufig in Straßenkämpfe mit iranischen Pilgern verwickelt sind, die zum Sturz der Saudi-Monarchie aufrufen. Die iranischen Pilger in Damaskus betreiben keine Politik.

Nach Möglichkeit bleiben Iraner und Syrer getrennt. Manches, was in Syrien geschieht, würde den gläubigen Gästen aus Iran mißfallen. Weibliche Soldaten in Uniform, die ohne Scheu ihre Reize durch Make-up und auffälligen Nagellack betonen, die überaus kurze Röcke und kokette Ohrclips tragen, wären den tiefverschleierten schiitischen Pilgerinnen ein Greuel – und die Rückbesinnung auf die Werte einer heidnischen Königin, die mit Soldaten zusammengelebt hat, auch.

Alawitische Soldatinnen –
Die Urenkelinnen der Zenobia

»Die Königin Zenobia ist uns Vorbild! Sie war eine attraktive Frau, und sie war selbstbewußt, klug, mutig, und sie konnte befehlen. Syrische Frauen sind so veranlagt, wenn man sie läßt! Hafez al-Assad macht es möglich, daß sie heute zeigen können, was sie wert sind!«

Dies ist die Ansicht von Leutnant Nadra. Auf dem Exerzierplatz der »Syrischen Militärakademie für Frauen« ist der weibliche Offizier zuständig für die Ausbildung im Umgang mit der Kalaschnikow-Maschinenpistole. Leutnant Nadra demonstriert, wie das Munitionsmagazin eingeführt und wie der Verschluß der Waffe entsichert wird; sie bringt den Kadettinnen das Zielen bei, und sie zeigt, wie der Finger am Abzug zu liegen hat. Sie informiert darüber, daß die Kalaschnikow-Maschinenpistole die fatale Neigung hat, nach rechts oben »abzutreiben«, daß sich der Rückstoß der schnellen Schußfolge auf die Richtung der Geschosse auswirkt.

Leutnant Nadra sieht apart aus. Sie ist noch unverheiratet, aber mit einem Offizier befreundet. Kennengelernt haben sie sich keineswegs im Dienst, sondern im heimatlichen Dorf bei Lattakia. Die Truppenverwaltung hat den beiden eine nahezu kostenlose Wohnung versprochen. Wenn Leutnant Nadra ein Kind bekommt, wird sie bei voller Bezahlung vom Dienst beurlaubt. Ihr Leben wird abgesichert verlaufen – wenn das Regime des Hafez al-Assad an der Macht bleibt.

Die »Syrische Militärakademie für Frauen« ist sein Werk, er hat sie 1981 gegründet. Die jungen Frauen, die hier ausgebildet werden, lassen im Gespräch kaum eine Gelegenheit verstreichen, auf die Bedeutung des Präsidenten für Syrien hinzuweisen: »Wir leben gern im Assad-Land. Es geht uns weit besser als den Frauen anderer arabischer Länder. Wir sind stolz darauf, seine Soldaten sein zu dürfen!« Der Hinweis, Ähnliches sei doch auch in Libyen möglich, wird schnell von Leutnant Nadra mit der Bemerkung abgetan, in Libyen bestünde ja nur Kathafis ganz persönliche Leibwache aus Frauen – damit sind sowohl die libyschen Soldatinnen als auch der libysche Revolutionsführer Moammar al-Kathafi abqualifiziert.

Jedes Jahr werden 75 junge Frauen in die Syrische Militärakademie aufgenommen. Nach strengem Ausleseverfahren, sagt das syrische Verteidigungsministerium. Bereitwillig wird Auskunft erteilt, aus welcher Gegend des Landes die Kadettinnen stammen: »Sie sind im Nordwesten Syriens zu Hause, in der Heimat unseres Präsidenten.«

Unzulässig ist in Damaskus jede weitere Frage nach der Zugehörigkeit zu Religionsgruppen und Sippen. Sie ist auch nicht nötig. Die Auskunft, die Frauen seien im Nordwesten Syriens zu Hause, beinhaltet, daß sie Alawitinnen sind. Daß nur junge Frauen aus dem engen Kreis der Sippe des Hafez al-Assad zur Syrischen Militärakademie zugelassen werden, ist zu verstehen, wenn in Betracht gezogen wird, für welche sensiblen Bereiche der Wehrtechnik diese jungen Frauen ausgebildet werden: Sie sollen eingesetzt werden als Spezialisten für Fernmeldeelektronik, für Meßgeräte der Radartechnik und der Lenkwaffensysteme. Diese Sektoren des Wehrwesens sind nur einem ganz besonderen Personenkreis vorbehalten, der dem Präsidenten die Garantie absoluter Treue in kritischer Situation bietet. Die Alawiten insgesamt bilden eine verschworene Gemeinschaft, in die nun auch Frauen einbezogen werden. Die weiblichen Offiziersspezialisten sind darauf geschult, bei Krisen des Regimes die Kommunikationszentren intakt zu halten. Frauen, wie Leutnant Nadra, sind dem Alawitenclan ergeben. Auf sie wird auch Verlaß sein, wenn eine andere Persönlichkeit aus dem Clan an die Spitze des Staates tritt.

In Damaskus ist kein Protest dagegen zu spüren, daß Alawiten nun auch dabei sind, Frauen in das Netz ihrer Macht einzubringen. Die sunnitischen Familien der Hauptstadt würden kaum dulden, daß ihre Töchter draußen im Süden von Damaskus in primitiven Gebäuden leben, damit sie in großer Hitze auf dem staubigen Exerzierplatz das Marschieren in Reih und Glied üben. Sunnitische Eltern würden sich dagegen wehren, daß ihre Mädchen morgens um 6 Uhr im Trainingsanzug um einen Sportplatz rennen müssen. Sunnitische Mütter würden gar nicht zulassen, daß sich ihre Töchter aus der Hut und der Aufsicht der Familie lösen.

Die Sunniten haben allerdings immer den Fehler gemacht, den Militärdienst abzulehnen, weil er unter ihrer Würde war. Den Alawiten war auch deshalb das Eindringen in das syrische Militär so leicht gelungen, weil die Kaufleute von Damaskus, Hama und Aleppo den anstrengenden Dienst den Männern der »minderwertigen Minderheit« überlassen haben – »sollen die sich doch herumkommandieren lassen«. Auf diese Weise trennten sich die Sunniten selbst vom Machtinstrument Militär. Die Alawiten aber, die durchweg aus den ärmeren Gegenden Syriens stammten, hatten nichts zu verlieren, wenn sie sich in die Kasernen aufnehmen ließen – und sie nutzten ihre Chancen.

Das Frauenbild der Alawiten unterscheidet sich von dem der sunnitischen Mehrheit Syriens. Die scharfe Trennung der Geschlechter ist in den Bergdörfern im Nordwesten nie praktiziert worden. Unter den kargen Lebensumständen des ärmlichen Landes waren die Familien darauf angewiesen, daß die Frauen mitarbeiteten, daß sie nicht abgeschlossen im Hause blieben. Der Existenzkampf verlangte eher Partnerschaft als Unterordnung der Frau. Das Resultat ist, daß die alawitischen Frauen selbständig und selbstbewußt sind, und bereit, Verantwortung zu tragen.

Sie haben für sich auch das politische Betätigungsfeld entdeckt: Ein Zehntel der Delegierten des Parlaments sind Frauen – und die meisten davon stammen aus Familien der Alawiten im Nordwesten Syriens. Und genau diese Politikerinnen unterstützen den Ausbau der »Syrischen Militärakademie für Frauen« in Damaskus. Hafez al-Assad weiß, daß er über fähige weibliche Offiziersspezialisten verfügen kann. Das Reservoir an Männern der Alawitenfamilien, die für den Militärdienst aus ihren Dörfern eingezogen werden können, ist nicht unerschöpflich. Die Miliz nimmt einen beachtlichen Teil in Beschlag und die Armee setzt immer neue Aufgaben. Wenn keine Männer mehr einberufen werden können – ohne Gefahr der Zerstörung der Volkswirtschaft in den Alawitengebieten – springen die Frauen ein. Sie beginnen allmählich die letzten sunnitischen Offiziere aus Positionen in sensiblen Zentren zu verdrängen.

Die Führung der »Syrischen Militärakademie für Frauen« hat erkannt: »Frauen sind ehrgeiziger als Männer. Sie können sich leichter auf eine Aufgabe konzentrieren, und sie beweisen mehr Biß!« Musterbeispiel sei Zenobia, die Königin von Palmyra gewesen.

Sie war lange vergessen in Damaskus. Mit ihr hatten sich nur Archäologen, Historiker und Touristen beschäftigt. Jetzt wird sie wiederentdeckt für eine junge Frauengeneration. Vielleicht wird sie – über die Alawitenfrauen – zum Vorbild auch für andere.

»Kultur des Friedens« –
Die Zerbrechlichkeit des Friedensprozesses

Die Formulierung, der Friedensprozeß sei gefährdet, sei zerbrechlich, wurde im Juni 1994 in der kleinen dänischen Stadt Helsingör geäußert. Dort, am Ende des Öresunds trafen sich israelische und palästinensische Politiker unter Aufsicht der Organisation der Vereinten Nationen, die zu diesem Meeting eingeladen hatte. Beide Seiten hatten Politiker von Format geschickt, die alle – mit Nuancen des Unterschieds – der Meinung waren, die endgültige Bereinigung des Nahostkonflikts müsse rascher vorangetrieben werden. Fortgesetzt werden sollte in Helsingör in relativer Öffentlichkeit, was ein Jahr zuvor bei Oslo im verborgenen praktiziert worden war: die gemeinsame Suche der bisher verfeindeten Völker nach einer stabilen Basis des Friedens im Nahen Osten. Die Vereinten Nationen hatten dem Treffen die Aufgabe gestellt, Grundsätze einer »Kultur des Friedens« zwischen Arabern und Israelis zu präzisieren.
Anleitung dazu wurde von auserwählten Persönlichkeiten, wie dem amerikanischen Nahostspezialisten Richard Murphy erwartet. Zu Beginn der Konferenz herrschte Optimismus, genährt von der Überzeugung, die baldige Ankunft Arafats in Jericho werde das Eis schmelzen lassen, das die gegenseitige Öffnung des Vertrauens behindere. Doch Arafats Einzug wurde von der PLO-Führung hinausgezögert. Kopfschütteln löste die Bemerkung eines Arafatberaters aus, der meinte, es sei äußerst unklug, ein derart medienträchtiges Ereignis zur Zeit der Höhepunkte der Fußball-Weltmeisterschaft anzusetzen. »Da schaut doch die ganze Welt Fußball an, da gehen doch die Bilder von Arafats Einzug in der Heimat einfach unter!«
Die Gesprächspartner des Meetings von Helsingör diskutierten die Ursachen der Schwierigkeiten, die den Friedensprozeß hemmen. Registriert wurde die Zunahme der Kräfte, die im Islam das Heil der Zukunft für die arabische Welt erkennen wollen. Diese Kräfte sind sich einig in der Verneinung der Existenzrechte des

Staates Israel. Hoffnung wurde geäußert, eine Demokratisierungswelle, die durch Wahlen im autonomen Gebiet der Palästinenser ausgelöst werden könnte, wäre in der Lage, den Einfluß radikaler Elemente, wie der Organisationen Hamas und Hisb'Allah zu reduzieren.

Wahrhaft demokratische Wahlen sind ein fremdes Element in Arabien – nur die Israelis wissen sachgerecht damit umzugehen. Gelingt es den Palästinensern, ihr autonomes Gebiet in eine Demokratie zu verwandeln, kann dies nicht ohne Auswirkungen auf andere arabische Staaten bleiben. Über die Diktatoren und Despoten Arabiens wurde in Helsingör gesprochen, die Bemerkungen über das syrische Regime und Hafez al-Assad waren aber eher harmlos.

Keiner der Gesprächspartner glaubte daran, daß eine Welle der Demokratisierung Damaskus erreichen könnte. Die alawitisch orientierte Herrschaftsschicht weiß, daß sie durch Wahlen ihre Macht aufs Spiel setzt. Hätte das Volk Syriens zu entscheiden, würde die Baathpartei kaum eine Mehrheit der Stimmen bekommen, die sie zum Regieren befähigen würde. Übereinstimmung herrschte in Helsingör in der Überzeugung, ehe Hafez al-Assad die Regeln der Demokratie für sein Land akzeptieren könnte, würde er dafür sorgen, daß sich in Palästina keine Demokratie entwickelte. Die Organisationen Hamas und Hisb'Allah wären dann die Werkzeuge, um den Weg zur Demokratie zu blockieren.

Daß die PLO von Beginn ihrer Existenz an die Neigung hatte, demokratische Regeln der Politik zu befolgen, hat damit zu tun, daß wichtige Personen der Organisation in Europa und besonders in der Bundesrepublik ausgebildet worden sind. Sie hatten den Wert der Demokratie für die Gesellschaft eines Staates erkannt. Diese Wertschätzung war den Persönlichkeiten anderer arabischer Völker fremd. Sie sahen in der Anwendung demokratischer Formen und Formeln Instrumente zur Durchsetzung eigener Machtansprüche, eine Variante der Diktatur. Mit Argwohn wurden deshalb in der übrigen arabischen Welt die demokratischen Ansätze der Palästinenser betrachtet. Die Durchsetzung der Autonomiepläne hängt davon ab, ob sich der Demokratiegedanke in den Köpfen der Palästinenser entwickelt. Das autonome Gebiet Palästina muß sich zum Überleben abgrenzen von den Systemen arabischer Regime.

Gegen diesen Willen zur Demokratie kämpfen die in Damaskus Herrschenden an. Wahre Demokratie bildet für sie eine Gefahr. Auch aus diesem Grund ermunterten sie im Hochsommer 1994 die Palästinenserorganisationen des George Habbash und des Nayef Hawatmeh, die Realisierung der Autonomie in Gaza und Jericho mit aller Kraft zu verhindern.

Offenkundig ist »die Zerbrechlichkeit des Friedensprozesses«. Sie hängt auch ab vom Alter und vom Gesundheitszustand der beteiligten Politiker. Die Männer wirken alt – wie der 72jährige Jitzhak Rabin. Sie zeigen Anzeichen von Erschöpfung – wie der Vorsitzende der PLO, Jassir Arafat. Sie sind krank – wie König Hussein von Jordanien. Sie geben durch Verschleierung ihres Gesundheitszustandes Anlaß zu Befürchtungen und Gerüchten – wie Hafez al-Assad.

Von ihrer Kraft und von ihrem Einsatz hängt die Entwicklung ab. Fällt eine dieser Personen aus, verändern sich Richtung und Schwung des Friedensprozesses.

Das Treffen der Palästinenser und Israelis im dänischen Ort Helsingör brachte keine spektakulären Ergebnisse – und dennoch wurde das Ereignis in Damaskus mit Nervosität beobachtet. Daß sich israelische und palästinensische Politiker zu ganz normalen Gesprächen zusammensetzen und nicht sofort in Streit ausbrechen, gefährdet die Position des Damaszener Regimes im Konflikt zwischen Arabern und Israelis. Wenn die Palästinenser bereit sind, sich mit den Israelis zu einigen, welchen Anlaß haben dann die Syrer, den Streit, der doch immer im Namen der Palästinenser geführt wurde, fortzusetzen?

Wollen die Mächtigen in Damaskus ihre Politik der Konfrontation weiterführen, ist dies nur möglich, wenn es ihnen gelingt, Arafats Legitimität zu erschüttern. Ihre Hauptaufgabe muß darin bestehen, den Arabern und der ganzen Welt deutlich zu machen, daß Jassir Arafat eben nicht der wahre und eindeutige Repräsentant des palästinensischen Volkes ist – und somit überhaupt nicht berechtigt, mit der israelischen Regierung im Namen des palästinensischen Volkes ein Abkommen zu schließen. Seine Bemühungen müssen lächerlich gemacht und als unwichtig dargestellt werden im Verhältnis zum gesamten politischen Entwicklungsprozeß im Nahen Osten. Der iranische Außenminister Ali Akbar Velajati fand im Sommer 1994 die Formulierung, die ausdrückt, was die Mächtigen in Damaskus denken: »Arafat bildet sich nur ein, er vertrete das Volk der Palästineser. Er hat sich doch selbst degradiert – zum Landrat von Gaza und Jericho!« Doch die Unterstützung des bisherigen Standpunkts der syrischen Regierung durch Worte aus Teheran bliebe wirkungslos, wenn nicht die israelische Regierung selbst durch entschlossene militärische Schläge dafür sorgen würde, daß Hafez al-Assad am Glauben festhält, er behalte auf Dauer recht mit seinem Vorwurf, die Israelis seien überhaupt nicht ernsthaft am Frieden interessiert. Die israelische Luftwaffe erinnert den syrischen Präsidenten immer wieder schmerzhaft daran, daß der Krieg noch andauert.

Am 20. Juni 1994 griffen israelische Kampfflugzeuge Ziele im Süden des Libanon an. Im Tiefflug rasten die Maschinen über die Hügel des israelisch-libanesischen Grenzgebiets und über den Litanifluß, vorbei am markanten Punkt der Kreuzritterburg Beaufort. Wie viele Flugzeuge nach Norden flogen, konnte niemand feststellen. Der dumpfe Krach wechselnder Lautstärke deutete darauf hin, daß es mehrere Maschinen waren. Am wolkenlosen Himmel war nichts zu sehen. Die Erfahrung lehrt, daß der Donner der Düsen erst zu vernehmen ist, wenn sich die Kampfmaschinen schon wieder entfernen. Für Menschen, die sich im angeflogenen Zielgebiet befinden, gibt es keine Vorwarnung. Wer das Flugzeug zu hören bekommt, ist vom Hagel der Geschosse verschont geblieben.
Angegriffen wurde diesmal der Ort Jebel al Raffih. Er liegt im Hügelland des Südlibanon und besteht aus einem Dutzend Häuser, die vor Monaten von schiitischen Familien bewohnt worden waren. Sie hatten das Dorf dann verlassen müssen um Platz zu machen für die schiitische Kampforganisation Hisb'Allah, die Jebel al Raffih für einige Wochen zum Zentrum ihrer Aktivitäten machen wollte.
In Jebel al Raffih waren dann die Kämpfer untergebracht, die Anschläge verübten in der sogenannten Sicherheitszone an der israelischen Nordgrenze. In Jebel al Raffih lagerten die Katjusharaketen und die Raketenwerfer, die zum Beschuß israelischer Siedlungen gebraucht wurden. Im Dorf wurden die Kämpfer von Hisb'Allah mit der einfachen, aber zum Kampf stimulierenden Lehre vertraut gemacht, die lautet: »Wer im Kampf gegen Israel sein Leben verliert, wird, dem Prophetenenkel Hussein

gleich, zum Märtyrer, dem sich das Tor zum Paradies sofort öffnet.«

An den Hauswänden kleben Bilder des Ayatollah Ruhollah Khomeini. Er war es, der auch den Schiiten im syrisch-libanesischen Grenzgebiet ihr Selbstvertrauen gegeben hatte. Neben Khomeinis finsterem Gesicht ist das freundliche Gesicht des Imam Musa al-Sadr zu sehen. Sein Kopf ist, wie der des Ayatollah, mit dem schwarzen Turban versehen – zum Zeichen, daß der Träger der Familie des Propheten Mohammed angehört. Imam Musa al-Sadr ist verschollen. Er war am 25. August 1978 von Beirut aus – auf Einladung des Revolutionsführers Moammar al-Kathafi – nach der libyschen Hauptstadt Tripoli geflogen. Der Imam wollte für die meist armen Schiiten des Libanon finanzielle Hilfe erbitten. Von der Reise nach Tripoli ist der Imam nicht zurückgekehrt. Viele Schiiten sind der Meinung, der Imam sei »entrückt«, von Allah den Augen der Gläubigen entzogen worden. An einem bestimmten Tag aber, den Allah festlegen werde, komme der Imam zurück, um Wichtiges zu verkünden. Die Angehörigen der Kampforganisation Hisb'Allah fühlen sich mit Imam Musa al-Sadr besonders verbunden. So schmückten sie auch die Häuser von Jebel al Raffih mit seinem Bild. Doch am Nachmittag des 20. Juni 1994 klebten die Bilder des Ayatollah und des Imam an Wänden von Ruinen.

Als der Krach von Düsenmaschinen und Explosionsschlägen verklungen war, lag ein Teil des Ortes Jebel al Raffih in Trümmern. Nur wenige Menschen waren zu sehen – ältere Frauen und Männer. Sie standen verloren, ratlos und mit stumpfem Gesichtsausdruck zwischen den wenigen unbeschädigt gebliebenen Häusern.

Niemand suchte nach Toten und Verletzten, offenbar wußten alle, daß es keine geben konnte. Das Dorf Jebel al Raffih machte den Eindruck, als sei es vor dem israelischen Luftangriff geräumt worden.

Zur gleichen Stunde hatten Kampfflugzeuge Raketen auf die Ortschaft Ain al Tinah abgefeuert. Ain al Tinah liegt im Beka'atal, nahe der syrischen Grenze, mitten in der Zone, die vom syrischen Militär kontrolliert wird. Bei diesem Angriff wurde eine Frau getötet. Zwei Kämpfer der Hisb'Allah und ein Bauer erlitten schwere Verletzungen. Ain al Tinah war nicht auf den Luftangriff vorbereitet gewesen. Im Dorf wurde die Frage gestellt, warum die Hisb'Allah-Position im Beka'atal nicht von der syrischen Luftwaffe und von den nahegelegenen Batterien der Luftabwehrraketen geschützt wird.

Die Luftangriffe vom 20. Juni 1994 gehören zu einer Serie von Attacken. Drei Wochen zuvor waren bereits im Südlibanon Stellungen der »Partei Allahs« mit weit größerem Erfolg angegriffen worden. Damals waren 26 Menschen durch Luft-Boden-Raketen ums Leben gekommen. Die israelische Regierung begründete den Angriff so: Die Kampforganisation Hisb'Allah muß entscheidend geschwächt werden, denn sie hat sich das Ziel gesetzt, den Friedensprozeß zu stören. Das Fazit der Verantwortlichen in Israel: Wer für den Frieden ist, muß Hisb'Allah bekämpfen.

In Wahrheit sollten die Angriffe weniger die schiitische Organisation im Libanon treffen, sondern indirekt das Regime in Syrien, den Protektor der Hisb'Allah. Hafez al-Assad in Richtung Verhandlungen zu treiben, ist die Absicht der israelischen Regierung. Jeder Luftangriff ist als gewaltsamer und schmerzhafter Hinweis gedacht, es sei besser für Syrien, die Unterstützung der Hisb'Allah aufzugeben und sich an den Verhandlungstisch zu setzen. Der wahre Hintergrund ist den Worten von Jitzhak Rabin zu entnehmen: »Den Vorwurf, wir, die Israelis torpedierten die Friedensverhandlungen, will ich gar nicht hören. Mit Syrien finden derzeit überhaupt keine Verhandlungen statt – weil Syrien nicht verhandeln will. Da brauchen wir auch keine Rücksicht zu nehmen. Würden Verhandlungen stattfinden, wäre die Situation völlig anders.«

Damit hatte Jitzhak Rabin die verbale Verbindung hergestellt zwischen der Aktion der Luftwaffe und dem Stocken der Verhandlungen mit Syrien. Gemeint ist, daß Damaskus erst dann mit Rücksichtnahme rechnen kann, wenn Hafez al-Assad signalisiere, er werde wieder an Verhandlungen teilnehmen. Diese Politik der israelischen Regierung erweist sich allerdings als Fehleinschätzung.

Im Sommer 1994 zieht sich der Mächtige Syriens von der Öffentlichkeit zurück. Außer den Mitgliedern seiner alawitischen Familie bekommt ihn kaum jemand zu Gesicht. Die Ministerien und die Führung der Armee funktionieren auch ohne ihn wie von selbst. Diejenigen, die mit Hafez al-Assad tatsächlich gesprochen haben, schweigen – manchmal aus Sorge, ein Wort könnte zuviel sein. Es ist der iranische Außenminister Ali Akbar Velajati, der

ausspricht, was den Herrn über die Politik von Damaskus be-
wegt: »Mit den Angriffen im Süden des Libanon beweisen die
Israelis Tag für Tag, daß sie aggressiv sind und den Krieg wollen.
Wer kann den syrischen Präsidenten zwingen, sich mit den
Aggressoren an einen Tisch zu setzen?«

Aus ihrer Analyse der politischen Situation in Damaskus lesen
die führenden Köpfe der Hisb'Allah ab, daß sie aus Damaskus
nicht gerügt werden, wenn sie Vergeltungsschläge für die Luftangriffe austeilen. Kaum waren am 20. Juni 1994 die Luft-Boden-
Raketen in den Dörfern Jebel al Raffih und Ain al Tinah detoniert,
da lauerte bei der Kreuzritterburg Beaufort am Litanifluß eine
Kampfgruppe der Partei Allahs einer israelischen Militärpa-
trouille auf. Durch die Feuerstöße der schiitischen Kämpfer
starben drei israelische Soldaten, drei andere wurden verletzt.
Wenige Minuten später flammten die Kämpfe im gesamten
Frontverlauf im Süden des Libanon auf. Die israelische Artillerie
feuerte auf Stützpunkte und Stellungen der Schiiten. Hisb'Allah
antwortete mit Raketenbeschuß der Siedlungen auf israelischem
Gebiet. Auf beiden Seiten hielten sich die Schäden in Grenzen.

Daß die militärischen Aktionen nichts bewirken konnten, begriffen die Verantwortlichen in Syrien und Israel. Verstanden wurde
auch, daß von den Vereinigten Staaten von Amerika derzeit kein
Impuls zu erwarten ist, der Hoffnung in eine verfahrene Situation bringen könnte. Der amerikanische Präsident und sein
Außenminister Warren Christopher sind mit dem Problem beschäftigt, ob Nordkorea sein Atompotential der Kontrolle der
internationalen Atomenergiebehörde unterstellt. Im Juni 1994
wurde die Drohung der nordkoreanischen Regierung ernst genommen, sie schrecke vor einem Atomkrieg nicht zurück, wenn
sie gezwungen sei, ihre Souveränität zu verteidigen. Dem früheren amerikanischen Präsidenten Carter gelang es schließlich,
einen offenen Konflikt zwischen Nordkorea und einer südkorea-
nisch-amerikanischen Koalition zu verhindern. Bill Clinton entschloß sich daraufhin, geplante Aktionen, die Nordkoreas Wirt-
schaftsentwicklung beeinträchtigt hätten, zu suspendieren.

Die Weltpolitik überlagert zeitweise das Interesse am Geschehen
im Gebiet zwischen Mittelmeer und Persischem Golf. Rasch
verändern sich Situationen, die bisher als stabil galten. Von
psychologischer Auswirkung auf die am Nahostkonflikt beteilig-

ten arabischen Regierungen ist der Beitritt Rußlands zum NATO-Programm »Partnerschaft für den Frieden«. Am 22. Juni 1994 unterschrieben der russische Außenminister Kosyrew und sein amerikanischer Kollege Christopher in Brüssel die entsprechenden Dokumente. Christopher nannte den 22. Juni einen historischen Tag.

Das NATO-Programm, dem zuvor 20 Staaten beigetreten waren, sieht eine enge militärische Zusammenarbeit aller Beteiligten vor: Die NATO und Rußland werden künftig Informationen »über geplante sicherheitspolitische Entscheidungen« austauschen. Hafez al-Assad muß fortan berücksichtigen, daß die NATO, die USA und Rußland von nun an eine starke Position innerhalb der Vereinten Nationen besitzen – das »Projekt für den Frieden« sieht »enge militärische Zusammenarbeit vor, die auch gemeinsame Ausbildung und Manöver für UN-Einsätze« umfaßt. Dem syrischen Staatschef stellt sich die Frage, ob es klug sein wird, Syrien aus dem umfassenden Friedensprojekt herauszuhalten. Während der Unterzeichnung der »Partnerschaft für den Frieden« durch Kosyrew wurde deutlich, daß zunächst die osteuropäischen Staaten zur Teilnahme eingeladen sind, daß jedoch auch der nahöstliche Raum einbezogen werden könnte. Ein rascher Entschluß zur Partnerschaft würde Syrien Vorteile bringen. Eine Alternative zur Kooperation mit NATO und UN ist ohnehin nicht zu erkennen.

Trügerische Hoffnungen, Rußland werde sich doch wieder zurückverwandeln in seine sowjetische Gestalt, waren manchmal aufgekommen in den Führungskreisen der Baathpartei und des Staates. Als Gorbatschow von Putschisten besiegt zu sein schien, glaubte mancher, nun werde das Rad der Geschichte zurückgedreht. Während der Stunden, in denen sich die Putschisten fest im Sattel fühlten, nahmen sie Kontakt auf zu den arabischen Regierungen, mit denen einst die Sowjetunion eng verbunden war. Sie signalisierten, daß die Zeit der Störung zwischen den früheren Partnern bald vorüber sein werde. Die Niederlage der Rebellen gegen die Reformer ließ die Hoffnung der arabischen Freunde der Sowjetunion schnell wieder zerplatzen.

Der Aufstieg des Wladimir Schirinowski an die Oberfläche russischer Politik errregte wieder Aufmerksamkeit in Damaskus. Schirinowski versprach den Russen Rückkehr zu einstiger Größe, Wiedervereinigung mit den abtrünnigen Republiken und erneuten Aufstieg zur Weltmacht mit Schaffung von Einflußgebieten. Bei Realisierung dieser Politik würde Arabien das russische Interesse zu spüren bekommen Saddam Hussein von Irak hielt es bereits für klug, Beziehungen zu Wladimir Schirinowski aufzunehmen. Besucher sahen in seinem Hauptquartier in Baghdad eine goldumrahmte Photographie des ehrgeizigen Russen. Hafez al-Assad würde sich nie zu einer derartigen Demonstration einer Beziehung hinreißen lassen.

»Wer zu spät kommt . . .«
Angst vor der Isolation

Für die Mitte des Jahres 1994 hatte Hafez al-Assad einen Besuch in der jordanischen Hauptstadt Amman vorgesehen. Er wollte seine Politik mit König Hussein abstimmen – unter Berücksichtigung der politischen Veränderungen, die das Autonomieabkommen für Gaza und Jericho bewirkt hatte. Al-Assad wollte erreichen, daß Syrien und Jordanien eine gemeinsame Position bezogen, die genügend Gewicht besitzen sollte, um Israel in harten Verhandlungen, die nicht separat geführt werden, zum Rückzug aus allen besetzten Gebieten zu bewegen. Die Absicht war, Jordanien vor allem daran zu hindern, ein Separatabkommen mit dem bisherigen Gegner zu vereinbaren. Als Hafez al-Assad jedoch von seinem Geheimdienst erfuhr, es sei als absolut erwiesen, daß sich König Hussein Ende Mai 1994 mit Jitzhak Rabin in Aqaba am Roten Meer getroffen habe, sagte er das Treffen sofort ohne Begründung ab. Der syrische Staatschef wollte Hussein nicht die Hand geben müssen. Er hatte sich vorgenommen, keine arabische Hand zu berühren, die sich der Hand des israelischen Ministerpräsidenten entgegengestreckt hatte. Hafez al-Assad muß sich dabei bewußt gewesen sein, daß fast jeder Verantwortliche der Staaten um Israel mehr oder weniger geheime Kontakte zur israelischen Regierung unterhält.
Wenn das Zerbröckeln der diplomatisch-politischen Front gegen Israel schon nicht aufzuhalten ist, dann will al-Assad wenigstens die Aufgabe der Koordinierung der diplomatisch-politischen Gespräche und Verhandlungen übernehmen. Genau diese Absicht läßt Jitzhak Rabin scheitern. Er sagt mit aller Deutlichkeit,

daß er nur an separaten Verhandlungen und an getrennten Verträgen interessiert ist: »Ich bin bereit, mich mit jedem und mit jedem einzeln zu treffen. Jeder Tag, an dem wir nicht verhandeln, ist Verschwendung. Auf höchster Ebene soll gesprochen werden. Ich reise überall hin, wenn es dem Frieden nützt.«

Das geheime Gipfeltreffen zwischen Rabin und König Hussein in Aqaba brachte praktische Resultate: Beabsichtigt ist der Bau einer Autobahn zwischen Aqaba, Eilat und dem ägyptischen Ort Taba. Sie soll angebunden sein an das ausgezeichnete jordanische Straßennetz und an israelische Autorouten von ähnlicher Qualität. Beide Länder versprechen sich davon die Verbesserung der wirtschaftlichen Struktur der Region am Roten Meer.

Einigung wurde auch darüber erzielt, daß es unsinnig ist, an der nördlichen Spitze des Roten Meers zwei unmittelbar nebeneinander liegende Flughäfen zu betreiben. Die israelische Regierung wird den Flughafen Eilat aufgeben und den Ausbau der Einrichtungen von Aqaba finanziell unterstützen, die Nutzung des Flughafens auf jordanischem Gebiet soll gemeinsam erfolgen.

Jitzhak Rabin hat dem König zugestanden, Jordanien dürfe in Zukunft über die Einrichtungen der israelischen Mittelmeerhäfen Aschdod und Haifa zu günstigen Bedingungen verfügen. Waren, die für den Hafen Aqaba bestimmt sind, müssen bis zur Verwirklichung des Abkommens auf ihrem Weg von Europa her die Arabische Halbinsel umfahren. Aschdod und Haifa aber liegen im Nahbereich von Marseille und Genua. Jordaniens Handelswege reduzieren sich.

Zur Absprache über die Benutzung der israelischen Häfen gehört auch die Vereinbarung, daß die Zahl der Grenzübergänge zwischen Jordanien und Israel vermehrt wird. Künftig besteht die Möglichkeit, zwischen Aqaba und Eilat von einem Land ins andere zu wechseln; weitere Kontrollstellen werden auf der Höhe von Beersheba und zwischen Beit Shean und Irbid entstehen.

Umfangreich ist der Katalog der Absprachen zwischen Hussein und Rabin. Er umfaßt auch den Plan, am Toten Meer gemeinsam ein Paradies für Touristen erbauen zu wollen. Es soll in der Nähe der Mündung des Jordan entstehen – und damit teilweise auf Gebiet, das Jassir Arafat für sein autonomes palästinensisches Territorium beansprucht.

Manches im jordanisch-israelischen Abkommen muß den Ärger

des PLO-Vorsitzenden erregen. Der König und der Ministerpräsident haben sich darauf geeinigt, daß das »autonome palästinensische Gebilde« nie zuständig sein darf für die heiligen Stätten der Christen, Juden und Moslems in Jerusalem. Die beiden Staatschefs versprachen sich, Jassir Arafat nicht zum Herrn über den Felsendom zu machen, der den Moslems heilig ist. Gerade darauf legt der PLO-Vorsitzende jedoch besonderen Wert. Hussein aber hat die besseren Chancen, die Souveränität über Ostjerusalem zu erlangen.

Zum Zeichen, daß ihm der Anspruch auf das islamische Heiligtum ernst ist, hat der jordanische König im Frühsommer 1994 die Kuppel des Felsendoms, das weithin sichtbare Wahrzeichen der Heiligen Stadt, mit Gold von 24 Karat überziehen lassen. Im Bewußtsein der islamischen Gläubigen wird der Felsendom für Generationen mit König Hussein verbunden sein. Der krebskranke jordanische Herrscher, der mit seinem baldigen Tod rechnen muß, hat sich ein Denkmal von Wert gesetzt.

In Damaskus wird diese wertvolle und teuere Geste des Königs abschätzig kommentiert: »Bis 1967, als Hussein zuständig war für den Ostteil von Jerusalem und der Felsendom noch zu seinem Königreich gehörte, hatte er sich nie um das Heiligtum der Moslems und auch nie um die Stadt gekümmert. Er besaß nicht einmal einen Palast in Jerusalem. Jetzt aber will er ein Zeichen setzen.«

Daß die Besonderheit der Stadt Schwierigkeiten in der Zukunft schafft, ist den Verantwortlichen in Tel Aviv/Jerusalem und in Amman bewußt. Ausgeklammert blieb deshalb im Entwurf des Abkommens zwischen Jordanien und Israel das generelle Problem Jerusalem. Für die Israelis bildet die Stadt eine Einheit – die arabische Hälfte im Osten ist von der Regierung in die Gesamtstadt integriert worden, mit dem Versprechen für das jüdische Volk, daß die Heilige Stadt Jerusalem nie mehr geteilt werde. Daß diese Entwicklung ein Hindernis sein wird auf dem Weg zur völligen Normalisierung der Beziehungen zwischen Israel und Jordanien, war dem Ministerpräsidenten und dem König bewußt, doch sie waren sich darin einig, den Schritt zum Frieden wagen zu müssen, auch wenn nicht alle Hindernisse weggeräumt sind.

Die Berichte über das geheime Abkommen wurden im Präsidentenpalast und im Außenministerium von Damaskus intensiv studiert. Es wurde festgestellt, daß Jitzhak Rabin Entgegenkommen bewiesen hat: Jordanien wird von der Realisierung des Abkommens profitieren. Am syrischen Standpunkt, separate Friedensabkommen ergäben für die Betroffenen nur schlechte Ergebnisse, ist nach Prüfung der vorliegenden Texte der Vereinbarung nur schwer festzuhalten.

Im Hochsommer 1994 gaben Damaszener Zeitungen zu erkennen, daß die Mächtigen in Syrien die Situation für das eigene Land als brisant ansehen. Die Verantwortlichen in Jordanien wurden beschimpft – sie verrieten die »arabische Sache« –, ohne daß der König direkt genannt wurde. Die Autoren der Artikel schrieben allerdings nicht, daß die »arabische Sache« nun nur noch von Syrien vertreten werde. Erkennbar ist, daß sich Nervosität im Damaszener Regime ausbreitet. Gorbatschows Ausspruch »Wer zu spät kommt, den bestraft das Leben«, ist in seiner Bedeutung auch den Damaszener Politikern bekannt.

Die Unruhe wird noch verstärkt durch Geheimdienstberichte, bei der libanesischen Regierung sei ein Vorschlag zur Beendigung der Spannungen zwischen Libanon und Israel eingetroffen. Versprochen werde darin offenbar der Abzug aller bewaffneten Verbände aus dem Südlibanon, die der israelischen Regierung unterstehen – also auch die libanesischen Hilfstruppen im Grenzgebiet. Angeboten werde, daß die reguläre libanesische Armee dafür die Aufsicht in jener kritischen Zone übernehme. Gefordert würde allerdings, daß diese reguläre libanesische Armee die Kämpfer der Hisb'Allah entwaffne und die Organisation auflöse.

Die Jerusalemer Zeitung »Haarez« meldete am 19. Juni 1994, daß Kontakte bestünden zwischen der israelischen und der libanesischen Regierung. Diese Nachricht löste sofort die Spekulation aus, die syrische Regierung sei damit einverstanden – denn ohne dieses Einverständnis könne die von Hafez al-Assad abhängige Beiruter Regierung nie Gespräche aufnehmen mit Rabin oder Peres. Wenn der libanesische Ministerpräsident eine harte Haltung einnahm gegenüber Israel, dann steckte immer die syrische Präsidialkanzlei dahinter. Manchmal war der Anlaß für Härte läppisch. Erinnert wurde daran, daß die libanesische Regierung noch im Frühjahr 1994 auf Drängen Syriens der Beiruter Teilnehmerin am Wettbewerb um die Miss World mit einem Kriegsgerichtsverfahren gedroht hatte, weil sie es gewagt hatte, sich freundlich lächelnd neben die israelische Teilnehmerin zu stellen. Jetzt aber sah es so aus, als bestünden die ersten direkten Beziehungen von Regierung zu Regierung. Innerhalb weniger Wochen hatte sich offenbar das Feindbild der libanesischen Regierung gründlich verändert.

Über das Verhältnis der Verantwortlichen in Beirut zu Hisb'Allah sagt in jenen Tagen der iranische Außenminister Ali Akbar Velajati: »Ich sehe keine Probleme, denn Hisb'Allah ist ohnehin mehr eine politische Organisation als eine militärische. Hisb'Allah ist eingebunden in die politischen Entscheidungen des Libanon. Sie trägt Verantwortung in der Regierung. Wie kann es da zu einer Konfrontation kommen?« Doch Sheikh Fadl'Allah, der in Beirut die Haltung der Hisb'Allah bestimmt, war anderer Meinung: »Die Waffe in religiösen und politischen Auseinandersetzungen ist nicht das Wort – die Waffe ist die Kugel.« Diesen Standpunkt, daß die Waffe ein wichtiges Argument in der Auseinandersetzung sein kann, vertritt auch Hafez al-Assad; und er ist darauf aus, seine Rüstung auf hohem Stand zu halten. Der Ausfall der Sowjetunion hat das Angebot auf dem Waffenmarkt für Syrien eingeengt. Mit Lieferungen aus westlichen Waffenfabriken kann Syrien – im Gegensatz zu Ägypten – nicht rechnen.

Die Offiziere aber, selbst wenn sie als Alawiten dem Regime treu ergeben sind, verlangen von ihrem Chef, daß er den Standard der Bewaffnung der Armee auf höchstem Niveau hält. Generell gilt in der arabischen Welt der Grundsatz, daß ein arabisches Staatsoberhaupt nur dann fest im Sattel sitze, wenn er für die Zufriedenheit des Offizierskorps gesorgt hat. Wenn die Obersten und Oberstleutnante stolz sein können auf ihre Waffensysteme, dann sind sie auch stolz auf ihren Präsidenten. Hafez al-Assad mußte sich um neue und leistungsfähige Waffenlieferanten umsehen.

Daß der syrische Präsident bereits über wirksame Waffen gegen Israel verfügen könnte, argwöhnt Ministerpräsident Rabin. Er besuchte am 21. Juni 1994 Truppen auf den Golanhöhen, in eben jenem Gebiet, das Israel an Syrien zurückgeben muß. Rabin blickt mit den Offizieren nach Nordosten, auf die Ebene hinaus in Richtung Damaskus.

Der einstige Generalstabschef und die regionalen Befehlshaber an der Waffenstillstandslinie kennen die militärische Situation im Vorfeld der Golanhöhen. Sie wissen, daß jenseits der entmilitarisierten Zone, die durch Henry Kissingers Vermittlung entstanden ist, die syrische Artillerie in drei Kampflinien gestaffelt in Bereitschaft steht. Das Kriegspotential Syriens befindet sich vor Damaskus im Felde und nicht in den Arsenalen der Armeestützpunkte.

Der israelische Ministerpräsident sprach vom »tiefen Graben«, der Israel und Syrien noch immer trenne, und von der begründeten Hoffnung, der amerikanische Außenminister Warren Christopher werde eines nicht zu fernen Tages positive Nachrichten aus Damaskus mitbringen.

Rabin machte aber auch deutlich, daß von seiner Seite ebenso Konzessionsbereitschaft verlangt wird. »Jene, die sagen, Frieden sei schon dadurch möglich, daß wir Hafez al-Assad einfach Frieden anbieten, leben in einer gefährlichen Illusion. Den Frieden bekommen und die Golanhöhen behalten, ist unmöglich. Wer sagt, dies sei zu schaffen, der spricht bewußt eine Lüge aus.« Die Offiziere, zu denen Rabin auf den Golanhöhen sprach, nickten, als er das Risiko der Zukunft erwähnte: »Wenn der Frieden nicht bald Wirklichkeit wird – und dies kann nur durch unsere territorialen Konzessionen geschehen –, dann wird es wieder Krieg geben.« Diesmal könnte der Konflikt sogar ohne Beteiligung der Ägypter ausbrechen. Syrien entwickelt sich – ganz auf sich selbst gestellt – zu einer militärischen Bedrohung für Israel. Hafez al-Assad hat für seine Armee in Nordkorea Langstreckenraketen eingekauft. Rabin sagte beim Treffen mit den Offizieren auf den Golanhöhen: »Al-Assad besitzt heute Boden-Boden-Raketen von einer Qualität und in einer Menge, die – wenn sie eingesetzt werden – die irakischen Scudraketen des Golfkriegs als Spielzeug aus dem Kindergarten erscheinen lassen.«

Lebendig oder tot –
Ein Faustpfand in syrischer Hand?

Sheikh Mustafa Dirani gilt als frommer Schiit, aber auch als intelligent und gerissen. Nicht umsonst war er Beauftragter für Sicherheit bei der libanesischen Schiitenmiliz Amal gewesen. Sie erschien ihm jedoch bald als zu nachgiebig gegenüber Christen und Sunniten. So entschied er sich für die Mitarbeit bei der Hisb'Allah. Die Partei Allahs verfügte, dank der Geldmittel aus Iran über bessere Möglichkeiten des aktiven Kampfes gegen Israel.

Als sich Sheikh Mustafa Dirani im Frühjahr 1994 in der Beka'a-ebene aufhielt, in einem Dorf rechts der Straße Baalbek–Shtora – gerade in einer Zone, die von den Truppen des Hafez al-Assad kontrolliert wird – entführte ihn eine israelische Spezialeinheit und brachte ihn nach Israel. Der Zweck der Entführung war, Sheikh Mustafa Dirani verhören zu können. Dirani wurde verdächtigt, im Jahre 1988 einen gefangenen Israeli um 300 000 Dollar an die Hisb'Allah »verkauft« zu haben. Dirani, so war zu erfahren, gab im Verhör die Weitergabe des Israelis zu. Es handelte sich um Hauptmann Ron Arad, einen Luftwaffenoffizier, der 1986 über dem Libanon abstürzte und in Gefangenschaft der Amal geriet. Diranis Aussage, er habe den Gefangenen an eine andere Organisation weitergegeben, läßt den Schluß zu, daß Ron Arad zu diesem Zeitpunkt – irgendwann im Jahre 1988 – noch lebte.

Als der israelische Hauptmann in Gefangenschaft der Amal geraten war, kontrollierte Syrien alles, was im Süden des Libanon vor sich ging. Wer sich in der Hand von Amal befand, war zugleich auch Gefangener Syriens. Die Vermutung liegt nahe, Syrien sei der eigentliche Verantwortliche für die lange Gefangenschaft des israelischen Hauptmanns.

Der Historiker Michael Wolffsohn von der Bundeswehrakademie in München, der zugleich eine Forschungsgruppe leitet, die sich mit den Beziehungen der einstigen DDR zu den arabischen Staaten befaßt, konnte aus Stasi-Akten den Hinweis entnehmen, daß im November 1987 der DDR-Rechtsanwalt Wolfgang Vogel den Versuch unternahm, Ron Arad aus syrischer Haft für einen Austausch von Gefangenen freizubekommen. Israel sollte als Gegenleistung für den israelischen Offizier die zwei KGB-Spione Marcus Klingberg und Shabtei Kalmanowitsch freilassen. Vogel handelte in dieser Angelegenheit im Auftrag der sowjetischen Regierung.

Im Jahr 1987 war die UdSSR längst nicht mehr der stabile Faktor internationaler Politik für den syrischen Präsidenten; Wünsche aus Moskau bedeuteten keinen Befehl mehr für Hafez al-Assad. Das Damaszener Regime war sogar darauf bedacht, mehr und mehr seine Unabhängigkeit gegenüber Gorbatschow zu beweisen. Hafez al-Assad war nicht eilfertig darum bemüht, den sowjetischen Staatschef zufriedenzustellen. Al-Assad hatte die Möglichkeit gehabt, auf die Geiselnehmer einzuwirken. Das geschah offenbar nicht. Das Tauschgeschäft Ron Arad gegen Marcus Klingberg und Shabtei Kalmanowitsch verzögerte sich. Israel entschied sich auf eigene Faust zu handeln. Der israelische Geheimdienst mußte in der Zwischenzeit erfahren haben, daß sich der Offizier im Gewahrsam der Hisb'Allah befand.

Im Juli 1989 drangen israelische Hubschrauber am frühen Morgen in den Südlibanon ein. Die Hubschrauber flogen auf ein abgelegenes Dorf zu, ein bestimmtes Haus war ihr Ziel. Für kurze Zeit schlug den israelischen Soldaten, die in niederer Höhe aus den Hubschraubern absprangen, Feuer aus Kalaschnikow-Maschinenpistolen entgegen, doch der Widerstand schiitischer Kämpfer war bald gebrochen. Die Israelis drangen in das eine bestimmte Haus ein. Nur Sekunden später schleppten sie einen Mann heraus, der zu einem der Hubschrauber gebracht wurde. Es war Sheikh Abdel Karim Obeida, ein prominentes Mitglied der Organisation Hisb'Allah und ein schiitischer Geistlicher, der das Vertrauen der Mächtigen in Teheran genießt.

Bald nach diesem Ereignis endeten die Verhandlungen zwischen Rechtsanwalt Vogel und dem Beauftragten des syrischen Regimes. Man kann annehmen, daß die Entführung von Sheikh Abdel Karim Obeida in Damaskus derartigen Zorn auf die Israelis ausgelöst hat, daß an fruchtbare Gespräche nicht mehr zu denken war.

Die Absicht der Entführung war wohl, die Hisb'Allah zu veranlassen, einen Austausch vorzuschlagen: Die Israelis sollten Ron Arad zurückbekommen und die Partei Allahs ihren geistlichen und geistigen Führer Sheikh Abdel Karim Obeida, der bei den Schiiten insgesamt ein hohes Ansehen genießt. Doch nichts geschah. Die Hisb'Allah machte keinen entsprechenden Vorschlag. Von nun an gab es keine Lebenszeichen von Ron Arad mehr. Die israelische Regierung aber ist überzeugt, daß der Hauptmann noch lebt.

Die Verantwortlichen in Israel haben sich immer dafür eingesetzt, daß Soldaten, die sich in arabischer Gefangenschaft befinden, in die Heimat zurückkehren können. Dafür zu sorgen, wird als heilige Pflicht betrachtet. Selbst um die Heimkehr von Toten bemüht sich die israelische Regierung. Sie will Ron Arad nicht im Stich lassen.

Die Führung der israelischen Luftwaffe war im Juli 1994 der Meinung, der Hauptmann befinde sich nicht in syrischer Haft, sondern werde von Hisb'Allah gefangengehalten. Der Unterschied ist allerdings gering. Hisb'Allah ist für alle ihre Aktivitäten – trotz der reichen Finanzausstattung durch Iran – auf den guten Willen Syriens angewiesen. Wenn Hafez al-Assad den Wunsch äußert, Ron Arad freizulassen, geschieht dies.

Wenn der Israeli tatsächlich noch lebt, ist er ein wertvolles Pfand für die syrischen Unterhändler, die mit Israel zu reden haben. Die Freilassung des Hauptmanns nach achtjähriger Gefangenschaft könnte sogar die Gemüter der israelischen Siedler, die heute den eroberten Boden nicht freigeben wollen, zu mehr Nachgiebigkeit bewegen.

»Ein schwarzer Tag« –
Pokerspiel um den Frieden

Freitag, 1. Juli 1994. Das Leben in Damaskus wird vom wöchentlichen Feiertag der Moslems bestimmt. Am Freitag bleiben die meisten Läden des Suks geschlossen; die Gitter vor den Bankportalen heben sich nicht. Lauter und deutlicher ist der vielfache Ruf der Muezzine zu hören: »Allahu Akbar« – Allah ist über allem. Die Bethäuser von Damaskus geben den Ton an am Freitagmorgen.

Nach dem Besuch der Moschee fahren viele Familien in Autos und Bussen hinaus ins Baradatal, um sich dort unter Büschen und Bäumen am klaren Wasser des Flusses niederzusetzen, um Stunden der Ruhe zu verbringen – oder sich von übermütig spielenden Kindern ärgern zu lassen. Über der Stadt steht schon am Vormittag die Hitze, der Baradafluß aber verbreitet Kühle.

Manche Sippen ziehen ein Picknick auf dem Plateau des Qasyunberges vor. Dort ist zwar kaum Schatten zu finden, doch streicht ein feiner, kühlender Wind vom Libanongebirge herunter, am Qasyunberg vorbei auf die Wüste im Osten zu. Der Blick hinunter auf die Oase entschädigt für die sengenden Sonnenstrahlen. In der Stadt ist der Straßenverkehr am Freitag gering. Um die

Mittagszeit sind nur wenige Fußgänger unterwegs. Diskutierende Gruppen sind nirgends zu sehen. Damaskus macht den Eindruck, als sei es seinen Bewohnern gleichgültig, was an diesem 1. Juli 1994 im Nahen Osten, auf arabischem Boden geschieht: Arafat betritt am frühen Nachmittag zum erstenmal das autonome Gebiet von Gaza und Jericho. Husni Mubarak hat ihn bis zur Grenze Ägyptens gebracht und ihm alles Glück für die Fahrt in die »Höhle des Löwen« gewünscht – mit dem Löwen ist Hafez al-Assad gemeint, der Macht und Einfluß besitzt auf palästinensischem Gebiet. Daß der Herr über Damaskus mit Argwohn beobachten läßt, was sich an jenem Tag im bisher besetzten Territorium ereignet, ist dem PLO-Chef bewußt. Ob das, was er unternehmen will, gelingt, hängt weniger von Husni Mubarak, dem Ägypter ab, als vom Syrer Hafez al-Assad. Nur wenn auch der Mächtige in Damaskus den Frieden will, wird sich Palästina entwickeln können.

Zehntausende warten in Gaza darauf, Arafat bejubeln zu dürfen. Die Frage ist, wie viele bereitstehen, ihn zu ermorden.

Ernstzunehmende Drohungen sind ausgesprochen worden. Die islamische palästinensische Kampforganisation Hamas hat zum Mord an Arafat aufgerufen – und fanatische jüdische Siedler verlangen die Hinrichtung des »Mörders Arafat«. Seine Begleiter sind vorsichtig. Sie halten ihn fern von der Masse. Bewaffnete umgeben Arafat: Hunderte von jungen Männern in grünen Uniformen mit Kalaschnikow-Maschinenpistolen in den Händen. Sie gehören zur erst 1994 geschaffenen palästinensischen Polizei.

Ein israelischer Militärhubschrauber knattert in der Luft. Er begleitet Arafats Konvoi zum »Palestine Hotel« in Gaza, das dem Vorsitzenden zunächst als Residenz dienen soll. Der Hubschrauber folgt der Wagenkolonne auch zum Schulhof des Camps Dschabalija. In diesem Lager ist im Dezember 1987 die »Intifada« losgebrochen – der Aufstand der steinewerfenden Jugendlichen. Das Motorengeräusch des israelischen Hubschraubers ist auch zu hören, als Arafat seine Rede hält. Die Maschine ist das Koordinationszentrum für Arafats Sicherheit. Palästinenser spielen dabei nur eine untergeordnete Rolle. Der Hubschrauber steht gerade so hoch, daß die Besatzung die Straßen und Gassen um das Schulgebäude überblicken kann. Arafats Zuhörer verstehen nur wenig. Nicht zu übersehen ist der unzufriedene Gesichtsausdruck der Honoratioren von Gaza. Es ist ihnen anzumerken, daß sie die Frage bewegt, ob dies nun die Freiheit ist, die sie sich seit dem Jahre 1967 erträumt haben. Daß Arafat von israelischen Sicherheitsleuten beschützt wird, mißfällt den Getreuen, die dem PLO-Chef bisher auf jedem Weg gefolgt sind. Sie sehen jetzt plötzlich in Arafat den Gefangenen der Israelis: »Sie haben ihn einst in Beirut nicht erwischt, aber nun haben sie ihn!« Über Ereignisse und Stimmungen in Gaza sind die Verantwortlichen in Damaskus rasch durch ihre Leute vor Ort informiert.

Als am Abend der Damaszener Rundfunk seine Nachrichtensendung beginnt, da steht Hafez al-Assad im Mittelpunkt: Da der Präsident den islamischen Feiertag geachtet hat, ist eigentlich nichts Aktuelles über ihn zu berichten. So wird durch Meldungen aufgearbeitet, was er während der vergangenen Tage unternommen hatte. Arafats Rückkehr nach Palästina wird gegen Schluß der Sendung erwähnt – mit der Bemerkung, dieser Freitag, der 1. Juli, sei »ein schwarzer Tag« für die Araber insgesamt, für die Palästinenser aber sei er mit Schande beladen.

Später in der Nacht werden die Kommentare von Radio Damaskus ausführlicher. Die Kommentatoren weisen darauf hin, daß Arafat eine Genehmigung der israelischen Regierung gebraucht habe, um die Reise in seine Heimat unternehmen zu können. Diese Tatsache wird als Zeichen gewertet, daß den Palästinensern eben doch keinerlei wirkliche Autonomie zugestanden werde. Darüber hinaus sei jeder Schritt von Sicherheitsbeamten des Staates Israel festgelegt und überwacht worden. Die Kommentatoren sagen die Wahrheit – und sie ziehen das Fazit: »Arafat hat Schande über die Palästinenser gebracht!«

Der Eindruck läßt sich nicht auslöschen, daß Arafats Kontakte zur israelischen Regierung weit enger sind, als bisher angenommen wurde. Die israelische Regierung sorgt für ihn, als ob er unmündig wäre. Sie zensiert im nachhinein die Reden, die er hält. Den Texten wird von Jitzhak Rabin das Zeugnis ausgestellt, sie seien in ihren Aussagen gemäßigt. Das Fazit der offiziellen Meinung in Damaskus: »Daß Arafat mit dem Geheimdienst der USA zusammenarbeitet, war schon lange zu erkennen. Jetzt aber wird deutlich, daß er sich an Israel verkauft hat. Die Israelis werden ihn nie mehr aus ihren Klauen lassen. Das schlimme an Arafats Aktion ist, daß er die Verhandlungsposition von Syrien ganz entscheidend geschwächt hat. Arafat hat Palästina der

Aufsicht von Israel überlassen. Die Verhandlungsbasis der arabischen Seite ist schmäler geworden.«

In ihrem Damaszener Hauptquartier läßt die marxistisch ausgerichtete Volksfront zur Befreiung Palästinas verlauten, es sei lange schon zu erkennen gewesen, daß Arafat diesen Schritt ins Lager des Feindes unternehmen werde. Er habe sich bereits im Jahre 1982 während der Belagerung von Beirut den Israelis ausgeliefert, um sein Leben retten zu können. Jetzt sei ihm dafür die Rechnung präsentiert worden.

Im Außenministerium von Damaskus wird noch am 1. Juli 1994 bekannt, daß Präsident Bill Clinton persönlich Arafat gedrängt hat, endlich sein Zögern aufzugeben und die Reise nach Palästina anzutreten – mit der Bemerkung »Wer nicht drin ist, der spielt nicht mit!«

Der amerikanische Präsident ist im Sommer 1994 daran interessiert, den Friedensprozeß im Nahen Osten voranzutreiben. Er glaubt, es sei klug, Hafez al-Assad in der Palästinenserfrage vor vollendete Tatsachen zu stellen. In Damaskus ist auch zu erfahren, eine Menge Geld sei im Spiel gewesen: Die USA hätten sich für Arafats Reisezusage verpflichtet, eine Milliarde Dollar an die Selbstverwaltung der Palästinenser zu bezahlen – nicht als Kredit, sondern als Zuschuß.

In Damaskus analysiert Dr. George Habbash, der Chef der Volksfront zur Befreiung Palästinas, den Hintergrund der Entwicklung so: »Schon vor zwanzig Jahren war die Führung der Volksfront der Meinung, die bourgeoisen Kräfte würden die palästinensische Revolution nur eine bestimmte Zeitlang begleiten und unterstützen; dann aber würde sich die Bourgeoisie auf ihre Bequemlichkeit besinnen und sich mit dem Kapitalismus arrangieren. Was geschehen mußte, ist nun geschehen. Der Bourgeois Arafat hat in das bourgeoise Lager heimgefunden. Nun ist die revolutionäre Bewegung auf sich selbst gestellt. Sie wird diese Prüfung überstehen – und sie wird siegen, denn sie hat Ballast abgeworfen. Die Feinde haben sich selbst entlarvt. Wir wissen jetzt genauer, wer unsere Gegner sind.«

Zwei Tage später stellt die palästinensische Kampforganisation des Ahmed Jibul in Damaskus fest, daß ihr Radiosender »Die Stimme Jerusalems«, der hauptsächlich vom syrisch kontrollierten Teil des Libanon in das Gebiet westlich des Jordan und Israel strahlt, dort nicht mehr zu hören ist. Der Grund: Arafats Sender

»Die Stimme Palästinas«, der am 3. Juli den Betrieb aufgenommen hat, benützt dieselbe Frequenz wie »Die Stimme Jerusalems«. Der palästinensische Sender hat jedoch eine stärkere Leistung – er verdrängt das Radioprogramm der radikalen Kommandochefs.

Aus dem Hauptquartier der Organisation in Damaskus ist dieser Protest zu hören: »Arafat setzt einen Störsender gegen uns ein. Arafat unterdrückt im Dienst der Amerikaner die Meinungsfreiheit! Damit wird deutlich, daß eine Verschwörung gegen die fortschrittlichen Kräfte, die alle in Damaskus ihre Basis haben, im Gange ist!«

Diejenigen, die in Damaskus zum Regime des Hafez al-Assad halten, haben guten Grund, Arafats Sender zu fürchten. Sie wissen, daß er die Aufgabe hat, einen propagandistischen Gegenpol zu den Informationssendungen aus Damaskus zu bilden. Der Sender ist Instrument im Pokerspiel um den Frieden, das im Sommer 1994 ausgetragen wird. Daß der Frieden nicht mehr aufzuhalten ist, davon sind auch die Verantwortlichen des Baathregimes in Damaskus überzeugt. Die Frage ist nur, wie hoch der Preis ist, der für das Einschwenken gefordert werden kann – und welcher Zeitpunkt dafür günstig ist. Hafez al-Assad kann sich eine bestimmte Entwicklung auf keinen Fall leisten: Daß er später auf den amerikanischen Kurs einschwenkt als Saddam Hussein vom Irak, der sich neuerdings dem Westen wieder als Bollwerk gegen den radikalen islamischen Osten empfiehlt – gegen den Iran, den Verbündeten der Herrschenden in Damaskus.

»Der Schlange muß der Kopf abgeschlagen werden!«
Die Frage ist nur, welcher Schlange?

Ministerpräsident Rabin verlangte harte Maßnahmen, und der amerikanische Außenminister Christopher gab ihm recht. »Die Organisation Hisb'Allah muß endlich besiegt werden!« Vorausgegangen sind zwei Attentate mit hohen Verlusten an Menschenleben. Verantwortlich ist, nach Ansicht des amerikanischen Geheimdienstes die schiitische Kampforganisation. Am 18. Juli 1994 detonierte in der Innenstadt von Buenos Aires vor der Zentrale der Jüdischen Organisation eine Autobombe. Die Wucht der Explosion war derart gewaltig, daß das Gebäude in sich zusammenstürzte. Die Zahl der Toten wird zunächst mit 26 angegeben; am Ende der Aufräumungsarbeiten aber stellte die argentinische Regierung fest, daß nahezu 100 Menschen an den Folgen der Detonation gestorben sind. Staatspräsident Carlos Menem, dessen Familie aus Syrien stammt, war eindeutig in der Schuldzuweisung:»Verantwortlich sind die islamischen Organisationen, die ihre Basen im Libanon haben!« Menem hütet sich die Konsequenz auszusprechen, in diesem Fall trage wohl letztlich Syrien die Verantwortung, da Syrien den Libanon kontrolliere. Der amerikanische Außenminister sagte vor Parlamentariern seines Landes:»Washington hofft, daß Syrien dem Wunsch der USA entgegenkommt, nicht länger auf seinem Gebiet Gruppen zu dulden, die sich dort eingenistet haben, um außerhalb des syrischen Gebiets Aktionen des Terrorismus zu verüben. Warren Christopher kommt Hafez al-Assad entgegen: Er hat nichts dagegen einzuwenden, daß sich Hisb'Allah in eine politische Organisation verwandelt – nach dem Vorbild der Palästinensischen Befreiungsorganisation.

Ein Aufenthalt im Libanon im August 1994 macht Syriens Funktion erkennbar. Jede wichtige Straße im Land, die Zugänge zu Städten und Dörfern, die Straßenkreuzungen in Beirut, Chtaura, Zahle und Tripoli werden von syrischen Posten bewacht, die jedes Auto anhalten, die jeden Insassen fragen, woher, wohin und weshalb er unterwegs sei. Syrische Checkpoints befinden sich beim Flughafen Beirut mitten im Wohngebiet der Schiiten, mitten in der Zone, in der die Kämpfer von Hisb'Allah ihre Quartiere haben.

Nichts geschieht im Libanon ohne Wissen der Syrer. Ein Witz kennzeichnet die Situation: Der Enkel des libanesischen Präsidenten kommt zum Großvater und sagt:»Ich habe heute das Zeugnis bekommen. Es muß unterschrieben werden. Außer dir ist niemand da.« Die Antwort des Präsidenten:»Damit kommst du zu spät – der Kurier nach Damaskus ist heute schon weg.«

Shimon Peres, der israelische Außenminister, weist Hafez al-Assad immer wieder darauf hin, daß er die Macht habe, der Region den Frieden zu geben:»Damaskus hat doch schon bewiesen, daß es in der Lage ist, auf Hisb'Allah einzuwirken. Wir erwarten, daß der syrische Präsident aktiv wird.« Warum Hafez al-Assad diese Forderung nicht ohne Schwierigkeiten erfüllen kann, macht eine knappe Analyse der Beziehungen zwischen Syrien, Hisb'Allah und Iran deutlich: Die schiitische Organisation wird von Iran finanziert und verfolgt die politische Linie der Ayatollahs in Teheran. Schlägt Hafez al-Assad gegen Hisb'Allah los, werden die Mächtigen in Iran die Beziehungen zu Syrien abbrechen. Die Folge ist, daß die iranischen Öllieferungen ausbleiben, die nahezu kostenlos erfolgen. Die syrische Armee würde ihre Nachschublinie für Waffen aus China und Nordkorea verlieren, die von Iran organisiert wird. Das Offizierskorps würde den Staatspräsidenten für die Schwächung der Schlagkraft ihrer Truppe verantwortlich machen. Auf gute Beziehung zu den Offizieren ist Hafez al-Assad im eigenen Interesse angewiesen. Spekulationen in Damaskus gehen davon aus, daß andere den Schlag gegen Hisb'Allah führen. Die syrische Führung habe sich dazu entschlossen, israelische Angriffe gegen Stellungen der Hisb'Allah nicht abzuwehren. In der Tat feuern die syrischen Luftabwehrbatterien keine Raketen ab, wenn israelische Kampfflugzeuge im libanesischen Luftraum unterwegs sind, um Basen der schiitischen Organisation zu zerstören. Eine Schwächung der Hisb'Allah durch die Israelis wird in Damaskus nicht ungern gesehen. Selbst aktiv will Hafez al-Assad nicht werden – im Interesse der eigenen Armee und der eigenen Volkswirtschaft. Daß die Entwicklung in Richtung Frieden verläuft, ist auch in Syrien zu erkennen. Die Symptome sind deutlich. Am 4. August 1994 ist auf den Fernsehbildschirmen in Damaszener Kaffees ein Ereignis zu verfolgen, das die Männer, die dort Wasserpfeife rauchen, Kaffee trinken und Tric-Trac spielen, erstaunt: Zu sehen ist das Flugzeug des Königs von Jordanien, das 25 Minuten lang über Israel kreuzt. Zu sehen ist auch der israelische Ministerpräsident Rabin, der von einem Feldflugplatz aus über Funk den König begrüßt und ihn am Himmel von Israel willkommen heißt. Die Bilder werden vom syrischen Fernsehen ohne bitteren oder bösartigen Kommentar ausgestrahlt. Kein Wort des Zorns und der Enttäuschung ist zu hören. Viele der Kaffeehausbesucher fragen sich, wann Hafez al-Assad Israel überfliegen wird.

Mehr noch interessiert die Damaszener im Hochsommer 1994 die Frage, wo der Präsident derzeit wohne. Sie haben festgestellt, daß der Palast auf dem dominierenden Hügel im Westen der

Stadt nachts im Dunkeln liegt. Er verschwindet völlig bei Anbruch der Finsternis im Dunst. Kein einziges Licht ist zu erkennen. Offenbar hält sich niemand dort auf. Über die Gründe, warum der Palast leersteht, sind die Meinungen der Damaszener geteilt. Die einen sagen: »Der Bau gefällt dem Präsidenten nicht; er war immer dagegen, daß ein Japaner die Entwürfe und Pläne für den Mittelpunkt des syrischen Staates erstellte.« Andere meinen, der Bau sei geplant worden, als Hafez al-Assad noch glauben konnte, er werde in den Augen der Araber zum »Enkel des legendären Salah ed-Din«, denn nicht umsonst sei der Palast einer Burg des Helden nachgestaltet worden. In der Tat besteht Ähnlichkeit zwischen dem Damaszener Palast und einer Burg Salah ed-Dins, deren Überreste in der Nähe von al-Assads Geburtsort Qardaha zu sehen sind.

Zum »Enkel des Salah ed-Din« wäre Hafez al-Assad geworden, wenn es ihm gelungen wäre, Israel eine Niederlage beizubringen – so wie einst Salah ed-Din, der im Jahre 1187 den Kreuzrittern Jerusalem entreißen konnte. Die Zeit dazu ist abgelaufen.

Es ist ein Geheimnis in Damaskus über das jeder redet: Die Kraft des Präsidenten reicht nur noch für vier Stunden Arbeit am Tag aus. Bequemlichkeit hat ihn veranlaßt, auch weiterhin den alten Regierungssitz in der Stadt zu bewohnen. Die Zeichen aus Damaskus deutet der israelische Regierungschef im August 1994 so: »Es bleibt uns nicht mehr viel Zeit – doch wir müssen unbedingt Frieden mit Syrien schließen, solange Hafez al-Assad noch lebt. Niemand weiß, wer nach ihm kommt!«

Daß Hafez al-Assad tatsächlich entschlossen ist, sich dem Friedensprozeß anzuschließen, zeigt sich Ende August 1994. Er entläßt den Kommandeur der Syrischen Spezialtruppe, General Ali Haidar. Der General hatte den Standpunkt vertreten, Syrien dürfe sich nicht »dem israelischen Diktat« ausliefern. Eine offizielle Begründung für die Entlassung gab die Präsidialkanzlei in Damaskus nicht – doch war zu erfahren, der Präsident werfe Ali Haidar vor, er unterstütze radikale antiwestliche Kräfte im Libanon und unter den Palästinensern. Daraus ist zu erkennen, daß Hafez al-Assad auf Westkurs einschwenken will. Als Signal in Richtung Washington wird der Hinweis aus Damaskus verstanden, der General sei verwickelt in die Drogengeschäfte des Libanon. Hafez al-Assad teilt damit der amerikanischen Regierung mit, sein Land beteilige sich nicht am internationalen Drogenhandel.

Die Entlassung des Generals bedeutet Bruch mit der blutigen Vergangenheit Syriens. Ali Haidar war der Kommandeur der Truppe gewesen, die 1982 den Aufstand in Hama niedergeworfen hatte.

BIBLIOGRAPHIE

Geschichte

Anderson, A. D., *The Structure of the Ottoman Dynasty*. New York 1956
Avi-Jonah, Michael (Herausgeber), *Geschichte des Heiligen Landes*. Wiesbaden 1963
Barbir, Karl K., *Ottoman Rule in Damascus 1708–1758*. Princeton 1980
Belyaev, E. A., *Arabs, Islam and the Caliphate*. London 1969
Brentjes, Burchard, *Die Araber – Geschichte und Kultur*. Leipzig 1971
Churchill, Colonel Charles, *Mount Lebanon*. London 1853
Churchill, Colonel Charles, *The Druzes and the Maronites*. London 1862
Faris, N. A. (Herausgeber), *The Arab Heritage*. New York 1944
Fedden, Robin, *Syria: An Historical Appreciation*. London 1946
Frank, Hary Thomas, *Biblische Stätten einst und jetzt*. Stuttgart 1983
Garcin, Jean Paul, *Damas*. Tunis 1982
Glubb, John B., *The Great Arab Conquests*. London 1980
Hitti, Philip K., *History of Syria*. New York 1951
Holden, David, *The House of Saud*. London 1981
Hottinger, Arnold, *Die Araber*. Zürich 1960
Ibn Battuta, *Reisen ans Ende der Welt*. Tübingen 1974
Ismail, Adel, *Le Liban Histoire d'un Peuple*. Beirut 1965
Jenner, Michael, *Syria in View*. Harlow 1986
Lewis, Bernard, *The Arabs in History*. New York 1966
Lewis, Raphaela, *Everyday Life in Ottoman Turkey*. New York 1971
Mansfield, Peter, *The Ottoman Empire and its Successors*. London 1973
Niebuhr, Carsten, *Entdeckungen im Orient (1761–1767)*. Tübingen 1975
Ochsenwald, William, *The Hijaz Railroad*. Charlotteville 1980
Pearlman, Moshe, *Aus der Wüste brachen sie auf*. Olten 1973
Poliak, A. N., *Feudalism in Egypt, Syria, Palestine and the Lebanon (1250–1900)*. London 1939
Pörtner, Rudolf, *Operation Heiliges Grab*. Düsseldorf 1977
»Propyläen Weltgeschichte«, Band 5. Berlin 1960 ff.
Renz, A., *Geschichte und Stätten des Islam von Spanien bis Indien*. München 1977
Runcimen, Steven, *Geschichte der Kreuzzüge*. München 1978
Sauvaget, J., *Les monuments historiques de Damas*. Beirut 1932
Swallow, Charles, *The Sick Man of Europe: Ottoman Empire 1788–1923*. London 1973
Wright, Rob, *Die Schiiten*. Hamburg 1985

Die Religionen

Abd'Allah, Umar, *The Islamic Struggle in Syria*. Berkeley 1984
Ajami, Fuad, *The Vanished Imam Musa al-Sadr and the Shi'a of Lebanon*. New York 1986
Armstrong, Karen, *A History of God*. New York 1993
Barreau, Jean Claude, *De l'Islam en général et du Monde Moderne*. Paris 1991
Berque, Jacques, *L'Islam au défi*. Paris 1980
Betts, Robert Benton, *Christians in the Middle East*. Athens 1978
Churchill, Colonel Charles, *The Druzes and the Maronites*. London 1862
Cleveland, William L., *Islam against the West*. Austin 1985
Delafon, Gilles, *Beyrouth: Les Soldats de l'Islam*. Paris 1989
Dietl, Wilhelm, *Holy War*. New York 1984
Enayat, Hamid, *Modern Islam: Political Thought*. Austin 1982
Gibbs, H. A. R., *Shorter Encyclopaedia of Islam*. Leiden/London 1961
Hitti, Philip K., *Islam: A Way of Life*. Chicago 1970
Hourani, H. N., *Minorities in the Arab World*. London 1947
Laffin, John, *The Dagger of Islam*. London 1979
Lewis, Bernard (Editor), *The World of Islam*. London 1976
Makarem, Sami Nasib, *The Druze Faith*. New York 1974
Mortimer, Edward, *Faith and Power: The Politics of Islam*. New York 1982
Müller, A., *Der Islam im Morgen- und Abendland*. (2 Bände). Berlin 1885
Payne, Robert, *The History of Islam*. New York 1959
Piper, Daniel, *In the Path of God: Islam and Political Power*. New York 1983
Richards, D. H., *Islamic Civilization (950–1150)*. London 1978
Rodinson, Maxime, *Islam and Capitalism*. Harmondsworth 1979
Schacht, Joseph (Editor), *The Legacy of Islam*. Oxford 1979
Sivan, Emmanuel, *Radical Islam*. New Haven 1985
Smith, Wilfred C., *Islam in Modern History*. Princeton 1977
Springelt, B. B., *Secret Sects of Syria and the Lebanon*. London 1922
Tabakbari A. S. M. H., *Shi'ite Islam*. Albany 1975
The Religions of the Middle East. In: The Middle East and North Africa 1994, Jahrbuch. London 1994
Watt, W., *Islamic Political Thought*. Edinburgh 1968

Die Wurzeln der Konflikte von heute

Abdallah, King of Transjordan, *Memoirs*. London 1950
Abdallah, King of Transjordan, *My Memoirs completed*. London 1978
Antonius, George, *The Arab Awakening*. London 1938
Anton, Richard I., *Syria, Society, Culture and Polity*. New York 1991
Baker, Randoll, *King Husain and the Kingdom of Hejaz*. Cambridge 1979
Be'eri, Eliezar, *Arab Officers in Arab Politics and Society*. London 1964
Betts, Robert Brenton, *Christians in the Arab East*. Atlanta 1978

Bretholz, Wolfgang, *Aufstand der Araber*. München 1960
Burckhard, C., *Le Mandat Français en Syrie et au Liban*. Paris 1925
Chamoun, Camillie, *Mémoirs*. Beirut 1949
Dawn, C. Ernest, *From Ottomanism to Arabism*. Illinois 1973
Fryl, R. N., *The Near East and the Great Powers*. London 1952
Glubb, J. B., *Syria, Lebanon, Jordan*. London 1967
Glubb J. B., *A Short History of the Arab Peoples*. London 1969
Gordon, Murray, *Conflict in the Persian Gulf*. New York 1981
Haddad, J., *Fifty Years of Modern Syria and Lebanon*. Beirut 1950
Haim, Sylvia, *Arab Nationalism*. Berkeley 1962
Hazzard, *Atlas of Islamic History*. Oxford 1951
Imhoff, Christoph von, *Duell im Mittelmeer – Moskau greift nach dem Nahen und Mittleren Osten*. Freiburg 1960
Heikal, Mohammed, *The Sphinx and the Commissar – The Rise and Fall of the Sowjet Union in the Middle East*. New York 1978
Hirst, David, *The Gun and the Olive Branch*. London 1977
Hurewitz, *Middle East Politics – The Military Dimension*. New York 1965
Kerr, Malcolm, *The Arab Cold War (1958–1964)*. Oxford 1965
Laqueur, W. Z., *The Struggle for the Middle East. The Soviet Union and the Middle East*. London 1959
Lesch, Ann M., *Arab Politics in Palestine 1917–1939*. New York 1979
Longrigg, S. H., *Four Centuries of Modern Iraq*. Oxford 1925
Longrigg, S. H., *Syria and Lebanon*. Oxford 1958
Morris, James, *The Hashemite Kings*. London 1959
Nielson, J. S., *International Documents on Palastine*. Beirut 1974
Petran, Tabitha, *Syria*. London 1972
Pipes, Daniel, *Greater Syria – The History of an Ambition*. Oxford 1990
Poratha, J., *The Emergence of the Palestinian Arab National Movement (1918–1929)*. London 1974
Rabin, Yitzhak, *The Rabin Memoirs*. London 1979
Riad, Mahmud, *The Struggle for Peace*. London 1981
Said, Edward, W., *The Question of Palestine*. New York 1978
Spector, Ivar, *The Soviet Union and the Muslim World*. Seattle 1956
Stewart, Desmond, *Trouble in Beirut*. London 1959
Tibawi, A. L., *A Modern History of Greater Syria*. London 1969
Trevelyan, Humphrey, *The Middle East in Revolution*. London 1970
Werner, Geoffrey, *Iraq and Syria 1941*. Delaware 1974
Ziadeh, N., *Syria and Lebanon*. New York 1957

Der Machtkampf der Gegenwart

Bailey, Sidney, *Four Arab-Israeli Wars and the Peace Process*. London 1990
Büren, Rainer, *Ein palästinensischer Teilstaat*. Baden-Baden 1982
Bullock, John, *The Making of War*. London 1974

Bullock, John, *Death of a Country – The Civil War in Lebanon*. London 1977
Bullock, John, *Final Conflict*. London 1983
Bullock, John, *Saddams Krieg*. Hamburg 1991
Bullock, John, *Water Wars*. London 1993
Choneiri, Joussef M., *State and Society in Syria and Lebanon*. Exeter 1993
Crane, Wilbur, *Ropes of Sand – America's Failure in the Middle East*. London 1980
Dam, Nikolaus van, *The Struggle for Power in Syria*. London 1979
Dawisha, Adeed, *Syria and the Lebanese Crisis*. London 1980
Devlin, John F., *Syria: A Profile*. London 1982
Gittings, John, *Beyond the Gulf War – The Middle East and the New World Order*. London 1991
Green, Stephen, *Taking Sides. America's Secret Relations with a Militant Israel*. New York 1984
Heikal, Mohammed, *Illusions of Triumph. The Arab view of the Gulf War*. London 1992
Hourani, Cecil, *An Unfinished Odyssey – Lebanon and Beyond*. London 1984
Israeli, Raphael, *PLO in Lebanon. (Documents)*. London 1983
Jaber, Kamal S. Abu, *The Arab Baath*. New York 1966
Jamak, L. Z., *The Syrian Socialist Nationalist Party*. Cambridge 1966
Jansen, Michael, *The Battle of Beirut*. London 1982
Kienle, Eberhard, *Ba'th versus Ba'th*. London 1990
Maoz, Moshe, *Syria under Assad*. New York 1986
Maoz, Moshe, *The Sphinx of Damascus*. New York 1988
Middle East Watch (Human Rights Watch), *Syria unmasked*. Ohne Ort 1991
O'Ballance, *Arab Guerilla Power 1967–1972*. London 1974
Rabinovich, Itamar, *Syria under the Baath 1963–1966*. New York 1972
Randell, Jorathan, *The Tragedy of Lebanon*. London 1983
Rashed, Abdel Hamid, *Arabische Einheit – Wunschbild oder Wirklichkeit*. Tühingen 1974
Sadat, Anwar as, *Unterwegs zur Gerechtigkeit*. München 1977
Seale, Patrick, *Abu Nidal*. London 1992
Shadid, Mohammed K., *The United States and the Palestinians*. London 1981
Viorst, Milton, *Sandcastles. The Arabs in Search of the Modern World*. New York 1994

REGISTER

Abbas, Mahumud 14
Abbas, Sohn v. Ahmed Ibn Tulun 141
Abdallah al-Mamun, Kalif 140
Abdallah, Emir 203 f., 207 f., 222–227, 243,
    245
Abdel Aziz 118
Abdel Aziz, König 206 f., 220, 225
Abdel Malik 100 ff., 104–114, 120, 128
Abdel Rahman 133
Abdel Rahman Ibn al-Jawzi 143
Abdul Hamid, Sultan 188
Abel, Sohn Adam und Eva (AT) 34
Abraham, Stammvater Israels (AT) 33
Abu al-Abbas 131–134
Abu Asali, Talal 272 f.
Abu Bakr, Kalif 72, 80
Abu Dharr Al-Ghifari 83 f.
Abu Jihad 351, 370
Abu Musa 346–350, 352, 370 f.
Abu Muslim 130–134
Abu Nidal (Sabri al-Banna) 353–357, 373
Abu Obeida 75 ff.
Abu Schafar Mansur 134
Achab, jüd. König (AT) 42 f.
Ad-Daher, Michael 375
Adadnirari III., assyr. König 46 f.
Adjman Ibn Huraim 112
Aflaq, Michel 231–239, 242, 248 f., 254,
    262, 366
Ahmed Ibn Arabschah 174
Ahmed Ibn Tulun 140–143
Ahmed Ibn Zubair 96 f., 99, 101 ff., 106 ff.
Ahmed, Ahmed Iskander 346
Aischa, Lieblingsfrau Mohammeds 81 f.,
    85, 107
Al Assad 319–325
Al-Adil, Bruder Salah ed-Din 166–169, 171
Al-Afdal, Sohn Salah ed-Din 166 f.
Al-Assad, Basil 27 f., 271
Al-Assad, Djamil 27 f.
Al-Assad, Hafez 14–20, 22–28, 177 f., 187,
    249, 266–278, 286–294, 296–305,
    308–317, 327–337, 340–350, 352,
    354–363, 365 f., 368, 369–387, 393, 397,
    397 ff., 401 ff., 405, 408, 411–424
Al-Assad, Rifaat 28, 294, 316, 330

Al-Atassi, Faisal 246
Al-Atassi, Hashim 245
Al-Atassi, Nureddin 272, 277 f., 288–293
Al-Aziz, Sohn Salah ed-Din 166 f.
Al-Bakr, Ahmed Hassan 303 ff., 322–326,
    353 f.
Al-Baytar, Salah 262
Al-Chehabi, Hikmat 349
Al-Fadil, Mohammed 313
Al-Ghubash, Saif 354
Al-Hafiz, Amin 265 f.
Al-Hagag, Gouverneur v. Kufa 109
Al-Hakim bi-Amrillah, Kalif 279–282
Al-Hoss, Selim 371 f., 382
Al-Jundi, Abdel Kerim 290 f.
Al-Jundi, Sami 260
Al-Kaim bi Amrillahi 144
Al-Kathafi, Moammar 323, 338, 356 f., 362,
    397, 404
Al-Khuly, Mohammed 355 f.
Al-Kuwatli, Shukry 215, 249 f.
Al-Mahdi Billah 280
Al-Malik as-Salih Ismail 160 f.
Al-Mugaddasi 116
Al-Mustasim Bilahi 170
Al-Mutamid, Kalif 142 f.
Al-Mutaz, Kalif 140
Al-Nahlawi, Abdel Karim 256, 258
Al-Sadr, Musa 404
Al-Sajedeh Zynab, Enkelin d. Propheten
    388, 390 ff., 396
Al-Zahir, Kalif 283
Al-Zahir, Sohn Salah ed-Din 167
Al-Zaim, Husni 230, 240–245
Alexander der Große 49
Alexander Severus 62
Alexius, byzant. Kaiser 145
Ali, Schwiegersohn Mohammeds 84–88,
    97 f., 101 f., 122, 124 f., 132, 260, 280, 388
Alice von Antiochia 147 f.
Allenby, General 197, 199 f.
Amer, Abdel Hakim 257 f.
Amr Ibn al-As 86 f., 92
Amru Ibn Said al-Aschdak 104 f.
Ananias (NT) 59 f.
Andropow, Juri 349, 358 f.

429

Aoun, Michel 371 f., 374, 376, 380 ff.
Ar-Rida, Ali 395 f.
Arad, Ron 414 ff.
Arafat, Jassir 11–18, 23, 292, 296 f., 309,
    311 f., 343–352, 354, 356, 358 f., 365,
    370 f., 400, 402, 409 f., 417–420
As-Sadat, Anwar 296, 298, 300, 321 f., 324,
    335, 338, 352
Ash-Shara, Faruk 25
Asma, Mutter v. Ahmed Ibn Zubair 107 f.
Assad Pascha al-Azem 178, 181
Avidius Cassius 61
Az-Zaher Ruku ad-Din Baybars 169 ff.
Az-Ziya, Wesir 167

Baker, J. A. 363, 385
Balduin, König v. Jerusalem 146, 148, 154 f.
Balfour, James 193
Barazi, Mushin 244 ff.
Barnabas, Jünger (NT) 60
Bashir II. 285
Ben Gurion, David 240
Benhadad, König von Aram 42–45
Benjadid, Chadli 345
Berri, Nabih 369 f.
Bevin, Ernest 239
Bitar, Salah ad-Din 231–237, 248, 366
Bizri, Afif 249 f., 252
Blum, Léon 211
Bohemund II. 147
Bourguiba, Habib 345
Breschnew, Leonid 301, 312, 314, 321, 335,
    337, 349, 358
Bush, George 22, 24, 361, 363, 372, 374,
    377, 379 ff., 383, 385

Carlos (Ilich Ramirez Sanchez) 23, 357 f.
Carter, Jimmy 335 f., 406
Catroux, General 214 f.
Chanun, ammonit. König 36 f.
Chassebœuf, Constantin-François de,
    Comte de Volney 182
Christopher, Warren 12, 14, 22 ff., 406 f.,
    413, 420 f.
Churchill, Winston 208
Clemenceau, Georges 201 f.
Clinton, Bill 22, 24, 385 f., 406, 419

David, israelit. König (AT) 36 ff.,
    40 f.
Dayan, Moshe 299, 301 f.
Dentz, General 214
Dietz, Heinrich von 163
Diokletian 65

Dirani, Mustafa 413 f.
Djamil Ibn Mi'mar 108 f.
Djenin, Dichter 117
Dschafar al-Mutawakkil, Kalif 137–140

Echnaton, Pharao 39
Elazar, General 301
Elias, Prophet (AT) 34
Fadl'Allah 412
Faisal, Emir 200–208, 219
Faisal, saudiarb. König 253
Fakr ed-Din II. 284 ff.
Faruk, ägypt. König 221
Fatima, Tochter Mohammeds 97, 103, 145,
    388

Frangieh, Sleiman 310, 374
Friedrich I., Barbarossa 163 f.
Friedrich II. 168
Friedrich von Schwaben 164
Fulk, Graf von Anjou 148 f.

Gaulle, Charles de 214 f., 235
Geagea, Samir 373 f.
Gemayel, Amin 371, 374
Gemayel, Beschir 344
Gemayel, Pierre 309 f.
Gorbatschow, Michael 359 f., 407, 415
Gregor IX., Papst 168

Habbash, George 17 f., 402, 419
Habib, Philip 342, 347
Hadjedj 107 f.
Hadrian, röm. Kaiser 61, 63
Hadsch Mohammed Ibn Ahmad Ibn Jubair
    35
Haidar, Ali 423 f.
Haig, Alexander 336, 339
Hakam, Sohn Walid II. 128
Hamdi, Omar 354
Hamdun, Mustafa 246
Hamid I., Sultan 181
Hamza Ibn Ali 280 ff., 284
Harun ar Rashid 231
Hasaël, antiker Herrscher von Damaskus
    46
Hassan, Enkel des Propheten 280, 388
Hassan, Kronprinz von Jordanien 27
Hassan, marokk. König 345 f.
Hatum, Salim 265, 272, 274, 278, 287
Hawatmeh, Nayef 17 f., 402
Haydar, Ali 313
Hennani, Sami 244 ff.
Heraklios, oström. Kaiser 69, 71 ff., 75, 79

Herodes, jüd. Herrscher 34
Hiram von Tyros, König 41
Hirscham Abdel Malik 125–128
Hitler, Adolf 226, 229
Hrawi, Elias 376
Hülegü, Mongole 170
Hussein von Mekka, Scherif 191–194, 197 f., 200 ff., 206 f.
Hussein, Enkel Mohammeds 97 ff., 101, 103, 122, 124 f., 132, 280, 388–393, 395 f., 403
Hussein, jordan. König 230, 246, 291 f., 296, 320, 345 f., 348, 355 f., 402, 408 ff., 422
Hussein, Saddam 306 ff., 325 f., 328–331, 363–368, 372, 376–380, 385, 420

Ibn Battuta 172
Ibn Jubair 162
Ibn Saud, saudiarab. König 252 f.
Ibrahim Pascha 184 ff.
Imad ed-Din Zengi 147 ff.
Isa, Abdel Rahman 353 f.

Jadid, Salah 265 f., 272, 275, 290, 293 f.
Jallud, liby. Ministerpräs. 322
Janbirdi al-Ghazali 176 f.
Jazid Ibn Abdel Malik 123, 125, 389
Jazid III. 128 f.
Jazid, Kalif 94 ff., 98 ff., 103, 122, 130, 134, 389 ff., 393
Jazid, Rebell 124 f.
Jesaja, Prophet 48
Jesus Christus 34, 58 ff., 90, 180
Jezid Ibn Muawiyya 30
Jezid, Kommand. Damaskus 83
Jibril, Ahmed 229
Jibul, Ahmed 419
Josaphat, jüd. König (AT) 42 ff.
Judas Makkabäus 51
Jumblatt, Kamal 229 f., 286, 311
Justinian II., byzant. Kaiser 102

Kain, Sohn Adam und Eva (AT) 34
Kalmanowitsch, Shabtei 414 f.
Kamal, Mustapha (Kamal Atatürk) 213 f., 228
Karame, Omar 382
Karl der Große 231
Karl Martell 127
Kassem, irak. Präsident 306
Khaddam, Abdel Halim 310, 326, 354
Khalid Ibn al-Walid 74–78
Khamenei, Ali 380, 394

Khomeini, Ruhollah 99, 328–331, 364 f., 404
Kirkbride, Alec S. 225
Kissinger, Henry 22, 336, 413
Klingenberg, Marcus 414 f.
Konrad III. 150–153
Konstantin der Große 67 f.
Kosyrew, Alexej 12, 407
Kudsi, Nazim 269
Kutheir Ibn Rahman 108 f.

Labadi, Mahmud 348
Lamartine, Alphonse de 181
Lawrence, T. E. 194–200, 206
Ludwig VII. 150–153

Mahmud II., Sultan 183 f.
Makchos, Ibrahim 277 f.
Makhluf, Anisa 271
Marcus Aurelius 61
Mardam, Jamil 242
Maria, Mutter Gottes (NT) 34
Marwan Ibn al-Hakam 99 f., 113
Marwan II. 130–133
Mauwad, René 376
McCarthy, John 373
McMahon, Henry 191 f., 202, 206
Melisande, Königin v. Jerusalem 149
Menem, Carlos 422
Mithridates, König von Pontus 52
Mitterand, François 376
Mohammed Ibn al-Hanafiya 102 ff.
Mohammed, Stifter des Islams 33 ff., 68–72, 74, 80, 82, 84, 88, 96 f., 106 f., 111, 121, 125, 129 f., 141, 166, 171, 189, 206, 227, 260, 279, 388, 404
Mose, israelit. Führer (AT) 39 f., 58
Mu'awija II., Kalif 99
Mu'awija, Kalif 85–95, 97 f.
Mubarak, Husni 12 ff., 27, 338, 352, 362, 377 f., 417
Muhammad Ali, Pascha 183–186
Muhammad Mahdi Schamsaddin 24
Mukhtar, Gouverneur v. Kufa 103
Murphy, Richard 375, 400
Musa Ibn Nussair 117 f.
Musab Ibn Zubair 101
Mussolini, Benito 226, 229
Muwaffak Bilahi, Kalif 142

Nachasch, ammonit. König 36
Nadra, Leutnat, weibl. 397 f.
Nashtakin al-Darazi 280 ff.

431

Nasser, Gamal Abdel 230, 247–254, 256 ff.,
  262 f., 277, 319, 322
Nazim Pascha 186
Negev, Avraham 55
Neriah, Jacques 15
Niebuhr, Carsten 178–181
Nuameh, Ibrahim 313
Nur ed-Din 150 f., 153–160, 169

Obeida, Abdel Karim 415
Odainat, Befehlshaber Palmyra 63 f.
Omar Ibn Abdallah 108 f., 111
Omar II. 120–124
Omar, Kalif 80–83
Othman Ibn al-Affan 82–85, 96, 100, 128
Othman, Sohn Walid II. 128

Pahlawi, Mohammed Reza, Schah d. Iran
  306, 328 f., 365
Palmerston, Henry John Temple 184
Parmenion, Stellvertreter Alexanders 49
Pascha al-Atrash, Sultan 279, 286 f.
Pekach, israelit. König (AT) 48
Peres, Shimon 12 f., 411
Pétain, Henri Philippe 214, 235
Petrus, Apostel (NT) 60
Plinius der Ältere 62
Polyakov, Wladimir 361
Pompeius, röm. Feldherr 52
Ptolemäus I. Soter 50
Publius Quintilus Varus 52

Rabin, Jitzhak 11–16, 23, 277, 402, 405,
  408 f., 411 ff., 418, 420, 422
Radja Ibn Hajat 119 f.
Rainald von Châtillon 209
Ramses II., Pharao 39
Razzuq, Abdel Hamid 313
Reagan, Ronald 336, 342, 345, 372
Rescennius 61
Rezin, antiker Herrscher von Damaskus
  47 f.
Riadh, Mahmud 250
Richard Löwenherz 164
Righa al-Hidari 139
Rokija, Enkelin d. Propheten 388, 393, 396
Rothschild, Lord 193

Sa'ada, Antun 226–230
Said Ibn a-Musaijeb 114
Salah ed-Din 157, 160–168, 204 f., 423
Saljuk 144
Salmanassar III., assyr. König 45 f.

Salomo, israelit. König (AT) 41
Sarkis, Elias 315
Sarradsch, Abdel Hamid 249 f., 252 f.,
  257
Saulus (Paulus), Apostel (NT) 57–60
Schirinowski, Wladimir 407 f.
Schirkuh, Feldherr 156 f.
Schischakli, Adib 245 ff.
Seleukos I. Nikator 50 f.
Selim I., Sultan 175 ff.
Septimus Severus 61, 64
Shaath, Nabil 14
Sharon, Ariel 344
Singer, Joel 15
Stephanus, heiliger (NT) 59
Suleiman al-Kanuni, der Prächtige 177 f.
Suleiman, Kalif 118, 120, 123

Theodosius, oström. Kaiser 68
Thutmosis III., Pharao 38 f.
Tiglatpileser I., assyr. König 37, 44
Tiglatpileser III., assyr. König 47 f.
Timurlain, Mongole 173 f.
Titus, röm. Kaiser 63
Tlass, Mustafa 266, 291, 298 f., 303 f., 357,
  360
Tschernjenkow, Konstantin 359
Tughril Bey 144

Ubaidallah Ibn Ziyad 98
Umran, Mohammed 294
Unur 149, 151 ff.
Urban II. Papst 145
Usama Ibn Said, moslem. Befehlshaber
  71 f
Usama, Dichter 162

Valerianus, röm. Kaiser 63
Varius Avidus Bassianus 61
Velajati, Ali Akbar 387, 402, 405, 412
Vogel, Wolfgang 414

Wahballat 64 ff.
Walid II. 128
Walid, Kalif 113–118, 120
Wilhelm II., deutscher Kaiser 165
Wilson, Woodrow 201, 203
Wolffsohn, Michael 414

Zahr ad-Din, Abdel Karim 255
Zenobia 64–67, 127, 397, 399
Zotov, Alexander 361
Zuayyen, Jusuf 272, 277 f.